Die Kreditvergabe über P2P-Lending Plattformen im Internationalen Privatrecht

# Schriften zum internationalen Privat- und Verfahrensrecht

Herausgegeben von Rainer Hausmann, Astrid Stadler und Michael Stürner

Band 29

PETER LANG

Berlin - Bruxelles - Chennai - Lausanne - New York - Oxford

Eva Katharina Dauke

# Die Kreditvergabe über P2P-Lending Plattformen im Internationalen Privatrecht

PETER LANG

Berlin - Bruxelles - Chennai - Lausanne - New York - Oxford

**Bibliografische Information der Deutschen Nationalbibliothek**
Die Deutsche Nationalbibliothek verzeichnet diese Publikation in der Deutschen Nationalbibliografie; detaillierte bibliografische Daten sind im Internet über http://dnb.d-nb.de abrufbar.

Zugl.: Konstanz, Univ., Diss., 2023

D 352
ISSN 1862-099X
ISBN 978-3-631-91391-8 (Print)
E-ISBN 978-3-631-91398-7 (E-PDF)
E-ISBN 978-3-631-91399-4 (E-PUB)
DOI 10.3726/b21502



Verlegt durch:
Peter Lang GmbH, Berlin, Deutschland

info@peterlang.com- www.peterlang.com



Diese Publikation wurde begutachtet.

# Vorwort

Die vorliegende Arbeit wurde im Frühjahr 2023 abgeschlossen und im Sommersemester 2023 von der juristischen Fakultät der Universität Konstanz als Dissertation angenommen.

Mein ganz besonderer Dank gilt meinem Doktorvater Herrn Professor Dr. Christoph Wendelstein. Seine Unterstützung in Form von ständiger Bereitschaft zu fachlichen Diskussionen und weitergehenden Anregungen hat die Erstellung der Arbeit in vielerlei Hinsicht ermöglicht und erleichtert. Herrn Professor Dr. Stürner danke ich für die zügige Erstellung des Zweitgutachtens. Diese Arbeit wäre jedoch nicht vollständig ohne eine besondere Erwähnung: In Gedenken an Herrn Professor Dr. Götz Schulze möchte ich diesem an dieser Stelle meine Wertschätzung zollen. Seine Seminare und der persönliche Kontakt haben mein Interesse für das Internationale Privatrecht angeregt und gefördert und somit diese Arbeit erst möglich gemacht.

Herzlichst bedanken möchte ich mich auch bei Herrn Oliver Habermehl, der mich während der gesamten Promotionsphase unterstützt hat. Frau Vanessa Franke danke ich für die etlichen Gespräche. Ohne sie als Gleichgesinnte wäre die Promotionszeit eine andere gewesen.

Abschließend danke ich von ganzem Herzen meinen Eltern, Frau Dr. Uta und Herrn Detlef Dauke, sowie meinem Großvater Herrn Achim Dauke für ihre in jeder Hinsicht wunderbare Unterstützung. Ihnen ist diese Arbeit gewidmet.

Potsdam, im März 2024 Eva Katharina Dauke

# Inhaltsverzeichnis

# Abbildungsverzeichnis

# Anhangsverzeichnis

# Abkürzungsverzeichnis

| | |
|---|---|
| a.A. | andere(r) Auffassung |
| a.F. | alte Fassung |
| ABl. | Amtsblatt der Europäischen Union |
| Abs. | Absatz |
| AcP | Archiv für die civilistische Praxis |
| AEUV | Vertrag über die Arbeitsweise der Europäischen Union |
| AG | Aktiengesellschaft |
| AG | Amtsgericht |
| AGB | Allgemeine Geschäftsbedingungen |
| AGBGB | Bürgerliches Gesetzbuch (Österreich) |
| AltFG | Alternativfinanzierungsgesetz (Österreich) |
| Az. | Aktenzeichen |
| BaFin | Bundesanstalt für Finanzdienstleistungsaufsicht |
| BAG | Bundesarbeitsgericht |
| BAGE | Entscheidungen des Bundesarbeitsgerichts |
| BB | Betriebs-Berater |
| bearb. | bearbeitet |
| BeckOGK | Beck-Online Großkommentar |
| BeckOK | Beck'scher Onlinekommentar |
| BeckRS | Beck-Rechtsprechung |
| Begr. | Begründer |
| BGB | Bürgerliches Gesetzbuch |
| BGB AT | BGB Allgemeiner Teil |
| BGBl. | Bundesgesetzblatt |
| BGH | Bundesgerichtshof |
| BGHZ | Entscheidungen des Bundesgerichtshofs in Zivilsachen |
| BJPIR | The British Journal of Politics and International Relations |
| BKR | Zeitschrift für Bank- und Kapitalmarktrecht |
| BörsG | Börsengesetz |
| bspw. | beispielsweise |
| BT-PlProt | Plenarprotokoll des Deutschen Bundestages |
| BT-Drs. | Bundestagsdrucksache |
| BVerwG | Bundesverwaltungsgericht |

| | |
|---|---|
| bzw. | beziehungsweise |
| C.L.J. | Cambridge Law Journal |
| CFD | Contract for Difference |
| CFPB | Bureau of Consumer Financial Protection |
| CJEL | Columbia Journal of European Law |
| COBS | Conduct of Business Sourcebook |
| Comp. Law. | Company Lawyer |
| CONC | Consumer Credit Sourcebook |
| CR | Computer und Recht |
| CRR | Capital Requirements Regulation |
| DB | Der Betrieb |
| ders. | derselbe |
| dies. | dieselbe(n) |
| DNotZ | Deutsche Notar-Zeitschrift |
| DStR | Deutsches Steuerrecht |
| DZWir | Deutsche Zeitschrift für Wirtschafts- und Insolvenzrecht |
| ebd. | ebenda |
| ECFR | European Company and Financial Law Review |
| ECSP | European Crowdfunding Service Provider |
| EDGAR | Electronic Data Gathering, Analysis and Retrieval System |
| EDV | Elektronische Datenverarbeitung |
| EG | Erwägungsgrund |
| EGBGB | Einführungsgesetz zum Bürgerlichen Gesetzbuch |
| ehem. Hrsg. | ehemaliger Herausgeber |
| Einf. v. | Einführung vor |
| EJRR | European Journal of Risk Regulation |
| EL | Ergänzungslieferung |
| ESMA | European Securities and Markets Authority (Europäische Wertpapier- und Marktaufsichtsbehörde) |
| et al. | et alii (= und andere) |
| ETF | Exchange Traded Fund |
| EU | Europäische Union |
| EuCML | Journal of European Consumer and Market Law |
| EuGH | Europäischer Gerichtshof |
| EuGVÜ | Europäisches Gerichtsstands- und Vollstreckungsübereinkommen |
| EuLF | The European Legal Forum |

| | |
|---|---|
| EuR | Europarecht (Zeitschrift) |
| EUV | Vertrag über die Europäische Union |
| EuZPR/EuIPR | Europäisches Zivilprozess- und Kollisionsrecht |
| EuZW | Europäische Zeitschrift für Wirtschaftsrecht |
| EVÜ | Europäisches Schuldvertragsübereinkommen |
| EWG | Europäische Wirtschaftsgemeinschaft |
| EWR | Europäischer Wirtschaftsraum |
| EZB | Europäische Zentralbank |
| FCA | Financial Conduct Authority |
| FDIC | Federal Deposit Insurance Corporation |
| ff. | fortfolgende |
| FinDAG | Finanzdienstleistungsaufsichtsgesetz |
| FS | Festschrift |
| FSCS | Financial Services Compensation Scheme |
| FSMA | Financial Services and Markets Act |
| GAO | Government Accountability Office |
| GbR | Gesellschaft bürgerlichen Rechts |
| GewArch | Gewerbearchiv |
| GewO | Gewerbeordnung |
| ggf. | gegebenenfalls |
| GmbH | Gesellschaft mit beschränkter Haftung |
| GPR | Zeitschrift für das Privatrecht der Europäischen Union |
| GWR | Gesellschafts- und Wirtschaftsrecht |
| h. M. | herrschende Meinung |
| Hrsg. | Herausgeber |
| hrsg. v. | herausgegeben von |
| i.E. | im Ergebnis |
| IHR | Internationales Handelsrecht |
| IPO | Initial Public Offering |
| IPR | Internationales Privatrecht |
| IPRax | Praxis des Internationalen Privat- und Verfahrensrechts |
| IPRspr. | Die deutsche Rechtsprechung auf dem Gebiete des Internationalen Privatrechts (Entscheidungssammlung) |
| ISA | Individual Saving Account |
| i.V.m. | in Verbindung mit |
| JA | Juristische Arbeitsblätter |
| JBL | Juristische Blätter (Österreich) |

| | |
|---|---|
| JIBC | Journal of Internet Banking and Commerce |
| jM | juris – Die Monatszeitschrift |
| jurisPK | juris PraxisKommentar |
| JuS | Juristische Schulung |
| KAGB | Kapitalanlagegesetzbuch |
| Kap. | Kapitel |
| KG | Kammergericht |
| KI | Künstliche Intelligenz |
| KuK | Kredit und Kapital |
| KWG | Kreditwesengesetz |
| LG | Landgericht |
| lit. | littera (= Buchstabe) |
| LLC | Limited Liability Company |
| Ltd. | Limited |
| L. Rev. | Law Review |
| MaBV | Makler- und Bauträgerverordnung |
| m.w.N. | mit weiteren Nachweisen |
| MiFID | Markets in Financial Instruments Directive |
| MMR | MultiMedia und Recht |
| MüKo | Münchener Kommentar |
| N.A. | National Association |
| NK | NomosKommentar |
| NJW | Neue Juristische Wochenschrift |
| NJW-RR | Neue Juristische Wochenschrift Rechtsprechungs-Report Zivilrecht |
| No. | number |
| NZG | Neue Zeitschrift für Gesellschaftsrecht |
| NZM | Neue Zeitschrift für Miet- und Wohnungsrecht |
| öAltFG | österreichisches Alternativfinanzierungsgesetz |
| ÖBA | Österreichisches BankArchiv |
| öBWG | österreichisches Bankwesengesetz |
| öGewO | österreichische Gewerbeordnung |
| OLG | Oberlandesgericht |
| OÜ | Osaühing (= Gesellschaft mit beschränkter Haftung, Estland) |
| OVG | Oberverwaltungsgericht |
| öVKrG | österreichisches Verbraucherkreditgesetz |

| | |
|---|---|
| PS | Policy Statement |
| P2P | Peer-to-Peer |
| RabelsZ | Rabels Zeitschrift für ausländisches und internationales Privatrecht |
| RAO | Regulated Activities Order |
| RG | Reichsgericht |
| RGZ | Reichsgericht in Zivilsachen |
| RIW | Recht der Internationalen Wirtschaft |
| RL | Richtlinie |
| Rn. | Randnummer |
| S. A. | Société Anonyme |
| SEC | Securities and Exchange Commission |
| SME | Small and Medium Enterprises |
| sog. | sogenannt(e/er/es) |
| SSM | Single Supervisory Mechanism |
| st. Rspr. | ständige Rechtsprechung |
| u.a. | und andere |
| u.a. | unter anderem |
| UK | United Kingdom |
| UN | United Nations |
| UrhG | Urheberrechtsgesetz |
| Urt. v. | Urteil vom |
| US-China L. Rev. | US-China Law Review |
| VermAnlG | Vermögensanlagegesetz |
| VG | Verwaltungsgericht |
| VGH | Verfassungsgerichtshof |
| vgl. | vergleiche |
| VO | Verordnung |
| Vol. | volume |
| Vorbem. | Vorbemerkung |
| VuR | Verbraucher und Recht |
| Wash. & Lee L. Rev. | Washington and Lee Law Review |
| WiST | Wirtschaftswissenschaftliches Studium |
| WM | Zeitschrift für Wirtschafts- und Bankrecht |
| WpHG | Wertpapierhandelsgesetz |
| WpPG | Wertpapierprospektgesetz |
| z.B. | zum Beispiel |

| | |
|---|---|
| ZBB | Zeitschrift für Bankrecht und Bankwirtschaft |
| ZEuP | Zeitschrift für Europäisches Privatrecht |
| ZfPW | Zeitschrift für die gesamte Privatrechtswissenschaft |
| Ziff. | Ziffer(n) |
| ZIP | Zeitschrift für Wirtschaftsrecht |
| zit. n. | zitiert nach |
| ZVertriebsR | Zeitschrift für Vertriebsrecht |
| ZVglRWiss | Zeitschrift für vergleichende Rechtswissenschaft |

# Einleitung

Immer häufiger stößt man im Bereich der Kreditvergabe auf Internetplattformen, die Kredite zwischen Privatpersonen vermitteln. Die Idee dahinter ist die Finanzierung über die „crowd",[1] ohne die Beteiligung von Kreditinstituten. Bereits Bill Gates[2] stellte im Jahr 1994 mit der Aussage „Banking is necessary, banks are not" die Behauptung auf, dass Banken in der Zukunft nicht mehr für Zahlungsgeschäfte von Nöten wären.[3]

Das Bedürfnis abseits kommerzieller Bankgeschäfte Projekte durch Privatpersonen zu finanzieren, gab es schon lange vor dem Zeitalter der Digitalisierung. Im Jahr 1885 wurde der Sockel der von Frankreich geschenkten New Yorker Freiheitsstatue nach einem Spendenaufruf in der Tageszeitung „The New York World" ausschließlich durch Spender[4] finanziert. Im Gegenzug wurde diesen die namentliche Nennung in einer Ausgabe der „The New York World" garantiert.[5]

Anders als damals wird heutzutage die Finanzierung von Projekten durch Spendengelder oder von Krediten auch über Internetplattformen vermittelt. Ein bekanntes Beispiel für die Vermittlung von Krediten über eine solche Internetplattform ist die deutsche Plattform auxmoney.

Die „elektronischen Kreditmarktplätze für Privatkunden"[6] für die Vermittlung von Krediten sind unter dem Begriff des „Peer-to-Peer Lending" oder kurz „P2P-Lending"[7] bekannt.[8] Die Internetplattformen werben damit, dass über sie zwei Privatpersonen zusammengeführt werden, die ohne die Zwischenschaltung

---

1 *Siering*, in Möslein/Omlor, FinTech-Handbuch, § 24, Rn. 1, 6. Der Begriff „crowd" kommt aus dem Englischen und bedeutet „die (breite) Masse" (de.pons.com/%C3%BCbersetzung/englisch-deutsch/crowd, zuletzt abgerufen am 16.01.2023).

2 Gründer der Microsoft Corporation.

3 *Jesberg*, Die Fintechs rütteln am Monopol der Banken, Handelsblatt, 05.04.2020 (www.handelsblatt.com/meinung/kommentare/kommentar-die-fintechs-ruetteln-am-monopol-der-banken/25641246.html?ticket=ST-6976150-m9GYytqVtpS4xnFdvoAZ-ap1, zuletzt abgerufen am 16.01.2023).

4 Aus Gründen der Lesbarkeit wird im Folgenden das generische Maskulinum verwendet. Gemeint sind jedoch immer alle Geschlechter.

5 The Statue of Liberty and America's crowdfunding pioneer (BBC-Artikel), 25.04.2013 (www.bbc.com/news/magazine-21932675, zuletzt abgerufen am 16.01.2023).

6 *Berger/Skiera*, KuK 3/2012, 289.

7 Lending = Leihe.

8 Im weiteren Text wird die Abkürzung (P2P-Lending) verwendet.

einer Bank einen Darlehensvertrag miteinander abschließen können. Die Plattform ist dabei als Vermittler zwischengeschaltet und verlangt meist eine Vermittlungsprovision vom Darlehensnehmer[9] oder Darlehensgeber.[10]

Das P2P-Lending stellt eine neue Art von Geldgeschäft dar, das sich auf Grundlage der digitalen Innovationen von den herkömmlichen „analogen" Bankgeschäften löst.[11] Traditionell kommen Darlehensverträge zwischen einem Darlehensnehmer und einem Kreditinstitut zustande.[12] Durch die Nutzung einer vermittelnden Internetplattform sollen der gesamte Prozess der Kreditvergabe erleichtert und hohe Bankgebühren gespart werden, indem das Kreditinstitut als Intermediär ausgeschaltet wird.[13] Die an den Krediten beteiligten Privatpersonen bleiben dabei meist – anders als bei traditionellen Darlehensverträgen mit einer Bank – anonym.

Die britische Internetplattform Zopa war die erste P2P-Lending Plattform auf dem Finanzmarkt,[14] bietet seit 2022 allerdings keine P2P-Kredite, sondern nur noch persönliche Darlehen und andere Finanzprodukte an.[15] Seit deren Gründung im Jahr 2005[16] haben sich weltweit immer mehr große Plattformanbieter

---

9 Nachfolgend werden die Begriffe Kapitalsuchender und Darlehensnehmer sowie Anleger und Darlehensgeber für jeweils dieselben Personen verwendet. Die Bezeichnungen variieren lediglich auf Grund des Stadiums der Kreditvergabe. So wird beispielsweise der Kapitalsuchende mit Abschluss des Kreditvertrages zum Darlehensnehmer.

10 Eine Vermittlungsprovision in Höhe von bis zu 4 % verlangt bspw. die Plattform smava vom Darlehensnehmer bei der Gewährung eines Kredits von einer Servicebank (www.smava.de/Downloads/smava_AGB.pdf, zuletzt abgerufen am 16.01.2023), vgl. diese im Anhang 2; die Plattform Zopa verlangt bei jedem Kreditvertrag eine Vermittlungsgebühr, deren Höhe sich individuell an dem geschlossenen Kreditvertrag orientiert, vgl. Part B, Principle 2 der Zopa Bank Ltd. (www.zopa.com/investor-principles, zuletzt abgerufen am 16.01.2023), vgl. diese im Anhang 3.2.

11 *Ferretti*, German Law Journal (2021), 22, 102; *Polke*, Crowdlending, S. 31.

12 *Hertneck*, Peer-to-Peer-Lending, S. 24.

13 Vgl. *Kunz*, in Bräutigam/Rücker, E-Commerce, 12. Teil, E., Rn. 89; *Möslein/Renning*, in Möslein/Omlor, FinTech-Handbuch, § 21, Rn. 2 und § 23, Rn. 1. So wirbt unter anderem die Plattform Bondora für Peer-to-Peer Kredite (www.bondora.com/de/peer-to-peer-kredite, zuletzt abgerufen am 16.01.2023).

14 www.zopa.com/about, zuletzt abgerufen am 16.01.2023.

15 Siehe zu den Gründen Kapitel 2 § 3 A. IV. Durch die Aufgabe des Geschäftsmodells des P2P-Lending sind die bis Ende 2021 angegebenen Internetlinks der Plattform Zopa seit Anfang 2022 nicht mehr abrufbar.

16 www.zopa.com/about/our-story, zuletzt abgerufen am 16.01.2023.

etabliert.[17] Diese agieren nicht nur für Darlehensnehmer und -geber in einem Land,[18] sondern auch länderübergreifend.[19] Somit kann es zu der Situation kommen, dass der Darlehensnehmer und der Darlehensgeber in verschiedenen Ländern ihren Wohnsitz haben und auch der P2P-Lending Plattformbetreiber seinen Sitz in einem nochmals anderen Land hat. Jedenfalls in solchen Konstellationen ist daher nicht ausreichend, das P2P-Lending lediglich auf nationaler Ebene zu betrachten. Vielmehr bedarf es dann einer kollisionsrechtlichen Betrachtungsweise, um das auf das jeweilige Rechtsverhältnis anwendbare Recht zu bestimmen.

Durch die fortschreitende Globalisierung und Digitalisierung muss für die am P2P-Lending beteiligten Rechtssubjekte Rechtssicherheit in Bezug auf das auf den Sachverhalt anzuwendende Recht gewährleistet werden. Die Komplexität des P2P-Lending durch die Beteiligung diverser Parteien und den verschiedensten Rechtsverhältnissen kann die Vorhersehbarkeit und Rechtssicherheit beeinträchtigen. Um dem vorzubeugen, besteht Klärungsbedarf, wie das P2P-Lending kollisionsrechtlich zu betrachten ist und Rechtssicherheit gewährleistet werden kann. Diesen Fragestellungen wird sich die Arbeit widmen.

---

17 Zu nennen sind u.a. die Plattformanbieter smava GmbH, auxmoney GmbH und ursprünglich die Lendico Deutschland GmbH (Deutschland), Prosper Funding LLC. und LendingClub Bank, N.A. (USA), Zopa Bank Ltd. und RateSetter (Metro Bank PLC) (Vereinigtes Königreich), AS Mintos Marketplace (Lettland) und Bondora Capital OÜ (Estland). Die Lendico Deutschland GmbH vermittelte ausschließlich Kredite an Kapitalsuchende, bei denen es sich um Unternehmer handelt. Bis November 2018 konnten dabei auch Verbraucher ihr Kapital in Krediten anlegen. Anschließend vermittelte der Plattformbetreiber nur noch zwischen der Partnerbank, der ING-DiBa AG, und dem kapitalsuchenden Unternehmen. Eine Möglichkeit zur Kapitalanlage bot der Plattformbetreiber hingegen nicht mehr an. Die Lendico Deutschland GmbH wurde mittlerweile von der ING-DiBa AG übernommen, welche dadurch das Angebot von Krediten an kleine und mittelständische Unternehmen ausgebaut hat (vgl. Pressemitteilung v. 10.08.2022, www.ing.de/ueber-uns/presse/pressemitteilungen/ing-deutschland-bundelt-angebot-fur-geschaftskunden-unter-einem-dach/, zuletzt abgerufen am 16.01.2023). Siehe hierzu auch die Nutzungsbedingungen ausgewählter Plattformbetreiber im Anhang.

18 So bspw. bei der Plattform Zopa, auf der man sich nur registrieren kann, wenn man Einwohner des Vereinigten Königreiches Großbritannien ist (www.zopa.com/terms-of-use, zuletzt abgerufen am 16.01.2023).

19 So etwa die Plattform Mintos, siehe www.mintos.com/de/wie-funktioniert-es/mit-mintos-investieren/, zuletzt abgerufen am 16.01.2023.

## § 1 Begriff des P2P-Lending in Abgrenzung zu anderen Schwarmfinanzierungen

Der Begriff des P2P-Lending beschreibt die unmittelbare Kreditvergabe zwischen gleichrangigen Marktteilnehmern.[20]

Im Zusammenhang mit dem P2P-Lending fallen regelmäßig die Begriffe Crowdfunding, Crowdinvesting und Crowdlending.[21] Alle drei Begriffe fallen unter die sogenannte Schwarmfinanzierung[22] und beschreiben meist das Sammeln von Geld über eine Internetplattform durch eine Vielzahl von Personen (= „crowd"),[23] um dieses einem Dritten zur Verfügung zu stellen.[24] Es gibt jedoch auch Konstellationen, in denen das Geld lediglich von einer einzelnen Person oder einem Unternehmen zur Verfügung gestellt wird. Um den Begriff des P2P-Lending richtig einordnen zu können, ist demnach zunächst eine Differenzierung der genannten Begrifflichkeiten erforderlich.

---

20 Der Begriff „peer" kommt aus dem Englischen und kann insofern als „der Gleichrangige" übersetzt werden (*Quarch*, Regulierung des Crowdlending, S. 5).

21 In diesem Zusammenhang wird auch immer wieder der Begriff des sogenannten Online Alternative Finance genannt, vgl. *Eberle*, Peer-to-Peer-Lending, S. 17.

22 *Scholz-Fröhling*, BKR 2017, 133 (134); vgl. dort auch den Hinweis auf die Unterscheidung der Begriffe durch die BaFin (www.bafin.de/DE/Aufsicht/FinTech/Crowdfunding/crowdfunding_node.html, zuletzt abgerufen am 16.01.2023); *Poelzig*, Kapitalmarktrecht, § 3, Rn. 135; auch *Parzinger/Weitnauer*, GWR 2013, 153 sehen Crowdfunding als Alternative zum Crowdinvesting; anders hingegen *Bantleon/Herr, Lenz, Maier* und *Schneider*, welche Crowdfunding als Oberbegriff für Crowdinvesting und Crowdlending nennen (*Bantleon/Herr*, DStR 2015, 532; *Lenz*, EJRR 4/2016, 688 (689); *Maier*, Mittelstandskredite in Zeiten des digitalen Wandels, S. 5–6; *Schneider*, WM 2018, 2061). *Hakenberg*, hingegen nennt Crowdfunding als Synonym für die Schwarmfinanzierung (*Hakenberg*, in Weber, Rechtswörterbuch, Schwarmfinanzierung).

23 So auch *Macchiavello*, ECFR 2017, 662 (665). Einzelne Plattformen bieten jedoch auch die Vermittlung von Krediten an, die lediglich durch einen professionellen Anleger finanziert werden, z.B. durch den sog. „Vollfinanzierungspool" der auxmoney GmbH, § 8 Abs. 3 lit. a der Nutzungsbedingungen für Anleger der auxmoney GmbH, Stand Mai 2022 (www.auxmoney.com/wp-content/uploads/20220427-Nutzungsbedingungen-Anleger-Stand-Mai-2022.pdf, zuletzt abgerufen am 16.01.2023), vgl. diese im Anhang 1.3. Siehe im Anhang 1 auch zu weiteren Nutzungsbedingungen der auxmoney GmbH.

24 Weiterführende Informationen zu den Beteiligten beim Crowdfunding, Crowdlending und Crowdinvesting bei *Schäfer/Eckhold*, in Assmann/Schütze/Buck-Heeb, Handbuch des Kapitalanlagerechts, § 16a, Rn. 3–4.

## A. Crowdfunding

Crowdfunding beschreibt das Sammeln von Geld von einer Vielzahl von Personen für ein gemeinnütziges oder soziales Projekt.[25] Die Geldgeber (die „crowd“) erwarten dafür keinerlei monetäre Beteiligung an etwaigen Gewinnen. In einigen Fällen erhalten die Geldgeber jedoch eine nicht-monetäre, symbolische Gegenleistung.[26] Crowdfunding ist daher insbesondere bei Projekten im sozialen und kulturellen Bereich beliebt.[27]

Der Begriff des Crowdfunding wird fälschlicherweise in der Literatur häufig als Oberbegriff genutzt, wobei das Crowdinvesting und Crowdlending Untergruppen darstellen sollen.[28] Allerdings sind die Zielrichtungen des Crowdfunding, Crowdinvesting und des Crowdlending sehr unterschiedlich. Beim Crowdfunding wird anders als beim Crowdinvesting oder Crowdlending nämlich keine Gegenleistung vom Geldgeber erwartet.[29] Insofern ist eine begriffliche Einordnung, die das Crowdfunding als Überbegriff wählt, nicht nachvollziehbar. Die Begriffe werden daher im Folgenden eigenständig betrachtet. Sie fallen im deutschen Sprachraum jedoch alle unter den Begriff der sogenannten Schwarmfinanzierung.

## B. Crowdinvesting

Zwar wird auch beim Crowdinvesting Geld für einen bestimmten Zweck oder ein bestimmtes Projekt gesammelt, jedoch verfolgen die Geldgeber mit dieser Finanzierung eine Beteiligung an Unternehmen oder Projekten.[30] Sie stellen ihr

---

25 *Scholz-Fröhling*, BKR 2017, 133 (134).

26 BaFin zum Crowdfunding (www.bafin.de/DE/Aufsicht/FinTech/Crowdfunding/crowdfunding_node.html, zuletzt abgerufen am 16.01.2023); *Maier*, Mittelstandskredite in Zeiten des digitalen Wandels, S. 5–6.

27 So haben sich im Rahmen der Covid-19-Pandemie eine Vielzahl von kulturellen Einrichtungen über die deutsche Internetplattform www.startnext.com durch Crowdfunding finanziert.

28 *Bantleon/Herr*, DStR 2015, 532; *Lenz*, EJRR 4/2016, 688 (689); *Maier*, Mittelstandskredite in Zeiten des digitalen Wandels, S. 5–6; *Polke*, Crowdlending, S. 24–25; *Schneider*, WM 2018, 2061.

29 Vgl. etwa *Polke*, Crowdlending, S. 24, der diese Begriffe jedoch unter das Crowdfunding subsumiert.

30 BaFin zum Crowdfunding (www.bafin.de/DE/Aufsicht/FinTech/Crowdfunding/crowdfunding_node.html, zuletzt abgerufen am 16.01.2023); *Maier*, Mittelstandskredite in Zeiten des digitalen Wandels, S. 5–6.

Geld folglich nicht aus persönlichen oder moralischen Gründen zur Verfügung, sondern investieren dieses vielmehr, um an den Gewinnen des Projekts oder des Unternehmens beteiligt zu werden oder um Anteile an einem Unternehmen zu erhalten.[31] Crowdinvesting stellt eine Finanzierungsform beziehungsweise -möglichkeit dar, die häufig von StartUp-Unternehmen genutzt wird, da sich diese regelmäßig noch nicht eigenständig finanzieren können.[32]

## C. Crowdlending

### *I. Allgemeines*

Wie das Crowdinvesting zeichnet sich auch das Crowdlending dadurch aus, dass es für die Geldgeber eine finanzielle Gegenleistung gibt.[33] Daher überwiegt beim Crowdlending die Motivation des Geldgebers, sein Geld mit der größtmöglichen Gewinnerzielung zu investieren. Dazu stellt er gemeinsam mit vielen anderen Anlegern (der „crowd") sein Kapital für Kapitalsuchende zur Verfügung. Auch dieses Modell bedient sich dabei einer Internetplattform, die als Vermittler zwischen Anleger und Kapitalsuchendem fungiert. Über die Plattform wird klassischer Weise zwischen Anleger und Kapitalsuchendem/Darlehensnehmer ein Darlehensvertrag geschlossen.[34] Der Darlehensnehmer zahlt das Darlehen je nach Vereinbarung in Raten oder als gesamte Summe mit einem vereinbarten Zinssatz zurück, welcher für den Anleger die erwirtschaftete Rendite darstellt.[35]

---

31 BaFin zum Crowdinvesting (www.bafin.de/DE/Aufsicht/FinTech/Crowdfunding/Crowdinvesting/crowdinvesting_node.html, zuletzt abgerufen am 16.01.2023); *Eberle*, Peer-to-Peer-Lending, S. 27–28; *Schneider*, WM 2018, 2061. Diese Form des Crowdinvesting nutzt die niederländische Internetplattform Symbid (https://invest.symbid.com/en/how_it_works/, zuletzt abgerufen am 16.01.2023).

32 *Parzinger/Weitnauer*, GWR 2013, 153.

33 *Hertneck*, Peer-to-Peer-Lending, S. 37.

34 *Scholz-Fröhling*, BKR 2017, 133 (134); BaFin zum Crowdlending (www.bafin.de/DE/Aufsicht/FinTech/Crowdfunding/crowdfunding_node.html; www.bafin.de/DE/Aufsicht/FinTech/Crowdfunding/Crowdlending/crowdlending_node.html, beide zuletzt abgerufen am 16.01.2023).

35 Vgl. *Eberle*, Peer-to-Peer-Lending, S. 26; in der Praxis warb 2021 bspw. auxmoney für verschiedenste Zinssätze beruhend auf einem sogenannten auxmoney-Score von 2,00 % bis zu 11,89 % (www.auxmoney.com/infos/faire-gebuehren, zuletzt abgerufen am 21.04.2021); Zopa warb 2021 noch für eine sog. „projected return range" (Zinsen abzüglich eventueller Verluste etwa durch Servicegebühren) mit 2,0 % bis 5,3 % (www.zopa.com/invest, zuletzt abgerufen am 21.04.2021).

Abzugrenzen vom klassischen Crowdlending sind wiederum Projektfinanzierungen etwa über die US-amerikanische Internetplattform Kickstarter.[36] Die Plattform hat sich auf die Unterstützung kreativer Projekte spezialisiert. Anleger können in diese Projekte investieren, wobei jedoch kein Darlehensvertrag zwischen ihnen und dem Kapitelsuchenden geschlossen wird. Vielmehr erhält der Anleger nach der vollständigen Finanzierung des Projekts eine „Belohnung" in Form des entwickelten Endproduktes.[37]

## *II. P2P-Lending*

### *1. Sonderform des Crowdlending*

Das P2P-Lending, welches für Anleger ein modernes und technikbasiertes Modell der Kapitalanlage darstellt, ist eine spezielle Form des Crowdlending und wird daher oftmals auch als P2P-Crowdlending bezeichnet.[38] Ursprünglich stammt der Begriff „Peer-to-Peer" aus der Informatikbranche und beschreibt Netzwerke, in denen Rechner gleichberechtigt und unmittelbar zusammenarbeiten.[39] In den überwiegenden Fällen des P2P-Lending sind die gleichrangigen Beteiligten zwei oder mehrere Privatpersonen, die untereinander einen Darlehensvertrag schließen. Die P2P-Internetplattform ist für die Vermittlung, also das Zusammenführen der Privatpersonen, zuständig. Eine (zwischengeschaltete) Bank als Darlehensgeber ist in dieser Konstellation hingegen grundsätzlich nicht notwendig, da allein Privatpersonen als Darlehensgeber fungieren.[40]

Im Geschäftsverkehr haben sich unter dem Begriff des P2P-Lending jedoch weitere Geschäftsmodelle mit verschiedenen Vertragsgestaltungen herausgebildet. So verbergen sich hinter dem Begriff des P2P-Lending auch Fallgestaltungen, in denen gerade keine Gleichrangigkeit der Beteiligten vorliegt und

---

36 https://kickstarter.com, zuletzt abgerufen am 02.01.2023.

37 Vgl. Ziff. 4 der Nutzungsbedingungen der Kickstarter, Inc. (https://kickstarter.com/terms-of-use?ref=global-footer, zuletzt abgerufen am 02.01.2023). Bei vielen Projekten auf der Plattform kann bereits bei der Investition des Geldes die erwünschte Belohnung ausgewählt werden.

38 Vgl. *Polke*, Crowdlending, S. 31. *Renner* hingegen verwendet den Begriff des Peer-to-Peer Lending als Synonym für Crowdlending (*Renner*, in Möslein/Omlor, FinTech-Handbuch, § 23, Rn. 1).

39 www.itwissen.info/Peer-to-Peer-Netz-peer-to-peer-network-P2P.html, zuletzt abgerufen am 16.06.2022.

40 Vgl. hierzu *Bachmann et al.*, JIBC August 2011, Vol. 16, No. 2, S. 3; *Milne/Parboteeah*, Peer-to-Peer Lending, S. 2.

folglich kein direkter Vertrag zwischen Privatpersonen zustande kommt.[41] Die P2P-Plattform vermittelt den Kredit zwar zwischen Anleger und Kapitalsuchendem, der eigentliche Darlehensvertrag wird allerdings mit einem kreditausgebenden Kreditinstitut (sogenannte Fronting-Bank) geschlossen und im Anschluss die Darlehensforderung vom Kreditinstitut an verschiedene Privatpersonen weiterverkauft.[42] Die Privatperson in Form des Anlegers, die die eigentliche Gleichrangigkeit des P2P-Kredites herstellen würde, ist in diesen „Fronting-Bank-Konstellationen" nicht unmittelbar am Darlehensvertrag beteiligt. Die einzige Parallele ist, dass es sich bei dem Kapitalsuchenden auch um eine Privatperson handeln kann und der kapitalgebende Anleger als Privatperson die Darlehensrückzahlung geltend machen sowie die Zinsen als Rendite erwirtschaften kann.

Daneben sind unter dem Begriff des P2P-Lending auch solche Geschäftsmodelle vertreten, bei denen der Kredit zwischen kleinen Unternehmen und privaten Anlegern vermittelt wird.[43] Die unterschiedlichen Ausgestaltungen des P2P-Lending sind vor allem auf die verschiedenen rechtlichen Rahmenbedingungen in Bezug auf die kapitalmarktrechtliche Erlaubnis der am P2P-Lending Beteiligten zurückzuführen.[44]

Es wird deutlich, dass der Begriff des P2P-Lending nur uneinheitlich verwendet wird und manchmal sogar unpassend erscheint.[45] Da sich der Begriff im Sprachgebrauch jedoch immer mehr verbreitet und vor allem im englischsprachigen Ausland gebraucht wird, soll er auch hier verwendet werden.

---

41 Siehe unter Kapitel 1 § 1 B. noch vertieft zu den verschiedenen Fallgestaltungen. *Eberle*, Peer-to-Peer-Lending, S. 22.

42 Dieses Modell nutzt die Plattform smava, vgl. unter Ziff. B. und C. der AGB der smava GmbH, Stand Januar 2023 (www.smava.de/Downloads/smava_AGB.pdf, zuletzt abgerufen am 16.01.2023), vgl. diese im Anhang 2. Gleichzeitig bietet smava ein weiteres Modell an, bei dem der Kredit durch einen Kreditvergabepartner gewährt wird, Ziff. C. der AGB der smava GmbH, Stand Januar 2023 (www.smava.de/Downloads/smava_AGB.pdf, zuletzt abgerufen am 16.01.2023), vgl. diese im Anhang 2.

43 Dieses Geschäftsmodell betreibt beispielsweise der Plattformanbieter Funding Circle Ltd. (vgl. Ziff. 6 der Investor Terms and Conditions der Funding Circle Ltd., www.fundingcircle.com/uk/legal/investor-terms-and-conditions/, zuletzt abgerufen am 16.01.2023).

44 Siehe unter Kapitel 2 § 2 und § 3 vertieft zu einzelnen beispielhaften regulatorischen Unterschieden.

45 So i.E. auch *Heim*, Kreditaufnahme, S. 190; *Polke*, Crowdlending, S. 31–32; *Siering*, in Möslein/Omlor, FinTech-Handbuch, § 24, Rn. 9.

### 2. *Nachfolgende Verwendung des Begriffs des P2P-Lending*

Der Begriff des P2P-Lending wird daher nachfolgend für folgendes Szenario verwendet: Ein Kapitalsuchender benötigt Geld und mehrere Anleger stellen ihm dieses zur Verfügung, um daraus selbst eine Rendite zu erwirtschaften. Dabei schließt der Kapitalsuchende einen Darlehensvertrag. Es spielt hierbei keine Rolle, ob ein solcher Vertrag unmittelbar zwischen Anleger und Kapitalsuchendem zustande kommt oder mit einem Kreditinstitut als Fronting-Bank. Ebenfalls ist irrelevant, ob es sich bei dem Kapitalsuchenden dabei um einen Unternehmer, als natürliche oder juristische Person, oder um einen Verbraucher handelt.[46] Für die nachfolgende Verwendung des Begriffs des P2P-Lending in Abgrenzung zu anderen Modellen ist ausschlaggebend, dass der Anleger ausschließlich zu privaten Zwecken handelt. Dies spiegelt die ursprüngliche Idee des P2P-Lending – der Gleichrangigkeit der Beteiligten – bestmöglich wider. Darüber hinaus ist diese Konstellation insbesondere für die kollisionsrechtliche Betrachtung von Interesse. Ferner ist für die Verwendung des Begriffs von Bedeutung, dass die Zusammenführung der Parteien über eine P2P-Internetplattform erfolgt.

## § 2 Vorteile und Risiken des Abschlusses von P2P-Krediten über Internetplattformen

Von der Kreditvergabe durch Vermittlung einer Plattform erhoffen sich sowohl Darlehensnehmer als auch Darlehensgeber Vorteile, die die Digitalisierung und folglich das Internet mit sich bringen. Jedoch bestehen insbesondere für den Darlehensgeber beziehungsweise Anleger[47] auch einige nicht unerhebliche Risiken, die der Abschluss eines P2P-Kredites mit sich bringt.

## A. Vorteile für den Darlehensnehmer

Der Darlehensnehmer verfügt anders als der Anleger über vergleichsweise weniger Kapital. Er ist auf finanzielle Unterstützung angewiesen, welche er durch die Gewährung eines Darlehens erhalten kann. Im Vergleich zu der Beantragung

---

46 Für die Begriffe Verbraucher und Unternehmer wird in diesem Zusammenhang zunächst auf die Legaldefinition der §§ 13 und 14 BGB zurückgegriffen.

47 Nachfolgend werden die Begriffe Kapitalsuchender und Darlehensnehmer sowie Anleger und Darlehensgeber für jeweils dieselben Personen verwendet. Die Bezeichnungen variieren lediglich auf Grund des Stadiums der Kreditvergabe. So wird beispielsweise der Kapitalsuchende mit Abschluss des Kreditvertrages zum Darlehensnehmer (vgl. bereits Einleitung).

eines solchen bei einem Kreditinstitut ist das P2P-Lending für den Darlehensnehmer deutlich schneller, mit weniger Aufwand verbunden und hat somit eine höhere Dienstleistungsqualität.[48] So stellt der Kapitalsuchende seine Anfrage bei der Internet-Plattform ohne großen Aufwand. Einzig dafür erforderlich sind ein Internetanschluss und ein Computer oder Smartphone. Der Kapitalsuchende erhält im besten Fall bereits nach kurzer Zeit eine positive Antwort der Plattform und das Geld auf sein Konto transferiert. Die britische Plattform RateSetter und die US-amerikanische Plattform Prosper werben beispielsweise mit einer Auszahlung des Darlehens innerhalb von einem Werktag nach Beantragung des Darlehens oder Erfüllung der erforderlichen Voraussetzungen.[49] Die Beantragung bei einem Kreditinstitut bis hin zur Auszahlung der Darlehenssumme ist im Vergleich dazu deutlich zeitintensiver und mit mehr Bürokratie verbunden.

Einen weiteren Vorteil bietet das P2P-Lending als Alternative für solche Privatpersonen, die auf Grund einer schlechten Bonität bei einer herkömmlichen Bank kein Darlehen bewilligt bekommen.[50] Oftmals werden Darlehen auch bei schlechter Bonität über eine P2P-Plattform vermittelt und letztlich ausgezahlt. Zwar prüfen die P2P-Plattformen die Bonität der einzelnen Darlehensnehmer,[51] allerdings akzeptieren sie oftmals auch ein höheres Ausfallrisiko.[52]

---

48 Im Ergebnis so auch *Lenz*, EJRR 4/2016, 688 (697) sowie in Bezug auf mittelständische Unternehmen *Maier*, Mittelstandskredite in Zeiten des digitalen Wandels, S. 22; *Milne/Paroteeah*, Peer-to-Peer Lending, S. 2.

49 Vgl. Prosper, https://help.prosper.com/hc/en-us/articles/208500876, zuletzt abgerufen am 16.01.2023; RateSetter, www.ratesetter.com/borrow/personal-loans, zuletzt abgerufen am 14.01.2023.

50 *Busch/Mak*, EUCLM 2016, 181. Damit werben auch die P2P-Plattformen, bspw. Bondora (www.bondora.com/de/peer-to-peer-kredite, zuletzt abgerufen am 16.01.2023); eine umfassende Analyse zu den Faktoren, die dazu führen, dass Haushalte mit schlechter Bonität einen schwereren Zugang zu herkömmlichen Krediten haben, bietet *Nieri*, Access to Credit, S. 107–140.

51 So bietet bspw. smava für seine Kunden eine automatische Kontoanalyse an, bei der durch einen einmaligen Zugriff auf das Girokonto des Darlehensnehmers konkrete Informationen über das Einkommen und die Ausgaben erlangt werden und diese als Grundlage für eine mögliche Kreditgewährung genutzt werden, vgl. unter Ziff. C, Automatische Kontoanalyse der AGB der smava GmbH, Stand Januar 2023 (www.smava.de/Downloads/smava_AGB.pdf, zuletzt abgerufen am 16.01.2023), vgl. diese im Anhang 2; in der Literatur dazu auch *Lenz*, EJRR 4/2016, 688 (691), (693), der beschreibt, dass Plattformen auch auf Internetdaten, wie bspw. social media accounts, der Darlehensnehmer zugreifen, um ihre Bonität festzustellen.

52 Vgl. *Jamin*, WiST 2015, 215 (216); *Milne/Paroteeah*, Peer-to-Peer Lending, S. 2; *Renner*, ZBB 2014, 261 (263); kritisch dazu *Lenz*, EJRR 4/2016, 688 (697).

Darüber hinaus bietet das P2P-Lending gegenüber Darlehen konventioneller Banken den Vorteil, dass der Zeitpunkt der Darlehensrückzahlung flexibel geändert und somit auch nach hinten geschoben werden kann oder zwischenzeitlich größere Summen getilgt werden können.[53] Solch eine Flexibilität können und wollen herkömmliche Kreditinstitute ihren Darlehensnehmern im Regelfall aus kalkulatorischen Umsatzgründen nicht bieten.

## B. Vorteile für den Darlehensgeber

Auch für die Darlehensgeber verspricht die Nutzung der P2P-Plattformen meist Vorteile. Jeder Anleger entscheidet sich durch die Nutzung einer P2P-Plattform dazu, sein Anlagekapital zu investieren.[54] Ziel der Investition in Kredite ist das Erwirtschaften einer Rendite in Form von Zinsen. Aber auch persönliche Gründe können für die Nutzung einer P2P-Plattform sprechen. So kann die Motivation, einen Darlehensnehmer bei der Verwirklichung eines bestimmten Projekts zu unterstützen, einen Anleger zur Investition in P2P-Kredite bewegen.[55] Auf Grund der vorherrschenden Anonymität zwischen Darlehensnehmer und Anleger auf den Plattformen sowie des Einsatzes von Automatismen bei der Geldanlage wird dies jedoch im Gegensatz zum Crowdfunding regelmäßig keine Hauptmotivation für den Anleger darstellen.[56]

## C. Risiken für den Darlehensgeber

Neben der Attraktivität des P2P-Lending durch die Investition in Kredite dürfen jedoch nicht die bestehenden Risiken übersehen werden. Beim P2P-Lending gibt es anders als bei den herkömmlichen Banken meist keine Absicherung für den Fall des Ausfalls des Darlehensnehmers.[57] Um dieses Risiko zu verringern, sichern sich manche Plattformen durch das Verlangen einer Sicherheit, wie zum Beispiel einer Sicherungsübereignung bei einem Darlehen für einen

---

53 Dies bietet u.a. die Plattform Zopa noch im Bereich der „Personal loans" an (www.zopa.com/loans, zuletzt abgerufen am 16.01.2023).

54 Vgl. *Müller*, Finanzinstrumente in der Rom I-VO, S. 115. *Müller* unterscheidet diese Form des Anlegers von einem *Kapitalgeber*, der sein Kapital durch „Horten" für die Zukunft spart.

55 *Hertneck*, Peer-to-Peer-Lending, S. 36; *Macchiavello*, CJEL 2015, 521 (538).

56 So i.E. auch *Eberle*, Peer-to-Peer-Lending, S. 21; *Hertneck*, Peer-to-Peer-Lending, S. 36.

57 Vgl. *Busch/Mak*, EuCML 2016, 181.

Fahrzeugkauf, ab.[58] Ferner bieten manche Plattformen für einige Kredite eine Rückkaufgarantie beziehungsweise Rückkaufverpflichtung an.[59] Diese verspricht dem Darlehensgeber einen Rückkauf seiner getätigten Investition zum Nennwert zuzüglich der Zinsen.[60] Allerdings ist für den Rückkauf nicht der Plattformbetreiber zuständig, sondern vielmehr das das Darlehen ausgebende Kreditinstitut. Da es in der Vergangenheit immer wieder auch zu insolvenzbedingten Ausfällen der Kreditinstitute gekommen ist,[61] stellt dieses Modell jedoch keine absolute Risikominimierung für den Darlehensgeber dar.

## D. Ergebnis

Gleichwohl: die Nutzung von P2P-Plattformen stellt für einen Anleger eine attraktive Möglichkeit dar, mit der Aussicht auf eine hohe Rendite und ohne bürokratischen Aufwand Geld zu investieren. Insbesondere die Möglichkeit, das Kapital gestreut auf viele einzelne „Projekte" zu verteilen, macht das P2P-Lending für den Anleger attraktiv. Jedoch ist es auf Grund der nicht vorhandenen Ausfallabsicherung gleichzeitig eine riskante Anlagemöglichkeit. „Ein Mehr an Rendite zieht ein Weniger an Sicherheit mit sich" – und umgekehrt.[62]

---

58 So bei der Plattform Mintos durch die Investition in Schuldverschreibungen (www.mintos.com/de/sicherheit/investieren-und-risiko/, zuletzt abgerufen am 16.01.2023).

59 So die Plattform Mintos (www.mintos.com/de/sicherheit/investieren-und-risiko/, zuletzt abgerufen am 16.01.2023).

60 Mintos zur Rückkaufverpflichtung (www.mintos.com/de/sicherheit/investieren-und-risiko/, zuletzt abgerufen am 16.01.2023).

61 Das Kreditunternehmen Aforti Finance S.A., welches über die Plattform Mintos Darlehen herausgegeben hat, kämpfte seit 2019 mit Schwierigkeiten bei der Rückzahlung an Investoren, sodass Mintos zwischenzeitlich die Vermittlung von Darlehen durch die Aforti Finance S.A. einstellte. Nach einem von Mintos gegen Aforti geführten Gerichtsverfahren konnten im Frühjahr 2021 jedoch alle noch ausstehenden Zahlungen durch Pfändungen bei Aforti an die Anleger weitergeleitet werden. Dass es zu einem für die Anleger positiven Ausgang des Gerichtsverfahrens und der Pfändungen gekommen ist, ist jedoch nicht selbstverständlich und sollte vielmehr als Ausnahme gewertet werden. Vgl. Blogeinträge auf der Website von Mintos insb. vom 07.08.2019 und 23.07.2021 (www.mintos.com/blog/automatische-rueckzahlungen-und-rueckkaeufe-von-aforti-finance-krediten-sind-ab-sofort-auf-mintos-ausgesetzt/; www.mintos.com/blog/von-mintos-angestrengtes-gerichtsverfahren-treibt-anlegergelder-von-aforti-vollstaendig-ein/, zuletzt abgerufen am 16.01.2023).

62 So *Müller*, Finanzinstrumente in der Rom I-VO, S. 116, der davon ausgeht, dass neben der Maximierung der Rendite auch die Maximierung der Sicherheit die Hauptinteressen des Kapitalgebers sind.

# § 3 Untersuchungsgegenstand

Das P2P-Lending ermöglicht es, dass Kapitalsuchende über das Internet ein Darlehen gewährt bekommen, ohne dass dafür der traditionelle Gang zur Bank nötig ist. Anlegern bietet es die Möglichkeit zur unkomplizierten Kapitalanlage. Die beteiligten Parteien können dabei auch tausende Kilometer voneinander entfernt in verschiedenen Staaten den Vertrag online abschließen.[63] Dies wird durch die Internetplattform als Vermittler ermöglicht. Das P2P-Lending stellt als neuartige komplexe Finanzierungsmöglichkeit die klassischen rechtlichen Grundsätze auf eine Probe. So treten bei der Untersuchung des P2P-Lending nicht nur vertragliche, sondern insbesondere auch kollisionsrechtliche Fragen auf.

## A. Abgrenzung zwischen echtem und unechtem P2P-Lending

Schwierig gestaltet sich zunächst die Abgrenzung zwischen dem sogenannten echten und unechten P2P-Lending. Für die Beteiligten ist auf Grund von (irreführender) Werbung und Plattformgestaltungen vor Vertragsabschluss oftmals nicht klar, wer Vertragspartner des Darlehensvertrages wird und ob ein Kreditinstitut beteiligt ist. Diese Unsicherheit geht wiederum einher mit der Frage,

63 Insbesondere über die in Estland und Lettland ansässigen Plattformen wie Mintos oder Bondora werden grenzüberschreitend Kredite vermittelt. Dies liegt vermutlich daran, dass diese Länder (anders als Deutschland) bei der Digitalisierung sehr weit vorangeschritten sind. Ursprünglich gab es bspw. bei der lettischen Plattform EstateGuru die Einschränkung, dass nur Firmen mit Sitz und Bankkonto in Estland, Lettland oder Litauen einen Kredit aufnehmen können (https://estateguru.co/de/kreditnehmer/, zuletzt abgerufen am 22.04.2021). Dies hat der Plattformbetreiber jedoch mittlerweile auf juristische Personen mit Sitz in der EU, deren Beleihungsobjekt sich in Estland, Lettland, Litauen, Finnland, Deutschland, Spanien, Portugal, den Niederlanden, Italien, Großbritannien oder Irland befindet, ausgeweitet (https://estateguru.co/de/borrower/, zuletzt abgerufen am 16.01.2023). Der Investor hingegen muss lediglich ein aktuelles Konto in einem Mitgliedstaat des Europäischen Wirtschaftsraums oder der Schweiz haben (https://estateguru.co/de/faq/, zuletzt abgerufen am 16.01.2023). Über die deutschen Plattformen, wie auxmoney, können hingegen ausschließlich Kreditsuchende einen Kredit vermittelt bekommen, die ihren ständigen Wohnsitz und eine Zustelladresse in der Bundesrepublik Deutschland haben, vgl. § 2 Abs. 1 der Nutzungsbedingungen für Kreditsuchende der auxmoney GmbH, Stand Oktober 2022 (www.auxmoney.com/wp-content/uploads/20221021-Nutzungsbedingugnen-Kreditsuchende-Stand-Oktober-2022.pdf, zuletzt abgerufen am 16.01.2023), vgl. diese im Anhang 1.2.

welche unterschiedlichen Rechtsverhältnisse im gesamten Prozess der Kreditvergabe zustande kommen. Erschwert wird diese Beurteilung auf Grund der Mehrpersonenverhältnisse, an denen diverse Anleger, der Kapitalsuchende, die Internetplattform und wohlmöglich noch ein Kreditinstitut beteiligt sind. Es kommt eine Vielzahl von Einzelverträgen zwischen den Beteiligten zustande, dessen Abgrenzung nicht immer ganz klar ist.[64] Dies liegt unter anderem daran, dass die Plattformbetreiber den Vertragsschluss jeweils unterschiedlich in ihren Allgemeinen Geschäftsbedingungen ausgestalten. Sind am P2P-Lending-Prozess noch weitere Unternehmen wie beispielsweise sogenannte Intermediärgesellschaften mit der Verwaltung der Forderungen beteiligt, entstehen weitere Rechtsbeziehungen, die insbesondere von einem Verbraucher nur schwer zu durchdringen sind.

## B. Rechtliche Rahmenbedingungen für das P2P-Lending

Weiterhin stellen die nationalen Regelungen die Beteiligten des P2P-Lending immer wieder vor Herausforderungen. So können Modelle des P2P-Lending, die in einigen Ländern möglich sind, auf Grund strenger Finanzmarktvorschriften in anderen Ländern nicht umgesetzt werden. Von Interesse innerhalb der verschiedenen nationalen Regelungen ist deshalb, welche Voraussetzungen Anleger, Kapitalsuchende und P2P-Plattformbetreiber erfüllen müssen, um sich am P2P-Lending beteiligen zu können.

Ferner stellt sich die Frage, ob auch Vorschriften der Europäischen Union einen Beitrag zur Regulierung des P2P-Lending leisten können.

## C. Kollisionsrechtliche Fragestellungen

Auf Grund der oftmals grenzüberschreitenden Vertragsschlüsse stellen sich darüber hinaus diverse kollisionsrechtliche Fragen. Insbesondere ist von Bedeutung, welche Rechtsordnung auf die im Rahmen des P2P-Lending geschlossenen Verträge Anwendung findet. Auch wenn das Internationale Privatrecht mit der Rom I-VO[65] aus dem Jahr 2008 bereits aus dem Zeitalter der Digitalisierung stammt, stellt sich die Frage, ob das klassische Kollisionsrecht auf Grund weiterer neuer (digitaler) Entwicklungen an seine Grenzen kommt. So kann es vor

---

64 So auch *Siering*, in Möslein/Omlor, FinTech-Handbuch, § 24, Rn. 45.

65 Verordnung (EG) Nr. 593/2008 des europäischen Parlaments und des Rates vom 17. Juni 2008 über das auf vertragliche Schuldverhältnisse anzuwendende Recht (Rom I), ABl. 2008 L 177/6.

dem Hintergrund des kollisionsrechtlichen Verbraucherschutzes zu Schwierigkeiten kommen, ein einheitliches Recht zu identifizieren. Ist eine Umgehung oder gar ein Ausschluss der kollisionsrechtlichen Verbraucherschutzvorschriften notwendig, um ein einheitliches Recht zur Anwendung zu bringen? Die Beantwortung dieser Frage könnte aus klassischen methodischen Ansätzen, *de lege ferenda*-Regelungen oder aber auch aus einer unionsrechtlichen Betrachtungsweise herrühren. Es stellt sich die Frage, ob die Ausweitung der Harmonisierung des Verbraucherschutzrechts innerhalb der EU ausschlaggebend für eine zukünftige Betrachtung des P2P-Lending sein könnte. In diesem Zusammenhang ist auch von Interesse, ob und inwiefern zwingende Vorschriften eines Staates eine solche europarechtliche Harmonisierung hemmen oder gar verhindern könnten.

Eine besondere Aktualität erlangt die Untersuchung dadurch, dass im Jahr 2021 die Verordnung über Schwarmfinanzierungsdienstleister der EU in Kraft getreten ist (ECSP-VO).[66] Der Frage, ob die Einführung dieser Verordnung einen Beitrag zur einheitlichen kollisionsrechtlichen Betrachtung des P2P-Lending leisten kann, wird ebenfalls nachgegangen.

## § 4 Gang der Untersuchung

Zur Beantwortung der aufgezeigten Fragestellungen werden in Kapitel 1 zunächst die verschiedenen Formen des P2P-Lending herausgearbeitet.[67] Im nächsten Schritt werden im Rahmen der unterschiedlichen Modelle die einzelnen Rechtsverhältnisse identifiziert und daran die entsprechenden vertraglichen Ausgestaltungen untersucht.[68] Dies bildet die Grundlage für den weiteren Gang der Untersuchung, insbesondere für die kollisionsrechtliche Betrachtung.

Um der Frage nachzugehen, warum sich unterschiedliche P2P-Lending-Modelle entwickelt haben, wird in Kapitel 2 ein Überblick über die regulatorischen Rahmenbedingungen für das P2P-Lending in einigen Rechtsordnungen gegeben. Rechtsvergleichend werden neben zwei ausgewählten Mitgliedstaaten

66 Verordnung (EU) 2020/1503 des Europäischen Parlaments und des Rates vom 7. Oktober 2020 über Europäische Schwarmfinanzierungsdienstleister für Unternehmen und zur Änderung der Verordnung (EU) 2017/1129 und der Richtlinie (EU) 2019/1937, ABl. 2020 L 347/1. Die Verordnung wird nachfolgend ECSP-VO (European Crowdfunding Service Providers-VO) genannt.

67 Siehe Kapitel 1 § 1.

68 Siehe Kapitel 1 § 2.

der EU (Deutschland und Österreich)[69] auch die rechtlichen Rahmenbedingungen zweier Drittstaaten (Großbritannien und USA)[70] untersucht. Daneben wird ein Blick auf die neu in Kraft getretene ECSP-VO der EU geworfen und untersucht, ob diese Vorgaben für das P2P-Lending enthält.[71]

Kapitel 3 und 4 bilden den Kern der Untersuchung. Diese widmen sich der kollisionsrechtlichen Betrachtung des P2P-Lending. Dazu werden in Kapitel 3 zunächst sämtliche beim P2P-Lending entstehenden Rechtsverhältnisse nach dem klassischen Kollisionsrecht untersucht. Eine besondere Bedeutung hat dabei die Berücksichtigung des sogenannten Günstigkeitsvergleichs im Rahmen der Rechtswahl zugunsten eines Verbrauchers und die entsprechenden Auswirkungen auf das auf den Vertrag anzuwendende Recht.[72] Daneben spielen klassische kollisionsrechtliche Fragen, wie die Einordnung von Darlehensverträgen oder die Erbringung der charakteristischen Leistung durch einen Verbraucher an einen Unternehmer, eine Rolle. Als eine Art Exkurs wird abschließend in Kapitel 3 die Frage behandelt, in welchem Verhältnis zwingende Erlaubnisvorschriften des deutschen Finanzmarktrechts zu dem nach dem Kollisionsrecht anwendbaren Recht stehen.[73] In Kapitel 4 werden sodann die Probleme der klassischen kollisionsrechtlichen Betrachtung des P2P-Lending aufgezeigt.[74] Darauf aufbauend werden in einem weiteren Schritt verschiedene Lösungsversuche für eine neue kollisionsrechtliche Betrachtung analysiert, neu erarbeitet und bewertet.[75] Diese haben das Ziel, ein einheitliches Recht auf sämtliche Verträge unter Berücksichtigung des Verbraucherschutzes zur Anwendung zu bringen. Schließlich wird ebenfalls in Kapitel 4 eine Empfehlung für die zukünftige Regulierung des P2P-Lending unter Berücksichtigung einer umfassenden Harmonisierung abgegeben.[76]

Die Ergebnisse der Untersuchung werden in Kapitel 5 in Thesen zusammengefasst. Darüber hinaus wird ebenfalls in Kapitel 5 ein Ausblick auf eine mögliche Zukunft des P2P-Lending gegeben.

---

69 Siehe Kapitel 2 § 2.
70 Siehe Kapitel 2 § 3.
71 Siehe Kapitel 2 § 1.
72 Siehe hierzu insb. Kapitel 3 § 3 A. I. 1. b) cc).
73 Siehe Kapitel 3 § 7.
74 Siehe Kapitel 4 § 1.
75 Siehe Kapitel 4 § 3–5.
76 Siehe Kapitel 4 § 6.

# Kapitel 1: Erscheinungsformen und vertragliche Gestaltung des Peer-to-Peer Lending

Die in der Praxis vorkommenden Geschäftsmodelle der Online-Kreditvergabe, die unter dem Begriff des P2P-Lending bekannt sind, sind sehr vielfältig.[1] Im Folgenden werden die verschiedenen Modelle der P2P-Kreditvergabe in Bezug auf ihre vertragliche Ausgestaltung untersucht. Dabei sind die P2P-Modelle, bei denen Kreditsuchende und private Anleger miteinander kontrahieren, von denen abzugrenzen, in denen ein Kreditinstitut als Darlehensgeber fungiert.

## § 1 Erscheinungsformen des P2P-Lending und Funktionsweise

### A. Funktionsweise der Grundstrukturen

Um die einzelnen Modelle des P2P-Lending zu erläutern, wird zunächst der Ablauf beim Abschluss eines P2P-Kreditvertrages dargestellt. Die folgenden Ausführungen orientieren sich dabei an den Geschäftsmodellen der aktuell aktiven Plattformen, wie beispielsweise auxmoney, smava, Mintos oder Prosper, aber auch Zopa.[2]

---

1 Vgl. insofern *Hertneck*, Peer-to-Peer-Lending, S. 41–42; *Polke*, Crowdlending, S. 28–33 sowie *Siering*, in Möslein/Omlor, FinTech-Handbuch, § 23, Rn. 6–13, § 24, Rn. 5–44 und mit einem umfassenden Überblick.

2 Zu Zopa siehe bereits Einleitung, Fn. 15. Es wird darauf hingewiesen, dass insbesondere bei der Untersuchung der unmittelbaren Kreditvermittlung (ohne Kreditinstitut) auch auf die Arbeitsweise und Darstellung von Internetplattformen zurückgegriffen wird, die lediglich die Kreditvermittlung über ein Kreditinstitut anbieten. Dies folgt daraus, dass die unmittelbare Kreditvermittlung zwischen Anleger und Kapitalsuchendem in der Praxis nur wenig verbreitet ist und es somit wenig Referenzmöglichkeiten gibt. Allerdings ist davon auszugehen, dass die grundlegenden Prozesse, wie bspw. die Registrierung auf der Internetplattform, unabhängig vom Modell des P2P-Lending größtenteils identisch verlaufen. Vgl. für einen kurzen Überblick über den Ablauf beim P2P-Lending auch *Kunz*, in Bräutigam/Rücker, E-Commerce, 12. Teil, E., Rn. 90–92.

## *I. Unmittelbare Vermittlung zwischen Anleger und Kapitalsuchendem*

Das Grundprinzip des P2P-Lending besteht darin, dass Anleger und Kapitalsuchender über die Internetplattform miteinander in Verbindung treten.[3] Dabei stellt zunächst der Kapitalsuchende auf der Plattform sein Kreditgesuch ein.[4] Um vollen Zugang zu der Plattform zu erlangen, muss sich der Kapitalsuchende auf der Plattform mit einer E-Mail-Adresse und/oder einer Telefonnummer registrieren. Registrieren können sich nur Personen ab 18 Jahren, die ihren Wohnsitz in dem Staat haben, in dem die Plattform ihre Vermittlung anbietet.[5] Bei der Registrierung müssen Personaldaten, wie Geburtsdatum, Staatsangehörigkeit, Beruf, Anschrift sowie Angaben zu den Einkommens- und Ausgabenverhältnissen angegeben werden.[6]

---

3 Vgl. *Kunz*, in Bräutigam/Rücker, E-Commerce, 12. Teil, E., Rn. 90; *Renner*, ZBB 2014, 261 (262).

4 Vgl. Präambel der Nutzungsbedingungen für Kreditsuchende der auxmoney GmbH, Stand Oktober 2022 (www.auxmoney.com/wp-content/uploads/20221021-Nutzungsbedingugnen-Kreditsuchende-Stand-Oktober-2022.pdf, zuletzt abgerufen am 16.01.2023). Siehe dazu Anhang 1.2.

5 Für die Registrierung bei der Plattform Zopa muss man bspw. seinen Wohnsitz im Vereinigten Königreich haben, Art. 4 der Terms of use von Zopa (www.zopa.com/terms-of-use, zuletzt abgerufen am 16.01.2023), vgl. diese im Anhang 3.1; für die Registrierung bei der Plattform auxmoney muss der Kreditsuchende hingegen seinen ständigen Wohnsitz sowie seine Zustelladresse in der Bundesrepublik Deutschland haben, § 2 Abs. 1 der Nutzungsbedingungen für Kreditsuchende der auxmoney GmbH, Stand Oktober 2022 (www.auxmoney.com/wp-content/uploads/20221021-Nutzungsbedingugnen-Kreditsuchende-Stand-Oktober-2022.pdf, zuletzt abgerufen am 16.01.2023), vgl. diese im Anhang 1.2; vgl. zur umfassenden Darstellung auch *Eberle*, Peer-to-Peer-Lending, S. 102–105. Anders ist dies hingegen bei der Registrierung auf der Plattform Bondora. Dort ist es ausreichend, dass der Nutzer seinen ständigen Wohnsitz in der EU oder in der Schweiz hat und über ein Konto bei einer Bank im Europäischen Wirtschaftsraum oder der Schweiz verfügt, Ziff. 2.3 der Nutzungsbedingungen der Bondora Capital OÜ (www.bondora.com/de/terms, zuletzt abgerufen am 16.01.2023).

6 So etwa § 2 Abs. 2 lit. a der Nutzungsbedingungen für Kreditsuchende der auxmoney GmbH, Stand Oktober 2022 (www.auxmoney.com/wp-content/uploads/20221021-Nutzungsbedingugnen-Kreditsuchende-Stand-Oktober-2022.pdf, zuletzt abgerufen am 16.01.2023), vgl. diese im Anhang 1.2.

Nach einer erfolgreichen Registrierung kann der Kapitalsuchende sein Finanzgesuch auf der Plattform inserieren, wobei meist auch ein Verwendungszweck angegeben werden muss.[7] Daraufhin prüft die Internetplattform automatisiert die Bonität des Kapitalsuchenden und somit seine Kreditwürdigkeit. Dafür haben die Plattformen meist eigene Prüfverfahren entwickelt.[8] Wenn die Plattform die Kreditwürdigkeit des Kapitalsuchenden bestätigt hat, veröffentlicht diese das Kreditgesuch für eine Vielzahl potenzieller Anleger.[9] Der Zinssatz wird dabei meist vom Kapitalsuchenden festgelegt,[10] muss aber dem von der Plattform vorgeschriebenen Mindestzinssatz entsprechen.[11] Der Anleger kann sich daraufhin für ein bestimmtes Kreditgesuch und somit zur Kreditvergabe entscheiden.[12]

Für die erfolgreiche Vermittlung zwischen Anleger und Kapitalsuchendem verlangt die Plattform eine Vermittlungsgebühr, die vom Kapitalsuchenden („Borrowing Fee") und/oder Anleger („Lending Fee") gezahlt werden muss und

---

7 So kann bei der Plattform auxmoney zwischen den Kategorien Möbel/Umzug, Urlaub, PC/HiFi/TV/Video, Existenzgründung, Ausbildungsfinanzierung, Ablöse anderer Kredite, Ausgleich Girokonto/Dispo, Auto oder Sonstiges ausgewählt werden (www.auxmoney.com/kredit/darlehen-privatkredit.html, zuletzt abgerufen am 14.06.2022).

8 Beispielsweise erstellte die Plattform auxmoney dazu in der Vergangenheit einen eigenen „auxmoney-Score", welcher die Scoreklassen „AA", „A", „B", „C", „D" und „E" unterschied, welche die Ausfallrisiken klassifizierten, wobei Klasse „E" das höchste Ausfallrisiko darstellte, vgl. § 2 Abs. 3 der Nutzungsbedingungen für Kreditsuchende der auxmoney GmbH, Stand November 2020 (www.auxmoney.com/contact/dokumente/Nutzungsbedingungen_Kreditsuchende.pdf, zuletzt abgerufen am 14.06.2022), vgl. diese im Anhang 1.1. Die Einteilung in explizite Klassen nimmt die Plattform laut der aktuellen AGB mittlerweile nicht mehr vor (vgl. www.auxmoney.com/wp-content/uploads/20221021-Nutzungsbedingugnen-Kreditsuchende-Stand-Oktober-2022.pdf, zuletzt abgerufen am 16.01.2023). Die Plattform Prosper wiederum erstellt eine sog. Dept-to-income ratio, um das Verhältnis zwischen Verschuldung und Einkommen in einer Prozentzahl darzulegen, vgl. No. 4 (ii) des Borrrower Registration Agreement der Prosper Funding LLC. (www.prosper.com/account/common/agreement_view.aspx?agreement_type_id=7, zuletzt abgerufen am 16.01.2023); *Berger/Skiera*, KuK 2012, 289 (295).

9 *Renner*, ZBB 2014, 261 (263).

10 Vgl. § 7 Abs. 1 der Nutzungsbedingungen für Kreditsuchende der auxmoney GmbH, Stand Oktober 2022 (www.auxmoney.com/wp-content/uploads/20221021-Nutzungsbedingugnen-Kreditsuchende-Stand-Oktober-2022.pdf, zuletzt abgerufen am 16.01.2023), siehe dazu Anhang 1.2.

11 *Hertneck*, Peer-to-Peer-Lending, S. 44.

12 So u.a. auch *Renner*, in Möslein/Omlor, FinTech-Handbuch, § 23, Rn. 3.

sich individuell nach der Kreditlaufzeit und der Bonität des Kapitalsuchenden richtet.[13]

Die Darlehenssumme wird an den Kapitalsuchenden ausgezahlt, sobald die Summe durch genügend Anleger abgedeckt ist.[14] Das bedeutet, dass die Darlehenssumme meist nicht nur durch einen einzigen, sondern von einer Vielzahl von Anlegern finanziert wird.

## *II. Mittelbare Vermittlung zwischen Anleger und Kreditsuchendem*

Je nach Ausgestaltung der länderspezifischen Rechtsvorschriften kann die Kreditvergabe zwischen Anleger und Kreditsuchendem auch mittelbar über die Plattform vermittelt werden.[15] In solchen Konstellationen gibt es neben dem Kreditsuchenden, den Anlegern und der Internetplattform einen weiteren Beteiligten in Form eines Kreditinstituts.

In diesem Modell vermittelt die Plattform den Kreditsuchenden an ein Kreditinstitut, welches das Darlehen gewährt.[16] Bei den Kreditinstituten handelt es sich meist um Kooperationsbanken der Plattformen.[17] In einem weiteren Schritt

---

13 So muss bspw. bei der finnischen Plattform Fellow Finance vom Kapitalsuchenden eine einmalige Vermittlungsgebühr in Höhe von 2,3 % bis 6 % der Darlehenssumme (maximal 150,00 €) sowie eine monatliche Verwaltungs- und Kontoführungsgebühr in Höhe von 0,4 % bis 1,0 % der Darlehenssumme gezahlt werden (www.fellowfinance.de/allgemeines/preise, zuletzt abgerufen am 17.06.2022). Diese konkreten Zahlen lassen sich mittlerweile nicht mehr auf der Plattformseite finden. Die Plattform Zopa verlangte hingegen Gebühren sowohl vom Anleger als auch vom Kapitalsuchenden, vgl. Part B, Principle 2 der Zopa Investor Prinicples (www.zopa.com/investor-principles, zuletzt abgerufen am 16.01.2023), siehe diese in Anhang 3.2; *Dierks*, The regulation of peer-to-peer lending platforms, S. 27; *Renner*, in Möslein/Omlor, FinTech-Handbuch, § 23, Rn. 4.

14 *Bachmann et al.*, JIBC August 2011, Vol. 16, No. 2, S. 7; *Berger/Skiera*, KuK 2012, 289 (301).

15 Siehe hierzu insbesondere Kapitel 2 § 2 zu den rechtlichen Rahmenbedingungen in Deutschland und Österreich.

16 Vgl. § 8 der Nutzungsbedingungen für Kreditsuchende der auxmoney GmbH, Stand Oktober 2022 (www.auxmoney.com/wp-content/uploads/20221021-Nutzungsbedingugnen-Kreditsuchende-Stand-Oktober-2022.pdf, zuletzt abgerufen am 16.01.2023), siehe dazu Anhang 1.2; Ziff. B. und C. der AGB der smava GmbH, Stand Januar 2023 (www.smava.de/Downloads/smava_AGB.pdf, zuletzt abgerufen am 16.01.2023), siehe diese in Anhang 2; *Hertneck*, Peer-to-Peer-Lending, S. 42.

17 Kooperationspartner der smava GmbH sind u.a. die solarisBank AG, BNP Paribas S.A., die Commerzbank AG, die Deutsche Kreditbank AG, die Postbank, Stand Februar 2022 (www.smava.de/partnerbanken-kreditvergabepartner.html, zuletzt abgerufen am

tritt das Kreditinstitut die Forderung dann an den jeweiligen Anleger ab.[18] Ein Darlehensvertrag kommt folglich nur zwischen Kapitalsuchendem und dem Kreditinstitut, nicht aber zwischen Kapitalsuchendem und Anleger zustande.

Der Prozess bis zur Gewährleistung des Darlehens unterscheidet sich vom Grundsatz her jedoch nicht von der unmittelbaren Kreditvergabe zwischen Anleger und Kapitalsuchendem über die Plattform. Auch in diesem Modell muss sich der Kapitalsuchende zunächst auf der Plattform registrieren und es wird eine Bonitätsprüfung durchgeführt. Danach werden dem Kapitalsuchenden verschiedene Angebote der Kreditinstitute zum Abschluss eines Darlehensvertrages unterbreitet, auf dessen Grundlage dann der Darlehensvertrag zustande kommen kann.

## B. Konkrete Erscheinungsformen des P2P-Lending

### *I. Echtes P2P-Lending*

Bei der unmittelbaren Vermittlung zwischen Anleger und Kapitalsuchendem ohne zwischengeschaltetes Kreditinstitut kommt der Darlehensvertrag direkt zwischen Anleger und Kapitalsuchendem zustande. Dieses Modell des P2P-Lending wird auch als „echtes" P2P-Lending bezeichnet.[19]

Das echte P2P-Lending steht sinnbildlich für die Idee des P2P-Lending: Privatpersonen schließen einen Darlehensvertrag ohne Kreditinstitut. Im Wirtschaftsalltag wird das echte P2P-Lending von deutschen P2P-Plattformen auf Grund der einschränkenden rechtlichen Rahmenbedingungen nicht angeboten.[20] In anderen Ländern, wie beispielsweise in Großbritannien, ist dies leichter möglich.[21]

---

16.01.2023). Kooperationspartner der auxmoney GmbH sind die Süd-West-Kreditbank Finanzierung GmbH sowie die flatexDERIGO Bank AG (www.auxmoney.com/infos/partner, zuletzt abgerufen am 16.01.2023).

18 Vgl. § 8 Abs. 2 und 3 der Nutzungsbedingungen für Kreditsuchende der auxmoney GmbH, Stand Oktober 2022 (www.auxmoney.com/wp-content/uploads/20221021-Nutzungsbedingugnen-Kreditsuchende-Stand-Oktober-2022.pdf, zuletzt abgerufen am 16.01.2023), siehe dazu Anhang 1.2; *Hertneck*, Peer-to-Peer-Lending, S. 42.

19 Diese Begrifflichkeit hat zunächst *Renner*, ZBB 2014, 261 (263) verwendet.

20 Siehe Kapitel 2 § 2 A. vertieft zu den rechtlichen Rahmenbedingungen des P2P-Lending in Deutschland; so auch *Auer*, jM2020, 298 (299).

21 Siehe Kapitel 2 § 3 A. vertieft zu den rechtlichen Rahmenbedingungen des P2P-Lending in Großbritannien. Ursprünglich bot die britische Plattform Zopa das Modell des echten P2P-Lending an. Seit Juni 2020 besitzt die Plattform mit der Zopa Bank jedoch eine Banklizenz, sodass seitdem die Darlehensverträge über die Zopa Bank zustande

Der Begriff des echten P2P-Lending wird in der deutschen Literatur mittlerweile überwiegend verwendet.[22] So wird die Bezeichnung auch im Folgenden dann verwendet, wenn eine vertragliche Beziehung unmittelbar zwischen Anleger und Kapitalsuchendem besteht. Anleger und Darlehensgeber sind insofern personenidentisch.[23]

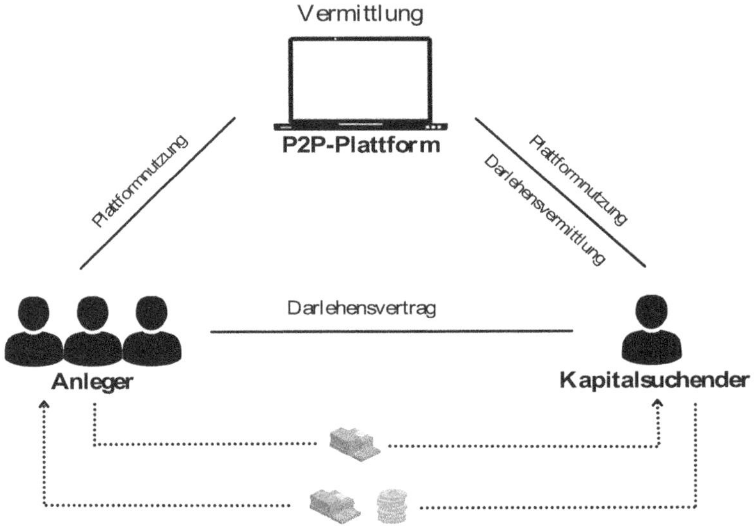


**Abbildung 1:** *Echtes P2P-Lending*[24]

## *II. Unechtes P2P-Lending*

Das unechte P2P-Lending unterscheidet sich vom echten P2P-Lending dadurch, dass keine unmittelbare Vertragsbeziehung zwischen Anleger und

---

kommen (www.zopa.com/about/our-story, zuletzt abgerufen am 03.01.2023). Echtes P2P-Lending bietet die Plattform daher nicht mehr an (vgl. www.zopa.com/invest, zuletzt abgerufen am 16.01.2023).

22 So nutzen die Unterscheidung „echt" und „unecht" u.a. *Auer*, jM 2020, 298 (299); *Eberle*, Peer-to-Peer-Lending, S. 36; *Polke*, Crowdlending, S. 29; *Renner*, ZBB 2014, 261 (263) sowie *ders.*, in Möslein/Omlor, FinTech-Handbuch, § 23, Rn. 6–13; *Stamm*, in Habersack/Mülbert/Schlitt, Unternehmensfinanzierung, Rn. 23.98–23.100; *Veith*, BKR 2016, 184 (187).

23 So auch *Wendelstein*, GPR 2021, 220 (221).

24 Eigene Darstellung zum echten P2P-Lending.

Kapitalsuchendem besteht.[25] In diesem Geschäftsmodell wird ein Kreditinstitut mit einbezogen, welches als Darlehensgeber fungiert. Anleger und Darlehensgeber sind also nicht personenidentisch. Die Folge ist, dass zwischen dem Anleger und dem Kapitelsuchenden keine Vertragsbeziehung besteht. Im Folgenden wird daher für solche Konstellationen, in denen das Kreditinstitut das Darlehen ausgibt, der Begriff des unechten P2P-Lending verwendet. Auch hier ist es dabei ohne Bedeutung, ob es sich bei dem Kapitalsuchenden um Verbraucher oder Unternehmer handelt. Der Anleger hingegen handelt bei dem hier betrachteten unechten P2P-Lending ausschließlich als Verbraucher zu privaten Zwecken.

Im Laufe der Zeit haben sich zwei verschiedene Modelle des unechten P2P-Lending herausgebildet.

### 1. *Abtretungsmodell*

Das sogenannte Abtretungsmodell wird grundsätzlich von deutschen P2P-Plattformen als Geschäftsmodell verwendet.[26] Es ist eine Unterform des unechten P2P-Lending. Dieses Modell hat sich vor allem vor dem Hintergrund der Regularien des Kreditwesengesetzes (KWG) herausgebildet.[27] Dabei kommt, anders als der Begriff des P2P-Lending es vermuten lässt, der Darlehensvertrag zwischen dem Kapitalsuchenden und einem Kreditinstitut und gerade nicht mit dem Anleger zustande.[28]

Der Kapitalsuchende veröffentlicht dafür wiederum zunächst sein Kreditgesuch auf der P2P-Plattform. Daraufhin müssen genügend private Anleger auf der Plattform angeben, dass sie sich mit einer gewissen Summe an der vom

---

25 Neben dieser Bezeichnung haben sich auch weitere Begrifflichkeiten für dieses Modell, wie z.B. der Begriff des „zweistufigen Crowdlending", entwickelt; so *Riethmüller*, DB 2015, 1451 (1456).

26 Vgl. § 8 Abs. 1 und 3 der Nutzungsbedingungen für Kreditsuchende der auxmoney GmbH, Stand Oktober 2022 (www.auxmoney.com/wp-content/uploads/20221021-Nutzungsbedingugnen-Kreditsuchende-Stand-Oktober-2022.pdf, zuletzt abgerufen am 16.01.2023), siehe dazu Anhang 1.2; *Renner*, in Möslein/Omlor, FinTech-Handbuch, § 23, Rn. 9; *Eberle*, Peer-to-Peer-Lending, S. 37; *Hertneck*, Peer-to-Peer-Lending, S. 42.

27 Siehe zur Erlaubnispflicht nach dem KWG Kapitel 2 § 2 A. I.

28 Vgl. § 8 Abs. 3 der Nutzungsbedingungen für Kreditsuchende der auxmoney GmbH, Stand Oktober 2022 (www.auxmoney.com/wp-content/uploads/20221021-Nutzungsbedingugnen-Kreditsuchende-Stand-Oktober-2022.pdf, zuletzt abgerufen am 16.01.2023), siehe dazu Anhang 1.2; *Eberle*, Peer-to-Peer-Lending, S. 37, 99; *Hertneck*, Peer-to-Peer-Lending, S. 42; *Renner*, ZBB 2014, 261 (264); *ders.*, in Möslein/Omlor, FinTech-Handbuch, § 23, Rn. 9–10; *Riethmüller*, DB 2015, 1451 (1456).

Kapitalsuchenden geforderten Darlehenssumme beteiligen wollen.[29] In Folge kommt zwischen den verschiedenen Anlegern, den sogenannten „Schwarminvestoren",[30] und der Bank jeweils ein Vertrag zustande.[31] Der Kapitalsuchende und die jeweiligen Anleger bleiben untereinander anonym.[32] Der Vertrag zwischen dem einzelnen Anleger und der Bank beinhaltet den Erwerb der (zukünftigen) Teilforderungen aus dem Darlehensvertrag zwischen der Bank und dem Kapitalsuchenden durch den jeweiligen Anleger. Dieser Vertrag steht unter der aufschiebenden Bedingung des wirksam zustande gekommenen Darlehensvertrages zwischen Bank und Kapitalsuchendem sowie der Auszahlung des Darlehens an den Kapitalsuchenden.[33] Der Darlehensvertrag ist so lange schwebend unwirksam, bis das Volumen des Kreditgesuchs des Kapitalsuchenden erreicht wurde.[34] Nach Auszahlung der Darlehenssumme an den Kapitalsuchenden

---

29 Vgl. § 2 Abs. 1 des Mustervertrages über den Verkauf und die Abtretung einer zukünftigen Verbraucherdarlehensforderung (www.auxmoney.com/wp-content/uploads/20211213-Forderungskaufvertrag-final.pdf, zuletzt abgerufen am 16.01.2023), siehe diesen im Anhang 1.4; sowie § 8 Abs. 4 lit. d der Nutzungsbedingungen für Anleger der auxmoney GmbH, Stand Mai 2022 (www.auxmoney.com/wp-content/uploads/20220427-Nutzungsbedingungen-Anleger-Stand-Mai-2022.pdf, zuletzt abgerufen am 16.01.2023), siehe dazu Anhang 1.3.

30 *Riethmüller*, DB 2015, 1451 (1456).

31 Vgl. § 2 des Mustervertrages über den Verkauf und die Abtretung einer zukünftigen Verbraucherdarlehensforderung der auxmoney GmbH (www.auxmoney.com/wp-content/uploads/20211213-Forderungskaufvertrag-final.pdf, zuletzt abgerufen am 16.01.2023), siehe diesen im Anhang 1.4; *Renner*, in Möslein/Omlor, FinTech-Handbuch, § 23, Rn. 11; *Riethmüller*, DB 2015, 1451 (1456); für die rechtliche Einordnung des Vertrages siehe Kapitel 1 § 2 B. II.

32 Vgl. Prosper Privacy Policy & Federal Privacy Notice (www.prosper.com/plp/legal/privacy-policy/, zuletzt abgerufen am 16.01.2023); Ziff. 11.2 der Lender Platform Terms and Conditions der Lending Works Ltd., April 2020 (www.lendingworks.co.uk/docs/lender-platform-terms-and-conditions, zuletzt abgerufen am 16.01.2023). Siehe dazu auch Kapitel 4 § 1 C.

33 Vgl. § 4 Abs. 1 des Mustervertrages über den Verkauf und die Abtretung einer zukünftigen Verbraucherdarlehensforderung der auxmoney GmbH (www.auxmoney.com/wp-content/uploads/20211213-Forderungskaufvertrag-final.pdf, zuletzt abgerufen am 16.01.2023), siehe diesen im Anhang 1.4; in der Literatur u.a. *Eberle*, Peer-to-Peer-Lending, S. 37–38; *Siering*, in Möslein/Omlor, Fintech-Handbuch, § 24, Rn. 58, 59; *Veith*, BKR 2016, 184 (188). *Siering* beschreibt jedoch auch die Möglichkeit, dass der Vertrag unter auflösender Bedingung geschlossen wird. Dann kommt zunächst ein Vertrag zustande, endet jedoch wieder, wenn die Höhe des Kreditgesuchs des Kapitalsuchenden nicht erreicht wird.

34 So auch *Siering*, in Möslein/Omlor, FinTech-Handbuch, § 24, Rn. 59.

werden die (Teil-)Rückzahlungs- und Zinsansprüche von der Bank an den jeweiligen Anleger abgetreten.

Bei diesem Abtretungsmodell werden – zumindest indirekt – der Kapitalsuchende und der einzelne Anleger über die P2P-Plattform zusammengeführt. Jedoch ist die Bank der alleinige Vertragspartner sowohl des Kapitalsuchenden als auch des Anlegers.[35]

Innerhalb des Abtretungsmodells wird in der Literatur vereinzelt zwischen der einfachen und der gestreckten Forderungsabtretung unterschieden.[36] Auf diese Unterscheidung soll nur der Vollständigkeit halber eingegangen werden, da das Modell der gestreckten Forderungsabtretung in der Praxis keine Anwendung findet.[37] Die einfache Forderungsabtretung beschreibt das Modell der Forderungsabtretung von der Bank direkt an den Anleger, wohingegen bei der gestreckten Forderungsabtretung zwischen dem Kreditinstitut und dem Darlehensnehmer noch eine sogenannte Intermediärgesellschaft zwischengeschaltet wird.[38] Diese arbeitet mit dem Plattformbetreiber und dem Kreditinstitut zusammen. Das das Darlehen ausgebende Kreditinstitut ist im Regelfall nicht auf das P2P-Lending spezialisiert. Die Zwischenschaltung einer Intermediärgesellschaft kann ihm, beispielweise durch standardisierte Prozesse der Intermediärgesellschaft, Kosten- und Zeitersparnisse bringen. Das Kreditinstitut ist dadurch nicht mehr für die weitere Abwicklung der P2P-Kredite und den Verkauf der Forderungen zuständig.

Als Fazit ist festzuhalten: Beim gängigen Abtretungsmodell kommt kein direkter Darlehensvertrag zwischen Kapitalsuchendem und Anleger zustande. Vielmehr kommt der Darlehensvertrag zwischen dem Kapitalsuchenden und dem Kreditinstitut sowie ein Forderungskaufvertrag[39] zwischen Anleger und Bank zustande.

---

35 So bereits *Eberle*, Peer-to-Peer-Lending, S. 38.

36 So nur *Polke*, Crowdlending, S. 29–30.

37 Entgegen *Polke*, der dies als gängige Praxis beschreibt, ergibt eine aktuelle Recherche ein anderes Ergebnis: So tritt insbesondere die Credit Connect GmbH (auxmoney) nicht die Forderungen an den Anleger ab, sondern verwaltet diese lediglich (vgl. Präambel sowie § 9 Abs. 2 der Nutzungsbedingungen für Anleger der auxmoney GmbH, Stand Mai 2022 (www.auxmoney.com/wp-content/uploads/20220427-Nutzungsbedi ngungen-Anleger-Stand-Mai-2022.pdf, zuletzt abgerufen am 16.01.2023), siehe diese in Anhang 1.3.

38 Nur *Polke*, Crowdlending, S. 29–30.

39 Zur rechtlichen Einordnung siehe Kapitel 1 § 2 B. II.

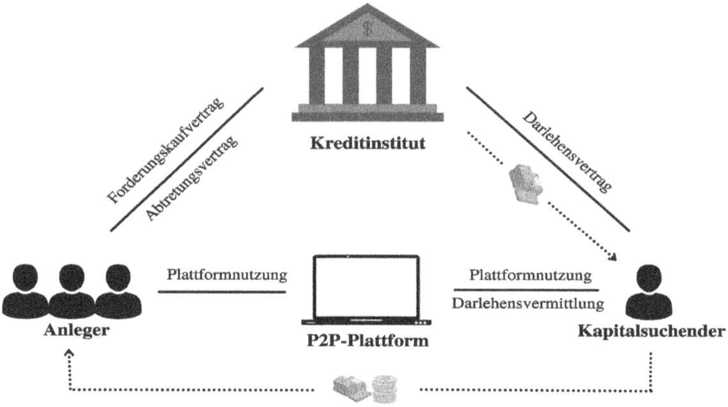


**Abbildung 2:** *Unechtes P2P-Lending*[40]

## *2. Anleihenmodell bzw. wertpapierbasiertes P2P-Lending*

Neben dem Abtretungsmodell hat sich das sogenannte Anleihenmodell entwickelt, das insbesondere den Geschäftsmodellen der US-amerikanischen P2P-Plattformen zugrunde liegt.[41] Dieses Modell des P2P-Lending wird auch wertpapierbasiertes P2P-Lending genannt.[42] Auch bei diesem Modell kommt kein Vertrag zwischen Kapitalsuchendem und Anleger zustande.[43] Zunächst wird wie beim Abtretungsmodell zwischen dem Kapitalsuchenden und der Bank ein Darlehensvertrag geschlossen. Allerdings wird die Darlehenssumme nicht unmittelbar an den Darlehensnehmer ausgezahlt, sondern es erfolgt eine Übertragung der Forderung auf die Plattform oder auf eine mit ihr verbundene (Zweck)-Gesellschaft.[44] Anschließend erwirbt der jeweilige Anleger von der Plattform oder von einer mit ihr verbundenen (Zweck)-Gesellschaft Anleihen, das heißt verzinste Wertpapiere, welche den Darlehensrückzahlungsanspruch sowie etwaige Zinsansprüche verbriefen.[45] Nach Erwerb der Anleihen besteht

---

40 Eigene Darstellung zum unechten P2P-Lending (mit einfacher Forderungsübertragung).

41 *Eberle*, Peer-to-Peer-Lending, S. 38–39; *Hertneck*, Peer-to-Peer-Lending, S. 42; *Renner*, in Möslein/Omlor, FinTech-Handbuch, § 24, Rn. 29. Zu der Regulierung von P2P-Plattformen in den USA siehe Kapitel 2 § 3 B.

42 *Quarch*, Regulierung des Crowdlending, S. 75.

43 Vgl. auch *Renner*, in Möslein/Omlor, FinTech-Handbuch, § 24, Rn. 29.

44 *Eberle*, Peer-to-Peer-Lending, S. 38.

45 So *Eberle*, Peer-to-Peer-Lending, S. 38; *Renner*, ZBB 2014, 261 (264); bei Prosper nennen sich diese Anleihen „Borrower Payment Dependent Note" (www.prosper.

für den Anleger die Möglichkeit, diese auf einem Sekundärmarkt weiter zu veräußern.[46] Somit kommt auch beim Anleihenmodell lediglich ein Vertrag zwischen der Bank und dem Kapitalsuchenden sowie zwischen der Bank und dem Anleger zustande.

## § 2 Vertragliche Ausgestaltungsmöglichkeiten

Im Rahmen der Vermittlung von Darlehen über eine P2P-Plattform kommen zwischen den verschiedenen Beteiligten diverse Rechtsbeziehungen zustande. Diese unterscheiden sich insbesondere danach, ob das Geschäftsmodell des echten oder des unechten P2P-Lending angewandt wird. Diese verschiedenen Rechtsbeziehungen werden im Folgenden auf Grundlage des deutschen Rechts untersucht. Die Vertragsbeziehungen kommen nach den Regeln der Rechtsgeschäftslehre zustande, wobei die Beteiligten über den Plattformbetreiber zusammenfinden. Dieser agiert dabei oftmals als Stellvertreter des Anlegers oder Kapitalsuchenden.[47]

### A. Echtes P2P-Lending

#### *I. Darlehensvertrag zwischen Anleger und Kapitalsuchendem*

Vermittelt die P2P-Plattform beim echten P2P-Lending den Anleger unmittelbar an den Kapitalsuchenden, kommt zwischen dem Anleger und dem Kapitalsuchenden ein Darlehensvertrag gemäß § 488 BGB zustande.

##### *1. Möglichkeiten des Vertragsschlusses*

Beim Abschluss des Darlehensvertrages zwischen Anleger und Kapitalsuchendem wird für die Abgabe und den Zugang von Willenserklärungen ausschließlich die P2P-Plattform als Kommunikationsmittel genutzt.

---

com/published/sec/listing/2021/listing_20210502-1200.htm, zuletzt abgerufen am 16.01.2023).

46 *Eberle*, Peer-to-Peer-Lending, S. 39; *Renner*, in Möslein/Omlor, FinTech-Handbuch, § 23, Rn. 12, zit. n. „Credit Crunch gives 'Mircrolending' a Boost", Wallstreet Journal, 26.09.2010.

47 *Wendelstein*, GPR 2021, 220 (221).

### *a) (manuelles) Angebot unter aufschiebender Bedingung*

Im Rahmen des Vertragsschlusses kann die Willenserklärung manuell durch die Eingabe – den „Mausklick" – auf der P2P-Plattform abgegeben werden.[48] Da die Übermittlung der Erklärung ausschließlich über die Plattform stattfindet, handelt es sich um eine elektronische Willenserklärung. Diese wird durch Eingabe des Sendebefehls abgegeben.[49]

Stellt ein Kapitalsuchender sein Kreditgesuch auf der P2P-Plattform ein, gibt er damit ein (manuelles) Angebot zum Abschluss eines Darlehensvertrages unter aufschiebender Bedingung ab.[50] Das Einstellen des Kreditgesuchs stellt allerdings nur dann eine Willenserklärung dar, wenn dieses hinreichend bestimmt und an einen Empfänger gerichtet ist. Der Kapitalsuchende bestimmt sein Kreditgesuch im Regelfall in der Form, dass er angibt, welche Höhe Darlehen, Zinsen und Laufzeit haben sollen.[51] An eine bestimmte Person richtet sich das Kreditgesuch hingegen nicht. Vielmehr sollen durch das Gesuch erst potenzielle Vertragspartner darauf aufmerksam werden. Das Kreditgesuch und somit das Angebot richtet sich daher an einen zunächst unbestimmten Personenkreis – es stellt folglich eine *offerta ad incertas personas* dar.[52] Dieses Angebot

---

48 So unter anderem auch bei auxmoney, vgl. § 8 Abs. 4 lit. a und b der Nutzungsbedingungen für Anleger der auxmoney GmbH, Stand Mai 2022 (www.auxmoney.com/wp-content/uploads/20220427-Nutzungsbedingungen-Anleger-Stand-Mai-2022.pdf, zuletzt abgerufen am 16.01.2023), siehe dazu Anhang 1.3.

49 *Einsele*, in MüKo, BGB, § 130, Rn. 13; *Fritzsche/Malzer*, DNotZ 1995, 3 (11).

50 Vgl. *Hertneck*, Peer-to-Peer-Lending, S. 51.

51 Vgl. § 5 der Nutzungsbedingungen für Anleger der auxmoney GmbH, Stand Mai 2022 (www.auxmoney.com/wp-content/uploads/20220427-Nutzungsbedingungen-Anleger-Stand-Mai-2022.pdf, zuletzt abgerufen am 16.01.2023), siehe dazu Anhang 1.3.

52 Vgl. zur offerta ad incertas personas u.a. *Busche*, in MüKo, BGB, § 145, Rn. 15–16; *Fritzsche*, JA 2006, 674 (675). *Rademacher/Schulze* gehen hingegen davon aus, dass eine offerta ad incertas personas meist noch kein Angebot darstellt, da regelmäßig der Abschlusswille des Antragenden fehlt (*Rademacher/Schulze*, in NK-BGB, § 145 BGB, Rn. 4). *Hertneck* hingegen sieht in Bezug auf P2P-Kredite das Einstellen eines Kreditgesuchs als eine inivitatio ad incertas personas an (*Hertneck*, Peer-to-Peer-Lending, S. 51). Folglich wird nach seiner Ansicht ein Angebot zum Abschluss des Darlehensvertrages erst vom Anleger abgegeben. Dies entspricht jedoch nicht der Praxis und muss folglich auch rechtlich anders gewertet werden. Die britische Plattform Lending-Works Ltd. beispielsweise bot in der Vergangenheit die Vermittlung von echten P2P-Krediten an, bei denen der Vertrag erst durch die Annahme des Angebots durch den Anleger zustande kommt. Die Abgabe eines Angebotes durch den Anleger war nicht erforderlich, Ziff. 10.8. der Borrower Plattform Terms and Conditions, March 2022, der Lending-Works Ltd. (www.lendingworks.co.uk/legal-information, zuletzt abgerufen

kann dann von einem oder mehreren Anlegern angenommen werden. Auch dies kann manuell geschehen. Dafür gibt der jeweilige Anleger den Betrag an, den er als Darlehenssumme zur Verfügung stellen möchte.[53] Durch diese Angabe nimmt er das Angebot des Kapitalsuchenden in der Höhe an, die er investieren möchte. Allerdings steht der Darlehensvertrag gemäß § 158 Abs. 1 BGB unter der aufschiebenden Bedingung, dass sich genügend Vertragspartner finden, die das Kreditgesuch finanzieren. Nehmen zu wenige Anleger das Angebot des Kapitalsuchenden an, mit der Folge, dass nicht die gesamte Darlehenssumme finanziert wird, kommt mit keinem der Anleger ein Darlehensvertrag zustande.[54]

### *b) Angebot und Annahme bei automatisiert und autonom agierenden Plattformen*

Neben dieser manuellen Abgabe von Willenserklärungen sind auch automatisierte oder sogar autonome Vorgänge für den Vertragsschluss möglich. So bietet beispielweise die Plattform auxmoney den sogenannten „Portfolio Builder" an.[55] Über das darin integrierte „ReInvest"-System investiert die P2P-Plattform eigenständig für den Anleger in Kreditgesuche, ohne dass es dessen unmittelbare Beteiligung erfordert. Der Anleger wählt die Kreditgesuche nicht eigenständig aus, sondern überlässt dies dem System. Insofern stellt sich die Frage, ob dies überhaupt eine Annahme des Angebotes des Kreditsuchenden darstellen kann,

---

am 17.06.2022). Lending-Works verweist mittlerweile Kapitalsuchende auf die neu entwickelte Plattform Fluro (www.fluro.co.uk, zuletzt abgerufen am 14.01.2023). Siehe hierzu www.lendingworks.co.uk, zuletzt abgerufen am 14.01.2023.

53 Meist muss der Anleger dafür einen Mindestbetrag angeben, welcher von der jeweiligen P2P-Plattform bestimmt wird (vgl. § 8 Abs. 4 lit. b der Nutzungsbedingungen für Anleger der auxmoney GmbH, Stand Mai 2022, www.auxmoney.com/wp-content/uploads/20220427-Nutzungsbedingungen-Anleger-Stand-Mai-2022.pdf, zuletzt abgerufen am 16.01.2023), siehe dazu Anhang 1.3.

54 Bei auxmoney bspw. verfallen dann auch die „Finanzierungsangebote" der Anleger, wenn die Höhe des Kreditgesuchs nicht erreicht wird, § 8 Abs. 4 lit. d der Nutzungsbedingungen für Anleger der auxmoney GmbH, Stand Mai 2022 (www.auxmoney.com/wp-content/uploads/20220427-Nutzungsbedingungen-Anleger-Stand-Mai-2022.pdf, zuletzt abgerufen am 16.01.2023), siehe dazu Anhang 1.3.

55 § 8 Abs. 4 lit. b der Nutzungsbedingungen für Anleger der auxmoney GmbH, Stand Mai 2022 (www.auxmoney.com/wp-content/uploads/20220427-Nutzungsbedingungen-Anleger-Stand-Mai-2022.pdf, zuletzt abgerufen am 16.01.2023), siehe dazu Anhang 1.3.

obwohl der Anleger nicht direkt beteiligt wird. Oder kann der Automatismus der Website eine eigene Willenserklärung des Plattformbetreibers darstellen?

Um den Automatismus der Website richtig einzuordnen, muss zunächst zwischen den möglichen Arten der Willenserklärungen unterschieden werden: die elektronisch übermittelte Willenserklärung,[56] die automatisierte Willenserklärung beziehungsweise Computererklärung sowie die autonome Willenserklärung.[57]

Von einer elektronisch übermittelten Willenserklärung wird gesprochen, wenn der Äußernde die Willenserklärung selbst verfasst und abgibt, diese dann aber elektronisch übermittelt wird, beispielsweise über eine Internetplattform per Mausklick, SMS oder E-Mail.[58]

Zwischen den anderen möglichen Formen, also einer Computererklärung beziehungsweise einer automatisierten Willenserklärung sowie einer autonomen

56 Zur vertieften Auseinandersetzung mit elektronischen Willenserklärungen und deren Zurechnung siehe insbesondere *Wiebe*, Die elektronische Willenserklärung, S. 140–203.

57 Insbesondere der Begriff der Computererklärung beziehungsweise der automatisierten Willenserklärung wird uneinheitlich gebraucht. So wird von manchen Autoren der Begriff der automatisierten Willenserklärung synonym zur Computererklärung verwendet, vgl. z.B. *Arnoldt*, in Erman, BGB, Vorbem. vor § 116, Rn. 5a, 6; *Ellenberger*, in Grüneberg, BGB, Einf. v. § 116, Rn. 1; *Medicus/Petersen*, BGB AT, § 21, Rn. 256; *Säcker*, in MüKo, BGB, Einleitung, Rn. 191. *Arnoldt* unterscheidet weiter als *Säcker* von der elektronisch übermittelten und der automatisierten Willenserklärung auch noch die autonome Willenserklärung. Andere Autoren nutzen den Begriff der Computererklärung hingegen als Überbegriff für elektronische Willenserklärungen, vgl. nur *Wiebe*, Die elektronische Willenserklärung, S. 203. Den Begriff der Computererklärung verwenden neben dem Begriff der automatisierten Willenserklärung u.a. *Cornelius*, MMR 202, 353 (354); *Krüger/Bütter*, WM 2001, 221 (223); *Neuner*, BGB AT, § 31, Rn. 10; *Sorge*, Softwareagenten, S. 118–119; *Spindler*, in Spindler/Schuster, Recht der elektronischen Medien, Vorbem. zu § 116 ff., Rn. 1. Das ausschlaggebende Unterscheidungskriterium ist ihrer Ansicht nach, dass bei der Computererklärung – anders als bei der automatisierten Willenserklärung – auch bei der Übermittlung der Willenserklärung keinerlei Mensch beteiligt ist. Zur Verdeutlichung der Abgrenzung zur autonomen Willenserklärung wird im Folgenden auf Grund der geringen Unterschiede einheitlich der Begriff der automatisierten Willenserklärung verwendet. Soweit sich die Computererklärung von ihr unterscheidet, ist sie davon mit umfasst.

58 *Arnoldt*, in Erman, BGB, Vorbem. vor § 116, Rn. 6; *Säcker*, in MüKo, BGB, Einleitung, Rn. 190; *Spindler*, in Spindler/Schuster, Recht der elektronischen Medien, Vorbem. zu § 116 ff., Rn. 2.

Willenserklärung ist eine scharfe Abgrenzung nicht möglich, da die Grenzen allein anhand des Grades der Automatisierung gezogen werden können.[59]

Automatisierte Willenserklärungen werden durch die Programmierung des Systems auf Grund einer vorherigen Dateneingabe automatisch erstellt und abgegeben.[60] An der Erstellung und Abgabe der Willenserklärung ist der Äußernde nicht unmittelbar und aktiv beteiligt.[61] Zwar handelt es sich auf den ersten Blick um ein reines Maschinenprodukt, dem der menschliche Wille fehlt, allerdings rührt der Inhalt der Willenserklärung von der ursprünglichen Programmierung des Systems und somit vom Menschen her. Das System handelt nach dem sogenannten „Wenn-Dann"-Schema;[62] ist für fachkundige Dritte also nachvollziehbar.[63] Im Ergebnis stellt eine automatisierte Willenserklärung die Willenserklärung des Verwenders des Systems dar.[64]

Eine autonome Willenserklärung beruht hingegen nicht einmal mehr auf einer vorherigen Programmierung des Systems.[65] Vielmehr entscheidet das System autonom über den Inhalt und die Abgabe der Willenserklärung, sodass es weder „vollständig vorherbestimmt" noch „vorhersehbar" ist.[66] Dies liegt auch daran, dass der Inhalt der Willenserklärung nicht mehr vom Menschen herrührt. Zwar wurden dem System ursprünglich nur einige allgemeine Informationen zur Verfügung gestellt, allerdings ist es ähnlich wie der Mensch lernfähig.[67] Diese rein

59 Vgl. *Spindler*, in Spindler/Schuster, 2019, Recht der elektronischen Medien, Vorbem. zu § 116 ff., Rn. 1 mit weiteren Nachweisen, in denen beide Arten der Willenserklärung in einer Fallgruppe zusammengefasst werden.

60 *Arnoldt*, in Erman, BGB, Vorbem. vor § 116, Rn. 5a; *Bräutigam/Klindt*, NJW 2015, 1137 (1138); *Säcker*, in MüKo, BGB, Einleitung, Rn. 191; *Spindler*, in Spindler/Schuster, Recht der elektronischen Medien, Vorbem. zu § 116 ff., Rn. 1.

61 *Arnoldt*, in Erman, BGB, Vorbem. vor § 116, Rn. 5a; *Säcker*, in MüKo, BGB, Einleitung, Rn. 191.

62 *Kainer/Förster*, ZfPW 2020, 275 (279).

63 So *Grützmacher/Heckmann*, CR 2019, 553.

64 Dies vertritt auch die herrschende Meinung, vgl. u.a. OLG Hamm v. 12.01.2004, Az.: 13 U 165/03, NJW 2004, 2601; *Arnoldt*, in Erman, BGB, Vorbem. vor § 116, Rn. 5a; *Cornelius*, MMR 2002, 353 (354); *Krüger/Bütter*, WM 2000, 221 (223); *Neuner*, BGB AT, § 31, Rn. 10; *Säcker*, in MüKo, BGB, Einleitung, Rn. 191 m.w.N.; *Scherer/Butt*, DB 2000, 1009 (1012); *Singer*, in Staudinger, BGB, Vorbem. zu §§ 116–124, Rn. 57.

65 Vgl. *Bräutigam/Klindt*, NJW 2015, 1137 (1138). So auch *Kainer/Förster*, ZfPW 2020, 275 (281).

66 So *Borges*, NJW 2018, 977 (978). Vgl. auch *Grützmacher/Heckmann*, CR 2019, 553 (554); zu autonomen Systemen siehe weiterführend auch *Schulz*, Autonom agierende Systeme, S. 43–46.

67 So *Kainer/Förster*, ZfPW 2020, 275 (281).

autonom generierte Willenserklärung durch ein Computersystem stellt nach herrschender Ansicht[68] keine Willenserklärung des Betreibers dar,[69] weil es insbesondere an der erforderlichen menschlichen Erklärungshandlung fehlt.[70] Solche Systeme besitzen nicht die Fähigkeit einen eigenen Willen zu fassen.[71]

Bei den eigenständig agierenden Systemen der P2P-Plattformen, wie dem „ReInvest"-System von auxmoney, werden die Parameter, nach denen das System in die Kreditgesuche investieren soll, vorher vom Plattformbetreiber festgelegt.[72] Der Anleger kann dann aus diesen für seine Investition passende Parameter auswählen. Das System lernt nicht eigenständig, welche Investitionsmöglichkeit am rentabelsten ist. Vielmehr beruhen die Vorgänge des Systems auf den ursprünglichen Einstellungen des Anlegers. Die über ein eigenständig agierendes System abgegebene Willenserklärung stellt daher keine autonome Willenserklärung dar. Vielmehr handelt es sich um eine automatisierte Willenserklärung, deren Inhalt weit vor der Abgabe bestimmt wurde. Dadurch, dass der Anleger die Parameter selbst auswählt, programmiert er das System, sodass der Rahmen seiner späteren Erklärung durch seine Programmierung gesetzt wird. Der Plattformbetreiber wird dabei durch die Weiterleitung der Erklärungen, meist über die Plattform oder per E-Mail, als Stellvertreter bei der Abgabe und dem Zugang der Willenserklärung tätig,[73] da es in seinem Ermessensspielraum

---

68 Teilweise wird dafür plädiert, dass im Hinblick auf die technische Weiterentwicklung autonome Willenserklärungen als eigenständige Willenserklärungen anzusehen sind und dem Anleger dann z.B. im Rahmen der Stellvertretung zugerechnet werden, vgl. *Grützmacher/Heckmann*, CR 2019, 553 (554–560); *Sorge*, Softwareagenten, S. 118–119.

69 *Bräutigam/Klindt*, NJW 2015, 1137 (1137–1138); *Kainer/Förster*, ZfPW 2020, 275 (281). *Spindler*, in Spindler/Schuster, Recht der elektronischen Medien, Vorbem. zu §§ 116 ff., Rn. 10 geht hingegen davon aus, dass eine autonom generierte Willenserklärung grundsätzlich durch die ursprüngliche Programmierung dem Verwender zuzurechnen ist. Allerdings sei dies mit zunehmendem Autonomiegrad immer schwerer zu begründen.

70 *Kainer/Förster*, ZfPW 2020, 275 (281).

71 *Bräutigam/Klindt*, NJW 2015, 1137 (1137–1138).

72 § 8 Abs. 4 lit. c der Nutzungsbedingungen für Anleger der auxmoney GmbH, Stand Mai 2022 (www.auxmoney.com/wp-content/uploads/20220427-Nutzungsbedingungen-Anleger-Stand-Mai-2022.pdf, zuletzt abgerufen am 16.01.2023), siehe dazu Anhang 1.3.

73 *Wendelstein*, GPR 2021, 220 (221). Vgl. auch § 7 Abs. 3 und 4 der Nutzungsbedingungen für Kapitalsuchende der auxmoney GmbH, Stand Mai 2022 (www.auxmoney.com/

liegt, ob und in welcher konkreten Höhe das Finanzierungsangebot abgegeben wird.[74]

Im Regelfall werden sich P2P-Plattformen der oben beschriebenen automatisierten Willenserklärung bedienen, bei der es sich entweder direkt um die Willenserklärung des Anlegers handelt oder der Plattformbetreiber als Stellvertreter des Anlegers tätig wird.

Anders als beim Anleger ist ein System zur Abgabe automatisierter Willenserklärungen für Kapitalsuchende hingegen unüblich. Der „Einsatz" einer automatisierten Willenserklärung bei der Veröffentlichung eines Kreditgesuches ist nur wenig von Vorteil, da das automatisierte Veröffentlichen von Kreditgesuchen nach vorgegebenen Parametern nicht dem Willen des Kapitalsuchenden entsprechenden dürfte. Der Kapitalsuchende ist im Regelfall an einer einmaligen Bereitstellung einer Darlehenssumme interessiert. Dadurch ist auch nur die einmalige Veröffentlichung eines Kreditgesuches notwendig. Dass ein Automatismus hingegen mehrere Kreditgesuche mit der gleichen Summe oder zu unterschiedlichen Zinssätzen inseriert, kann vom Kapitalsuchenden nicht gewollt und dürfte praxisfern sein.

### 2. *Vertragliche Beziehungen*

Finden sich genügend Anleger, die das Kreditprojekt des Kapitalsuchenden finanzieren wollen, kommen beim echten P2P-Lending zwischen dem Kapitalsuchenden und den verschiedenen Anlegern jeweils eigene Darlehensverträge zustande. Der Kapitalsuchende hat anders als bei einem herkömmlichen Darlehensvertrag mit einer Bank nicht nur einen Vertragspartner, sondern sieht sich einer Vielzahl von einzelnen Vertragspartnern und somit Gläubigern gegenüber. Ob es sich bei dem geschlossenen Vertrag um einen Verbraucherdarlehensvertrag im Sinne des § 491 BGB oder um einen Darlehensvertrag im Sinne des § 488 BGB handelt, hängt davon ab, ob die Beteiligten zu überwiegend privaten oder zu beruflichen beziehungsweise gewerblichen Zwecken handeln.

---

wp-content/uploads/20220427-Nutzungsbedingungen-Kreditsuchende-Stand-Mai-2022.pdf, zuletzt abgerufen am 02.01.2023), siehe dazu Anhang 1.3.

74 Vgl. § 7 Abs. 3 lit. c der Nutzungsbedingungen für Kapitalsuchende der auxmoney GmbH, Stand Mai 2022 (www.auxmoney.com/wp-content/uploads/20220427-Nutzungsbedingungen-Kreditsuchende-Stand-Mai-2022.pdf, zuletzt abgerufen am 02.01.2023), siehe dazu Anhang 1.3.

### a) *Verbraucherdarlehensvertrag gemäß § 491 BGB*

Verbraucherdarlehensverträge kommen gemäß § 491 Abs. 1 S. 2 BGB als entgeltliche Darlehensverträge „zwischen einem Unternehmer als Darlehensgeber und einem Verbraucher als Darlehensnehmer“ zustande. Dabei handelt der Darlehensnehmer als Verbraucher, wenn er als natürliche Person Rechtsgeschäfte „zu Zwecken abschließt, die überwiegend weder ihrer gewerblichen noch ihrer selbstständigen beruflichen Tätigkeit zugerechnet werden können“, § 13 BGB. Der Darlehensgeber kann im Rahmen der §§ 491 ff. BGB hingegen nicht nur als natürliche, sondern auch als juristische Person oder als rechtsfähige Personengesellschaft handeln. Ausschlaggebend für seine Unternehmereigenschaft ist, dass er in Ausübung seiner „gewerblichen oder selbstständigen beruflichen Tätigkeit handelt“, § 14 BGB. Durch die Vorschriften der §§ 491 ff. BGB soll der Verbraucher als privater Darlehensnehmer einen besonderen Schutz erfahren und zusätzlich seine Stellung auf den Kreditmärkten gestärkt werden.[75]

Beim P2P-Lending schließt der Darlehensnehmer bzw. der Kapitalsuchende den Darlehensvertrag überwiegend zu privaten Zwecken ab.[76] In diesen Fällen erfüllt er unproblematisch die Verbrauchereigenschaft.[77] Daneben gibt es aber auch Konstellationen, in denen der Darlehensnehmer das Darlehen für gewerbliche oder berufliche Zwecke aufnimmt.[78] Beim P2P-Lending kann der Darlehensnehmer also sowohl als Verbraucher als auch als Unternehmer auftreten.

Der Anleger bzw. Darlehensgeber hingegen stellt sein Vermögen im Rahmen des Darlehensvertrages zur Verfügung, um aus den Zinsen eine Rendite zu erwirtschaften. Diese Erwirtschaftung könnte auch für Privatpersonen dem durch die Rechtsprechung des Bundesgerichtshofes entwickelten Begriff der

---

75 So *Knops*, in BeckOGK BGB, § 491, Rn. 9; *Schürnband/Weber*, in MüKo, BGB, § 491, Rn. 2.

76 Die Plattform Zopa bietet für Kapitalsuchende im Rahmen der Privatkredite bspw. Darlehensverträge für Fahrzeuge, Hochzeiten oder Renovierungen an (vgl. What we do, www.zopa.com/loans, zuletzt abgerufen am 16.01.2023).

77 So auch *Hertneck*, Peer-to-Peer-Lending, S. 59.

78 Auch bei der Plattform Funding Circle können Verbraucher und Unternehmer ohne die Zwischenschaltung einer Bank einen Darlehensvertrag schließen. Über diese Plattform können Darlehensnehmer nur Unternehmen sein, wohingegen Darlehensgeber Verbraucher sein können, vgl. Ziff. 6 der Investor Terms and Conditions der Funding Circle Ltd. (www.fundingcircle.com/uk/legal/investor-terms-and-conditions/, zuletzt abgerufen am 16.01.2023) sowie Borrower Terms and Conditions der Funding Circle Ltd. (www.fundingcircle.com/uk/legal/borrower-terms-and-conditions/, zuletzt abgerufen am 16.01.2023).

gewerblichen Tätigkeit unterfallen, soweit diese eine selbstständige, planmäßige und auf Dauer angelegte Tätigkeit darstellt.[79] Allerdings stellt die Verwaltung privaten Vermögens und somit auch die „Anlage" in P2P-Kredite zur Erwirtschaftung einer privaten Rendite nach überwiegender Ansicht grundsätzlich keine Berufsausübung dar.[80] Es läge erst eine unternehmerische Tätigkeit im Sinne des § 14 Abs. 1 BGB vor, wenn der organisatorische und zeitliche Aufwand entsprechend hoch wäre und eine gewisse Professionalisierung vorläge.[81] Im Regelfall ist bei den hier betrachteten Fällen davon auszugehen, dass der Anleger zur privaten Vermögensanlage in P2P-Kredite auf Grund des geringen Aufwandes zu privaten Zwecken als Verbraucher handelt.[82]

Da bei einem Verbraucherdarlehensvertrag gemäß § 491 BGB dem Wortlaut nach die Darlehensvergabe ausschließlich durch einen Unternehmer erfolgen kann, wird ein P2P-Kredit im Rahmen des echten P2P-Lending nie einen Verbraucherdarlehensvertrag darstellen. Denn beim P2P-Lending erfolgt die Darlehensvergabe ausschließlich durch einen Verbraucher und nicht durch einen Unternehmer.

### *b) Darlehensvertrag gemäß § 488 BGB*

Anders als beim Verbraucherdarlehensvertrag ist es beim Abschluss eines Darlehensvertrages gemäß § 488 BGB irrelevant, ob es sich bei den Beteiligten um

79 BGH, Urt. v. 29.03.2006, Az.: VIII ZR 173/05, BGHZ 167, 40, 44; so auch *Ellenberger*, in Grüneberg, BGB, § 14, Rn. 2; *Fritzsche*, in Staudinger, BGB, § 14, Rn. 47 jeweils m.w.N.; *Mansel*, in Jauernig, BGB, § 14, Rn. 2; *Micklitz*, in MüKo, BGB, § 14, Rn. 19.

80 *Kessal-Wulf*, in Staudinger, BGB, § 491, Rn. 38; *Micklitz*, in MüKo, BGB, § 14, Rn. 20; *Pfeiffer*, in Soergel, BGB, § 13, Rn. 32; *Renner*, ZBB 2014, 261 (269). Vgl. auch EuGH zum Übereinkommen vom 27. September 1968 über die gerichtliche Zuständigkeit und die Vollstreckung gerichtlicher Entscheidungen in Zivil- und Handelssachen, Urt. v. 03.07.1997, Rs. C-269/95, ECLI:EU:C:1997:337, Rn. 17 – *Benincasa*. Zur Auseinandersetzung mit dem Verbraucherbegriff und dem Verbrauchergerichtsstand bei Kapitalanlagegeschäften siehe *Kainer*, ZBB 2018, 368–377.

81 *Kainer*, ZBB 2018, 368 (370); *Micklitz*, in Müko, BGB, § 14, Rn. 20 m.w.N.

82 Dies schließt nicht aus, dass in gewissen Konstellationen des P2P-Lending auch Unternehmer oder juristische Personen als Anleger fungieren können. Dies ist beispielsweise bei der britischen P2P-Plattform Funding Circle möglich, welche die Kredite jedoch ausschließlich an Unternehmen vergibt (vgl. Ziff. 6 der Nutzungsbedingungen der Funding Circle Ltd., www.fundingcircle.com/uk/legal/investor-terms-and-conditions/ , zuletzt abgerufen am 02.01.2023). Die Ausnahmefälle, in denen der Anleger doch unter den Unternehmerbegriff des § 14 BGB fällt, werden nachfolgend jedoch nicht betrachtet, da sie nicht dem Wesen des klassischen P2P-Lending entsprechen.

Verbraucher oder Unternehmer handelt. Folglich kommt zwischen einem privaten Anleger als Darlehensgeber und einem privaten oder gewerblich beziehungsweise beruflich handelnden Unternehmer im Rahmen des echten P2P-Lending immer ein Darlehensvertrag gemäß § 488 BGB zustande. Der Darlehensgeber ist im Rahmen des Vertrages verpflichtet, dem Darlehensnehmer die vereinbarte Darlehenssumme zur Verfügung zu stellen. Der Darlehensnehmer wiederum ist zur Rückzahlung der Summe bei Fälligkeit des Darlehens sowie zur Zinszahlung verpflichtet.

## *II. Einzelne weitere Vertragsbeziehungen*

Neben dem Darlehensvertrag kommen zwischen den Beteiligten, insbesondere mit dem Plattformbetreiber, weitere Rechtsbeziehungen zustande. Durch diese Verträge wird der eigentliche Darlehensvertragsschluss erst ermöglicht. Zu unterscheiden sind die Rechtsverhältnisse zwischen dem Plattformbetreiber und jeweils dem Kapitalsuchenden und dem Anleger sowie etwaige Rechtsverhältnisse zwischen den einzelnen Anlegern.

### *1. Im Verhältnis zwischen Plattformbetreiber und Kapitalsuchendem*

Für den Abschluss eines Darlehensvertrages ist es erforderlich, dass sich der kapitalsuchende Darlehensnehmer vorher auf einer P2P-Plattform angemeldet hat. Danach hat der Darlehensnehmer im Verlauf des Kreditvergabeverfahrens mehrere vertragliche Berührungspunkte mit dem Plattformbetreiber: Dieser gestattet ihm die Nutzung der Plattform, überprüft die Bonität des Kapitalsuchenden und vermittelt schließlich das Darlehen.[83]

#### *a) Plattformnutzung*

Um sich erfolgreich auf der P2P-Plattform zu registrieren, muss der Kapitalsuchende je nach Plattform verschiedene Voraussetzungen erfüllen.[84] Der

83 So auch *Hertneck*, Peer-to-Peer-Lending, S. 71; *Polke*, Crowdlending, S. 45–46.

84 Bei der Plattform auxmoney muss der Kapitalsuchende, der ein Verbraucherdarlehen aufnehmen will, mindestens das 18. Lebensjahr vollendet und seinen ständigen Wohnsitz und seine Zustelladresse in der Bundesrepublik Deutschland haben, § 2 Abs. 1 der Nutzungsbedingungen für Kreditsuchende der auxmoney GmbH, Stand Oktober 2022 (www.auxmoney.com/wp-content/uploads/20221021-Nutzungsbedingugnen-Kreditsuchende-Stand-Oktober-2022.pdf, zuletzt abgerufen am 16.01.2023), siehe dazu Anhang 1.2; auch die Plattform Bondora knüpft das Zustandekommen des Nutzungsvertrages an das Vorliegen bestimmter Voraussetzungen beim Kapitalsuchenden, wie u.a. einen ständigen Wohnsitz in der Europäischen Union oder der Schweiz sowie ein

Kapitalsuchende füllt zur Registrierung das von der Plattform zur Verfügung gestellte Registrierungsformular aus.[85] Dies kann als *invitatio ad offerendum* des Kapitalsuchenden zum Abschluss eines Nutzungsvertrages gewertet werden. Liegen alle Voraussetzungen vor, macht der Plattformanbieter dem Kapitalsuchenden daraufhin (meist automatisch)[86] per E-Mail ein Angebot zum Abschluss des Nutzungsvertrages, welches der Kapitalsuchende durch zum Beispiel Anklicken eines Links in einer E-Mail annimmt.[87] Mit erfolgreicher Registrierung auf der P2P-Plattform kommt zwischen dem Kapitalsuchenden und dem Plattformbetreiber ein Vertrag über die Nutzung der Plattform zustande.[88] Für den Kapitalsuchenden fallen dabei zunächst keine Kosten an.[89] Ob es sich dabei allerdings um einen unentgeltlichen Vertrag handelt, ist fraglich. Zwar entstehen dem Kapitalsuchenden im Moment der Registrierung keinerlei Gebühren, allerdings werden solche bei einer späteren erfolgreichen Vermittlung fällig.[90] Darüber

---

Mindestalter von 18 Jahren sowie ein offizielles Bankkonto, Ziff. 2.3 der Nutzungsbedingungen der Bondora Capital OÜ (www.bondora.com/de/terms, zuletzt abgerufen am 16.01.2023).

85 Diese Vorgehensweise zum Vertragsschluss wird bei der Plattform auxmoney praktiziert, § 3 Abs. 1 der Nutzungsbedingungen für Kreditsuchende der auxmoney GmbH, Stand Oktober 2022 (www.auxmoney.com/wp-content/uploads/20221021-Nutzungsbedingugnen-Kreditsuchende-Stand-Oktober-2022.pdf, zuletzt abgerufen am 16.01.2023), siehe dazu Anhang 1.2.

86 Es ist davon auszugehen, dass die Plattformbetreiber mit Algorithmen arbeiten, nach denen bei Vorliegen der erforderlichen Voraussetzungen dem Kapitalsuchenden der Zugang zur Website gewährleistet wird und dadurch zeitgleich ein Nutzungsvertrag zustande kommt.

87 So etwa § 3 Abs. 1 der Nutzungsbedingungen für Kreditsuchende der auxmoney GmbH, Stand Oktober 2022 (www.auxmoney.com/wp-content/uploads/20221021-Nutzungsbedingugnen-Kreditsuchende-Stand-Oktober-2022.pdf, zuletzt abgerufen am 16.01.2023), siehe dazu Anhang 1.2.

88 Vgl. *Hertneck*, Peer-to-Peer-Lending, S. 72.

89 Soweit bei der weiteren Nutzung der Plattform noch andere Verträge zwischen den Parteien geschlossen werden, können allerdings Kosten für den Kapitalsuchenden anfallen.

90 Vgl. § 7 Abs. 1 lit. b der Nutzungsbedingungen für Kreditsuchende der auxmoney GmbH, Stand Oktober 2022 (www.auxmoney.com/wp-content/uploads/20221021-Nutzungsbedingugnen-Kreditsuchende-Stand-Oktober-2022.pdf, zuletzt abgerufen am 16.01.2023), siehe dazu Anhang 1.2.

hinaus wird vertreten, dass ein Nutzungsvertrag auch insofern entgeltlich ist, als dass der Kapitalsuchende mit seinen personenbezogenen Daten bezahlt.[91]

Welche Rechtsnatur ein solcher Nutzungsvertrag hat, hat die höchstrichterliche Rechtsprechung bisher offengelassen.[92] Die Zuordnung zu einem konkreten Vertragstyp ist nicht möglich. Es ist vielmehr anzunehmen, dass es sich um einen Vertrag *sui generis* mit Elementen eines Dienstvertrages handelt.[93]

Die Ausgestaltung eines solchen Vertrages, der dem Kapitalsuchenden die Nutzung der Website ermöglicht, wird hauptsächlich durch die von dem Plattformbetreiber festgelegten Allgemeinen Geschäftsbedingungen bestimmt.[94]

### *b) Bonitätsprüfung*

Nachdem sich der Kapitalsuchende auf der P2P-Plattform registriert und damit die Daten für sein Kapitalgesuch übermittelt hat, prüft der Plattformbetreiber vor Veröffentlichung des Gesuchs die Bonität des Kapitalsuchenden.[95] Im Regelfall sind sich sowohl der Kapitalsuchende als auch der Plattformbetreiber bereits vor dem Abschluss des Nutzungsvertrages bewusst, dass es notwendigerweise zu einer Bonitätsprüfung durch den Plattformbetreiber kommt, um das Kreditgesuch des Kapitalsuchenden zu veröffentlichen. Dadurch wird jedoch nicht der Nutzungsvertrag erweitert, sondern es könnte vielmehr ein weiterer

---

91 *Heydn*, MMR 2020, 503 (505) in Bezug auf die Nutzung eines App-Stores. Vgl. in Bezug auf Art. 5 Brüssel I-VO a.F. auch EuGH, Urt. v. 19.12.2013, Rs. C-9/12, ECLI:EU:C:2013:860, Rn. 40 – *Corman-Collins*.

92 BGH, Urt. v. 12.07.2018, Az.: III ZR 183/17, BGHZ 219, 243, 248, Rn. 19 in Bezug auf die Nutzung eines Benutzerkontos eines sozialen Netzwerkes.

93 Vgl. insofern auch die Entscheidung des LG Frankfurt, Urt. v. 17.06.2009, Az.: 2-10 O 249/08, BeckRS 2011, 11547 zu der Nutzung einer Internetplattform, auf der Patienten Heil- und Kostenpläne von Zahnärzten in anonymisierter Form einstellen können; *Hertneck* hingegen qualifiziert den Nutzungsvertrag als Rahmenvertrag, der lediglich die Einrichtung und Nutzung des Kundenkontos sowie datenschutzrechtliche Regelungen enthält (*Hertneck*, Peer-to-Peer-Lending, S. 72).

94 *Hertneck*, Peer-to-Peer-Lending, S. 72.

95 Vgl. u.a. § 7 Abs. 2 lit. a der Nutzungsbedingungen für Kreditsuchende der auxmoney GmbH, Stand Oktober 2022 (www.auxmoney.com/wp-content/uploads/20221021-Nutzungsbedingugnen-Kreditsuchende-Stand-Oktober-2022.pdf, zuletzt abgerufen am 16.01.2023), siehe dazu Anhang 1.2. Für den Begriff der Bonitätsprüfung bzw. des Bonitätsurteils wird auch der Begriff des Ratings benutzt, vgl. *Foerster*, in Habersack/Mülbert/Schlitt, Handbuch der Kapitalmarktinformation, § 24, Rn. 14. Siehe auch dort zu den verschiedenen Formen des Ratings Rn. 23–33.

(entgeltlicher) Vertrag zwischen dem Kapitalsuchenden und dem Plattformbetreiber zustande kommen.[96]

Es ist allerdings allgemein anerkannt, dass die Bonitätsprüfung selbst keine eigenständige Leistung im Rahmen der Darlehensvermittlung[97] darstellt. Vielmehr ist diese als eine vorvertragliche Leistung im Interesse des Plattformbetreibers anzusehen.[98] Dies spiegelt sich auch in der Praxis wider. So weist beispielsweise die P2P-Plattform auxmoney diesbezüglich in ihren Allgemeinen Geschäftsbedingungen darauf hin, dass sie unabhängig von dem Nutzungsvertrag zwar berechtigt, aber nicht verpflichtet ist, eine Bonitätsprüfung durchzuführen.[99] Nach *Hertneck* führt der Plattformbetreiber die Bonitätsprüfung lediglich im Interesse der Darlehensgeber durch.[100] Er schlussfolgert aus diesem Handeln im fremden Interesse, dass die Bonitätsprüfung keinen eigenständigen Vertrag mit der Rechtsnatur eines Auftrages oder Werkvertrages darstellt.[101]

96 Auch die Plattform auxmoney macht im Rahmen ihrer Nutzungsbedingungen deutlich, dass die eigentliche Vermittlung des Darlehens sowie die Bonitätsprüfung nicht auf Grundlage des Nutzungsvertrages erbracht werden. Ein entgeltlicher Darlehensvermittlungsvertrag kommt gesondert zustande. Vgl. § 5 Abs. 2 und § 8 Abs. 3 der Nutzungsbedingungen für Kreditsuchende der auxmoney GmbH, Stand Oktober 2022 (www.auxmoney.com/wp-content/uploads/20221021-Nutzungsbedingugnen-Kreditsuchende-Stand-Oktober-2022.pdf, zuletzt abgerufen am 16.01.2023), siehe dazu Anhang 1.2; insoweit etwas unverständlich *Polke*, Crowdlending, S. 46, der lediglich davon spricht, dass sich der Pflichtenkreis der Vertragsparteien im Laufe des Kreditprojekts erweitert.

97 Zur Einordnung der Darlehensvermittlung siehe Kapitel 1 § 2 A. II. 1. c).

98 In Bezug auf eine von einer Bank durchgeführte Bonitätsprüfung: BGH, Urt. v. 23.05.2014, Az.: XI ZR 170/13, BeckRS 2014, 13319, Rn. 53; OLG Karlsruhe, Urt. v. 03.05.2011, Az.: 17 U 192/10, BeckRS 2011, 10434, Rn. 24–25; OLG Bamberg, Urt. v. 04.08.2010, Az.: 3 U 78/10, BeckRS 2010, 21414; *Berger*, in MüKo, BGB, vor § 488, Rn. 72; *Göres*, in Habersack/Mülbert/Schlitt, Handbuch der Kapitalmarktinformation, 2. Auflage, § 25, Rn. 60; *Seifert*, in Soergel, BGB, § 488, Rn. 15; *Tiffe*, VuR 2012, 127 (129); einzig in Bezug auf von P2P-Plattformen durchgeführte Bonitätsprüfungen: *Hertneck*, Peer-to-Peer-Lending, S. 74 sowie *Polke*, Crowdlending, S. 50. Siehe dazu auch *Foerster*, in Habersack/Mülbert/Schlitt, Handbuch der Kapitalmarktinformation, § 24, Rn. 33, der dies als internes Ranking zum externen Ranking abgrenzt.

99 § 7 Abs. 2 der Nutzungsbedingungen für Kreditsuchende der auxmoney GmbH, Stand Oktober 2022 (www.auxmoney.com/wp-content/uploads/20221021-Nutzungsbedingugnen-Kreditsuchende-Stand-Oktober-2022.pdf, zuletzt abgerufen am 16.01.2023), siehe dazu Anhang 1.2.

100 *Hertneck*, Peer-to-Peer-Lending, S. 74.

101 *Hertneck*, Peer-to-Peer-Lending, S. 75.

Dem ist insoweit nicht zu folgen, als dass der Plattformbetreiber sehr wohl ein eigenes Interesse an der Bonitätsprüfung hat. Je besser die Bonität eines Kapitalsuchenden bewertet wird, desto eher wird der Plattformbetreiber einen Darlehensvertrag vermitteln können. Daran verdient der Plattformbetreiber seine Provision. Würde die Bonitätsprüfung hingegen nicht in seinem Interesse liegen, bestünden auch keine Gründe, eine solche durchzuführen. Dies würde allerdings dazu führen, dass deutlich weniger Darlehensverträge abgeschlossen würden, da eine nicht oder nur schlecht ermittelte Bonität für potenzielle Darlehensgeber unattraktiv ist. Nur weil der Plattformbetreiber zumindest auch teilweise im eigenen Interesse handelt, kann nicht davon ausgegangen werden, dass die Bonitätsprüfung einen eigenständigen Vertrag darstellt. Es ist folglich der herrschenden Meinung zu folgen, dass es sich um eine vorvertragliche Leistung im Rahmen der Darlehensvermittlung handelt.[102]

### c) *Darlehensvermittlung*

Die Rechtsnatur der Darlehensvermittlung richtet sich nach dem zugrundeliegenden Darlehensvertrag, welcher sich im Rahmen des echten P2P-Lending auf § 488 BGB stützt.[103]

Um den Vertragsschluss zu ermöglichen, gibt der Kapitalsuchende zunächst die Prüfung seiner Bonität bei dem Plattformbetreiber in Auftrag. Nach einer erfolgreichen Bonitätsprüfung wird der Kapitalsuchende im Regelfall an einen Anleger vermittelt, mit dem ein Darlehensvertrag zustande kommt.

In der Literatur wird zum Teil angenommen, dass durch die Beauftragung zur Prüfung der Bonität zwischen Kapitalsuchendem und Plattformbetreiber ein Maklervertrag gemäß § 652 BGB zustande kommt.[104] Im Rahmen eines Maklervertrages ist die Tätigkeit eines Nachweismaklers, § 652 Abs. 1 S. 1 Alt. 1 BGB, von der eines Vermittlungsmaklers, § 652 Abs. 1 S. 1 Alt. 2 BGB, zu unterscheiden.[105] Gemäß § 652 Abs. 1 S. 1 Alt. 1 BGB besteht die Leistung

---

102 Siehe zur h.M. bereits Kapitel 1, Fn. 98; a.A. *Eberle*, Peer-to-Peer-Lending, S. 115, welcher die Bonitätsprüfung als Werkvertrag beziehungsweise im Rahmen eines Verbraucherdarlehensvertrages zunächst als unentgeltlichen Auftrag und rückwirkend als entgeltlichen Werkvertrag einordnet. Dem ist jedoch der herrschenden Meinung folgend entgegenzuhalten, dass die Bonitätsprüfung gerade keine eigene, sondern nur eine vorvertragliche Leistung darstellt.

103 Siehe dazu Kapitel 1 § 2 A. I. 2.

104 So im Ergebnis nur *Polke*, Crowdlending, S. 46.

105 *Engel*, in Soergel, BGB, § 652, Rn. 17; *Roth*, in MüKo, BGB, § 652, Rn. 104; *Scheuch*, in NK-BGB, § 652, Rn. 9; *Retzlaff*, in Grüneberg, BGB, § 652, Rn. 11.

eines Nachweismaklers darin, seinem Kunden den „Nachweis der Gelegenheit zum Abschluss eines Vertrages" zu erbringen. Dies bedeutet nach der ständigen Rechtsprechung, dass der Makler, also der Plattformbetreiber, seinem Kunden, dem Darlehensnehmer, eine Mitteilung überbringen muss, „durch die dieser in die Lage versetzt wird, in konkrete Verhandlungen über den von ihm angestrebten Hauptvertrag einzutreten".[106] Durch die Nutzungsvereinbarung hat sich der Plattformbetreiber dazu verpflichtet, das Kreditgesuch des Kapitalsuchenden zu veröffentlichen.[107] Der Plattformbetreiber erbringt gegenüber dem Kapitalsuchenden einen entsprechenden Nachweis, sobald ein Finanzierungsvorschlag eines Anlegers vorliegt.[108] Der Kapitalsuchende hat zu diesem Zeitpunkt allerdings keinerlei Einfluss mehr, die Konditionen des Darlehensvertrages im Nachgang eigenständig zu verhandeln. Vielmehr ist er an die mit dem Angebot gemachten Konditionen gebunden.[109] Er kann das Angebot lediglich annehmen oder ablehnen.

Folglich erbringt der Plattformanbieter nicht den nach § 652 Abs. 1 S. 1 Alt. 1 BGB erforderlichen „Nachweis der Gelegenheit zum Abschluss eines Vertrages". Er stellt lediglich die Infrastruktur und den „Ort" zur Verfügung, an dem Darlehensnehmer und Darlehensgeber zusammenfinden.[110] Seine Tätigkeit kann daher nicht mit der eines Nachweismaklers verglichen werden; ein Vorliegen eines Maklervertrages gemäß § 652 Abs. 1 S. 1 Alt. 1 BGB scheidet aus.[111]

---

106 BGH, Urt. v. 16.12.2004, III ZR 119/04, BGHZ 161, 349, 355; BGH, Urt. v. 04.10.1995, Az.: IV ZR 73/94, NJW-RR 1996, 113; BGH, Urt. v. 17.12.2015, I ZR 172/14, NJW 2016, 2317 (2318), Rn. 20; BGH, Urt. v. 03.07.2014, Az.: III ZR 530/13, NJW-RR 2014, 1272 (1273), Rn. 15.

107 So auch *Hertneck*, Peer-to-Peer-Lending, S. 77.

108 Vgl. § 7 Abs. 3 lit. b der Nutzungsbedingungen für Kreditsuchende der auxmoney GmbH, Stand Oktober 2022 (www.auxmoney.com/wp-content/uploads/20221021-Nutzungsbedingugnen-Kreditsuchende-Stand-Oktober-2022.pdf, zuletzt abgerufen am 16.01.2023), siehe dazu Anhang 1.2.

109 Vgl. § 7 Abs. 3 lit. c der Nutzungsbedingungen für Kreditsuchende der auxmoney GmbH, Stand Oktober 2022 (www.auxmoney.com/wp-content/uploads/20221021-Nutzungsbedingugnen-Kreditsuchende-Stand-Oktober-2022.pdf, zuletzt abgerufen am 16.01.2023), siehe dazu Anhang 1.2.

110 So bereits *Hertneck*, Peer-to-Peer-Lending, S. 77.

111 So i.E. auch *Hertneck*, Peer-to-Peer-Lending, S. 77. Dieser weist jedoch darüber hinaus auf die Frage hin, ob eine solche Konstellation eine gemäß § 307 Abs. 1, Abs. 2 Nr. 1 BGB unzulässige Abweichung vom Grundgedanken des Maklervertrages darstellt, lässt diese jedoch unbeantwortet. Auch hier kann die Frage dahinstehen, da die

Die Leistung eines Vermittlungsmaklers gemäß § 652 Abs. 1 S. 1 Alt. 2 BGB zeichnet sich hingegen nach der herrschenden Meinung dadurch aus, dass er unmittelbar oder mittelbar auf den Willensentschluss des Anlegers, als potenzieller Vertragspartner des Kapitalsuchenden, einwirkt.[112] Der Makler muss dabei die Bereitschaft des Anlegers, den Vertrag abzuschließen, fördern oder hervorrufen.[113] Der Anleger als potenzieller Darlehensgeber nutzt die P2P-Plattform des Plattformbetreibers, um den Vertrag abzuschließen, und der Plattformbetreiber macht es ihm möglich, mit dem Kapitalsuchenden in Kontakt zu treten. Der Anleger kann das Kapitalgesuch des Kapitalsuchenden einsehen und dieses unterstützen, ohne dass ein Einwirken des Plattformbetreibers erforderlich ist.[114] Insofern führt der Plattformbetreiber die Vertragspartner nur zueinander. Lediglich das Herstellen eines Kontaktes zu den Vertragspartnern genügt aber nicht für ein Einwirken im Rahmen der Vermittlung als Maklerleistung.[115]

In diesen Fällen erfüllt der Plattformbetreiber weder die Voraussetzungen der Alt. 1 des § 652 Abs. 1 S. 1 BGB noch der Alt. 2. Das Vorliegen eines Maklervertrages im Rahmen der Darlehensvermittlung scheidet aus.[116] Vielmehr ist davon auszugehen, dass die Darlehensvermittlung durch den Plattformbetreiber zunächst ein unentgeltliches Auftragsverhältnis gemäß § 662 BGB darstellt. Bei Abschluss des vermittelten Darlehensvertrages wandelt sich dieses in einen entgeltlichen Dienstvertrag mit Geschäftsbesorgungscharakter im Sinne der §§ 675,

---

Wirksamkeit eines Vertrages nicht das Bestehen der hier zu untersuchenden Vertragsbeziehung berührt.

112 BGH, Urt. v. 02.06.1976, Az.: IV ZR 101/75, NJW 1976, 1844; BGH, Urt. v. 04.07.1990, Az.: IV ZR 174/89, BGHZ 112, 59 (63); BGH, Urt. v. 14.06.2016, Az: IX ZR 483/14, NJW-RR 2016, 1138, Rn. 32; BGH, Urt. v. 11.10.2016, XI ZR 448/15, BeckRS 2016, 109943, Rn. 27; OLG Hamm, Urt. v. 24.07.2014, Az.: 18 U 123/13, NJW-RR 2015, 825; *Engel*, in Soergel, BGB, § 652, Rn. 29; *Meier*, in BeckOGK BGB, § 652, Rn. 236; *Roth*, in MüKo, BGB, § 652, Rn. 116.

113 BGH, Urt. v. 26.11.2020, Az.; I ZR 169/19, NJW-RR 2021, 177 (179), Rn. 2; BGH, Urt. v. 21.11.2018, Az.: I ZR 10/18, NJW 2019, 1803 (1804), Rn. 26; BGH, Urt. v. 02.06.1976, Az.: IV ZR 101/75, NJW 1976, 1844; *Engel*, in Soergel, BGB, § 652, Rn. 29; *Kneller*, in BeckOK, BGB, § 652, Rn. 26; *Meier*, in BeckOGK BGB, § 652, Rn. 236; *Roth*, in MüKo, BGB, § 652, Rn. 116.

114 *Hertneck*, Peer-to-Peer-Lending, S. 76.

115 BGH, Urt. v. 03.03.2011, Az.: III ZR 330/09, BeckRS 2011, 6091, Rn. 10; OLG Hamm, Urt. v. 05.06.2000, Az.: 18 U 203/99, NZM 2001, 898 (899); *Roth*, in MüKo, BGB, § 652, Rn. 123.

116 Nur *Polke*, Crowdlending, S. 46.

611 BGB um.[117] Dies schützt den Kapitalsuchenden insoweit, als er die Vergütung an den Plattformbetreiber nur dann leisten muss, wenn über ihn erfolgreich ein Darlehensvertrag zustande gekommen ist.

### *2. Im Verhältnis zwischen Plattformbetreiber und Anleger*

Auch zwischen dem Anleger und dem Plattformbetreiber kommt es im Rahmen des P2P-Lending zu mehreren Berührungspunkten. So stehen beide Parteien im Rahmen der Plattformnutzung, beim Abschluss des Darlehensvertrages und schließlich bei der Verwaltung des Darlehens in Beziehung zueinander.[118] Inwieweit dabei vertragliche Beziehungen entstehen, wird im Folgenden untersucht.

#### *a) Plattformnutzung*

Für den Anleger ist wie für den Kapitalsuchenden die Nutzung der Plattform erst nach einer erfolgreichen Registrierung auf der P2P-Plattform möglich. Der Plattformnutzungsvertrag, der zwischen beiden Parteien geschlossen wird, stellt ebenfalls einen Vertrag *sui generis* mit Elementen eines Dienstvertrages dar.[119]

#### *b) Darlehensvertragsabschluss*

Für den Abschluss des Darlehensvertrages mit dem Kapitalsuchenden nutzt der Anleger die Plattform. Der Anleger kann den Vertragsabschluss manuell oder automatisch mit Hilfe einer vom Plattformbetreiber zur Verfügung gestellten Software herbeiführen.[120] Nimmt der Darlehensgeber das Angebot eines Darlehensnehmers durch manuelles Anklicken eines Kreditgesuchs an, gibt er damit indirekt dem Plattformbetreiber den Auftrag, den Darlehensnehmer über den Vertrag zu informieren und diesen abzuwickeln. Dieser manuelle Vertragsabschluss ist nicht vom Nutzungsvertrag umfasst.[121] Bei einem automatisierten Vertragsschluss stellt der Plattformbetreiber dem Darlehensgeber einen Algorithmus zur Verfügung, welcher es ihm ermöglicht, automatisiert

---

117 So auch *Hertneck*, Peer-to-Peer-Lending, S. 79–80.

118 So unterscheidet auch *Hertneck*, Peer-to-Peer-Lending, S. 81, die verschiedenen Beziehungen der Parteien.

119 Siehe bereits Kapitel 1 § 2 A. II. 1. a).

120 Siehe bereits Kapitel 1 § 2 A. I. 1.

121 Vgl. § 6 Abs. 2 der Nutzungsbedingungen für Anleger der auxmoney GmbH, Stand Mai 2022 (www.auxmoney.com/wp-content/uploads/20220427-Nutzungsbedingungen-Anleger-Stand-Mai-2022.pdf, zuletzt abgerufen am 16.01.2023), siehe dazu Anhang 1.3.

Darlehensverträge abzuschließen. Der Plattformbetreiber stellt dem Darlehensgeber diese Leistung unentgeltlich zur Verfügung. Unabhängig vom manuellen oder automatischen Vertragsschluss kann diese Vertragsbeziehung als Auftrag qualifiziert werden.[122]

### c) *Darlehensverwaltung*

Nach Abschluss des Darlehensvertrages wird die Forderung des Darlehensgebers in der Regel vom Plattformbetreiber verwaltet.[123] Dabei ist dieser[124] dafür zuständig, sicherzustellen, dass der Darlehensnehmer das Darlehen vereinbarungsgemäß zurückzahlt. Der Darlehensgeber bevollmächtigt den Plattformbetreiber dabei mit den für die Erfüllung der Vertragspflichten notwendigen Geschäften und Erklärungen,[125] wie zum Beispiel das Abmahnen bei möglichen Zahlungsrückständen sowie die gerichtliche Geltendmachung des Rückzahlungsanspruchs.[126] Als Gegenleistung verpflichtet sich der Darlehensgeber dazu, an den Plattformbetreiber eine (monatliche) Gebühr in Höhe eines bestimmten Prozentsatzes der Darlehensforderung zu leisten.[127]

---

122 So i.E. auch *Hertneck*, Peer-to-Peer-Lending, S. 81.

123 So u.a. bei der Plattform Lending Works, Ziff. 13.1. der Lender Plattform Terms and Conditions der Lending Works Ltd., April 2020 (www.lendingworks.co.uk/legal-information, zuletzt abgerufen am 16.01.2023); anders hingegen bei der Plattform auxmoney, bei der die Verwaltung der Darlehensforderung durch einen sogenannten „Servicer", ein Partnerunternehmen, erfolgt, vgl. Präambel der Nutzungsbedingungen für Anleger der auxmoney GmbH, Stand Mai 2022 (www.auxmoney.com/wp-content/uploads/20220427-Nutzungsbedingungen-Anleger-Stand-Mai-2022.pdf, zuletzt abgerufen am 16.01.2023), siehe dazu Anhang 1.3.

124 Bei der Plattform auxmoney wird dies durch einen „Servicer" übernommen, vgl. Anlage B der Nutzungsbedingungen für Anleger der auxmoney GmbH (Servicingvertrag) (www.auxmoney.com/contact/dokumente/lender/AnlageD.pdf, zuletzt abgerufen am 16.01.2023), vgl. diese im Anhang 1.5.

125 Vgl. *Eberle*, Peer-to-Peer-Lending, S. 133.

126 So etwa § 4 Abs. 9 sowie § 7 Abs. 1 lit. b der Anlage B der Nutzungsbedingungen für Anleger der auxmoney GmbH (Servicingvertrag) (www.auxmoney.com/contact/dokumente/lender/AnlageD.pdf, zuletzt abgerufen am 16.01.2023), siehe dazu Anhang 1.5.

127 § 5 der Anlage B der Nutzungsbedingungen für Anleger der auxmoney GmbH (Servicingvertrag) (www.auxmoney.com/contact/dokumente/lender/AnlageD.pdf, zuletzt abgerufen am 16.01.2023), siehe dazu Anhang 1.5; *Hertneck*, Peer-to-Peer-Lending, S. 82.

Allerdings schuldet der Plattformbetreiber nicht die Realisierbarkeit der Darlehensrückzahlung durch den Darlehensnehmer.[128] Da kein konkreter Erfolg, wie die erfolgreiche Eintreibung der Darlehensrückzahlungsforderung, geschuldet wird, kann die Darlehensverwaltung nicht die Rechtsnatur eines Werkvertrages haben, sondern vielmehr die eines Dienstvertrages mit Geschäftsbesorgungscharakter.[129] Der genaue Inhalt des Vertrages wird dabei meist vollständig durch die vereinbarten Allgemeinen Geschäftsbedingungen geregelt.[130]

### 3. *Keine Verträge zwischen den verschiedenen Anlegern*

Das Kreditgesuch eines Kapitalsuchenden wird durch mehrere Anleger finanziert, sodass diverse Darlehensverträge zustande kommen. Ob die Anleger durch die Unterstützung desselben Kreditgesuchs in einem Rechtsverhältnis zueinanderstehen, wird nachfolgend untersucht.

Teilweise wird angenommen, dass die Anleger untereinander ein Kreditgeberkonsortium bilden.[131] Ein Konsortium ist eine Gelegenheitsgesellschaft mit dem Zweck, ein oder mehrere Einzelgeschäfte durchzuführen.[132] Diese bilden meist eine Gesellschaft bürgerlichen Rechts (GbR)[133] mit dem Zweck der Kreditgewährung und dessen Verwaltung.[134] Beim P2P-Lending verfolgen die Darlehensgeber zwar den gemeinsamen Zweck der vollständigen Deckung des Kreditgesuchs,[135] um durch die Zinszahlung eine Rendite zu erhalten. Denn wird das Kreditgesuch nicht vollständig gedeckt, kommen keine Darlehensverträge

---

128 § 1 Abs. 2 der Anlage B der Nutzungsbedingungen für Anleger der auxmoney GmbH (Servicingvertrag) (www.auxmoney.com/contact/dokumente/lender/AnlageD.pdf, zuletzt abgerufen am 16.01.2023), siehe dazu Anhang 1.5.

129 So *Eberle*, Peer-to-Peer-Lending, S. 132; *Hertneck*, Peer-to-Peer-Lending, S. 82.

130 Vgl. auch *Hertneck*, Peer-to-Peer-Lending, S. 82; zur ausführlichen Darstellung der Pflichten und Leistungen im Rahmen der Forderungsverwaltung siehe *Eberle*, Peer-to-Peer-Lending, S. 131–136.

131 So *Nietsch/Eberle*, ZVglRWiss 2017, 205 (209); *Renner*, ZBB 2014, 261 (263).

132 *Schäfer*, in MüKo, BGB, Vor § 705, Rn. 52; *Schöne*, in BeckOK, BGB, § 705, Rn. 185.

133 So u.a. *Hinsch/Horn*, Internationale Konsortialkredite, S. 157; *Schäfer*, in MüKo, BGB, vor § 705, Rn. 52; *Schaffelhuber/Sölch*, in Gammert/Weipert, Münchener Handbuch des Gesellschaftsrechts, § 31, Rn. 9; *Schöne*, in BeckOK, BGB, § 705, Rn. 185; *Sprau*, in Grüneberg, BGB, § 705, Rn. 44. *Sprau* weist zudem darauf hin, dass das Konsortium ggf. nur als Innen-GbR besteht.

134 So *Polke*, Crowdlending, S. 56; *Schaffelhuber/Sölch*, in Gammert/Weipert, Münchener Handbuch des Gesellschaftsrechts, § 31, Rn. 9.

135 *Polke*, Crowdlending, S. 59.

zustande und die Anleger können gerade keine Rendite erwirtschaften. Allerdings treffen die Anleger nur zufällig aufeinander und treffen auch keine gemeinsame Entscheidung dahingehend, welchen Kreditsuchenden sie unterstützen.[136] Dies widerspricht dem Gedanken eines gemeinsamen Zwecks.

Darüber hinaus würden die Darlehensgeber durch eine gesellschaftsrechtliche Bindung weitreichende Verpflichtungen eingehen.[137] Dies ist von den Darlehensgebern nicht gewollt, wofür unter anderem die Anonymität während des gesamten Kreditvergabeprozesses spricht.[138] Die Anonymität macht deutlich, dass die Anleger einen Kontakt zueinander vermeiden wollen.

Meist wird jedoch bereits in den Allgemeinen Geschäftsbedingungen der Plattformbetreiber ausgeschlossen, dass sich der Darlehensgeber auf das Bestehen einer GbR berufen kann.[139] Auch daraus wird deutlich, dass eine GbR zwischen den Anlegern nicht zustande kommt.

Darüber hinaus wäre eine Verbindung der Darlehensgeber als Gesamtgläubiger denkbar.[140] Im Rahmen der Gesamtgläubigerschaft wäre es dem Darlehensnehmer möglich, die Forderung an einen einzelnen Darlehensgeber auszugleichen, welches zur Befreiung der Leistungspflicht gegenüber allen Schuldnern führen würde.[141] Die anderen Darlehensgeber müssten daraufhin ihren Anteil als Ausgleichsanspruch gegenüber dem Leistungsempfänger geltend machen.[142] Dies widerspricht jedoch zum einem dem Sinn des P2P-Lending und zum anderem dem Interesse der Gläubiger.[143] Die Darlehensgeber schließen mit Absicht jeder einen einzelnen Vertrag mit dem Darlehensnehmer, welcher sich insbesondere durch die Anonymität der einzelnen Beteiligten auszeichnet. Das Vorliegen einer Gesamtgläubigerschaft ist folglich abzulehnen, es sei denn, es liegen entsprechende vertragliche Vereinbarungen vor.[144] Meist wird dies jedoch

---

136 So *Hertneck*, Peer-to-Peer-Lending, S. 57.

137 Siehe vertiefend zu den gesellschaftlichen Konsequenzen *Hertneck*, Peer-to-Peer-Lending, S. 56.

138 So auch *Hertneck*, Peer-to-Peer-Lending, S. 57; *Polke*, Crowdlending, S. 60.

139 Vgl. § 2 Abs. 7 lit. f der Anlage A der Nutzungsbedingungen für Anleger der auxmoney GmbH (Muster-Darlehensforderungskauf- und Abtretungsvertrag der Süd-West-Kreditbank Finanzierungs GmbH in Zusammenarbeit mit auxmoney) (www.auxmoney.com/wp-content/uploads/2022-03-07_Forderungskaufvertrag-2.pdf, zuletzt abgerufen am 16.01.2023), vgl. diese im Anhang 1.4.

140 *Hertneck*, Peer-to-Peer-Lending, S. 57; *Polke*, Crowdlending, S. 60–61.

141 *Polke*, Crowdlending, S. 60.

142 *Polke*, Crowdlending, S. 60.

143 So auch *Hertneck*, Peer-to-Peer-Lending, S. 57; *Polke*, Crowdlending, S. 60.

144 i.E. auch *Hertneck*, Peer-to-Peer-Lending, S. 57; *Polke*, Crowdlending, S. 61.

nicht der Fall sein, da auch bezüglich der Gesamtgläubigerschaft in den Allgemeinen Geschäftsbedingung der Plattformbetreiber ausdrücklich geregelt wird, dass sich die Darlehensgeber nicht auf das Bestehen einer solchen berufen können.[145]

Allerdings besteht für sämtliche Anleger die Pflicht zur Überlassung des jeweiligen Anteils der Darlehenssumme gegenüber dem Darlehensnehmer.[146] Dies führt dazu, dass die Anleger als Teilschuldner im Sinne des § 420 BGB zu qualifizieren sind.[147] Im Regelfall wird davon ausgegangen, dass eine Überlassungspflicht nicht teilbar sein kann.[148] Bei einem Darlehensvertrag dürfte entsprechend *Polke* die Pflicht zur Überlassung der Darlehenssumme hingegen als teilbare Leistung einzuordnen sein.[149] Dies entspricht auch dem Charakter des Darlehensvertrages, bei dem die Darlehenssumme bereits der Natur nach teilbar ist und die Leistung durch die Teilung keine Wertminderung oder Beeinträchtigung erfährt.[150]

## B. Unechtes P2P-Lending

Beim unechten P2P-Lending kommen vergleichbare Rechtsbeziehungen wie beim echten P2P-Lending zustande. Der größte Unterschied liegt darin, dass der Anleger nicht Partei des Darlehensvertrages wird, sondern zwischen ihm und einem Kreditinstitut ein Forderungskauf- und ein Abtretungsvertrag geschlossen wird.

---

145 Vgl. etwa § 2 Abs. 7 lit. f der Anlage A der Nutzungsbedingungen für Anleger der auxmoney GmbH (Muster-Darlehensforderungskauf- und Abtretungsvertrag der Süd-West-Kreditbank Finanzierungs GmbH in Zusammenarbeit mit auxmoney) (https://www.auxmoney.com/wp-content/uploads/2022-03-07_Forderungskaufvertrag-2.pdf, zuletzt abgerufen am 16.01.2023), siehe dazu Anhang 1.4.

146 *Freitag*, in Staudinger, BGB, § 488, Rn. 163 m.w.N.; *Berger*, in MüKo, BGB, Vorbem. zu § 488, Rn. 10 sowie *Seifert*, in Soergel, BGB, § 488, Rn. 88, 102 zur Überlassungspflicht beim Darlehensvertrag. *Polke*, Crowdlending, S. 61.

147 Hierzu bisher nur *Polke*, Crowdlending, S. 61, allerdings zum unechten P2P-Lending.

148 *Polke*, Crowdlending, S. 61 mit Verweis auf RG, Urt. v. 19.06.1917, Az.: 25/17 III, JW 1917, 849–850.

149 *Polke*, Crowdlending, S. 61.

150 Vgl. *Grüneberg*, in Grüneberg, BGB, § 420, Rn. 1.

## *I. Darlehensvertrag zwischen Kapitalsuchendem und Kreditinstitut*

Beim unechten P2P-Lending kommt anders als beim echten P2P-Lending kein unmittelbarer Darlehensvertrag zwischen Kapitalsuchendem und Anleger zustande.[151] Es wird ein Kreditinstitut dazwischengeschaltet, wodurch der Darlehensvertrag nur zwischen diesem und dem Kapitalsuchenden zustande kommt.[152]

Soweit es sich bei dem Kapitalsuchenden um einen Verbraucher gemäß § 13 BGB handelt, kommt ein Verbraucherdarlehensvertrag gemäß § 491 BGB zustande, da es sich bei dem Kreditinstitut unstrittig um einen Unternehmer im Sinne des § 14 BGB handelt.[153] Der Verbraucherdarlehensvertrag kommt auf Grund der strengen Verbraucherschutzvorschrift erst dann wirksam zustande, wenn der Vertrag gemäß § 492 Abs. 1 BGB von beiden Parteien schriftlich abgeschlossen wurde. Dafür ist auf der Seite des Verbrauchers grundsätzlich die handschriftliche Unterzeichnung des Vertrages notwendig.[154]

Sollte es sich alternativ bei dem Kapitalsuchenden um einen Unternehmer handeln, käme ein Darlehensvertrag im Sinne des § 488 BGB zustande, bei welchem die handschriftliche Unterzeichnung kein zwingendes Formerfordernis ist.

---

151 Siehe Kapitel 1 § 2 B. II.

152 Vgl. Präambel der Nutzungsbedingungen für Kreditsuchende der auxmoney GmbH, Stand Oktober 2022 (www.auxmoney.com/wp-content/uploads/20221021-Nutzungsbedingugnen-Kreditsuchende-Stand-Oktober-2022.pdf, zuletzt abgerufen am 16.01.2023); ursprüngliche Anlage B der Nutzungsbedingungen für Kreditsuchende der auxmoney GmbH (Darlehensvertrag SWK-Bank) (www.auxmoney.com/wp-content/uploads/KV.pdf, zuletzt abgerufen am 16.01.2023), siehe dazu Anhang 1.6. Der Muster-Darlehensvertrag wird mittlerweile nicht mehr von auxmoney zur Verfügung gestellt. Bei der Süd-West-Kreditbank handelt es sich um die Partnerbank der auxmoney GmbH, die sich auf die Vergabe von Krediten über das Internet spezialisiert hat (www.auxmoney.com/infos/partner, zuletzt abgerufen am 16.01.2023).

153 So fallen insbesondere juristische Personen des Privatrechts, die gewerblich tätig sind, unter den Begriff des Unternehmers. Auch die auxmoney GmbH stellt als Gesellschaft mit beschränkter Haftung eine juristische Person des Privatrechts und somit einen Unternehmer dar (vgl. *Alexander*, in BeckOGK, BGB, § 14, Rn. 100, 101; *Martens*, in BeckOK, BGB, § 14, Rn. 18).

154 *Knops*, in BeckOGK, BGB, § 492, Rn. 10. Die handschriftliche Unterzeichnung ist allerdings gemäß § 492 Abs. 1 S. 3 BGB entbehrlich, sofern eine Erklärung durch eine automatische Einrichtung abgegeben wurde. Dies ist bspw. der Fall, wenn die Erklärung mittels eines EDV-Systems abgegeben wurde.

## *II. Forderungskauf und Abtretung*

Durch die Zwischenschaltung des Kreditinstituts wird der einzelne Anleger zwar nicht Vertragspartner des Kapitalsuchenden im Rahmen des Darlehensvertrages, er finanziert das Darlehen jedoch mit seinem Kapital. Demnach müssen den Anlegern auch Ansprüche zustehen, die von ihnen „investierte" Darlehenssumme bei Fälligkeit zurückzufordern. Um dies zu ermöglichen, schließt das Kreditinstitut mit den jeweiligen Anlegern einen Vertrag ab. Von der überwiegenden Meinung in der Literatur wird angenommen, dass es sich hierbei um einen Forderungskaufvertrag gemäß §§ 453, 433 BGB handelt.[155] Nach *Polke* handelt es sich hingegen um einen Kommissionsvertrag gemäß §§ 406, 383 ff. HGB.[156] Demnach handele das Kreditinstitut im Interesse des Anlegers, um diesen von aufsichtsrechtlichen Pflichten freizustellen, sowie auf Rechnung des Anlegers, da diesen allein die wirtschaftlichen Folgen des Geschäftes treffen.[157] Auch lasse beispielsweise die Vorausabtretung der Ansprüche auf Darlehensrückzahlung auf einen Kommissionsvertrag schließen.[158]

*Polke* hat richtigerweise erkannt, dass die Bezeichnung im Schriftstück als Kauf oder Kommission nicht ausschlaggebend dafür ist, welche Rechtsnatur der Vertrag tatsächlich hat.[159] Danach könnte auch entgegen der Bezeichnung eines Forderungskaufvertrages ein Kommissionsvertrag vorliegen.[160]

Zwar mag das Kreditinstitut teilweise im Interesse des Anlegers handeln. Jedoch liegt es überwiegend im Interesse des Kreditinstituts selbst, mit dem Kapitalsuchenden in Kontakt zu treten. Dies kann beispielsweise Werbezwecken, der Kundenakquise und der Positionierung auf dem Markt dienen. So

---

155 *Nietsch/Eberle*, ZVglRWiss 2017, 205 (211); *Renner*, ZBB 2014, 261 (264); *Renner/Böhle*, JuS 2019, 316 (319); *Veith*, BKR 2016, 184 (188); *Will*, GewArch 2015, 430 (433). *Hertneck*, Peer-to-Peer-Lending, S. 91, äußert sich nur in Bezug auf das echte P2P-Lending.

156 *Polke*, Crowdlending, S. 63–67.

157 *Polke*, Crowdlending, S. 65–66.

158 *Polke*, Crowdlending, S. 66; auf die weiteren von *Polke* entwickelten Argumente wird vorliegend nicht eingegangen, da dies nicht den Schwerpunkt der Arbeit bildet; für eine vertiefte Auseinandersetzung siehe dort S. 63–67.

159 RG, Urt. v. 16.10.1918, Az.: I 110/18, RGZ 94, 65 (66); RG, Urt. v. 19.05.1926, Az.: I 309/25, RGZ 114, 9 (10).

160 So stellt bspw. auxmoney ein Muster eines Vertrages über den Verkauf und die Abtretung einer zukünftigen Verbraucherdarlehensforderung zur Verfügung (www.auxmoney.com/wp-content/uploads/20211213-Forderungskaufvertrag-final.pdf, zuletzt abgerufen am 16.01.2023), siehe diesen im Anhang 1.4.

wäre es auch denkbar, dass es bei einigen Kreditinstituten nur dann möglich ist, einen Darlehensvertrag abzuschließen, wenn der Kapitalsuchende auch über ein Girokonto bei dem entsprechenden Institut verfügt.[161]

Ausschlaggebend ist aber, dass das Kreditinstitut nicht den Weisungen des Anlegers unterliegt. Zwar stellt der Anleger bereits vor Abschluss des Darlehensvertrages sein Kapital zur Verfügung. Allerdings entscheidet das Kreditinstitut auf Grundlage der Bonität des Kapitalsuchenden eigenständig, ob ein Darlehensvertrag zustande kommt. Eine Weisungsbefugnis liegt insofern nicht vor.[162] Das Fehlen einer solchen Weisungsbefugnis schließt das Vorliegen eines Kommissionsgeschäftes aber aus.[163] Darüber hinaus spricht gegen das Vorliegen eines Kommissionsvertrages, dass gerade keine Provisionsabrede zwischen Kreditinstitut und Anleger getroffen wird.[164]

Daher ist die herrschende Meinung[165] zutreffend, wonach zwischen dem Kreditinstitut und dem Anleger ein Forderungskaufvertrag gemäß §§ 453, 433 BGB zustande kommt. Der Forderungskaufvertrag steht allerdings zunächst unter der aufschiebenden Bedingung des wirksam zustande gekommenen Darlehensvertrages sowie der Auszahlung des Darlehens an den Kapitalsuchenden.

Neben dem Abschluss eines Forderungskaufvertrages wird der Rückzahlungsanspruch des Kreditinstituts gegen den Darlehensnehmer an den Anleger nach §§ 398 ff. BGB abgetreten.[166] In der Vergangenheit wurde vertreten, dass die

---

161 So ist es zumindest im Hinblick auf den Anleger bei der auxmoney GmbH. Um Finanzierungsgebote über die Internetplattform abgeben zu können, muss der Anleger bei der mit auxmoney kooperierenden Bank ein sog. „auxmoney-Anlagekonto" haben, § 2 Abs. 3 der Nutzungsbedingungen für Anleger der auxmoney GmbH, Stand Mai 2022 (www.auxmoney.com/wp-content/uploads/20220427-Nutzungsbedingungen-Anleger-Stand-Mai-2022.pdf, zuletzt abgerufen am 16.01.2023), siehe dazu Anhang 1.3.

162 Vgl. *Veith*, BKR 2016, 184 (189) in Bezug auf das Betreiben eines multilateralen Handelssystems; *Polke*, Crowdlending geht hingegen nicht auf das Merkmal der Weisungsbefugnis ein.

163 Vgl. BGH, Urt. v. 19.02.1975, Az.: VIII ZR 175/73; NJW 1975, 776 (777); BGH, Urt. v. 19.01.1951, Az.: I ZR 15/50, BGHZ 1, 75 (79–80) m.w.N.; *Baer*, in BeckOK, HGB, § 383, Rn. 15.

164 Vgl. BGH, Urt. v. 25.06.2002, Az.: XI ZR 239/01, NJW-RR 2002, 1344 (1345); *Kumpan*, in Hopt, HGB, § 383, Rn. 7, für die Provisionsabrede als Indiz für das Vorliegen eines Kommissionsvertrages.

165 Siehe bereits oben Kapitel 1, Fn. 155.

166 a.A. *Polke*, Crowdlending, S. 68–72, welcher diskutiert, ob es sich nicht auch um eine Vertragsübernahme handeln kann; i.E. schließt er beide Möglichkeiten nicht aus, da er sie von der Vereinbarung zwischen Anleger und Kreditinstitut abhängig macht.

Abtretung von Darlehensforderungen unzulässig sei, da dies gegen das Bankengeheimnis und Datenschutzregeln verstoße.[167] Nach einer Grundsatzentscheidung des Bundesgerichtshofs aus dem Jahr 2007[168] sowie der Einführung des Risikobegrenzungsgesetzes im Jahr 2008[169] zum Schutz des Darlehensnehmers ist allgemein anerkannt, dass weder das Bankengeheimnis noch das Bundesdatenschutzgesetz einer Abtretung durch ein Kreditinstitut entgegenstehen.[170] Dies wird auch regelmäßig in der Praxis zum Ausdruck gebracht, indem mit dem Plattformbetreiber vertraglich die Befreiung vom Bankgeheimnis vereinbart wird.[171]

Vereinzelt wird darüber hinaus diskutiert, ob die Abtretung eine unzulässige Rechtsausübung gemäß § 242 BGB ist, da es durch die Aufspaltung der Forderung in mehrere Teilforderungen für den Darlehensnehmer zu unzumutbaren Erschwernissen kommen könnte.[172] Grundsätzlich ist die Abtretung von Teilforderungen möglich, wobei an das Vorliegen einer unzumutbaren Leistungserschwerung hohe Anforderungen zu stellen sind.[173] Dabei müssen insbesondere die Interessen des Schuldners, Zedenten oder Zessionars berücksichtigt werden.[174] Es ist im Interesse des Kapitalsuchenden, dass die Forderung des Kreditinstituts in mehreren Teilforderungen an die verschiedenen Anleger abgetreten wird. Nur dieses System ermöglicht es ihm, sein Kreditgesuch finanziert zu bekommen. Auch ergibt sich für ihn dadurch kein Mehraufwand, da

---

167 So etwa OLG Frankfurt a.M., Urt. v. 25.05.2004, Az.: 8 U 84/04, NJW 2004, 3266.

168 BGH, Urt. v. 27.02.2007, XI ZR 195/05, BGHZ 171, 180 (184, 187).

169 Gesetz zur Begrenzung der mit Finanzinvestitionen verbundenen Risiken (Risikobegrenzungsgesetz) vom 12.08.2008, BGBl. 2008 I, S. 1666.

170 So auch *Binder*, in BeckOGK, BGB, § 488, Rn. 84 m.w.N.

171 So bspw. § 2 Abs. 7 lit. a Ziff. bb der Anlage A der Nutzungsbedingungen der auxmoney GmbH (Muster-Darlehensforderungskauf- und Abtretungsvertrag der Süd-West-Kreditbank Finanzierungs GmbH in Zusammenarbeit mit auxmoney) (https://www.auxmoney.com/wp-content/uploads/2022-03-07_Forderungskaufvertrag-2.pdf, zuletzt abgerufen am 16.01.2023), siehe dazu Anhang 1.4.

172 Nur *Hertneck*, Peer-to-Peer-Lending, S. 92.

173 So auch BGH, Urt. v. 20.12.1956, VII ZR 279/56, BGHZ 23, 53 (56); *Busche*, in Staudinger, BGB, § 398, Rn. 46; *Grüneberg*, in Grüneberg, BGB, § 398, Rn. 10; *Lieder*, in BeckOGK, BGB, § 398, Rn. 139, 140; *Kieninger*, in MüKo, BGB, § 398, Rn. 63; *Schreiber*, in Soergel, BGB, § 398, Rn. 6. *Kieninger* plädiert jedoch dafür, Teilabtretungen nur bei Zustimmung des Schuldners zuzulassen (*Kieninger*, in MüKo, BGB, § 398, Rn. 65).

174 *Baumgärtel*, AcP 156 (1958), 265 (287).

der Plattformbetreiber weiterhin sein direkter Ansprechpartner für die Forderungsverwaltung bleibt.[175] Des Weiteren hat der Kapitalsuchende grundsätzlich bereits mit Abschluss des Plattformnutzungsvertrages Kenntnis von der späteren Abtretung der Teilforderung durch die Allgemeinen Geschäftsbedingungen des Plattformbetreibers.[176] Die Abtretung von Teilforderungen stellt daher keine unzumutbare Leistungserschwerung für ihn dar. Insofern ist auch die Abtretung einer Vielzahl von Teilforderungen keine unzulässige Rechtsausübung.[177]

Im Rahmen der Abtretung geht der Rückzahlungsanspruch auf den Anleger als Zessionar über.[178] Der Zinsanspruch ist zwar vom Rückzahlungsanspruch eigenständig zu betrachten,[179] wird in der Regel jedoch mit abgetreten.[180] Das Recht zur Fälligkeitskündigung geht gemäß § 401 BGB analog als unselbständiges forderungsbezogenes Nebenrecht auf den Zessionar über.[181] Das außerordentliche Kündigungsrecht stellt hingegen ein unselbständiges vertragsbezogenes Gestaltungsrecht dar,[182] das gemäß §§ 413, 398 BGB auf den Zessionar übergehen kann.[183]

---

175 So auch *Hertneck*, Peer-to-Peer-Lending, S. 92.

176 So *Hertneck*, Peer-to-Peer-Lending, S. 92.

177 i.E. auch *Hertneck*, Peer-to-Peer-Lending, S. 92.

178 So auch *Hertneck*, Peer-to-Peer-Lending, S. 92.

179 BGH, Urt. v. 18.05.1961, Az.: VII ZR 39/60, BGHZ 35, 172 (173); *Kieninger*, in MüKo, BGB, § 401, Rn. 11; *Rohe*, in BeckOK, BGB, § 398, Rn. 60; *Schreiber*, in Soergel, BGB, § 401, Rn. 3.

180 BGH, Urt. v. 18.05.1961, Az.: VII ZR 39/60, BGHZ 35, 172 (173) in Bezug auf zukünftige Zinsen. Da es sich vorliegend auch um die Abtretung von zukünftigen Zinsen handelt, ist das Urteil entsprechend anwendbar. So auch *Rohe*, in BeckOK, BGB, § 398, Rn. 60. *Kieninger* und *Schreiber* schränken dies auf künftige, noch nicht fällige Zinsansprüche ein (*Kieninger*, in MüKo, BGB, § 401, Rn. 11; *Schreiber*, in Soergel, BGB, § 401, Rn. 3).

181 BGH, Urt. v. 22.03.2006, Az.: IV ZR 6/04, NJW-RR 2006, 1091 mit Hinweis auf BGH, Urt. v. 01.06.1973, Az.: V ZR 134/72, NJW 1973, 1793, 1794 m.w.N.; *Busche*, in Staudinger BGB, § 401, Rn. 35; *Hertneck*, Peer-to-Peer-Lending, S. 92; *Schürnbrand*, AcP 204 (2004), 177 (189, 206).

182 *Busche*, in Staudinger, BGB, § 401, Rn. 35 in Bezug auf die Kündigung im Allgemeinen.

183 Ob das Kündigungsrecht abgetreten wird, ist Frage der Auslegung. Vgl. *Busche*, in Staudinger, BGB, § 413, Rn. 13; *Grüneberg*, in Grüneberg, BGB, § 413, Rn. 5; *Hertneck*, Peer-to-Peer-Lending, S. 93; *Schürnbrand*, AcP 204 (2004), 177 (204–206).

### *III. Weitere Vertragsbeziehungen*

#### *1. Im Verhältnis zwischen Plattformbetreiber und Kapitalsuchendem*

##### *a) Plattformnutzung*

Auch im Rahmen des unechten P2P-Lending kommt zwischen dem Kapitalsuchenden und dem Plattformbetreiber ein Vertrag über die Nutzung der Plattform zustande. Es ist ebenfalls davon auszugehen, dass es sich wie beim echten P2P-Lending dabei um einen Vertrag *sui generis* mit Elementen eines Dienstvertrages handelt.[184]

##### *b) Bonitätsprüfung*

Der Plattformbetreiber prüft wie bereits beim echten auch beim unechten P2P-Lending die Bonität des Kapitalsuchenden. Dies stellt ebenfalls eine vorvertragliche Leistung im Rahmen der Darlehensvermittlung dar.[185]

##### *c) Darlehensvermittlung*

Es erfolgt ebenso eine Darlehensvermittlung durch den Plattformbetreiber. Allerdings wird der Kapitalsuchende nicht an verschiedene Anleger vermittelt, sondern an das mit dem Plattformbetreiber kooperierende Kreditinstitut. Die Rechtsnatur der Darlehensvermittlung richtet sich nach dem zugrundeliegenden Darlehensvertrag zwischen Kapitalsuchendem und Kreditinstitut. Handelt der Kapitalsuchende zu privaten Zwecken, liegt ein Verbraucherdarlehensvertrag gemäß § 491 BGB vor. Handelt er hingegen zu gewerblichen oder beruflichen Zwecken, schließt er einen Darlehensvertrag gemäß § 488 BGB mit dem Kreditinstitut ab. Für die Bestimmung des Vermittlungsvertrages muss also zwischen diesen Konstellationen unterschieden werden.

##### aa) *Verbraucherdarlehensvertrag gemäß § 491 BGB*

Wie bereits beim echten P2P-Lending gibt der Kapitalsuchende ein Angebot zum Abschluss eines Maklervertrages ab, weil er die Bonitätsprüfung beantragt. Anders als bei einem Darlehensvertrag im Sinne des § 488 BGB greifen auf Grund der besonderen Schutzwürdigkeit des Verbrauchers diverse Verbraucherschutzvorschriften.[186] Es wird daher kein herkömmlicher Maklervertrag

---

184 Siehe Kapitel 1 § 2 A. II. 1. a).

185 Siehe Kapitel 1 § 2 A. II. 1. b).

186 Da der Schwerpunkt der Arbeit auf der kollisionsrechtlichen Einordnung von P2P-Krediten liegt, wird bewusst auf eine Darstellung der Verbraucherschutzvorschriften

gemäß § 652 BGB geschlossen. Vielmehr könnte ein Darlehensvermittlungsvertrag nach den §§ 655a ff. BGB zustande kommen, welcher eine Spezialform des Maklervertrages ist.[187]

Im Rahmen des Darlehensvermittlungsvertrages bestehen vergleichbare Pflichten des Plattformbetreibers als Makler wie beim Maklervertrag im Sinne des § 652 BGB. Allerdings ist der Anwendungsbereich des Darlehensvermittlungsvertrages deutlich weiter,[188] sodass mehr Tätigkeiten unter die §§ 655a ff. BGB als unter § 652 BGB fallen. Dies beruht unter anderem auf den europarechtlichen Vorgaben, die 2008 mit der Verbraucherkreditrichtlinie[189] und 2014 mit der Wohnimmobilienkreditrichtlinie[190] eingeführt wurden.[191] So unterfallen der Kreditvermittlertätigkeit nach Art. 3 lit. f Verbraucherkredit-RL und Art. 4 Abs. 5 lit. b Wohnimmobilienkredit-RL auch sonstige Vorarbeiten sowie andere vorvertragliche administrative Tätigkeiten zum Abschluss von Verbraucherkreditverträgen. Diese weite Auslegung hat der deutsche Gesetzgeber bei der Umsetzung der Richtlinien berücksichtigt,[192] sodass eine Maklertätigkeit gemäß § 655a Abs. 1 S. 1 Ziff. 3 BGB auch dann vorliegt, wenn der Makler auf andere Weise als durch die reine Vermittlung beim Abschluss eines Vertrages behilflich ist.

Zwar erbringt der Plattformbetreiber weder Vermittlungs- noch Nachweistätigkeiten,[193] allerdings stellt er den Kontakt zwischen den Vertragspartnern her. Allein ein bloßes „Tippgeben", um die Parteien zusammenzuführen, ist für die Qualifizierung als Kreditvermittler hingegen nicht ausreichend.[194] Der

---

im deutschen Recht verzichtet. Zur Vertiefung siehe u.a. *Buck-Heeb*, BKR 2015, 177–186.

187 *Krepold*, in Soergel, BGB, vor § 655a, Rn. 2; *Weber*, in MüKo, BGB, § 655a, Rn. 8; *Zimmermann*, in BeckOGK, BGB, § 655a, Rn. 11.

188 *Weber*, in MüKo, BGB, § 655a, Rn. 8.

189 Richtlinie 2008/48/EG des Europäischen Parlaments und des Rates vom 23. April 2008 über Verbraucherkreditverträge und zur Aufhebung der Richtlinie 87/102/EWG des Rates, ABl. 2008 L 133/66.

190 Richtlinie 2014/17/EU des europäischen Parlaments und des Rates vom 4. Februar 2014 über Wohnimmobilienkreditverträge für Verbraucher und zur Änderung der Richtlinien 2008/48/EG und 2013/36/EU und der Verordnung (EU) Nr. 1093/2010, ABl. 2014 L 60/34.

191 *Dreyer/Haskamp*, ZVertriebsR 2018, 225; *Krepold*, in Soergel, BGB, vor § 655a, Rn. 2; *Weber*, in MüKo, BGB, § 655a, Rn. 8; *Zimmermann*, in BeckOGK, § 655a, Rn. 33.

192 Vgl. Gesetzentwurf zur Umsetzung der Verbraucherkredit-RL, BT-Drs. 16/11643, 96; Gesetzentwurf zur Umsetzung der Wohnimmobilienkredit-RL, BT-Drs. 18/5922, 107.

193 Siehe Kapitel 1 § 2 A. II. 1. c).

194 Gesetzentwurf zur Umsetzung der Wohnimmobilienkredit-RL, BT-Drs. 18/5922, 107.

Plattformbetreiber dagegen gibt beim unechten P2P-Lending nicht nur „Tipps". Vielmehr stellt er die erforderliche Infrastruktur zur Verfügung. Ohne diese Tätigkeit würden die Parteien erst gar nicht miteinander in Kontakt treten und somit keinen Verbraucherdarlehensvertrag abschließen können. Vielmehr kann angenommen werden, dass der Plattformbetreiber dem Kapitalsuchenden als Verbraucher beim Abschluss des Vertrages behilflich ist und administrative Tätigkeiten übernimmt. Der Plattformbetreiber übt mithin die Tätigkeit eines Darlehensvermittlers im Sinne des § 655a BGB aus.

An die rechtliche Einordnung des Vertragstyps schließt sich die Frage an, wie der Darlehensvermittlungsvertrag zwischen dem Plattformbetreiber und dem Kapitalsuchenden zustande kommt.

Ein solcher kommt erst dann zustande, wenn der Darlehensnehmer das entsprechende Vertragsdokument des Plattformbetreibers unterschrieben hat.[195] Der sich daraus ergebene Vergütungsanspruch des Plattformbetreibers wird anschließend mit der erfolgreichen Vermittlung des Darlehensvertrages und Abschluss des Darlehensvertrages fällig.[196]

Der Vermittlungsvertrag kommt somit nicht schon durch den Auftrag zur Bonitätsprüfung zustande. Voraussetzung für das Zustandekommen eines wirksamen Darlehensvermittlungsvertrags ist es, dass die strengen Formerfordernisse des § 655b BGB erfüllt sind. § 655b Abs. 1 BGB sieht vor, dass ein Darlehensvermittlungsvertrag im Sinne des § 655a BGB der Schriftform bedarf. Da das Schriftformerfordernis zu diesem Zeitpunkt meist nicht eingehalten wird, liegt noch kein wirksamer Darlehensvermittlungsvertrag vor.[197] Der Plattformbe treiber führt die Bonitätsprüfung folglich zunächst unentgeltlich durch. Mithin findet bis zum Abschluss des Darlehensvertrages Auftragsrecht auf das Vertragsverhältnis zwischen Kapitalsuchendem und Plattformbetreiber Anwendung.[198]

195 Vgl. § 9 Abs. 1 des Muster-Darlehensvermittlungsvertrages der auxmoney GmbH (www.auxmoney.com/wp-content/uploads/DVV-1.pdf, zuletzt abgerufen am 08.06.2021). Dieses Muster wird von der auxmoney GmbH nicht mehr zur Verfügung stellt. So i.E. auch *Polke*, Crowdlending, S. 52.

196 Vgl. auch *Knops*, ZBB 2010, 479 (481–482) in Bezug auf Bearbeitungsgebühren insbesondere bei Bausparverträgen. Die Plattform Lending Works zieht die Vermittlungsgebühr bereits von der zur Verfügung gestellten Darlehenssumme ab, bevor sie diese auf das Konto des Darlehensnehmers weiterleitet. (vgl. Ziff. 20.2 der Lender Plattform Terms and Conditions der Lending Works Ltd., Stand April 2020, https://www.lendingworks.co.uk/legal-information, zuletzt abgerufen am 16.01.2023).

197 *Polke*, Crowdlending, S. 50.

198 *Polke*, Crowdlending, S. 51.

#### bb) *Darlehensvertrag gemäß § 488 BGB*

In den Fällen, in denen es sich beim Kapitalsuchenden um einen Unternehmer handelt, kommt zwischen ihm und dem Kreditinstitut ein Darlehensvertrag gemäß § 488 BGB zustande. Die Grundsätze des echten P2P-Lending zur Darlehensvermittlung sind daher auf die beim unechten P2P-Lending im Rahmen des § 488 BGB übertragbar. Danach stellt die Darlehensvermittlung zunächst einen unentgeltlichen Auftrag gemäß § 652 BGB dar.[199] Nach einer erfolgreichen Vermittlung und dem entsprechenden Abschluss des Darlehensvertrages wandelt sich die Darlehensvermittlung in einen entgeltlichen Dienstleistungsvertrag mit Geschäftsbesorgungscharakter im Sinne des §§ 675, 611 BGB.[200]

## 2. *Im Verhältnis zwischen Plattformbetreiber und Anleger*

Auch wenn der Anleger unmittelbar nicht am Darlehensvertrag beteiligt ist, tätigt er seine Investitionen über die P2P-Plattform. Folglich kommen zwischen ihm und dem Plattformbetreiber ebenfalls Rechtsverhältnisse zustande.

### a) *Plattformnutzung*

Durch die Registrierung auf der Plattform kommt zwischen dem Anleger und Plattformbetreiber ebenfalls wie beim echten P2P-Lending ein Plattformnutzungsvertrag als Vertrag sui generis mit Elementen eines Dienstvertrages zustande.[201]

### b) *Darlehensverwaltung*

Der Plattformbetreiber verwaltet nach Abtretung der Forderungen aus dem Darlehensvertrag vom Kreditinstitut an den Anleger die Forderungen aus dem Darlehensvertrag wie beim echten P2P-Lending. Auch dieser zwischen Plattformbetreiber und Anleger zustande gekommene Vertrag hat die Rechtsnatur eines Dienstvertrags mit Geschäftsbesorgungscharakter.[202] Der Plattformbetreiber wird vom Anleger gegen die Zahlung einer Gebühr ebenfalls bevollmächtigt, die notwendigen Geschäfte und Erklärungen für die Verwaltung der Forderung durchzuführen.[203]

---

199 Siehe zur Darlehensvermittlung beim echten P2P-Lending Kapitel 1 § 2 A. II. 1. c).
200 Siehe zur Darlehensvermittlung beim echten P2P-Lending Kapitel 1 § 2 A. II. 1. c).
201 Siehe Kapitel 1 § 2 A. II. 2. a).
202 Siehe Kapitel 1 § 2 A. II. 2. c).
203 Siehe Kapitel 1 § 2 A. II. 2. c).

### 3. *Im Verhältnis zwischen Plattformbetreiber und Kreditinstitut*

Die meisten Plattformbetreiber arbeiten mit einem oder mehreren Kreditinstituten als Partnern zusammen. Zwischen den Unternehmen kann für diese Fälle eine Kooperationsvereinbarung geschlossen werden, die nicht nur für einen Darlehensvertrag, sondern für eine Vielzahl von Darlehensverträgen gelten soll. Deshalb ist die Vereinbarung meist als ein Dauerschuldverhältnis ausgestaltet.[204] Bei der Frage, welche Rechtsnatur diese Kooperationsvereinbarung hat, wird der Vollständigkeit halber zwischen unechtem P2P-Lending mit einfacher und mit gestreckter Forderungsübertragung unterschieden.[205]

Beim unechten P2P-Lending mit einfacher Forderungsübertragung wird teilweise vertreten, dass bei unentgeltlichem Handeln des Kreditinstitutes ein Auftragsverhältnis nach den §§ 662 ff. BGB zustande kommt.[206] Der Auftrag würde dann darin liegen, den Darlehensvertrag mit dem Kapitalsuchenden abzuschließen. Dies würde für das Kreditinstitut eine Pflicht zum Abschluss des Darlehensvertrages darstellen. Auf Grund des aufschiebend bedingten Forderungskaufvertrages trägt das Kreditinstitut zwar nicht das Ausfallrisiko. Kommt kein Darlehensvertrag zustande, würde sich das Kreditinstitut allerdings schadensersatzpflichtig machen. Dies kann vom Kreditinstitut nicht gewollt sein. Dass die Kooperationsvereinbarung die Rechtsnatur eines Auftrages hat, ist somit abzulehnen.[207]

Auf Grund der sehr individuellen Ausgestaltung der Kooperationsvereinbarungen und einer nicht bestehenden Verpflichtung der Kreditinstitute zum Abschluss der Darlehensverträge ist anzunehmen, dass es sich dabei vielmehr um einen Vertrag *sui generis* handelt.[208] Dieser kann entweder als entgeltlicher oder als unentgeltlicher Vertrag ausgestaltet sein.

Der Vollständigkeit halber muss auch die Einzelansicht *Polkes* zur Vertragsbeziehung beim unechten P2P-Lending mit gestreckter Forderungsübertragung

---

204 *Polke*, Crowdlending, S. 54.

205 Siehe hierzu bereits Kapitel 1 § 1 B. II. 1.

206 *Polke*, Crowdlending, S. 56; siehe zur vertieften Auseinandersetzung mit der Rechtsnatur der Kooperationsvereinbarung als Maklervertrag und als Gesellschaftsvertrag ebenfalls *Polke*, Crowdlending, S. 54–56.

207 *Polke* hingegen vertritt die Ansicht, dass die Kooperationsbank zumindest nicht willkürlich den Abschluss von Darlehensverträgen verweigern kann und diese somit zur Kreditvergabe verpflichtet ist (*Polke*, Crowdlending, S. 56).

208 So auch *Hertneck*, Peer-to-Peer-Lending, S. 84, der jedoch keine Unterscheidung zwischen unechten P2P-Krediten mit einfacher oder gestreckter Forderungsübertragung vornimmt.

aufgezeigt werden. Dieser vertritt, dass es sich bei der Kooperationsvereinbarung um einen Kommissionsvertrag gemäß §§ 406, 383 HGB handelt.[209] Allerdings müsste das Kreditinstitut dann den Weisungen des Plattformbetreibers unterliegen. Auch hier mag sich zwar das Kreditinstitut an Vorgaben des Plattformbetreibers halten müssen und den Vertragsschluss nicht willkürlich verweigern dürfen, jedoch kann nicht davon ausgegangen werden, dass eine zwingende Pflicht des Kreditinstitutes besteht, einen Darlehensvertrag abzuschließen. Eine Weisungsbefugnis des Plattformbetreibers liegt nicht vor, sodass auch kein Kommissionsvertrag vorliegen kann.[210] Es handelt sich vielmehr ebenfalls um einen Vertrag *sui generis*, der entgeltlich oder unentgeltlich ausgestaltet sein kann.

#### *4. Im Verhältnis zwischen Anleger und Kapitalsuchendem*

Zwischen dem Anleger und Kapitalsuchenden besteht anders als beim echten P2P-Lending keine Vertragsbeziehung. Jedem einzelnen Anleger stehen jedoch gegen den Kapitalsuchenden als späterem Darlehensnehmer die Ansprüche aus der abgetretenen Darlehensforderung und dem Zinsanspruch zu.[211] Auch wenn es keine Vertragsbeziehung zwischen den Parteien gibt, werden mit der Abtretung die Rechte aus der Darlehensforderung vom Kreditinstitut auf den Anleger übertragen, § 401 BGB. Allerdings kann der Kapitalsuchende dem Anleger gegenüber weiterhin die Einwendungen geltend machen, die er auch gegenüber dem Kreditinstitut geltend machen konnte, § 404 BGB. Daneben ist auch eine Aufrechnung gegenüber dem neuen Gläubiger, dem Anleger, möglich, § 406 BGB.

#### *5. Keine Verträge zwischen den verschiedenen Anlegern*

Wie bereits beim echten P2P-Lending bilden die Anleger untereinander weder eine GbR noch eine Gesamtgläubigerschaft.[212] Allerdings sind sämtliche Anleger bei der abtretungsweisen Forderungsübertragung Teilschuldner im Sinne des § 420 BGB.[213] Die Anleger werden dieser Pflicht jedoch nur beitreten, wenn sie den Anspruch auf Rückzahlung abgetreten bekommen.[214]

---

209 Nur *Polke*, Crowdlending, S. 57. Dieser verneint im Hinblick auf die Kooperationsvereinbarung ebenfalls die Rechtsnatur eines Makler- und Gesellschaftsvertrages, ebd. S. 56–57.

210 Zum Fehlen der Weisungsbefugnis siehe Kapitel 1 § 2 B. II.

211 Siehe Kapitel 1 § 2 B. II.

212 Siehe Kapitel 1 § 2 A. II. 3.

213 Siehe Kapitel 1 § 2 A. II. 3.

214 *Polke*, Crowdlending, S. 61.

## C. Ergebnis

Bei der Vergabe eines P2P-Kredits kommen eine Vielzahl verschiedener Rechtsbeziehungen zustande. Insbesondere im Rahmen des unechten P2P-Lending sind die Fallgestaltungen für Verbraucher, unabhängig ob Anleger oder Kapitalsuchender, meist nicht vorhersehbar. So ist dem Kapitalsuchenden meist nicht bewusst, dass er den Darlehensvertrag ausschließlich mit einer Bank schließt und die Forderungen im Anschluss an die Anleger abgetreten werden. Neben dem eigentlichen Darlehensvertrag kommen zudem diverse weitere Rechtsbeziehungen, wie mit dem Plattformbetreiber, zustande.

In welcher Form die Rechtsbeziehungen zustande kommen, ist vor allem abhängig von den Ausgestaltungen der Allgemeinen Geschäftsbedingungen der Plattformbetreiber. Diese können sich von Plattformbetreiber zu Plattformbetreiber unterscheiden. Aber auch bei demselben Plattformbetreiber können sich die Allgemeinen Geschäftsbedingungen innerhalb kurzer Zeit ändern.[215] Dies kann sich dann wiederum auf die Gestaltung der Vertragsverhältnisse auswirken.

---

215 So gesehen etwa bei der auxmoney GmbH, Nutzungsbedingungen für Kreditsuchende, Stand November 2020 (www.auxmoney.com/contact/dokumente/Nutzungsbedingungen_Kreditsuchende.pdf, zuletzt abgerufen am 14.06.2022) und Oktober 2022 (www.auxmoney.com/wp-content/uploads/20221021-Nutzungsbedingungen-Kreditsuchende-Stand-Oktober-2022.pdf, zuletzt abgerufen am 16.01.2023), siehe dazu Anhang 1.1 und 1.2.

# Kapitel 2: Rechtliche Rahmenbedingungen des Peer-to-Peer Lending in ausgewählten Rechtsordnungen

Warum aber haben sich über die unterschiedlichen Plattformen verschiedene Modelle des P2P-Lending und somit auch verschiedene Rechtsbeziehungen herausgebildet?

Dies hat seinen Ursprung vor allem darin, dass die nationalen Gesetzgeber unterschiedliche Rahmenbedingungen vorgeben, wie Darlehensverträge über das Internet geschlossen und vermittelt werden dürfen. Viele Gesetzgeber haben dabei noch keine speziellen Vorschriften für das P2P-Lending erlassen. Sie müssen sich daher auf die Vorschriften des jeweiligen allgemeinen nationalen Banken- und Kapitalmarktrechts stützen. Die Europäische Union hat 2021 erstmalig mit Einführung der Verordnung über Schwarmfinanzierungsdienstleister[1] einen Anlauf unternommen, für den Bereich der Schwarmfinanzierung einen überwiegend einheitlichen Rechtsrahmen in den Mitgliedstaaten zu schaffen. Umfassende Regeln für das P2P-Lending beinhaltet die Verordnung jedoch nicht.

Um nachzuvollziehen, weshalb sich verschiedene Modelle des P2P-Lending entwickelt haben, werden im Anschluss an eine Betrachtung der ECSP-VO die rechtlichen Rahmenbedingungen von Ländern untersucht, die beispielhaft für die Entwicklung unterschiedlicher P2P-Lending-Modelle stehen: Deutschland und Österreich als Mitgliedstaaten der EU sowie Großbritannien und die USA als Drittstaaten.[2]

1 Verordnung (EU) 2020/1503 des Europäischen Parlaments und des Rates vom 7. Oktober 2020 über Europäische Schwarmfinanzierungsdienstleister für Unternehmen und zur Änderung der Verordnung (EU) 2017/1129 und der Richtlinie (EU) 2019/1937, ABl. 2020 L 347/1. Die Verordnung wird nachfolgend ECSP-VO (European Crowdfunding Service Provider-VO) genannt.

2 Im Rahmen dessen werden lediglich die Grundrisse der rechtlichen Rahmenbedingungen für die grundlegenden Modelle des P2P-Lending – des echten und des unechten P2P-Lendings – skizziert. Eine Analyse weiterer Formen, insbesondere solcher, bei der Unternehmen in andere Unternehmen investieren, wird dabei außer Acht gelassen, da diese nicht den Schwerpunkt der Untersuchung darstellen.

## § 1 Verordnung des Europäischen Parlaments und des Rates über Europäische Schwarmfinanzierungsdienstleister für Unternehmen (ECSP-VO)

Die ECSP-VO[3] der EU beinhaltet erstmalig EU-weit einheitliche Regelungen für Internet-Dienstleistungsplattformen, die Schwarmfinanzierungen vermitteln.[4] Sie trat am 10.11.2021 in Kraft, ließ den Dienstleistern jedoch bis zum 10.11.2022 ein Jahr lang Zeit, ihre Dienstleistungen weiterhin auf Grundlage des nationalen Rechts zu erbringen.[5]

Mit der ECSP-VO verfolgt die EU das Ziel, den „Flickenteppich"[6] an nationalen Regelungen für Schwarmfinanzierungsdienstleister zu vereinheitlichen. Neben dem vom europäischen Verordnungsgeber als zentralen Regelungsinhalt ins Auge gefassten Crowdfunding wird in Ansätzen auch das P2P-Lending durch die neuen Vorschriften reguliert. Der Verordnung wird dadurch das Potential zugeschrieben, die in der EU bestehende Finanzierungslücke zu schließen.[7] Der Anwendungsbereich der ECSP-VO wird inhaltlich im Weiteren untersucht, ebenso welche Folgen sich daraus für die Beteiligten am P2P-Lending ergeben.

---

3 Für die Verordnung werden ferner die Bezeichnungen Schwarmfinanzierungs-VO oder Crowdfunding-VO verwendet.

4 *Rusch*, ZBB 2020, 217 (219); *Woesch*, BKR 2022, 199.

5 Eine Bewertung zu einer möglichen Verlängerung der Übergangsphase sollte nach Anhörung der Europäischen Wertpapier- und Marktaufsichtsbehörde (ESMA) von der Kommission bis Mitte Mai 2022 ergehen, Art. 48 Abs. 3 ECSP-VO. Eine solche ist, sofern sie bereits erfolgt ist, jedenfalls bisher nicht öffentlich zugänglich. Auf Grundlage dieser Bewertung sollte die Kommission dem Europäischen Parlament und dem Rat bis zum 10.11.2023 „einen Bericht über die Umsetzung der Gesetzgebung" vorlegen (https://eur-lex.europa.eu/DE/legal-content/summary/european-crowdfunding-service-providers-for-business.html, zuletzt abgerufen am 14.01.2023). Siehe dazu auch *Engelmann-Pilger*, BKR 2022, 144.

6 Vgl. *Rusch*, ZBB 2020, 217 (219), der die ECSP-VO als einen neuen Teppich an EU-Vorschriften sieht, der auf den Flickenteppich der jeweils nationalen Schwarmfinanzierungsregulierungen gelegt wird; sowie *Freitag/Wolf*, WM 2021, 1009 (1016), die ebenfalls kritisch anmerken, dass die ECSP-VO den Flickenteppich letztendlich nicht beseitigt. *Buck-Heeb*, BKR 2022, 169 (175) merkt hingegen an, dass der Flickenteppich an aufsichtsrechtlichen Regelungen von den Parteien hinzunehmen sei – trotz der schwierigen Suche nach dem anwendbaren Recht.

7 *Fabricius*, BKR 2022, 139 insbesondere in Bezug auf kleine und mittelständische Unternehmen.

# A. Anwendungsbereich

## *I. Überblick über den sachlichen Anwendungsbereich*

Die ECSP-VO findet Anwendung auf Schwarmfinanzierungen, wie die Vermittlung von Krediten an Unternehmer, über Internetplattformen, bei denen die Angebote einen Gegenwert von bis zu 5.000.000,00 € haben können.[8]

Mit der Verordnung werden vor allem juristische Personen adressiert, die Schwarmfinanzierungsdienstleistungen betreiben. Als solche definiert der Verordnungsgeber unter anderem gemäß Art. 2 Abs. 1 lit. a ECSP-VO das Zusammenführen „von Geschäftsfinanzierungsinteressen von Anlegern und Projektträgern mithilfe einer Schwarmfinanzierungsplattform“ durch die Vermittlung von Krediten.

Eine Schwarmfinanzierungsplattform ist dabei gemäß Art. 2 Abs. 1 lit. d ECSP-VO ein internetbasiertes elektronisches Informationssystem, welches von einem Schwarmfinanzierungsdienstleister betrieben wird. Auch die bereits vorgestellten P2P-Internetplattformen stellen solch ein Informationssystem dar, das Anleger und Kapitalsuchende zusammenführt. Die Vermittlung eines Kredits durch eine Internetplattform liegt nach Art. 2 Abs. 1 lit. b ECSP-VO vor, wenn der Anleger einem Kapitalsuchenden/Darlehensnehmer für einen bestimmten Zeitraum einen vereinbarten Geldbetrag zur Verfügung stellt und der Darlehensnehmer diesen anschließend „unbedingt“ zuzüglich vereinbarter Zinsen zurückzahlt. Der Darlehensnehmer wird in der ECSP-VO als Projektträger bezeichnet, Art. 2 Abs. 1 lit. h ECSP-VO. Qualifizierte Nachrangdarlehen, welche lediglich bedingt rückzahlbar sind, sind davon nicht umfasst.[9] Somit fallen P2P-Plattformen, welche echte und unechte P2P-Kredite vermitteln, grundsätzlich in den Anwendungsbereich der Verordnung.[10]

Strittig ist allerdings, ob das unechte P2P-Lending, welches sich einem kreditausgebenden Kreditinstitut (sog. Fronting-Bank) bedient, in diesen

---

8 Die Schwarmfinanzierungsangebote werden dabei über einen Zeitraum von 12 Monaten berechnet. Vgl. dazu *Riethmüller*, in Möslein/Omlor, FinTech-Handbuch, § 22, Rn. 182.

9 Zur vertieften Darstellung des Problems siehe *Renner/Faller/Walter*, BKR 2021, 394 (398) sowie *Rusch*, ZBB 2020, 216 (220–221). So auch *Engelmann-Pilger*, BKR 2022, 144 (147) m.w.N.; *Freitag/Wolf*, WM 2021, 657 (658–659); *Riethmüller*, BKR 2022, 149 (151); *Rotter/Ertl*, BKR 2022, 1874 (185).

10 Ebenso *Renner*, in Möslein/Omlor, FinTech-Handbuch § 23, Rn. 71, der betont, dass damit auch insbesondere die in Deutschland verbreitete Variante des unechten P2P-Lending mit umfasst wird.

Anwendungsbereich fällt.[11] Die bisher uneinheitliche Beantwortung dieser Frage in der Literatur wird zukünftig durch die Aufsichtsbehörden und Rechtsprechung zu klären sein.

## *II. Ausschluss von Darlehensnehmern als Verbraucher*

Darüber hinaus hat der Verordnungsgeber eine für die Praxis des P2P-Lending erhebliche Einschränkung vorgenommen: Projektträger im Sinne der Verordnung ist grundsätzlich jeder Kapitalsuchende als natürliche oder juristische Person, der eine Finanzierung über eine Schwarmfinanzierungsplattform anstrebt. Der Kapitalsuchende, der als Verbraucher zu einem Zweck handelt, der weder seiner beruflichen noch gewerblichen Tätigkeit zugerechnet werden kann, ist hingegen vom Anwendungsbereich gemäß Art. 1 Abs. 2 lit. a ECSP-VO ausgeschlossen.[12] Dadurch sind jegliche Konstellationen aus dem Anwendungsbereich der Verordnung ausgeschlossen, in denen der Kapitalsuchende/Darlehensnehmer ein Verbraucher ist.[13] Für Anleger, die als Verbraucher handeln, ist der Anwendungsbereich hingegen eröffnet.[14]

Somit fällt die Vermittlung eines Darlehens an Verbraucher im Rahmen des echten und auch des unechten P2P-Lending aus dem Anwendungsbereich der Verordnung. Die ECSP-VO hat im Bereich des P2P-Lending allenfalls dann Wirkung, wenn es sich bei dem Darlehensnehmer um einen Unternehmer handelt. Der Darlehensgeber kann hingegen Verbraucher oder Unternehmer sein.

Es fallen lediglich Konstellationen des P2P-Lending unter die Verordnung, in denen das Darlehen durch einen Unternehmer aufgenommen wird (c2b- oder

---

11 Zum Begriff der Fronting-Bank siehe bereits Einleitung § 1 C. II. Ablehnend *Engelmann-Pilger*, BKR 2022, 144 (147–148); *Woesch*, BKR 2022, 199 (201–202) mit der Ausnahme, wenn das gesamte Vertragsverhältnis übertragen wird. Sie argumentieren u.a. damit, dass laut Art. 2 Abs. 1 lit. b ECSP-VO der Kredit unmittelbar zwischen Anleger und Projektträger geschlossen werden muss. Für eine Anwendbarkeit *Freitag/Wolf*, WM 2021, 657 (658); *Izzo-Wagner/Otto*, BKR 2022, 155 (158); *Renner/Faller/Busch*, BKR 2021, 394 (398) sowie *Rusch*, ZBB 2020, 217 (221–222), die sich u.a. darauf berufen, dass nach teleologischer Auslegung und dem „*effet-util*"-Grundsatz die Verordnung so ausgelegt werden muss, dass die Wirkung möglichst umfangreich ist.

12 Kritisch dazu *Renner/Faller/Walter*, BKR 2021, 394 (398) sowie *Renner*, in Möslein/Omlor, FinTech-Handbuch, § 23, Rn. 86. Siehe auch *Engelmann-Pilger*, BKR 2022, 144 (145).

13 So auch *Renner/Faller/Walter*, BKR 2021, 394 (398); *Riethmüller*, BKR 2022, 149.

14 So auch *Fabricius*, BKR 2022, 139; *Freitag/Wolf*, WM 2021, 1009 (1010).

b2b-Konstellationen)[15]. Daraus wird deutlich, dass die ECSP-VO, wie der Name bereits sagt, auf das Crowdfunding zugeschnitten wurde. Das P2P-Lending wurde bei der Erarbeitung der Verordnung nicht berücksichtigt. Die Versuche, die Verordnung nun als neue Rechtsquelle für die Regulierung des P2P-Lending zu qualifizieren, sind daher verfehlt.[16]

### *III. Herausforderungen bei der Anwendung der ECSP-VO für Plattformbetreiber*

Sofern ein P2P-Plattformbetreiber feststellen will, ob die ECSP-VO Anwendung findet, muss er wissen, ob es sich bei seinen Kunden um Verbraucher oder Unternehmer handelt.[17] Es stellt sich daher die Frage, wie er dies kontrollieren kann.

Zum einen bestünde für den Plattformbetreiber die Möglichkeit, kategorisch sämtliche Vertragsschlüsse auszuschließen, bei denen ein Verbraucher der Kapitalsuchende ist. Einen solchen Ausschluss könnte er in seinen AGB treffen. Allerdings hätte dies zur Folge, dass er sich einem großen Markt und potenziellen Kunden von vornherein verschließt. Von P2P-Plattformbetreibern kann dies nicht gewollt sein, sodass zu vermuten ist, dass dieses Vorgehen in der Praxis keine Rolle spielen wird.

Darüber hinaus könnte der Plattformbetreiber vor jedem Vertragsschluss abfragen, für welchen Zweck der Kapitalsuchende das Geld benötigt. Je nachdem,

---

15 Nachfolgend wird für Verträge, die zwischen einem Unternehmer und einem Verbraucher geschlossen werden, die Bezeichnung b2c (business to consumer) verwendet. Für Verträge, die zwischen zwei Verbrauchern oder alternativ zwischen zwei Unternehmern geschlossen werden, wird die Bezeichnung c2c (consumer to consumer) beziehungsweise b2b (business to business) verwendet. Verträge zwischen Verbrauchern und Unternehmern, bei denen der Verbraucher die charakteristische Leistung erbringt, werden als c2b-Verträge (consumer to business) bezeichnet.

16 Vgl. aber z.B. *Freitag/Wolf*, WM 2021, 657, welche das P2P-Lending mit dem Crowdfunding gleichsetzen und nicht berücksichtigen, dass sämtliche Konstellationen vom Anwendungsbereich ausgeschlossen sind, bei denen der Darlehensnehmer ein Verbraucher ist.

17 Die Verbrauchereigenschaft bestimmt sich im Rahmen des ECSP-VO danach, ob eine natürliche Person das Geschäft zu einem Zweck tätigt, der nicht ihrer beruflichen oder gewerblichen Tätigkeit zugerechnet werden kann. Vgl. insofern Art. 3 lit. a der Verbraucherkreditrichtlinie (Richtlinie 2008/48/EG des europäischen Parlaments und des Rates vom 23. April 2008 über Verbraucherkreditverträge und zur Aufhebung der Richtlinie 87/102/EWG des Rates, ABl. 2008 L 133/66), vgl. Art. 1 Abs. 2 lit. a ECSP-VO.

ob dieser das Kapital für einen privaten oder gewerblichen beziehungsweise beruflichen Zweck benötigt, wüsste der Plattformbetreiber, ob die Verträge in den Anwendungsbereich der ECSP-VO fallen oder nicht. Allerdings müsste der Kapitalsuchende dafür selbst die Abgrenzung treffen, für welchen Zweck er das Kapital benötigt. Dies ist insbesondere in Abgrenzungsfällen schwierig. So wird zum Beispiel ein Hausarzt, der das Kapital für einen Autokauf benötigt, um mit diesem Fahrten zur Arbeit und zu Hausbesuchen, aber auch Fahrten mit der Familie, etwa zum Kindergarten der Tochter zu unternehmen, nur schwer abgrenzen können, ob er das Fahrzeug überwiegend privat oder gewerblich nutzt. Ferner ist zu bezweifeln, dass die Kapitalsuchenden den Zweck des Darlehens in jedem Fall derart konkret angeben wollen.

Selbst wenn man diese Einordnung dem Plattformbetreiber überlässt, wird auch dieser nur schwer eine rechtlich korrekte Einordnung treffen können, zumal dieser Vorgang meist automatisiert abläuft.

Der Verordnungsgeber dürfte dieses Problem nicht gesehen haben. Es obliegt dem jeweiligen Plattformbetreiber, mit dieser Unsicherheit umzugehen.

### *IV. Zwischenergebnis*

Im Ergebnis hat die ECSP-VO daher eine sehr beschränkte Wirkung auf das P2P-Lending. Die Verordnung findet allenfalls dann Anwendung, wenn das Darlehen durch einen Unternehmer aufgenommen wird. Die Fälle des echten und unechten P2P-Lending mit einem Verbraucher als Darlehensnehmer werden weiterhin auf die Regulierungsebene des nationalen Rechts verwiesen. Insofern hat die ECSP-VO für die Regulierung des P2P-Lending so gut wie keine Bedeutung.

## B. Relevante Regelungen

Mit Inkrafttreten der ECSP-VO gelten diverse neue Regelungen zur Schwarmfinanzierung unmittelbar in den Mitgliedstaaten der EU und somit auch in Deutschland. Die neuen Regelungen greifen in den Mitgliedstaaten unmittelbar als nationales Recht, sodass eine weitere Umsetzung durch den nationalen Gesetzgeber entbehrlich ist. Zwar finden die Vorschriften der ECSP-VO nur beschränkt auf das P2P-Lending Anwendung.[18] Der Vollständigkeit halber werden dennoch einige zentrale Vorschriften, die zu beachtenswerten materiellrechtlichen Änderungen führen, nachfolgend betrachtet.

---

18 Siehe Kapitel 2 § 1 A. I.

## I. *Zulassung und Erlaubnispflicht*

### 1. *Schwarmfinanzierungsdienstleister*

Ab Inkrafttreten der Verordnung benötigen Schwarmfinanzierungsdienstleister, die in den Anwendungsbereich der Verordnung fallen, zwingend eine „ECSP"-Lizenz, einen sogenannten Europäischen Pass,[19] um in der EU tätig zu werden, Art. 12 ECSP-VO. In Deutschland ist diese Lizenz bei der Finanzdienstleistungsaufsicht (BaFin), in anderen Ländern bei der jeweils notifizierten Behörde, zu beantragen.[20] Die „ECSP"-Lizenz löst die nationalen Erlaubnispflichten ab, zukünftig beispielsweise in Deutschland die Erlaubnispflicht nach § 32 KWG und § 34c GewO.[21] Dies mag zunächst eine Erleichterung für die Beteiligten sein, jedoch bleibt abzuwarten, wie umfangreich und praxistauglich das europäische Zulassungsverfahren von der jeweils zuständigen Behörde durchgeführt werden wird.

Nach Erteilung der Lizenz wird die Europäische Wertpapier- und Marktaufsichtsbehörde (ESMA[22]) über die Zulassung unterrichtet, Art. 12 Abs. 9 ECSP-VO. Diese erstellt daraufhin ein öffentliches und regelmäßig aktualisiertes Verzeichnis über alle Schwarmfinanzierungsdienstleister, Art. 14 ECSP-VO.

Sofern der Schwarmfinanzierungsdienstleister seine Vermittlungstätigkeiten in einem anderen Mitgliedstaat der EU ausüben möchte, muss er dies der Behörde, die für die ursprüngliche Zulassung zuständig war, mitteilen, um dies in die von der EMSA geführte Liste aufnehmen zu lassen, Art. 18 Abs. 1 und 2 ECSP-VO. Eine weitere Zulassung für einen anderen Mitgliedstaat ist hingegen nicht notwendig. Dadurch wahrt der Verordnungsgeber die Dienstleistungsfreiheit und stärkt den Binnenmarkt.

### 2. *Projektträger und Anleger*

Nach Art. 1 Abs. 3 ECSP-VO bedürfen weder Projektträger bei der Annahme von Einlagen noch Anleger bei der Gewährung von Krediten einer Erlaubnis, sofern sie nicht als Kreditinstitute gemäß Art. 8 der Eigenkapitalanforderungs-RL[23] zugelassen

---

19 *Rusch*, ZBB 2020, 217 (223); *Ryglewski*, BT-PlProt 19/219, 27798.

20 *Rusch*, ZBB 2020, 210 (219, 223).

21 Zu den Erlaubnispflichten nach deutschem Recht siehe Kapitel 2 § 1 B.; *Renner/Faller/Walter*, BKR 2021, 394 (398).

22 ESMA = European Securities and Markets Authority.

23 Richtlinie 2013/36/EU des Europäischen Parlaments und des Rates vom 26. Juni 2013 über den Zugang zur Tätigkeit von Kreditinstituten und die Beaufsichtigung von

sind.[24]

Sofern das P2P-Lending in den Anwendungsbereich der ECSP-VO fällt, greifen die im deutschen Recht vorgesehenen Erlaubnispflichten nach § 32 KWG und § 34c GewO somit nicht mehr.[25]

### 3. *Informationspflichten*

In Kapitel 4 der ECSP-VO führt der Verordnungsgeber Vorschriften des Anlegerschutzes nach dem Grundsatz ein, dass alle dem Kunden zur Verfügung gestellten Informationen fair, klar und nicht irreführend sein dürfen. Dieser Grundsatz wird durch die Anlegerschutzvorschriften der Art. 19, 20 und 21 der ECSP-VO konkretisiert.[26]

Zum einen verpflichtet Art. 20 ECSP-VO den Plattformbetreiber, die Ausfallquoten der von ihm angebotenen Schwarmfinanzierungsprojekte jährlich zu veröffentlichen. Eine solche Pflicht bestand bisher für einen Plattformbetreiber nach dem deutschen Recht nicht, da dieser regelmäßig nicht prospektpflichtig war.[27] Zusammen mit der Pflicht zum Bereitstellen von diversen Informationen nach Art. 19 ECSP-VO muss der Plattformbetreiber, anders als vor Inkrafttreten der Verordnung, dem Anleger einen transparenten Einblick in den Prozess der Schwarmfinanzierung sowie in relevante Zahlen des Unternehmens geben. Zum anderen legt insbesondere Art. 21 ECSP-VO dem Plattformbetreiber erhebliche Pflichten zur Verwirklichung des Anlegerschutzes auf. So soll er gemäß Art. 21 Abs. 1 ECSP-VO bewerten, ob und welche angebotenen Dienstleistungen für einen potenziell nicht kundigen Anleger geeignet sind. Ziel dieser Vorschrift ist es, den Anleger vor ungeeigneten Anlagen und somit vor einem unbestimmbaren Risiko zu schützen.[28] Dafür ist es notwendig, dass der Plattformbetreiber die Neukunden zunächst in kundige oder nicht kundige Anleger unterteilt.[29] Wie

---

Kreditinstituten, zur Änderung der Richtlinie 2002/87/EG und zur Aufhebung der Richtlinien 2006/48/EG und 2006/49/EG, ABl. 2013 L 176/338.

24 Art. 8 der Eigenkapitalanforderungs-RL dürfte im Rahmen des P2P-Lending grundsätzlich nicht einschlägig sein, weil weder Projektträger noch Anleger im Sinne des Art. 8 Einlagen oder andere rückzahlbare Gelder des Publikums entgegennehmen und Kredite für eigene Rechnung gewähren und somit auch keine Zulassung des jeweiligen Mitgliedstaates benötigen.

25 So auch *Renner*, in Möslein/Omlor, FinTech-Handbuch, § 23, Rn. 74.

26 *Renner/Faller/Walter*, BKR 2021, 394 (399).

27 Siehe dazu unten Kapitel 2 § 2 A. II. 2.

28 Vgl. *Schwarz/Wolf*, WM 2021, 657 (660).

29 *Schwarz/Wolf*, WM 2021, 657 (660).

eine solche Bewertung genau ablaufen soll, regelt die Verordnung nicht. Sie gibt lediglich Anhaltspunkte, welche Informationen für die Bewertung relevant sind. Wie die einzelnen Plattformbetreiber dies in der Praxis umsetzen werden, bleibt daher zunächst abzuwarten.[30] Eine vergleichbare Pflicht für Plattformbetreiber gab es nach deutschem Recht bisher nicht.

Ferner muss der Plattformbetreiber neben den Vorgaben der Art. 20 und 21 ECSP-VO gemäß Art. 23 ECSP-VO dem Anleger ein vom Projektträger erstelltes Basisinformationsblatt zur Verfügung stellen.[31] Alle aufzuführenden Informationen werden in Anhang I der Verordnung aufgeführt.

#### 4. *Widerrufsrecht*

Art. 22 ECSP-VO gewährt dem nicht kundigen Anleger eine viertägige Bedenkzeit ab der Abgabe des Anlageangebots oder der Interessenbekundung. Diese vorvertragliche Bedenkzeit schützt den Anleger, kann allerdings zur Überschneidung mit dem nach deutschem Recht für Verbraucher gewährleisteten 14-tägigen Widerrufsrecht gemäß § 355 i.V.m. §§ 312g, 312c BGB führen.[32] Das Widerrufsrecht und die vorvertragliche Bedenkzeit schließen sich nicht gegenseitig aus, sondern bestehen unabhängig voneinander.[33] Diese problematische Überschneidung mit dem nationalen Recht hat der Verordnungsgeber wohl nicht gesehen.[34] Im Übrigen ist darauf hinzuweisen, dass nach Art. 9 der Verbraucherschutzrichtlinie[35] in allen Mitgliedstaaten eine Widerrufsfrist von 14 Tagen für Verbraucher im Rahmen von Fernabsatz- und außerhalb von

30 *Quarch* macht hierzu den Vorschlag, einen Investoren-Test zur Einstufung durchzuführen (*Quarch*, Crowd-lending, S. 519 m.w.N.).

31 Vgl. *Renner*, in Möslein/Omlor, FinTech-Handbuch, § 23, Rn. 79.

32 *Freitag/Wolf*, WM 2021, 657 (664); *Renner/Faller/Walter*, BKR 2021, 394 (399); *Rusch*, ZBB 2020, 217 (224).

33 a.A. *Rotter/Ertl*, BKR 2022, 184 (187), nach dessen Auffassung die reine Kapitalanlage beim Crowdlending keine Dienstleistung darstellt und somit § 355 BGB i.V.m. §§ 312g, 312c BGB nicht greift. Die hier vorgenommene Pauschalisierung des Crowdlending scheint jedoch verfehlt. Nach *Riethmüller*, BKR 2022, 149 (150) ist das Verhältnis der beiden Rechte noch nicht abschließend geklärt.

34 So auch *Rusch*, ZBB 2020, 217 (224).

35 Richtlinie 2011/83/EU des europäischen Parlaments und des Rates vom 25. Oktober 2011 über die Rechte der Verbraucher, zur Abänderung der Richtlinie 93/13/EWG des Rates und der Richtlinie 1999/44/EG des Europäischen Parlaments und des Rates sowie zur Aufhebung der Richtlinie 85/577/EWG des Rates und der Richtlinie 97/7/EG des Europäischen Parlaments und des Rates, ABl. 2001 L 304/64.

Geschäftsräumen geschlossenen Verträgen gilt. Insofern hat der Verordnungsgeber die Überschneidung auch nicht mit Blick auf etwaige unterschiedliche Fristen in den Mitgliedstaaten absichtlich in Kauf genommen.

Folglich muss der Plattformbetreiber, sofern es sich bei einem der Beteiligten um einen nicht kundigen Anleger und gleichzeitig einen Verbraucher handelt, diesen über zwei verschiedene Widerrufsrechte belehren.[36] Dadurch wird eine für den Anleger unklare Situation geschaffen. Insbesondere die von der EU mit der Verordnung bezweckte Rechtssicherheit gewährleistet diese Regelung für einen potenziell nicht kundigen Anleger nicht.[37]

### 5. *Befugnisse der Plattformbetreiber*

Der Verordnungsgeber hat daneben mehrere Regelungen in die ECSP-VO aufgenommen, die der bisherigen Praxis der Plattformbetreiber entgegenkommen. So wird ihnen beispielsweise nach Art. 6 die Befugnis erteilt, die Kreditportfolios der Anleger individuell zu verwalten. Dies wurde in der Vergangenheit bereits von einigen Plattformen angeboten, wie beispielsweise mit dem „ReInvest"-System der Plattform auxmoney.[38] Dieser Automatismus soll es dem Anleger erleichtern, sein Kapital in verschiedene Projekte zu investieren.

Voraussetzung für die Nutzung einer solch automatisierten Portfolio-Verwaltung ist, dass der Anleger vor der Nutzung mindestens zwei der in Art. 6 Abs. 1 ECSP-VO genannten Kriterien festlegt, wie zum Beispiel den Mindest-/Höchstzinssatz und die Mindest-/Höchstlaufzeit des Kredits.

Mit der Schaffung des Art. 6 ECSP-VO hat der Verordnungsgeber nun eine bisher gängige Praxis der Plattformbetreiber aufgegriffen und einen rechtlichen Rahmen dafür geschaffen. Dies kommt nicht nur dem Anleger zugute, sondern stellt auch eine Erleichterung für die Plattformbetreiber bei der Erstellung solcher Dienste dar.

## II. *Zwischenergebnis*

Die Europäische Union hat erstmals mit der Einführung der ECSP-VO Regulierungen für Teilnehmer des sogenannten „Grauen Kapitalmarkts"[39] geschaffen.

---

36 *Renner/Faller/Walter*, BKR 2021, 394 (399); *Rusch*, ZBB 2020, 217 (224).

37 So auch *Rusch*, ZBB 2020, 217 (224).

38 Siehe Kapitel 1 § 2 A. I. 1. b).

39 Laut BaFin stellt der „Graue Kapitalmarkt" einen Bereich des Finanzmarktes dar, bei dem die agierenden Unternehmen keine Erlaubnis der BaFin benötigen. Darunter fielen in der Vergangenheit regelmäßig auch die Schwarmfinanzierungsplattformen

Schwarmfinanzierungen als fester Bestandteil des Finanzmarkts waren der deutschen Gesetzgebung bisher nicht bekannt, obwohl sich in der Wirtschaft bereits ein anderes Bild zeigte: Verbraucher und Unternehmer nutzen zunehmend die Möglichkeit, (mehr oder weniger) unabhängig von Kreditinstituten an Kapital zu gelangen. Daraus schlussfolgernd war es sinnvoll, für diesen Bereich EU-weit einheitliche Neuregelungen zu schaffen. Dies ist der Europäischen Union aber nur teilweise gelungen. Zwar führt die ECSP-VO als Ersatz für die vielen verschiedenen nationalen Erlaubnisvorschriften den länderübergreifenden einheitlichen Europäischen Pass ein. Leider lässt sie allerdings vollständig die Konstellation des P2P-Lending außer Acht, in der der Kapitalsuchende beziehungsweise der Darlehensnehmer ein Verbraucher ist.[40] Für diese Grundform des echten P2P-Lending muss weiterhin auf das jeweilige nationale Recht zurückgegriffen werden, sodass der Verordnung nur ein begrenzter Anwendungsbereich zuzuschreiben ist. Dies gilt auch für das Modell des unechten P2P-Lending mit einer Fronting-Bank, da noch nicht geklärt ist, ob dieses in den Anwendungsbereich der Verordnung fällt. Der erhoffte Schutz des schützenswerten Verbrauchers schlägt dabei fehlt. Auch Regelungen, die sich mit dem nationalen Recht der Mitgliedstaaten überschneiden, wie die viertägige Bedenkzeit beziehungsweise das Widerrufsrecht, verhindern die erwünschte Rechtssicherheit. Ob eine derart detaillierte Regulierung des dynamischen Schwarmfinanzierungssektors sinnvoll ist, bleibt abzuwarten.[41]

### *III. Umsetzung der Verordnung im nationalen Recht*

Die ECSP-VO gilt in den Mitgliedstaaten unmittelbar. Darüber hinaus gäbe es die Möglichkeit, die Vorschriften, wie beispielsweise das Widerrufsrecht nach Art. 22 ECSP-VO, im nationalen Recht zu „spiegeln“ und einzelne Vorschriften zu erweitern. Damit kämen die Vorschriften der Verordnung indirekt immer zur Anwendung, selbst wenn der eigentliche Anwendungsbereich nicht eröffnet wäre. Dies hätte den Vorteil, dass der nationale Gesetzgeber auch das echte P2P-Lending unabhängig von der ECSP-VO miterfassen könnte. Dazu wären der Erlass eines weiteren nationalen Gesetzes sowie die Änderung bestehender Gesetze, wie dem deutschen BGB, notwendig. Dies würde jedenfalls eine erhöhte Rechtssicherheit für die an der Schwarmfinanzierung Beteiligten schaffen.

---

(https://www.bafin.de/DE/Verbraucher/GeldanlageWertpapiere/GrauerKapitalmarkt/grauer_kapitalmarkt_node.html, zuletzt abgerufen am 21.07.2022).

40 Vgl. hierzu Kapitel 2 § 1 A. II.

41 So auch *Izzo-Wagner/Otto*, BKR 2022, 155 (162).

Allerdings ist fraglich, ob die Mitgliedstaaten eine bereits unmittelbar geltende Verordnung noch zusätzlich in ihrem materiellen Recht „spiegeln" würden. Bisher hat dies kein Mitgliedstaat in Bezug auf die ECSP-VO getan und es ist auch nicht absehbar, ob ein Mitgliedstaat dies in Zukunft plant.

## *IV. Schwarmfinanzierung-Begleitgesetz aus Deutschland*

So hat auch Deutschland die Vorschriften der ECSP-VO bisher nicht im nationalen materiellen Recht „gespiegelt". Allerdings hat der deutsche Gesetzgeber mit dem Schwarmfinanzierung-Begleitgesetz[42] ergänzende materielle Vorschriften zur Verordnung erlassen. Mit dem Begleitgesetz wird unter anderem die Prospekthaftung der Schwarmfinanzierungsplattformbetreiber ausgeweitet.[43] Dafür wurden in das Wertpapierhandelsgesetz (WpHG) die §§ 32c und 32d ergänzend aufgenommen, welche die Haftung von Projektträgern, also den Darlehensnehmern, sowie den verantwortlichen Mitgliedern der Leitungsorgane verschärft.[44] Diese haften danach bereits bei der fahrlässigen Angabe von irreführenden oder unrichtigen Informationen in dem nach Art. 23 ECSP-VO erforderlichen Anlagebasisinformationsblatt. Dasselbe gilt für die Haftung bei der fehlenden Angabe von Informationen im Basisinformationsblatt, die für die Entscheidung des Anlegers in Bezug auf die individuelle Verwaltung der Kreditportfolios erforderlich sind. Ferner regelt Art. 4 Nr. 11 des Schwarmfinanzierung-Begleitgesetzes die Bußgeldvorschriften zur ECSP-VO.

Anders als es die ECSP-VO vorsieht, führt der deutsche Gesetzgeber damit eine persönliche Haftung der Verantwortlichen ein. Dies ist insbesondere bei Wirtschaftsverbänden des Schwarmfinanzierungssektors auf große Kritik gestoßen, da neben dem Herausgeber der Wertpapiere nun auch Mitglieder der Verwaltungs-, Leitungs- und Aufsichtsorgane in den entsprechenden Fällen persönlich haften müssen.[45] Eine solche Regelung könnte nach dem Bundesverband

---

42 Gesetz zur begleitenden Ausführung der Verordnung (EU) 2020/1503 und der Umsetzung der Richtlinie EU 2020/1504 zur Regelung von Schwarmfinanzierungsdienstleistern (Schwarmfinanzierung-Begleitgesetz) und anderer europarechtlicher Finanzmarktvorschriften vom 03.06.2021, BGBl. 2021 I, S. 1568.

43 Deutscher Bundestag, Pressemitteilung v. 20.04.2021, Nr. 513, NZG 2021, 659.

44 Siehe umfassend zu Straf- und Bußgeldvorschriften bei Verstößen gegen das WpHG *Becker*, in Habersack/Mülbert/Schlitt, Handbuch der Kapitalmarktinformation, § 25, Rn. 33–39, 71–123.

45 Report, NZG 2021, 659 zur Pressemitteilung des Deutschen Bundestags v. 20.04.2021, Nr. 513.

Crowdfunding dazu führen, dass die alternative Form der Schwarmfinanzierung für Plattformbetreiber unattraktiv wird und dies zu einem Abwandern der Plattformen aus Deutschland führt.[46] Ob dies tatsächlich der Fall sein wird, kann wohl erst ab 2023 eingeschätzt werden, da die Plattformbetreiber bis dahin Zeit haben, ihren Betrieb an die neuen Vorschriften anzupassen.[47]

# § 2 Rechtsordnungen von ausgewählten Mitgliedstaaten der EU

Neben dem Sekundärrecht der Europäischen Union gilt in den Mitgliedstaaten weiterhin das nationale Recht. Es greift vor allem in den Bereichen, die das Unionsrecht nicht regelt.

## A. Deutschland

Im nationalen deutschen Recht gibt es keine speziellen Regelungen für das P2P-Lending, sodass auf die allgemeinen Regeln des Bankaufsichts- und Darlehensrechts zurückgegriffen werden muss.[48] Die relevanten Rechtsquellen sind insbesondere das Kreditwesengesetz (KWG), die Gewerbeordnung (GewO) und das BGB.

### *I. Erlaubnispflicht nach dem Kreditwesengesetz (KWG)*

Vermittelt eine P2P-Plattform einen Darlehensvertrag, werden mitunter erhebliche Vermögensmassen verschoben. Daher ist es notwendig, dass solche Geschäfte, an denen auch Banken beteiligt sein können, beaufsichtigt und reguliert werden, um Gefahren insbesondere für Privatpersonen abzuwehren.[49]

---

46 Report, NZG 2021, 659 zur Pressemitteilung des Deutschen Bundestags v. 20.04.2021, Nr. 513.

47 Die Änderungen der §§ 32c und 32d WpHG treten nach Art. 30 Abs. 3 des Schwarmfinanzierung-Begleitgesetzes an dem Tag in Kraft, an dem auch die ECSP-VO in Kraft tritt. Die ECSP-VO trat bereits am 10.11.2021 in Kraft; bis zum 10.11.2022 konnten die Plattformbetreiber jedoch weiterhin auf der Grundlage der nationalen Vorschriften agieren. Siehe dazu bereits die Ausführung unter Kapitel 2 § 1 A.

48 *Kunz*, in Bräutigam/Rücker, E-Commerce, 12. Teil, E., Rn. 102; *Renner*, ZBB 2014, 261 (264). Durch Inkrafttreten der ECSP-VO und die unmittelbare Geltung in den Mitgliedstaaten wurden diverse Erlaubnispflichten des nationalen Rechts abgelöst. Da die ECSP-VO jedoch nicht auf alle Formen des P2P-Lending anwendbar ist, werden nachfolgend die Regelungen des nationalen deutschen Rechts untersucht, welche auf das P2P-Lending Anwendung finden. Die ECSP-VO wird dabei außer Acht gelassen.

49 Vgl. *Lehmann*, in MüKo, BGB, Internationales Finanzmarktrecht, B., Rn. 191.

Die Erbringung von Bankgeschäften und Finanzdienstleistungen im Sinne der §§ 1 und 2 KWG bedarf gemäß § 32 KWG der Erlaubnis der zuständigen Aufsichtsbehörde, der Bundesanstalt für Finanzdienstleistungsaufsicht (BaFin) oder der Europäischen Zentralbank (EZB).[50] Nach der Verwaltungspraxis der BaFin benötigen sowohl die privaten Anleger als auch die privaten Darlehensnehmer im Rahmen des echten P2P-Lending einer solchen Erlaubnis. Die Erteilung ist für Privatpersonen allerdings auf Grund der hohen organisatorischen Anforderungen nahezu unmöglich.[51] Welche Voraussetzungen der Anleger, Kapitalsuchende und Plattformbetreiber nach dem KWG im Einzelnen erfüllen muss, um in Deutschland P2P-Lending Verträge schließen zu dürfen, wird nachfolgend untersucht. Das Ergebnis wird zeigen, dass die strengen Erlaubnispflichten nach dem KWG ausschlaggebend dafür sind, dass sich in Deutschland nur die Form des unechten P2P-Lending entwickelt hat.

### *1. Allgemeine Regelungen des KWG*

Das KWG regelt insbesondere, welche Tätigkeiten auf dem Finanzmarkt der Genehmigung der BaFin bedürfen.[52] Eine Erlaubnispflicht nach § 32 KWG besteht unter anderem für Unternehmen, die Bankgeschäfte gewerbsmäßig oder in einem Umfang betreiben, der einen in kaufmännischer Weise eingerichteten Geschäftsbetrieb erfordert, § 1 Abs. 1 S. 1 KWG. Dies gilt im Rahmen des P2P-Lending für gewerbsmäßig im Inland betriebene Einlagengeschäfte gemäß § 1 Abs. 1 S. 2 Nr. 1 KWG und Kreditgeschäfte gemäß § 1 Abs. 1 S. 2 Nr. 2 KWG.[53]

#### *a) Einlagengeschäft*

Ein Einlagengeschäft bezeichnet die Ansammlung und Bereithaltung von Kapital.[54] § 1 Abs. 1 S. 2 Nr. 1 KWG unterscheidet zwei Tatbestände: die „Annahme fremder Gelder als Einlage“ (Alt. 1) sowie die Annahme „anderer unbedingt rückzahlbarer Gelder des Publikums“ (Alt. 2). Unter Geldern werden gesetzliche

---

50 Vgl. *Renner*, in Möslein/Omlor, FinTech-Handbuch, § 23, Rn. 15.

51 So auch *Renner/Faller/Walter*, BKR 2021, 394 (395).

52 Die EZB ist hingegen für die Zulassung aller CRR-Kreditinstitute (Capital Requirements Regulation) gem. § 1 Abs. 3d KWG, die Einlagen- und Kreditgeschäfte betreiben, zuständig (*Fischer/Müller*, in Boos/Fischer/Schulte-Mattler, KWG, § 32, Rn. 6).

53 Im Folgenden wird sich auf die beiden Geschäftstypen beschränkt, da diese insbesondere für das P2P-Lending relevant sind. Darüber hinaus gibt es jedoch auch weitere erlaubnispflichtige Geschäfte, vgl. § 1 Abs. 1 S. 2 KWG.

54 *Schäfer*, in Boos/Fischer/Schulte-Mattler, KWG, § 1, Rn. 36.

Zahlungsmittel verstanden.[55] Private Zahlungsmittel, wie die Kryptowährung Bitcoin, sind davon aktuell hingegen ausgeschlossen.[56] Die Annahme des Geldes kann manuell durch die Übergabe von Bargeld oder auch durch eine Kontogutschrift im Rahmen des bargeldlosen Zahlungsverkehrs erfolgen.[57] Ob es sich bei den Geldern um fremde oder rückzahlbare Gelder handelt, beurteilt sich nach wirtschaftlicher Betrachtungsweise,[58] wobei die Begriffe „fremd" und „rückzahlbar" weitestgehend inhaltsgleich sind.[59] Dies ist der Fall, wenn ein zivilrechtlicher Anspruch auf Rückzahlung besteht.[60] Um Gelder des Publikums gemäß § 1 Abs. 1 S. 2 Nr. 1 Alt. 2 KWG handelt es sich, wenn diese von natürlichen oder juristischen Personen,[61] nicht aber von einem erlaubnispflichtigen Kreditinstitut stammen.[62]

#### b) *Kreditgeschäft*

Das Kreditgeschäft wird gemäß § 1 Abs. 1 S. 2 Nr. 2 KWG als die „Gewährung von Gelddarlehen" definiert.

---

55 BaFin, Merkblatt Einlagengeschäft v. 11.03.2014, unter Ziff. I. 1., vgl. dieses im Anhang 4.4. Siehe Anhang 4 ebenfalls für weitere Merkblätter und Auslegungsschreiben der BaFin. *Fest*, in MüKo, HGB, N. Einlagengeschäft, Rn. 8; *Schäfer*, in Boos/Fischer/Schulte-Mattler, KWG, § 1, Rn. 37; *Schwennicke*, in Schwennicke/Auerbach, KWG, § 1, Rn. 12.

56 KG, Urt. v. 25.09.2018, Az.: (4) 161 Ss 28/18 (35/18), NJW 2018, 3734, welches davon ausgeht, dass es sich bei Bitcoin nicht um eine Rechnungseinheit im Sinne des § 1 Abs. 11 KWG handelt; *Spindler/Bille*, WM 2014, 1357 (1361). Auf Grund der steigenden Relevanz und Verbreitung von Kryptowährungen stellt sich jedoch zunehmend die Frage, ob das KWG in Zukunft nicht auf solche „Währungen" ausgeweitet und diese ebenfalls als Zahlungsmittel anerkannt werden sollten.

57 BGH, Urt. v. 10.07.2018, Az.: IV ZR 263/17, NJW-RR 2018, 1250 (1251) mit Verweis auf BGH, Urt. v. 19.03.2013, Az.: IV ZR 56/12, BGHZ 197, 1 (6–7), Rn. 18; BaFin, Merkblatt Einlagengeschäft v. 11.03.2014, unter Ziff. I. 2.; *Barleon*, in Assies/Beule et al., Handbuch des Fachanwalts für Bank- und Kapitalmarktrecht, Kap. 6, Rn. 6; *Fest*, in MüKo, HGB, N. Einlagengeschäft, Rn. 13 m.w.N.; *Schäfer*, in Boos/Fischer/Schulte-Mattler, KWG, § 1, Rn. 39; *Schwennicke*, in Schwennicke/Auerbach, KWG, § 1, Rn. 14.

58 *Fest*, in MüKo, HGB, N. Einlagengeschäft, Rn. 18.

59 BaFin, Merkblatt Einlagengeschäft v. 11.03.2014, unter Ziff. I. 4, siehe dazu Anhang 4.4.

60 BaFin, Merkblatt Einlagengeschäft v. 11.03.2014, unter Ziff. I. 4, siehe dazu Anhang 4.4.

61 BaFin, Merkblatt Einlagengeschäft v. 11.03.2014, unter Ziff, I. 3, siehe dazu Anhang 4.4.

62 BaFin, Merkblatt Einlagengeschäft v. 11.03.2014, unter Ziff. I. 3; *Barleon*, in Assies/Beule et al., Handbuch des Fachanwalts für Bank- und Kapitalmarktrecht, Kap. 6, Rn. 11; *Fest*, in MüKo, HGB, N. Einlagengeschäft, Rn. 40 m.w.N.

### c) *Gewerbsmäßige Tätigkeit im Inland*

Gemäß § 32 Abs. 1 S. 1 KGW ist nur ein Geschäftsbetrieb erlaubnispflichtig, der im Inland „gewerbsmäßig oder in einem Umfang [betrieben wird], der einen in kaufmännischer Weise eingerichteten Geschäftsbetrieb erfordert".

Dies erfasst zunächst Bankgeschäfte, die innerhalb von Deutschland betrieben werden. Solange das Geschäft klassisch mit Bankfilialen ausgeübt wird, ist die Zuordnung, ob das Geschäft in Deutschland betrieben wird, meist nicht schwer. Allerdings kann dies dann problematisch werden, wenn das Unternehmen seinen Sitz im Ausland hat und die Geschäfte im Internet angeboten und betrieben werden. Nach der Verwaltungspraxis der BaFin liegt ein Betreiben von Geschäften im Inland auch dann vor, wenn ein Unternehmen seinen Sitz im Ausland hat und „sich im Inland gezielt an den Markt [wendet], um gegenüber Unternehmern und/oder Personen, die ihren Sitz oder gewöhnlichen Aufenthalt im Inland haben, wiederholt und geschäftsmäßig Bankgeschäfte oder Finanzgeschäfte anzubieten".[63] Unternehmen aus Staaten, die nicht dem Europäischen Wirtschaftsraum (EWR) angehören oder solche, die aus einem EWR-Staat stammen, aber nicht über den Europäischen Pass nach der ECSP-VO verfügen,[64]

63 BaFin nach dem Merkblatt zur Erlaubnispflicht von grenzüberschreitend betriebenen Geschäften v. 01.04.2005, zuletzt geändert am 11.03.2019, vgl. dieses im Anhang 4.3. Wann ein Betreiben von Geschäften im Inland vorliegt, ist im Übrigen umstritten. Das Bundesverwaltungsgericht vertritt, dass eine Tätigkeit im Inland auch dann vorliegt, wenn das Unternehmen seinen Sitz im Ausland hat, jedoch die wesentlichen zum Vertragsschluss führenden Schritte im Inland vorgenommen werden. Dies kann auch durch die Nutzung von Internetplattformen geschehen, BVerwG, Urt. v. 22.04.2009, Az.: 8 C 2/09, BeckRS 2009, 35960, Rn. 36, 41; so auch *Lehmann*, in MüKo, BGB, Internationales Finanzmarktrecht, B., Rn. 202. Vertreter der sog. Präsenztheorie gehen hingegen davon aus, dass der Anbieter eine physische Präsenz im Inland haben und dort den Dienst leisten muss, VGH Kassel, Beschluss v. 21.01.2005, Az.: 6 TG 1568/04, BKR 2005, 160 (161–162); *Fischer/Müller*, in Boos/Fischer/Schulte-Mattler, KWG, § 32, Rn. 19; *Hanten*, WM 2003, 1412 (1414); *Schwennicke*, in Schwennicke/Auerbach, KWG, § 32, Rn. 14; *Steck/Campbell*, ZBB 2006, 354 (364). Die sog. Teilaktstheorie vertritt darüber hinaus, dass wesentliche Teilakte, das heißt Tätigkeiten, die Teile der Anbahnung oder Abwicklung des Vertrages darstellen, im Inland erbracht werden müssen, vgl. *Vahldiek*, in Boos/Fischer/Schulte-Mattler, KWG, § 53, Rn. 23 m.w.N. Die Präsenz- und die Teilaktstheorie verkennen die fortschreitende Digitalisierung und sind mithin abzulehnen. Siehe zum gesamten Meinungsstreit mit umfassenden Nachweisen insb. *Lehmann*, in MüKo, BGB, Internationales Finanzmarktrecht, B., Rn. 200–207 sowie *Schwennicke*, in Schwennicke/Auerbach, KWG, § 32, Rn. 7–14.

64 Zum Europäischen Pass siehe Kapitel 2 § 1 B. I. 1.

benötigen dafür allerdings nach der Verwaltungspraxis der BaFin ein Tochterunternehmen oder eine Zweigstelle in Deutschland, so § 32 Abs. 1 KWG i.V.m. § 33 Abs. 1 Nr. 6 KWG und § 53 KWG.[65]

Ferner muss der Geschäftsbetrieb im Sinne des § 32 Abs. 1 KWG gewerbsmäßig betrieben werden. Der Gewerbebegriff ist kein einheitlicher Begriff, sodass nicht auf den des § 14 BGB zurückgegriffen werden kann.[66] Vielmehr muss der Begriff speziell durch das KWG geformt werden.[67] Nach überwiegender Auffassung liegt eine gewerbsmäßige Tätigkeit bei jeder erkennbaren, auf Dauer angelegten, planmäßigen, selbständigen, auf Gewinnerzielung ausgerichteten oder jedenfalls wirtschaftlichen Tätigkeit am Markt vor.[68] Nach der Verwaltungspraxis der BaFin ist von einer gewerbsmäßigen Tätigkeit bereits bei Abschluss eines einzelnen Geschäfts auszugehen, wenn die Absicht der Wiederholung besteht.[69]

Ob die einzelnen vertraglichen Beziehungen des P2P-Lending diese Voraussetzungen erfüllen und somit eine nach § 32 Abs. 1 KWG erlaubnispflichtige Tätigkeit vorliegt, wird im Folgenden untersucht.

### 2. *Erlaubnispflicht einzelner Teilnehmer beim echten P2P-Lending?*

Das P2P-Lending fällt mit der Vermittlung von Darlehen unter die Kredit- und Einlagengeschäfte und somit in den Anwendungsbereich des KWG. Folglich wirkt sich die Erlaubnispflicht gemäß § 32 KWG auch auf das P2P-Lending aus, sodass einige der Rechtsgeschäfte erlaubnispflichtig sind.[70] Hierbei muss aber

---

65 BaFin nach dem Merkblatt zur Erlaubnispflicht von grenzüberschreitend betriebenen Geschäften v. 01.04.2005, zuletzt geändert am 11.03.2019, siehe dazu Anhang 4.3.

66 *Merkt*, in Hopt, HGB, § 1, Rn. 11 mit Verweis auf BGH, Urt. v. 07.07.1960, Az.: VIII ZR 215/59, BGHZ 33, 321 m.w.N. in Bezug auf die Landwirtschaft als Gewerbebetrieb.

67 BGH, Urt. v. 07.07.1960, Az.: VIII ZR 215/59, NJW 1961, 725 (726–727).

68 BGH, Urt. v. 09.11.2010, Az.: VI ZR 303/09, NJW-RR 2011, 350 (351), Rn. 27 speziell in Bezug auf den Gewerbebegriff im Rahmen des § 32 KWG; BGH, Urt. v. 10.06.1974, Az.: VII ZR 44/73, NJW 1974, 1462 (1463) m.w.N.; BVerwG, Urt. v. 22.09.2004, Az.: 6 C 29/03, BVerwGE 122, 29 (48); *Fischer/Müller*, in Boos/Fischer/Schulte-Mattler, KWG, § 32, Rn. 7; *Häberle*, in Erbs/Kohlhaas, Strafrechtliche Nebengesetze, § 32 KWG, Rn. 5; *Merkt*, in Hopt, HGB, § 1, Rn. 12; *Schwartze*, in BeckOK, HGB, § 1, Rn. 10; BaFin, Merkblatt zur Erlaubnispflicht von Kreditvermittlungsplattformen v. 14.05.2007, unter Ziff. 1, siehe dazu Anhang 4.1.

69 BaFin, Merkblatt zur Erlaubnispflicht von Kreditvermittlungsplattformen v. 14.05.2007, unter Ziff. 1, siehe dazu Anhang 4.1.

70 Da dies nicht der Schwerpunkt der Untersuchung ist, sollen im Folgenden lediglich die wesentlichen Aspekte der Erlaubnispflicht des P2P-Lending dargestellt werden.

zwischen den Fallgestaltungen des echten und unechten P2P-Lending unterschieden werden. Beim echten P2P-Lending werden Darlehensnehmer, Anleger sowie der Plattformbetreiber tätig. Darlehensnehmer und Anleger unterliegen dabei im Ergebnis regelmäßig der Erlaubnispflicht nach § 32 KWG.

### a) *Erlaubnispflichtiges Geschäft des Darlehensnehmers*

Der Darlehensnehmer schließt beim echten P2P-Lending die Darlehensverträge jeweils direkt mit den verschiedenen Anlegern ohne die Zwischenschaltung eines Kreditinstituts. Ein solches Einlagengeschäft ist im Regelfall nach der Praxis der BaFin gemäß § 32 KWG erlaubnispflichtig.

Wie bei der Annahme der Darlehenssumme kommt es bei einem Einlagengeschäft zur Ansammlung von Kapital.[71] Der Darlehensnehmer nimmt durch die Annahme der Darlehenssumme fremde Gelder als Einlagen oder andere unbedingt rückzahlbare Gelder des Publikums als Einlagengeschäft an. Ob der Darlehensnehmer diese beim echten P2P-Lending auch gewerblich annimmt, oder in einem Umfang, der einen in kaufmännischer Weise eingerichteten Gewerbebetrieb erfordert, lässt sich anhand der Verwaltungspraxis der BaFin folgendermaßen bestimmen:

Die Grenze zum Erfordernis eines in kaufmännischer Weise eingerichteten Gewerbebetriebs liegt danach bei der Annahme von mehr als fünf Einlagengeschäften in Höhe von insgesamt 12.500,00 € oder unabhängig vom Wert bei 25 Einzelanlagen.[72] Da der Darlehensnehmer die Darlehenssumme beim P2P-Lending von einer Vielzahl von Anlegern finanziert bekommt, wird er oftmals mindestens fünf Einlagengeschäfte mit einer Gesamtsumme von 12.500,00 € betreiben. Sofern lediglich Kleinkredite ausgegeben werden, wird der Darlehensnehmer in der Praxis auf Grund der Risikostreuung der Anleger unabhängig vom Wert hingegen meist mehr als 25 Einzelanlagen betreiben.[73]

---

Vgl. zur umfassenden Darstellung inklusive eigener Lösungsansätze *Hertneck*, Peer-to-Peer-Lending, S. 129–175 sowie *Polke*, Crowdlending, S. 82–166.

71 *Schäfer*, in Boos/Fischer/Schulte-Mattler, KWG, § 1, Rn. 36.

72 BaFin, Merkblatt zur Erlaubnispflicht von Kreditvermittlungsplattformen v. 14.05.2007, unter Ziff. 1, siehe dazu Anhang 4.1.

73 Die Anleger investieren zur Risikominimierung meist nur jeweils einen geringen Betrag in einen einzelnen Kredit. Sofern sie insgesamt einen größeren Betrag investieren wollen, streuen sie ihr Risiko, indem sie ihn als verschiedene Investments verteilen. Selbst bei einem angefragten Kredit in Höhe von 5.000,00 € ist es möglich, dass sich beispielsweise 25 Anleger mit einem Investment von jeweils 200,00 € daran beteiligen.

Selbst wenn der Darlehensnehmer keinen in kaufmännischer Weise eingerichteten Gewerbebetrieb führt, betreibt er jedoch im Regelfall beim P2P-Lending bereits bei Abschluss des ersten Darlehensvertrages nach der Verwaltungspraxis der BaFin das Einlagengeschäft gewerbsmäßig im Sinne des § 1 Abs. 1 S. 2 Nr. 1 KWG.[74]

Ein unabhängig von § 32 KWG erlaubnispflichtiges Geschäft zu tätigen, wäre somit nach der Praxis der BaFin nicht möglich.

Diese Verwaltungspraxis der BaFin führt berechtigterweise zu Kritik in der Literatur. Überwiegend wird daher vertreten, den Begriff der Gewerbsmäßigkeit dahingehend einschränkend auszulegen, dass die Bagatellgrenze aus der zweiten Tatbestandsalternative des § 1 Abs. 1 S. 2 Nr. 1 KWG (Grenze zum Erfordernis eines in kaufmännischer Weise eingerichteten Gewerbebetriebs) auf die erste Tatbestandsalternative (Gewerbsmäßigkeit) übertragen wird.[75] Damit würde eine Gewerbsmäßigkeit erst ab fünf Einlagengeschäften bei einem Gesamtwert von 12.500,00 € oder unabhängig vom Wert bei mehr als 25 Einzelanlagen vorliegen.

Es muss daher richtigerweise zunächst immer erst die Bagatellschwelle überschritten werden, damit ein erlaubnispflichtiges Einlagengeschäft des Darlehensnehmers vorliegt. Dies wird auf Grund der Vielzahl der geschlossenen Darlehensverträge oftmals der Fall sein.[76]

Die Annahme der Darlehenssumme durch den Darlehensnehmer beim echten P2P-Lending unterliegt folglich wohl überwiegend der Erlaubnispflicht gemäß § 32 KWG. Diese kann durch Unterschreiten der Bagatellgrenze umgangen werden, wobei sich der Darlehensnehmer im Regelfall nicht über eine solche Notwendigkeit bewusst sein wird.

### b) *Erlaubnispflichtiges Geschäft des Anlegers*

Neben dem Darlehensnehmer benötigt im Regelfall auch der Anleger durch die Gewährung von Gelddarlehen gemäß § 1 Abs. 1 S. 2 Nr. 2 KWG eine Erlaubnis

---

So wirbt z.B. die Plattform Bondora damit, dass man bereits ab einem Betrag von 1,00 € investieren kann (www.bondora.com/de/invest, zuletzt abgerufen am 16.01.2023).

74 Siehe oben Kapitel 2 § 2 A. I. 1. c).

75 *Renner*, ZBB 2014, 261 (266–267); *ders.*, in Möslein/Omlor, FinTech-Handbuch, § 23, Rn. 23–26; *Schwennicke*, WM 2010, 542 (548); a.A. *Hertneck*, Peer-to-Peer-Lending, S. 137–141, der vertritt, dass Tätigkeiten von Privatanlegern nie erlaubnispflichtig sein können.

76 Vgl. das Beispiel oben in Fn. 73 (Kapitel 2).

der BaFin, da er meist gewerblich oder in einem Umfang, der einen in kaufmännischer Weise eingerichteten Gewerbebetrieb erfordert, handelt.

Wie bereits bei der Erlaubnispflicht des Darlehensnehmers wird zur Bestimmung der Pflicht mit einer Bagatellgrenze gearbeitet. Die Grenze zum Erfordernis eines in kaufmännischer Weise eingerichteten Gewerbebetriebs liegt für die Gewährung von Gelddarlehen nach der Verwaltungspraxis der BaFin bei einem Gesamtkreditvolumen von 500.000,00 € bei mindestens 20 Einzeldarlehen oder unabhängig von der Gesamtsumme bei mindestens 100 Einzeldarlehen.[77] Sofern dies nicht der Fall ist, kann der Anleger jedoch ebenfalls gewerbsmäßig die Darlehen gewähren. Auch dafür ist laut BaFin bereits der Abschluss eines einzelnen Geschäfts mit der Absicht zur Wiederholung ausreichend.[78] Hier wird ebenfalls richtigerweise dafür plädiert, den Begriff der Gewerbsmäßigkeit einzuschränken und die Bagatellgrenze der zweiten Tatbestandsalternative des § 1 Abs. 1 S. 2 Nr. 1 KWG auf die erste Tatbestandalternative zu übertragen.[79]

Um durch Streuung das Ausfallrisiko so gering wie möglich zu halten, wird der Anleger beim P2P-Lending sein Kapital in möglichst viele Kapitalgesuche investieren. Eine breite Streuung der Anlagen wird häufig bereits durch die Plattformbetreiber im Rahmen von automatisierten Prozessen ermöglicht. Beispielsweise legt der Portfolio Builder von auxmoney für die Anleger ihr Kapital automatisiert mit einem Mindestanlagebetrag in Höhe von 25,00 € je Kreditprojekt an.[80] Selbst wenn ein Anleger nur 2.500,00 € anlegen will, ist ihm dies bei auxmoney über den Portfolio Builder in 100 verschiedene Kreditprojekte möglich. Im Regelfall ist daher davon auszugehen, dass der Anleger die Bagatellgrenze von 100 Darlehensgewährungen überschreitet und somit gewerbsmäßig im Sinne des § 32 KWG handelt.

### *c) Kein erlaubnispflichtiges Geschäft des Plattformbetreibers*

Keine Erlaubnispflicht im Sinne des § 32 KWG trifft hingegen den Plattformbetreiber. Dieser ist beim echten P2P-Lending ausschließlich für die Vermittlung

---

77 BaFin, Merkblatt Erlaubnispflicht von Kreditvermittlungsplattformen v. 14.05.2007, unter Ziff. 1, siehe dazu Anhang 4.1.

78 BaFin, Merkblatt Erlaubnispflicht von Kreditvermittlungsplattformen v. 14.05.2007, unter Ziff. 1, siehe dazu Anhang 4.1.

79 Vgl. zur Gewerbsmäßigkeit beim Darlehensnehmer Kapitel 2 § 2 A. I. 2. a).

80 Vgl. § 8 Abs. 4 lit. c der Nutzungsbedingungen für private Anleger der auxmoney GmbH, Stand Mai 2022 (www.auxmoney.com/wp-content/uploads/20220427-Nutzungsbedingungen-Anleger-Stand-Mai-2022.pdf, zuletzt abgerufen am 16.01.2023), siehe dazu Anhang 1.3.

des Darlehensvertrages und für die Bereitstellung der Plattform zuständig. Zwar ist davon auszugehen, dass sowohl ein inländischer als auch ein ausländischer, auf den deutschen Markt ausgerichteter Plattformbetreiber nach der Verwaltungspraxis der BaFin seine Tätigkeit im Inland ausübt.[81] Allerdings ergibt sich aus der reinen Vermittlung zunächst keine erlaubnispflichtige Tätigkeit.[82]

Eine Erlaubnispflicht könnte allenfalls dann vorliegen, wenn der Plattformbetreiber die Darlehenssumme selbst auf einem eigens für den Darlehensnehmer eingerichteten Konto annehmen würde, um diese dann an den Darlehensnehmer weiterzuleiten.[83] Damit würde der Plattformbetreiber fremde Gelder annehmen und ein nach § 32 KWG erlaubnispflichtiges Einlagengeschäft betreiben. Bei einer unverzüglichen Weiterleitung der Gelder innerhalb von 24 Stunden wird allerdings überwiegend angenommen, dass dies eine erlaubnisfreie Einlagenvermittlung ist.[84] Sofern die Weiterleitung der Darlehenssumme tatsächlich durch den Plattformbetreiber vorgenommen wird, ist davon auszugehen, dass dies auf Grund der schnellen Auszahlung an den Darlehensnehmer regelmäßig innerhalb von 24 Stunden erfolgen wird. Die Weiterleitung der Gelder ohne ein entsprechendes Nutzerkonto beim Plattformbetreiber entspricht hingegen lediglich der Tätigkeit eines Boten, welche nicht erlaubnispflichtig ist.[85]

Die Vermittlungstätigkeit stellt darüber hinaus auch keine erlaubnispflichtige Anlagenvermittlung im Sinne des § 1 Abs. 1a S. 2 Nr. 1 KWG dar.[86]

### 3. *Erlaubnispflicht einzelner Teilnehmer beim unechten P2P-Lending?*

Wie beim echten P2P-Lending können auch im Rahmen des unechten P2P-Lending von den Beteiligten erlaubnispflichtige Geschäfte getätigt werden. Durch die Zwischenschaltung eines Kreditinstitutes, das das Darlehen ausgibt, wird eine Erlaubnispflicht nach § 32 KWG für den Darlehensnehmer und den Anleger jedoch verhindert. Dadurch wird dieses Modell für den deutschen Markt attraktiv und praxistauglich.

---

81 Siehe dazu Kapitel 2 § 2 A. I. 1. c).

82 Vgl. BaFin, Auslegungsschreiben zum Crowdlending v. 09.10.2015, vgl. dieses im Anhang 4.2.

83 *Veith*, BKR 2016, 184 (186).

84 *Demgensky/Erm*, WM 2001, 1445 (1448), Fn. 43; *Renner*, ZBB 2014, 261 (265); *Schäfer*, in Boos/Fischer/Schulte-Mattler, KWG, § 1, Rn. 39, 43; *Schwennicke*, in Schwennicke/Auerbach, KWG, § 1, Rn. 14.

85 *Eberle*, Peer-to-Peer-Lending, S. 155.

86 Vgl. *Veith*, BKR 2016, 184 (186–187). Darlehensverträge werden nicht vom VermAnlG erfasst, sodass sie auch keine Finanzinstrumente im Sinne des § 1 Abs. 11 KWG sind.

### a) *Kein erlaubnispflichtiges Geschäft des Darlehensnehmers*

Beim unechten P2P-Lending schließt der Darlehensnehmer direkt mit dem Kreditinstitut einen Darlehensvertrag und erhält auch von diesem die Darlehenssumme. Kreditinstitute sind anders als juristische Personen nicht vom Begriff des Publikums im Sinne des § 1 Abs. 1 S. 2 Nr. 1 KWG umfasst,[87] da sie in Bezug auf das Einlagengeschäft in der Regel nicht schutzwürdig sind.[88] Die Annahme der Gelder von einem Kreditinstitut ist daher nicht als Einlagengeschäft zu bewerten und somit auch nicht nach § 32 KWG erlaubnispflichtig.

### b) *Kein erlaubnispflichtiges Geschäft des Anlegers*

Die verschiedenen Anleger gewähren beim unechten P2P-Lending gerade keine Darlehen, da sie nicht unmittelbar am Darlehensvertrag beteiligt sind.[89] Folglich liegt auch kein Kreditgeschäft im Sinne des § 1 Abs. 1 S. 2 Nr. 2 KWG vor, sodass keine Erlaubnispflicht nach § 32 Abs. 1 KWG besteht. Auch die reine Anlage des Kapitals durch den Kauf der Darlehensforderung begründet keine Erlaubnispflicht.

### c) *Kein erlaubnispflichtiges Geschäft des Plattformbetreibers*

Beim unechten P2P-Lending liegt eine erlaubnispflichtige Tätigkeit des Plattformbetreibers erst recht nicht vor, da die Darlehenssumme üblicherweise vom beteiligten Kreditinstitut ausgezahlt wird. Eine Weiterleitung über die Plattform ist nicht notwendig. Sollte es in Einzelfällen doch zu einer solchen kommen, ist ebenfalls wie beim echten P2P-Lending davon auszugehen, dass der Plattformbetreiber die Darlehenssumme innerhalb von 24 Stunden weiterleitet und somit keine Erlaubnispflicht besteht.[90]

### d) *Erlaubnispflichtiges Geschäft des Kreditinstituts*

Im Gegensatz zu den anderen am unechten P2P-Lending Beteiligten betreibt das Kreditinstitut durch die Gewährung der Darlehen ohne Zweifel gewerbliche

---

87 BaFin, Merkblatt zum Einlagengeschäft v. 11.03.2014, unter Ziff. I. 3.; *Fest*, in MüKo, HGB, N. Einlagengeschäfte, Rn. 40 m.w.N.; *Renner*, ZBB 2014, 261 (267); *Veith*, BKR 2016, 184 (188).

88 *Hertneck*, Peer-to-Peer-Lending, S. 144–145. Dieser weist jedoch darauf hin, dass auch Kreditinstitute im Rahmen von Finanzkrisen schutzwürdig sein können.

89 Siehe Kapitel 1 § 2 B. I und II.

90 Siehe Kapitel 2 § 2 A. I. 2. c).

Kreditgeschäfte im Sinne des § 1 Abs. 1 S. 2 Nr. 2 KWG, sodass diese erlaubnispflichtig sind.[91]

*e) Forderungskauf und Forderungsabtretung*

Zuletzt sind auch die das unechte P2P-Lending ausmachenden Rechtsgeschäfte – Forderungskauf und die Forderungsabtretung – keine eigenständigen erlaubnispflichten Einlagen oder Kreditgeschäfte im Sinne des § 1 Abs. 1 S. 2 KWG.[92]

Dies nimmt auch die BaFin an, wobei sie dabei anmerkt, dass dieses Herausfallen aus dem Anwendungsbereich des § 1 Abs. 1 S. 2 KWG geradezu „zur Gesetzesumgehung einlädt".[93] Die Praxis der BaFin wird in der Literatur kritisiert und für eine Erlaubnispflicht dieser Rechtsgeschäfte plädiert.[94] Allerdings ist das Kreditinstitut bereits durch die Ausgabe des Darlehens erlaubnispflichtig.[95] Es bleibt dadurch auch weiterhin dem Darlehensnehmer gegenüber in der Pflicht,[96] sodass für den Darlehensnehmer ein ausreichender Schutz besteht. Darüber hinaus stellen der Verkauf einer Darlehensforderung und die Übertragung der

91 Die Kreditinstitute können im Rahmen des einheitlichen Aufsichtsmechanismus SSM (Single Supervisory Mechanism) als bedeutende Kreditinstitute auch von der EZB beaufsichtigt werden, vgl. BaFin, Deutsche Institute unter Aufsicht der EZB im Rahmen des SSM (Beitrag aus dem Jahresbericht 2016 der BaFin, S. 220).

92 Darüber hinaus diskutiert *Veith*, BKR 2016, 184 (180, 188–189), ob der Forderungskauf und die Abtretung nicht ferner eine Veräußerung von Finanzinstrumenten, eine Anlagenvermittlung oder den Betrieb eines multilateralen Handelssystems und Factoring darstellen und deshalb erlaubnispflichtig sind. Dies lehnt sie im Ergebnis jedoch ab.

93 BaFin, Merkblatt Kreditgeschäft v. 08.01.2009, geändert am 02.05.2016, unter Ziff. 1. a) bb) (4), vgl. dieses im Anhang 4.5. Die BaFin stellt dabei klar, dass in der Übertragung einer Darlehensforderung keine Gewährung eines Darlehens liegt. Dies sei erst der Fall, wenn es zur Ausreichung neuer Kreditmittel käme. Das Kreditinstitut ist daher nur für die Ausgabe des Darlehens erlaubnispflichtig. Siehe dazu auch *Renner*, ZBB 2014, 261 (267).

94 *Renner*, ZBB 2014, 261 (267); *ders.*, in Möslein/Omlor, FinTech-Handbuch, § 23, Rn. 28, 29. Er schlägt vor, dass es nur konsequent wäre, die Veräußerung von Darlehensforderungen unter eine Erlaubnispflicht zu stellen, sofern auch die Vergabe des Darlehens erlaubnispflichtig war. Im Ergebnis stimmt *Renner* der BaFin jedoch zu, da dadurch die nach seiner Ansicht zu weite Auslegung des Tatbestandes des Kreditgeschäfts korrigiert wird; a.A. *Hofmann/Walter*, WM 2004, 1566 (1569) mit Verweis auf *Theewen*, WM 2004, 105 (112) in Bezug auf sog. notleidende Kredite.

95 Siehe Kapitel 2 § 2 A. I. 3. d).

96 BaFin, Merkblatt Kreditgeschäft v. 08.01.2009, geändert am 02.05.2016, unter Ziff. 1. a) bb) (4), siehe dazu Anhang 4.5.

Forderung kein „Gewähren" eines Gelddarlehens im Sinne des § 1 Abs. 1 S. 2 Nr. 2 KWG dar, weshalb bereits kein Kredit- oder Einlagengeschäft vorliegen würde.[97]

### 4. *Zwischenergebnis*

Im echten P2P-Lending sind die Rechtsbeziehungen so ausgestaltet, dass Anleger und Darlehensnehmer bereits beim Abschluss des ersten Rechtsgeschäfts eine nach § 32 Abs. 1 S. 2 KWG erlaubnispflichtige Tätigkeit ausüben – sofern sie die von der BaFin gesetzte Bagatellgrenze überschreiten. Sie benötigen folglich eine Erlaubnis der BaFin, um einen Darlehensvertrag über eine P2P-Plattform abzuschließen. Dies scheint insbesondere für Privatpersonen aber nahezu unmöglich. Eine solche Konstellation wird durch die Zwischenschaltung des Kreditinstituts beim unechten P2P-Lending vermieden. Dort tätigen weder Anleger noch Darlehensnehmer nach dem KWG erlaubnispflichtige Geschäfte. Erlaubnispflichtig ist in dieser Konstellation lediglich das zwischengeschaltete Kreditinstitut für die Vergabe des Darlehens.

### 5. *Folgen bei Verstoß und Nichtbeachtung*

#### a) *Strafrechtliche Folgen und Maßnahmen der BaFin*

Die Vornahme von erlaubnispflichtigen Geschäften ohne eine entsprechende Erlaubnis hat weitreichende Folgen. Auf Anordnung der BaFin wird der Geschäftsbetrieb der jeweiligen Tätigkeit sofort eingestellt und unverzüglich abgewickelt, § 37 Abs. 1 S. 1 Nr. 1 KWG. Das Fortführen weiterer Geschäfte ist dann nicht mehr möglich. Darüber hinaus stellt das Betreiben eines erlaubnispflichtigen Geschäfts ohne Erlaubnis eine Straftat dar, welche mit einer Freiheitsstrafe bis zu fünf Jahren oder einer Geldstrafe geahndet werden kann, § 54 Abs. 1 Nr. 2 KWG.[98]

Die Maßnahmen bei einem Verstoß betreffen nicht nur das Unternehmen oder die Person, die das erlaubnispflichtige Geschäft getätigt hat. Vielmehr können die Maßnahmen nach § 37 Abs. 1 S. 4 KWG auch gegenüber den Unternehmen angeordnet werden, die in die Anbahnung, den Abschluss oder die Abwicklung der Geschäfte mit einbezogen waren.[99] Dies kann somit auch den

---

97 So auch BaFin, Merkblatt Kreditgeschäft v. 08.01.2009, geändert am 02.05.2016, unter Ziff. 1. a) bb) (4), siehe dazu Anhang 4.5; vgl. auch *Will*, GewArch 2015, 430 (433), der ferner das Vorliegen eines Einlagegeschäftes im Sinne des § 1 Abs. 1 S. 2 Nr. 1 KWG ausschließt.

98 *Renner*, ZBB 2014, 261 (267).

99 *Renner*, ZBB 2014, 261 (268).

Plattformbetreiber treffen, selbst wenn dieser keine eigenen erlaubnispflichtigen Geschäfte betreibt.

### *b) Rechtsgeschäftliche Folgen*

Diskutiert wird, ob ein Verstoß gegen § 32 KWG auch privatrechtliche Folgen hat und die Nichtigkeit des erlaubnispflichtigen Geschäftes gemäß § 134 BGB nach sich zieht – eine in der Literatur und Rechtsprechung noch nicht abschließend geklärte Frage.[100] Es wird jedoch richtigerweise überwiegend angenommen, dass das Tätigen von erlaubnispflichtigen Geschäften ohne eine entsprechende Erlaubnis keine Nichtigkeit des zugrundeliegenden Rechtsgeschäfts bewirkt.[101] Dafür spricht, dass die Nichtigkeit nicht im Interesse der zu schützenden Parteien, des Darlehensnehmers und des Anlegers, liegt.[102] Eine Rückabwicklung des Rechtsgeschäfts würde nämlich insbesondere die Rückzahlung der Darlehenssumme bedeuten. Es ist davon auszugehen, dass der Darlehensnehmer als Verbraucher, der die Darlehenssumme für einen bestimmten Zweck benötigt und vermutlich verauslagt hat, regelmäßig nicht in der Lage sein wird, die Summe unverzüglich und vollständig zurückzuzahlen. Um den Verbraucher vor den negativen Folgen einer Rückabwicklung des Vertrages zu schützen, darf das dem Vertrag zugrundeliegende Rechtsgeschäft nicht nach § 134 BGB unwirksam sein. Die BaFin kann daher nicht auf Grund des Verstoßes gegen die Erlaubnispflicht in das Privatrecht eingreifen und Verträge für nichtig erklären.

Als Sanktion bleibt daher lediglich die Möglichkeit der Betriebseinstellung durch die BaFin sowie die Strafverfolgung durch Ermittlungsbehörden.

---

100 Vgl. zur ausführlichen Darstellung des Streitstandes: *Polke*, Crowdlending, S. 84–92, welcher im Ergebnis die Nichtigkeit gem. § 134 BGB ablehnt.

101 BGH, Urt. v. 19.04.2011, Az.: XI ZR 256/10, NJW 2011, 3024 (3025) mit Verweis auf BGH, Urt. v. 23.01.1980, Az.: VIII ZR 91/79, BGHZ 76, 119 sowie BGH, Urt. v. 21.04.1972, Az.: V ZR 52/70, BGHZ 59, 1. Letzteres Urteil des BGH trifft zu der eigentlichen Frage der möglichen Nichtigkeit jedoch keinerlei Aussage. OLG Hamm, Urt. v. 08.07.1983, Az.: 7 U 14/83, WM 1984, 1445 (1447); *Berger*, in MüKo, BGB, § 488, Rn. 96; *Einsele*, IPRax 2012, 481 (484); *Freitag*, in Staudinger, BGB, § 488, Rn. 121; *Polke*, Crowdlending, S. 89–90, 92; *Renner*, ZBB 2014, 261 (268) m.w.N.; *Seifert*, in Soergel, BGB, § 488, Rn. 57–58; a.A. OLG Stuttgart, Urt. v. 01.04.1980, Az.: 6 U 184/79, NJW 1980, 1798 (1800); VG Frankfurt a.M., Beschluss v. 11.03.2010, Az.: 1 L 271/10, BeckRS 2010, 48633.

102 Vgl. BGH, Urt. v. 19.04.2011, Az.: XI ZR 256/10, NJW 2011, 3024 (3025), Rn. 20; *Seifert*, in Soergel, BGB, § 488, Rn. 57–58.

## *II. Weitere öffentlich-rechtliche Pflichten*

Neben einer (etwaigen) Erlaubnispflicht nach § 32 KWG treffen die Beteiligten des P2P-Lending weitere öffentlich-rechtliche Pflichten. Allerdings ermöglicht auch hier das Modell des unechten P2P-Lending teilweise eine Umgehung dieser Pflichten.

### *1. Erlaubnispflicht nach der Gewerbeordnung (GewO)*

Neben der Erlaubnispflicht nach dem KWG besteht eine Erlaubnispflicht bei der Vermittlung von Darlehensverträgen gemäß § 34c Abs. 1 S. 1 Nr. 2 GewO.[103] Eine Vermittlung im Sinne des § 34c GewO ist jede Tätigkeit, die auf den Abschluss eines Vertrages abzielt.[104] Der Begriff der Vermittlung ist folglich sehr weit gefasst, sodass auch die Tätigkeiten des Plattformbetreibers beim echten und beim unechten P2P-Lending davon umfasst sind.[105] Mithin benötigt ein Plattformbetreiber in Deutschland eine Erlaubnis nach der GewO, um tätig zu werden. Die zuständige Behörde kann die Erlaubnis nur versagen, wenn einer der Versagungsgründe des § 34c Abs. 2 GewO vorliegt.[106]

### *2. Prospektpflichten*

Prospektpflichten[107] bestehen in der Regel ausschließlich für die mit den Plattformbetreibern zusammenarbeitenden Kreditinstitute im Rahmen des Vermögensanlagengesetzes (VermAnlG).[108] Die Plattformbetreiber selbst haben sich

103 So auch *Veith*, BKR 2016, 184 (189); Veith geht darüber hinaus auch noch auf die Erlaubnis nach § 34f Abs. 1 S. 1 Nr. 3 GewO ein, welche jedoch lediglich eine Ausnahme darstellen dürfte und daher nicht weiter zu behandeln ist.

104 OVG Münster, Urt. v. 28.01.2000, Az.: 4 A 4976/97, BeckRS 2000, 21316, Rn. 16; *Marcks*, in Marcks, MaBV, GewO, § 34c, Rn. 8; *Renner*, in Möslein/Omlor, FinTech-Handbuch, § 23, Rn. 58–59.

105 *Renner*, in Möslein/Omlor, FinTech-Handbuch, § 23, Rn. 58–59.

106 Vgl. *Marcks*, in Marcks, MaBV, GewO, § 34c, Rn. 54; *Will*, in BeckOK, GewO, § 34c, Rn. 59.

107 Prospektpflichten bestehen für Wertpapiere und Vermögensanlagen. Sie sollen dem Anleger „ein zutreffendes Bild über das Angebot [ermöglichen, um] auf dieser Grundlage seine Investitionsentscheidung zu treffen“ (vgl. BaFin, Prospekte für Wertpapiere und Vermögensanlagen, geändert am 03.08.2021).

108 Auf die Prospektpflichten, auch nach dem Wertpapierprospektgesetz (WpPG) und Kapitalanlagengesetzbuch (KAGB), soll folgend nur kurz eingegangen werden, da sie im Gegensatz zu der Erlaubnispflicht nach dem KWG nicht ausschlaggebend für

durch die Anwendung des unechten P2P-Lending weitestgehend von solchen Pflichten befreien können.

### *a) Vermögensanlagengesetz (VermAnlG)*

Seit der Einführung des Kleinanlegerschutzgesetzes stellen Darlehensforderungen eine Vermögensanlage im Sinne des § 1 Abs. 2 Nr. 7 Alt. 1 VermAnlG dar, sodass dafür gewisse Prospektpflichten gelten. Im Rahmen des VermAnlG muss ein Anbieter von Vermögensanlagen im Inland beispielsweise gemäß § 6 VermAnlG einen Verkaufsprospekt veröffentlichen.[109] Diese Pflicht betrifft allerdings nicht den Plattformbetreiber selbst, da dieser nicht die Vermögensanlagen anbietet, sondern das Kreditinstitut oder auch eine zwischengeschaltete Intermediärgesellschaft.[110] Eine Prospektpflicht des Plattformbetreibers wäre nur dann denkbar, wenn dieser auf Grundlage einer Banklizenz selbstständig die Vermögensanlagen anbieten würde.

Unternehmen können gemäß §§ 2 Abs. 1 Nr. 2, 2a Abs. 1 bis 3 VermAnlG auch von der Pflicht zur Veröffentlichung eines Prospektes befreit werden, wenn beispielsweise bei einem Angebot von derselben Vermögensanlage nicht mehr als 20 Anteile angeboten werden.[111] Diese Ausnahme wird beim P2P-Lending meist nicht einschlägig sein, da sich ein Kreditgesuch beziehungsweise eine Vermögensanlage regelmäßig in mehr als 20 Teile gliedert.[112]

Ferner ist eine Befreiung von der Prospektpflicht gemäß § 2 Abs. 1 Nr. 3 lit. b VermAnlG möglich, wenn der Verkaufspreis der Anteile, die innerhalb von 12 Monaten angeboten werden, insgesamt 100.000,00 € nicht übersteigt.[113] Auch dieser Befreiungstatbestand richtet sich überwiegend an die Kreditinstitute. Allerdings werden diese in der Praxis meist Vermögensanlagen im Wert von über 100.000,00 € innerhalb von 12 Monaten anbieten, sodass der Befreiungstatbestand nicht greifen und für sie weiterhin die Prospektpflicht bestehen dürfte.

---

die Entwicklung der unterschiedlichen P2P-Modelle waren. Vgl. umfassend zu den Prospektpflichten *Veith*, BKR 2016, 184 (190–192).

109 BaFin, Auslegungsschreiben zum Crowdlending v. 09.10.2015, unter Ziff. 2.1.1., 3.1, siehe dazu Anhang 4.2; *Veith*, BKR 2016, 184 (290).

110 BaFin, Auslegungsschreiben zum Crowdlending v. 09.10.2015, unter Ziff. 2.1.1., 3.1, siehe dazu Anhang 4.2; *Veith*, BKR 2016, 184 (290).

111 BaFin, Auslegungsschreiben zum Crowdlending v. 09.10.2015, unter Ziff. 2.1.3., 3.1.3, siehe dazu Anhang 4.2.

112 *Renner*, in Möslein/Omlor, FinTech-Handbuch, § 23, Rn. 51. Siehe auch Kapitel 2 § 2 A. I. 2. a) und b).

113 *Renner*, in Möslein/Omlor, FinTech-Handbuch, § 23, Rn. 51.

### b) *Wertpapierprospektgesetz (WpPG)*

Auch beim Angebot von Wertpapieren ist der Anbieter regelmäßig zur Veröffentlichung von Prospekten verpflichtet. Eine solche Pflicht besteht für die Beteiligten des P2P-Lending, auch für das Kreditinstitut, allerdings nicht, da es sich bei den Darlehensforderungen nicht um Wertpapiere im Sinne des § 2 Nr. 1 WpPG handelt.

Voraussetzung für das Vorliegen eines Wertpapiers ist, dass dieses vertretbar beziehungsweise fungibel ist.[114] Eine solche Fungibilität liegt dann nicht vor, wenn das Anlageinstrument durch Abtretung der verbrieften Forderung übertragen werden kann.[115] Darlehensforderungen sind durch Abtretung übertragbar. Daraus schlussfolgernd sind Darlehensforderungen als Anlageinstrument nicht fungibel und somit auch keine Wertpapiere im Sinne des § 2 Nr. 1 WpPG. Entsprechende Prospektpflichten bestehen nicht.

### c) *Kapitalanlagengesetzbuch (KAGB)*

Eine Prospektpflicht nach dem Kapitalanlagengesetzbuch (KAGB) besteht ebenfalls nur, wenn durch das Vorliegen von Investmentvermögen der Anwendungsbereich des KAGB eröffnet ist. Gemäß § 1 Abs. 1 S. 1 KAGB ist Investmentvermögen „jeder Organismus für gemeinsame Anlagen, der von einer Anzahl von Anlegern Kapital einsammelt, um es gemäß einer festgelegten Anlagestrategie zum Nutzen dieser Anleger zu investieren und der kein operativ tätiges Unternehmen außerhalb des Finanzsektors ist".[116] Eine solche gemeinsame Anlage liegt allerdings nur vor, wenn der Anleger an den Chancen und Risiken des Organismus beteiligt wird.[117] Beim P2P-Lending wird der Anleger jedoch gerade nicht an den Risiken des Organismus beteiligt, sodass die Darlehensforderungen auch kein Investmentvermögen darstellen können.[118] Folglich bestehen auch keine Prospektpflichten nach dem KAGB.

---

114 *Wehowsky*, Erbs/Kohlhaas, Strafrechtliche Nebengesetze, § 2 WpPG, Rn. 2.

115 *Müller*, in Nomos-BR, WpPG, § 2, Rn. 2; *Veith*, BKR 2016, 184 (190); *Wehowsky*, Erbs/Kohlhaas, Strafrechtliche Nebengesetze, § 2 WpPG, Rn. 2.

116 Zum Begriff des Organismus siehe *Paefgen*, Ebenroth/Boujong/Joost/Strohn, HGB, § 1 KAGB, Rn. 8.

117 BaFin, Auslegungsschreiben zum Anwendungsbereich des KAGB und zum Begriff des „Investmentvermögens" v. 14.06.2013, zuletzt geändert am 09.03.2015, unter Ziff. I. 2.

118 So auch *Veith*, BKR 2016, 184 (190).

### *III. Informationspflichten nach §§ 491 ff. BGB*

Soweit zwischen den Parteien ein Verbraucherdarlehensvertrag zustande gekommen ist, bestehen für den gewerblich oder beruflich handelnden Unternehmer gemäß §§ 491 ff. BGB diverse vorvertragliche Informationspflichten.[119] Zu diesen Pflichten gehört es unter anderem, den Verbraucher über die in Art. 247 EGBGB genannten Standardinformationen zu unterrichten.[120] Dazu gehören gemäß Art. 247 § 3 Nr. 10 EGBGB Informationen über alle sonstigen Kosten, insbesondere über die, die im Zusammenhang mit der Auszahlung oder der Verwendung eines Zahlungsinstruments, mit dem sowohl Zahlungsvorgänge als auch Abhebungen getätigt werden können, sowie die Bedingungen, unter denen die Kosten angepasst werden können.[121] Weiter hat der Unternehmer gemäß Art. 247 § 3 Nr. 10 EGBGB den Verbraucher bereits vor Vertragsschluss darauf hinzuweisen, dass er ihm ein eigenes Exemplar des Verbraucherdarlehensvertrages bei Bedarf aushändigen muss.[122]

### *IV. Zwischenergebnis*

Mit Blick auf die strengen Vorgaben zur Erlaubnispflicht gemäß § 32 KWG und § 34 GewO, die weitreichenden Folgen bei Verstößen sowie die umfangreichen Informationspflichten im Rahmen eines Verbraucherdarlehensvertrages wird deutlich, warum sich in Deutschland die Form des unechten P2P-Lending durchgesetzt hat:

Um es Darlehensnehmern und Anlegern als Privatpersonen im Rahmen des P2P-Lending zu ermöglichen, Darlehensverträge ohne Erlaubnis der BaFin abzuschließen, wird ein Intermediär in Form eines Kreditinstitutes dazwischengeschaltet, welches über eine solche Erlaubnis verfügt. Dies führt dazu, dass es zu keiner Vertragsbeziehung zwischen Darlehensnehmer und Anleger kommt. Beide betreiben dadurch keine Einlagen- und Kreditgeschäfte, die gemäß § 32 KWG der Erlaubnis bedürfen und prospekt- oder besonders informationspflichtig sind. Einzig die Kreditinstitute und teilweise die Vermittlungsplattformen werden weiterhin streng reguliert.

---

119 *Renner* bezeichnet dies als „mehrstufiges System standardisierter Informationspflichten", ZBB 2014, 261 (268).

120 *Knops*, in BeckOGK, BGB, § 491a, Rn. 9; *Seifert*, in Soergel, BGB, § 491a, Rn. 6, 11.

121 Vgl. *Knops*, in BeckOGK, BGB, § 491a, Rn. 32. Siehe auch *Seifert*, in Soergel, BGB, § 491a, Rn. 14–34 für einen Überblick über die Einzelheiten des Art. 247 § 3 EGBGB.

122 Vgl. *Knops*, in BeckOGK, BGB, § 491a, Rn. 32.

Würde in Deutschland das echte P2P-Lending praktiziert werden, bedürften sowohl Darlehensnehmer als auch Anleger für ihre Tätigkeiten einer entsprechenden Erlaubnis der BaFin. Dies würde das Geschäftsmodell für Privatpersonen gänzlich unattraktiv machen, da es all den Grundsätzen widerspricht, die das P2P-Lending grundsätzlich verkörpern will: einfaches, unbürokratisches und schnelles Geld als Darlehen oder Rendite bei der Kapitalanlage.

## B. Österreich

In Österreich ist die Nutzung von P2P-Plattformen nicht sehr verbreitet. Plattformbetreiber haben die Vermittlung von Krediten entweder eingestellt[123] oder direkt davon abgesehen, sich auf dem österreichischen Markt auszurichten, da die rechtlichen Rahmenbedingungen das P2P-Lending sehr einschränken.

Nachfolgend werden die maßgeblichen Regelungen Österreichs untersucht.[124] Sie zeigen exemplarisch, dass vor allem das echte P2P-Lending – wie auch in Deutschland – kaum möglich ist, mit der Folge, dass nur wenige P2P-Plattformen ihren Sitz in Österreich haben.

Im österreichischen Recht finden sich vergleichbar mit dem deutschen Recht keine spezifischen Vorschriften für das P2P-Lending.[125] Es sind daher die allgemeinen Bank- und Kapitalmarktregelungen auf P2P-Kredite und die entsprechenden Rechtsbeziehungen anzuwenden.

---

123 So vermittelt der Plattformbetreiber Lendico in Österreich keine Kredite mehr (vgl. www.lendico.at/, zuletzt abgerufen am 17.06.2022). Dies könnte unter anderem daran liegen, dass Lendico mit der Wirecard AG als Partnerbank zusammengearbeitet hat, die im Jahr 2020 aufgelöst wurde. Es lässt sich vermuten, dass der österreichische Markt nicht attraktiv genug war, um das Vermittlungsgeschäft mit einer neuen Partnerbank aufrecht zu erhalten. Wie auch das deutsche Unternehmen wurde der österreichische Plattformbetreiber in die Geschäfte der ING-DiBa AG integriert (vgl. Einleitung, Fn. 2).

124 Nachfolgend wird ein Überblick über die relevanten Regelungen gegeben. Eine umfassende Auseinandersetzung mit den rechtlichen Rahmenbedingungen von Österreich erfolgt nicht, da lediglich beispielhaft die Unterschiede zur deutschen Regulierung aufgezeigt werden soll. Dieser rechtsvergleichende Ansatz bildet nicht den Schwerpunkt der Arbeit, soll aber dem besseren Verständnis dienen.

125 *Follak*, ÖBA 2016, 890 (896).

## *I. Öffentlich-rechtliche Erlaubnispflichten*

### *1. Erlaubnispflicht nach dem österreichischen Bankwesengesetz (öBWG)*

#### *a) Allgemeine Regelungen*

Gemäß § 4 Abs. 1 des österreichischen Bundesgesetzes über Bankwesen (öBWG) bedarf der Betrieb der in § 1 Abs. 1 öBWG genannten Geschäfte der Konzession, das heißt der Erlaubnis der Finanzmarktaufsicht.[126] Zu diesen erlaubnisbedürftigen Geschäften gehören nach § 1 Abs. 1 Nr. 1 öBWG das Betreiben eines Einlagengeschäfts sowie nach § 1 Abs. 1 Nr. 18 öBWG die Vermittlung eines solchen. Einlagengeschäfte können in Form der Entgegennahme fremder Gelder zur Verwaltung oder als Einlage betrieben werden. Für beide Alternativen ist erforderlich, dass es sich um fremde Gelder handelt und ein unbedingter Rückzahlungsanspruch vorliegt.[127]

Soweit eine erlaubnispflichtige Tätigkeit ausgeübt wird, gehen mit dieser weitere Pflichten einher. Diese umfassen insbesondere die Pflicht zur umfangreichen Rechnungslegung, §§ 43 ff. öBWG, diverse Sorgfaltspflichten und die Pflicht zu Informationsweitergabe zur Verhinderung der Geldwäsche und Terrorismusfinanzierung, §§ 39 ff. öBWG, die Verpflichtung zum Bankengeheimnis, § 38 öBWG sowie die Pflicht zur Achtung des Verbraucherschutzes bei bestimmten Verträgen, §§ 33 ff. öBWG.

#### *b) Erlaubnispflicht einzelner Teilnehmer beim echten P2P-Lending?*

Im Rahmen des echten P2P-Lending tätigen sämtliche Beteiligte eine erlaubnispflichtige Tätigkeit, sodass sie der Erlaubnis (Konzession) der Finanzaufsicht bedürfen.

Der Darlehensnehmer schließt beim echten P2P-Lending einen standardisierten Darlehensvertrag mit einer Vielzahl von Personen ab. Gleiches gilt für die Anleger, die ihrerseits mit verschiedenen Darlehensnehmern eine Vielzahl von Verträgen abschließen. Bei solchen Verträgen handelt es sich um eine Einlage im Sinne des § 1 Abs. 1 Nr. 1 öBWG, für die eine Genehmigung der Finanzaufsicht erforderlich ist.[128]

---

126 *Oppitz*, in Chini/Oppitz, BWG, § 4, Rn. 1–2. Zum besseren Verständnis wird nachfolgend für den Begriff der Konzession überwiegend der synonyme Begriff der Erlaubnis verwendet.

127 *Kaufmann*, in Kaufmann/Seper/Zenz, Handbuch Crowdfunding & AltFG, Rn. 105.

128 *Kaufmann*, in Kaufmann/Seper/Zenz, Handbuch Crowdfunding & AltFG, Rn. 106; *Sixt*, Schwarmökonomie und Crowdfunding, S. 172. Dagegen stellen qualifizierte Nachrangdarlehen nach überwiegender Meinung keine Einlagengeschäfte i.S.d. § 1

Da die Genehmigung durch die Finanzaufsicht jedoch gemäß § 5 Abs. 1 Nr. 1 öBWG ausschließlich an Kreditinstitute und nicht an natürliche Personen erteilt wird, ist das echte P2P-Lending für private Anleger und Kapitalsuchende in Österreich unmöglich. Es kann als erlaubnispflichtiges Geschäft faktisch nur von beaufsichtigten Kreditinstituten durchgeführt werden.[129]

Daneben bedarf der Plattformbetreiber als Vermittler von Einlagengeschäften grundsätzlich gemäß § 1 Abs. 1 Nr. 18 öBWG einer Erlaubnis der Finanzmarktaufsicht. Er ist im Regelfall selbst in die Rechtsbeziehung durch die Erstellung der Musterverträge involviert. Bereits diese Tätigkeit stellt eine Vermittlungstätigkeit im Sinne des öBWG dar.[130] Macht der Plattformbetreiber die Vertragsparteien in Ausnahmefällen lediglich miteinander bekannt, fällt diese Tätigkeit als bloße Nachweisvermittlung nicht unter § 1 Abs. 1 Nr. 18 öBWG.[131]

### *c) Erlaubnispflicht einzelner Teilnehmer beim unechten P2P-Lending?*

Schalten Darlehensnehmer und Anleger ein Kreditinstitut als Darlehensgeber dazwischen, entfällt bei ihnen die Erlaubnispflicht, da kein Einlagengeschäft mehr vorliegt. Das Kreditinstitut betreibt hingegen durch die Gewährung des Darlehens ein erlaubnispflichtiges Bankgeschäft gemäß § 1 Abs. 1 Nr. 3 öBWG und bedarf dazu der Erlaubnis der Finanzmarktaufsicht. Auch im Rahmen des unechten P2P-Lending bedarf der Plattformbetreiber als Vermittler von Einlagengeschäften gemäß § 1 Abs. 1 Nr. 18 öBWG einer Erlaubnis der Finanzmarktaufsicht.[132]

---

Abs. 1 Nr. 1 öBWG dar, sodass sie auch nicht durch das öBWG reguliert werden, vgl. *Palma*, in Reichel/Pfeil/Urnik, Crowdinvesting und Crowdworking, S. 35 m.w.N.; *Sixt*, Schwarmökonomie und Crowdfunding, S. 172. Hier scheint vielmehr eine Regulierung durch das österreichische Alternativfinanzierungsgesetz (öAltFG) möglich, vgl. *Kaufmann*, in Kaufmann/Seper/Zenz, Handbuch des Crowdfunding & AltFG, Rn. 113.

129 *Kaufmann*, in Kaufmann/Seper/Zenz, Handbuch des Crowdfunding & AltFG, Rn. 45.

130 Vgl. *Kaufmann*, in Kaufmann/Seper/Zenz, Handbuch Crowdfunding & AltFG, Rn. 170. a.A. *Oppitz*, in Chini/Oppitz, BWG, § 1, Rn. 60, nach dem bei der Vermittlung von Kreditgeschäften eine Zulassung nach § 94 Ziff. 75 öGewO erforderlich ist. Im Rahmen des § 94 öGewO sei die Erlangung einer „Kreditinstitutskonzession" nicht erforderlich. Zu den gewerberechtlichen Vorschriften im österreichischen Recht siehe auch Kapitel 2 § 2 B. I. 2.

131 *Oppitz*, in Chini/Oppitz, BWG, § 1, Rn. 57.

132 Siehe Kapitel 2 § 2 B. I. 1. b).

#### *d) Folgen bei Verstoß und Nichtbeachtung*

Ebenso wie in Deutschland hat auch in Österreich die Vornahme von erlaubnispflichtigen Geschäften ohne eine entsprechende Erlaubnis weitreichende strafrechtliche Folgen. Ein Kreditinstitut, welches ohne Erlaubnis (Konzession) Geschäfte tätigt, kann von der Finanzmarktaufsicht gemäß § 98 Abs. 1 öBWG mit einer Geldstrafe bis zu 5 Millionen Euro oder bis zu dem Zweifachen des aus dem Verstoß gezogenen Nutzens, soweit sich dieser beziffern lässt, bestraft werden.

Ferner haben Unternehmen, die Bankgeschäfte ohne die dafür erforderliche Berechtigung betreiben, auf alle mit diesen Geschäften verbundenen Vergütungen, wie insbesondere Zinsen und Provisionen, gemäß § 100 Abs. 1 öBWG keinen Anspruch. § 100 Abs. 1 S. 2 öBWG regelt anders als das deutsche Recht darüber hinaus, dass bei einem solchen Verstoß die einzelnen getätigten Rechtsgeschäfte unwirksam sind, die Wirksamkeit des gesamten Bankgeschäfts jedoch unberührt bleibt. Der Verstoß gegen öffentlich-rechtliche Aufsichtsregelungen hat somit einen starken Einfluss auf die materielle Wirksamkeit der Rechtsgeschäfte.

### *2. Gewerbeberechtigung des Plattformbetreibers nach der österreichischen Gewerbeordnung (öGewO)*

Ferner fallen P2P-Plattformen durch die Vermittlung von Krediten und Finanzierungen unter den Begriff der gewerblichen Vermögensberatung gemäß § 94 Nr. 75 öGewO.[133] Die österreichische Rechtsordnung und auch die Rechtsprechung fassen den Begriff der Beratung dabei so weit, dass bereits Vorarbeiten zum Vertragsschluss, wie die Zurverfügungstellung von Formularen, davon umfasst werden.[134] Der Betreiber der P2P-Plattform ist gemäß § 136a Abs. 1 Nr. 2 lit. b öGewO zur gewerblichen Vermögensberatung berechtigt und darf danach „Vorarbeiten zu Kreditverträgen sowie deren Abschließen für den Kreditgeber" leisten. Gemäß §§ 16 ff. öGewO braucht er dafür auch einen Befähigungsnachweis.

## *II. Regulierung nach dem österreichischen Alternativfinanzierungsgesetz (öAltFG)*

Das öAltFG sollte mit seiner Einführung im Jahr 2015 einen „attraktiven Rechtsrahmen" für die Schwarmfinanzierung schaffen, indem insbesondere

---

133 *Sixt*, Schwarmökonomie und Crowdfunding, S. 173; *Oppitz*, in Chini/Oppitz, BWG, § 1, Rn. 60.

134 So *Sixt*, Schwarmökonomie und Crowdfunding, S. 174.

Hinweis- und Informationspflichten zum Schutz von Verbrauchern eingeführt wurden.[135] Das öAltFG regelt die Zulässigkeit der Ausgabe alternativer Finanzinstrumente, wie beispielsweise Aktien und Anleihen, die entsprechenden Informationspflichten sowie die besonderen Anforderungen an die Betreiber der entsprechenden Internetplattformen.[136] Finanzinstrumente, die bereits nach dem öBWG reguliert werden, können hingegen nicht in den Anwendungsbereich des öAltFG fallen.[137] Der vom öAltFG bezweckte Schutz der Verbraucher wird insbesondere durch umfangreiche Informationspflichten, wie Angaben über den Betreiber der Plattform oder Hinweise auf Risiken, die im Zusammenhang mit dem Erwerb von Wertpapieren entstehen können, gewährleistet.[138]

Voraussetzung für die Eröffnung des Anwendungsbereiches des öAltFG ist, dass die Finanzinstrumente keinen unbedingten Rückzahlungsanspruch begründen dürfen.[139] Der klassische P2P-Kredit ist hingegen unbedingt rückzahlbar, da der Darlehensrückzahlungsanspruch ohne weitere Bedingungen nur auf Grundlage der Fälligkeit geltend gemacht werden kann.[140] Das öAltFG ist somit nicht auf das P2P-Lending anwendbar.

### *III. Zwischenergebnis*

Wie in Deutschland hat sich auch in Österreich ausschließlich das unechte P2P-Lending durchgesetzt. Grund dafür ist, dass beim echten P2P-Lending neben dem Kreditinstitut auch Darlehensnehmer und -geber eine Genehmigung der Finanzaufsicht benötigen. Eine solche wird allerdings nur an Kreditinstitute erteilt, sodass die Durchführung des echten P2P-Lending

135 Bundesministerium für Arbeit und Wirtschaft des Landes Österreich zum Alternativfinanzierungsgesetz (www.bmaw.gv.at/Ministerium/Rechtsvorschriften/Wirtschaftsrecht/Alternativfinanzierungsgesetz-.html, zuletzt abgerufen am 16.01.2023). Vergleiche in Bezug auf die besonderen Informations- und Hinweispflichten insbesondere § 5 öAltFG.

136 *Bank/Schopper*, Forschungsbericht zum Alternativfinanzierungsgesetz in Österreich, S. 21.

137 *Kaufmann*, in Kaufmann/Seper/Zenz, Handbuch des Crowdfunding & AltFG, Rn. 109.

138 Vgl. hierzu insb. § 5 Abs. 3 und 8 öAltFG.

139 *Palma*, in Reichel/Pfeil/Urnik, Crowdinvesting und Crowdworking, S. 39.

140 Dies gilt unabhängig davon, dass ein Darlehensrückzahlungsanspruch erst mit Zeitablauf oder nach Kündigung fällig wird. Dies stellt keine Bedingung im Sinne einer unbedingten Rückzahlbarkeit dar.

praktisch unmöglich ist. Durch die Zwischenschaltung eines Kreditinstitutes im Rahmen des unechten P2P-Lending entfällt hingegen die Erlaubnispflicht von Darlehensnehmer und -geber.

Ähnlich des beschränkten Anwendungsbereiches der ECSP-VO auf das P2P-Lending hat auch das von Österreich für Schwarmfinanzierungen eingeführte öAltFG keine Auswirkungen auf das P2P-Lending, da es lediglich auf Finanzinstrumente mit bedingten Rückzahlungsansprüchen anwendbar ist.

## § 3 Rechtsordnungen von ausgewählten Drittstaaten

Auch außerhalb der EU haben sich P2P-Lending Plattformen etabliert. Auf Grund der verschiedenen rechtlichen Rahmenbedingungen hat sich bereits früh vor allem in Großbritannien ein anderes Modell des P2P-Lending entwickelt. Dort hat sich die Form des echten P2P-Lending durchgesetzt. Die Ausformung dieses Modells war nur möglich, da es nicht vergleichbar umfassende Erlaubnispflichten wie beispielsweise in Deutschland oder Österreich gibt. Auch in den USA hat sich auf Grund anderer gesetzlicher Vorgaben eine weitere Variante des unechten P2P-Lending entwickelt. Nachfolgend werden die rechtlichen Rahmenbedingungen für das P2P-Lending in Großbritannien und in den USA untersucht.[141]

### A. Großbritannien[142]

Das Geschäftsmodell des P2P-Lending fand mit der britischen Plattform Zopa im Jahr 2005 seinen Ursprung in Großbritannien.[143] Dort findet bis heute das Modell des echten P2P-Lending Anwendung.[144] Großbritannien ist eines der

---

141 Im Folgenden wird ein Überblick über die relevanten Regelungen gegeben. Eine umfassende Auseinandersetzung mit den rechtlichen Rahmenbedingungen von Großbritannien und den USA erfolgt nicht, da lediglich beispielhaft die Unterscheidung der gesetzlichen Regelungen und der damit verbundenen Entwicklung der P2P-Modelle aufgezeigt werden soll.

142 Wird nachfolgend vom Recht Großbritanniens oder vom britischem Recht gesprochen, ist damit die Rechtsordnung Englands gemeint.

143 www.zopa.com/about, zuletzt abgerufen am 16.01.2023; *Eberle*, Peer-to-Peer-Lending, S. 75.

144 Nach den Gesetzesvorschriften Großbritanniens ist das echte P2P-Lending erlaubt. Allerdings bietet die größte britische Plattform Zopa seit Januar 2022 dieses nicht mehr an. Vielmehr vermittelt sie mittlerweile die Darlehen über die eigens im Jahr 2020 gegründete Zopa Bank (vgl. www.zopa.com/invest; www.zopa.com/blog/article/an-update-on-p2p-at-zopa, zuletzt abgerufen am 16.01.2023). Zu den Gründen

wenigen Länder, in denen spezielle Regelungen für das P2P-Lending erlassen wurden.

## *I. Erlaubnispflicht nach dem Financial Services and Markets Act 2000 und der Regulated Activities Order 2001*

### *1. Aufsicht der Financial Conduct Authority (FCA)*

Mit dem Policy Statement 14/4 sind im April 2014 umfassende Reglungen für das P2P-Lending in Kraft getreten.[145] Zuständig für die Regulierung der P2P-Plattformen in Großbritannien ist die Financial Conduct Authority (FCA) als Aufsichtsbehörde.[146] Seit April 2014 müssen britische P2P-Plattformbetreiber bei der FCA registriert sein, um auf dem Markt tätig werden zu können.[147] Seit dem 01.01.2021 wurde der Regulierungsrahmen der FCA erweitert und auf Unternehmen aus dem Europäischen Wirtschaftsraum ausgeweitet, sodass auch diese einer Genehmigung der FCA bedürfen, um auf dem britischen Markt agieren zu dürfen.[148] Mit der Aufsicht verfolgt die FCA dabei insbesondere das Ziel, die Verbraucher und den Finanzmarkt zu schützen sowie den Wettbewerb zu fördern.[149]

Eine Erlaubnis durch die FCA ist immer dann notwendig, wenn nach Art. 19 des Financial Services and Markets Act 2000 (FSMA) in Verbindung mit Art. 418 FSMA eine Tätigkeit innerhalb des Vereinigten Königreiches vorliegt.[150] Art. 418 FSMA definiert mehrere Szenarien, in denen dies der Fall ist. Unter anderem liegt eine Tätigkeit innerhalb des Vereinigten Königreichs vor, wenn der eingetragene Sitz des Unternehmens innerhalb dessen liegt und auch die Tätigkeit innerhalb des Königreichs entweder am Hauptsitz oder an einer

---

siehe Kapitel 2 § 3 A. IV. Auch die britische Plattform Lending Works bietet das echte P2P-Lending nicht mehr an. Über die Plattform kann man nur noch private Darlehen beantragen (vgl. www.lendingworks.co.uk/peer-to-peer-lending/how-it-works, zuletzt abgerufen am 08.07.2022).

145 PS14/4: The FCA's regulation approach to crowdfunding over the internet, 06.03.2014.

146 www.fca.org.uk/about/the-fca, zuletzt abgerufen am 16.01.2023.

147 *Arora/Hutton*, Comp. Law. 2017, 368 (375); *Sixt*, Schwarmökonomie und Crowdfunding, S. 154.

148 Guidance, Innovative Finance ISA Investment for ISA manager (www.gov.uk/guidance/innovative-finance-isa-investments-for-isa-managers, zuletzt abgerufen am 16.01.2023).

149 www.fca.org.uk/about/the-fca, zuletzt abgerufen am 16.01.2023.

150 Vgl. *Dierks*, The regulation of peer-to-peer lending platforms, S. 85.

Zweigniederlassung ausgeübt wird, Art. 418 Abs. 4 FSMA. Ebenfalls liegt eine Tätigkeit innerhalb des Vereinigten Königsreichs vor, wenn zwar der Hauptsitz außerhalb liegt, die eigentliche Tätigkeit aber von einer Zweigniederlassung innerhalb des Vereinigten Königreichs ausgeübt wird, Art. 418 Abs. 5 FSMA.

### *2. P2P-Lending als „regulated activity"*

Mit Einführung der neuen Regelungen wird das P2P-Lending nunmehr als „operating an electronic system in relation to lending" im Rahmen der Regulated Activities Order (RAO) 2001 geführt.[151] Das P2P-Lending stellt eine sogenannte „regulated activity" gemäß Art. 36H RAO dar, welche die Genehmigung der FCA benötigt.[152]

Gemäß Art. 36H Abs. 5 RAO ist beim P2P-Lending der Darlehensgeber eine natürliche oder eine „relevante" Person. Unter einer relevanten Person versteht man nach Art. 36H Abs. 9 RAO eine Partnerschaft aus zwei oder drei Personen, „von denen nicht alle juristische Personen sind, oder eine nicht körperschaftlich organisierte Vielzahl von natürlichen Personen".[153] Der Darlehensnehmer kann nach Art. 36H Abs. 6 RAO ebenfalls eine natürliche oder „relevante" Person im Sinne des Art. 36H Abs. 9 RAO sein, welche vom Darlehensgeber einen Kredit in Höhe von maximal 25.000,00 Pfund erhält. Da sowohl Darlehensnehmer als auch Darlehensgeber nach den Definitionen der RAO jeweils natürliche Personen sein können, hat die britische Regierung ihre Regulierung insbesondere auf das Modell des echten P2P-Lending ausgerichtet.

### *3. Folgen bei Verstoß gegen die Erlaubnispflicht*

#### *a) Straf- und ordnungsrechtliche Maßnahmen der FCA*

Die FCA kann als Finanzaufsicht verschiedene Maßnahmen bei einem Verstoß gegen die Erlaubnispflicht treffen. Dabei kann sie je nach Einzelfall entweder Strafzahlungen verhängen oder das Unternehmen öffentlich rügen.[154] Diese

---

151 Siehe Chapter 6B des Financial Services and Markets Act 2000 (Regulated Activities Order 2001). Im Nachfolgenden wird die Rechtsquelle abgekürzt als Regulated Activities Order 2001 (RAO) bezeichnet.

152 FCA, Crowdfunding and authorisation, 09.08.2017, zuletzt geändert am 29.04.2021; *Dierks*, The regulation of peer-to-peer lending platforms, S. 78–86 mit einer umfassenden Analyse, ob das P2P-Lending unter die RAO fällt. Dies wird im Ergebnis bejaht.

153 Vgl. *Eberle*, Peer-to-Peer-Lending, S. 87.

154 Siehe DEPP 6 des Decision Procedure and Penalties manual des FCA Handbook (www.handbook.fca.org.uk/handbook/DEPP/6.pdf, zuletzt abgerufen am 16.01.2023).

Maßnahmen sollen vor allem dazu beitragen, dass andere Unternehmen und Personen davon abgehalten werden, ähnliche Verstöße zu begehen.[155] Ferner soll dadurch zum normgerechten Verhalten angeregt werden.

#### *b) Rechtsgeschäftliche Folgen*

Sofern der Plattformbetreiber ohne die entsprechende Erlaubnis tätig geworden ist, greift dies auch auf die über die Plattform geschlossenen Verträge durch. Gemäß Art. 26 Abs. 1 des FSMA ist der sich aus dem Vertrag ergebende Anspruch für den unerlaubt handelnden Plattformbetreiber nicht durchsetzbar. Ferner besteht nach Abs. 2 für die Vertragspartner des Plattformbetreibers, mithin den Darlehensnehmer und Anleger, die Möglichkeit, eine bereits geleistete Zahlung zurückzufordern und zusätzlich Schadensersatz für etwaige Verluste zu fordern. Bereits geleistete Vorschusszahlungen sind jedoch gemäß Abs. 3 vom Anwendungsbereich des Art. 26 ausgeschlossen.

## *II. Pflichten des Plattformbetreibers nach dem FCA Handbook*

### *1. Hinweis- und Informationspflichten*

Da das P2P-Lending eine „regulated acitivity" darstellt, darf die FCA gemäß Art. 22 des FSMA rechtsverbindliche Regelungen zur Regulierung des P2P-Lending erlassen. Diese finden sich insbesondere im sogenannten FCA Handbook.[156]

So beinhaltet das FCA Handbook unter anderem in dem Kapitel COBS (Conduct of Business Sourcebook) Beispiele für Informationen, die die Plattform dem Anleger zur Verfügung stellen soll, um die Eigenschaften und die Risiken des P2P-Lending zu erläutern.[157] So müssen die Plattformen nach COBS 2.2. diverse Informationen, unter anderem über geplante Investments, noch vor Anbieten des Plattform-Services offenlegen.[158]

Weiter finden sich in dem Kapitel CONC (Consumer Credit Soucebook) diverse Regeln, die dem Schutz der Verbraucher dienen:[159] Nach CONC 1.1.4. (4) muss das Unternehmen Rücksicht auf die Interessen der Nutzer beziehungsweise

---

155 DEPP 6.1.2. des Decision Procedure and Penalties manual des FCA Handbook (www.handbook.fca.org.uk/handbook/DEPP/6.pdf, zuletzt abgerufen am 16.01.2023).

156 www.handbook.fca.org.uk/handbook, zuletzt abgerufen am 16.01.2023.

157 Vgl. *Amajuoyi*, Online Peer-to-Peer Lending Regulation, S. 233.

158 Vgl. *Eberle*, Peer-to-Peer-Lending, S. 89.

159 So bezeichnet *Dierks* diese Regelung als Verbraucherschutzregeln (*Dierks*, The regulation of peer-to-peer lending platforms, S. 86).

Verbraucher nehmen und diese fair behandeln. Weiter muss das Unternehmen nach CONC 1.1.4. (5) Rücksicht auf das Verlangen der Nutzer nach Informationen nehmen und die Informationen klar, gerecht und verständlich kommunizieren.

#### 2. *Folgen bei Verstoß und Nichtbeachtung*

Sollte gegen die Regeln des FCA Handbook verstoßen werden, ist die FCA zur Sanktionierung der Verstöße befugt. Nach dem Enforcement Guide des FCA Handbook stehen der FCA dazu als Maßnahmen beispielsweise der Entzug der Autorisierung, Geldstrafen gegen Unternehmen oder Privatpersonen oder die Erstattung von Strafanzeigen zur Verfügung.[160]

### *III. Steuerliche Begünstigungen für Anleger*

Obwohl die britische Regierung das P2P-Lending verbraucherfreundlich reguliert, sind die Anleger nicht vor einem eventuellen Insolvenzrisiko und Ausfall ihrer Vertragspartner geschützt. Entgegen vieler anderer Finanzinstrumente fallen Darlehensforderungen, die über P2P-Plattformen vermittelt werden, nicht unter den sogenannten Financial Services Compensation Scheme (FSCS), welcher Verbraucher vor der Insolvenz von Firmen schützt.[161] Allerdings hat die britische Regierung die Attraktivität des P2P-Lending anderweitig sichergestellt: P2P-Kredite erhalten über das sogenannte Innovative Finance ISA[162] steuerliche Begünstigungen.[163] So lässt sich nach Angaben der britischen Regierung im Steuerjahr 2021 zu 2022 durch ein ISA Investment ein Steuerbetrag von bis zu 20.000,00 Pfund sparen.[164] Dies ist unter anderem dadurch möglich, dass bei einem ISA Investment die Kapitalerträge nicht versteuert werden müssen.[165]

160 Vgl. u.a. Enforcement Guide 7.1–7.3, 7.10 des FCA Handbooks (www.handbook.fca.org.uk/handbook/EG/7/?view=chapter, zuletzt abgerufen 16.01.2023).

161 PS14/4: The FCA's regulation approach to crowdfunding over the internet, 06.03.2014, S. 17; *Clarke/Rogers*, BJPIR 2016, 930 (938).

162 ISA = Individual Saving Account.

163 *Eberle*, Peer-to-Peer-Lending, S. 91.

164 www.gov.uk/individual-savings-accounts, Overview, zuletzt abgerufen am 16.01.2023.

165 *Eberle*, Peer-to-Peer-Lending, S. 91.

### *IV. Exkurs: Rückzug der Plattform Zopa vom P2P-Lending-Markt*

Die britische P2P-Lending Plattform Zopa war lange das Paradebeispiel für die neue Finanzierungsform des P2P-Lending. Bereits seit 2005 war Zopa als erste Plattform auf dem P2P-Lending-Markt tätig.[166]

Seit Januar 2022 bietet der Plattformbetreiber die Vermittlung von P2P-Krediten nun nicht mehr an.[167] Dies begründet Zopa damit, dass das Vertrauen von Kunden in das P2P-Lending in den letzten Jahren durch die Insolvenz einiger anderer P2P-Lending-Unternehmen beschädigt worden sei.[168] Dies dürfte zu einem Rückgang der Investoren geführt haben. Zudem hat die FCA das P2P-Lending mittlerweile als Hochrisikoinvestment eingestuft.[169] Zwar hat dies keine konkreten Auswirkungen auf die Regulierung des P2P-Lending. Allerdings führte dies zu einem Aufruhr auf dem britischen P2P-Lending-Markt.[170] Da Zopa seit 2020 eine Banklizenz besitzt, kann der Plattformbetreiber gleichwohl weiterhin andere Produkte, wie Kreditkarten, anbieten.[171]

---

166 www.zopa.com/about, zuletzt abgerufen am 16.01.2023.

167 Pressemitteilung von Zopa v. 07.12.2021 (www.zopa.com/blog/article/an-update-on-p2p-at-zopa, zuletzt abgerufen am 16.01.2023). Mittlerweile hat Zopa den klassischen P2P-Lending-Bereich verkauft. Unter der Firma Plata Finance Ltd. werden nunmehr P2P-Kredite angeboten (vgl. https://www.plata.com, zuletzt abgerufen am 16.01.2023). Leider macht die Plattform keinerlei einsehbare Angaben über ihre Allgemeinen Geschäftsbedingungen oder etwaige Vermittlungs- und Kreditvergabeprozesse. Siehe dazu auch Part A der Zopa Investor Principles (www.zopa.com/investor-principles, zuletzt abgerufen am 16.01.2023), vgl. diese im Anhang 3.2; sowie *Neuwirth*, Zopa's P2P brand sold and rebranded as Plata Finance, Peer2Peer Finance News, 08.07.2022 (https://p2pfinancenews.co.uk/2022/07/08/zopas-p2p-brand-sold-and-rebranded-as-plata-finance/, zuletzt abgerufen am 16.01.2023).

168 So z.B. die Plattform Funding Secure im Jahr 2019. (*Makortoff*, Peer-to-peer lender Funding Secure goes into administration, The Guardian, 23.10.2019, www.theguardian.com/money/2019/oct/23/peer-to-peer-lender-funding-secure-administration-pawnbroker; *Jones*, Zopa exits peer-to-peer lending to focus on banking, The Guardian, 11.12.2021, www.theguardian.com/money/2021/dec/11/zopa-peer-to-peer-lending-p2p-money, beide zuletzt abgerufen am 01.07.2023); Pressemitteilung von Zopa v. 07.12.2021 (www.zopa.com/blog/article/an-update-on-p2p-at-zopa, zuletzt abgerufen am 16.01.2023).

169 www.fca.org.uk/news/press-releases/young-investors-driven-competition-hype, zuletzt abgerufen am 12.07.2022.

170 *Jones*, Zopa exits peer-to-peer lending to focus on banking, The Guardian, 11.12.2021, www.theguardian.com/money/2021/dec/11/zopa-peer-to-peer-lending-p2p-money, zuletzt abgerufen am 16.01.2023).

171 www.zopa.com/about/our-story, zuletzt abgerufen am 16.01.2023.

Der Rückzug des weltweit ersten P2P-Lending Plattformbetreibers zeigt, dass selbst eine Regulierung des P2P-Lending nicht vor einer Veränderung dieses Marktes schützen kann. Neben den durch die britische Regierung bereits geschaffenen Anreizen, wie steuerliche Vergünstigungen,[172] müssen die Risiken (z.B. Insolvenzen) noch stärker in den Fokus gerückt werden. Nur wenn ein angemessener Schutz der Anleger gewährleistet werden kann, wird der Markt für Anleger und auch für P2P-Lending Plattformbetreiber attraktiv bleiben.

### *V. Zwischenergebnis*

Großbritannien hat im Gegensatz zu anderen Staaten eine auf das P2P-Lending zugeschnittene Regulierung geschaffen, sodass ein Rückgriff auf allgemeine Vorschriften nicht notwendig ist. In Großbritannien bedarf es lediglich einer Zulassung und Registrierung der Plattformbetreiber durch die FCA. Beteiligte Verbraucher werden durch die Regelungen des FCA-Handbook umfassend geschützt und können von steuerlichen Vorteilen profitieren. Allerdings hat der Rückzug der Plattform Zopa gezeigt, dass sich das Finanzinstrument des P2P-Lending noch nicht ausreichend auf dem Markt etabliert hat und weiterhin überwiegend auf klassische Finanzinstrumente zurückgegriffen wird.

## B. USA

In den USA sind zwei große P2P-Plattformen vertreten: LendingClub und Prosper. Allerdings ist es für diese Plattformen auf Grund der rechtlichen Rahmenbedingungen[173] schwierig, sich am Markt zu etablieren. Die aktuelle Regulierung macht es auch neuen Unternehmen extrem schwer, am Markt teilzunehmen. Sie geht einher mit negativen Auswirkungen für die weiteren am P2P-Lending Beteiligten. So haben Anleger und Kapitalsuchende auf Grund der strengen Regulierung und hohen Zulassungsanforderungen an P2P-Plattformbetreiber nur eine sehr begrenzte Auswahl an P2P-Plattformen. Darüber hinaus ist es manchen Kapitalsuchenden oder Anlegern in einigen Bundesstaaten erst gar nicht möglich, am P2P-Lending teilzunehmen.

---

172 Siehe Kapitel 2 § 3 A. III.

173 Im Folgenden wird hauptsächlich auf die staatlichen Regulierungen (federal regulation) und nur kurz auf die der verschiedenen Bundesstaaten (state regulation) eingegangen, da das Vorliegen einer Erlaubnis auf staatlicher Ebene vorrangige Voraussetzung für die Tätigkeit in den Bundesstaaten ist.

## I. *Erlaubnispflicht nach dem Securities Act of 1933*

### 1. *Aufsicht der Securities and Exchange Commission (SEC)*

Die Securities and Exchange Commission (SEC) ist als Aufsichtsbehörde für die Zulassung und Regulierung des Wertpapierhandels zuständig. Insbesondere hat die SEC die Aufsicht über den Kauf und Handel sogenannter securities.[174] Wann securities vorliegen, richtet sich nach Section 2 (a) (1) des Securities Act.[175] Securities können danach unter anderem notes[176] oder investment contracts[177] sein.[178] Diese Einordnung basiert ursprünglich auf der Gerichtsentscheidung SEC vs. Howey Co.[179] des United States Supreme Court aus dem Jahr 1946, in der erstmals der bis dahin unbestimmte Begriff des investment contract definiert wurde.[180] Aus dieser Gerichtsentscheidung wurde der sogenannte „Howey-Test“ entwickelt, wonach ein investment contract vorliegt, wenn (1) Geld (2) in ein Unternehmen investiert wird und (3) dadurch Profite verzeichnet werden, die

---

174 Im Deutschen kann der Begriff „securities“ mit Aktien oder Wertpapieren übersetzt werden (vgl. de.pons.com/%C3%BCbersetzung/englisch-deutsch/securities, zuletzt abgerufen am 16.01.2023).

175 *Vernstein*, University of California Davis Law Review 2011, 455 (476).

176 Notes können in diesem Zusammenhang mit dem Begriff der Anleihe übersetzt werden (vgl. https://dict.leo.org/englisch-deutsch/notes, zuletzt abgerufen am 16.01.2023).

177 Investment contract kann in diesem Zusammenhang mit dem Begriff des Vertrages zur Kapitalanlage übersetzt werden (vgl. https://dict.leo.org/englisch-deutsch/investment%20contract, zuletzt abgerufen am 16.01.2023).

178 Security Act of 1933, 15. U.S.C. § 77b (a) (1): “The term ‘security’ means any note [...] or [...] investment contract.”

179 328 U.S. 293, Supreme Court (1946). In diesem Fall urteilte der United States Supreme Court darüber, dass die Kombination von Kaufverträgen über Grundstücke (land sales contracts) und Dienstleistungsverträgen (service contracts) einen investment contract i.S.d. Securities Act darstellt. Die W. J. Howey Co. und Howey-in-the-Hills Service. Inc., welche große Zitronenfelder besaßen, boten ihren Kunden zeitgleich Kaufverträge über die Zitronenfelder (land sales contract) und Dienstleistungsverträge (service contract) an. Der Dienstleistungsvertrag enthielt insbesondere die Regelung, dass die Howey-in-the-Hills Service, Inc., ein Leasingrecht und den Besitz an dem verkauften Land erhielt. Die Käufer/Investoren durften das Land nicht bewirtschaften oder die Früchte ernten. Sie erhielten lediglich Gewinnanteile vom Verkauf der Früchte. Da der Supreme Court die Verträge als investment contract einstufte, hätte die Howey Company einer Zulassung durch die SEC bedurft.

180 SEC vs. Howey Co., 328 U.S. 293 (289), Supreme Court (1946).

(4) ausschließlich aus der Leistung anderer herrühren.[181] Die SEC nutzt diesen „Howey-Test“ bis heute zur Prüfung, ob es sich bei einer Anlage oder einem Geschäft um einen investment contract handelt.[182]

Im Rahmen der Finanzkrise im Jahr 2008 sahen sich die amerikanischen P2P-Plattformbetreiber erstmals mit den strengen Regulierungen der SEC konfrontiert. Bis zu diesem Zeitpunkt waren die P2P-Plattformbetreiber grundsätzlich ohne Einschränkungen und Regulierungen tätig. Der US-amerikanische Plattformbetreiber Prosper vermittelte die Darlehen damals[183] wie folgt:[184] Nachdem sich genügend Anleger gefunden hatten, die das Kreditgesuch finanzierten, gab die Partnerbank WebBank die Darlehen an den Kapitalsuchenden aus. Die Einlagen waren durch die WebBank im FDIC-Einlagensicherungsfond[185] versichert.[186] In einem weiteren Schritt übertrug die WebBank den Darlehensrückzahlungsanspruch als Anleihen (notes)[187] an den Plattformbetreiber Prosper, welcher diese wiederum an die Darlehensgeber verkaufte und übertrug.[188] Die SEC stufte die Ausgabe dieser notes als securities ein.[189] Auf Anweisung der SEC

181 “The test of whether there is an ‘investment contract’ under the Securities Act is whether the scheme involves an investment of money in a common enterprise with profits to come solely from the efforts of others […]”, SEC vs. Howey Co., 328 U.S. 293 (301), Supreme Court (1946).

182 Vgl. SEC vs. Howey Co., 328 U.S. 293 (301), Supreme Court (1946).

183 Dies schließt nicht aus, dass Prosper heutzutage nicht in gleicher Weise die Darlehen vermittelt. Auf Nachfrage bei dem Plattformbetreiber Prosper zum aktuellen Vergabemodell und Ablauf teilte dieser mit, dass er dazu keine Informationen herausgeben würde, weil es sich um interne Daten handele.

184 Bevor sich Prosper mit der Partnerbank WebBank im Jahr 2008 zusammenschloss, vergab der Plattformbetreiber die Darlehen eigenständig und zahlte diese auch selbst aus. Prosper hielt dafür meist vom jeweiligen Bundesstaat eine entsprechende Lizenz inne, vgl. *United States Government Accountability Office,* GAO-11-613, Report to Congressional Committees, Person-to-Person Lending, Fn. 65.

185 FDIC = Federal Deposit Insurance Corporation.

186 Siehe Website der WebBank, About Us (https://www.webbank.com/brand-partners, zuletzt abgerufen am 16.01.2023).

187 Vgl. bereits oben Fn. 176 (https://dict.leo.org/englisch-deutsch/notes, zuletzt abgerufen am 16.01.2023).

188 *Vernstein*, University of California Law Review 2011, 455 (476).

189 Auf eine ausführliche Darstellung der von der SEC aufgeführten Gründe wird verzichtet, da dies nicht den Schwerpunkt der Arbeit bildet. Vgl. für die rechtliche Einschätzung der SEC: Securities Act of 1933 Release No. 8984 / November 24, 2008, Administrative Proceeding File No. 3-13296, III. Summary, Discussion.

musste Prosper seinen Betrieb wegen fehlender Zulassung in den Jahren 2008 und 2009 für neun Monate einstellen,[190] und in der Zwischenzeit eine Lizenz bei der SEC beantragen, um wieder am Markt tätig sein zu können. Auch die P2P-Plattform LendingClub stellte daraufhin zwischen April und Oktober 2008 den Verkauf der notes ein, um eine Zulassung bei der SEC zu beantragen.[191] Nachdem die Unternehmen die Zulassung der SEC erhielten, sind diese als P2P-Plattformen am amerikanischen Markt wieder tätig.

### 2. *Voraussetzung für Zulassung durch die SEC*

Nach Sec. 5 [77e] (a) (1) des Securities Act ist es rechtswidrig, ohne eine entsprechende Registrierung bei der SEC securities zu verkaufen.[192] Ohne die Registrierung darf der Plattformbetreiber keine Geschäfte ausführen. Da die SEC den Verkauf der notes als securities einordnet, sind auch P2P-Plattformen registrierungspflichtig und bedürfen der Zulassung durch die SEC. Bis zur jeweiligen Zulassung handelten die Plattformen Prosper und LendingClub deshalb rechtswidrig, sodass sie ihre Tätigkeiten nicht weiter ausführen konnten.

Die Beantragung der Zulassung geht mit der Offenlegung diverser Dokumente und Daten sowie einer umfassenden Prospektpflicht einher.[193] Der von der P2P-Plattform zu veröffentlichende Prospekt muss regelmäßig aktualisiert werden. Dieses Vorgehen wird teilweise mit dem Aufwand und den Kosten eines Unternehmens verglichen, welches einen Börsengang (IPO) beabsichtigt.[194]

Problematisch ist, dass der Betreiber einer P2P-Plattform nachweisen muss, welchen Geschäften er im letzten Abrechnungszeitraum bereits nachgegangen ist, und er dies unter anderem mit Angaben über Gewinne vervollständigen muss.[195] Um diese Daten nachzuweisen, müsste der Plattformbetreiber bereits vor Registrierung tätig gewesen sein – ohne eine entsprechende Genehmigung.

---

190 *Slattery*, Yale Journal on Regulation 2013, 234 (238).

191 *United States Government Accountability Office*, GAO-11-613, Report to Congressional Committees, Person-to-Person Lending.

192 Vgl. *Slattery*, Yale Journal on Regulation 2013, 234 (255).

193 Vgl. *United States Securities and Exchange Commission*, Form 1-A Regulation a offering statement under the securities act of 1933; *Slattery*, Yale Journal on Regulation 2013, 234 (255); *Eberle*, Peer-to-Peer-Lending, S. 57–58.

194 *Slattery*, Yale Journal on Regulation 2013, 234 (254–256). Dieser weist darauf hin, dass ein Börsengang für ein Unternehmen durchschnittlich mit Kosten in Höhe von 2,7 Millionen US-Dollar verbunden ist.

195 Vgl. *United States Securities and Exchange Commission*, Form 1-A Regulation a offering statement under the securities act of 1933, Part I, p. 3 ff.

Dies macht es vor allem StartUps im Bereich des P2P-Lending geradezu unmöglich, eine Registrierung bei der SEC zu beantragen ohne vorher gegen den Securities Act verstoßen zu haben.[196]

Hierin liegt sicherlich ein maßgeblicher Grund dafür, dass sich neben den bereits vor einer Registrierung bei der SEC Geschäfte führenden Plattformen Prosper und LendingClub bis heute keine anderen P2P-Plattformen am amerikanischen Markt etabliert haben.

## *II. Pflichten des Plattformbetreibers nach der Registrierung bei der SEC*

Sofern der Plattformbetreiber offiziell bei der SEC registriert ist, muss auch jede einzelne Anleihe vor dem Verkauf registriert werden.[197] Dies ist mit einem großen Zeitaufwand und hohen Kosten verbunden.[198]

P2P-Plattformbetreiber werden ferner dazu verpflichtet, sämtliche Daten, die im Zusammenhang mit dem Verkauf der securities stehen, im sogenannten EDGAR-System[199] der SEC zu veröffentlichen.[200] Dabei müssen nicht nur persönliche Daten der Darlehensnehmer, sondern auch Kreditdaten veröffentlicht werden.[201] Die Daten müssen regelmäßig aktualisiert werden, sodass die SEC mittlerweile über eine sehr große Datenbank mit persönlichen Informationen der Plattformkunden verfügt.[202]

## *III. Dodd Frank Act*

2010 wurde mit Titel X des sogenannten Dodd-Frank Acts eine Institution für den Verbraucherschutz in Finanzangelegenheiten, das Bureau of Consumer Financial Protection (CFPB), eingeführt. Die P2P-Plattformbetreiber hatten die Hoffnung, dass es damit zu einer speziell auf das P2P-Lending zugeschnittenen Regulierung kommen würde. Solche Regelungen waren im Dodd-Frank Act jedoch nicht enthalten. In Sec. 989F des Dodd-Frank Acts wurde lediglich eine Studie unter Federführung des Government Accountability Office (GAO) in

---

196 So i.E. auch *Eberle*, Peer-to-Peer-Lending, S. 60–61.

197 *Vernstein*, Universtity of California Davis Law Review 2011, 455 (490).

198 *Vernstein*, Universtity of California Davis Law Review 2011, 455 (490, 501–502).

199 EDGAR = Electronic Data Gathering, Analysis and Retrieval System.

200 Vgl. *United States Securities and Exchange Commission*, Form 1-A Regulation a offering statement under the securities act of 1933, Part I, p. 3 ff.

201 So auch *Slattery*, Yale Journal on Regulation 2013, 234 (258).

202 Vgl. *Slattery*, Yale Journal on Regulation 2013, 234 (258–259).

Auftrag gegeben, um die optimale Regulierungsstruktur für das P2P-Lending zu ermitteln. Dies stimmte die P2P-Plattformbetreiber hoffnungsvoll.[203] Im Juli 2011 wurde die Studie veröffentlicht.[204] Sie analysiert zwei Szenarien: die Beibehaltung des status quo der bisherigen Regulierung sowie die Unterstellung von Anlegern und Darlehensnehmern unter eine staatliche Einrichtung, wie zum Beispiel das CFPB. Bei der Untersuchung wurden sämtliche Vorteile und Nachteile der beiden Szenarien gegenübergestellt.[205] Eine Handlungsempfehlung gab die Studie im Ergebnis jedoch nicht ab. Dies liegt wohl daran, dass nach Auffassung der GAO weder die künftige Ausgestaltung des CFPB noch die weitere Entwicklung des P2P-Lending vorhersehbar war.[206] Bis heute wurden die Vorschläge der Studie zur Änderung der Regulierung des P2P-Lending nicht umgesetzt. Neue P2P-Plattformen müssen somit weiterhin den aufwendigen und kostenintensiven Weg der Zulassungsbeantragung bei der SEC gehen.

### *IV. Regulierung durch einzelne Bundesstaaten*

Neben den vorgenannten Regulierungen durch das federal law werden die P2P-Plattformbetreiber zusätzlich auf nationaler Ebene innerhalb der jeweiligen Bundesstaaten durch das state law reguliert.[207]

Nicht nur müssen die P2P-Plattformen auf Grund der Einstufung der notes als securities ihre Zulassung bei der SEC beantragen, daneben müssen die securities im Rahmen des jeweiligen State Securities Law (sog. Blue Sky Law)[208] auch in den jeweiligen Bundesstaaten registriert werden. So hat jeder Bundesstaat zusätzlich seinen eigenen Securities Act wonach weitere Voraussetzungen für den Verkauf der securities bestimmt werden.[209]

---

203 Vgl. *Magee*, North Carolina Banking Institute 2011, 139 (164).

204 *United States Government Accountability Office*, GAO-11-613, Report to Congressional Committees, Person-to-Person Lending.

205 *United States Government Accountability Office*, GAO-11-613, Report to Congressional Committees, Person-to-Person Lending, What the GAO found.

206 So *Vernstein*, University of California Davis Law Review 2011, 455 (523).

207 Nachfolgend wird lediglich ein kurzer Überblick über Regulierungsmöglichkeiten des state law gegeben. Für einen umfassenden Überblick siehe u.a. *Chaffee/Rapp*, Wash. & Lee L. Rev. 2012, 485 (519–523); *Zeng*, US-China L. Rev. 2013, 229 (238–243).

208 Vgl. Georgetown Law Library zu den „Blue Sky Laws“ (https://guides.ll.georgetown.edu/c.php?g=365494&p=2469255, zuletzt abgerufen am 16.01.2023).

209 Vgl. Georgetown Law Library zu den „Blue Sky Laws“ (https://guides.ll.georgetown.edu/c.php?g=365494&p=2469255, zuletzt abgerufen am 16.01.2023).

Einige Bundesstaaten verbieten bis heute das P2P-Lending in ihren Staaten.[210] So wurde dem Plattformbetreiber Prosper beispielsweise in Ohio die Zulassung nicht erteilt, weil das Unternehmen gegen den Ohio Revised Code verstoßen würde. Nach § 1707.09 (G) (2) des Ohio Revised Code dürfen die Geschäfte, für die eine Zulassung beantragt wird, nicht in betrügerischer Absicht geführt werden. Wegen des auf der Website von Prosper enthaltenen Hinweises, dass Kapitalsuchende aus Versehen falsche Daten angeben könnten, verhinderte die zuständige Behörde die Zulassung des Plattformbetreibers.[211] Sie sah darin einen Widerspruch zu § 1707.09 (G) (2).[212]

Darüber hinaus unterliegen die P2P-Plattformen den unterschiedlich ausgestalteten Wuchergesetzen der einzelnen Bundesstaaten.[213] Da der zulässige Zinssatz von Bundesstaat zu Bundesstaat variieren kann, kann es für die Plattformbetreiber schwierig sein, einen einheitlichen Zinssatz festzulegen.[214] Kapitalsuchende und Anleger über die P2P-Plattform mit dem Hinweis auf verschiedene Zinssätze anzuwerben, kann sich insofern schwierig gestalten.

### *V. Zwischenergebnis*

Seit 2008 gilt für P2P-Plattformbetreiber in den USA eine umfassende Registrierungs- und Zulassungspflicht durch die SEC, da diese die von den Plattformbetreibern als Anleihen ausgegebenen Darlehensrückforderungen als securities einordnet. Insbesondere für noch nicht auf dem Markt etablierte StartUps führen die strengen Zulassungsvoraussetzungen der SEC zu erheblichen Problemen bei der Zulassung. Daneben sehen sich Plattformbetreiber mit verschiedenen Regulierungen in den Bundesstaaten konfrontiert, welche teilweise das P2P-Lending verbieten. Dies hat zur Folge, dass sich auf dem Markt neben den bereits vor 2008 aktiven Plattformen Prosper und Lending Club keine weiteren nennenswerten P2P-Plattformbetreiber etablieren konnten.

## § 4 Vergleich und Ergebnis

Der Vergleich der rechtlichen Rahmenbedingungen in den ausgewählten Ländern zeigt, dass nur wenige spezielle Vorschriften für das P2P-Lending erlassen

---

210 Vgl. www.prosper.com/plp/legal/compliance/, zuletzt abgerufen am 16.01.2023.

211 *Chaffee/Rapp*, Wash. & Lee L. Rev. 2012, 485 (520–521).

212 *Chaffee/Rapp*, Wash. & Lee L. Rev. 2012, 485 (520–521).

213 *Havrylchyk/Mariotto/Rahim/Verdier*, The Expansion of the Peer-to-Peer Lending, S. 6.

214 *Zeng*, US-China L. Rev. 2012, 229 (241).

haben. Dort, wo es sie gibt, hat sich ein attraktiver Markt für alle Beteiligten gebildet. In den Ländern ohne spezielle Regelungen haben die Plattformbetreiber immer wieder mit Unklarheiten und Schwierigkeiten zu kämpfen.

Sowohl in Deutschland, Österreich als auch in den USA wurden bisher keine speziellen nationalen Vorschriften für das P2P-Lending erlassen.

Nach deutschem und österreichischem Recht bedürfen der Darlehensnehmer und der Anleger im Rahmen des echten P2P-Lending einer Erlaubnis der jeweiligen Finanzaufsicht. Österreich vergibt eine solche allerdings lediglich an Unternehmer. Verbrauchern wird die Ausübung des echten P2P-Lending daher unmöglich gemacht. Auch in Deutschland scheint es mehr als unwahrscheinlich, dass ein Verbraucher sich um eine Erlaubnis bemühen wird und diese letztendlich erhält. Durch diese Regelungen bleibt daher lediglich Raum für die Entwicklung des unechten P2P-Lending.[215]

Obwohl es auch in den USA nach den Konflikten mit Prosper und LendingClub sowie nach der GOA-Studie ausreichend Anhaltspunkte für die Einführung spezifischer Regelungen gab, hat sich die amerikanische Bundesregierung gegen eine solche entschieden. Dadurch sind auch P2P-Plattformen aus anderen Ländern, die sich wie Zopa ursprünglich auf dem amerikanischen Markt etablieren wollten, den USA ferngeblieben.

Ganz anders ermöglichen die in Großbritannien für das P2P-Lending geschaffenen Vorschriften einen transparenten Markt, der auf Grund der unkomplizierten und übersichtlichen Regulierungen attraktiv für Investoren, Anleger und

215 Aktuell gibt es daher auch keine nennenswerten Plattformen mit Sitz in Österreich, die P2P-Lending betreiben. Anders ist dies hingegen im Bereich des Crowdfunding. Diese Form der Schwarmfinanzierung hat auch den österreichischen Markt erreicht: Die Plattform Invesdor, welche sich mit der österreichischen Plattform Finnest und der deutschen Plattform Kapilendo zusammenschloss, ist mittlerweile eine der größten Crowdfunding-Plattformen in Europa. Die Kernmärkte liegen aktuell in Deutschland, Österreich und Finnland. Mit Inkrafttreten der ECSP-VO soll der Markt weiter ausgeweitet werden. Über Invesdor können Privatpersonen allerdings nicht in die Kapitalgesuche von anderen Privatpersonen investieren (echtes P2P-Lending), sondern nur in Finanzierungsgesuche von Unternehmen. Vgl. *Drost*, Schwarmfinanzierer machen zukünftig gemeinsame Sache, Handelsblatt, 12.07.2021 (www.handelsblatt.com/finanzen/banken-versicherungen/banken/kapilendo-invesdor-und-finnest-schwarmfinanzierer-machen-kuenftig-gemeinsame-sache/27412382.html?ticket=ST-10857476-JDK1dP3FDewc.
SNoJufJX-ap3, zuletzt abgerufen am 16.01.2023); www.invesdor.at/ueber-uns#/, zuletzt abgerufen am 16.01.2023.

Kapitalsuchende ist. Es verwundert daher auch nicht, dass Großbritannien einer der Vorreiter beim P2P-Lending ist.[216] Allerdings zeigt der Rückzug der P2P-Plattform Zopa, dass lediglich die Steigerung der Attraktivität des P2P-Lending für Kapitalsuchende und Anleger nicht ausreichend ist. Vielmehr muss der Markt auch für die Plattformbetreiber attraktiv gestaltet werden. Eine Einstufung des P2P-Lending als Hochrisikoinvestment schreckt sämtliche Beteiligte, also auch die Plattformbetreiber, ab. Sie bleiben dem Markt fern. Soll das P2P-Lending gefördert werden, bedarf es daher nicht nur entsprechender nationaler Vorschriften, sondern darüber hinaus einen umfassenden Anlegerschutz und eine (noch) P2P-Lending-freundlichere Politik.

Die unterschiedlichen Regulierungen machen es den Plattformbetreibern insbesondere schwer, länderübergreifend und somit international zu agieren. Dies wird von den Nutzern auf Grund der Globalisierung jedoch zunehmend verlangt. Aber auch für die Nutzer der Plattformen ist es auf Grund des „Flickenteppichs"[217] der verschiedenen Regulierungen oft nur schwer nachvollziehbar, welche Regelungen tatsächlich Anwendung finden. Die ECSP-VO sollte zumindest innerhalb der EU klare Verhältnisse schaffen, um insbesondere einen einheitlichen Anleger- und Verbraucherschutz gewährleisten zu können. Dies ist jedoch im Hinblick auf das P2P-Lending und insbesondere auf Vertragsbeziehungen mit Verbrauchern in b2c- und c2c-Konstellationen nicht gelungen. In diesen Fällen muss weiterhin auf die nationalen Vorschriften zurückgegriffen werden. Eine EU-weite Verordnung zum Schutze der Verbraucher hätte anderer, weitergehender Regelungen bedurft.

Sollte auf die nationalen Vorschriften zurückgegriffen werden müssen, geben diese in den meisten Fällen keine auf das P2P-Lending zugeschnittenen Regelungen her.[218] Es bleibt weiterhin das allgemeine Banken- und Kapitalmarktrecht anwendbar. Dies ist für den aktuellen Stand der Technik und der fortschreitenden Digitalisierung der Finanzmärkte im Zeitalter der Globalisierung nicht mehr zeitgemäß.

Welche negativen Folgen dies haben kann, lässt sich insbesondere an dem Beispiel der USA erkennen: Die Regulierung des P2P-Marktes durch die

---

216 Bereits 2018 gab es über 80 P2P-Plattformen in Großbritannien (*Lu*, Banking and Finance Law Review, 2018, 317 (324)).

217 So bereits *Rusch*, ZBB 2020, 217 (219); *Freitag/Wolf*, WM 2021, 1009 (1016); *Buck-Heeb*, BKR 2022, 169 (175).

218 Eine Ausnahme sind die rechtlichen Rahmenbedingungen in Großbritannien. Siehe Kapitel 2 § 3 A.

Aufsichtsbehörde SEC schafft so hohe Anforderungen an die Plattformbetreiber, dass insbesondere StartUps diese nicht erfüllen können und somit vom Markt gedrängt werden beziehungsweise diesen erst gar nicht betreten können. Der Wettbewerb findet daher nur noch zwischen den zwei „alteingesessenen“ Plattformbetreibern Prosper und LendingClub statt. Ob bewusst oder unbewusst wurde hier eine monopolartige Situation geschaffen. Die Weiterentwicklung des Marktes hängt zurzeit allein an diesen beiden Unternehmen. Innovationen sind nur eingeschränkt möglich.

Die verschiedenen vertraglichen Ausgestaltungen, die meist durch die unterschiedlichen rechtlichen Rahmenbedingungen vorgegeben sind, führen oft zu Unsicherheiten bei den Plattformbetreibern und bei den Nutzern. Insbesondere im Hinblick auf den eingeschränkten Anwendungsbereich der ECSP-VO ist es für die Beteiligten nur schwer erkennbar, welche öffentlich- und privatrechtlichen Vorschriften Anwendung finden. Insofern stellt sich die Frage, ob es nicht sinnvoll wäre, zwischen den geschlossenen Verträgen eine größtmögliche rechtliche Einheitlichkeit zu schaffen.[219] Dadurch ergäbe sich ein Standard, auf den sich insbesondere die Kunden verlassen könnten. Für die Plattformbetreiber würde dies die Vermarktung vereinfachen, die Nachfrage erhöhen und Kosten reduzieren.[220] Es könnten mehr potenzielle Kapitalsuchende und somit auch mehr interessierte Anleger erreicht werden. Damit würden die sogenannten Netzwerkeffekte verstärkt.[221]

---

219 Dieser Frage wird vertieft im Kapitel 4 nachgegangen.

220 Vgl. auch *Wendelstein*, GPR 2021, 220 (221).

221 *Wendelstein*, GPR 2021, 220 (221). Vgl. zu den Netzwerkeffekten u.a. *Beckmann/Müller*, in Hoeren/Sieber/Holznagel, Handbuch Multimedia-Recht, Teil 10, Rn. 186–187.

# Kapitel 3: Peer-to-Peer Lending im klassischen Internationalen Privatrecht

Werden P2P-Verträge geschlossen, kommen die verschiedensten Vertragsbeziehungen zustande.[1] Sofern die Beteiligten ihren gewöhnlichen Aufenthalt oder Sitz in unterschiedlichen Ländern haben, gelten unterschiedliche nationale Rechtsordnungen. Die verschiedenen Fallkonstellationen lassen sich also nicht einheitlich nach nur einem Sachrecht beurteilen.[2] Die Vielgestalt möglicher Ausgestaltungen der P2P-Kredite bei grenzüberschreitenden Sachverhalten macht deshalb eine Betrachtung im Kontext des Internationalen Privatrechts erforderlich.

Bereits *von Savigny* beschäftigte sich mit der Beachtung und Wirkung ausländischer Normen. Nach ihm müsse „bei jedem Rechtsverhältnis dasjenige Rechtsgebiet aufgesucht werden, welchem dieses Rechtsverhältnis seiner eigent[h]ümlichen Natur nach angehört und unterworfen ist".[3]

Um den am P2P-Lending Beteiligten Rechtssicherheit zu geben, muss folglich auf das jeweilige Rechtsverhältnis das mit dem Sachverhalt am engsten verbundene Recht angewandt werden.[4]

Da es (bisher) keine speziellen einheitlichen kollisionsrechtlichen Regelungen für das P2P-Lending gibt, muss zunächst auf das klassische Internationale Privatrecht zurückgegriffen werden, um die grenzüberschreitenden Sachverhalte kollisionsrechtlich zu beurteilen. Dabei muss zum einen zwischen echtem und unechtem P2P-Lending unterschieden werden, zum anderen gilt es, das auf den Nutzungsvertrag, den Vertrag zur Darlehensvermittlung sowie auf den Darlehensvertrag anzuwendende Recht unabhängig voneinander zu bestimmen. Bei der Untersuchung des auf den Vertrag anzuwendenden Rechts ist vorrangig die Rechtswahl der Parteien und bei Nichtvorliegen einer Rechtswahl, die objektive Anknüpfung maßgeblich.

Die nachfolgenden Untersuchungen beschränken sich auf das aus deutscher Sicht anzuwendende Kollisions- und Sachrecht. Auf Grund der Vereinheitlichung innerhalb der Mitgliedstaaten wird das anzuwendende Kollisionsrecht

1 Siehe hierzu Kapitel 1 § 2.

2 Vgl. *Freitag*, in Möslein/Omlor, FinTech-Handbuch, § 14, Rn. 1.

3 *v. Savigny*, System des heutigen römischen Rechts, S. 27–28.

4 Vgl. *Köhler*, Examinatorium Internationales Privatrecht, S. 18.

bei vertraglichen Sachverhalten mit Bezug zum Markt der Europäischen Union (EU) insbesondere nach der Rom I-VO zu bestimmen sein.

## § 1 Fallbeispiele für die kollisionsrechtliche Betrachtung

### A. Echtes P2P-Lending

Das anzuwendende Recht auf die Vertragsgestaltungen des echten P2P-Lending[5] wird im Weiteren anhand folgenden Beispiels verdeutlicht:

> *Der private Anleger A mit gewöhnlichem Aufenthalt in Italien gewährt dem Kapitalsuchenden K mit gewöhnlichem Aufenthalt in Deutschland einen Kredit über eine von P mit Sitz in den USA betriebene P2P-Internetplattform. K handelt in verschiedenen Szenarien für private als auch für gewerbliche Zwecke.*[6]

### B. Unechtes P2P-Lending

Für die Bestimmung des auf die im unechten P2P-Lending[7] geschlossenen Verträge anzuwendenden Rechts wird das Beispiel wie folgt erweitert:

> *Der Kapitalsuchende K mit gewöhnlichem Aufenthalt in Deutschland sucht über die von P mit Sitz in den USA betriebene P2P-Internetplattform einen Kredit.*[8] *Der private Anleger A mit gewöhnlichem Aufenthalt in Italien erklärt sich als einer von mehreren Anlegern*

---

5 Siehe dazu Kapitel 3 § 4.

6 Wie bereits in Kapitel 2 § 2 A. I wird nachfolgend weiterhin für Verträge, die zwischen einem Unternehmer und einem Verbraucher geschlossen werden, die Bezeichnung b2c (business to consumer) verwendet. Für Verträge, die zwischen zwei Verbrauchern oder alternativ zwischen zwei Unternehmern geschlossen werden, wird die Bezeichnung c2c (consumer to consumer) beziehungsweise b2b (business to business) verwendet. Verträge zwischen Verbrauchern und Unternehmern, bei denen der Verbraucher die charakteristische Leistung erbringt, werden als c2b-Verträge (consumer to business) bezeichnet.

7 Siehe dazu Kapitel 3 § 5.

8 Die Wahl des Sitzes des Plattformbetreibers in den USA soll verdeutlichen, dass die Beteiligten unproblematisch ihren gewöhnlichen Aufenthalt oder Sitz in einem Drittstaat haben können. Im Rahmen des Beispiels kann offenbleiben, ob es sich um staatliches Recht (federal law) oder um das Recht einzelner Bundesstaaten (state law) handelt. Es wird im Folgenden lediglich auf das Recht der USA verwiesen. Es erfolgt absichtlich nicht die Wahl des Rechts Großbritanniens als Drittstaat. Hierbei besteht die Besonderheit, dass Großbritannien für Verträge, die vor dem 01.01.2021 geschlossen wurden, nicht als Drittstaat, sondern weiterhin als Mitgliedstaat im Sinne der Rom I-VO zu behandeln ist. Siehe hierzu Kapitel 3 § 2 A. II. 2.

*bereit, in das Kreditgesuch des K zu investieren. Daraufhin schließt K mit der Partnerbank des P, der B, einen Darlehensvertrag. B schließt ferner mit A einen Forderungskaufvertrag und tritt die Darlehensrückzahlungsforderung gegen K in Höhe des von A investierten Kapitals an A ab. B hat ihren Sitz in Frankreich. K handelt in verschiedenen Szenarien für private als auch für gewerbliche Zwecke.*

## § 2 Das Kollisionsrecht

Als Rechtsquellen für die kollisionsrechtliche Betrachtung des P2P-Lending kommen insbesondere das EGBGB, die Rom I-VO, Rom II-VO und die ECSP-VO infrage. Aufgrund der hier ausschließlich betrachteten vertraglichen Rechtsbeziehungen scheidet eine Anwendung der Rom II-VO allerdings aus, da diese lediglich auf außervertragliche Schuldverhältnisse anwendbar ist.[9]

Auch ein Rückgriff auf das nationale Kollisionsrecht in Form des EGBGB scheidet auf Grund des Vorrangs des Unionsrechts aus.[10] Die unmittelbare Geltung der EU-Verordnungen in den Mitgliedstaaten führt zu einer Vereinheitlichung des Kollisionsrechts.[11]

Es bleibt somit als relevante Rechtsquelle für das P2P-Lending die Rom I-VO. Darüber hinaus stellt sich die Frage, ob die extra für Schwarmfinanzierungen geschaffene ECSP-VO nicht auch Kollisionsnormen beinhaltet, welche auf das P2P-Lending Anwendung finden können.

---

9 Ein außervertragliches Schulverhältnis liegt dann vor, wenn keine freiwillig eingegangene Verpflichtung vorliegt. Zum Begriff des vertraglichen Schuldverhältnisses siehe Kapitel 3 § 2 A. II. 1. Siehe ferner EuGH, Urt. v. 18.07.0213, Rs. C-147/12, ECLI:EU:C:2013:490, Rn. 32–33 – *ÖFAB*. Art. 2 Rom II-VO konkretisiert den sachlichen Anwendungsbereich durch die Subsumtion sämtlicher Folgen der unerlaubten Handlung, der ungerechtfertigten Bereicherung, der Geschäftsführung ohne Auftrag und der culpa in contrahendo unter den Begriff des Schadens. Insofern unterscheidet der Verordnungsgeber hier zwischen rein deliktischen und quasi-deliktischen Schuldverhältnissen. Siehe dazu *Junker*, in MüKo, BGB, Art. 1 Rom II-VO, Rn. 14; *Schmidt*, in BeckOGK, Rom II-VO, Art. 1, Rn. 19; *v. Hein*, in Rauscher, EuZPR/EuIPR, Art. 2 Rom II-VO, Rn. 1; *Wendelstein*, in Soergel, BGB, Art. 1 Rom II-VO, Rn. 8–9.

10 Art. 3 Nr. 1 EGBGB regelt im Rahmen des Anwendungsbereiches des EGBGB, dass unmittelbar anwendbare Regelungen der Europäischen Union vorrangig anzuwenden sind. Zu diesen Regelungen gehört insbesondere die Rom I-VO.

11 So auch *v. Hein*, in MüKo, BGB, Art. 3 EGBGB, Rn. 35; *Sonnenberger*, IPRax 2011, 325 (326), der dafür den Begriff der Europäisierung nutzt; *Wagner*, IPRax 2014, 217, 220, der die Umsetzung der kollisionsrechtlichen Vorschriften in Form einer Verordnung positiv betont.

## A. Rom I-VO

### *I. Allgemeines und Regelungszweck*

Die Rom I-VO wurde von der EU als Kollisionsrecht für vertragliche Schuldverhältnisse in Zivil- und Handelssachen erlassen und ist damit das „Kernstück“[12] des Internationalen Privatrechts in der EU. Zweck der mit der Rom I-VO eingeführten Kollisionsnormen ist es, die Rechtssicherheit im grenzüberschreitenden Verkehr zu fördern, die Effizienz der Rechtsverfolgung zu erhöhen sowie den Rechtsverkehr durch die Vereinheitlichung zu vereinfachen.[13] Eine Vielzahl von Begriffen, wie etwa „vertragliches Schuldverhältnis“ oder „Zivil- und Handelssachen“, wurde erstmals im Rahmen der Rom I-VO (und Rom II-VO) in das Kollisionsrecht eingeführt. Sie bilden seitdem die Grundlage für die Beurteilung der Anwendungsbereiche im europäischen Kollisionsrecht.[14]

### *II. Anwendungsbereich*

#### *1. Sachlicher Anwendungsbereich*

Der sachliche Anwendungsbereich der Rom I-VO ergibt sich aus Art. 1 Abs. 1 und 2 Rom I-VO, wonach ein vertragliches Schuldverhältnis in Zivil- und Handelssachen vorliegen muss, welches eine Verbindung zum Recht verschiedener Staaten aufweist.

Der Begriff des vertraglichen Schuldverhältnisses ist im Gemeinschaftsrecht nicht definiert und wird auch in den Rechtsordnungen der Mitgliedstaaten der Verordnung meist unterschiedlich abgegrenzt.[15] Es ist deshalb eine gemeinschaftlich-autonome Auslegung des Begriffs erforderlich, um eine einheitliche Interpretation und somit auch Rechtssicherheit für die

---

12 *Spickhoff*, in BeckOK, BGB, Art. 1, Rom I-VO Rn. 1; *v. Bar/Mankowski*, Internationales Privatrecht, § 1, Rn. 4, die die Rom I-VO als „feste und verlässliche Grundlage“ des Kollisionsrechts bezeichnen.

13 Vgl. *Martiny*, in MüKo, BGB, Art. 1 Rom I-VO, Rn. 1; *Spickhoff*, in BeckOK, BGB, Art. 1, Rom I-VO Rn. 1.

14 Vgl. *Magnus*, in Staudinger, BGB, Art. 1 Rom I-VO, Rn. 6, welcher die Begriffe als „gemeinsames Fundament“ des europäischen Kollisionsrechts bezeichnet sowie *Wendelstein*, in Soergel, BGB, vor Art. 1 Rom II-VO, Rn. 6 zu den allgemeinen Auslegungsgrundsätzen des IPR.

15 So bereits EuGH, Urt. v. 14.10.1976, Rs. C-29/76, ECLI:EU:C:1976:137, Rn. 3 – *LTU / Eurocontrol*; vgl. *v. Hein*, in Rauscher, EuZPR/EuIPR, Art. 1 Rom I-VO, Rn. 5 ff. m.w.N.

Handelnden zu gewährleisten.[16] Nach der Rechtsprechung des EuGH und überwiegender Ansicht der Literatur ist ein vertragliches Schuldverhältnis weit auszulegen und als eine freiwillig eingegangene Verpflichtung zu definieren.[17] In diesem Rahmen ist weder ein synallagmatisches, das heißt gegenseitiges Rechtsverhältnis noch ein tatsächlich wirksamer Vertrag erforderlich.[18] Daneben schafft der Begriff der Zivil- und Handelssache eine klare Abgrenzung zum öffentlichen Recht.[19]

Zuletzt umfasst die Rom I-VO nur vertragliche Schuldverhältnisse in Zivil- und Handelssachen, die eine Verbindung zum Recht verschiedener Staaten aufweisen, welche nicht zwingend Mitgliedstaaten der Verordnung sein müssen, Art. 2 Rom I-VO. Dabei ist es ausreichend, wenn auf Grund

---

16 So bereits EuGH, Urt. v. 14.10.1976, Rs. C-29/76, ECLI:EU:C:1976:137, Rn. 3 – *LTU / Eurocontrol*; vgl. *v. Hein*, in Rauscher, EuZPR/EuIPR, Art. 1 Rom I-VO, Rn. 5 ff. m.w.N. Als Definitions- und Auslegungshilfen können die Erwägungsgründe der Rom I-VO, insbesondere Erwägungsgrund 7 herangezogen werden. Danach soll die Rom I-VO mit der Brüssel Ia-VO und der Rom II-VO sowie mit der Rechtsprechung des EuGH im Einklang stehen, um keine Lücken zwischen den einzelnen Anwendungsbereichen entstehen zu lassen. Vgl. *Bitter*, IPRax 2008, 96 (97).

17 In Bezug auf die Zuständigkeitsregeln des EuGVÜ EuGH, Urt. v. 20.01.2005, Rs. C-27/02, ECLI:EU:C:2005:33, Rn. 50 – *Engler* mit Verweis auf EuGH, Urt. v. 05.04.2004, Rs. 265/02, ECLI:EU:C:2004:77, Rn. 24 – *Frahuil*; EuGH, Urt. v. 17.09.2002, Rs. C-334/00, ECLI:EU:C:2002:499, Rn. 23 – *Tacconi*; EuGH. Urt. v. 27.10.1998, Rs. 51/97, ECLI:EU:C:1998:509, Rn. 17, 19, 20 – *Réunion européenne u.a.*; EuGH, Urt. v. 17.06.1992, Rs. C-26/91, ECLI:EU:C:1992:268, Rn. 15 – *Handte / TMCS*; *Martiny*, in MüKo, BGB, Art. 1 Rom I-VO, Rn. 7 m.w.N.; *v. Hein*, in Rauscher, EuZPR/EuIPR, Art. 1 Rom I-VO, Rn. 7. Im Grundsatz zustimmend *Magnus*, in Staudinger, BGB, Art. 1 Rom I-VO, Rn. 29, 31–33, mit der Anmerkung, dass die Beschränkung auf freiwillig eingegangene Bindungen zu eng sei, und dass daher eher auf die „Schaffung und Übernahme einer besonderen, sonst nicht bestehenden Verpflichtung" abgestellt werden müsse. Kritisch zur Definition des EuGH *Leible/Lehmann*, RIW 2008, 528 (529), mit dem Argument, dass die Definition des EuGH nur auf prozessuale Situationen zugeschnitten ist und nicht für die Abgrenzung der Rom I-VO zur Rom II-VO ausreicht; sowie *Schmidt-Kessel*, ZEuP 2004, 1019 (1031–1032), der durch die Rechtsprechung des EuGH ein Auseinanderfallen von Rom I-VO und Rom II-VO sieht.

18 EuGH, Urt. v. 14.05.2009, Rs. C-180/06, ECLI:EU:C:2009:303, Rn. 51 – *Ilsinger*; *Bitter*, IPRax 2008, 96 (97–98); *v. Hein*, in Rauscher, EuZPR/EuIPR, Art. 1 Rom I-VO, Rn. 9.

19 Vgl. EuGH, Urt. v. 15.11.2018, Rs. C-308/17, ECLI:EU:C:2018:911, Rn. 34 – *Kuhn* mit Verweis auf EuGH, Urt. v. 15.02.0207, Rs. C-292/05, ECLI:EU:C:2007:102, Rn. 31 – *Lechouritou*, der die Anwendung der Rom I-VO ablehnt, wenn das streitige Schuldverhältnis im Zusammenhang mit der Ausübung hoheitlicher Befugnisse steht.

verschiedener Elemente im Sachverhalt die Unsicherheit besteht, welches von mehreren Rechten angewandt werden soll.[20]

*2. Räumlicher Anwendungsbereich*

Die Rom I-VO gilt für alle Mitgliedstaaten, auf die die Verordnung anwendbar ist, Art. 1 Abs. 4 Rom I-VO. Dies betrifft mit Ausnahme von Dänemark sämtliche Mitgliedstaaten der Europäischen Union. Dänemark wendet auf internationale Verträge weiterhin den Vorgänger der Rom I-VO, das EVÜ,[21] an. Für Vertragsschlüsse vor dem 1. Januar 2021 bleibt für das Vereinigte Königreich trotz des Austritts aus der Europäischen Union die Rom I-VO als Unionsrecht anwendbar. Für Vertragsschlüsse seit dem 1. Januar 2021 ist das Vereinigte Königreich hingegen aus Sicht der Rom I-VO als reiner Drittstaat einzuordnen.[22]

## B. Verordnung des Europäischen Parlaments und des Rates über Europäische Schwarmfinanzierungsdienstleister für Unternehmen (ECSP-VO)

Die ECSP-VO stellt ebenfalls wie die Rom I-VO einen Gemeinschaftsakt der Europäischen Union dar und wäre für die genannten Beispielfälle vorrangig anwendbar, wenn sie spezielle kollisionsrechtliche Regelungen für die Schwarmfinanzierung beinhalten würde.[23] Der Verordnungsgeber hat jedoch keinerlei eigenständige Kollisionsnormen mit der ECSP-VO eingeführt.[24]

Für die Frage des anwendbaren Rechts auf die Vertragsbeziehungen im Rahmen von Schwarmfinanzierungen und insbesondere beim P2P-Lending muss damit notwendigerweise weiterhin auf die Kollisionsnormen der Rom I-VO zurückgegriffen werden.

---

20 *Magnus*, in Staudinger, BGB, Art. 1 Rom I-VO, Rn. 11; *Martiny*, in MüKo, BGB, Art. 1 Rom I-VO, Rn. 24; a.A. *Paulus*, in BeckOGK, Rom I-VO, Art. 1, Rn. 44.

21 Übereinkommen über das auf vertragliche Schuldverhältnisse anzuwendende Recht.

22 Seit dem 01.01.2021 gilt zudem die Rom I-VO und Rom II-VO als nationales Recht im Vereinigten Königreich fort (*Paulus*, in BeckOGK, Rom I-VO, Art. 1, Rn. 51).

23 Für einen Überblick über den Regelungsinhalt der ECSP-VO siehe Kapitel 2 § 1 B.

24 Siehe ausführlich dazu *Freitag/Wolf*, WM 2021, 1009, 1016.

## § 3 Kollisionsrechtliche Betrachtung des Nutzungs- und Darlehensvermittlungsvertrages beim P2P-Lending

Der Plattformnutzungsvertrag kommt sowohl beim echten als auch beim unechten P2P-Lending zwischen denselben Parteien zustande. Angesichts der Vorschaltung des Nutzungsvertrages vor den Abschluss des eigentlichen Kreditvertrags ergeben sich für den Nutzungsvertrag beim echten und unechten P2P-Lending keine Unterschiede. Der Vertrag wird unabhängig davon kollisionsrechtlich betrachtet. Dasselbe gilt für den Darlehensvermittlungsvertrag zwischen Plattformbetreiber und Kapitalsuchendem, der ebenfalls dem Kreditvertrag vorgeschaltet ist.

Es wird schemenhaft jede vorher erarbeitete Rechtsbeziehung im Hinblick auf das anzuwendende Recht untersucht. Da nachfolgend ausschließlich die vertraglichen Beziehungen im Rahmen des P2P-Lending untersucht werden, wird unterstellt, dass der Anwendungsbereich der Rom I-VO eröffnet ist und somit auch die Verbindung zum Recht verschiedener Staaten vorliegt, ohne dies fortwährend ausdrücklich zu erwähnen.

### A. Nutzungsvertrag

Der Nutzungsvertrag stellt in der Regel den ersten abgeschlossenen Vertrag zwischen dem Plattformbetreiber und dem Kunden dar. Ohne ihn kann es keine Vermittlung von Kapitalsuchendem und Anlegern geben. Er ist Voraussetzung für einen über eine P2P-Plattform abgeschlossenen Darlehensvertrag. Der Nutzungsvertrag wird sowohl zwischen dem Kapitalsuchenden und Plattformbetreiber als auch zwischen dem jeweiligen Anleger und dem Plattformbetreiber geschlossen.

In Konstellationen zwischen Verbraucher und Unternehmer muss stets der Verbraucherschutz gewährleistet werden. Dies spiegelt sich im Rahmen der Nutzungsverträge sowohl bei der Rechtswahl als auch bei der objektiven Anknüpfung wider.

#### *I. Im Verhältnis zwischen Plattformbetreiber und Kapitalsuchendem (b2c)*

##### *1. Subjektive Anknüpfung*

##### *a) Rechtswahl nach Art. 3 Rom I-VO*

Zunächst besteht für den Plattformbetreiber als Unternehmer und den Kapitalsuchenden als Verbraucher die Möglichkeit, im Rahmen des abgeschlossenen Nutzungsvertrages eine Rechtswahl zu treffen, vgl. Art. 6 Abs. 2 S. 1 Rom I-VO.

Dieser Grundsatz der Parteiautonomie ist eine der Grundlagen des Kollisionsrechts.[25] Nach der herrschenden Meinung ist es ausreichend, wenn ein beliebiges ausländisches Recht gewählt wird.[26] Das Zustandekommen und die Wirksamkeit der Rechtswahl richten sich unabhängig davon, ob der Hauptvertrag wirksam ist, nicht nach der *lex fori*,[27] also dem Recht am Ort des Gerichtsstands, sondern vielmehr gemäß Art. 3 Abs. 5 in Verbindung mit Art. 10 Rom I-VO nach dem von den Parteien gewählten Recht.[28]

Da der Nutzungsvertrag formularmäßig von dem Plattformbetreiber zur Verfügung gestellt wird, wird im Rahmen der Rechtswahl meist das Recht des gewöhnlichen Aufenthaltes des Plattformbetreibers beziehungsweise dessen Sitzes berufen.[29] In den vorliegenden Beispielen wäre dies das Recht der USA.[30] Die Rechtswahl kann gegebenenfalls durch zwingende Vorschriften im Sinne des Art. 3 Abs. 3 und Abs. 4 Rom I-VO eingeschränkt werden.[31]

---

25 Vgl. EG 11 der Rom I-VO. Siehe auch *Junker*, IPRax 1993, 1; *Maultzsch*, RabelsZ 2011, 60 (61); *Mankowski*, in FS Martiny, S. 449 (450); *Martiny*, in MüKo, BGB, Art. 3 Rom I-VO, Rn. 8; *v. Hein*, in Rauscher, EuZPR/EuIPR, Art. 3 Rom I-VO, Rn. 1; *Wendland*, in BeckOGK, Rom I-VO, Art. 3, Rn. 19.

26 *Ferrari*, in Ferrari, Internationales Vertragsrecht, Art. 3 Rom I-VO, Rn. 14; *Martiny*, in MüKo, BGB, Art. 3 Rom I-VO, Rn. 21; *v. Hein*, in Rauscher, EuZPR/EuIPR, Art. 3 Rom I-VO, Rn. 47; *Wendland*, in BeckOGK, Rom I-VO, Art. 3, Rn. 63; a.A. *Kindler*, RIW 1987, 660 (661); *Lorenz*, IPRax 1987, 269 (271–272).

27 Anders *Martiny*, in MüKo, BGB, Art. 3 Rom I-VO, Rn. 103, der klarstellt, dass sich die Zulässigkeit der Rechtswahl nach der lex fori richtet.

28 BGH, Urt. v. 09.03.1979, Az.: V ZR 85/77, BGHZ 73, 391 (393); *v. Hein*, in Rauscher, EuZPR/EuIPR, Art. 3 Rom I-VO, Rn. 40; *Wendland*, in BeckOGK, Rom I-VO, Art. 3, Rn. 277. Dazu kritisch *Spickhoff*, in BeckOK, BGB, Art. 3 Rom I-VO, Rn. 14–15, der dies als „rechtspolitisch zweifelhaft“ ansieht. Kritisch ebenfalls *Mincke*, IPRax 1985, 313 (314–315).

29 Sofern in diesem Kapitel vom Plattformrecht die Rede ist, ist damit ebenfalls das Recht am Sitz des Plattformbetreibers gemeint.

30 Es kann offenbleiben, ob es sich dabei um federal law oder state law handelt. Vgl. dazu Kapitel 3, Fn. 8.

31 Art. 3 Abs. 3 Rom I-VO regelt den Fall des sog. Binnensachverhalts, in dem alle Elemente eines Sachverhalts in einem Staat belegen sind, allerdings das Recht eines anderen Staates gewählt wird. Danach kommen dann trotz der Rechtswahl weiterhin die national zwingenden Vorschriften des Staates, zu dem der Sachverhalt Bezüge aufweist, zur Anwendung. Art. 3 Abs. 4 Rom I-VO regelt hingegen den Fall, dass alle Elemente des Sachverhalts in einem Mitgliedstaat belegen sind, aber das Recht eines Drittstaates (Nichtmitgliedstaat der Rom I-VO) gewählt wird. Dann bleiben weiterhin die zwingenden Vorschriften des Unionsrechts anwendbar. Für einen Überblick zu Art. 3 Abs. 3

### *b) Kollisionsrechtlicher Verbraucherschutz durch den Günstigkeitsvergleich, Art. 6 Rom I-VO*

Ein Kernproblem in der kollisionsrechtlichen Betrachtung besteht darin, dass die Rechtswahl zwischen Unternehmer und Verbraucher durch Verbraucherschutzregelungen und den in Art. 6 Abs. 2 S. 2 Rom I-VO verankerten sogenannten Günstigkeitsvergleich eingeschränkt werden kann.[32]

Der Verbraucher hat im Vergleich zum Unternehmer eine schwächere, meist durch weniger Kenntnis geprägte Position. Bei einer Rechtswahl zugunsten des erfahrenen Unternehmers kann es schnell zu einer Ausnutzung der Unerfahrenheit im Rechtssystem des Verbrauchers kommen. Dies ist vom Gesetzgeber jedoch nicht gewollt. Zwar soll in diesen Konstellationen der Grundsatz der Parteiautonomie gewahrt werden,[33] dieser darf für den Verbraucher jedoch nicht zu einem Nachteil führen.[34] Daher wird im Rahmen des Günstigkeitsvergleichs für jede einzelne Rechtsfrage des Hauptvertrages ein Vergleich zwischen den Vorschriften des gewählten Rechts und den Vorschriften des Aufenthaltsstaates des Verbrauchers gemacht, um das für den Verbraucher günstigere Recht zu ermitteln.[35]

Voraussetzung für die Anwendung des Günstigkeitsvergleichs ist, dass der persönliche und situative Anwendungsbereich des Art. 6 Abs. 1 Rom I-VO eröffnet ist.

---

und 4 Rom I-VO siehe u.a. *Martiny*, in MüKo, BGB, Art. 3 Rom I-VO, Rn. 85–100. Zur Frage, inwiefern die Vorschriften über die Erlaubnispflicht des KWG als zwingende Vorschriften oder Eingriffsnormen zu qualifizieren sind, siehe Kapitel 3 § 7.

32 So auch *Wendelstein*, GPR 2021, 220 (223). Vgl. ausführlich zum Günstigkeitsvergleich *Mankowski*, IHR 2008, 133 (140); *Rühl*, in BeckOGK, Rom I-VO, Art. 6, Rn. 257–265; *Staudinger*, in Ferrari, Internationales Vertragsrecht, Art. 6 Rom I-VO, Rn. 71–74h.

33 So auch *Roth*, IPRax 2013, 515 (520).

34 *Heiderhoff*, in Rauscher, EuZPR/EuIPR, Art. 6 Rom I-VO, Rn. 54; *Rühl*, in BeckOGK, Rom I-VO, Art. 6, Rn. 230; *Solomon*, ZVglRWiss 2016, 586 (591); a.A. AG Bremen, Urt. v. 22.11.2012, Az.: 9 C 270/12, NJW 2013, 705 (706), welches davon ausging, dass Rechtswahlklauseln gegenüber Verbrauchern „ohnehin unwirksam" seien. Diese Ansicht ist jedoch auf Grund des eindeutigen Wortlautes des Art. 6 Abs. 2 Rom I-VO abzulehnen. Kritisch zur Rechtswahl bei Verbraucherverträgen auch *Maultzsch*, RabelsZ 2011, 60 (75), der dabei auf den ursprünglichen Kommissionsentwurf der Rom I-VO verweist, der ein Rechtwahlverbot beinhaltete.

35 *Heiderhoff*, in Rauscher, EuZPR/EuIPR, Art. 6 Rom I-VO, Rn. 55; *Roth*, IPRax 2013, 515 (520).

aa) *persönlicher und situativer Anwendungsbereich des Art. 6 Rom I-VO*

Vom Anwendungsbereich des Art. 6 Rom I-VO werden grundsätzlich Vertragsabschlüsse zwischen Unternehmern und Verbrauchern erfasst. Dabei ist für die Qualifikation als Verbraucher nach der Legaldefinition des Art. 6 Abs. 1 Rom I-VO maßgeblich, dass dieser zu privaten Zwecken handelt.[36] Der Unternehmer hingegen schließt den Vertrag in Ausübung seiner beruflichen oder gewerblichen Tätigkeit, Art. 6 Abs. 1 Rom I-VO. Die beiden Begriffe werden gemeinschaftlich autonom ausgelegt. Für die Abgrenzung ist allein der Vertragszweck der Beteiligten maßgeblich.[37]

Der Plattformbetreiber handelt im Rahmen des Nutzungsvertrages unproblematisch zu gewerblichen beziehungsweise beruflichen Zwecken und ist deshalb Unternehmer im Sinne des Art. 6 Rom I-VO.

Aus Sicht der deutschen BaFin handelt auch der Kapitalsuchende im Rahmen des § 32 KWG gewerbsmäßig und somit als Unternehmer, wenn er bereits ein einzelnes Kreditgeschäft abschließt und die Absicht der Wiederholung besteht.[38] Nach dieser Ansicht kann der Günstigkeitsvergleich für den Kapitalsuchenden nicht greifen. Es verbietet sich allerdings ein Rückgriff auf die Auslegungen und Bestimmungen des nationalen Rechts, wie § 13 BGB oder § 32 KWG. Dies stellt einen Widerspruch zum Grundsatz der innerhalb der Rom I-VO geltenden gemeinschaftlich autonomen Auslegung dar.[39] Es kann sich daher nicht auf die Rechtsansicht der BaFin gestützt werden.

Für die sich anschließende Frage, ob der Abschluss eines Nutzungsvertrages zum Tätigen von Geldgeschäften durch einen privaten Kapitalsuchenden einen privaten Zweck im Sinne des Art. 6 Rom I-VO darstellt, ist entscheidend, wie das Ausführen des Geldgeschäftes einzuordnen ist. Der EuGH hat als für die Verbrauchereigenschaft in Finanzgeschäften ausschlaggebend festgestellt, dass die Person das Geschäft tätigen muss, um den „Eigenbedarf beim privaten Verbrauch zu decken".[40] Dabei ist ausschließlich auf objektive Umstände abzustellen, sodass die Kenntnisse der betreffenden Person unerheblich sind.[41] Dies

---

36 So auch *Rühl*, in BeckOGK, Rom I-VO, Art. 6, Rn. 63.

37 *Wendelstein*, GPR 2021, 220 (222).

38 Siehe Kapitel 2 § 2 A. I. 1. c).

39 So auch *Wendelstein*, GPR 2021, 220 (222). Siehe auch *Heiderhoff*, in Rauscher, EuZPR/EuIPR, Art. 6 Rom I-VO, Rn. 23 zur Anwendung der Verbraucherdefinition aus § 13 BGB.

40 EuGH, Urt. v. 03.10.2019, Rs. C-208/18, ECLI:EU:C:2019:825, Rn. 42 – *Petruchová*.

41 EuGH, Urt. v. 03.10.2019, Rs. C-208/18, ECLI:EU:C:2019:825, Rn. 55 – *Petruchová*.

bedeutet, dass der Zweck des Geschäfts für die Verbrauchereigenschaft maßgeblich ist. Nur wenn das Kapital nicht für berufliche oder gewerbliche (auch zukünftige) Zwecke genutzt wird, liegt die Verbrauchereigenschaft vor.[42] Ein weiteres Indiz für die Verbrauchereigenschaft kann sein, dass der Vertrag im eigenen Namen auf eigene Rechnung abgeschlossen wird.[43] Sofern die Vermögensverwaltung allerdings professioneller kaufmännischer Organisation bedarf, kann eine Verbrauchereigenschaft nicht angenommen werden.[44] Nach der verbraucherfreundlichen Auslegung des EuGH handelt demzufolge ein privater Kapitalsuchender bei Abschluss eines Nutzungsvertrages im Regelfall als Verbraucher, da er das durch den Darlehensvertrag anvisierte Kapital grundsätzlich für den privaten Zweck benötigt.[45]

Neben dem persönlichen ist in dieser Konstellation auch der situative Anwendungsbereich des Art. 6 Abs. 1 Rom I-VO eröffnet: So wird der Plattformbetreiber meist gezielt versuchen, am Wirtschaftsverkehr des Aufenthaltsstaates des Verbrauchers teilzunehmen und damit seine Tätigkeit auf diesen Staat im Sinne des Art. 6 Abs. 1 lit. b Rom I-VO auszurichten.[46] Das Ausrichten einer unternehmerischen Tätigkeit im Rahmen des elektronischen Geschäftsverkehrs wird uneinheitlich beurteilt. Für den jeweiligen P2P-Plattformbetreiber muss daher anhand konkreter Umstände im Einzelfall geprüft werden, ob ein zielgerichtetes Ausrichten vorliegt.[47] Entgegen der Rechtsprechung des EuGH, welche rein subjektiv darauf abstellt, ob die Tätigkeit willentlich auf einen anderen Staat ausgerichtet wird,[48] müssen dazu auch objektive Kriterien herangezogen

42 EuGH, Urt. v. 03.10.2019, Rs. C-208/18, ECLI:EU:C:2019:825, Rn. 43 – *Petruchová*.

43 *Wendelstein*, GPR 2021, 7 (10); *ders*., GPR 2021, 220 (222).

44 OLG Köln, Urt. v. 09.07.2003, Az.: 13 U 135/02, WM 2004, 1324–1326 in Bezug auf kollisionsrechtliche Zulässigkeitsregeln; *Magnus*, in Staudinger, BGB, Art. 6 Rom I-VO, Rn. 42c.

45 Sollte ein privater Kapitalsuchender das Kapital für einen gewerblichen oder beruflichen Zweck benötigen, ist die Anwendung des Art. 6 Rom I-VO ausgeschlossen. Es liegt dann zwischen ihm und dem Plattformbetreiber allerdings auch keine b2c-Konstellation vor, sondern eine b2b-Konstellation. Zur Frage, wie diese behandelt wird siehe Kapitel 3 § 3 A II.

46 Siehe zur Definition des Ausrichtens EuGH, Urt. v. 07.12.2010, Rs. C-585/08, ECLI:EU:C:2010:740, Rn. 75 ff. – *Pammer und Hotel Alpenhof*; *Rühl*, in BeckOGK, Rom I-VO, Art. 6, Rn. 187 m.w. umfangreichen Nachweisen.

47 So auch *Freitag*, in Möslein/Omlor, FinTech-Handbuch, § 14, Rn. 15.

48 EuGH, Urt. v. 07.12.2010, Rs. C-585/08, ECLI:EU:C:2010:740, Rn. 75 – *Pammer und Hotel Alpenhof*.

werden.[49] So kann beispielsweise das Betreiben eines Telefonanschlusses im Aufenthaltsstaat des Verbrauchers[50] oder eine Telefonnummer mit internationaler Vorwahl[51] für die Bewertung des Ausrichtens herangezogen werden. Lediglich das Betreiben einer Website, die weltweit abgerufen werden kann, ist für ein Ausrichten nicht ausreichend.[52]

Um das Ausrichten auf einen bestimmten Staat zu verhindern, kann der Plattformbetreiber in Form von sogenannten „disclaimern" Kunden mit einem bestimmten Aufenthaltsstaat als Vertragspartner ausschließen.[53] Ein solcher Effekt tritt ebenfalls ein, wenn der Plattformbetreiber die Adresse des potenziellen Kunden abfragt und daraufhin den Vertragsschluss ablehnt.[54] Die von Anbietern früher beliebte Möglichkeit des Geoblockings, bei dem der Zugriff auf Internetseiten aus bestimmten Staaten gesperrt war, ist mittlerweile seit Inkrafttreten der Geo-Blocking-VO[55] innerhalb der EU weitestgehend verboten.[56]

Um umgekehrt auf dem Markt des Verbraucherstaates tätig zu werden, nutzen P2P-Plattformbetreiber verschiedene Möglichkeiten, wie etwa einen Kundenservice, der im Aufenthaltsstaat des Verbrauchers sitzt oder dessen Mitarbeiter zumindest die dortige Sprache sprechen. Insofern richtet der Plattformbetreiber seine Tätigkeit in der Regel auf den Aufenthaltsstaat des Verbrauchers im Sinne des Art. 6 Abs. 1 lit. a Rom I-VO aus, sodass auch der kollisionsrechtliche

---

49 So auch *Rühl*, BeckOGK, Rom I-VOP, Art. 6, Rn. 197. Vgl. darüber hinaus zum Kriterienkatalog des EuGH zur Bestimmung des Willens des Unternehmers *Mankowski*, IPRax 2012, 144 (149–155).

50 EuGH, Urt. v. 17.10.2013, Rs. C-218/12, ECLI:EU:C:2013:666, Rn. 30 – *Emrek*; *Martiny*, in MüKo, BGB, Art. 6 Rom I-VO, Rn. 43.

51 *Mankowski*, IPRax 2012, 144 (151).

52 EuGH, Urt. v. 07.12.2010, Rs. C-585/08, ECLI:EU:C:2010:740, Rn. 75 ff. – *Pammer und Hotel Alpenhof*; *Freitag*, in Möslein/Omlor, FinTech-Handbuch, § 14, Rn. 15; *Magnus*, in Staudinger, Art. 6 Rom I-VO, Rn. 115; *Rühl*, in BeckOGK, Rom I-VO, Art. 6, Rn. 194.

53 *Rühl*, in BeckOGK, Rom I-VO, Art. 6, Rn. 198.

54 *Freitag/Wolf*, WM 2021, 1009 (1011).

55 Verordnung (EU) 2018/302 des Europäischen Parlaments und des Rates vom 28. Februar 2018 über Maßnahmen gegen ungerechtfertigtes Geoblocking und andere Formen der Diskriminierung auf Grund der Staatsangehörigkeit, des Wohnsitzes oder des Ortes der Niederlassung des Kunden innerhalb des Binnenmarkts und zur Änderung der Verordnungen (EG) Nr. 2006/2004 und (EU) 2017/2394 sowie der Richtlinie 2009/22/EG), ABl. 2018 L 60 I/1.

56 *Rühl*, in BeckOGK, Rom I-VO, Art. 6, Rn. 200.

Verbraucherschutz im Hinblick auf die Plattformnutzungsverträge greift.[57] Etwaige Abweichungen müssen je nach Einzelfall beurteilt werden.

Vom Ausüben einer beruflichen oder gewerblichen Tätigkeit des Plattformbetreibers im Aufenthaltsstaat des Verbrauchers im Sinne des Art. 6 Abs. 1 lit. a Rom I-VO wird hingegen regelmäßig nicht auszugehen sein. Dafür müsste der Plattformbetreiber im Verbraucherstaat eine physische Präsenz haben und sich aktiv am dortigen Wirtschaftsmarkt beteiligen.[58] Auch wenn es im Einzelfall ausreichend sein kann, dass der Unternehmer seine Dienstleistung dort vornimmt oder beispielsweise Messestände zur Beratung der Kunden bereithält,[59] wird eine solche physische Präsenz beim Plattformbetreiber allerdings nur in Ausnahmefällen vorliegen.[60]

#### bb) *kein Ausschlusstatbestand nach Art. 6 Abs. 4 lit. a Rom I-VO*

Der Anwendung des Günstigkeitsprinzips zugunsten des Kapitalsuchenden kann trotz Eröffnung des Anwendungsbereichs die Ausnahmevorschrift des Art. 6 Abs. 4 lit. a Rom I-VO entgegenstehen. Danach gilt die Anwendung des Art. 6 Abs. 2 Rom I-VO nicht für Dienstleistungsverträge, bei denen die Dienstleistung ausschließlich in einem anderen Staat als dem Aufenthaltsstaat des Verbrauchers erbracht wird.

Nach der Rechtsprechung des EuGH muss für eine solche Dienstleistung eine Tätigkeit gegen Entgelt vorliegen, welches beim Nutzungsvertrag nicht ohne weiteres gegeben ist.[61] Weder der Kapitalsuchende noch der Anleger zahlt für die Nutzung der Plattform eine Gebühr.[62] Allerdings erhält der Plattformbetreiber von seinen Nutzern personenbezogene Daten, welche ebenfalls als Entgelt angesehen werden können,[63] da die Daten dem Plattformbetreiber einen

57 So i.E. auch *Wendelstein*, GPR 2021, 220 (222).

58 *Rühl*, in BeckOGK, Rom I-VO, Art. 6, Rn. 183 m.w.N.; *Staudinger*, in Ferrari, Internationales Vertragsrecht, Art. 6 Rom I-VO, Rn. 46.

59 *Heiderhoff*, in Rauscher, EuZPR/EuIPR, Art. 6 Rom I-VO, Rn. 31; *Leible/Freitag*, Forderungsbeitreibung in der EU, § 2, Rn. 139; *Leible/Lehmann*, RIW 2008, 528 (538); *Mankowski*, IHR 2008, 133 (142); *Martiny*, in MüKo, BGB, Art. 6 Rom I-VO, Rn. 38; *Staudinger*, in Ferrari, Internationales Vertragsrecht, Art. 6 Rom I-VO, Rn. 46.

60 So hat beispielsweise Bondora seinen Sitz ausschließlich in Tallin, Estland. Weitere Büros in anderen Ländern sind nicht vorhanden.

61 So EuGH, Urt. v. 23.04.2009, Rs. C-533/07, ECLI:EU:C:2009:257, Rn. 29 – *Falco Privatstiftung und Rabitsch*.

62 Siehe Kapitel 1 § 2 A. II. 1. a).

63 Siehe Kapitel 1 § 2 A. II. 1. a).

sonstigen wirtschaftlichen Wert verschaffen.[64] Darüber hinaus können bei einer erfolgreichen Vermittlung im Nachhinein Gebühren für die Kunden anfallen. Insofern stellt der Nutzungsvertrag bei autonomer Auslegung einen Dienstleistungsvertrag im Sinne des Art. 6 Abs. 4 lit. a Rom I-VO dar.

Für die Frage, ob und wann der Plattformbetreiber die Dienstleistung ausschließlich im Ausland erbringt, ist erheblich, ob auf den Ort der Leistungshandlung oder des Leistungsempfangs abzustellen ist. Dies ist umstritten. Die überwiegend herrschende Meinung legt den Ort der Leistungserbringung im Sinne des Art. 6 Abs. 4 lit. a Rom I-VO streng aus, sodass sowohl der Leistungsort als auch der Empfangsort im Ausland liegen müssen.[65] Diese Auffassung überzeugt durch die gebotene enge Auslegung des Art. 6 Abs. 4 lit. a Rom I-VO als Ausnahmetatbestand.[66] Sie beruht ferner auf der Rechtsprechung des EuGH zum Begriff des Erfüllungsortes im Sinne des Art. 7 Nr. 1 lit. b Brüssel Ia-VO,[67] welche nach Erwägungsgrund 7 der Rom I-VO im Einklang mit der Rom I-VO zu betrachten ist.

Folgt man dieser Ansicht, greift die Ausnahme des Art. 6 Abs. 4 lit. a Rom I-VO nicht. Denn der kapitalsuchende Verbraucher wird die Leistung des Plattformbetreibers in der Regel in seinem eigenen Aufenthaltsstaat annehmen, weil er dort die P2P-Plattform nutzt. Deshalb liegt zumindest der Ort des Leistungsempfangs nicht im Ausland.

#### cc) *Folge: Einschränkung der Rechtswahl nach Art. 6 Abs. 2 S. 2 Rom I-VO*

Die Rechtswahl gilt als Eckfeiler des Kollisionsrechts auch in Verbraucherangelegenheiten. Allerdings wird diese teilweise eingeschränkt, um den Verbraucher bestmöglich zu schützen,[68] so durch den Günstigkeitsvergleich des Art. 6 Abs. 2

---

64 EuGH, Urt. v. 19.12.2013, Rs. C-9/12, ECLI:EU:C:2013:860, Rn. 40 – *Corman-Collins*.

65 So *Wendelstein*; Kollisionsrechtliche Probleme der Telemedizin, S. 215–216 in Bezug auf Telemedizinverträge; *Heiderhoff*, in Rauscher, EuZPR/EuIPR, Art. 6 Rom I-VO, Rn. 45; *Leible*, NK-BGB, Art. 6 Rom I-VO, Rn. 36; *Martiny*, in MüKo, BGB, Art. 6 Rom I-VO, Rn. 26–27; *Rühl*, in BeckOGK, Rom I-VO, Art. 6, Rn. 120; *Staudinger*, in Ferrari, Internationales Vertragsrecht, Art. 6 Rom I-VO, Rn. 33.

66 *Rühl*, in BeckOGK, Rom I-VO, Art. 6, Rn. 120.

67 EuGH, Urt. v. 25.02.2010, Rs. 381/08, ECLI:EU:C:2010:90, Rn. 62 – *Car Trim*. Brüssel Ia-VO = Verordnung (EU) Nr. 1215/2012 des Europäischen Parlaments und des Rates vom 12. Dezember 2012 über die gerichtliche Zuständigkeit und die Anerkennung und Vollstreckung von Entscheidungen in Zivil- und Handelssachen.

68 *Rühl*, in BeckOGK, Rom I-VO, Art. 6, Rn. 231.

S. 2 Rom I-VO. Der Verbraucher kann dadurch darauf vertrauen, dass ihm der Schutz der Verbraucherschutzvorschriften seines Aufenthaltsstaates nicht durch die Wahl einer fremden Rechtsordnung entzogen wird.[69]

Dieser Schutz wird dadurch erreicht, dass die Vorschriften des durch die Rechtswahl berufenen Rechts nur so lange vollumfänglich Anwendung finden, wie sie dem Verbraucher im Einzelfall einen besseren Schutz als das Recht seines Aufenthaltsstaates gewährleisten.[70] Sollte eine Vorschrift des Aufenthaltsstaates des Verbrauchers günstiger sein, kommt es zu einem sogenannten „lawmix“[71], bei dem neben dem gewählten Recht die zwingenden Vorschriften des Aufenthaltsstaats des Verbrauchers zur Anwendung kommen. Es wird zugunsten des Verbrauchers das jeweils für ihn günstigere Recht angewandt.[72]

Bei den zwingenden Vorschriften des Aufenthaltsstaats des Verbrauchers handelt es sich vorrangig um gesetzliche, teilweise auch um durch Richterrecht geschaffene zwingende Regelungen,[73] von denen nicht durch Vereinbarung abgewichen werden darf.[74] Als zwingende Vorschriften können im Rahmen des Art. 6 Abs. 2 S. 2 Rom I-VO nicht nur verbraucherschützende Normen zur Anwendung kommen.[75] Ob daneben auch international zwingende Regelungen in Form von öffentlich-rechtlichen Vorschriften über Art. 6 Abs. 2 S. 2 Rom I-VO zur Anwendung kommen können, ist nicht abschließend geklärt. Die überwiegende Meinung plädiert jedoch überzeugend dafür, dass öffentlich-rechtliche Regelungen im Rahmen der Verbraucherschutzvorschriften des Internationalen

---

69 Vgl. *Rühl*, BeckOGK, Rom I-VO, Art. 6, Rn. 233.

70 *Freitag*, in Möslein/Omlor, FinTech-Handbuch, § 14, Rn. 16; *Martiny*, in MüKo, BGB, Art. 6 Rom I-VO, Rn. 63; *Rühl*, in BeckOGK, Rom I-VO, Art. 6, Rn. 287; *Staudinger*, in Ferrari, Internationales Vertragsrecht, Art. 6 Rom I-VO, Rn. 72.

71 Zum Begriff des „lawmix“ vgl. *Basedow*, in FS Jayme, 3 (15–17).

72 *Einsele*, WM 2009, 289 (293); *Heiderhoff*, in Rauscher, EuZPR/EuIPR, Art. 6 Rom I-VO, Rn. 55; *Magnus*, in Staudinger, BGB, Art. 6 Rom I-VO, Rn. 64; *Martiny*, in MüKo, BGB, Art. 6 Rom I-VO, Rn. 64; *Maultzsch*, RabelsZ 2011, 60 (75).

73 BGH, Urt. v. 25.01.2005, Az.: XI ZR 78/04, NJW-RR 2005, 1071; *Rühl*, in BeckOGK, Rom I-VO, Art. 6, Rn. 259; *Spickhoff*, in BeckOK, BGB, Art. 6 Rom I-VO, Rn. 32.

74 *Magnus*, in Staudinger, BGB, Art. 6 Rom I-VO, Rn. 140; *Martiny*, in MüKo, BGB, Art. 6 Rom I-VO, Rn. 59; *Rühl*, in BeckOGK, Rom I-VO, Art. 6, Rn. 258–259.

75 h.M. vertreten u.a. von *Maultzsch*, RabelsZ 2011, 60 (75); *Magnus*, in Staudinger, BGB, Art. 6 Rom I-VO, Rn. 140; *Martiny*, in MüKo, BGB, Art. 6 Rom I-VO, Rn. 61; *Rühl*, in BeckOGK, Rom I-VO, Art. 6, Rn. 201 m.w.N.; a.A. *Heiderhoff*, in Rauscher, EuZPR/EuIPR, Art. 6 Rom I-VO, Rn. 55.

Privatrechts keine große Relevanz haben,[76] aber zumindest den Schutz des jeweiligen Vertragsbeteiligten, hier des Verbrauchers, bezwecken und somit dem Vertragsrecht zuzuordnen sein müssten.[77] Ob eine zwingende Vorschrift des öffentlichen Rechts im Ergebnis einen individual-schützenden Charakter hat, muss im Einzelfall ermittelt werden.

Öffentlich-rechtlichen Vorschriften des Finanzmarktrechts, wie beispielsweise § 32 KWG, ist ein solch individualschützender Charakter nur schwer zuzuordnen.[78] Zwar können aufsichtsrechtliche Vorschriften auch den Verbraucher im Einzelfall schützen, allerdings dienen sie vor allem der Funktionsfähigkeit des Bankensystems.[79] Dies wird im deutschen Recht insbesondere durch § 4 Abs. 4 FinDAG[80] deutlich, wonach die BaFin ihre Aufgaben und Befugnisse lediglich im öffentlichen Interesse wahrnimmt.[81] Die Erlaubnispflicht nach § 32 KWG kommt daher nicht automatisch im Rahmen des Art. 6 Abs. 2 S. 2 Rom I-VO zur Anwendung, wenn Deutschland der Aufenthaltsstaat des Verbrauchers ist. Dieser kann sich deshalb bei Verträgen mit ausländischen Plattformbetreibern nicht auf den im KWG geregelten Erlaubnisvorbehalt und die strengen Richtlinien der BaFin verlassen. Ein solcher Schutz könnte allenfalls durch Art. 9 Rom I-VO gewährleistet werden.[82]

Eine mögliche Einordnung der Vorschriften der ECSP-VO als zwingende Vorschriften im Sinne des Art. 6 Abs. 2 S. 2 Rom I-VO scheidet ebenfalls aus,[83] da sie gemäß Art. 1 Abs. 2 lit. a Rom I-VO auf Konstellationen, in denen es sich beim Kapitalsuchenden um einen Verbraucher handelt, keine Anwendung findet.[84]

---

76 *Göthel*, IPRax 2001, 411 (414–415); *Lorenz*, RIW 1987, 569 (583); *Rühl*, in BeckOGK, Rom I-VO, Art. 6, Rn. 258; *Wendelstein*, GPR 2021, 220 (224–225).

77 *Rühl*, in BeckOGK, Rom I-VO, Art. 6, Rn. 258; Art. 9, Rn. 21.2.

78 So i.E. auch *Wendelstein*, GPR 2021, 220 (224–225).

79 *Auerbach*, Banken- und Wertpapieraufsicht, Teil B, Rn. 5–11.

80 Gesetz über die Bundesanstalt für Finanzdienstleistungsaufsicht (Finanzdienstleistungsaufsichtsgesetz).

81 Vgl. *Auerbach*, Banken- und Wertpapieraufsicht, Teil B, Rn. 10.

82 Ob öffentlich-rechtliche Finanzmarktrechtsvorschriften, wie § 32 KWG, als Eingriffsnorm im Sinne des Art. 9 Rom I-VO Anwendung finden können, wird im Einzelnen in Kapitel 3 § 7 untersucht.

83 Die Frage, ob die Vorschriften der ECSP-VO zwingende Vorschriften im Sinne des Art. 6 Abs. 2 S. 2 Rom I-VO darstellen, stellt sich hingegen beim Vertragsschluss zwischen Plattformbetreiber und privatem Anleger. Siehe dazu Kapitel 3 § 3 A. III. 1. b).

84 Unabhängig davon können die Vorschriften der ECSP-VO jedoch einen anlegerschützenden Charakter haben, sodass zumindest theoretisch eine Einbeziehung über Art. 6

Im Ergebnis stellt der Günstigkeitsvergleich im Rahmen der Rechtswahl für den privaten Kapitalsuchenden den größtmöglichen Schutz dar, um nicht gegenüber dem Plattformbetreiber benachteiligt zu werden. Denn im Regelfall wählt dieser ein Recht, welches zu seinen Gunsten ausfällt. Allerdings können sich im Ergebnis auf Grund des Günstigkeitsvergleichs weder der Kapitalsuchende noch der Plattformbetreiber auf die abschließende Anwendung des gewählten Rechts verlassen.[85] Vielmehr müssen beide Parteien mit einem – nur schwer vorhersehbaren – lawmix rechnen.[86]

### 2. *Objektive Anknüpfung*

Wurde zwischen den Parteien des Nutzungsvertrages keine Rechtswahl getroffen, muss das Vertragsstatut objektiv bestimmt werden. Nach Art. 6 Abs. 1 Rom I-VO wird im Regelfall das Recht des gewöhnlichen Aufenthaltsortes des Kapitalsuchenden Anwendung finden.

#### a) *Verbrauchervertrag nach Art. 6 Rom I-VO*

Der Nutzungsvertrag zwischen privatem Kapitalsuchenden und Plattformbetreiber ist grundsätzlich als Verbrauchervertrag im Sinne des Art. 6 Abs. 1 Rom I-VO zu qualifizieren,[87] sodass das Recht des gewöhnlichen Aufenthalts des Kapitalsuchenden Anwendung findet.[88] Der Günstigkeitsvergleich des Art. 6 Abs. 2 S. 2 Rom I-VO greift im Rahmen der objektiven Anknüpfung nicht. Ferner greift auch Art. 6 Abs. 4 lit. a Rom I-VO erneut nicht, da auch bei objektiver Anknüpfung der Verbraucher die Leistung weiterhin in seinem Aufenthaltsstaat und nicht im Ausland empfängt.

Die objektive Anknüpfung über Art. 6 Rom I-VO wird in der Praxis allerdings eine Ausnahme bleiben, da der Plattformbetreiber in den vorbereiteten Musterverträgen meist eine Rechtswahl zugunsten des eigenen Rechts vorsieht.[89]

---

Abs. 2 S. 2 Rom I-VO möglich wäre, sofern die Vorschriften auch zwingend wären. Vgl. zum Anlegerschutz der ECSP-VO *Rotter/Ertl*, BKR 2022, 184 (187).

85 Zur ausführlichen Auseinandersetzung mit den Problemen des Günstigkeitsvergleichs und dem daraus folgenden lawmix siehe Kapitel 4 § 1 A.

86 So auch *Heiderhoff*, in Rauscher, EuZPR/EuIPR, Art. 6 Rom I-VO, Rn. 54.

87 Vgl. Kapitel 3 § 3 A. I. 1. b) aa).

88 So auch *Freitag*, in Möslein/Omlor, FinTech-Handbuch, § 14, Rn. 16; *Wendelstein*, GPR 2021, 220 (223).

89 Vgl. bspw. § 12 der AGB der auxmoney GmbH für Kreditsuchende, Stand Mai 2022 (www.auxmoney.com/wp-content/uploads/20220427-Nutzungsbedingungen-Kreditsuchende-Stand-Mai-2022.pdf, zuletzt abgerufen am 16.01.2023).

#### *b) Dienstleistungsvertrag nach Art. 4 Abs. 1 lit. b Rom I-VO*

Sollte der Plattformnutzungsvertrag ausnahmsweise, beispielsweise auf Grund des fehlenden Ausrichtens, keinen Verbrauchervertrag darstellen, findet gemäß Art. 4 Abs. 1 lit. b Rom I-VO das Recht des Sitzes des Plattformbetreibers auf den Vertrag Anwendung. Der Begriff des Dienstleistungsvertrages unterliegt auch im Rahmen des Art. 4 Abs. 1 lit. b Rom I-VO der weiten autonomen Auslegung, unter den der Plattformnutzungsvertrag zwischen Plattformbetreiber und Kapitalsuchendem fällt.[90] Gemäß Art. 4 Abs. 1 lit. b Rom I-VO findet auf den Nutzungsvertrag das Recht des Aufenthaltsstaates des Plattformbetreibers Anwendung. Da es sich bei den Plattformbetreibern allerdings überwiegend um Gesellschaften oder juristische Personen handelt, ist für das Vertragsstatut gemäß Art. 19 Rom I-VO der Sitz der Hauptverwaltung oder der Zweigniederlassung maßgeblich.

## *II. Im Verhältnis zwischen Plattformbetreiber und Kapitalsuchendem (b2b)*

Sofern der Kapitalsuchende nicht zu privaten Zwecken handelt, sondern als Unternehmer tätig ist, handelt es sich bei dem Plattformnutzungsvertrag zwischen Plattformbetreiber und Kapitalsuchendem um eine b2b-Konstellation. Die Parteien können ebenfalls eine Rechtswahl über das Vertragsstatut treffen, allerdings ohne den Günstigkeitsvergleich nach Art. 6 Abs. 2 S. 2 Rom I-VO. Im Rahmen der objektiven Anknüpfung wird sich im Regelfall das Plattformrecht durchsetzen.

### *1. Subjektive Anknüpfung*

#### *a) Rechtswahl nach Art. 3 Rom I-VO*

Auch zwischen zwei Unternehmern ist die Rechtswahl nach Art. 3 Abs. 1 Rom I-VO möglich.[91] Angesichts der vorgefertigten Musterverträge wird es meist zur Wahl des Plattformrechts kommen. Ein reiner Inlands- oder

---

90 BGH, Urt. v. 26.10.1993, Az.: XI ZR 42/93, BGHZ 123, 380 (384–385) zu Art. 29 Abs. 1 EGBGB; *Köhler*, in BeckOGK, Rom I-VO, Art. 4, Rn. 77; *Martiny*, in MüKo, BGB, Art. 4 Rom I-VO, Rn. 38; *Thorn*, in Rauscher, EuZPR/EuIPR, Art. 4 Rom I-VO, Rn. 35. Anders als bei Art. 6 Abs. 4 lit. a Rom I-VO muss die Leistung auch nicht in einem anderen Staat erbracht werden.

91 Zu den Voraussetzungen und Folgen der Rechtswahl siehe Kapitel 3 § 3 A. I. 1. a).

Binnenmarktsachverhalt wird eher selten vorkommen, sodass im Regelfall auch Art. 3 Abs. 3 und Abs. 4 Rom I-VO keine Anwendung finden.[92]

### b) *Kein kollisionsrechtlicher Verbraucherschutz*

Da es sich in der vorliegenden Konstellation beim Kapitalsuchenden nicht um einen Verbraucher, sondern um einen Unternehmer handelt, greifen die Verbraucherschutzvorschriften des Art. 6 Abs. 2 S. 2 Rom I-VO nicht.

### 2. *Objektive Anknüpfung*

Sofern die Parteien keine Rechtswahl treffen, wird das Vertragsstatut objektiv bestimmt. Eine Anknüpfung erfolgt an den Aufenthaltsort beziehungsweise Sitz des Plattformbetreibers gemäß Art. 4 Abs. 1 lit. b Rom I-VO, es sei denn, es besteht eine offensichtlich engere Verbindung zu dem Recht eines anderen Staates.

### a) *Dienstleistungsvertrag nach Art. 4 Abs. 1 lit. b Rom I-VO*

Der zwischen den Parteien geschlossene Plattformnutzungsvertrag ist ein Dienstleistungsvertrag im Sinne des Art. 4 Abs. 1 lit. b Rom I-VO,[93] sodass das Plattformrecht auf den Vertrag Anwendung findet.

### b) *Offensichtlich engere Verbindung, Art. 4 Abs. 3 Rom I-VO*

Auch wenn das Plattformrecht objektiv zur Anwendung durch Art. 4 Abs. 1 Rom I-VO berufen ist, besteht dennoch die Möglichkeit einer offensichtlich engeren Verbindung zu dem Recht eines anderen Staates, Art. 4 Abs. 3 Rom I-VO. Mögliche Verbindungen gäbe es zu dem Staat, in dem der Kapitalsuchende seinen gewöhnlichen Aufenthalt hat oder zu dem Staat, in dem die Server der P2P-Plattform stehen.

Das Bestehen einer gleichwertigen Verbindung zu einem anderen Staat ist allerdings im Rahmen des Art. 4 Abs. 3 Rom I-VO nicht ausreichend.[94] Vielmehr muss diese wesentlich enger, die Verbindung zum Recht des Aufenthaltsortes des Plattformbetreibers überwiegend sein.

---

92 Siehe Kapitel 3 § 3 A. I. 1. a); so auch *Wendelstein*, GPR 2021, 220 (223).

93 Siehe Kapitel 3 § 3 A. I. 2. b).

94 *Köhler*, in BeckOGK, Rom I-VO, Art. 4, Rn. 164; *Pfeiffer*, EuZW 2008, 622 (626); *Magnus*, in Staudinger, BGB, Art. 4 Rom I-VO, Rn. 128; *Mankowski*, IHR 2010, 89 (91–92).

Die Verbindung zum gewöhnlichen Aufenthalt oder Sitz des Unternehmers ist nicht wesentlich enger als die zum Plattformrecht. Da der Kapitalsuchende als Unternehmer nicht schutzbedürftig ist, lässt sich daraus keine engere Verbindung ableiten.

Ebenfalls besteht keine wesentlich engere Verbindung zum Standort der Server der Plattform. Für den Vertragsschluss ist dieser Standort weitestgehend irrelevant.[95] Auch rechtfertigt der Vertragsschluss per Internet keine abweichende Anknüpfung.[96]

Im Ergebnis bedeutet dies, dass das Aufenthaltsrecht des Plattformbetreibers in der Regel auf den Nutzungsvertrag Anwendung findet.[97]

### *III. Im Verhältnis zwischen Plattformbetreiber und Anleger (b2c)*

Im Rahmen des echten und unechten P2P-Lending wird davon ausgegangen, dass der Kapitalsuchende als Privatperson handelt, wenn er das Geld überwiegend zu privaten Zwecken benötigt. Nach einem Umkehrschluss handelt daher der Anleger, der das Kapital zu privaten Zwecken anlegt, ebenfalls als Verbraucher im Sinne des Art. 6 Rom I-VO.[98] Dass durch das P2P-Lending überwiegend private Anleger angesprochen werden, entspricht der Regel.[99] Das hier betrachtete P2P-Lending ist nicht darauf ausgelegt, dass unternehmerisch handelnde Anleger beteiligt sind. Das Rechtsverhältnis zwischen Plattformbetreiber und Anleger wird daher in Bezug auf den Plattformnutzungsvertrag lediglich in der b2c-Konstellation untersucht.

Der Anleger schließt als Verbraucher denselben Vertrag, den auch der als Verbraucher handelnde Kapitalsuchende mit dem Plattformbetreiber über die Nutzung der Plattform schließt.[100] Insofern finden dieselben Grundsätze auf die Rechtsbeziehung zwischen Anleger und Plattformbetreiber Anwendung.

---

95 Vgl. *Spindler*, ZBB 2017, 129 (139).

96 *Martiny*, in MüKo, BGB, Art. 4 Rom I-VO, Rn. 300; vgl. hingegen zu Art. 28/29 EGBGB *Pfeiffer*, NJW 1997, 1207 (1214).

97 Dies schließt jedoch nicht aus, dass in einem speziell gelagerten Einzelfall eine solche offensichtlich engere Verbindung zu dem Recht eines anderen Staates besteht. Vgl. in Bezug auf die Relevanz der Einzelfallregelung *Köhler*, in BeckOGK, Art. 4 Rom I-VO, Rn. 167; *Magnus*, in Staudinger, BGB, Art. 4 Rom I-VO, Rn. 126–127; *Thorn*, in Rauscher, EuZPR/EuIPR, Art. 4 Rom I-VO, Rn. 134.

98 Vgl. dazu auch Kapitel 3 § 3 A. I. 2. a).

99 Vgl. Kapitel 1 § 2 A. I. 2. a) sowie Kapitel 3 § 3 A. I. 1. b) aa).

100 Die Nutzungsverträge mit dem Kapitalsuchenden und dem Anleger unterscheiden sich insofern, als dass für den Anleger zusätzlich verschiedene Anlagemöglichkeiten

### 1. *Subjektive Anknüpfung*

#### a) *Rechtswahl nach Art. 3 Rom I-VO*

Zwischen den Parteien ist ebenfalls eine Rechtswahl nach Art. 3 Rom I-VO möglich, die nach den allgemeinen Grundsätzen erfolgt.

#### b) *Kollisionsrechtlicher Verbraucherschutz durch den Günstigkeitsvergleich, Art. 6 Rom I-VO*

Die Rechtswahl kann durch den Günstigkeitsvergleich gemäß Art. 6 Abs. 2 S. 2 Rom I-VO korrigiert werden, wodurch es zu einem lawmix der Vorschriften des gewählten Rechts und der zwingenden verbraucherschützenden Vorschriften des Aufenthaltsstaats des Anlegers kommt.[101]

##### aa) *Keine Anwendung der ECSP-VO als zwingende Vorschriften im Sinne des Art. 6 Abs. 2 S. 2 Rom I-VO*

Anders als beim Nutzungsvertrag zwischen Plattformbetreiber und privatem Kapitalsuchenden stellt sich die Frage, ob die Vorschriften der ECSP-VO als zwingende Vorschriften im Sinne des Art. 6 Abs. 2 S. 2 Rom I-VO eingeordnet werden können.[102] Dies hätte zur Folge, dass die entsprechenden Verordnungsvorschriften auch für Plattformbetreiber aus Drittstaaten gelten würden, selbst wenn sie grundsätzlich aus dem räumlichen Anwendungsbereich der ECSP-VO fallen.

Private Anleger und der unternehmerisch handelnde Plattformbetreiber fallen in den Anwendungsbereich der ECSP-VO. Wie bereits erläutert, gilt dies hingegen nicht für private Kapitalsuchende, Art. 1 Abs. 2 lit. a ECSP-VO.[103] In dieser Konstellation ist der Anwendungsbereich der ECSP-VO nicht eröffnet. Auch wenn vorliegend der Günstigkeitsvergleich lediglich im Rahmen des Nutzungsvertrages zwischen Anleger und Plattformbetreiber diskutiert wird, ist es zwingend erforderlich, dass die gesamte ECSP-VO Anwendung findet. Das heißt, es kann nicht nur das Rechtsverhältnis zwischen Anleger und Plattformbetreiber isoliert betrachtet werden, sondern es muss auch die Rolle des eventuell privat

---

vom Plattformbetreiber zur Verfügung gestellt werden. Siehe dazu ausführlich Kapitel 1 § 2 A. II. 1. und 2.

101 Siehe bereits Kapitel 3 § 3 A. I. 1. b) cc).

102 Zum Anwendungsbereich der ECSP-VO siehe Kapitel 2 § 1 A. Die Diskussion über die Anwendung der Vorschriften im Rahmen des Art. 6 Abs. 2 S. 2 Rom I-VO ist nur möglich, da private Anleger in den Anwendungsbereich der ECSP-VO fallen.

103 Siehe Kapitel 2 § 1 A. II.

handelnden Kapitalsuchenden berücksichtigt werden. Dies verhindert die Eröffnung des Anwendungsbereiches der Verordnung. Es ist nicht möglich, sich nur eine Rechtsbeziehung zwischen den Parteien „herauszupicken". Die Vorschriften der ECSP-VO finden daher im Rahmen des Art. 6 Abs. 2 S. 2 Rom I-VO keine Berücksichtigung.

#### bb) *Exkurs: Auswirkung der ECSP-VO auf den Günstigkeitsvergleich bei entsprechender Anwendung*

Der Vollständigkeit halber soll nachfolgend ein kurzer Überblick gegeben werden, wie sich die ECSP-VO, sofern ihr Anwendungsbereich doch eröffnet wäre, im Rahmen des Günstigkeitsvergleichs auswirken könnte.

Die Vorschriften der ECSP-VO, die insbesondere Informations- und Prospektpflichten sowie ein Widerrufsrecht beinhalten, wurden, wie für den Günstigkeitsvergleich erforderlich, zum Schutz des Verbrauchers geschaffen. Schwierigkeiten kann lediglich die Einordnung bereiten, ob die Vorschriften als vertraglich angesehen werden können, die dann unter Art. 6 Abs. 2 Rom I-VO zur Anwendung kämen. Sofern diese aber außervertragliche Vorschriften darstellen, könnten sie nicht über den Günstigkeitsvergleich, sondern allein über die Rom II-VO herangezogen werden.[104]

Es kann davon ausgegangen werden, dass insbesondere die Informations- und Prospektpflichten erst nach Abschluss des Nutzungsvertrags entstehen. Sie sind somit als vertragliche Pflichten einzuordnen, die über Art. 6 Abs. 2 S. 2 Rom I-VO herangezogen werden können. Allerdings ist eine Pauschalisierung hinsichtlich der rechtlichen Einordnung nur schwer möglich, da diese sich im Einzelfall nach den (vertraglichen) Ausgestaltungen des jeweiligen Plattformbetreibers richtet. Sollte es sich im Einzelfall doch um vorvertragliche Pflichten handeln, müssten diese Vorschriften über Art. 12 Rom II-VO angeknüpft werden und fänden im Rahmen des Art. 6 Abs. 2 Rom I-VO keine Anwendung.[105]

Daneben ist fraglich, ob die Vorschriften zum Erfordernis des Europäischen Passes nach Art. 12 ECSP-VO als Zulassungsvoraussetzungen über Art. 6 Abs. 2 S. 2 Rom I-VO für drittstaatliche Plattformbetreiber herangezogen werden können. Zumindest würde es Sinn ergeben, wenn ein Plattformbetreiber aus einem Drittstaat, der seine Tätigkeit in der EU ausübt oder sie darauf ausrichtet, denselben Zulassungsvoraussetzungen unterliegt, wie ein Plattformbetreiber mit Sitz innerhalb der EU. Wie bei § 32 KWG ist allerdings zu bezweifeln,

104 *Wendelstein*, GPR 2021, 220 (223), Fn. 36.
105 Vgl. dazu *Wendelstein*, GPR 2021, 220 (223), Fn. 36.

ob die Vorschriften einen individualschützenden Charakter aufweisen.[106] Dies bestätigt auch Erwägungsgrund 30 der ECSP-VO, wonach die europäischen Zulassungsregeln vor allem die grenzüberschreitende Erbringung der Schwarmfinanzierungsdienstleistungen erleichtern sollen.[107] Die Gewährleistung der Funktionsfähigkeit des Schwarmfinanzierungsmarktes steht damit im Vordergrund. Ein drittstaatlicher Plattformbetreiber würde daher nach Art. 6 Abs. 2 S. 2 Rom I-VO keinen Europäischen Pass im Sinne des Art. 12 ECSP-VO benötigen, wenn er als Schwarmfinanzierungsdienstleister im Sinne der ECSP-VO mit einem privaten Anleger mit gewöhnlichem Aufenthalt in einem Mitgliedstaat der EU kontrahiert und der Günstigkeitsvergleich greift.

### *2. Objektive Anknüpfung*

Sofern keine Rechtswahl vorliegt, kommt gemäß Art. 6 Abs. 1 Rom I-VO das Recht des Aufenthaltsstaates des Anlegers zur Anwendung.[108]

Wie auch bei dem Plattformnutzungsvertrag zwischen Plattformbetreiber und Kapitalsuchendem wird im Regelfall eine Rechtswahl zugunsten des Plattformrechts getroffen. Die objektive Anknüpfung ist in diesem Fall entbehrlich.

## *IV. Zwischenergebnis und Anwendung auf das Fallbeispiel*

In der Regel kommt es bei den Nutzungsverträgen mit dem Plattformbetreiber zu einer Rechtswahl zugunsten des Rechts des Plattformbetreibers.[109] Da es sich in den b2c-Konstellationen allerdings um einen Verbrauchervertrag im Sinne des Art. 6 Rom I-VO handelt, kommt es im Rahmen des Günstigkeitsvergleichs zu einem lawmix. Dies führt dazu, dass weder der Plattformbetreiber noch der Verbraucher eine Rechtssicherheit hinsichtlich des tatsächlich angewendeten Rechts haben. Zwar sichert der Günstigkeitsvergleich dem Verbraucher den Verbraucherschutzstandard seines Aufenthaltsstaates. Allerdings läuft dadurch die Rechtswahl, durch die ein Maß an Rechtssicherheit gewährleistet werden soll,

---

106 Siehe dazu Kapitel 3 § 3 A. I. 1. b) cc).

107 Daneben sollen durch das Zulassungsverfahren auch betriebliche Risiken begrenzt und ein hohes Maß an Transparenz und Anlegerschutz gewährleistet werden, EG 30 ECSP-VO. Zwar scheint die ECSP-VO insofern auch individualschützenden Charakter zu haben, allerdings überwiegen die öffentlichen Interessen an einem funktionierenden und regulierten Markt.

108 Vgl. § 2 A. I. 2. a).

109 So auch *Wendelstein*, GPR 2021, 220 (223).

teilweise fehl. Im Ergebnis lässt sich dies anhand des eingangs genannten Beispiels verdeutlichen:[110]

Für den Nutzungsvertrag zwischen Plattformbetreiber P (mit Sitz in den USA) und dem Kapitalsuchenden K (mit gewöhnlichem Aufenthalt in Deutschland) wird im Rahmen der b2c-Konstellation angesichts der Musterverträge das Plattformrecht, also amerikanisches Recht,[111] gewählt. Gemäß Art. 6 Abs. 2 S. 2 Rom I-VO findet ein lawmix mit zwingenden verbraucherschützenden Vorschriften des deutschen Rechts, des Rechts des Aufenthaltsstaates des Kapitalsuchenden K, statt. Objektiv – also ohne Rechtswahl – wird gemäß Art. 6 Abs. 1 Rom I-VO an deutsches Recht als das Recht des Kapitalsuchenden K angeknüpft.

Sollte der Nutzungsvertrag hingegen in einer b2b-Konstellation vorliegen, kann die Rechtswahl ohne Einschränkungen stattfinden. Bei objektiver Anknüpfung findet dann gemäß Art. 4 Abs. 1 lit. b Rom I-VO amerikanisches Recht als Plattformrecht Anwendung.

Auf den Nutzungsvertrag zwischen Plattformbetreiber P (mit Sitz in den USA) und Anleger A (mit gewöhnlichem Aufenthalt in Italien) als b2c-Konstellation ist ebenfalls eine Rechtswahl mit Einschränkungen des Günstigkeitsvergleichs möglich. Es wird daher zu einem lawmix aus dem gewählten amerikanischen Plattformrecht und den zwingenden verbraucherschützenden Vorschriften des italienischen Rechts, als Recht des Aufenthaltsstaates des Anlegers A, kommen. Sofern keine Rechtswahl vorliegt, wird objektiv gemäß Art. 6 Abs. 1 Rom I-VO an das italienische Recht des Anlegers A angeknüpft.

## B. Darlehensvermittlung

Bei erfolgreicher Vermittlung eines Darlehens über die P2P-Plattform kommt ein Darlehensvermittlungsvertrag zwischen dem Plattformbetreiber und dem Kapitalsuchenden zustande. Der Kapitalsuchende kann dabei wieder sowohl als Verbraucher als auch als Unternehmer handeln. Ein Vermittlungsvertrag mit dem Anleger kommt hingegen nicht zustande, da an diesen das Darlehen gerade nicht vermittelt werden soll.

110 Zum Fallbeispiel siehe Kapitel 3 § 1 A.

111 Es kann offenbleiben, ob es sich dabei um federal law oder state law handelt. Vgl. dazu Kapitel 3, Fn. 8.

## I. Im Verhältnis zwischen Plattformbetreiber und Kapitalsuchendem (b2c)

### 1. Subjektive Anknüpfung

#### a) Rechtswahl nach Art. 3 Rom I-VO

Wie bereits beim Plattformnutzungsvertrag kann auch im Rahmen der Darlehensvermittlung eine Rechtswahl nach Art. 3 Abs. 1 Rom I-VO zwischen Plattformbetreiber und Kapitalsuchendem getroffen werden. Dabei gelten die bereits in Bezug auf Art. 3 Rom I-VO untersuchten allgemeinen Grundsätze.[112]

#### b) Kollisionsrechtlicher Verbraucherschutz durch den Günstigkeitsvergleich, Art. 6 Rom I-VO

Da es sich beim Darlehensvermittlungsvertrag zwischen Plattformbetreiber und dem zu privaten Zwecken handelnden Kapitalsuchenden um einen Verbrauchervertrag handelt, findet wie bereits beim Nutzungsvertrag der Günstigkeitsvergleich nach Art. 6 Abs. 2 S. 2 Rom I-VO Anwendung.[113] Es kommt erneut zu einem lawmix des gewählten Rechts und den zwingenden verbraucherschützenden Vorschriften des Aufenthaltsrechts des Kapitalsuchenden.

##### aa) Persönlicher und situativer Anwendungsbereich des Art. 6 Abs. 1 Rom I-VO

Der Kapitalsuchende, der das Kapital zu einem privaten Zweck benötigt, schließt auch den entsprechenden Darlehensvermittlungsvertrag als Verbraucher ab. Es ist davon auszugehen, dass sich der Plattformbetreiber zumindest auf den Aufenthaltsstaat des Verbrauchers, etwa durch die Nutzung entsprechender Telefonnummern und eines Kundenservices in einheimischer Sprache, ausrichtet.[114]

##### bb) Kein Ausschlusstatbestand nach Art. 6 Abs. 4 lit. a Rom I-VO

Auch wenn nach der deutschen Gesetzgebung und Rechtsprechung Vermittlungs- beziehungsweise Maklerverträge unter den Dienstleistungsbegriff des Art. 4 Abs. 1 lit. b Rom I-VO fallen,[115] greift der Ausschlusstatbestand des Art. 6

---

112 Siehe Kapitel 3 § 3 A. I. 1. a).

113 Siehe zum Günstigkeitsvergleich beim Nutzungsvertrag Kapitel 3 § 3 A. I. 1. b).

114 Zum Merkmal des Ausrichtens bei Verbraucherverträgen im elektronischen Geschäftsverkehr siehe Kapitel 3 § 3 A. I. 1. b) aa).

115 OLG Stuttgart, Urt. v. 10.02.2010, Az.: 3 U 179/09, IPRspr. 2010 Nr. 33; *Thorn*, in Rauscher, EuZPR/EuIPR, Art. 4 Rom I-VO, Rn. 36.

Abs. 4 lit. a Rom I-VO nicht ein. Die im Rahmen der Darlehensvermittlung vom Plattformbetreiber geschuldete Leistung wird nicht, wie nach Art. 6 Abs. 4 lit. a Rom I-VO erforderlich, ausschließlich in einem anderen Staat als dem Aufenthaltsstaat des Verbrauchers erbracht. Vielmehr empfängt der Kapitalsuchende als Verbraucher die Leistung des Plattformbetreibers, die Vermittlung, in seinem Aufenthaltsstaat.[116]

##### cc) *Folge: Einschränkung der Rechtswahl nach Art. 6 Abs. 2 S. 2 Rom I-VO*

Die Rechtswahl der beiden Parteien wird durch den Günstigkeitsvergleich gemäß Art. 6 Abs. 2 S. 2 Rom I-VO zugunsten des Verbrauchers eingeschränkt. Es kommt somit zu einem lawmix aus den Vorschriften des gewählten Rechts und den für den Verbraucher günstigeren zwingenden Vorschriften des Rechts seines Aufenthaltsstaates.[117]

### 2. *Objektive Anknüpfung*

#### a) *Verbrauchervertrag nach Art. 6 Rom I-VO*

Bei fehlender Rechtswahl unterliegt der Vertrag zur Darlehensvermittlung in der b2c-Konstellation gemäß Art. 6 Abs. 1 Rom I-VO dem Recht des Aufenthaltsstaates des Verbrauchers.

#### b) *Dienstleistungsvertrag nach Art. 4 Abs. 1 lit. b Rom I-VO*

Sofern der Anwendungsbereich des Art. 6 Rom I-VO durch das fehlende Ausüben oder Ausrichten der Tätigkeit auf den Aufenthaltsstaat des Verbrauchers nicht eröffnet ist, wird auf den Darlehensvermittlungsvertrag als Dienstleistungsvertrag gemäß Art. 4 Abs. 1 lit. b Rom I-VO das Plattformrecht angewandt. Sollte es im Ausnahmefall eine offensichtlich engere Verbindung zu dem Recht eines anderen Staates geben, so ist das Recht dieses Staates gemäß Art. 4 Abs. 3 Rom I-VO anzuwenden. Dies dürfte in der Praxis jedoch eine absolute Ausnahme darstellen.[118]

---

116 Siehe Kapitel 3 § 3 A. I. 1. b) bb).

117 Siehe vertieft zum lawmix im Rahmen des Günstigkeitsvergleichs gemäß Art. 6 Abs. 2 S. 2 Rom I-VO Kapitel 3 § 2 A. I. 1. b) cc).

118 Zu den Voraussetzungen für eine offensichtlich engere Verbindung sowie mögliche Staaten, zu denen eine solche Beziehung bestehen könnte, siehe Kapitel 3 § 3 A. II. 2. b).

## *II. Im Verhältnis zwischen Plattformbetreiber und Kapitalsuchendem (b2b)*

Sofern der Kapitalsuchende den Darlehensvertrag nicht zu privaten Zwecken abschließt, handelt er als Unternehmer. Auch den Vertrag über die Darlehensvermittlung mit dem Plattformbetreiber wird er dann als Unternehmer abschließen. Bei dem Vermittlungsvertrag liegt dann eine b2b-Konstellation vor, sodass Verbraucherschutzvorschriften und insbesondere der Günstigkeitsvergleich nicht zur Anwendung kommen.

### *1. Subjektive Anknüpfung*

#### *a) Rechtswahl nach Art. 3 Rom I-VO*

Wie bereits beim Abschluss des Nutzungsvertrages ist auch beim Abschluss des Vertrages über die Darlehensvermittlung zwischen zwei Unternehmern die Rechtswahl nach Art. 3 Abs. 1 Rom I-VO möglich.[119] Angesichts der vorgefertigten Musterverträge wird es zur Wahl des Rechts des Plattformbetreibers kommen. Ein reiner Inlands- oder Binnenmarktsachverhalt wird grundsätzlich nicht vorliegen, sodass auch Art. 3 Abs. 3 und Abs. 4 Rom I-VO keine Anwendung finden.[120]

#### *b) Kein kollisionsrechtlicher Verbraucherschutz*

Da es sich in der vorliegenden Konstellation beim Kapitalsuchenden nicht um einen Verbraucher, sondern um einen Unternehmer handelt, greifen die kollisionsrechtlichen Verbraucherschutzvorschriften des Art. 6 Abs. 2 S. 2 Rom I-VO nicht.

### *2. Objektive Anknüpfung*

Sofern die Parteien keine Rechtswahl treffen, wird der Vertrag, welcher ein Dienstleistungsvertrag ist,[121] objektiv nach Art. 4 Abs. 1 lit. b Rom I-VO angeknüpft. Auf den Vermittlungsvertrag findet daher das Plattformrecht

---

119 Zu den Voraussetzungen und Folgen der Rechtswahl im Allgemeinen siehe Kapitel 3 § 3 A. I. 1. a).

120 Vgl. Kapitel 3 § 3 A. I. 1. a); so auch *Wendelstein*, GPR 2021, 220 (223).

121 Siehe Kapitel 3 § 3 B. I. 2. b).

Anwendung. Eine offensichtlich engere Verbindung zu dem Recht eines anderen Staates ist wie bereits beim Plattformnutzungsvertrag nicht anzunehmen.[122]

### *III. Zwischenergebnis und Anwendung auf das Fallbeispiel*

Auf den Vermittlungsvertrag zwischen Plattformbetreiber und dem Kapitalsuchenden finden dieselben Grundsätze wie auf den Plattformnutzungsvertrag Anwendung. Bei dem eingangs genannten Beispiel[123] findet daher bei entsprechender Rechtswahl auf den Vermittlungsvertrag zwischen Plattformbetreiber P und Kapitalsuchendem K im Rahmen der b2c-Konstellation das Recht des Sitzes des Plattformbetreibers P, also amerikanisches Recht, Anwendung.[124] Gemäß Art. 6 Abs. 2 S. 2 Rom I-VO findet darüber hinaus ein lawmix mit den zwingenden verbraucherschützenden Vorschriften des deutschen Rechts, dem Recht des Aufenthaltsstaates des Kapitalsuchenden K, statt.

Sofern ein Vermittlungsvertrag in einer b2b-Konstellation vorliegt, kann die Rechtswahl ohne Einschränkungen stattfinden. Bei objektiver Anknüpfung findet das Recht des Sitzes des Plattformbetreibers P, nämlich amerikanisches Recht, Anwendung.

## § 4 Kollisionsrechtliche Betrachtung des Darlehensvertrages beim echten P2P-Lending

Beim echten P2P-Lending wird der Darlehensvertrag ohne die Beteiligung eines Kreditinstituts abgeschlossen.[125] Vielmehr schließt der Kapitalsuchende mit den verschiedenen Anlegern jeweils eigene, direkte Darlehensverträge ab. Neben dem Vertragsschluss zwischen zwei als Verbraucher handelnden Beteiligten ist es ebenfalls möglich, dass der Kapitalsuchende als Unternehmer auftritt. Der Anleger wird hingegen weiterhin nicht zu gewerblichen oder beruflichen Zwecken tätig. Neben der Einordnung von c2c-Konstellationen ist bei der kollisionsrechtlichen Betrachtung des Darlehensvertrages insbesondere die Frage interessant, wie Leistungen, die von einem Verbraucher an einen Unternehmer

---

122 Zu den Voraussetzungen für eine offensichtlich engere Verbindung sowie mögliche Staaten, zu denen eine solche Beziehung bestehen könnte, siehe Kapitel 3 § 3 A. II. 2. b).

123 Zum Fallbespiel siehe Kapitel 3 § 1 A.

124 Es kann offenbleiben, ob es sich dabei um federal law oder state law handelt. Vgl. dazu Kapitel 3, Fn. 8.

125 Siehe Kapitel 1 § 2 A.

erbracht werden (c2b-Konstellation), im Rahmen des Art. 6 Rom I-VO beurteilt werden.

## A. Im Verhältnis zwischen Anleger und Kapitalsuchendem (c2c)

In der c2c-Konstellation schließen Kapitalsuchender und Anleger den Darlehensvertrag beide in der Position eines Verbrauchers.

### *I. Subjektive Anknüpfung*

#### *1. Rechtswahl nach Art. 3 Rom I-VO*

Auch wenn ein Vertrag zwischen zwei Verbrauchern geschlossen wird, ist eine Rechtswahl nach Art. 3 Rom I-VO möglich. Hierbei finden die allgemeinen Grundsätze der Rechtswahl Anwendung.[126]

Selbst wenn der Plattformbetreiber keine Partei des Darlehensvertrages ist, wird er im Regelfall auf seiner Plattform einen Musterdarlehensvertrag zur Verfügung stellen. Dabei ist davon auszugehen, dass darin die Vereinbarung zur Wahl des Rechts des Plattformbetreibers getroffen wird.

Art. 3 Abs. 3 und Abs. 4 Rom I-VO kommen grundsätzlich nicht zur Anwendung. Nur in einigen Ausnahmefällen wird es sich um einen reinen Inlandssachverhalt handeln. Selbst wenn Anleger und Kapitalsuchender ihren Wohnort im gleichen Staat hätten, würde durch den Vertragsschluss über die ausländische P2P-Plattform weiterhin eine Auslandsberührung vorliegen.

Sollte doch ein Binnenmarktsachverhalt vorliegen, also alle Elemente des Sachverhalts in einem oder mehreren Mitgliedstaaten der EU liegen, und die Rechtswahl das Recht eines Drittstaates zur Anwendung berufen, greift Art. 3 Abs. 4 Rom I-VO. Trotz der Rechtswahl kann danach nicht von zwingenden Vorschriften der entsprechenden Mitgliedstaaten durch Vereinbarung abgewichen werden.[127]

#### *2. Kein kollisionsrechtlicher Verbraucherschutz*

Der Günstigkeitsvergleich im Rahmen des kollisionsrechtlichen Verbraucherschutzes gemäß Art. 6 Abs. 2 Rom I-VO greift bei der c2c-Konstellation nicht, da kein Unternehmer am Vertragsschluss beteiligt ist.

---

126 Siehe oben Kapitel 3 § 3 A. I. 1. a).

127 Für einen Überblick über zwingende Vorschriften siehe *Wendland*, in BeckOGK, Rom I-VO, Art. 3, Rn. 266–268.

## *II. Objektive Anknüpfung*

Sofern keine Rechtswahl der Parteien vorliegt, wird das Vertragsstatut gemäß Art. 4 Abs. 2 Rom I-VO an die charakteristische Leistung angeknüpft. Eine solche ist allerdings nur möglich, wenn der Darlehensvertrag keinen Dienstleistungsvertrag im Sinne des Art. 4 Abs. 1 lit. b Rom I-VO darstellt. Eine objektive Anknüpfung nach Art. 6 Abs. 1 Rom I-VO scheidet hingegen in jedem Fall aus, da beide Beteiligte Verbraucher sind und somit die erforderliche Beteiligung eines Unternehmers fehlt.

### *1. Kein Dienstleistungsvertrag nach Art. 4 Abs. 1 lit. b Rom I-VO*

Ob auf den Darlehensvertrag gemäß Art. 4 Abs. 1 lit. b Rom I-VO das Recht des Aufenthaltsstaates des die Leistung Erbringenden Anwendung findet, hängt davon ab, ob der Darlehensvertrag unter den Dienstleistungsbegriff fällt.

Diese Einordnung ist umstritten. Sowohl der EuGH als auch der BGH gehen davon aus, dass es sich bei Darlehen, die durch Kreditinstitute vergeben werden, um Dienstleistungsverträge handelt.[128] Allerdings erfordert ein Dienstleistungsvertrag die Durchführung einer konkret geschuldeten Tätigkeit gegen Entgelt. Die Hingabe des Geldes, um es zu einem späteren Zeitpunkt nebst Zinsen zurückzuerhalten, ist lediglich eine zeitlich begrenzte Gebrauchsüberlassung, die keine besondere Tätigkeit darstellt, wie es aber eine Dienstleistung verlangt.[129] Eine weitere, darüber hinaus gehende Tätigkeit schuldet der Darlehensgeber hingegen nicht.[130] Daher verneint die herrschende Literatur richtigerweise das Vorliegen eines Dienstleistungsvertrages beim Abschluss eines Darlehensvertrages.[131]

---

128 EuGH, Urt. v. 15.06.2017, Rs. C-249/16, ECLI:EU:C:2017:472, Rn. 35–37 – *Kareda* sowie BGH, Urt. v. 28.02.2012, Az.: XI ZR 9/11, NJW 2012, 1817 (1818), Rn. 20 m.w.N. in Bezug auf Art. 5 Nr. 1 lit. b Brüssel Ia-VO; vgl. dazu vertieft *Einsele*, WM 2009, 289 (291); *Ringe*, in jurisPK, BGB, Art. 4 Rom I-VO, Rn. 23. Anders hingegen BGH, Urt v. 16.09.2014, Az.: XI ZR 78/13, NJW 2015, 555 (556), Rn. 23 zu Art. 29 EGBGB a.F., der einen Darlehensvertrag lediglich dann als Dienstleistungsvertrag einstuft, wenn der Darlehensvertrag der Finanzierung einer Dienstleistung dient.

129 So auch *Wendelstein*, GPR 2021, 220 (224); *Martiny*, in MüKo, BGB, Art. 4 Rom I-VO, Rn. 50 m.w.N.

130 *Wendelstein*, GPR 2021, 220 (224).

131 *Ferrari*, in Ferrari, Internationales Vertragsrecht, Art. 4 Rom I-VO, Rn. 29; *Köhler*, in beckOGK, Rom I-VO, Art. 4, Rn. 78; *Magnus*, IPRax 2010, 27 (36); *ders.*, in Ferrari/Leible, Rome I Regulation, 27 (37–38); *Martiny*, in MüKo, BGB, Art. 4 Rom I-VO, Rn. 53; *Stürner*, in Erman, BGB, Art. 4 Rom I-VO, Rn. 39; *Thorn*, in Grüneberg, BGB, Art. 4 Rom I-VO, Rn. 26; *Wendelstein*, GPR 2021, 220 (224).

Selbst wenn man der Rechtsprechung von EuGH und BGH folgen würde, bleibt es beim echten P2P-Lending bei dem Grundsatz, dass der Darlehensvertrag ohne Beteiligung des Kreditinstituts zustande kommt. Die Annahme von EuGH und BGH passt insofern nicht auf die Fallgestaltung des echten, sondern lediglich auf die des unechten P2P-Lending. Folglich liegt auch keine Form eines Darlehensvertrages vor, der als Dienstleistungsvertrag unter Art. 4 Abs. 1 lit. b Rom I-VO fällt.

### 2. *Kein Vertrag über Finanzinstrumente nach Art. 4 Abs. 1 lit. h Rom I-VO*

Auch wenn bei einem Darlehensvertrag Finanzen bewegt und Zinsen als Rendite erwirtschaftet werden, handelt es sich bei einem solchen nicht um ein Finanzinstrument im Sinne des Art. 4 Abs. 1 lit. h Rom I-VO, sodass das anwendbare Recht auch nicht darüber zu bestimmen ist. Welche Instrumente Finanzinstrumente im Sinne der Rom I-VO sind, lässt sich dem Erwägungsgrund 30 und der MiFID II-Richtlinie entnehmen.[132] Kreditverträge beziehungsweise Darlehensverträge fallen nicht unter die im Anhang I, Abschnitt C der MiFID II-Richtlinie aufgeführten Finanzinstrumente.[133]

Darüber hinaus sind mit dem nach Art. 4 Abs. 1 lit. h Rom I-VO erforderlichen multilateralen System vor allem Börsen und börsenähnliche (elektronische) Handelsplattformen gemeint.[134] Eine P2P-Plattform stellt solch ein

---

132 Richtlinie 2014/65/EU des Europäischen Parlaments und des Rates vom 15. Mai 2014 über Märkte für Finanzinstrumente sowie zur Änderung der Richtlinien 2002/92/EG und 2011/61/EU. *Rühl*, in BeckOGK, Rom I-VO, Art. 6, Rn. 152. Art. 4 Abs. 1 lit. h Rom I-VO verweist für den Begriff des Finanzinstruments auf Art. 4 Abs. 1 Nr. 17 der RL 2004/39/EG. Diese Richtlinie wurde durch Art. 94 Abs. 1 der RL 2014/65/EU mit Wirkung zum 03.01.2018 aufgehoben. Nach Art. 94 Abs. 3 RL 2014/65/EU gelten die Bezugnahmen auf Begriffsbestimmungen der alten Richtlinie (2004/39/EG) als Bezugnahmen auf entsprechende Begriffsbestimmungen der RL 2014/65/EU. Für die Bestimmung des Begriffs des Finanzinstruments im Rahmen des Art. 4 Abs. 1 lit. h Rom I-VO kann daher auf Anhang I, Abschnitt C der RL 2014/65/EU verwiesen werden. Zur vertieften Auseinandersetzung mit dem Begriff des Finanzinstruments im Sinne des Art. 4 Abs. 1 lit. h Rom I-VO siehe Kapitel 4 § 3 B. I.

133 Selbst wenn man Darlehensverträge als Finanzinstrumente einordnen würde, würde für diese ggf. als Finanzdienstleistung die Rückausnahme gemäß Art. 6 Abs. 4 lit. d a.E. Rom I-VO greifen. Allerdings muss diese Rückausnahme nicht berücksichtigt werden, da bereits der Darlehensvertrag nicht unter den Ausschlusstatbestand des Art. 6 Abs. 4 lit. d Rom I-VO fällt. Vgl. *Rühl*, in BeckOGK, Rom I-VO, Art. 6, Rn. 170–171.

134 *Lehmann*, in Ferrari/Leible, Rome I Regulation, 85 (88); *Rühl*, in BeckOGK, Rom I-VO, Art. 6, Rn. 174; *Thorn*, in Rauscher, EuZPR/EuIPR, Art. 4 Rom I-VO, Rn. 74.

multilaterales System nicht dar, da insbesondere keine Geschäfte über einen Broker getätigt werden.[135]

### 3. *Charakteristische Leistung nach Art. 4 Abs. 2 Rom I-VO*

Da der Darlehensvertrag unter keinen der speziell in Art. 4 Abs. 1 Rom I-VO regulierten Vertragstypen fällt, wird er über die charakteristische Leistung nach Art. 4 Abs. 2 Rom I-VO angeknüpft. Anhand der charakteristischen Leistung wird die engste Verbindung des Vertrages konkretisiert.[136] Für ihre Ermittlung ist nach autonomer Auslegung die Leistung ausschlaggebend, die den Schwerpunkt des Vertrages bildet und ihn dadurch prägt.[137] Reine Entgeltleistungen können nach der herrschenden Meinung keine charakteristische Leistung sein.[138]

Beim Abschluss eines Darlehensvertrages stehen sich zwei Geldleistungen gegenüber: die Gewährung der Darlehenssumme auf Zeit sowie die Zinszahlung.[139] Allerdings ist die Gewährung der Darlehenssumme nicht wie bei einem Kauf- oder Dienstleistungsvertrag lediglich die Gegenleistung zu einer anderen charakteristischen Leistung, wie beispielsweise der Übergabe der Kaufsache. Vielmehr ist die Gewährung der Darlehenssumme auf Zeit unter der Bedingung der Rückzahlung die Leistung, die den Darlehensvertrag von anderen Verträgen wie etwa der Schenkung unterscheidet. Damit ist sie und nicht die Verwendung des Darlehens oder die Zinszahlung die charakteristische Leistung des Darlehensvertrages.[140] Die Zinszahlung hat hingegen lediglich

---

Vgl. vertieft zum Begriff des multilateralen Systems *Czernich*, in Heindler/Verschraegen, Internationale Bankgeschäfte mit Verbrauchern, 49 (70–71) sowie *Müller*, Finanzinstrumente in der Rom I-VO, S. 227–239.

135 Vgl. *Rühl*, in BeckOGK, Rom I-VO, Art. 6, Rn. 175.

136 *Köhler*, in BeckOGK, Rom I-VO, Art. 4, Rn. 149; *Martiny*, in MüKo, BGB, Art. 4 Rom I-VO, Rn. 175; a.A. *Ferrari*, in Ferrari, Internationales Vertragsrecht, Art. 4 Rom I-VO, Rn. 59. *Ferrari* sieht Art. 4 Abs. 2 Rom I-VO lediglich als eine von Art. 4 Abs. 1 Rom I-VO deklassierte Auffangregel an.

137 *Köhler*, in BeckOGK, Rom I-VO, Art. 4, Rn. 151; *Magnus*, in Staudinger, BGB, Art. 4 Rom I-VO, Rn. 113–114.

138 Vgl. insofern BGH, Urt. v. 12.05.1993, Az.: VIII ZR 110/92, NJW 1993, 2753 (2754) in Bezug auf die charakteristische Leistung bei einem Handelsvertretervertrag; *Magnus*, in Staudinger, BGB, Art. 4 Rom I-VO, Rn. 113 m.w.N.; *Stürner*, in Erman, BGB, Art. 4 Rom I-VO, Rn. 32; *Thorn*, in Rauscher, EuZPR/EuIPR, Art. 4 Rom I-VO, Rn. 78.

139 *Thorn*, in Rauscher, EuZRP/EuIPR, Art. 4 Rom I-VO, Rn. 99.

140 So auch OLG Düsseldorf, Urt. v. 02.10.1997, Az.: 12 U 180/96, NJW 1998, 1145 (1146); *Ferrari*, in Ferrari, Internationales Vertragsrecht, Art. 4 Rom I-VO, Rn. 152; *Geisler*, Engste Verbindung im IPR, S. 231–232; *Leible*, in NK-BGB, Art. 4 Rom I-VO, Rn. 146;

Entgeltcharakter.[141]

Durch das Erbringen dieser charakteristischen Leistung durch den kapitalgebenden Anleger findet gemäß Art. 4 Abs. 2 Rom I-VO das Recht seines Aufenthaltsstaates auf den Vertrag Anwendung.[142]

### 4. *Keine vertragsakzessorische Anknüpfung an das Plattformrecht nach Art. 4 Abs. 3 Rom I-VO*

Die Anknüpfung an die charakteristische Leistung kann einer Korrektur gemäß Art. 4 Abs. 3 Rom I-VO unterzogen werden, sofern eine offensichtlich engere Verbindung zu dem Recht eines anderen Staates besteht. Möglich wäre eine offensichtlich engere Verbindung zum Recht des Plattformbetreibers.

Die Plattform stellt das Bindeglied zwischen allen geschlossenen Verträgen dar, sodass das Recht des Plattformbetreibers für alle ohne Schwierigkeiten zu ermitteln wäre.[143] Die Anknüpfung an das Plattformrecht würde daher eine deutliche Rechtssicherheit für alle beteiligten Parteien mit sich bringen.

Neben dem Darlehensvertrag schließen sowohl der Anleger als auch der Darlehensnehmer einen Nutzungsvertrag und einen Vermittlungsvertrag mit dem Plattformbetreiber. Dafür werden keine individualisierten, sondern vielmehr standardisierte, vom Plattformbetreiber zur Verfügung gestellte Verträge genutzt. Selbst für den Darlehensvertrag, an dem der Plattformbetreiber nicht als Partei beteiligt ist, wird meist ein Muster verwendet, das der Plattformbetreiber zur Verfügung gestellt hat. Diese Verträge sind sowohl inhaltlich als auch rechtlich aufeinander abgestimmt, miteinander verbunden und stehen in einem Zusammenhang zueinander. Dass sich daraus eine offensichtlich engere Verbindung ableiten lassen könnte, kann auch aus Erwägungsgrund 20 der Rom I-VO schlussgefolgert werden. Danach soll im Rahmen des Art. 4 Abs. 3 Rom I-VO insbesondere berücksichtigt werden, ob der Vertrag in einer sehr

---

*Spindler*, ZBB 2017, 129 (140); *Stürner*, in Erman, BGB. Art. 4 Rom I-VO, Rn. 39, *Thorn*, in Grüneberg, BGB, Art. 4 Rom I-VO, Rn. 26; *ders.*, in Rauscher, EuZPR/EuIPR, Art. 4 Rom I-VO, Rn. 99.

141 *Thorn*, in Rauscher, EuZPR/EuIPR, Art. 4 Rom I-VO, Rn. 99.

142 So auch *Wendelstein*, GPR 2021, 220 (225).

143 Vgl. *Bach*, in Spindler/Schuster, Recht der elektronischen Medien, Art. 4 Rom I-VO, Rn. 31. *Bach* lässt i.E. jedoch offen, ob es dadurch auch eine offensichtlich engere Verbindung gibt. Er verweist auf eine notwendige Einzelfallbetrachtung. i.E. auch *Lutzi*, NJW 2012, 2070 (2072) in Bezug auf den Handel von virtuellen Gegenständen in Computerspielen.

engen Verbindung zu einem oder mehreren anderen Verträgen steht. In einem solchen Fall wäre der Darlehensvertrag akzessorisch an das Plattformrecht anzuknüpfen.[144]

Allerdings setzt die vertragsakzessorische Anknüpfung voraus, dass an den zugrundeliegenden Rechtsverhältnissen dieselben Parteien beteiligt sind.[145] Dies ergibt sich aus der bei der Auslegung zu berücksichtigenden Parallelvorschrift des Art. 4 Abs. 3 S. 2 Rom II-VO,[146] wonach sich die offensichtlich engere Verbindung aus dem Rechtsverhältnis zwischen den Parteien ergeben muss. Es ist somit Parteiidentität erforderlich.

Am Nutzungs-, Vermittlungs- und Darlehensvertrag des P2P-Lending sind jedoch immer unterschiedliche Parteien beteiligt. Darlehensnehmer und Darlehensgeber haben einzig beim Darlehensvertrag eine unmittelbare Rechtsbeziehung zueinander. Den Nutzungs- und Vermittlungsvertrag schließen der Darlehensnehmer und Darlehensgeber jeweils eigenständig mit dem Plattformbetreiber. Bei dem infragestehenden Darlehensvertrag ist der Plattformbetreiber zu keinem Zeitpunkt Vertragspartei. Eine Parteiidentität besteht beim echten P2P-Lending daher nicht. Würde es zu einer akzessorischen Anknüpfung kommen, könnten nicht die Interessen aller Parteien berücksichtigt werden, da nicht alle gleichermaßen an allen genannten Verträgen beteiligt sind.[147]

Denn bei Anwendung des Plattformrechts käme es überwiegend zur Berücksichtigung der Interessen des Plattformbetreibers. Dieser ist jedoch wie dargestellt gar nicht am Rechtsverhältnis des Darlehensvertrages beteiligt. Im Rahmen der vertragsakzessorischen Anknüpfung kann gerade aus Sicht der Parteien des Darlehensvertrages eine solche Bevorzugung nicht gewollt sein.

Auch müsste sich im Rahmen einer akzessorischen Anknüpfung das auf den Hauptvertrag anzuwendende Recht auf einen weiteren untergeordneten Vertrag

---

144 So auch *Wendelstein*, GPR 2021, 220 (225). Vgl. *Martiny*, in MüKo, BGB, Art. 4, Rn. 302 zur akzessorischen Anknüpfung.

145 *v. Hoffmann*, in Soergel, BGB, 12. Auflage, Art. 28 EGBGB, Rn. 116; *Köhler*, in BeckOGK, Rom I-VO, Art. 4, Rn. 186; *Martiny*, in MüKo, BGB, Art. 4 Rom I-VO, Rn. 304; *Thorn*, in Rauscher, EuZPR/EuIPR, Art. 4, Rn. 150. *Martiny* äußert sich hingegen zurückhaltender, indem er davon ausgeht, dass sich „in der Regel" dieselben Parteien beteiligen müssen. a.A. i.E. *Freitag*, in Möslein/Omlor, FinTech-Handbuch, § 14, Rn. 18.

146 Vgl. EG (7) der Rom I-VO. Siehe zur Vertragsakzessorischen Anknüpfung i.S.d. Art. 4 Abs. 3 S. 2 Rom II-VO *Wendelstein*, in Soergel, BGB, Art. 4 Rom II-VO, Rn. 100–101.

147 Vgl. *Wendelstein*, GPR 2021, 220 (225).

erstrecken.[148] Im Rahmen des P2P-Lending handelt es sich jedoch gerade bei dem Darlehensvertrag um den Hauptvertrag. Die Nutzungs- und Vermittlungsverträge spielen nur eine untergeordnete Rolle. Den Hauptvertrag an das auf die untergeordneten Nebenverträge anzuwendende Recht anzuknüpfen, widerspricht dem Grundgedanken der vertragsakzessorischen Anknüpfung.

Eine akzessorische Anknüpfung an das Plattformrecht ist also für den Darlehensvertrag im Rahmen des echten P2P-Lending weder interessengerecht noch rechtlich ableitbar.[149] Eine offensichtlich engere Verbindung ist nicht erkennbar.[150] Es bleibt daher bei der Anknüpfung an das Recht des Aufenthaltsortes des Darlehensgebers gemäß Art. 4 Abs. 2 Rom I-VO.

## B. Im Verhältnis zwischen Anleger und Kapitalsuchendem (c2b)

Der Darlehensvertrag kann ferner zwischen einem Anleger als Verbraucher und einem Kapitalsuchenden geschlossen werden, der das Kapital für einen gewerblichen oder beruflichen Zweck benötigt. In dieser Konstellation schließen ein Verbraucher und ein Unternehmer im Sinne der Rom I-VO den Darlehensvertrag. Insbesondere in der Literatur ist umstritten, ob eine solche c2b-Konstellation, in der der Verbraucher und nicht der Unternehmer die vertragscharakteristische Leistung erbringt, einen Verbrauchervertrag darstellt.

### *I. Subjektive Anknüpfung*

#### *1. Rechtswahl nach Art. 3 Rom I-VO*

Eine Rechtswahl im Rahmen des Darlehensvertrages ist wie bereits in der c2c-Konstellation auch bei einem Verbrauchervertrag in einer c2b-Konstellation wegen des Grundsatzes der Privatautonomie nach Art. 3 Rom I-VO möglich.[151] Bei der Rechtswahl wird im Regelfall auf Grund der standardisierten Musterverträge das Recht des Plattformbetreibers gewählt werden.

---

148 *Köhler*, in BeckOGK, Rom I-VO, Art. 4, Rn. 183; *Magnus*, in Staudinger, BGB, Art. 4 Rom I-VO, Rn. 136.

149 i.E. so auch *Wendelstein*, GPR 2021, 220 (225–226); a.A. *Freitag*, in Möslein/Omlor, FinTech-Handbuch, § 14, Rn. 18 sowie *Freitag/Wolf*, WM 2021, 1009 (1011).

150 In einem besonders gelagerten Einzelfall mag eine akzessorische Anknüpfung möglich sein. Im Regelfall wird diese aber nicht anzunehmen sein. So i.E. auch *Bach*, in Spindler/Schuster, Recht der elektronischen Medien, Art. 4 Rom I-VO, Rn. 31.

151 Zur Darstellung der Voraussetzungen der Rechtswahl siehe Kapitel 3 § 3 A. I. 1. a).

### 2. *Kollisionsrechtlicher Verbraucherschutz durch den Günstigkeitsvergleich, Art. 6 Rom I-VO*

Bei Verbraucher-Unternehmer-Konstellationen ist die Rechtswahl im Regelfall durch den Günstigkeitsvergleich gemäß Art. 6 Abs. 2 S. 2 Rom I-VO eingeschränkt.[152] Typischerweise handelt es sich dabei um Vertragskonstellationen, in denen der Unternehmer die Leistung erbringt. Ob dies auch der Fall ist, wenn die charakteristische Leistung vom Verbraucher erbracht wird, ist umstritten.[153] In diesem Zusammenhang wird diskutiert, ob überhaupt der Anwendungsbereich des Art. 6 Abs. 1 Rom I-VO eröffnet ist.

#### a) *persönlicher Anwendungsbereich des Art. 6 Rom I-VO*

Grundsätzlich erfordert die Eröffnung des Anwendungsbereiches des Art. 6 Rom I-VO den Vertragsschluss zwischen einem Unternehmer und einem Verbraucher. Bei einem klassischen Darlehensvertrag erbringt dabei im Regelfall der Unternehmer die charakteristische Leistung in Form der Gewährung der Darlehenssumme. In der vorliegend beschriebenen c2b-Konstellation handelt es sich jedoch um die umgekehrte Situation zum Verbraucherdarlehensvertrag: Es handelt der Darlehensnehmer als Unternehmer und der Anleger gewährt als Verbraucher die Darlehenssumme.

Teilweise wird die Eröffnung des Anwendungsbereichs von Art. 6 Abs. 1 Rom I-VO abgelehnt, wenn der Verbraucher die vertragscharakteristische Leistung erbringt.[154] Dies wird damit begründet, dass sich die Anwendung des Art. 6 Abs. 1 Rom I-VO auf die c2b-Konstellation weder aus der Historie noch aus der Systematik der Norm ergibt.[155] Art. 5 EVÜ war als Vorgängernorm des Art. 6 Rom I-VO so formuliert, dass der Unternehmer die Kaufsache veräußern oder

---

152 Zum Günstigkeitsvergleich in der b2c-Konstellation siehe Kapitel 3 § 3 A. I. 1. b).

153 Siehe hierzu insbesondere die nachfolgenden Fn. 154 und 160.

154 So *Freitag/Wolf*, WM 2021, 1009 (1012); *Heiderhoff*, in Rauscher, EuZPR/EuIPR, Bearbeitung 2011, Art. 6 Rom I-VO, Rn. 17–18; *Heiss*, JBL 2006, 750 (763) zu Art. 5 Rom I-Vorschlag; *Kluth*, Grenzen des kollisionsrechtlichen Verbraucherschutzes, S. 266; *Mankowski*, IPRax 2006, 101 (106); *Stürner*, in Erman, BGB, Art. 6 Rom I-VO, Rn. 27. Entgegen *Kluth* definiert *Heiderhoff* den Verbrauchervertrag gerade zunächst nicht als Vertrag, bei dem der Verbraucher auf der Käuferseite steht (*Heiderhoff*, Gemeinschaftsprivatrecht, S. 88). Zu einer konkreten Zuordnung der Positionen von Verbraucher und Unternehmer äußert sich diese nicht. *Heiderhoff* vertritt allerdings mittlerweile die Ansicht, dass auch cb2-Konstellationen unter Art. 6 Rom I-VO fallen (*Heiderhoff*, in Rauscher, EuZPR/EuIPR, Art. 6 Rom I-VO, Rn. 20).

155 *Freitag/Wolf*, WM 2021, 1009 (1012).

die Dienstleistung erbringen musste. Mithin musste die vertragscharakteristische Leistung vom Unternehmer erbracht werden. Daraus wird geschlossen, dass dieser Regelungsgehalt auch auf den neuen Art. 6 Rom I-VO übertragen werden muss.[156] Ferner sei aus der Voraussetzung des Ausübens oder Ausrichtens des Unternehmers auf den Aufenthaltsstaat des Verbrauchers gemäß Art. 6 Abs. 1 Rom I-VO sowie aus den Ausnahmeregelungen des Art. 6 Abs. 4 lit. a und b Rom I-VO zu schließen, dass es auch für die charakteristische Leistung auf die Tätigkeit des Unternehmers ankomme.[157] Überdies wird gegen die Eröffnung des Anwendungsbereiches angeführt, dass der Verbraucher nicht schutzwürdig sei, wenn er selbst die vertragscharakteristische Leistung erbringe.[158] Dieser Schluss lasse sich auch aus anderen europäischen Richtlinien ziehen, da dort Verbraucher nur in Fällen geschützt würden, in denen sie als „klassischer" Verbraucher und Leistungsempfänger fungierten.[159]

Überwiegend wird jedoch die Eröffnung des persönlichen Anwendungsbereiches des Art. 6 Abs. 1 Rom I-VO auch dann befürwortet, wenn der Verbraucher die vertragscharakteristische Leistung erbringt.[160] Diese Erwägung wird vor allem auf den Wortlaut des Art. 6 Abs. 1 Rom I-VO gestützt, da nach diesem auch der Verbraucher die charakteristische Leistung erbringen kann.[161] Dies entspricht dem Schutzzweck der Norm. Art. 6 Rom I-VO dient, wie sich aus Erwägungsgrund 23 der Verordnung ergibt, dem Schutz der schwächeren Partei. Selbst wenn der Verbraucher die charakteristische Leistung erbringt, wird

156 *Freitag/Wolf*, WM 2021, 1009 (1012).

157 *Freitag/Wolf*, WM 2021, 1009 (1012).

158 *Kluth*, Grenzen des kollisionsrechtlichen Verbraucherschutzes, S. 266.

159 *Kluth*, Grenzen des kollisionsrechtlichen Verbraucherschutzes, S. 266.

160 *Garcimartín Alférez*, EuLF 2008, 61 (71); *Heiderhoff*, in Rauscher, EuZPR/EuIPR, Art. 6 Rom I-VO, Rn. 20; *Leible/Lehmann*, RIW 2008, 528 (537); *Martiny*, in MüKo, BGB, Art. 6 Rom I-VO, Rn. 56; *Rühl*, GPR 2013, 122 (132); *Sachse*, Verbrauchervertrag im IPR, S. 176–178; *Salomon*, in Ferrari/Leible, Neues Internationales Vertragsrecht, S. 94; *Spickhoff*, in BeckOK, BGB, Art. 6 Rom I-VO, Rn. 20; *Spindler*, ZBB 2017, 129 (140); *Staudinger*, in Ferrari, Internationales Vertragsrecht, Art. 6 Rom I-VO, Rn. 17; *Wendelstein*, GPR 2021, 220 (224); *Wilke*, ZIP 2015, 2306 (2308).

161 *Martiny*, in MüKo, BGB, Art. 6 Rom I-VO, Rn. 14; *Spickhoff*, in BeckOK, BGB, Art. 6 Rom I-VO, Rn. 20; *Kluth*, Grenzen des kollisionsrechtlichen Verbraucherschutzes, S. 266, nimmt zwar richtigerweise an, dass sich eine Einschränkung des Anwendungsbereiches nicht aus dem Wortlaut des Art. 6 Rom I-VO ergebe. Fälschlicherweise geht er jedoch davon aus, dass Art. 6 Abs. 1 Rom I-VO dahingehend einschränkend auszulegen sei, dass er nur auf Verträge anzuwenden ist, bei denen der Verbraucher auf der Nachfrageseite steht und somit nicht die charakteristische Leistung erbringt.

er auf Grund seiner eingeschränkten Erfahrung weiterhin als die schwächere Partei einzuordnen sein, sodass seine Schutzbedürftigkeit im Rahmen des Art. 6 Rom I-VO weder geringer wird noch entfällt.[162]

Eine Einschränkung des Anwendungsbereiches lässt sich auch gerade nicht aus dem Wortlaut der Norm entnehmen. Entgegen der Auffassung, aus der Ausnahmeregelung des Art. 6 Abs. 4 lit. a und b Rom I-VO gehe hervor, dass stets der Unternehmer die relevante Leistung erbringen müsse,[163] kann nach Art. 6 Abs. 4 lit. d Rom I-VO die Leistung, hier der Verkauf von Aktien, ausdrücklich auch durch den Verbraucher erbracht werden.[164] Darüber hinaus lässt die Ausnahmeregelung des Art. 6 Abs. 4 lit. a Rom I-VO einen Umkehrschluss zu: Ein Ausschluss von Einzelfällen gemäß Art. 6 Abs. 4 lit. a Rom I-VO, in denen der Verbraucher die charakteristische Leistung erbringt, wäre nicht notwendig, wenn von vornherein sämtliche Vertragsgestaltungen ausgeschlossen wären, in denen der Verbraucher die charakteristische Leistung erbringt.[165] Andernfalls würde der Anwendungsbereich des Art. 6 Rom I-VO große Schutzlücken aufweisen.[166] Für den Verbraucher gäbe es insbesondere keinen Schutz gegen eine für ihn nachteilige Rechtswahl zugunsten des Rechts des Unternehmers.

Wortlaut und Normzweck des Art. 6 Abs. 1 Rom I-VO zeigen auf, dass es vielmehr einer ausdrücklichen Regelung und Rollenzuweisung für die Erbringung der vertragscharakteristischen Leistung bräuchte, um c2b-Konstellationen vom Anwendungsbereich des Art. 6 Rom I-VO auszuschließen. Eine solche ausdrückliche Regelung gibt es, anders als in anderen europäischen Richtlinien,[167] allerdings nicht.

---

162 Vgl. *Rühl*, GPR 2013, 112 (1329), Fn. 83; *Sachse*, Verbrauchervertrag im IPR, S. 177 m.w.N.; *Staudinger*, in Ferrari, Internationales Vertragsrecht, Art. 6 Rom I-VO, Rn. 17. Vgl. zu den prägenden Merkmalen eines Verbrauchers, wie z.B. dem Bedürfnis nach einem hohen Schutzniveau *Heiderhoff*, Gemeinschaftsprivatrecht, S. 86–87.

163 So *Freitag/Wolf*, WM 2021, 1009 (1012).

164 *Wendelstein*, GPR 2021, 220 (224), Fn. 39.

165 *Rühl*, in BeckOGK, Rom I-VO, Art. 6, Rn. 56.

166 *Heiderhoff*, in Rauscher, EuZPR/EuIPR, Art. 6 Rom I-VO, Rn. 20. *Heiderhoff* begründet die Schutzlücke anhand neuer Geschäftsmodelle, in denen die Rollen von Verbraucher und Unternehmer sich zunehmend immer mehr ähneln, wie z.B. beim Rückkauf von gebrauchten Waren durch den Unternehmer.

167 So beispielsweise in der Warenkaufrichtlinie (Richtlinie (EU) 2019/771 des europäischen Parlaments und des Rates vom 20. Mai 2019 über bestimmte vertragsrechtliche Aspekte des Warenkaufs, ABl. 2019 L 136/28), die ausschließlich zur Anwendung kommt, wenn ein Kaufvertrag zwischen einem Verkäufer und einem Verbraucher geschlossen wird. Damit wird klargestellt, dass der Verbraucher im Sinne der

Im Ergebnis sollte das Grundprinzip des Verbraucherschutzes sämtliche Fälle von Rechtsbeziehungen zwischen Unternehmern und Verbrauchern umfassen, um einen größtmöglichen Schutz für die (im Regelfall) schwächere Partei, den Verbraucher, zu bieten.

### *b) situativer Anwendungsbereich des Art. 6 Rom I-VO*

Wenn der unternehmerische Kapitalsuchende seine Tätigkeit nicht im Aufenthaltsstaat des Anlegers ausübt, muss er seine Tätigkeit gemäß Art. 6 Abs. 1 lit. b Rom I-VO zumindest auf diesen Staat ausgerichtet haben, damit der Anwendungsbereich des Art. 6 Rom I-VO eröffnet ist. Der Kapitalsuchende, der über die P2P-Plattform Kapital sucht, nimmt im Regelfall allerdings nicht eigenständig am Wirtschaftsverkehr des Aufenthaltsstaats des privaten Anlegers teil. Vielmehr bedient er sich der Plattform, um gezielt nach Anlegern für sein Kapitalgesuch zu suchen und entweder im eigenen oder auch in anderen Staaten Zugang zum Wirtschaftsverkehr zu erhalten. Dadurch kann der Kapitalsuchende dort ansässige Anleger erreichen. Diese Nutzung der Plattform stellt ein Ausrichten der unternehmerischen Tätigkeit des Kapitalsuchenden auf den Aufenthaltsstaat des Anlegers dar.[168]

### *c) kein Ausschlusstatbestand nach Art. 6 Abs. 4 lit. a Rom I-VO*

Die Anwendung des Günstigkeitsvergleichs wäre allenfalls dann ausgeschlossen, wenn zwischen den Parteien ein Dienstleistungsvertrag geschlossen würde, dessen geschuldete Leistung ausschließlich in einem anderen Staat als dem Aufenthaltsstaat des Verbrauchers zu erbringen wäre. Auf Grund der autonomen Auslegung des Begriffs des Dienstleistungsvertrages kann auf die Definition des Art. 4 Abs. 1 lit. b Rom I-VO zurückgegriffen werden.[169] Der Darlehensvertrag, der nicht von einem Kreditinstitut ausgegeben wird, ist wie bereits dargestellt kein Dienstleistungsvertrag.

---

Warenkaufrichtlinie ausschließlich diejenige Partei ist, die die vertragscharakteristische Leistung empfängt.

168 *Rühl*, in BeckOGK, Rom I-VO, Art. 6, Rn. 190; *Wendelstein* GPR 2021, 220 (224); a.A. *Freitag/Wolf*, WM 2021, 1009 (1012). Diese bezweifeln, dass der „Einkauf" von Leistungen oder Kapital als Ausrichtung einer unternehmerischen Tätigkeit angesehen werden kann.

169 Siehe Kapitel 3 § 4 A. II. in Bezug auf die objektive Anknüpfung im c2c-Verhältnis des Darlehensvertrages beim echten P2P-Lending.

Darüber hinaus würde Art. 6 Abs. 4 lit. a Rom I-VO dem Wortlaut nach allenfalls dann greifen, wenn der Unternehmer die Dienstleistung erbringt. In der c2b-Konstellation erbringt aber gerade der Anleger als Verbraucher die charakteristische Leistung in Form der Darlehensgewährung – unabhängig davon, ob es sich dabei um eine Dienstleistung handelt.[170] Eine Anwendung des Ausnahmetatbestands des Art. 6 Abs. 4 lit. a Rom I-VO scheidet damit aus, sodass der kollisionsrechtliche Verbraucherschutz gemäß Art. 6 Abs. 2 S. 2 Rom I-VO greift.

### *II. Objektive Anknüpfung*

Der Anwendungsbereich des Art. 6 Rom I-VO ist auch in c2b-Konstellationen eröffnet,[171] sodass sich das Vertragsstatut objektiv gemäß Art. 6 Abs. 1 Rom I-VO nach dem Recht des Aufenthaltsstaates des Verbrauchers, folglich des Anlegers, bestimmt.

Sofern der Anwendungsbereich des Art. 6 Rom I-VO in Ausnahmefällen nicht eröffnet sein sollte, wird der Darlehensvertrag nach Art. 4 Abs. 2 Rom I-VO an die charakteristische Leistung angeknüpft. Diese wird vom privaten Anleger durch die Gewährung des Darlehens erbracht, sodass das Recht seines Aufenthaltsstaates auch hier Anwendung findet.[172]

## C. Zwischenergebnis und Anwendung auf das Fallbeispiel

Der Darlehensvertrag beim echten P2P-Lending wird nur zwischen Anleger und Kapitalsuchendem geschlossen, sowohl in der c2c- als auch der c2b-Konstellation. Ausschlaggebend in der c2b-Konstellation ist, dass der kollisionsrechtliche Verbraucherschutz gemäß Art. 6 Abs. 2 S. 2 Rom I-VO greift, obwohl der Verbraucher und nicht der Unternehmer die charakteristische Leistung durch die Gewährung des Darlehens erbringt.

Für das oben genannte Beispiel[173] bedeutet dies: Im Rahmen der c2c-Konstellation kann uneingeschränkt eine Rechtswahl getroffen werden. Bei

---

170 Siehe Kapitel 3 § 4 B. I. 2. a). So auch *Wendelstein*, GPR 2021, 220 (224). *Wendelstein* betont weiter, dass selbst wenn die vorgenannten Ausschlusskriterien nicht greifen würden, der Anleger als Verbraucher die Leistungserbringung des Unternehmers in Form der Darlehensrückzahlung in seinem Aufenthaltsstaat empfangen wird und somit nicht ausschließlich im Ausland.

171 Siehe oben Kapitel 3 § 4 B. I. 2. a).

172 Vgl. dazu die Ausführungen zur charakteristischen Leistung beim Darlehensvertrag im Rahmen einer c2c-Konstellation, Kapitel 3 § 4 A. II. 3.

173 Zum Fallbespiel siehe Kapitel 3 § 1 A.

objektiver Anknüpfung ist das Recht des Aufenthaltsortes des Darlehensgebers A, also italienisches Recht, das Vertragsstatut. Bei einer c2b-Konstellation kommen im Rahmen der Rechtswahl die Grundsätze des kollisionsrechtlichen Verbraucherschutzes gemäß Art. 6 Abs. 2 S. 2 Rom I-VO zur Anwendung. Es kommt es zu einem lawmix aus dem gewählten Recht und den zwingenden Vorschriften des italienischen Rechts als Aufenthaltsrecht des privaten Anlegers A. Objektiv ist gemäß Art. 6 Abs. 1 Rom I-VO ebenfalls an italienisches Recht anzuknüpfen.

## § 5 Kollisionsrechtliche Betrachtung des Darlehensvertrages und der damit zusammenhängenden Verträge beim unechten P2P-Lending

Da es auch für das unechte P2P-Lending keine einheitlichen kollisionsrechtlichen Regelungen gibt, muss dafür ebenfalls auf das klassische Internationale Privatrecht zurückgegriffen werden. Anders als beim echten P2P-Lending ist neben dem Vertragsstatut des Darlehensvertrages mit dem Kreditinstitut auch das der Forderungsabtretung zu betrachten.

### A. Darlehensvertrag

Der Darlehensvertrag im Rahmen des unechten P2P-Lending kommt anders als beim echten P2P-Lending ohne die Beteiligung des Anlegers nur zwischen dem Kapitalsuchenden und einem Kreditinstitut zustande.[174] Der Kapitalsuchende kann beim Abschluss des Vertrags sowohl als Verbraucher als auch als Unternehmer handeln.

#### *I. Im Verhältnis zwischen Kreditinstitut und Kapitalsuchendem (b2c)*

##### *1. Subjektive Anknüpfung*

##### *a) Rechtswahl nach Art. 3 Rom I-VO*

Eine Rechtswahl für den Darlehensvertrag ist zwischen Kreditinstitut und privatem Kapitalsuchenden in der b2c-Konstellation möglich.[175] Die bereits auf der P2P-Internetplattform zur Verfügung gestellten Musterverträge sehen allerdings meist eine Rechtswahl zugunsten des Rechts des Kreditinstituts oder sogar des Plattformbetreibers vor. Es ist zu berücksichtigen, dass die Wahl des

174 Siehe dazu ausführlich Kapitel 1 § 2 B. I.

175 Vgl. insofern Art. 6 Abs. 2 S. 1 Rom I-VO.

im Mustervertrag vorgegebenen Rechts nicht zwingend ist. Die Rechtswahl kann bei beidseitigem Willen vielmehr auch zugunsten eines anderen Rechts geändert werden. Ferner gelten die allgemeinen Grundsätze der Rechtswahl der Rom I-VO.[176]

### b) *Kollisionsrechtlicher Verbraucherschutz, Art. 6 Rom I-VO*

Im Regelfall wird der persönliche und situative Anwendungsbereich des Art. 6 Abs. 1 Rom I-VO in der b2c-Konstellation eröffnet sein,[177] sodass die Rechtswahl gemäß Art. 6 Abs. 2 S. 2 Rom I-VO durch den Günstigkeitsvergleich eingeschränkt ist. Danach kommt es zu einem lawmix mit den zwingenden Vorschriften des Aufenthaltsrechts des Kapitalsuchenden. Anderes ergibt sich lediglich, wenn die Ausnahmetatbestände des Art. 6 Abs. 4 Rom I-VO greifen.

#### aa) *Kein Ausnahmetatbestand nach Art. 6 Abs. 4 lit. a Rom I-VO*

Ein Darlehensvertrag, bei dem die Darlehenssumme von einer Privatperson ausgegeben wird, ist, wie bereits ausgeführt, kein Dienstleistungsvertrag im Sinne des Art. 6 Abs. 4 lit. a Rom I-VO.[178] Auch die Gewährung der Darlehenssumme durch das Kreditinstitut ist wie bei der Gewährung durch eine Privatperson lediglich mit einer Gebrauchsüberlassung auf Zeit zu vergleichen.

Es fragt sich, ob andere Maßstäbe an die Einordnung des Darlehensvertrages angelegt werden müssen, weil beim unechten P2P-Lending die Darlehenssumme von einer Bank und nicht von einer Privatperson ausgegeben wird. Wie bei der Ausgabe des Darlehens durch eine Privatperson stellt diese Tätigkeit auch bei der Ausgabe durch eine Bank keine für einen Dienstleistungsvertrag erforderliche konkret geschuldete Tätigkeit dar.[179] Denn das Kreditinstitut stellt dem Darlehensnehmer das Kapital lediglich zur Verfügung.

Überdies ist entgegen der Rechtsprechung des BGH[180] der Dienstleistungsbegriff im Rahmen des Art. 6 Abs. 4 lit. a Rom I-VO eng auszulegen, um einen

---

176 Siehe dazu bereits Kapitel 3 § 3 A. I. 1. a).

177 Insbesondere handelt es sich bei dem Kreditinstitut um einen Unternehmer im Sinne des Art. 6 Abs. 1 Rom I-VO, der seine Tätigkeit zumindest auf den Aufenthaltsstaat des Kapitalsuchenden ausrichtet. Siehe vertieft zu den Voraussetzungen der Unternehmereigenschaft und dem Ausrichten der Tätigkeit auf den Verbraucherstaat Kapitel 3 § 3 A. I. 1. b). aa).

178 Siehe Kapitel 3 § 4 A. II. 1.

179 So auch *Köhler*, in BeckOGK, Rom I-VO, Art. 4, Rn. 78. Siehe zur Einordnung der Darlehensausgabe durch einen Verbraucher Kapitel 3 § 4 A. II. 1.

180 BGH, Urt. v. 28.02.2012, Az.: XI ZR 9/11, NJW 2012, 1817, Rn. 20.

größtmöglichen Verbraucherschutz zu gewährleisten.[181] Bei einer engen Auslegung des Dienstleistungsbegriffs kann die Gebrauchsüberlassung auf Zeit nicht als konkret geschuldete Dienstleistung qualifiziert werden. Eine zu weite Auslegung würde dem Verbraucherschutz nicht gerecht werden. Deshalb ist auch entgegen der Rechtsprechung des EuGH[182] davon auszugehen, dass ein Darlehensvertrag, bei dem die Darlehenssumme durch ein Kreditinstitut vergeben wird, kein Dienstleistungsvertrag im Sinne des Art. 6 Abs. 4 lit. a Rom I-VO ist.[183]

Selbst wenn man den Darlehensvertrag als Dienstleistungsvertrag im Sinne des Art. 6 Abs. 4 lit. a Rom I-VO qualifizieren würde, müsste das Kreditinstitut seine Leistung, die Gewährung des Kapitals, ausschließlich in einem anderen Staat als dem Aufenthaltsstaat des Verbrauchers erbringen. Der private Kapitalsuchende beziehungsweise der Darlehensnehmer wird die Zahlung jedoch meist in seinem Aufenthaltsstaat empfangen, sodass bereits dadurch die Ausnahme des Art. 6 Abs. 4 lit. a Rom I-VO nicht greift.[184]

#### bb) *Kein Ausnahmetatbestand nach Art. 6 Abs. 4 lit. d Rom I-VO*

Die Anwendung des verbraucherschützenden Günstigkeitsvergleichs ist auch nicht nach Art. 6 Abs. 4 lit. h Rom I-VO ausgeschlossen, da es sich bei einem Kreditvertrag nicht um ein Finanzinstrument im Sinne des Art. 6 Abs. 4 lit. d Rom I-VO beziehungsweise Art. 4 Abs. 1 lit. h Rom I-VO handelt.[185]

### 2. *Objektive Anknüpfung*

Sollte keine Rechtswahl zwischen den Parteien geschlossen werden, bestimmt sich das Vertragsstatut gemäß Art. 6 Abs. 1 Rom I-VO nach dem Recht des Aufenthaltsstaates des Verbrauchers.

---

181 *Heiderhoff*, in Rauscher, EuZPR/EuIPR, Art. 6 Rom I-VO, Rn. 45.

182 EuGH, Urt. v. 15.06.2017, Rs. C-249/16, ECLI:EU:C:2017:472, Rn. 35–37 – *Kareda*.

183 So auch *Köhler*, in BeckOGK; Rom I-VO, Art. 4, Rn. 78; *Magnus*, in Staudinger, BGB, Art. 4 Rom I-VO, Rn. 282; *Martiny*, in MüKo, BGB, Art. 4 Rom I-VO, Rn. 50; *Wendelstein*, GPR 2021, 220 (224); a.A. *Freitag/Wolf*, WM 2021, 1009 (1013). Anders *Freitag* allerdings in Möslein/Omlor, FinTech-Handbuch, § 14, Rn. 18, wo er das Vorliegen eines Dienstleistungsvertrages im Sinne des Art. 4 Abs. 1 lit. b Rom I-VO indirekt verneint, indem er gemäß Art. 4 Abs. 2 Rom I-VO auf die charakteristische Leistung abstellt.

184 So auch *Wendelstein*, GPR 2021, 220 (224).

185 Siehe dazu bereits Kapitel 3 § 4 A. II. 2.

Sofern es an dem nach Art. 6 Rom I-VO erforderlichen Ausüben oder Ausrichten der Tätigkeit auf den Aufenthaltsstaat des Verbrauchers fehlt, wird nach Art. 4 Abs. 2 Rom I-VO an die charakteristische Leistung des Darlehensvertrages angeknüpft. Diese wird durch die Gewährung der Darlehenssumme vom Kreditinstitut erbracht, sodass gemäß Art. 19 Abs. 1 Rom I-VO das Recht des Ortes der Hauptverwaltung des Kreditinstituts auf den Darlehensvertrag Anwendung findet. Gegebenenfalls muss dabei gemäß Art. 19 Abs. 2 Rom I-VO auf den Ort der Niederlassung oder Zweigniederlassung des Kreditinstituts abgestellt werden.

### *II. Im Verhältnis zwischen Kreditinstitut und Kapitalsuchendem (b2b)*

Anders als in der b2c-Konstellation ist es auch möglich, dass der Kapitalsuchende den Kredit im Rahmen seiner gewerblichen oder beruflichen Tätigkeit aufnimmt. Dann schließen sowohl das Kreditinstitut als auch der Kapitalsuchende den Darlehensvertrag als Unternehmer (b2b). Verbraucherschützende Vorschriften kommen nicht zur Anwendung.

#### *1. Subjektive Anknüpfung*

##### *a) Rechtswahl nach Art. 3 Rom I-VO*

Auch zwischen zwei Unternehmern ist die Rechtswahl nach Art. 3 Abs. 1 Rom I-VO unproblematisch möglich. Es finden die allgemeinen Grundsätze der Rechtswahl der Rom I-VO Anwendung.[186]

##### *b) Kein kollisionsrechtlicher Verbraucherschutz*

Da kein Verbrauchervertrag vorliegt, wird die Rechtswahl auch nicht gemäß Art. 6 Abs. 2 S. 2 Rom I-VO eingeschränkt.

#### *2. Objektive Anknüpfung*

Sofern keine Rechtswahl zwischen den Parteien getroffen wird, ist das Vertragsstatut erneut objektiv zu bestimmen. Hierbei ist an die charakteristische Leistung des Darlehensvertrages anzuknüpfen.

---

186 Siehe dazu Kapitel 3 § 3 A. I. 1. a).

#### a) *Kein Dienstleistungsvertrag nach Art. 4 Abs. 1 lit. b Rom I-VO*

Der Darlehensvertrag zwischen einem Kreditinstitut und einem unternehmerischen Kapitalsuchenden stellt nach der hier vertretenen Ansicht keinen Dienstleistungsvertrag im Sinne des Art. 4 Abs. 1 lit. b Rom I-VO dar.[187]

#### b) *Charakteristische Leistung nach Art. 4 Abs. 2 Rom I-VO*

Das Kreditinstitut erbringt als Darlehensgeber die charakteristische Leistung des Darlehensvertrages,[188] sodass gemäß Art. 4 Abs. 2 Rom I-VO das Recht seiner Niederlassung Anwendung findet.

### *III. Zwischenergebnis und Anwendung auf das Fallbeispiel*

Der Darlehensvertrag wird zwischen dem Kreditinstitut und dem Kapitalsuchenden entweder in einer b2c- oder b2b-Konstellation geschlossen. Für das oben genannte Beispiel[189] ergibt sich folgende Lösung: In beiden Konstellationen ist nach Art. 3 Abs. 1 Rom I-VO die Rechtswahl möglich. Sie dürfte im Regelfall zugunsten des Rechts des Kreditinstituts B (mit Sitz in Frankreich), also französischen Rechts, ausfallen. In der b2c-Konstellation kommt es darüber hinaus gemäß Art. 6 Abs. 2 S. 2 Rom I-VO zu einem lawmix mit den für den Kapitalsuchenden K (mit gewöhnlichem Aufenthalt in Deutschland) günstigeren Vorschriften des deutschen Rechts. Objektiv ist in der b2c-Konstellation gemäß Art. 6 Abs. 1 Rom I-VO ebenfalls das Recht des Aufenthaltsortes des Kapitelsuchenden K, also auch deutsches Recht, anzuwenden. Stehen sich zwei Unternehmer gegenüber (b2b), findet hingegen gemäß Art. 4 Abs. 2 Rom I-VO das Recht des die Leistung erbringenden Kreditinstituts B (mit Sitz in Frankreich), also französisches Recht, Anwendung.

## B. Forderungskaufvertrag im Verhältnis zwischen Kreditinstitut und Anleger (b2c)

Da der private Anleger nicht direkt am Darlehensvertrag beteiligt ist, schließt er mit dem Kreditinstitut einen Kaufvertrag über die Darlehensrückzahlungsforderung. Für dieses Grundgeschäft der Abtretung ist das Zessionsgrundstatut eigenständig nach den Regeln des Kollisionsrechts zu ermitteln.

---

187 Siehe zum Meinungsstreit Kapitel 3 § 5 A. I. 1. b) aa).

188 Zur charakteristischen Leistung beim Darlehensvertrag siehe Kapitel 3 § 4 A. II. 3.

189 Für das Fallbeispiel siehe Kapitel 3 § 1 B.

## *I. Subjektive Anknüpfung*

### *1. Rechtswahl nach Art. 3 Rom I-VO*

Die Parteien des Forderungskaufvertrages können nach Art. 3 Rom I-VO eine Rechtswahl treffen. Dazu finden die allgemeinen Grundsätze der Rechtswahl Anwendung. In den von der P2P-Plattform zur Verfügung gestellten Muster(darlehens)forderungskaufverträgen wird meist das Recht des Kreditinstituts zur Anwendung berufen.[190] Daneben finden gemäß Art. 6 Abs. 2 S. 2 Rom I-VO die zwingenden verbraucherschützenden Vorschriften des Aufenthaltsrechts des privaten Anlegers Anwendung.

### *2. Kollisionsrechtlicher Verbraucherschutz, Art. 6 Rom I-VO*

Die Rechtswahl wird gemäß Art. 6 Abs. 2 S. 2 Rom I-VO zugunsten der günstigeren Vorschriften des Aufenthaltsrechts des Anlegers eingeschränkt, da es sich bei dem Forderungskaufvertrag um einen Vertrag zwischen Unternehmer und Verbraucher handelt. Im Übrigen wird es der Regelfall sein, dass das Kreditinstitut sich auf den Aufenthaltsstaat des Anlegers zumindest ausrichtet.[191] Es kommt somit erneut zu einem lawmix zwischen dem gewählten Recht und den zwingenden verbraucherschützenden Vorschriften des Aufenthaltsrechts des Verbrauchers.

## *II. Objektive Anknüpfung*

Für eine objektive Bestimmung des Vertragsstatuts des Forderungskaufvertrages ist zunächst in Erwägung zu ziehen, auf Art. 14 Rom I-VO abzustellen. Allerdings lässt sich aus Erwägungsgrund 38 der Rom I-VO ableiten, dass das Statut des Grundgeschäfts eigenständig und nicht über Art. 14 Rom I-VO anzuknüpfen ist.[192] Nichts anderes ergibt sich auch aus Art. 14 Abs. 1 Rom I-VO, wonach

---

190 Vgl. nur Anlage A der Nutzungsbedingungen für Anleger der auxmoney GmbH (Muster-Darlehensforderungskauf- und Abtretungsvertrag der Süd-West-Kreditbank Finanzierungs GmbH in Zusammenarbeit mit auxmoney) (www.auxmoney.com/wp-content/uploads/2022-03-07_Forderungskaufvertrag-2.pdf, zuletzt abgerufen am 16.01.2023), siehe dazu Anhang 1.4.

191 Sollte das Kreditinstitut weder seine Tätigkeit im Aufenthaltsstaat des Verbrauchers ausüben noch diese darauf ausrichten, greift der Günstigkeitsvergleich des Art. 6 Abs. 2 Rom I-VO nicht. Die Rechtswahl wäre dann uneingeschränkt möglich.

192 *Freitag*, in Rauscher, EuZPR/EuIPR, Art. 14 Rom I-VO, Rn. 36; *Martiny*, in MüKo, BGB, Art. 14 Rom I-VO, Rn. 23; i.E. auch *Hübner*, in BeckOGK, Rom I-VO, Art. 14, Rn. 15.

das Zessionsgrundstatut dem Recht unterliegt, das auf den Vertrag zwischen Anleger und Kreditinstitut anzuwenden ist.[193] Für die objektive Anknüpfung werden somit die Art. 4 ff. Rom I-VO angewandt.

### *1. Verbrauchervertrag, Art. 6 Rom I-VO*

Auf Grund der b2c-Konstellation ist gemäß Art. 6 Abs. 1 Rom I-VO an das Aufenthaltsrecht des Verbrauchers und somit des Anlegers anzuknüpfen. Ein Ausschlussgrund nach Art. 6 Abs. 4 Rom I-VO liegt nicht vor.

### *2. Charakteristische Leistung nach Art. 4 Abs. 2 Rom I-VO*

Für den Fall, dass der persönliche oder situative Anwendungsbereich des Art. 6 Abs. 1 Rom I-VO nicht eröffnet ist, ist gemäß Art. 4 Abs. 2 Rom I-VO an die charakteristische Leistung des Forderungskaufvertrages anzuknüpfen, also an den Verkauf der Forderung.[194] Das heißt, das Recht des Kreditinstituts findet Anwendung.

### *III. Zwischenergebnis und Anwendung auf das Fallbeispiel*

Auf den Forderungskaufvertrag zwischen Kreditinstitut und Anleger findet entweder das gewählte Recht mit den Einschränkungen des Günstigkeitsvergleichs oder das objektiv nach Art. 6 Abs. 1 Rom I-VO zu bestimmende Recht Anwendung. Im vorab genannten Beispiel[195] kommt es folglich bei der Rechtswahl zu einem lawmix zwischen dem gewählten Recht und den verbraucherschützenden Vorschriften des Aufenthaltsrechts des Anlegers A, also italienischen Rechts. Objektiv ist auf den Vertrag unter Berücksichtigung des Art. 6 Abs. 1 Rom I-VO ebenfalls das Aufenthaltsrecht des Anlegers A, italienisches Recht, anzuwenden.

## C. Abtretung der Forderung

Neben dem Statut des Forderungskaufvertrages ist auch das Statut der abgetretenen Forderung (sogenanntes Zessionsstatut) zu bestimmen. Dabei ist insbesondere zwischen dem Verhältnis von Kreditinstitut (Zedent) und Anleger

193 *Hübner*, in BeckOGK, Rom I-VO, Art. 14, Rn. 15, spricht insofern von einer Klarstellung durch Art. 14 Abs. 1 Rom I-VO.

194 BGH, Urt. v. 26.07.2004, Az.: VIII ZR 273/03, NJW-RR 2005, 206 (209); *Köhler*, in BeckOGK, Rom I-VO, Art. 4, Rn. 270; *Martiny*, in MüKo, BGB, Art. 4 Rom I-VO, Rn. 211.

195 Für das Fallbeispiel siehe Kapitel 3 § 1 B.

(Zessionar) sowie von Anleger (Zessionar) und Kapitalsuchendem (Schuldner) zu unterscheiden,[196] welche sich nach Art. 14 Abs. 1 und 2 Rom I-VO bestimmen.

### *I. Im Verhältnis zwischen Bank (Zedent) und Anleger (Zessionar) (b2c)*

Die Abtretung wird als dingliche Wirkung der Forderungsübertragung akzessorisch an das der Verfügung zugrunde liegende Grundgeschäft, dem Forderungskaufvertrag, nach Art. 14 Abs. 1 Rom I-VO angeknüpft.[197] Danach findet das Vertragsstatut des Forderungskaufvertrages auch auf die dinglichen Aspekte der Abtretung, insbesondere dessen Wirksamkeit, Anwendung. In einer b2c-Konstellation ist demnach entweder das gewählte Recht mit den Einschränkungen des Günstigkeitsvergleichs oder objektiv primär das Recht des Anlegers anzuwenden.[198]

### *II. Im Verhältnis zwischen Anleger (Zessionar) und Kapitalsuchendem (Schuldner) (c2b und c2c)*

Der Anleger als Zessionar hat gegen den Kapitalsuchenden als Schuldner einen Anspruch auf Rückzahlung der Darlehenssumme. Nach Art. 14 Abs. 2 Rom I-VO bestimmt sich das Verhältnis zwischen den beiden Beteiligten nach dem Statut der übertragenen Forderung. Durch die akzessorische Anknüpfung an das Vertragsstatut des Darlehensvertrages wird der Schuldnerschutz gewährleistet.[199] Die übertragene Darlehensrückzahlungsforderung stammt aus dem Darlehensvertrag zwischen Kreditinstitut und Kapitalsuchendem, entweder in der b2c- oder b2b-Konstellation. Es ist daher das Vertragsstatut des Darlehensvertrages maßgebend. Sofern eine Rechtswahl vorlag, ist das gewählte Recht vorrangig. In der b2c-Konstellation muss dabei der Günstigkeitsvergleich zugunsten der zwingenden Vorschriften des Rechts des Aufenthaltstaates

---

196 Vgl. *Leible/Lehmann*, RIW 2008, 528 (540). Auf das Verhältnis zu sonstigen Dritten, wie beispielsweise Gläubigern des Zedenten, die die Forderung vollstrecken möchten, wird hier nicht weiter eingegangen. Diese Rechtsverhältnisse betreffen nicht unmittelbar die des P2P-Lending. Siehe hierzu ausführlich *Freitag*, in Rauscher, EuZPR/EuIPR, Art. 14 Rom I-VO, Rn. 39–44; *Hübner*, in BeckOGK, Rom I-VO, Art. 14, Rn. 25–37.

197 *Freitag*, in Rauscher, EuZPR/EuIPR, Art. 14 Rom I-VO, Rn. 37; *Leible/Lehmann*, RIW 2008, 528 (540); *Mankowski*, IHR 2008, 133 (150).

198 Zum Vertragsstatut des Forderungskaufvertrages siehe Kapitel 3 § 5 B.

199 *Hübner*, in BeckOGK, Rom I-VO, Art. 14, Rn. 18; *Kieninger*, in Ferrari, Internationales Vertragsrecht, Art. 14 Rom I-VO, Rn. 8; *v. Bar*, RabelsZ 1989, 462 (468).

des privaten Kapitalsuchenden Berücksichtigung finden. Bei einer objektiven Anknüpfung ist in der b2c-Konstellation auf das Recht des Aufenthaltsstaates des privaten Kapitalsuchenden gemäß Art. 6 Abs. 1 Rom I-VO abzustellen. In einer b2b-Konstellation findet hingegen nach Art. 4 Abs. 2 Rom I-VO das Recht des Kreditinstituts Anwendung.

### *III. Zwischenergebnis und Anwendung auf das Fallspiel*

Das Recht, welches im Rahmen der Abtretung der Forderung auf das Verhältnis zwischen Kreditinstitut (Zedent) und Anleger (Zessionar) anzuwenden ist, wird nach Art. 14 Abs. 1 Rom I-VO anhand des Vertragsstatuts des Forderungskaufvertrages bestimmt. Im oben genannten Beispiel[200] ist daher entweder das von den Parteien regelmäßig gewählte Recht des Kreditinstituts B mit Sitz in Frankreich (französisches Recht) mit einer möglichen Einschränkung durch das Aufenthaltsrecht des Anlegers A (italienisches Recht) im Rahmen des Günstigkeitsvergleichs anzuwenden. Oder es ist objektiv nach Art. 6 Abs. 1 Rom I-VO, akzessorisch zum Forderungskaufvertrag, das Recht das Aufenthaltsstaates des Anlegers A, also italienisches Recht, anzuwenden.

Für das Verhältnis zwischen Anleger (Zessionar) und Kapitalsuchendem (Schuldner) ist gemäß Art. 14 Abs. 2 Rom I-VO an das Vertragsstatut des Darlehensvertrages anzuknüpfen. Eine Rechtswahl mit möglichen Einschränkungen nach Art. 6 Abs. 2 Rom I-VO zugunsten des Anlegers A wäre durch die zwingenden verbraucherschützenden Vorschriften des Aufenthaltsstaates des Anlegers A (italienische Vorschriften) möglich. Sofern keine Rechtswahl getroffen wurde, findet entweder gemäß Art. 6 Abs. 1 Rom I-VO das Recht des Kapitalsuchenden A, der seinen Sitz in Deutschland hat, folglich also deutsches Recht, oder gemäß Art. 4 Abs. 2 Rom I-VO das Recht des Sitzes des Kreditinstituts B, also französisches Recht, Anwendung.

## § 6 Ergebnis zur klassischen kollisionsrechtlichen Betrachtung des P2P-Lending

Die Anwendung des klassischen Kollisionsrechts auf das P2P-Lending macht deutlich, dass die Bestimmung eines einheitlichen Rechts nur schwer möglich ist. So ist eine Rechtswahl der Parteien zwar stets möglich, allerdings wird diese in sämtlichen Rechtsbeziehungen zwischen Unternehmern und Verbrauchern durch den Günstigkeitsvergleich gemäß Art. 6 Abs. 2 S. 2 Rom I-VO

200 Für das Fallbeispiel siehe Kapitel 3 § 1 B.

eingeschränkt. Dabei ist vor allem zu berücksichtigen, dass der Günstigkeitsvergleich nicht nur in b2c-Konstellationen greift, sondern auch dann, wenn der Anleger als Verbraucher im Rahmen des echten P2P-Lending durch Gewährung des Darlehens die charakteristische Leistung erbringt. Dadurch kommt es zu einem (unvorhersehbaren) lawmix zwischen dem gewählten Recht und den zwingenden Vorschriften des Aufenthaltsstaates des Verbrauchers. Selbst wenn sich der Plattformbetreiber beim Abschluss der Nutzungs- und Vermittlungsverträge in seinen AGB für das Recht seiner Niederlassung entscheidet, wird er bei einem internationalen Kundenstamm mit einer Vielzahl von Rechtsordnungen konfrontiert. Selbiges gilt für das Kreditinstitut in Bezug auf den Darlehensvertrag im Rahmen des unechten P2P-Lending.

In Ausnahmefällen, in denen zwischen den Parteien keine Rechtswahl getroffen wird, greifen sowohl für die Nutzungs- und Vermittlungsverträge als auch für die Darlehensverträge im echten und unechten P2P-Lending die Anknüpfungen nach Art. 4 oder Art. 6 Abs. 1 Rom I-VO. Beim Darlehensvertrag besteht unabhängig vom Modell des echten oder unechten P2P-Lending die Besonderheit, dass der Vertrag keinen Dienstleistungsvertrag darstellt und somit nicht nach Art. 4 Abs. 1 lit. b Rom I-VO anzuknüpfen ist. Das Vertragsstatut wird vielmehr gemäß Art. 4 Abs. 2 Rom I-VO anhand der charakteristischen Leistung, der Darlehensgewährung, bestimmt.

Im Ergebnis sind nicht nur Verbraucher, sondern auch Unternehmer durch die Anwendung des klassischen Kollisionsrechts vermehrt mit für sie fremden Rechtsordnungen konfrontiert. Das Ziel, dass eine Rechtswahl zwischen den Parteien für Klarheit bezüglich des anzuwendenden Rechts sorgt, scheint im Rahmen des P2P-Lending verfehlt.

## § 7 Exkurs: Kollisionsrechtliche Behandlung des § 32 KWG im Rahmen des Art. 9 Rom I-VO

Aufgrund der den P2P-Lending Verträgen oftmals zugrundeliegenden Rechtswahl, welche meist das Recht zugunsten des Unternehmers zur Anwendung beruft, sind Verbraucher gerade bei digitalen Vertragsabschlüssen oftmals der Anwendung materiellen Rechts einer fremden, ihnen zumeist unbekannten Rechtsordnung ausgesetzt. Da das Kollisionsrecht lediglich das auf den Sachverhalt anwendbare Privatrecht bestimmt, finden öffentlich-rechtliche Vorschriften grundsätzlich keine Berücksichtigung.[201] Dies betrifft auch

201 *Lorenz*, RIW 1987, 569 (583); *Wendelstein*, GPR 2021, 220 (228).

Finanzmarktvorschriften, insbesondere Erlaubnispflichten. Daraus folgt, dass mit der Berufung deutschen Rechts nicht automatisch die Berücksichtigung deutscher Finanzmarktvorschriften einhergeht.[202]

Um den Verbrauchern aber den Schutzstandard dieser Vorschriften zu ermöglichen, stellt sich die Frage, ob nationale Erlaubnisvorschriften Eingriffsnormen im Sinne des Art. 9 Abs. 1 Rom I-VO sind und somit unabhängig vom auf den Sachverhalt anwendbaren Recht zu berücksichtigen sind. Auf Grund der bisher überwiegenden Darstellung aus Sicht des deutschen Rechts wird dies nachfolgend für die für das P2P-Lending geltende Erlaubnispflicht nach § 32 KWG untersucht.

## A. Allgemeine Anforderungen an eine Eingriffsnorm i.S.d. Art. 9 Abs. 1 Rom I-VO

Art. 9 Abs. 1 Rom I-VO ermöglicht es, Normen auf einen Sachverhalt anzuwenden, die nicht unter das anwendbare Recht im Rahmen der objektiven oder subjektiven Anknüpfung fallen. Die Anwendung solcher Eingriffsnormen spiegelt die Berücksichtigung der Wertvorstellungen und Interessen eines jeweiligen Nationalstaates wider.[203]

Eingriffsnormen sind nach der Legaldefinition des Art. 9 Abs. 1 Rom I-VO „zwingende Vorschriften, deren Einhaltung von einem Staat als so entscheidend für die Wahrung seines öffentlichen Interesses, insbesondere seiner politischen, sozialen oder wirtschaftlichen Organisation, angesehen wird, dass sie ungeachtet des nach Maßgabe dieser Verordnung auf den Vertrag anzuwendenden Rechts auf alle Sachverhalte anzuwenden sind, die in ihren Anwendungsbereich fallen“.[204]

---

202 Vgl. *Mann*, in FS Wahl, 139 (156); *Wendelstein*, GPR 2021, 220 (228).

203 *Magnus*, in Staudinger, BGB, Art. 9 Rom I-VO, Rn. 11, 14.

204 Siehe dazu auch EuGH, Urt. v. 23.11.1999, Rs. C-369/96, ECLI:EU:C:1999:575, Rn. 30 – *Arblade*. Der EuGH stufte in dieser Entscheidung erstmals die streitigen nationalen belgischen Vorschriften „als so entscheidend für die Wahrung der politischen, sozialen oder wirtschaftlichen Organisationen des betreffenden Mitgliedstaates“ ein, „dass ihre Beachtung für alle Personen, die sich im nationalen Hoheitsgebiet dieses Mitgliedstaates befinden, und für jedes dort lokalisierte Rechtsverhältnis [zwingend] vorgeschrieben“ ist.

## *I. Zwingende Norm und internationaler Geltungswille*

Eine zwingende Norm im Sinne des Art. 9 Abs. 1 Rom I-VO kann weder innerhalb der eigenen Rechtsordnung durch Parteivereinbarung noch durch eine entsprechende Rechtswahlvereinbarung zugunsten einer anderen Rechtsordnung umgangen werden.[205] Dies unterscheidet die Eingriffsnorm von einer einfach zwingenden Norm, wie beispielsweise Art. 3 Abs. 3 Rom I-VO, welche der Parteidisposition unterliegt und somit durch entsprechende Rechtswahlvereinbarungen umgangen werden kann.[206] Die Eingriffsnorm beansprucht insofern nicht nur eine einfach zwingende, sondern eine international zwingende Geltung.[207]

Der nationale Gesetzgeber kann den international zwingenden Geltungswillen der Norm bereits im Gesetzeswortlaut verankern.[208] Dies stellt meist jedoch die Ausnahme dar, sodass der Geltungswille im Regelfall durch Auslegung zu ermitteln ist.[209] Durch den internationalen Geltungswillen stellt der nationale Gesetzgeber sicher, dass die eigenen Wertvorstellungen auch bei Anwendung von (für ihn) fremden Rechts berücksichtigt werden und sich gegen das Vertragsstatut durchsetzen.[210] Allerdings lässt sich nicht jede Norm nach Wünschen der nationalen Gesetzgeber als Eingriffsnorm qualifizieren. Vielmehr müssen die Vorschriften den weiteren Voraussetzungen des Art. 9 Abs. 1 Rom I-VO genügen.[211]

## *II. Wahrung öffentlicher Interessen*

Ferner muss die Norm einen überindividuellen Zweck aufweisen, welcher vom Erlassstaat „entscheidend für die Wahrung seines öffentlichen Interesses,

---

205 *Magnus*, in Staudinger, BGB, Art. 9 Rom I-VO, Rn. 54; *Martiny*, in MüKo, BGB, Art. 9 Rom I-VO, Rn. 8; *Spickhoff*, in BeckOK, Rom I-VO, Art. 9, Rn. 9.

206 *Magnus*, in Staudinger, BGB, Art. 9 Rom I-VO, Rn. 52; *Spickhoff*, in BeckOK, BGB, Art. 9 Rom I-VO, Rn. 9.

207 Siehe dazu auch EG 37 der Rom I-VO, wonach Eingriffsnormen ausdrücklich von einfach zwingenden Normen unterschieden werden. Vgl. auch *Martiny*, IPRax 2012, 559 (564).

208 So beispielsweise § 32b UrhG (*Spickhoff*, in BeckOK, BGB, Art. 9 Rom I-VO, Rn. 10; *Hauser*, Eingriffsnormen in der Rom I-VO, S. 8).

209 *Magnus*, in Staudinger, BGB, Art. 9 Rom I-VO, Rn. 54; *Martiny*, in MüKo, BGB, Art. 9 Rom I-VO, Rn. 9; *Staudinger*, in Ferrari, Internationales Vertragsrecht, Art. 9 Rom I-VO, Rn. 7.

210 Vgl. bereits *Wengler*, ZVglRWiss 1941, 168, (176–178).

211 *Magnus*, in Staudinger, BGB, Art. 9 Rom I-VO, Rn. 55.

insbesondere seiner politischen, sozialen oder wirtschaftlichen Organisation, angesehen wird“, Art. 9 Abs. 1 Rom I-VO. Durch die Nennung dieser Regelbeispiele macht der Verordnungsgeber deutlich, dass im Rahmen des Art. 9 Abs. 1 Rom I-VO gewichtige staatliche Interessen geschützt werden sollen.

Daneben werden dem Individualinteresse dienende Normen von der überwiegenden Meinung auch dann als Eingriffsnormen qualifiziert, wenn sie lediglich sekundär einen individuellen Zweck, primär jedoch weiterhin einen öffentlichen Gemeinwohlzweck verfolgen.[212]

## B. Der Erlaubnisvorbehalt des § 32 KWG als Eingriffsnorm

§ 32 KWG lässt sich als Vorschrift des Finanz- und Kapitalmarktrechts zunächst reflexartig als Eingriffsnorm qualifizieren. Tatsächlich ist die Qualifikation von § 32 KWG als Eingriffsnorm in der Literatur allerdings umstritten.[213]

---

212 So u.a. EuGH, Urt. v. 09.11.2000, Rs. C–381/98, ECLI:EU:C:2000:605, Rn. 24–26 – *Ingmar*. Die nationalen Gerichte stellen hingegen darauf ab, dass „zumindest auch öffentliche Gemeinwohlinteressen verfolgt“ werden müssen: so BGH, Urt. v. 13.12.2005, Az.: XI ZR 82/05, BGHZ 165, 248, 257; BGH, Urt. v. 09.07.2009, Az.: Xa ZR 19/08, BGHZ 182, 24 (35), Rn. 32 sowie BAG, Urt. v. 24.08.1989, Az.: 2 AZR 3/89, BAGE 63, 17 (32). *Junker*, IPRax 2000, 65 (70); *Magnus*, IPRax 1991, 382, 385; *ders.*, in Staudinger, BGB, Art. 9 Rom I-VO, Rn. 60; *Staudinger*, in Ferrari, Internationales Vertragsrecht, Art. 9 Rom I-VO, Rn. 9; a.A. *Mankowski*, DZWir 1996, 273 (274–275) zu Art. 7 EVÜ und Art. 34 EGBGB; *ders.*, RIW 2006, 321 (326–327). *Mankowski* weicht später jedoch von seiner strengen Meinung ab und erachtet „Grauzonen in Zweifelsfällen“ als möglich, IPRax 2006, 101 (110). Weitere Autoren verneinen hingegen lediglich die Qualifizierung von Vorschriften des Sonderprivatrechts, wie Verbraucherschutzvorschriften, als Eingriffsnormen, so u.a. *Freitag*, in Reithmann/Martiny, Internationales Vertragsrecht, Rn. 515–518, 7. Auflage; in Bezug auf Verbraucherschutzvorschriften *ders.*, in MüKo, BGB, Art. 6 Rom I-VO, Rn. 73; *Niggemann*, IPRax 2009, 444 (450). Siehe für eine umfassende Darstellung des Meinungsstreites *Spickhoff*, in BeckOK, BGB, Art. 9 Rom I-VO, Rn. 12–15 sowie *Maultzsch*, in BeckOGK, Rom I-VO, Art. 9, Rn. 27–53. Für einen Überblick zum Meinungsstreit in Bezug auf Art. 34 EGBGB nebst rechtsvergleichendem Überblick siehe *Heimann*, Zwingender Verbraucherschutz, S. 78–90.

213 Dafür u.a. *Jung*, in Zetzsche/Lehmann, Grenzüberschreitende Finanzdienstleistungen, § 5, Rn. 47–49; *Lehmann*, in MüKo, BGB, Internationales Finanzmarktrecht, D., Rn. 567; *Martiny*, IPRax 2018, 553 (563). Dagegen *Freitag*, in Reithmann/Martiny, Internationales Vertragsrecht, 8. Auflage, Rn. 6.571. Im Ergebnis eher ablehnend *Wendelstein* GPR 2021, 220 (228–229). Zu der weiteren Frage, ob die Vorschriften des VermAnlG Eingriffsnormen darstellen, siehe *Spindler*, ZBB 2017, 129 (141).

Im Rahmen der Legaldefinition des Art. 9 Abs. 1 Rom I-VO stellt sich neben der Eingrenzung des Normzwecks von § 32 KWG insbesondere die Frage, ob dieser sich auch auf das streitige Privatrechtsverhältnis auswirkt und ob ein hinreichender Inlandsbezug besteht.[214] § 32 KWG könnte im Übrigen als ausländische Eingriffsnorm im Sinne des Art. 9 Abs. 3 Rom I-VO Wirkung verliehen werden, sofern es sich um eine Norm des Erfüllungsortes handelt und diese die Erfüllung des Vertrags unrechtmäßig werden lässt.

### *I. § 32 KWG als Instrument staatlicher Finanzpolitik*

Voraussetzung für eine Eingriffsnorm ist, dass die Norm einen überwiegend öffentlichen, dem Erlassstaat dienenden Zweck verfolgt. Dafür nennt Art. 9 Abs. 1 Rom I-VO beispielsweise die politische, soziale und wirtschaftliche Organisation des jeweiligen Staates. Auch § 32 KWG wurde im öffentlichen, insbesondere im politischen und wirtschaftlichen Interesse geschaffen. § 32 KWG bezweckt als Erlaubnisvorschrift die Regulierung erlaubnispflichtiger Finanzmarktgeschäfte. Dadurch wird die Funktionsfähigkeit der Wirtschaft gewährleistet. Daneben gewährt § 32 KWG auch einen immer relevanter werdenden Verbraucherschutz.[215] Gerade im Hinblick auf vergangene Finanzkrisen ist dieser notwendig, um das Vertrauen in erlaubnispflichtige Geschäfte zu stärken. Neben dem Individualschutz dient § 32 KWG allerdings überwiegend als Instrument der staatlichen Finanzpolitik dazu, den Wirtschaftsmarkt zu stärken und gleichzeitig zu regulieren.[216]

Ein internationaler Geltungswille kann hingegen nicht dem Wortlaut der Norm entnommen werden. Es erscheint daher fraglich, ob § 32 KWG als Erlaubnispflicht für Finanzdienstleistungen, die im Inland erbracht werden, nicht lediglich national zwingend und somit unter den Voraussetzungen des Art. 3 Abs. 3 und 4 und Art. 6 Abs. 2 S. 2 Rom I-VO anzuwenden ist.

### *II. Keine rechtsgeschäftlichen Auswirkungen des § 32 KWG*

Eingriffsnormen dienen ferner der Einwirkung auf vertragliche Schuldverhältnisse.[217] Dies ergibt sich vor allem daraus, dass die Norm die Nichtigkeit

---

214 Vgl. dazu auch *Wendelstein*, GPR 2021, 220 (228–229).

215 Vgl. *Fischer/Müller*, in Boos/Fischer/Schulte-Mattler, KWG, Einführung, Rn. 172.

216 Vgl. *Fischer/Müller*, in Boos/Fischer/Schulte-Mattler, KWG, § 32, Rn. 5.

217 *Heimann*, Zwingender Verbraucherschutz, S. 77; *Zwickel*, in Reithmann/Martiny, Internationales Vertragsrecht, Rn. 5.18.

von Verträgen auslösen kann.[218] Der Erlaubnisvorbehalt von § 32 KWG wirkt sich nicht unmittelbar auf die Rechtsverhältnisse aus, die zwischen einem ohne Lizenz handelnden Kreditinstitut und einem Kunden geschlossen werden. Insbesondere wirkt sich die fehlende Erlaubnis nicht gemäß §§ 134, 138 BGB auf die Wirksamkeit des Rechtsverhältnisses aus.[219] Allerdings können die Behörden im Rahmen des Verwaltungsverfahrens durchsetzen, dass der Geschäftsbetrieb rückabgewickelt wird. Diese Rückabwicklung beinhaltet quasi die wirtschaftliche Nichtigkeit des Vertrages.[220]

Ferner kann § 32 KWG auch als Schutzgesetz im Rahmen des § 823 Abs. 2 BGB herangezogen werden.[221]

Diese lediglich mittelbaren Auswirkungen auf das Rechtsverhältnis entsprechen jedoch nicht den an eine Vorschrift zu stellenden Anforderungen für die Qualifizierung als Eingriffsnorm.[222]

### *III. Eingriffsnorm der lex fori, Art. 9 Abs. 2 Rom I-VO*

Findet auf das streitige Rechtsverhältnis eine andere Rechtsordnung als die Deutsche Anwendung, besteht bei einem Prozess vor deutschen Gerichten die Möglichkeit, den Erlaubnisvorbehalt nach § 32 KWG als Eingriffsnorm der *lex fori* über Art. 9 Abs. 2 Rom I-VO durchzusetzen. Dies würde bedeuten, dass ein

---

218 Vgl. *Heimann*, Zwingender Verbraucherschutz, S. 77.

219 Siehe zur Frage der rechtsgeschäftlichen Folgen bei einem Verstoß gegen § 32 KWG Kapitel 2 § 2 A. I. 5. b).

220 Vgl. auch *Jung*, in Zetzsche/Lehmann, Grenzüberschreitende Finanzdienstleistungen, S. 157. Dieser geht davon aus, dass sich die wirtschaftliche Nichtigkeit aus der Anwendung der dolo-petit-Einwendung ergebe. Diese greife, wenn das Kreditinstitut oder auch die Plattform seinen Kunden auf Zahlung von Gebühren- und Zinsansprüchen verklagt. Dem Kunden stünde daraufhin aber wieder ein Rückforderungsanspruch zu, z.B. aus § 823 Abs. 2 BGB. *Jung* geht davon aus, dass § 32 KWG dann durch die Rückabwicklung im Rahmen eines außervertraglichen Schuldverhältnisses als Eingriffsnorm im Sinne des Art. 16 Rom II-VO zu berücksichtigen sein kann.

221 St. Rspr. des BGH, vgl. BGH, Urt. v. 19.03.2013, Az.: VI ZR 56/12, BGHZ 197, 1 (4), Rn. 11 mit Verweis auf BGH, Urt. v. 09.11.2010, Az.: IV ZR 303/09, NJW-RR 2011, 350, Rn. 8; BGH, Urt. v. 23.03.2010, Az.: VI ZR 57/09, NZG 2010, 587 (588); BGH, Urt. v. 11.07.2006, Az.: IV ZR 340/04, NJW-RR 2006, 1713; *Fischer/Müller*, in Boos/Fischer/Schulte-Mattler, KWG, § 32, Rn. 31, 33 m.w.N.; *Wendelstein*, GPR 2021, 220 (228). Vgl. auch *Eckhold*, ZBB 2016, 102 (104, 111).

222 Vgl. *Benzenberg*, Ausländische Eingriffsnormen im IPR, S. 23, 26; *Wendelstein*, GPR 2020, 220 (228) lässt dies offen, geht aber davon aus, dass § 32 KWG in einem gewissen Maß auf Privatrechtsverhältnisse einwirkt.

Beteiligter aus einem Drittstaat gegebenenfalls einer Erlaubnispflicht nach § 32 KWG unterliegen würde.

Ungeschriebene Voraussetzung des Art. 9 Abs. 2 Rom I-VO dafür ist, dass die Norm einen hinreichend engen Inlandsbezug aufweist.[223] § 32 KWG bestimmt diese Notwendigkeit des hinreichenden Inlandsbezuges bereits in der Norm selbst („Wer im Inland…"), sodass eine entsprechende Auslegung nicht mehr notwendig ist.[224]

Ausschlaggebend dürfte hierbei sein, dass korrespondierend zum Anwendungsbereich des § 32 KWG ein Sitz des Plattformanbieters im Anlegerstaat nicht notwendig ist.[225] Würde man den hinreichenden Inlandsbezug in solchen Konstellationen ablehnen, käme es zu schwerwiegenden Wettbewerbsnachteilen für inländische Plattformen, da diese anders als die drittstaatlichen Plattformen den strengen Regularien des § 32 KWG unterliegen könnten.[226] Neben den Interessen der inländischen Plattformbetreiber schützt dies die Interessen derjenigen Anleger, die sich solcher Plattformen bedienen, aber keinen Sitz im Inland haben.

### *IV. Ausländische Eingriffsnorm, Art. 9 Abs. 3 Rom I-VO*

Ausländischen Eingriffsnormen, die nicht der lex fori unterfallen, kann allenfalls im Rahmen des Art. 9 Abs. 3 Rom I-VO Geltung verliehen werden. Dabei kann es sich auch um Vorschriften der lex causae handeln, die allerdings auf Grund ihres hoheitlichen, überindividuellen Charakters kein zwingendes Vertragsrecht darstellen.[227]

---

223 *Bitterich*, GPR 2006, 161 (165); *Magnus*, in Staudinger, BGB, Art. 9 Rom I-VO, Rn. 82; *Magnus*, IPRax 2010, 27 (41); *Martiny*, in MüKo, BGB, Art. 9 Rom I-VO, Rn. 109, 124 m.w.N.; *Stürner*, in Erman, BGB, Art. 9 Rom I-VO, Rn. 13; *Wendelstein*, GPR 2021, 220 (229) m.w.N.; *Wengler*, ZVglRWiss 1941, 168 (169–170); *Zwickel*, in Reithmann/Martiny, Internationales Vertragsrecht, Art. 9 Rom I-VO, Rn. 5.61. Bereits zu Art. 34 EGBGB: BAG, Urt. v. 12.12.2001, Az.: 5 AZR 225/0, BAGE 2002, 734; *Franzen*, IPRax 2003, 239 (242); *Lorenz*, RIW 1987, 569 (578); *Lorenz*, RIW 1989, 227. a.A.: *Maultzsch*, in BeckOGK, Rom I-VO, Art. 9, Rn. 85, der es i.E. ablehnt, das Erfordernis des hinreichenden Inlandbezugs in Art. 9 Abs. 2 Rom I-VO hineinzulesen.

224 Vgl. *Maultzsch*, in BeckOGK, Rom I-VO, Rn. 76; *Spickhoff*, in BeckOK, BGB, Art. 9 Rom I-VO, Rn. 17; *Stürner*, in Erman, BGB, Art. 9 Rom I-VO, Rn. 13.

225 Dies entspricht der Auslegungspraxis der BaFin. Siehe dazu umfassend oben Kapitel 2 § 2 A. I. 1. c).

226 *Wendelstein*, GPR 2021, 220 (229).

227 *Maultzsch*, RabelsZ 2011, 60 (95).

Um der ausländischen Norm Wirkung zu verleihen, muss sie neben ihrem internationalen Geltungswillen eine Norm des Erfüllungsortes sein und durch ihre Anwendung die Erfüllung des Vertrages unwirksam werden lassen. Der Erfüllungsort ist bei einer noch ausstehenden Erfüllung nach der lex causae zu bestimmen. Die Bestimmung erfolgt unter Berücksichtigung der Rechtsprechung des EuGH zum Begriff des Erfüllungsortes nach Art. 7 Nr. 1 lit. b Brüssel Ia-VO.[228] Bei einer bereits erfolgten Erfüllung ist hingegen der tatsächliche Erfüllungsort maßgeblich.

## *V. Ergebnis*

Die Qualifizierung von § 32 KWG als Eingriffsnorm der *lex fori* ist geknüpft an die Eröffnung des Anwendungsbereiches der Norm, den hinreichenden Inlandsbezug und die rechtsgeschäftlichen Auswirkungen. Für die Geltung als ausländische Eingriffsnorm ist anstelle des hinreichenden Inlandsbezugs hingegen erforderlich, dass es sich um eine Norm des Erfüllungsortes handelt und diese bei Anwendung die Erfüllung des Vertrages unwirksam werden lässt.

Auch wenn § 32 KWG zu einer wirtschaftlichen Nichtigkeit des Rechtsgeschäfts führen kann, lässt es die rechtsgeschäftliche Wirksamkeit vollständig unberührt. Daneben ist auch der internationale Geltungsanspruch der Norm fraglich. Eine Qualifizierung des § 32 KWG als Eingriffsnorm der lex fori als auch als ausländische Eingriffsnorm dürfte daher im Ergebnis abzulehnen sein.[229]

Selbst wenn man § 32 KWG einen ausreichenden internationalen Geltungswillen und rechtsgeschäftliche Auswirkungen zusprechen würde, dürfte es zukünftig vermehrt zum Leerlaufen des § 32 KWG als Eingriffsnorm im Anwendungsbereich der ECSP-VO kommen, da sich § 32 KWG und Art. 12 ECSP-VO als Erlaubnisvorbehalte gegenüberstehen. Findet die ECSP-VO als *lex specialis*

---

228 Siehe hierzu auch Kapitel 3 § 3 A. I. 1. b) aa).

229 Trotz der hier vertretenen Ablehnung des Eingriffsnormcharakters des § 32 KWG können weitere Überlegungen angestellt werden, ob es nicht unabhängig von den nach Art. 9 Abs. 1 Rom I-VO erforderlichen Voraussetzungen dem Sinn und Zweck des § 32 KWG entsprechen würde, wenn man, in Anwendung der Auslegungspraxis der BaFin (siehe bereits Fn. 225), die Möglichkeit offenlässt, § 32 KWG als Eingriffsnorm der *lex fori* im Sinne des Art. 9 Abs. 2 Rom I-VO zu qualifizieren. Dadurch müssten P2P-Plattformbetreiber zumindest dann den Erlaubnisvorbehalt des § 32 KWG auch als Eingriffsnorm der *lex fori* berücksichtigen, wenn sie ihre Leistungen Anlegern und Kapitalsuchenden mit gewöhnlichem Aufenthalt in Deutschland anbieten (so auch *Wendelstein*, GPR 2021, 220 (229)).

Anwendung, kommt § 32 KWG nicht mehr zur Anwendung.[230] Andernfalls wären sowohl auf europäischer als auch auf nationaler Ebene Zulassungen einzuholen. Dies dürfte durch den europäischen Verordnungsgeber nicht gewollt sein.

230 Vgl. EG 33 der ECSP-VO wonach die Mitgliedstaaten keine zusätzlichen (Zulassungs-) Anforderungen an die Plattformbetreiber stellen dürfen.

# Kapitel 4: Neue kollisionsrechtliche Betrachtung des P2P-Lending

## § 1 Herausgearbeitete Problemfelder der klassischen IPR-Lösung

Die klassische Lösung der kollisionsrechtlichen Fragen des P2P-Lending unterscheidet streng zwischen dem echten und dem unechten P2P-Lending.[1] Für sämtliche Beteiligte ist es jedoch schwer erkennbar, ob es sich bei der Ausgestaltung der jeweiligen Verträge um solche des echten oder des unechten P2P-Lending handelt.[2] Ferner kommt es durch das Nebeneinander der verschiedenen notwendigen Verträge zu weiteren Problemstellungen im Rahmen des Kollisionsrechts, die Gegenstand der weiteren Betrachtung sein sollen.[3]

### A. Lawmix

#### *I. Verbraucherschützende zwingende Vorschriften*

Wird in einer b2c- oder c2b-Konstellation eine Rechtswahl getroffen, greift sowohl beim echten als auch beim unechten P2P-Lending grundsätzlich gemäß Art. 6 Abs. 2 Rom I-VO der Günstigkeitsvergleich. Dadurch kommt es zu einem lawmix zwischen dem gewählten Recht und den zwingenden verbraucherschützenden Vorschriften des Rechts des Aufenthaltsstaates des Verbrauchers.[4] Dieser lawmix ist für beide Parteien kaum erkennbar und vorhersehbar. Weder bei einem durchschnittlichen Verbraucher noch bei einem Unternehmer ohne juristische Vorkenntnisse kann davon ausgegangen werden, dass ausländische Rechtsordnungen und die entsprechenden zwingenden verbraucherschützenden Normen bekannt sind oder fachlich durchdrungen werden.

---

1 So auch *Freitag/Wolf*, WM 2021, 1009 (1011–1013); *Wendelstein*, GPR 2021, 220 (223–227). *Wendelstein* betrachtet den mit dem Plattformbetreiber geschlossenen Vertrag unabhängig von der Unterteilung in das echte und unechte P2P-Lending. Dies ist, wie bereits dargelegt, sinnvoll, da diese Verträge unabhängig von der Kategorisierung identisch sind, siehe Kapitel 3 § 3.

2 So auch *Wendelstein*, GPR 2021, 220 (226).

3 Zu den Lösungsansätzen für die jeweiligen Problemfelder siehe Kapitel 4 § 3.

4 Siehe dazu bereits u.a. Kapitel 3 § 3 A. I. 1. b) cc).

Darüber hinaus ist auch die rechtliche Einordnung von zwingenden Vorschriften im Sinne des Art. 6 Abs. 2 S. 2 Rom I-VO schwierig. Entscheidend ist der Individualcharakter der einzelnen Norm, der im Rahmen einer Einzelfallentscheidung festgestellt werden muss.[5] Solch eine juristische Einzelfallabwägung kann nicht von einem Verbraucher oder Unternehmer ohne juristische Kenntnisse durchgeführt werden. Es bedürfte vielmehr der Einholung einer Fachexpertise, die jedoch im Voraus der Vergabe eines P2P-Kredits in der Praxis nicht erfolgen wird. Die Beteiligten gehen folglich in der Regel ein Rechtsverhältnis ein, ohne vorher genau zu wissen, welche Regelungen tatsächlich zur Anwendung kommen. Dadurch besteht eine große Rechtsunsicherheit für alle Parteien.[6]

Angesichts dessen stellt sich die Frage, ob die aktuellen kollisionsrechtlichen Vorschriften den Verbraucher wirklich schützen und ihm nützen oder ob sie ihm nicht eher zum Nachteil gereichen.

## *II. Anwendbarkeit der ECSP-VO*

Neben den verbraucherschützenden zwingenden Vorschriften des Aufenthaltsstaates des Verbrauchers können im Rahmen des Günstigkeitsvergleichs nach Art. 6 Abs. 2 S. 2 Rom I-VO auch die Vorschriften der ECSP-VO Anwendung finden. Die Verordnung gilt in den Mitgliedstaaten der Europäischen Union unmittelbar und hat Anwendungsvorrang vor dem nationalen Recht des Aufenthaltsstaates des Verbrauchers, Artt. 1, 288 AEUV.[7]

Auch wenn die Verordnung für das echte und unechte P2P-Lending nur einen sehr eingeschränkten Anwendungsbereich hat,[8] würde auch ein lawmix von gewähltem Recht und Vorschriften der ECSP-VO zu Rechtsunsicherheit führen.

Diese wird nochmals größer, wenn es zu einer Vermischung von drei verschiedenen Rechten kommt: dem gewählten Recht, der ECSP-VO und den

---

5 Siehe bereits Kapitel 3 § 3 A. I. 1. b) aa) für die weiteren Voraussetzungen für die Anwendung von zwingenden Vorschriften im Rahmen des Art. 6 Abs. 2 S. 2 Rom I-VO.

6 Vgl. auch *Spindler*, ZBB 2017, 129 (142) in Bezug auf Crowdfunding-Plattformen. *Spindler* geht sogar noch weiter und bezeichnet das Ergebnis des Günstigkeitsvergleichs für die Plattformen als „desaströs".

7 AEUV = Vertrag über die Arbeitsweise der Europäischen Union. *Ruffert*, in Calliess/Ruffert, EUV/AEUV, Art. 1 AEUV, Rn. 16–17 m.w.N., Art. 288 AEUV, Rn. 21.

8 Siehe dazu bereits Kapitel 2 § 1 A.

zwingenden Verbraucherschutzvorschriften des Aufenthaltsrechts des Verbrauchers.[9] So könnte beispielweise beim Plattformnutzungsvertrag das gewählte Recht über die Kündigungsmöglichkeiten des Vertrages entscheiden, die ECSP-VO dem Plattformbetreiber Informationspflichten auferlegen und das Recht des Verbrauchers eventuelle Formerfordernisse als zwingende Verbraucherschutzregelungen festlegen.

## B. Verbraucherschutzvorschriften des nationalen Rechts

Nach der überwiegenden und hier vertretenden Ansicht fallen neben b2c- auch c2b-Konstellationen, bei denen der Verbraucher die vertragscharakteristische Leistung erbringt, in den Anwendungsbereich des Art. 6 Rom I-VO.[10] Problematisch ist dies insofern, als dass häufig nationale Verbraucherschutzvorschriften die c2b-Konstellation gar nicht berücksichtigen. So gelten beispielsweise im deutschen Recht die Vorschriften zum Verbraucherdarlehensvertrag nach § 491 Abs. 2 S. 1 BGB nur dann, wenn der Vertrag zwischen einem Unternehmer als Darlehensgeber und einem Verbraucher als Darlehensnehmer zustande kommt.[11] Die c2b-Konstellation wird bereits durch den Wortlaut ausgeschlossen.[12] Dies stellt einen Widerspruch zum kollisionsrechtlichen Günstigkeitsprinzip dar. Die vom deutschen Gesetzgeber für den schwächeren Verbraucher geschaffenen Schutzvorschriften, wie beispielsweise besondere vorvertragliche Informationspflichten durch den Unternehmer, würden bei einem Darlehensvertrag in c2b-Konstellationen im Rahmen des Art. 6 Abs. 2 S. 2 Rom I-VO nicht greifen.

Dass in einem Großteil der Rechtsordnungen der Mitgliedstaaten der EU ein Verbraucherdarlehensvertrag nur in einer b2c-Konstellation vorliegen kann, hat

---

9 Zur plakativen Verdeutlichung wird das EU-Recht hier als eigenständiges Recht dargestellt, obwohl es als unmittelbar geltende Verordnung Teil der nationalen Rechtsordnungen der Mitgliedstaaten der EU wird.

10 Zum Meinungsstreit siehe Kapitel 3 § 4 B. I. 2. a).

11 So auch *Spindler*, ZBB 2017, 129 (141). Im österreichischen Recht greifen die verbraucherschützenden Vorschriften über Verbraucherkreditverträge ebenfalls nur für Verträge, bei denen der Unternehmer als Kreditgeber und der Verbraucher als Kreditnehmer agieren, § 2 Abs. 3 öVKrG (österreichisches Verbraucherkreditgesetz) i.V.m. § 988 AGBGB.

12 Auch beim Verbrauchsgüterkaufvertrag nach § 471 Abs. 1 S. 1 BGB wird die c2b-Konstellation durch den Wortlaut ausgeschlossen. Vgl. hierzu auch *Augenhofer*, in BeckOGK, BGB, § 474, Rn. 67.

seinen Ursprung in der Verbraucherkreditverträge-Richtlinie[13] der Europäischen Union. Nach Art. 3 Ziff. b und c der Richtlinie wird ein Kreditvertrag ausschließlich zwischen einem kreditgebenden Unternehmer und einem kreditnehmenden Verbraucher geschlossen. Da die EU im Fall der Verbraucherkredite bereits keine c2b-Konstellation vorgesehen hat, verwundert es auch nicht, dass die Mitgliedstaaten in der Umsetzung der Richtlinie den persönlichen Anwendungsbereich nicht erweitert haben. Die Vorschriften können somit im Rahmen des Günstigkeitsvergleichs nach Art. 6 Abs. 2 S. 2 Rom I-VO nicht herangezogen werden.

Es stellt sich die Frage, inwiefern die Anwendung des Günstigkeitsprinzips (in c2b-Konstellationen) überhaupt sinnvoll und erfolgsversprechend ist.

## C. Unbekannter Vertragspartner

Beim echten P2P-Lending schließen sowohl Darlehensnehmer als auch Darlehensgeber den Darlehensvertrag ab, ohne zu wissen, mit wem sie kontrahieren. Die Personaldaten werden von dem Plattformbetreiber verwaltet und oftmals nur im Rahmen eines gerichtlichen Verfahrens auf richterliche Anordnung herausgegeben.[14] Die Parteien sehen sich damit einem jeweils unbekannten Vertragspartner gegenüber. Diese Ungewissheit nehmen sie jedoch bewusst in Kauf, sodass sich dies nicht weiter auf den abgeschlossenen Vertrag auswirkt.

Allerdings führt der unbekannte Vertragspartner bei Anwendung des Günstigkeitsvergleichs zu weiteren Rechtsunsicherheiten. Selbst wenn der Unternehmer davon ausgeht, dass zwingende Vorschriften des Rechts des Verbrauchers im Sinne des Art. 6 Abs. 2 S. 2 Rom I-VO Anwendung finden, weiß er nicht, welches Recht dies sein könnte. Diese Unsicherheit muss der Unternehmer, der im Vergleich zum Verbraucher weniger schutzwürdig ist,[15] in Kauf nehmen – sie ist im Vertragsmodell des P2P-Lending begründet.

---

13 Richtlinie 2008/48/EG des Europäischen Parlaments und des Rates vom 23. April 2008 über Verbraucherkreditverträge und zur Aufhebung der Richtlinie 87/102/EWG des Rates, ABl. L 133/66.

14 Vgl. Prosper Privacy Policy & Federal Privacy Notice (www.prosper.com/plp/legal/privacy-policy/, zuletzt abgerufen am 16.01.2023); Ziff. 11.2 der Lender Platform Terms and Conditions der Lending Works Ltd., April 2020 (www.lendingworks.co.uk/docs/lender-platform-terms-and-conditions, 16.01.2023am 08.07.2022).

15 Vgl. *Staudinger*, in Ferrari, Internationales Vertragsrecht, Art. 6 Rom I-VO, Rn. 1; *Rühl*, in BeckOGK, Rom I-VO, Art. 6, Rn. 4 m.w.N.

## D. Ergebnis

Die Ausführungen zeigen, dass die Anwendung des klassischen Kollisionsrechts auf die zusammenhängenden Verträge des P2P-Lending zu uneinheitlichen Ergebnissen führen kann.[16] Insbesondere die Anwendung des verbraucherschützenden Günstigkeitsvergleichs im Rahmen einer Rechtswahl führt zu unbefriedigenden Ergebnissen. Auch die von der EU gewünschte einheitliche Betrachtung kann dadurch beim P2P-Lending nicht erreicht werden.[17]

Es muss daher ein Ausgleich zwischen dem Verbraucherschutz und der Vereinheitlichung des anwendbaren Rechts auf die im P2P-Lending geschlossenen Verträge gefunden werden.

# § 2 Ziele einer neuen Lösung

Das P2P-Lending stellt als Alternative zur klassischen Darlehensvergabe eine technikorientierte zukunftsträchtige Weiterentwicklung innerhalb des Finanzsektors dar. Es ist dabei vor allem auf Grund der digitalen und damit raschen Möglichkeit des Vertragsschlusses bei den Kunden beliebt. Allerdings führen die klassischen kollisionsrechtlichen Regelungen zu unbefriedigenden Ergebnissen, durch die das P2P-Lending wiederum an seiner eigentlichen Attraktivität verliert. Vor allem für Verbraucher ist es oft unklar, worauf sie sich beim Abschluss der Verträge einlassen.

Um die genannten Problemfelder des P2P-Lending zu überwinden, muss vom klassischen kollisionsrechtlichen Ansatz abgerückt werden. Auf den ersten Blick erscheint für eine größtmögliche Effizienz des Marktes eine einheitliche Betrachtung der Rechtsverhältnisse notwendig.[18] Dabei dürfen jedoch die Interessen der Verbraucher nicht vernachlässigt werden. Eine einheitliche Lösung wurde durch die ECSP-VO nicht geschaffen.[19] Auch nationale Gesetzgeber haben die beim P2P-Lending entstehenden rechtlichen Probleme noch nicht berücksichtigt.

Um einzelne Lösungsvorschläge zu untersuchen und zu erarbeiten ist es notwendig, die Ziele einer neuen, von der klassischen kollisionsrechtlichen

---

16 *Freitag/Wolf* gehen sogar davon aus, dass es zu einer „nicht legitimierten Rechtsspaltung für denselben wirtschaftlichen Vorgang" kommen würde, wenn das klassische Kollisionsrecht Anwendung findet. *Freitag/Wolf*, WM 2021, 1009 (1016).

17 Vgl. zur einheitlichen Betrachtung EG (3) sowie Art. 1 Abs. 1 ECSP-VO.

18 So *Freitag*, in Möslein/Omlor, FinTech-Handbuch, § 14, Rn. 21.

19 Siehe bereits die Ausführungen in Kapitel 2 § 1 A.

Betrachtung abweichenden Lösung herauszuarbeiten. Diese stellen die Grundlage für die nachfolgende Untersuchung dar.

## A. Anwendung eines einheitlichen Rechts

Die Anwendung des klassischen Kollisionsrechts auf das echte und unechte P2P-Lending hat gezeigt, dass zur Gewährung einer größtmöglichen Rechtssicherheit und Zuverlässigkeit die Anwendung eines einheitlichen Rechts auf alle Verträge sinnvoll ist.[20] Ein einheitliches Recht führt zu Transparenz und damit zu einer Vereinfachung des Marktes. Die Abwicklung von grenzüberschreitenden Geschäften wird durch die Anwendung eines einheitlichen Rechts für alle Beteiligten einfacher und dadurch schneller.

Dies würde insbesondere dazu führen, dass es nicht mehr zu einem unübersichtlichen lawmix zwischen den Rechten verschiedener Staaten kommen würde. Anders als mit der aktuell herrschenden klassischen kollisionsrechtlichen Lösung wäre das anwendbare Recht für alle Beteiligten bereits vor Vertragsschluss vorhersehbar. Dies würde für alle Vertragspartner Transparenz und Rechtssicherheit schaffen.

## B. Verbraucherschutz

Neben der Anwendung eines einheitlichen Rechts darf der Schutz der beteiligten Verbraucher nicht vernachlässigt werden. Gerade weil das P2P-Lending ausschließlich über Online-Plattformen betrieben wird, sind Verbraucher besonders schützenswert.

Der Verbraucherschutz kann zum einen dadurch gestärkt werden, dass das anzuwendende Recht für den Verbraucher vorhersehbar ist, denn oftmals wird er sich in dieser Rechtsordnung nicht auskennen. Er wird aber ein Interesse daran haben, dass das anzuwendende Recht vergleichbar umfassende Verbraucherschutzvorschriften wie das seines Aufenthaltsortes beinhaltet.

Zum anderen kann der notwendige Schutz auch dadurch erreicht werden, dass es zur Anwendung von umfassenden verbraucherschützenden Vorschriften aus dem Recht des Aufenthaltsortes des Verbrauchers oder gegebenenfalls aus der ECSP-VO kommt. Die ECSP-VO beinhaltet zwar diverse Vorschriften, die dem Verbraucher zugutekommen, wie etwa umfangreiche Informationspflichten.[21] Allerdings bietet die ECSP-VO anders als das nationale Recht keine

---

20 Vgl. *Wendelstein*, GPR 2021, 220 (227).

21 Für einen Überblick zu den Regelungen der ECSP-VO siehe Kapitel 2 § 1 B.

spezifischen, auf einen Darlehensvertrag ausgerichteten Verbraucherschutzvorschriften. Die Anwendung der Verbraucherschutzvorschriften des Aufenthaltsrechts des Verbrauchers wird bei einem einheitlichen Recht nur schwer möglich sein, würde dem Verbraucher hinsichtlich der Verbraucherschutzvorschriften jedoch im Regelfall den größtmöglichen Schutz bieten.

Im Rahmen des Verbraucherschutzes ist ferner zu beachten, dass in den Mitgliedstaaten der Europäischen Union auf Grund der europäischen Verbraucherschutzrichtlinien grundsätzlich ein einheitlicher Verbraucherschutzstandard gilt, wie zum Beispiel durch die Verbraucherkredit-Richtlinie.[22] Wird eine Rechtswahl zugunsten des Rechts eines Mitgliedstaates der EU getroffen, bedürfte es daher im Regelfall – auch unter dem Gesichtspunkt der richtlinienkonformen Auslegung – keiner Anwendung des Art. 6 Abs. 2 S. 2 Rom I-VO. Die Anwendung eines einheitlichen Rechts wäre in diesem Fall jedenfalls nicht von Nachteil für den Verbraucher. Auch bei einer objektiven Anknüpfung an ein einheitliches Recht wäre ein Rückgriff auf den speziellen Art. 6 Abs. 1 Rom I-VO zum Schutz des Verbrauchers grundsätzlich nicht notwendig, sofern es sich bei diesem um das Recht eines Mitgliedstaates der EU handelt.

Anders ist dies hingegen bei einer Rechtswahl zugunsten eines Rechts eines Staates außerhalb der EU oder einer entsprechenden objektiven Anknüpfung. In diesen Fällen kann der europäische Verbraucherschutzstandard nur in Ausnahmefällen gewährleistet werden.[23]

Im Ergebnis muss es also zu einer Abwägung kommen, ob die Anwendung eines einheitlichen Rechts oder die Berücksichtigung eines größtmöglichen Verbraucherschutzes bei der Herleitung einer neuen Lösung relevanter ist. Besondere Berücksichtigung muss hierbei die Praxistauglichkeit in der Umsetzung finden.

---

22 Richtlinie 2008/48/EG des europäischen Parlaments und des Rates vom 23. April 2008 über Verbraucherkreditverträge und zur Aufhebung der Richtlinie 87/102/EWG des Rates, ABl. 2008 L 133/66. Ausnahmen können insofern vorkommen, als dass die Richtlinien durch die Mitgliedstaaten zwar verbindlich umgesetzt werden sollen, manche Mitgliedstaaten der Umsetzung jedoch bisher nicht oder nur teilweise nachgekommen sind.

23 Die Anwendung von Verbraucherschutzvorschriften könnte bei einem Verbraucher mit gewöhnlichem Aufenthalt in einem Mitgliedstaat der Europäischen Union über Art. 9 Rom I-VO erfolgen. Allerdings ist strittig, ob privatrechtliche Vorschriften, die dem Individualinteresse dienen, Eingriffsnormen im Sinne des Art. 9 Abs. 1 Rom I-VO sind. Siehe dazu in Bezug auf § 32 KWG Kapitel 3 § 7 B.

## § 3 Lösungsansatz: Analoge Anwendung des Art. 4 Abs. 1 lit. h und Art. 6 Abs. 4 lit. e Rom I-VO (Plattformlösung)

Soweit ersichtlich gibt es in der Literatur bisher lediglich einen Vorschlag von *Freitag/Wolf*, der eine alternative Lösung zur Behandlung des P2P-Lending im Kollisionsrecht beinhaltet.[24] Da das P2P-Lending eine relativ neue Erscheinung auf dem Finanzmarkt ist, kann jedoch davon ausgegangen werden, dass sich in der Zukunft weitere Lösungsansätze entwickeln werden.

### A. Vorstellung des Lösungsansatzes

*Freitag/Wolf* erkennen ebenfalls, dass die klassische kollisionsrechtliche Betrachtungsweise auf Grund ihrer Uneinheitlichkeit nicht sachgerecht ist.[25] Daher müsse auf das P2P-Lending einheitlich das Plattformrecht als *vis attractiva* Anwendung finden. Durch eine einheitliche Beurteilung der Rechtsverhältnisse würden alle Anleger gleichbehandelt, was Voraussetzung für einen erfolgreichen Markt sei.[26]

Sie stellen ebenfalls fest, dass einer einheitlichen Anwendung des Plattformrechts Art. 6 Rom I-VO im Wege steht. Für den Handel mit Wertpapieren würde diese Problematik durch den Ausschlusstatbestand des Art. 6 Abs. 4 lit. e sowie des Art. 4 Abs. 1 lit. h Rom I-VO gelöst. Die Anwendung der Ausschlusstatbestände führe dazu, dass sich „ein funktionaler Kapitalmarkt implementieren [kann], auf dem Anbieter und Nachfrager von Kapital unabhängig von ihrer Herkunft gleichberechtigt teilnehmen können".[27]

Vor dem Hintergrund der bestehenden Ausschlusstatbestände für den Handel mit Wertpapieren werten *Freitag/Wolf* das Fehlen einer vergleichbaren Regelung sowohl in der ECSP-VO als auch in der Rom I-VO als ein „Versehen" des Gesetzgebers.[28]

Sie schlagen daher vor, den Tatbestand des Art. 4 Abs. 1 lit. h sowie den Ausschlusstatbestand des Art. 6 Abs. 4 lit. e Rom I-VO analog auf

24 Siehe zum konkreten Lösungsvorschlag *Freitag*, in Möslein/Omlor, FinTech-Handbuch, § 14, Rn. 20–23; sowie *Freitag/Wolf*, WM 2021, 1009 (1013–1014).

25 *Freitag/Wolf*, WM 2021, 1009 (1013).

26 *Freitag/Wolf*, WM 2021, 1009 (1013).

27 *Freitag/Wolf*, WM 2021, 1009 (1014).

28 *Freitag*, in Möslein/Omlor, FinTech-Handbuch, § 14, Rn. 23; *Freitag/Wolf*, WM 2021, 1009 (1014).

Crowdfinanzierungen und somit auf das P2P-Lending anzuwenden, sofern es in den Anwendungsbereich der ECSP-VO falle.[29] Dies begründen sie unter anderem damit, dass erst durch die vorgeschlagene Analogie ein eigener Anwendungsbereich für Art. 6 Abs. 4 lit. e Rom I-VO geschaffen werde. Andernfalls sei der Anwendungsbereich des Art. 6 Abs. 4 lit. e Rom I-VO relativ klein, da Verträge über den Handel von Wertpapieren an der Börse auf Grund des Einsatzes von unternehmerischen Brokern nur zwischen Unternehmern geschlossen würden. Art. 6 Rom I-VO käme dann erst gar nicht zur Anwendung.

## B. Analyse des Lösungsansatzes

Um den Lösungsvorschlag von *Freitag/Wolf* richtig einordnen und bewerten zu können, gilt es zunächst den Regelungsgehalt der Art. 4 Abs. 1 lit. h und Art. 6 Abs. 4 lit. e Rom I-VO zu bestimmen. Ferner ist zu untersuchen, ob diese Ausschlusstatbestände einer Analogie zugänglich sind und wenn ja, ob die Anwendung einer solchen für die kollisionsrechtliche Betrachtung des P2P-Lending möglich und sinnvoll ist.

### *I. Ausschlusstatbestand des Art. 6 Abs. 4 lit. e Rom I-VO und Tatbestand des Art. 4 Abs. 1 lit. h Rom I-VO*

Art. 6 Abs. 4 lit. e Rom I-VO schließt die Anwendung von Art. 6 Abs. 1 und 2 Rom I-VO für Verträge aus, die „innerhalb der Art von System geschlossen werden, auf die Art. 4 Abs. 1 lit. h Anwendung findet". Dies sind „Verträge, die innerhalb eines multilateralen Systems geschlossen werden, das die Interessen einer Vielzahl Dritter am Kauf und Verkauf von Finanzinstrumenten [...] nach nicht diskretionären Regeln und nach Maßgabe eines einzigen Rechts zusammenführt oder das Zusammenführen fördert", Art. 4 Abs. 1 lit. h Rom I-VO.

Anknüpfungspunkt des Art. 4 Abs. 1 lit. h Rom I-VO ist das sogenannte Marktorganisationsrecht, welches sich nach dem öffentlichen Recht des Mitgliedstaates bestimmt, in dem der Betreiber des multilateralen Systems seinen Satzungssitz hat.[30] An dieses wird das Vertragsstatut akzessorisch angeknüpft.[31]

29 *Freitag*, in Möslein/Omlor, FinTech-Handbuch, § 14, Rn. 23; *Freitag/Wolf*, WM 2021, 1009 (1014).

30 *Müller*, Finanzinstrumente in der Rom I-VO, S. 233, 242.

31 *Müller*, Finanzinstrumente in der Rom I-VO, S. 242.

Die Rom I-VO definiert weder den Begriff des Finanzinstruments noch des multilateralen Systems.[32] Ein Finanzinstrument kann allgemein als ein körperlicher oder unkörperlicher Titel, der an den Finanzmärkten gehandelt wird, verstanden werden.[33] Art. 4 Abs. 1 lit. h Rom I-VO verweist für die Finanzinstrumente auf die EU-Finanzinstrumente-Richtlinie (MiFID).[34] Nach Art. 4 Abs. 1 Nr. 15 MiFID II-Richtlinie in Verbindung mit Anhang 1 Abschnitt C fallen im Rahmen der Richtlinie unter den Begriff der Finanzinstrumente sämtliche dort aufgelisteten Instrumente, unter anderem übertragbare Wertpapiere, Geldmarktinstrumente, Anteile an Organismen für gemeinsame Anlagen, Derivatkontrakte in Bezug auf Wertpapiere sowie finanzielle Differenzgeschäfte.[35]

Multilaterale Systeme werden zwar in Erwägungsgrund 18 der Rom I-VO erwähnt, allerdings wird diesbezüglich lediglich vergleichsweise auf die Märkte und multilateralen Handelssysteme im Sinne der EU-Finanzinstrumente-Richtlinie verwiesen. Eine Begriffsdefinition findet sich jedoch auch dort nicht, sodass der Begriff des multilateralen Systems im Sinne der Rom I-VO definiert werden muss.[36]

Für das Vorliegen eines Systems ist das Bestehen eines Marktes ausreichend, der aus einem Regelwerk besteht, welches allgemeine Fragen rund um den Handel der Finanzinstrumente über das System und zu den Mitgliedschaften beantwortet.[37] Der Begriff der Multilateralität dieses Systems ist abzugrenzen von einer reinen Bilateralität, in denen lediglich nur Interessen von zwei Parteien berücksichtigt werden.[38] Vertragsschlüsse innerhalb dieses System sind

---

32 Vgl. *Müller*, Finanzinstrumente in der Rom I-VO, S. 52. Siehe zur detaillierten Auseinandersetzung mit dem Begriff des Finanzinstruments *Lehmann*, Finanzinstrumente, S. 283–303.

33 *Lehmann*, Finanzinstrumente, S. 283–284.

34 Ursprünglich Richtlinie 2004/39/EG des Europäischen Parlaments und des Rates vom 21. April 2004 über Märkte für Finanzinstrumente, zur Änderung der Richtlinien 85/611/EWG und 93/6/EWG des Rates und der Richtlinie 2000/12/EG des Europäischen Parlaments und des Rates und zur Aufhebung der Richtlinie 93/22/EWG des Rates (MiFID I), ABl. 2004 L 145/01. Mittlerweile neu gefasst als Richtlinie 2014/65/EU des Europäischen Parlaments und des Rates vom 15. Mai 2014 über Märkte für Finanzinstrumente sowie zur Änderung der Richtlinien 2002/92/EG und 2011/61/EU (MiFID II), ABl. 2014 L 173/349.

35 Vgl. *Müller*, Finanzinstrumente in der Rom I-VO, S. 108.

36 Nachfolgend werden der Begriff des multilateralen Systems und der Tatbestand des Art. 4 Abs. 1 lit. h Rom I-VO lediglich überblicksartig dargestellt. Für eine umfassende Darstellung siehe *Müller*, Finanzinstrumente der Rom I-VO, S. 222–243.

37 *Müller*, Finanzinstrumente in der Rom I-VO, S. 229.

38 *Müller*, Finanzinstrumente in der Rom I-VO, S. 229.

ausschließlich Innengeschäfte, die unter Nutzung des Systems getätigt werden.[39] Außengeschäfte werden nicht erfasst. Diese Regelung liegt vor allem dem klassischen Börsengeschäft zugrunde, bei dem der Verbraucher einen Broker mit Tätigkeiten an der Börse beauftragt.

Es wird deutlich, dass der Begriff des multilateralen Systems komplex und angesichts einer fehlenden Definition im Gemeinschaftsrecht nur schwer zu definieren ist. Vereinfacht wird daher allgemein davon ausgegangen, dass es sich bei einem multilateralen System um traditionelle Parkettbörsen oder elektronische Handelssysteme handelt.[40] Diese benötigen nicht zwingend eine physische Präsenz, sondern können auch als reine Internetplattformen betrieben werden.[41]

Nach Art. 4 Abs. 1 lit. h Rom I-VO ist es ferner erforderlich, dass das multilaterale System die Interessen einer Vielzahl Dritter am Kauf und Verkauf von Finanzinstrumenten zusammenführt. Ein solches Zusammenführen schließt bereits Vertragsverhandlungen und Interessenbekundungen mit ein.[42] Das Erfordernis des Zusammenführens der Interessen nach nicht diskretionären Regeln ist dann erfüllt, wenn das Zusammenführen der Interessen ausschließlich nach den Regeln des Systems erfolgt und keinerlei Ermessensspielraum zulässt.[43]

Nach Erwägungsgrund 28 der Rom I-VO findet auf Verträge im Sinne des Art. 4 Abs. 1 lit. h Rom I-VO der kollisionsrechtliche Verbraucherschutz keine Anwendung, um nicht das Wesen der Finanzdienstleistungen zu verändern und vor allem nicht den „fungiblen Handel" sowie das „fungible Angebot" zu verhindern. Insbesondere bei Wertpapieren ist die Fungibilität, also die Austauschbarkeit, ein wichtiges Merkmal, das sich von den Anlagen in Darlehensverträge wesentlich unterscheidet. Die Kapitalanlage in einen Darlehensvertrag lässt sich

---

39 *Köhler*, in BeckOGK, Rom I-VO, Art. 4, Rn. 137; *Magnus*, in Staudinger, BGB, Art. 4 Rom I-VO, Rn. 93; *Martiny*, in MüKo, BGB, Art. 4 Rom I-VO, Rn. 65; *Müller*, Finanzinstrumente in der Rom I-VO, S. 241 m.w.N.; *Thorn*, in Rauscher, EuZPR/EuIPR, Art. 4 Rom I-VO, Rn. 74; *Wagner*, IPRax 2008, 377 (384).

40 *Köhler*, in BeckOGK, Rom I-VO, Art. 4, Rn. 135; *Müller*, Finanzinstrumente in der Rom I-VO, S. 229; vgl. *Wendelstein*, GPR 2021, 220 (227).

41 *Lehmann*, in Ferrari/Leible, Rome I Regulation, 85 (88); *Müller*, Finanzinstrumente in der Rom I-VO, S. 229.

42 EG 6 Richtlinie 2004/39/EG (MiFID I); *Müller*, Finanzinstrumente in der Rom I-VO, S. 230.

43 *Köhler*, in BeckOGK, Rom I-VO, Art. 4, Rn. 141; *Martiny*, in MüKo, BGB, Art. 4 Rom I-VO, Rn. 160; *Müller*, Finanzinstrumente in der Rom I-VO, S. 230.

auf Grund der speziell vereinbarten Darlehens- und Zinssumme nicht ohne weiteres gegen eine andere Kapitalanlage austauschen.

P2P-Kredite werden nicht von Art. 4 Abs. 1 Nr. 15 MiFID II in Verbindung mit Anhang 1 Abschnitt C erfasst.[44] Sie fallen nicht unter Finanzinstrumente im Sinne des Art. 4 Abs. 1 lit. h Rom I-VO. Selbst wenn P2P-Plattformen im weiteren Sinne multilaterale Systeme darstellen würden, ist eine Anwendung des Art. 4 Abs. 1 lit. h Rom I-VO auf Grund des fehlenden Finanzinstrumentes ausgeschlossen. Deshalb greift der Ausschlusstatbestand des Art. 6 Abs. 4 lit. e Rom I-VO für im Rahmen des P2P-Lending geschlossene Verträge nicht. Die Anwendung der Norm wäre daher allenfalls durch eine Analogie möglich.

## *II. Exkurs: Die Analogie im Unionsrecht*

### *1. Sinn und Zweck der Analogie*

Analogien werden von Rechtsanwendern genutzt, um Lücken zu schließen. Solche Lücken können auftreten, wenn es für eine Rechtsfrage keinerlei Antwort durch das Gesetz gibt.[45] Der Analogie kommt dabei ein rechtsergänzender Charakter zu, allerdings ohne neues Recht zu schaffen.[46] Dies bleibt zur Wahrung der Gewaltenteilung einzig der Legislative überlassen.

Vielmehr wird der Anwendungsbereich einer bestehenden Norm auf den (vermeintlich) ungeregelten, aber vergleichbaren Sachverhalt übertragen, sofern die ratio der Norm auf beide Sachverhalte anwendbar ist. Es wird dabei vom „Besonderen auf das Besondere" geschlossen, wobei im Rahmen dieses Prozesses auch induktive (vom Besonderen auf das Allgemeine) und deduktive (vom Allgemeinen auf das Besondere) Schlüsse nicht außer Acht gelassen werden dürfen.[47]

---

44 Vgl. i.E. *Freitag/Wolf*, WM 2021, 1009 (1004); *Wendelstein*, GPR 2021, 220 (227).

45 *Engisch*, Einführung in das juristische Denken, S. 197.

46 *Anweiler*, Auslegungsmethoden des EuGH, S. 305; *Rüthers/Fischer/Birk*, Rechtstheorie, Rn. 883, 886, 894.

47 *Engisch*, Einführung in das juristische Denken, S. 204; *Klug*, Juristische Logik, S. 115. Auch *Kaufmann*, Analogie und „Natur der Sache", S. 25–26, geht davon aus, dass es sich um einen Schluss vom Besonderen auf das Besondere über das Allgemeine handelt. *Martens*, Methodenlehre des Unionsrechts, S. 320, hingegen betont, dass die Analogie nicht ein einfacher Schluss vom Besonderen auf das Besondere ist, sondern vielmehr als „ein sich gegenseitig unterstützender induktiv-deduktiver Schluss interpretiert werden" soll.

Zur Abgrenzung der Kompetenzen hat der EuGH erstmals 1985 in der Rechtssache „Krohn" die Voraussetzungen für einen Analogieschluss im Unionsrecht definiert.[48] Ausschlaggebend ist danach, dass das europäische Recht eine Regelungslücke enthalten muss, die mit den allgemeinen Grundsätzen des Gemeinschaftsrechts unvereinbar ist und diese durch eine Analogie geschlossen werden kann.[49] Insbesondere im Sekundärrecht greift der EuGH immer wieder zu Analogien, um Lücken im Gemeinschaftsrecht zu schließen.[50] Analogieschlüsse im Primärrecht durch den EuGH finden sich hingegen selten.[51]

Grundgedanke der Analogie ist die Einhaltung des Gleichbehandlungsgrundsatzes, um ungerechten Ergebnissen bei wörtlicher Gesetzesanwendung entgegenzutreten.[52] Andernfalls bestünde die Gefahr, dass es zu einer Inkonsequenz der Rechtsordnung kommt.[53]

### 2. *Analogieverbote*

Die nationale und europäische Rechtsprechung macht immer wieder Gebrauch von Analogien. Dabei sind nicht alle Normen einer Analogie zugänglich. Analogieverbote können insbesondere bei Ausnahmevorschriften, im Strafrecht sowie im Bereich der Kompetenzvorschriften der EU greifen.

Uneinigkeit herrscht vor allem darüber, ob Ausnahmevorschriften analogiefähig sind. Die Diskussion über etwaige Analogieverbote rührt daher, dass

---

48 EuGH, Urt. v. 12.12.1985, Rs. C-165/84, ECLI:EU:C:1985:507, Rn. 14 – *Krohn/BALM*. Der EuGH betont entgegen seiner Praxis allerdings, dass eine Analogie grundsätzlich nicht vorgesehen ist, da sich der Anwendungsbereich einer Verordnung jeweils aus ihr selbst ergebe, vgl. Rn. 13. Vgl. auch *Anweiler*, Auslegungsmethoden des EuGH, S. 318–319, 333.

49 Siehe dazu umfassend *Anweiler*, Auslegungsmethoden des EuGH, S. 318–319.

50 *Anweiler*, Auslegungsmethoden des EuGH, S. 331. Ausgeschlossen davon sind im Regelfall Analogieschlüsse zu Richtliniennormen, da es den Mitgliedstaaten überlassen ist, wie sie diese in nationales Recht umsetzen. Für eine Übersicht zur Anwendung von Analogien im Verordnungsrecht durch den EuGH siehe *Anweiler*, Auslegungsmethoden des EuGH, S. 318–331.

51 So *Anweiler*, Auslegungsmethoden des EuGH, S. 331. Für eine Übersicht zu Analogieschlüssen im Primärrecht durch den EuGH siehe *ders.*, Auslegungsmethoden des EuGH, S. 321–318.

52 *Larenz*, Methodenlehre der Rechtswissenschaft, S. 318; *Martens*, Methodenlehre des Unionsrecht, S. 318; *Würdinger*, AcP 2006, 946 (973, 975). *Möllers*, Juristische Methodenlehre, Rn. 114, geht sogar davon aus, dass der Rechtsanwender zur Wahrung des Gleichheitsgrundsatzes zur Analogie verpflichtet ist.

53 Vgl. *Schwacke*, Juristische Methodik, S. 81.

nach der Rechtsprechung des EuGH Ausnahmevorschriften eng auszulegen sind.[54] Eine enge Auslegung von Ausnahmevorschriften ist notwendig, um die besondere Bedeutung der Ausnahme und somit des eingeschränkten Wertes zu rechtfertigen.[55]

Vor allem im Verbraucherschutzrecht wird immer wieder von Rechtsprechung und Literatur angeführt, dass Ausnahmevorschriften nicht analogiefähig sind.[56] Allerdings hat der EuGH in anderen Entscheidungen ausdrücklich die Möglichkeit einer Analogie von Ausnahmevorschriften zugelassen.[57] So wurden mittlerweile einige vom EuGH gebildete Analogien auch in die Gesetzgebung mit aufgenommen.[58]

Die Analogiefähigkeit von Ausnahmevorschriften im Grundsatz abzulehnen, ist vor dem Hintergrund der Rechtsprechung des EuGH zur Möglichkeit einer Analogie von Ausnahmevorschriften und des sich stetig entwickelnden Rechtsverkehrs nicht angebracht. Vielmehr ist von einer Analogiefähigkeit dieser Vorschriften auszugehen, sofern die ohne Analogie entstehende Regelungslücke mit den Grundsätzen des Gemeinschaftsrechts unvereinbar ist.[59] Ausschlaggebend ist die Orientierung am Wertesystem der Europäischen Union.[60] Bei Anwendung

---

54 EuGH, Urt. v. 12.05.2011, Rs. C-411/09, ECLI:EU:C:2011:295, Rn. 44 – *Kommision / Österreich*, mit dem Verweis auf weitere Rechtsprechung.

55 So *Martens*, Methodenlehre des Unionsrechts, S. 321.

56 *Heiderhoff*, in Rauscher, EuZPR/EuIPR, Art. 6 Rom I-VO, Rn. 10, die jedoch eine Analogie im Rahmen der Finanzdienstleistungen im Sinne des Art. 6 Abs. 4 lit. d Rom I-VO für möglich hält; *Limbach*, in jurisPK, BGB, Art. 6 Rom I-VO, Rn. 59; *Spindler*, ZBB 2017, 129 (140); *Thorn*, in Grüneberg, BGB, Art. 6 Rom I-VO, Rn. 1; a.A. *Würdinger*, AcP 2006, 946 (965–966). Vgl. auch EuGH, Urt. v. 20.01.2005, Rs. C-464/01, ECLI:EU:C:2005:32, Rn. 43 – *Gruber*, der in diesem Einzelfall ebenfalls für eine enge Auslegung von Verbraucherschutzvorschriften plädiert. Näheres zur Analogiefähigkeit von Verbraucherschutzvorschriften, insbesondere Art. 6 Rom I-VO siehe Kapitel 4 § 3 B. III.

57 EuGH, Urt. v. 25.11.1986, Rs. C-201 und 202/85, CLI:EU:C:1986:439, Rn. 20–24 – *Klensch / Secrétaire d'État*; EuGH, Urt. v. 29.06.21988, Rs. C-58/87, ECLI:EU:C:1988:344, Rn. 16 – *Rebmann / Bundesversicherungsanstalt für Angestellte*. Der EuGH erwägt in dieser Entscheidung zwar die analoge Anwendung von Ausnahmeregelungen, lehnt diese im konkreten Fall jedoch ab.

58 So etwa die Änderung des Art. 263 Abs. 1 S. 1 AUEV nach dem Urteil des EuGH v. 23.04.1986, Rs. C-294/83, ECLI:EU:C:1986:166, Rn. 22 – *Les Verts / Parlament*. Siehe dazu *Martens*, Methodenlehre des Unionsrechts, S. 323, Rn. 149.

59 So auch *Martens*, Methodenlehre des Unionsrechts, S. 321.

60 Vgl. *Martens*, Methodenlehre des Unionsrecht, S. 321.

einer Analogie muss im Regelfall, mit Ausnahme von evidenten Bedeutungen, wie denen der Grundfreiheiten, die besondere Bedeutung im Rahmen der engen Auslegung ausführlich nachgewiesen werden.[61]

Neben der Diskussion über Analogieverbote für Ausnahmevorschriften besteht Einigkeit darüber, dass ein Analogieverbot für den strafrechtlichen Grundsatz *nulla poena sine lege* greift.[62] Anders als beispielsweise im nationalen deutschen Strafrecht ist dieser Grundsatz in Art. 49 der Charta der Grundrechte der Europäischen Union normiert.

Weiterhin besteht ein Analogieverbot im Hinblick auf die Kompetenzvorschriften zugunsten der Europäischen Union, vgl. Art. 4 Abs. 1 EUV.[63] Danach hat die Europäische Union nur die ihr in den Verträgen zugeschriebenen Kompetenzen. Diese können nicht zu Lasten der Mitgliedstaaten ausgeweitet werden.

### *III. Analogiefähigkeit des Art. 6 Rom I-VO*

Als Methode der Rechtsfortbildung kann die Analogie des Art. 6 Abs. 4 lit. e Rom I-VO jedoch nur greifen, wenn die Norm als solche analogiefähig ist[64] und die entsprechenden Voraussetzungen der Analogie vorliegen.

Da Art. 6 Abs. 4 lit. e Rom I-VO auf Art. 4 Abs. 1 lit. h Rom I-VO verweist, muss Art. 6 im Allgemeinen und konkret Art. 6 Abs. 4 lit e Rom I-VO analogiefähig sein. Daraus könnte dann wiederum die Analogiefähigkeit von Art. 4 Abs. 1 lit. h Rom I-VO geschlossen werden.[65]

#### *1. Art. 6 Rom I-VO im Allgemeinen*

Die Analogiefähigkeit der gesamten Norm des Art. 6 Rom I-VO ist stark umstritten. Der EuGH hat die Möglichkeit einer Analogie im Gemeinschaftsrecht

---

61 *Martens*, Methodenlehre des Unionsrechts, S. 321; *Schilling*, EuR 1996, 44 (47).

62 EuGH, Urt. v. 03.05.2007, Rs. C-303/05, ECLI:EU:C:2007:261, Rn. 49, 50 m.w.N. – *Advocaten voor de Wereld*; EuGH, Urt. v. 10.07.1984, Rs. C-63/83, ECLI:EU:C:1984:255, Rn. 22 – *Kirk*, zum Rückwirkungsverbot; *Engisch*, Einführung in das juristische Denken, S. 212; *Langenbucher*, C.L.J. 1998, 481 (500–501); *Martens*, Methodenlehre im Unionsrecht, S. 320.

63 *Martens*, Methodenlehre im Unionsrecht, S. 320–321.

64 *Luther*, JA 2013, 449 (450).

65 Anders als Art. 4 Abs. 1 lit. h Rom I-VO beschränkt Art. 6 Abs. 4 lit. e Rom I-VO lediglich den Anwendungsbereich, stellt aber keine eigene eigenständige Anknüpfungsnorm dar (*Müller*, Finanzinstrumente in der Rom I-VO, S. 351).

zugelassen,[66] sodass im Grundsatz auch eine Analogiefähigkeit des Art. 6 Rom I-VO in Frage kommt.

Die Rom I-VO wurde bisher nicht überarbeitet, sodass sie auf dem Stand ihres Erlasses von 2008 ist. Neue Entwicklungen, wie die fortschreitende Digitalisierung, konnten von der Verordnung daher nicht umfänglich berücksichtigt werden.[67] Dies ist allerdings im Verbraucherschutzrecht relevant, da sich dieser Bereich stetig verändert und angepasst wird. Deshalb erscheint es nachvollziehbar, die Möglichkeit einer Analogie offen zu lassen.[68]

Allerdings war nach der herrschenden Meinung bereits die Vorgängervorschrift von Art. 6 Rom I-VO, nämlich Art. 5 EVÜ beziehungsweise Art. 29 EGBGB a.F., einer Analogie nicht zugänglich.[69] Die damalige Vorschrift bot dem Verbraucher keinen umfangreichen Schutz. Mit Erlass der Rom I-VO hat der Verordnungsgeber den Verbraucherschutz erweitert, sodass dem Bedürfnis nach einer Analogie zunächst vorgebeugt wurde.[70] Ferner hätten Art. 29 EGBGB a.F. wie auch Art. 6 Rom I-VO als Verbraucherschutznormen einen Ausnahmecharakter, welcher die Vorschriften einer Analogie grundsätzlich unzugänglich machte.[71]

---

66 EuGH, Urt. v. 12.12.1985, Rs. C-165/84, ECLI:EU:C:1985:507, Rn. 14 – *Krohn/BALM*. Siehe zur Analogie im Gemeinschaftsrecht und entsprechenden Analogieverboten auch Kapitel 4 § 3 B. II. 2.

67 Vgl. *Weller*, NJW 2006, 1247 (1248) der ebenfalls darauf hinweist, dass der Verbraucherbegriff im Rahmen des Art. 5 EVÜ nach dem damaligen Stand definiert wurde; sowie *Würdinger*, JuS 2008, 949 (950) zur Einbeziehung neuer Fallgestaltungen. Vgl. auch *Rühl*, in BeckOGK, Rom I-VO, Art. 6, Rn. 53.

68 So auch *Magnus*, in Staudinger, BGB, Art. 6 Rom I-VO, Rn. 125; *Rühl*, in BeckOGK, Rom I-VO, Art. 6, Rn. 53.

69 OLG Hamm, Urt. v. 01.12.1988, Az.: 4 U 120/88, NJW-RR 1989, 396; LG Bielefeld, Urt. v. 27.05.1999, Az.: 20 S 185/98, NJW-RR 1999, 1282 (1283) mit dem Hinweis, dass Art. 29 EGBGB a.F. gerade nicht als umfassende Verbraucherschutzvorschrift gedacht war; LG Hamburg, Urt. v. 18.02.1999, Az.: 302 S 146/98, RIW 1999, 391 (392); *Mankowski*, IPRax 1991, 305 (308 ff.); *ders.*; RIW 1993, 453 (459–460) mit der Argumentation, dass sich das EVÜ gegen einen umfassenden Verbraucherschutz entschieden hat; *ders.*, RIW 2006, 321 (324–325); a.A. OLG Stuttgart, Urt. v. 18.05.1990, Az.: 2 U 191/89, IPRax 1991, 332 (333); *Sack*, IPRax 1992, 24 (28); *Weller*, NJW 2006, 1247 (1248–1249) der für einen Analogiefähigkeit des Art. 29 EGBGB a.F. plädiert.

70 So auch *Magnus*, in Staudinger, BGB, Art. 6 Rom I-VO, Rn. 124.

71 Vgl. EuGH, Urt. v. 20.01.2005, Rs. C-464/01, ECLI:EU:C:2005:32, Rn. 43 – *Gruber*; *Heiderhoff*, in Rauscher, EuZPR/EuIPR, Art. 6 Rom I-VO, Rn. 10, die jedoch eine Analogie im Rahmen der Finanzdienstleistungen im Sinne des Art. 6 Abs. 4 lit. d Rom I-VO für möglich hält; *Limbach*, in jurisPK, BGB, Art. 6 Rom I-VO, Rn. 59; *Spindler*, ZBB

Zwar mag die Erweiterung des Anwendungsbereiches durch Art. 6 Rom I-VO sowie der Ausnahmecharakter des Verbraucherschutzes gegen eine Analogiefähigkeit sprechen. Die Möglichkeit einer Analogie sollte jedoch offengelassen werden, da Verträge mit Verbrauchern, insbesondere im Internet, immer komplexer, aber auch gängiger werden. Der Verbraucherschutz muss mit den aktuellen Entwicklungen Schritt halten. Tut der Gesetzgeber dies nicht, muss dies im Wege der analogen Anpassung erfolgen oder zumindest möglich sein.

### 2. *Art. 6 Abs. 4 lit. e Rom I-VO im Besonderen*

Dies vorausgesetzt, stellt sich die Frage, ob konkret Art. 6 Abs. 4 lit. e Rom I-VO analogiefähig ist. Eine diesbezügliche Analogiefähigkeit wird von denjenigen abgelehnt, die bereits Art. 6 Rom I-VO im allgemeinen als analogieunfähig einordnen.[72] Auch hier wird argumentiert, dass der Verbrauchervertrag eng auszulegen sei.[73] Die Aufzählung der Vorgängervorschrift Art. 5 EVÜ, insbesondere des Abs. 4, soll abschließend gewesen sein, sodass selbiges für Art. 6 Abs. 4 Rom I-VO gelte.[74]

Andererseits wird angeführt, dass es nur ein Versehen sein könne, dass die ECSP-VO und die Rom I-VO im Hinblick auf das P2P-Lending nicht angepasst wurden.[75] *Freitag/Wolf* begründen dies unter anderem damit, dass erst durch die Eröffnung einer Analogiefähigkeit ein eigener Anwendungsbereich für Art. 6 Abs. 4 lit. e Rom I-VO geschaffen werde.[76]

Die vom Verordnungsgeber bestimmten Ausnahmetatbestände des Art. 6 Abs. 4 Rom I-VO, und somit insbesondere Abs. 4 lit. e, scheinen auf Grund der Erweiterung im Hinblick auf die Vorgängervorschrift zunächst abschließend. Sie decken auf Grund ihrer konkreten Formulierungen und Verweisungen auf anderes Sekundärrecht möglichst viele Vertragstypen ab, die vom Verbraucherschutz ausgenommen sind. Allerdings hat der Verordnungsgeber nicht berücksichtigt, dass insbesondere der Finanzsektor ein sich sehr schnell wandelnder

---

2017, 129 (140); *Thorn*, in Grüneberg, BGB, Art. 6 Rom I-VO, Rn. 1; a.A. *Würdinger*, AcP 2006, 946 (965–966).

72 Siehe Kapitel 4, Fn. 69.

73 Vgl. Kapitel 3 § 3 A. I. 1. b) bb) zur Auslegung des Dienstleistungsbegriffs im Rahmen des Art. 6 Abs. 4 lit. a Rom I-VO.

74 Vgl. *Benecke*, Gesetzesumgehung im Zivilrecht, S. 234, mit Verweis auf die entsprechenden Materialien zu Art. 5 EVÜ.

75 *Freitag*, in Möslein/Omlor, FinTech-Handbuch, § 14, Rn. 23; *Freitag/Wolf*, WM 2021, 1009 (1014).

76 Siehe Kapitel 4 § 3 A.

Sektor ist. Finanzierungs- und Anlagemöglichkeiten wie das P2P-Lending waren zum Zeitpunkt des Erlasses der Rom I-VO weitestgehend unbekannt. Auf Grund einer vermeintlich abschließenden Regelung und der pauschalen Ablehnung der Analogiefähigkeit neue Märkte einer Regulierung zu entziehen, kann nicht gewollt sein, zumal sich dies auch negativ für Verbraucher auswirken kann. Vielmehr muss der Ausnahmetatbestand des Art. 6 Abs. 4 lit. e Rom I-VO deshalb einer Analogie zugänglich sein. Es bedarf allerdings jeweils einer umfangreichen Auslegung und Abwägung im Einzelfall.[77]

### *IV. Anwendung der Analogie auf das P2P-Lending*

Bei der analogen Anwendung einer Norm muss streng abgewogen werden, ob die Judikative anhand der Analogie als Rechtsfortbildung in den Bereich der Legislative eingreifen darf.[78] Sofern eine gerechte Entscheidung nur durch die Fortbildung des Rechts möglich ist, ist die Judikative dazu verpflichtet.[79]

Für die von *Freitag/Wolf* vorgeschlagene analoge Anwendung des Art. 6 Abs. 4 lit. e sowie des Art. 4 Abs. 1 lit. h Rom I-VO auf das P2P-Lending bedarf es einer konkreten planungswidrigen Regelungslücke, die durch die Analogie bei vergleichbarer Interessenlage des geregelten und des zu regelnden Sachverhalts geschlossen werden kann.[80]

#### *1. Planwidrige Regelungslücke*

Zunächst ist festzuhalten, dass sämtliche im Rahmen des P2P-Lending geschlossenen Verträge im Kollisionsrecht berücksichtigt und unter eine entsprechende Norm der Rom I-VO subsumiert werden können. Insbesondere die Nutzungsverträge können eindeutig unter Art. 4 Abs. 1 lit. b Rom I-VO subsumiert werden. Dass dann für diese trotzdem eine Regelungslücke bestehen soll, erschließt sich zunächst nicht.

Trotz der bestehenden Regelungen, die sehr wohl auf das P2P-Lending angewandt werden können, führen diese nicht zu sachgerechten Ergebnissen: die Verträge unterliegen unterschiedlichen Rechten, obwohl sie demselben rechtstatsächlichen Vorgang zugeordnet werden können.

---

77 Vgl. bereits *Luther*, JA 2013, 449 (451).

78 Vgl. auch *Wendelstein* GPR 2021, 220 (227); *Würdinger*, AcP 2006, 946 (950).

79 BGH, Urt. v. 30.10.1951, Az.: I ZR 117/50, BGHZ 3, 308 (315); *Danwerth*, ZfPW 2017, 230 (239).

80 Zu den Voraussetzungen für die Anwendung einer Analogie siehe u.a. *Danwerth*, ZfPW 2017, 230–249.

Auch ergibt sich durch die aktuelle Rechtslage ein Widerspruch zum Verbraucherschutz. Dieser rechtfertigt die Frage, ob eine Korrektur des bestehenden Rechts vorgenommen werden muss. Sobald eine gesetzliche Regelung nicht ausreichend ist, dies zu nicht sachgerechten Ergebnissen führt und folglich eine Korrektur erforderlich scheint, besteht eine Regelungslücke.[81] Andernfalls müsste eine Korrektur nicht in Erwägung gezogen werden.

Auf Grund der neuartigen Entwicklung des P2P-Lending muss davon ausgegangen werden, dass die Regelungslücke vom Verordnungsgeber nicht bewusst geschaffen wurde und somit planwidrig ist. Da eine entsprechende Gesetzesänderung zur umfassenden Regelung des P2P-Lending aktuell nicht in Sicht ist, scheint es daher zunächst sinnvoll, die Regelungslücke durch eine Analogie zu schließen.

### *2. Keine Vergleichbarkeit der Interessenlage nach Sinn und Zweck der Norm*

Eine Analogie kann bei bestehender Regelungslücke nur dann greifen, wenn die beiden Sachverhalte sich so sehr ähneln, dass sie auf Grund der vergleichbaren Interessenlage entgegen der gesetzlichen Regelung einer gleichen Behandlung bedürfen.[82]

#### *a) Kein Finanzinstrument*

Zwar ähnelt das P2P-Lending einem Finanzinstrument insofern, als dass es ähnlich wie die von Art. 4 Abs. 1 lit. h Rom I-VO umfassten Wertpapiere zur Anlage von Kapital und Erwirtschaftung einer Rendite genutzt wird. Ausschlaggebend ist, dass Erwägungsgrund 28 der Rom I-VO eindeutig bestimmt, dass die Finanzinstrumente fungibel sind. Die Anlage beim P2P-Lending erfolgt hingegen in einen bestimmten Kredit, dessen Forderung durch Abtretung übertragen werden kann und somit gerade nicht fungibel ist.[83]

Nur weil es sich bei Finanzinstrumenten und dem P2P-Lending um Anlagemöglichkeiten handelt, bedeutet dies nicht zwangsläufig, dass diese einander für eine Analogie ausreichend ähneln. Nach richtlinienkonformer Auslegung und

---

81 Vgl. *Danwerth*, ZfPW 2017, 230 (231).

82 BGH, Urt. v. 13.07.1988, Az.: IVa ZR 55/87, BGHZ 105, 140 (143); *Danwert*, ZfPW 2017, 230 (234) m.w.N.

83 Siehe zum Begriff der Fungibilität im Rahmen des deutschen Rechts Kapitel 2 § 2 A. II. 2. b).

der abschließenden Auflistung in der EU-Finanzinstrumente-Richtlinie (MiFID II), kann das P2P-Lending nicht als Finanzinstrument gewertet werden.[84]

#### *b) Keine vergleichbare Regulierung des P2P-Lending*

Eine Vergleichbarkeit der Interessenlagen wäre allenfalls dann anzunehmen, wenn P2P-Plattformen vergleichbar stark und aus ähnlichem Grund wie Börsenplattformen reguliert werden.[85] Durch die Einführung der ECSP-VO im Jahr 2021 konnte eine Annäherung an die Börsenregulierung allerdings nicht erreicht werden.

Eine Vergleichbarkeit besteht bereits deswegen nicht, weil die ECSP-VO sich ausdrücklich von herkömmlichen Börsengeschäften abgrenzt. So stellt Erwägungsgrund 30 der ECSP-VO klar, dass Investitionen in Produkte, die auf Crowdfunding-Plattformen vermarktet werden, nicht mit traditionellen Anlage- und Sparprodukten vergleichbar sind. Eine Vergleichbarkeit mit Börsengeschäften war bewusst nicht gewollt. Auch wenn einige wenige Vertragskonstellationen des P2P-Lending in den Anwendungsbereich der ECSP-VO fallen,[86] war bewusst keine Regulierung des P2P-Lending durch die ECSP-VO beabsichtigt.[87]

#### *c) Keine vergleichbaren Zugangsvoraussetzungen zu den jeweiligen Märkten*

Auch die Voraussetzungen, nach denen am P2P-Lending-Markt teilgenommen werden kann, unterscheiden sich grundlegend von den Zugangsvoraussetzungen zum Börsenmarkt. Anders als beim P2P-Lending kann nicht jede Privatperson oder jedes Unternehmen am Börsenhandel teilnehmen.

Nach deutschem Recht ist für eine Zulassung zur Börse, auch als Vermittlungsplattform, neben einer Zulassung nach § 32 KWG auch gemäß § 19 Abs. 4 Nr. 1, Abs. 5 und Abs. 6 BörsG eine berufliche Eignung erforderlich.[88] Überdies

---

84 Zukünftig mag es jedoch nicht ausgeschlossen sein, dass auch solche neuen Formen der Kapitalanlage und Finanzierung in den Katalog des MiFID II aufgenommen werden.

85 *Wendelstein*, GPR 2021, 220 (227).

86 Zum Anwendungsbereich der ECSP-VO siehe Kapitel 2 § 1 A. Allerdings fällt insbesondere das echte P2P-Lending als c2c- und b2c-Konstellation aus dem Anwendungsbereich der Verordnung. Ferner ist noch nicht abschließend geklärt, ob das unechte P2P-Lending mit einem kreditausgebenden Kreditinstitut vom Anwendungsbereich überhaupt erfasst wird.

87 Siehe dazu Kapitel 2 § 1 A. II. und IV.

88 Vgl. *Kumpan*, in Hopt, HGB, § 19 BörsG, Rn. 5; *ders.*, in Schwark/Zimmer, Kapitalmarktrecht, BörsG, § 9, Rn. 22.

müssen die Teilnehmer für die Zulassung zum Börsenhandel einen Gewerbebetrieb betreiben, dessen Art und Umfang einem kaufmännisch eingerichteten Betrieb entspricht. Privatpersonen mit Verbraucherstatus, insbesondere Privatanleger, sind damit vom Zugang zum Börsenhandel ausgeschlossen.[89] Durch die Zugangsbeschränkung auf professionelle Teilnehmer soll der reibungslose Handel an der Börse sichergestellt werden.[90] Dies ist wichtig, da der Börsenmarkt für Privatpersonen auf Grund der Vielzahl der Anlagemöglichkeiten ohne Vorkenntnisse intransparent und deshalb nur schwer zugänglich und verständlich ist. Ferner muss beachtet werden, dass an der Börse risikoreich erhebliche Vermögensmassen bewegt werden, was ebenfalls Zugangsvoraussetzungen mit einer strengen Aufsicht rechtfertigt.

Ähnlich wie beim Börsenhandel kann auch der Privatanleger im Rahmen des P2P-Lending gewerbsmäßig im Sinne des § 32 KWG handeln.[91] Allerdings betreibt er im Regelfall noch keinen Betrieb, für den es eines nach Art und Umfang in kaufmännischer Weise eingerichteten Geschäftsbetriebs bedürfte, so § 19 BörsG.[92]

Für den von der Teilnahme am Börsengeschäft ausgeschlossenen Verbraucher handelt ein unternehmerischer Broker.[93] Dies ist auch der Ausgleich dafür, dass bei Börsengeschäften nach Art. 6 Abs. 4 lit. e Rom I-VO der Verbraucherschutz ausgeschaltet wird.

Zu einer solchen Situation kommt es beim P2P-Lending nicht. Der Verbraucher wird immer selbst tätig, ohne dass es zum Einsatz eines Brokers kommt. Die Anlage und auch die Kreditsuche über P2P-Plattformen sind deutlich einfacher als der komplizierte und stark regulierte Börsenhandel. Er kann auch von einem unerfahrenen Anleger oder Kapitalsuchenden getätigt werden. Ein reibungsloser Handel über eine P2P-Plattform ist somit auch bei einer weniger intensiven Regulierung und der Teilnahme von Privatpersonen gewährleistet.

---

89 Vgl. auch *Groß*, Kapitalmarktrecht, BörsG, § 19; Rn. 8; *Kumpan*, in Schwark/Zimmer, Kapitalmarktrecht, BörsG, § 9, Rn. 22.

90 BVerwG, Urt. v. 07.11.1985, Az.: 5 C 29.82, WM 1986, 963 (965); *Kumpan*, in Hopt, HGB, § 19 BörsG, Rn. 2.

91 Siehe dazu Kapitel 2 § 2 A. I. 1. a) und 2. a).

92 Für eine detaillierte Darstellung und zu den Merkmalen eines in kaufmännischer Weise eingerichteten Gewerbebetriebs siehe *Merkt*, in Hopt, § 1 HGB, Rn. 22–24; *Schmidt*, in MüKo, HGB, § 1 HGB, Rn. 70–74.

93 So auch *Freitag/Wolf*, WM 2021, 1009 (1014).

Die Entziehung der Verbraucherschutzrechte durch eine analoge Anwendung des Art. 6 Abs. 4 lit. e Rom I-VO würde deshalb dazu führen, dass der Verbraucher ohne ausreichenden Schutz dastünde.

#### *d) Zwischenergebnis*

Der Ausschluss des Verbraucherschutzes beim Handel mit Finanzinstrumenten nach Art. 6 Abs. 4 lit. e und Art. 4 Abs. 1 lit. h Rom I-VO kann dadurch gerechtfertigt werden, dass ein Verbraucher im Regelfall nicht direkt an solchen Geschäften beteiligt sein wird. Dies ist beim P2P-Lending anders. Verträge, die über eine P2P-Lending Plattform geschlossen werden, können deshalb nicht mit solchen verglichen werden, die innerhalb eines multilateralen Systems im Sinne des Art. 4 Abs. 1 lit. h Rom I-VO geschlossen werden.

### *V. Bewertung der vorgeschlagenen Analogie*

Selbst wenn man eine vergleichbare Interessenlage annehmen würde, fragt sich, ob mit der analogen Anwendung des Art. 6 Abs. 4 lit. e Rom I-VO und des Art. 4 Abs. 1 lit. h Rom I-VO überhaupt eine Vereinheitlichung des Kollisionsrechts für das P2P-Lending erreicht werden kann. Ferner stellt sich die Frage, ob die einheitliche Anwendung des Plattformrechts durch die Analogie interessengerecht und kollisionsrechtlich sinnvoll ist.

Nach *Freitag/Wolf* soll die Analogie nur Anwendung auf diejenigen Fälle finden, die unter die ECSP-VO fallen.[94] Damit scheidet eine analoge Anwendung jedenfalls auf das echte P2P-Lending mit einem Darlehensnehmer als Verbraucher aus.[95] Die Analogie kann auch nicht auf den Nutzungsvertrag angewandt werden, da er nicht innerhalb des Plattformsystems geschlossen wird. Der Vertragsschluss innerhalb eines Systems setzt voraus, dass sämtliche Verträge unter Nutzung des Systems des Plattformbetreibers zustande kommen.[96] Der Nutzungsvertrag stellt hingegen eine Art Zugangsvoraussetzung und Türöffner zu dem System dar. Erst nach dessen Abschluss ist es den Nutzern möglich, die Funktionen der P2P-Plattform und somit das

---

94 Siehe Kapitel 4 § 3 A.

95 Das echte P2P-Lending mit einem Darlehensnehmer als Verbraucher wird nicht vom Anwendungsbereich der ECSP-VO erfasst, siehe Kapitel 2 § 1 A. II. Ob eine Anwendung auf das unechte P2P-Lending als Fronting-Bank-Modell möglich ist, wird in der Praxis noch zu klären sein (siehe dazu Kapitel 2 § 1 A. I.). Sollte dies nicht der Fall sein, wäre eine Analogie vor dem Hintergrund der ECSP-VO nahezu ohne Bedeutung.

96 *Müller*, Finanzinstrumente in der Rom I-VO, S. 242.

eigentliche System zu nutzen. Dass der Nutzungsvertrag bereits unter Nutzung des Systems zustande kommt, kann lediglich im Einzelfall auf Grund eines entsprechenden Aufbaus der jeweiligen P2P-Plattform vorkommen. Der eigentliche Anwendungsbereich der von *Freitag/Wolf* vorgeschlagenen analogen Anwendung des Art. 6 Abs. 4 lit. e Rom I-VO und des Art. 4 Abs. 1 lit. h Rom I-VO ist somit stark begrenzt. Die gewünschte einheitliche Anwendung des Plattformrechts kann dadurch nicht erreicht werden.

Selbst wenn man die Analogie auf sämtliche Fälle des P2P-Lending ausweiten würde, wäre eine Vereinheitlichung schwierig, weil der Begriff des P2P-Lending in der Literatur und Praxis uneinheitlich verwendet wird.[97] Dies wird auch anhand der unterschiedlichen Modelle in verschiedenen Ländern deutlich. Durch das Fehlen einer einheitlichen Definition des P2P-Lending kann also auch eine pauschale analoge Anwendung auf alle Fälle des P2P-Lending keine Einheitlichkeit bringen.[98] Dies wäre nur denkbar, wenn es eine gesetzlich verankerte einheitliche Definition gäbe. Diese müsste auf dem Gebiet des Sekundärrechts der EU geschaffen werden, um nationalen Unterschieden entgegenzuwirken. Der Vorschlag von *Freitag/Wolf* ist insofern unvollständig.

Daneben stellt sich die grundsätzliche Frage, ob eine einheitliche Anwendung des Plattformrechts durch Ausschluss der Verbraucherschutzvorschriften (wie durch Anwendung des Art. 6 Abs. 4 Rom I-VO) zu der gewünschten Rechtssicherheit führen und tatsächlich allen Beteiligten zugutekommen würde. Von Relevanz ist dabei insbesondere die Abwägung, was den Verbraucher am meisten schützt.

Im besten Fall soll der Verbraucher mit möglichst wenigen unterschiedlichen Rechtsordnungen konfrontiert werden. Eine Analogie würde allerdings einen lawmix (mit den zwingenden Verbraucherschutzvorschriften des Aufenthaltsstaates des Verbrauchers) nicht verhindern, weil der außerhalb des Plattformsystems geschlossene Nutzungsvertrag weiterhin dem Günstigkeitsvergleich unterliegen würde.

Die analoge Anwendung des Art. 6 Abs. 4 lit. e Rom I-VO und des Art. 4 Abs. 1 lit. h Rom I-VO schafft somit keine vollständige Vereinheitlichung durch die ausschließliche Anwendung des Plattformrechts. Daneben entzieht

97 Siehe dazu insbesondere Einleitung § 1.

98 So ist denkbar, dass nach einer Meinung ein gewisser Vertragstyp unter das P2P-Lending fällt, nach einer anderen Meinung dies aber bezweifelt wird. Ob die Analogie dann greifen würde, wäre weiterhin umstritten und unklar.

sie dem Verbraucher in einigen Konstellationen auch den Verbraucherschutz, sodass dieser gänzlich ungeschützt ist. Der Vorschlag von *Freitag/Wolf* trägt mithin nicht zur Lösung der Rechtsproblematik bei.[99] Dem Verbraucher den erforderlichen Schutz durch analoge Anwendung des Art. 6 Abs. 4 lit. e Rom I-VO und des Art. 4 Abs. 1 lit. h Rom I-VO zu entziehen, widerspricht einer interessengerechten Lösung, zumal diese im Ergebnis nicht so einheitlich wäre, wie gewünscht.

## § 4 Eigene Ansätze zur Lösungsfindung

Kommt die von *Freitag/Wolf* vorgeschlagene Analogie für eine interessengerechte und einheitliche kollisionsrechtliche Lösung für das P2P-Lending nicht in Betracht, müssen alternative Möglichkeiten in Betracht gezogen werden. Die bisherigen Regelungen sind für die kollisionsrechtliche Betrachtung des P2P-Lending unzureichend.

Allerdings kann eine Einheitlichkeit im Ergebnis selbst durch Regelungen de lege ferenda im Rahmen der ECSP-VO oder der Rom I-VO als auch durch eine einschränkende Auslegung des Art. 6 Rom I-VO im Ergebnis nicht erreicht werden. Dies gilt sowohl für eine mögliche Erweiterung des Anwendungsbereiches der ECSP-VO als auch für die Einstufung des P2P-Lending als Finanzinstrument.

### A. Erweiterung des Anwendungsbereiches der ECSP-VO

#### *I. Sinn und Zweck einer Regulierung innerhalb der ECSP-VO*

Die ECSP-VO aus dem Jahr 2021 bildet erstmalig einen eigenständigen Regelungsrahmen für Schwarmfinanzierungen auf der Ebene des europäischen Rechts. Die Verordnung erfasst zwar lediglich einige Modelle des P2P-Lending, allerdings gibt es keinerlei vergleichbare Regelungen – insbesondere nicht auf europäischer Ebene. Um den bereits geschaffenen Rahmen zu nutzen, kann es sinnvoll sein, diesen materiell- und auch kollisionsrechtlich für das P2P-Lending weiterzuentwickeln. In Zukunft müsste dann nicht mehr auf die Anwendung verschiedener Regelungen zurückgegriffen werden.

---

99 So i.E. auch *Wendelstein*, GPR 2021, 220 (227).

## II. *Inhaltliche Regulierung*

### 1. *Unzureichende Regelungen der ECSP-VO*

Für die kollisionsrechtliche Betrachtung des P2P-Lending weist die ECSP-VO in ihrer aktuellen Fassung zwei wesentliche Defizite auf: die Beschränkung des Anwendungsbereiches sowie das Fehlen jeglicher Kollisionsvorschriften.

Die ECSP-VO reguliert im Prinzip lediglich das klassische Crowdfunding. Obwohl auch das P2P-Lending eine Form der Schwarmfinanzierung darstellt, wurde dieses hingegen nicht vom Verordnungsgeber berücksichtigt. Die wenigen Modelle des P2P-Lending, die in den Anwendungsbereich der Verordnung fallen, werden augenscheinlich eher zufällig erfasst. Das echte P2P-Lending in der c2c-Konstellation fällt völlig aus dem Anwendungsbereich. Auch für das Modell des unechten P2P-Lending, bei dem der Darlehensvertrag zunächst mit einem Kreditinstitut geschlossen wird, hat der Verordnungsgeber keine Klarheit geschaffen. Vielmehr ist umstritten, ob dieses Modell unter Nutzung der sogenannten Fronting-Bank überhaupt in den Anwendungsbereich fällt.[100]

Darüber hinaus beinhaltet die ECSP-VO ausschließlich materielle Vorschriften, aber keinerlei kollisionsrechtliche Regelungen. Dies ist widersprüchlich zu den Erwägungsgründen 6 und 7 ECSP-VO, welche ausdrücklich klarstellen, dass eine grenzüberschreitende Erbringung der Dienstleistungen gewollt ist. Insofern wäre es nur konsequent gewesen, auch kollisionsrechtliche Vorschriften mit in die Verordnung aufzunehmen.

### 2. *Konkrete Änderungen der ECSP-VO*

Für eine einheitliche kollisionsrechtliche Lösung wäre zunächst eine umfangreiche Erweiterung des Anwendungsbereiches der ECSP-VO notwendig, damit echtes und unechtes P2P-Lending in sämtlichen Konstellationen erfasst würde. Konkret müsste Art. 1 Abs. 2 lit. a ECSP-VO gestrichen werden. Dadurch wäre der Anwendungsbereich auch für als Verbraucher handelnde Darlehensnehmer eröffnet. In diesem Zusammenhang bedürfte es ferner einer entsprechenden Anpassung des Erwägungsgrundes 8 ECSP-VO. Um den Anwendungsbereich unstreitig auf das unechte P2P-Lending auszuweiten, bedürfte es außerdem einer Klarstellung in Art. 2 Abs. 2 lit. b ECSP-VO, dass der Darlehensvertrag auch zwischen einem Darlehensnehmer und einem Kreditinstitut zustande kommen kann. Andernfalls besteht die Gefahr, dass es weiterhin diesbezüglich Meinungsstreitigkeiten gibt.

---

100 Siehe bereits Kapitel 2 § 1 A. I.

Neben der Erweiterung des Anwendungsbereiches wäre ferner das Einfügen einer passenden Kollisionsnorm erforderlich. Die Norm müsste neben der Möglichkeit der Rechtswahl der Parteien Anknüpfungsmerkmale beinhalten, nach denen sich das objektiv anzuwendende Recht einheitlich bestimmen ließe. Dabei ist zu berücksichtigen, dass sich die Anknüpfung nicht nur auf den Darlehensvertrag, sondern auch auf die Plattformnutzungs- und Darlehensvermittlungsverträge beziehen müsste, um die Anwendung eines einheitlichen Rechts zu gewährleisten. Um einen lawmix im Rahmen der Rechtswahl zu verhindern, bedarf es zudem der Regelung, dass vom gewählten Recht nicht, wie beispielsweise nach Art. 6 Abs. 2 Rom I-VO, abgewichen werden darf.[101]

### *III. Bewertung*

Auf den ersten Blick erscheint es sinnvoll, die für Schwarmfinanzierungen geschaffene Verordnung materiell- und kollisionsrechtlich zu erweitern, damit das P2P-Lending einheitlich betrachtet werden kann. Allerdings muss solch eine Regelung de lege ferenda sämtliche Fallkonstellationen berücksichtigen, um tatsächlich sinnvoll und problemlösend zu sein. Dies ist insbesondere beim P2P-Lending schwierig, da es, wie dargestellt, sehr viele verschiedene Modelle und Ausformungen gibt.

Die Erweiterung des Anwendungsbereiches würde ferner den eigentlichen Kern der Verordnung verändern. Kreditverträge mit Darlehensnehmern als Verbrauchern sind ausdrücklich vom Anwendungsbereich ausgenommen. Zwar ist es nicht auszuschließen, dass der Ausschluss von darlehensnehmenden Verbrauchern ein Versehen war,[102] allerdings würde eine Erweiterung gegen den ausdrücklichen Willen des Verordnungsgebers sprechen.[103] Der Wille des Verordnungsgebers zu einer derartigen Anpassung und Änderung der gerade erst 2021 erlassenen Verordnung einzig zur Berücksichtigung des P2P-Lending und des Kollisionsrechts ist schwer vorstellbar.

## B. Einordnung des P2P-Lending als Finanzinstrument im Sinne der Rom I-VO

Alternativ ist zu überlegen, eine solche Regelung direkt im Kollisionsrecht, in der Rom I-VO, zu verankern.

---

101 Dies entspricht einer zu Art. 6 Abs. 2 S. 2 Rom I-VO gegenteiligen Regelung.
102 So *Freitag/Wolf*, WM 2021, 1009 (1014).
103 Vgl. EG 8 ECSP-VO.

### *I. Sinn und Zweck einer Regulierung innerhalb der Rom I-VO*

Nach Erwägungsgrund 6 Rom I-VO soll die einheitliche Anwendung von Kollisionsnormen Rechtssicherheit und den reibungslos funktionierenden Binnenmarkt fördern. Neben den allgemeinen Regelungen für beispielsweise Verbraucherverträge werden auch Ausnahmeregelungen für Themengebiete getroffen, die einer speziellen, einheitlichen Betrachtung bedürfen. Eine dieser Ausnahmeregelungen betrifft die kollisionsrechtliche Einordnung von Finanzinstrumenten gemäß Art. 4 Abs. 1 lit. h und Art. 6 Abs. 1 lit. e Rom I-VO. Diesbezüglich sieht Erwägungsgrund 28 Rom I-VO vor, dass zur Wahrung der Einheitlichkeit Abweichungen von der Anknüpfung an den gewöhnlichen Aufenthalt gemacht werden müssen.[104]

Es ist zu überlegen, ob eine vergleichbare Regelung im Rahmen des P2P-Lending ebenfalls zur Anwendung eines einheitlichen Rechts führen könnte. Die Regelungen würden unmittelbar in allen Mitgliedstaaten der EU gelten und bedürften keiner weiteren Umsetzung.

### *II. Inhaltliche Regulierung*

Die Rom I-VO trifft naturgemäß bisher keinerlei Regelungen in Bezug auf Verträge, die im Rahmen des P2P-Lending zustande kommen. Durch eine Aufnahme des P2P-Lending als Finanzinstrument in Anhang I Abschnitt C der Richtlinie über Märkte für Finanzdienstleistungen (MiFID II) und folglich der Anwendung der Art. 4 Abs. 1 lit. h und Art. 6 Abs. 1 lit. e Rom I-VO bestünde die Möglichkeit, das P2P-Lending einheitlich kollisionsrechtlich zu regeln.

#### *1. Unzureichende Regelungen der Rom I-VO*

Angesichts der fehlenden speziellen Vorschriften für das P2P-Lending finden lediglich die allgemeinen Grundsätze der Rom I-VO Anwendung. Diese berücksichtigen nicht die besondere wirtschaftliche Verflechtung der verschiedenen Rechtsverhältnisse. Die allgemeinen Grundsätze führen daher zu unbefriedigenden Ergebnissen.[105] Verallgemeinert greift für jede Fallgestaltung ein anderes Recht. Dadurch entstehen große Rechtsunsicherheiten für alle Beteiligten.

---

104 So würde sich nach EG 28 Rom I-VO bei Anknüpfung an den gewöhnlichen Aufenthalt das Wesen des Finanzinstrumentes verändern und ein fungibler Handel und fungibles Angebot verhindert werden.

105 Siehe zu den einzelnen Problemfeldern der klassischen IPR-Lösung Kapitel 4 § 1.

Für die Anwendung eines einheitlichen Rechts auf alle Rechtsverhältnisse müsste der Verbraucherschutz, insbesondere der Günstigkeitsvergleich im Rahmen der Rechtswahl gemäß Art. 6 Abs. 2 S. 2 Rom I-VO, ausgeschlossen werden. Denn nur dann wäre eine einheitliche und damit vorhersehbare Rechtsanwendung möglich. Schließlich dürften bei einer Rechtswahl nur noch Art. 3 Rom I-VO und bei objektiver Anknüpfung nur noch Art. 4 Abs. 1 lit. h und Art. 6 Abs. 1 lit. e Rom I-VO greifen.

Die bereits bestehenden Ausnahmeregelungen des Art. 6 Abs. 1 lit. e Rom I-VO sowie die allgemeine Anknüpfung nach Art. 4 Abs. 1 lit. h Rom I-VO machen die Anwendung eines einheitlichen Rechts möglich. An diese Regelungen kann für das P2P-Lending anknüpft werden.

### 2. *Konkrete Änderungen der Rom I-VO*

Art. 4 Abs. 1 lit. h Rom I-VO bestimmt für Verträge, die über Finanzinstrumente im Sinne von Art. 4 Abs. 1 Nr. 15 MiFID II geschlossen werden, dass diese Verträge dem Marktorganisationsstatut unterliegen.[106] Die Liste der Finanzinstrumente in Anhang I Abschnitt C der Richtlinie, auf die Art. 4 Abs. 1 Nr. 15 MiFID II verweist, umfasst in der aktuellen Fassung das P2P-Lending jedoch nicht. Für eine entsprechende Anwendung der Art. 4 Abs. 1 lit. h und Art. 6 Abs. 1 lit. e Rom I-VO müsste diese Liste um das P2P-Lending erweitert werden. Konkret müssten sämtliche Vertragsformen, die im Rahmen dessen geschlossen werden, mit aufgenommen werden, also die Aufnahme des Nutzungs-, des Darlehensvermittlungs-, des Darlehens- als auch des Forderungskaufvertrages als Finanzinstrumente im Anhang I Abschnitt C MiFID II.[107] Als Konsequenz würde das Marktorganisationsstatut einheitlich auf alle Verträge Anwendung finden. Der Günstigkeitsvergleich wäre im Rahmen der Rechtswahl ausgeschlossen, wodurch Rechtssicherheit für die Beteiligten gegeben wäre.

---

106 Siehe Kapitel 4 § 3 B I.

107 Sollte das P2P-Lending als Finanzinstrument im Sinne der MiFID II eingeordnet werden, gehen daraus weitere umfangreiche Folgen hervor: Die P2P-Internetplattform würde dadurch Wertpapierdienstleistungen erbringen und somit als Wertpapierfirma im Sinne der MiFID II eingeordnet werden, Art. 1 Abs. 1 Nr. 1, 2 MiFID II. Daraus folgend wären im nationalen Recht umfassende Änderungen erforderlich, wie bspw. eine Änderung des WpHG. Nachfolgend soll auf die daraus resultierenden weiteren Änderungen jedoch nicht weiter eingegangen werden, da sie für die kollisionsrechtliche Lösung nicht von Bedeutung sind.

### *III. Bewertung*

Die Einstufung des P2P-Lending als Finanzinstrument stellt zunächst eine vergleichbar einfache und klare Lösung dar. Bereits *Freitag/Wolf* haben die Vorteile der Ausschaltung des Verbraucherschutzes über Art. 4 Abs. 1 lit. h und Art. 6 Abs. 1 lit. e Rom I-VO gesehen.[108] Allerdings ist bei der Einordnung als Finanzinstrument die Anwendung einer Analogie nicht notwendig.

Die Anlage von Kapital über das P2P-Lending ist von seinem Grundgedanken, der Kapitalanlage, anderen Finanzinstrumenten, vor allem den Wertpapieren, recht ähnlich. Betrachtet man das P2P-Lending jedoch genauer, muss festgestellt werden, dass sich dieses in den wesentlichen Merkmalen von klassischen Finanzinstrumenten unterscheidet. Hauptunterschied ist, dass der Verbraucher sämtliche Verträge im Rahmen des P2P-Lending eigenständig schließt und dafür keinen unternehmerisch tätigen Broker benötigt.[109]

Selbst wenn man davon ausgeht, dass Verträge des P2P-Lending als Finanzinstrumente eingeordnet werden können, stellt sich darüber hinaus die Frage, ob Art. 4 Abs. 1 lit. h Rom I-VO auf Grund der weiteren Voraussetzungen der Norm überhaupt Anwendung finden würde. Nach Erwägungsgrund 28 Rom I-VO sind Finanzinstrumente fungibel. Eine solche Fungibilität liegt bei Verträgen des P2P-Lending jedoch gerade nicht vor.[110] Ebenso wie die Lösung *Freitag/Wolfs* Nutzungsverträge außen vor gelassen hat, können diese auch bei direkter Anwendung der Normen nicht unter Art. 4 Abs. 1 lit. h und Art. 6 Abs. 1 lit. e Rom I-VO subsumiert werden. Im Regelfall kommen diese Verträge nicht wie erforderlich innerhalb des multilateralen Systems zustande. Selbst bei einer Erweiterung der MiFID II-Liste könnten somit nicht alle im Rahmen des P2P-Lending geschlossenen Verträge einheitlich angeknüpft werden.

Darüber hinaus würde sich die Qualifizierung als Finanzinstrument auch auf das nationale Recht auswirken. Die neuen Regelungen müssten im nationalen Recht umgesetzt werden. Es käme zu Überschneidungen zwischen dem

108 Zur ausführlichen Darstellung der Lösung *Freitag/Wolfs* siehe Kapitel 4 § 3 A.

109 Zur Unterscheidung des P2P-Lending vom klassischen Wertpapierhandel, insbesondere in Bezug auf die Erforderlichkeit eines Brokers, siehe Kapitel 4 § 3 B. IV. 2. b) und c).

110 Siehe Kapitel 4 § 3 B. IV. 2. a).

nationalen Recht und den neuen Vorschriften der unmittelbar geltenden ECSP-VO, so beispielsweise beim Zulassungsverfahren der Plattformen.[111]

Insgesamt betrachtet ist auch die Erweiterung der Liste von Finanzinstrumenten in Anhang I Abschnitt C MiFID II zugunsten des P2P-Lending für die Anwendung eines einheitlichen Rechts auf sämtliche Verträge des P2P-Lending nicht geeignet.

## C. Ausschluss der Verbraucherschutzvorschriften durch teleologische Reduktion des Art. 6 Abs. 2 S. 2 Rom I-VO

Die vorstehenden Ausführungen zeigen, dass eine einheitliche objektive Anknüpfung aller Rechtsverhältnisse, sei es durch die Anwendung einer Analogie oder die Schaffung neuer Normen, nicht zufriedenstellend erreicht werden kann. Die objektive Anknüpfung stellt in der Praxis allerdings lediglich den Ausnahmefall dar, da im Regelfall zwischen den am P2P-Lending beteiligten Parteien eine Rechtswahl getroffen wird. Für eine vor allem praxistaugliche Lösung bietet sich es an, die gewünschte Einheitlichkeit lediglich auf die subjektive Anknüpfung zu beschränken. Es ist daher zu überlegen, ob der lawmix im Rahmen der Rechtswahl in c2b- und b2c-Konstellationen durch eine teleologische Reduktion des Art. 6 Abs. 2 S. 2 Rom I-VO verhindert werden kann.

Wie die Analogie darf auch die teleologische Reduktion nur in Ausnahmefällen angewandt werden. Vor allem mit Blick auf die Gewaltenteilung ist die Reduktion des „Tatbestands einer Norm bis zur Bedeutungslosigkeit" problematisch.[112] Daneben ist eine Anwendung der teleologischen Reduktion problematisch, da die Analogie grundsätzlich vorrangig zur teleologischen Reduktion anzuwenden ist.[113] Diesbezüglich wäre dem Vorschlag *Freitag/Wolfs* zur analogen Anwendung der Art. 4 Abs. 1 lit. h und Art. 6 Abs. 1 lit. e Rom I-VO Vorrang einzuräumen.

Die Anwendung der teleologischen Reduktion würde allerdings in der Praxis lediglich eine Einzelfalllösung für die Rechtswahl darstellen. Dabei würde der Tatbestand einer Norm entgegen des Wortlautes reduziert werden, um ein gerechtes, dem Normzweck entsprechendes Ergebnis zu bewirken. Die Interessen der Beteiligten würden gewahrt werden, da im Bedarfsfall ein sich negativ

---

111 In der Praxis wären die Auswirkungen allerdings nicht allzu groß, da die ECSP-VO als Unionsrecht Vorrang vor dem im nationalen Recht umgesetzten Vorschriften der MiFID-Richtlinie hat.

112 *Danwerth*, ZfPW 2017, 230 (242).

113 *Danwerth*, ZfPW 2017, 230 (243).

auswirkender lawmix ausgeschlossen werden könnte. Es müsste hierbei keine Unterscheidung zwischen dem echten und unechten P2P-Lending getroffen werden.

Letztendlich bietet eine teleologische Reduktion allerdings eine einheitliche Lösung lediglich für die subjektive Anknüpfung. Treffen die Parteien nämlich keine Rechtswahl, finden auf die Verträge weiterhin verschiedene Rechte Anwendung. Insofern bietet auch die teleologische Reduktion des Art. 6 Abs. 2 S. 2 Rom I-VO keine hinreichende, abschließende Lösung für das Problem des uneinheitlich anwendbaren Rechts.

## § 5 Bewertung der aufgezeigten Lösungsmodelle

Die Untersuchung zeigt im Ergebnis, dass die dargestellten Lösungsmodelle nicht weiterführen, wenn es darum gehen soll, ein einheitliches Recht für die Betrachtung sämtlicher im Rahmen des P2P-Lending geschlossener Verträge zu bestimmen. Insbesondere bleiben entweder die Nutzungsverträge oder allgemein die objektive Anknüpfung außen vor und die ursprünglichen Norm- beziehungsweise Verordnungszwecke werden entfremdet.

So lassen der Vorschlag von *Freitag/Wolf* sowie die Idee der Aufnahme des P2P-Lending in die Liste der Finanzinstrumente der MiFID II unberücksichtigt, dass das P2P-Lending nicht mit Finanzinstrumenten im Sinne der MiFID II vergleichbar ist. Auch der Gedanke einer Regelung der kollisionsrechtlichen Betrachtung des P2P-Lending über die ECSP-VO führt vorliegend nicht weiter, da der Verordnungsgeber Kreditverträge mit darlehensnehmenden Verbrauchern vom Anwendungsbereich ausschließen wollte. Weiterhin bietet der Vorschlag zur teleologischen Reduktion des Art. 6 Abs. 2 S. 2 Rom I-VO lediglich eine einheitliche Lösung für die subjektive Anknüpfung, kann aber eine objektive Anknüpfung an ein einheitliches Recht nicht gewährleisten.

Fazit: Mit den aktuell geltenden Normen und den gängigen Auslegungsmethoden der Analogie und der teleologischen Reduktion lässt sich keine sach- und interessengerechte einheitliche Lösung für die kollisionsrechtliche Betrachtung des P2P-Lending finden.

## § 6 Anregung für zukünftige Regelung durch den Gesetzgeber

Auf der Grundlage der aktuellen Gesetzgebung ist – wie gezeigt – eine kollisionsrechtliche Anknüpfung aller Verträge des P2P-Lending an ein einheitliches Recht nicht möglich. Die Anwendung eines einheitlichen Rechts ist zwar nicht zwingend, würde aber in der Zukunft für Klarheit und Rechtssicherheit unter den beteiligten Parteien sorgen. Damit einhergehend würde die Attraktivität des P2P-Lending gesteigert werden. Es liegt somit in der Kompetenz des europäischen und nationalen Gesetzgebers Abhilfe zu schaffen.

## A. Verhinderung des lawmix und Ermöglichung der Anwendung eines einheitlichen Rechts

Wie aufgezeigt, verhindert insbesondere der durch den Günstigkeitsvergleich gemäß Art. 6 Abs. 2 S. 2 Rom I-VO hervorgerufene lawmix die Rechtssicherheit.[114] Die Vertragsparteien können sich nicht von vornherein darauf einstellen, welche Vorschriften auf den Vertrag Anwendung finden. Erschwert wird dies vor allem dadurch, dass sich die Parteien im Regelfall ohne Kenntnis der jeweiligen Identität gegenüberstehen. Selbst wenn die unternehmerische Partei damit rechnen würde, dass neben dem gewählten Recht Vorschriften eines anderen Staates zu Anwendung kommen, kann sie sich nicht darauf einstellen, aus welcher Rechtsordnung diese stammen.

Eine zukünftige Regelung sollte daher in erster Linie darauf bedacht sein, einen solchen lawmix zu verhindern. Ferner dürfte es für alle Parteien von Interesse sein, dass ein klar identifizierbares und vorhersehbares Recht auf den Vertrag Anwendung findet. Dafür scheint zwar auf Anhieb das Plattformrecht das geeignetste. Nicht nur kommen sämtliche Verträge des P2P-Lending über die Plattform zustande, vielmehr ist der Sitz des Plattformbetreibers anders als bei den Anlegern oder dem Kapitalsuchenden für alle Parteien bekannt und offen einsehbar. Dieser wird in der Regel über das Impressum der entsprechenden Internetseite abrufbar sein.

Allerdings suggeriert der Begriff des Plattformrechts nicht automatisch, dass es sich dabei um das Recht des Ortes der Niederlassung oder des Sitzes des Plattformbetreibers handelt. Vielmehr kann es sich dabei auch um den Ort handeln, an dem die Server der Plattform stehen. Allerdings ist dieser Ort für den Vertragsschluss irrelevant,[115] da dort lediglich die technische Einrichtung lagert.[116] Unter dem Begriff des Plattformrechts ist also das Recht der Niederlassung oder des Sitzes des Plattformbetreibers zu verstehen.

---

114 Siehe Kapitel 4 § 1 A.

115 Vgl. oben Kapitel 3 § 3 A. II. 2. b).

116 Vgl. diesbezüglich auch § 2 S. 1 Nr. 2 Telemediengesetz, wonach der Standort der technischen Einrichtung ebenfalls keine Niederlassung des Diensteanbieters begründet.

Da das Plattformrecht oftmals bereits im Rahmen der Rechtswahl zur Anwendung kommt, würde durch die Ausschaltung des Günstigkeitsprinzips einheitlich das Plattformrecht auf den jeweiligen Vertrag Anwendung finden. Wie und ob eine Realisierung dieses Vorschlags möglich ist, wird nachfolgend betrachtet.

## B. Umsetzung durch Harmonisierung des materiellen Rechts

Da nicht davon auszugehen ist, dass der europäische Gesetzgeber in der nächsten Zeit Gesetzesinitiativen zur Regulierung des P2P-Lending ergreifen wird,[117] ist ihm zu empfehlen, die gewünschte Vereinheitlichung durch eine Harmonisierung des materiellen Rechts zu schaffen. Ziel muss dabei sein, dass in allen Mitgliedstaaten der Europäischen Union die gleichen materiell-rechtlichen Standards gelten, sodass bei einer Rechtswahl der Günstigkeitsvergleich gemäß Art. 6 Abs. 2 S. 2 Rom I-VO ins Leere liefe.

Eine Anpassung des klassischen Darlehensrechts beispielsweise über die Verbraucherkreditrichtlinie durch Ausweitung auf das P2P-Lending ist wenig zielführend, denn das klassische Darlehensrecht regelt lediglich Darlehensvertragsbeziehungen. Weitere Verträge, wie solche der Vermittlung, werden nicht erfasst. Genau diese weiteren Verträge, die inhaltlich und wirtschaftlich mit den Darlehensverträgen verknüpft sind, sind aber als materielle und formelle Grundlage ausschlaggebend für das P2P-Lending. Eine Erweiterung des Darlehensrechts auf Verträge, die überhaupt keine Darlehensverträge sind, erscheint wenig sinnvoll. In einer Ausweitung des Darlehensrechts wird keine geeignete Möglichkeit zur Vereinheitlichung des – auf die im Rahmen des P2P-Lending geschlossenen Verträge – anwendbaren Rechts gesehen.

Stattdessen empfiehlt es sich, eine Harmonisierung der Verbraucherschutzvorschriften anzustreben. Dazu muss nicht nur die Verbraucherkreditrichtlinie stringent in allen Mitgliedstaaten nach Vorgabe umgesetzt werden – denn allein die Umsetzung der Verbraucherkreditrichtlinie in allen Mitgliedstaaten führt noch nicht dazu, dass auch c2b-Konstellationen umfasst werden, vgl. Art. 3 lit. c der Verbraucherkreditrichtlinie. So müssten darüber hinaus auch neue Vorschriften geschaffen werden, die Verbrauchern im Rahmen von Finanzgeschäften grenzüberschreitend innerhalb der EU denselben Schutzstandard bieten, unabhängig davon, ob sie Leistungsempfänger oder -erbringer sind.

Die Umsetzung der Verbraucherkreditrichtlinie beispielsweise in den Ländern Deutschland und Österreich macht deutlich, dass trotz einheitlicher

117 Siehe dazu Kapitel 4 § 4 A. III.

europäischer Vorgaben national weiterhin Unterschiede beim Verbraucherschutzstandard bestehen.[118] So führt im österreichischen Recht ein Verstoß gegen das Formerfordernis nicht wie in Deutschland zur Unwirksamkeit des Vertrages, § 9 Abs. 1 öVKrG.[119] Die Wirksamkeit des Vertrags bleibt davon gänzlich unberührt.

Ergebnis einer vollständigen Harmonisierung der Verbraucherschutzstandards innerhalb der EU wäre, dass ein Günstigkeitsvergleich zugunsten des Verbrauchers, wie Art. 6 Abs. 2 S. 2 Rom I-VO ihn vorsieht, nicht mehr von Nöten wäre. Da die Rechtswahl in der Praxis beim Abschluss von P2P-Krediten der Regel entspricht, würde so dem faktischen lawmix entgegengewirkt werden, da es keinen Unterschied der Verbraucherschutzrechte in den einzelnen Mitgliedstaaten mehr gäbe. Zu berücksichtigen ist hierbei allerdings, dass eine Harmonisierung des materiellen Rechts lediglich zu einer Vereinheitlichung des anwendbaren Rechts innerhalb der EU führt. Das Recht von Drittstaaten fände keine Berücksichtigung. Doch immerhin wäre die Anwendung eines einheitlichen Rechts im Rahmen der Rechtswahl durch Ausschaltung des Günstigkeitsvergleichs jedenfalls für Rechtsverhältnisse zwischen Parteien mit gewöhnlichem Aufenthalt oder Sitz in der EU möglich. Die Problematik des lawmixes bestünde „nur noch" für Rechtsverhältnisse mit Beteiligten aus Drittstaaten, wie zum Beispiel Großbritannien.

Die Vermeidung des lawmixes ausschließlich in der EU ist vertretbar, denn dies dient jedenfalls einer Stärkung des europäischen Binnenmarktes. Plattformanbietern mit Sitz innerhalb der EU kommt durch die Harmonisierung ein starker Wettbewerbsvorteil zu, da Verbraucher keinerlei Bedenken mehr hinsichtlich des Verbraucherschutzes haben müssen. Die Plattformanbieter mit Sitz in Drittländern werden für die Nutzer deutlich unattraktiver. Dies entspricht dem Sinn und Zweck der Harmonisierung innerhalb der EU.

---

118 Ein weiterer Unterschied bei der Umsetzung der Verbraucherkreditrichtlinie wird im Vergleich Deutschland und Lettland deutlich. So ist nach lettischem Recht die Verbrauchereigenschaft im Rahmen des Verbraucherkredites lediglich dann gegeben, wenn die Kreditaufnahme nicht mit der beruflichen oder gewerblichen Tätigkeit zusammenhängt, § 1 Abs. 3 Lettisches Verbraucherkreditgesetz (Patērētāju tiesību aizsardzības likums), vgl. *Klauberg*, in Derleder/Knops/Bamberger, Handbuch zum Bankrecht, § 78, XIV, Rn. 5. Der deutsche Verbraucherbegriff nach § 13 BGB sieht hingegen vor, dass das Rechtsgeschäft lediglich überwiegend weder der beruflichen noch der gewerblichen Tätigkeit zuzuordnen ist.

119 *Bydlinksi*, in Derleder/Knops/Bamberger, Handbuch zum Bankrecht, § 78, VIII, Rn. 10.

Umgekehrt bliebe ein lawmix ohne eine solche Harmonisierung des materiellen Rechts zwingend notwendig, da kein einheitlicher Verbraucherschutzstandard gewährleistet werden kann. Das P2P-Lending bliebe weitestgehend unreguliert.

Eine Harmonisierung der Verbraucherschutzvorschriften der Mitgliedstaaten der EU kann in Zukunft auch von Vorteil für andere Internetplattformen außerhalb des P2P-Lending sein, die ebenfalls als Vermittler auftreten, wie beispielsweise das Reiseportal booking.com. In solchen Konstellationen kommen mehrere Rechtsverhältnisse zustande, bei denen im Rahmen der Rechtswahl auch der Günstigkeitsvergleich nach Art. 6 Abs. 2 S. 2 Rom I-VO greifen kann. Maßgeblicher Unterschied zum P2P-Lending ist, dass Dienstleister und Kunde sich nicht anonym gegenüberstehen. Vielmehr wissen beide Parteien bei Vertragsschluss, mit wem sie einen Vertrag schließen. Folglich besteht auch ein Mehr an Rechtssicherheit, mit welchen zwingenden Verbraucherschutzvorschriften es gegebenenfalls zu einem lawmix kommt. Trotz allem wird eine Harmonisierung der Verbraucherschutzvorschriften auch in diesen Konstellationen dazu beitragen, dass ein Rückgriff auf den Günstigkeitsvergleich nicht mehr notwendig ist. Insofern kann auch vor diesem Hintergrund eine Harmonisierung der Verbraucherschutzvorschriften innerhalb der EU für Verbraucher, Anleger und den Wirtschaftsmarkt nur von Vorteil sein.

# Kapitel 5: Abschließende Betrachtung

## § 1 Wesentliche Ergebnisse in Bezug auf das P2P-Lending im Allgemeinen

Das P2P-Lending ist eine neuartige Form eines Finanzgeschäfts, welches noch keine große Beachtung innerhalb der Rechtswissenschaften findet. Die Herausforderungen des P2P-Lending wurden bisher nur wenig untersucht. Dabei stellen sich neben der rechtlichen Betrachtung der diversen Modelle des P2P-Lending insbesondere regulatorische Fragen. Die vorliegende Untersuchung hat zu folgenden wesentlichen Ergebnissen geführt:

1. Als eine neuartige Finanzierungsform ist das P2P-Lending abzugrenzen vom Crowdfunding und Crowdinvesting. Beim P2P-Lending vermittelt eine P2P-Internetplattform einen Kredit zwischen einem Kapitalsuchenden und diversen Anlegern. Die verschiedenen Anleger finanzieren mit einem jeweils beliebigen Betrag gemeinsam das Kreditgesuch des Kapitalsuchenden. Der Kapitalsuchende zahlt die gewährte Darlehenssumme an die Anleger nebst Zinsen in vereinbarter Höhe zurück. Die Bestimmung der beim P2P-Lending entstehenden Rechtsverhältnisse ist auf Grund der verschiedenen Ausgestaltungen des P2P-Lending in der Praxis sehr schwierig. Erschwerend kommt hinzu, dass es keinen einheitlichen Begriff des P2P-Lending gibt.
2. Das P2P-Lending kommt in der Praxis in zwei Grundmodellen vor: das echte und das unechte P2P-Lending. Das echte P2P-Lending zeichnet sich dadurch aus, dass ein Darlehensvertrag unmittelbar zwischen Kapitalsuchendem und dem jeweiligen Anleger zustande kommt. Da mehrere Anleger das Kreditgesuch finanzieren, schließt der Kapitalsuchende auch mehrere Darlehensverträge zu den jeweiligen Teilbeträgen ab. Beim unechten P2P-Lending wird der Darlehensvertrag hingegen zwischen dem Kapitalsuchenden und einem Kreditinstitut geschlossen. Die Darlehensrückzahlungsforderung tritt das Kreditinstitut nach Vertragsschluss in Form von Teilforderungen an die verschiedenen Anleger in Höhe des jeweils finanzierten Betrages ab.
3. Eine weitere Schwierigkeit bei der Untersuchung des P2P-Lending besteht darin, dass der beteiligte Kapitalsuchende die P2P-Kredite für verschiedene Zwecke abschließen kann. So kann er für private als auch für berufliche oder gewerbliche Zwecke handeln. Der Anleger hingegen handelt sowohl beim echten als auch beim unechten P2P-Lending ausschließlich für private Zwecke. Es sind daher folgende Konstellationen des Kreditvertragsschlusses

beim echten P2P-Lending möglich: c2c-Konstellation (privater Anleger und privater Kapitalsuchender) sowie c2b-Konstellation (privater Anleger und unternehmerischer Kapitalsuchender). Daneben sind beim unechten P2P-Lending folgende Konstellationen des Kreditvertragsschlusses möglich: b2b-Konstellation (Kreditinstitut und unternehmerischer Kapitalsuchender) sowie b2c-Konstellation (Kreditinstitut und privater Kapitalsuchender).

Neben dem Darlehensvertrag kommt zwischen dem Plattformbetreiber und dem Anleger sowie dem Kapitalsuchenden jeweils ein Vertrag über die Nutzung der P2P-Plattform zustande. Daneben schließen Plattformbetreiber und Kapitalsuchender einen Darlehensvermittlungsvertrag ab, im Rahmen dessen bei einer erfolgreichen Darlehensvermittlung eine Vermittlungsgebühr fällig wird.

4. Das echte P2P-Lending ist im Gegensatz zum unechten P2P-Lending in der Praxis nur sehr selten vertreten. Grund dafür sind die strengen nationalen Erlaubnisvorschriften für Anleger, Kapitalsuchende oder auch den Plattformbetreiber. Von den untersuchten Ländern USA, Großbritannien, Österreich und Deutschland hat einzig Großbritannien eigene für das P2P-Lending bestimmte Vorschriften erlassen. Die von Bill Gates getätigte Aussage, dass Banken für Finanzgeschäfte nicht mehr notwendig seien,[1] bestätigt sich in Bezug auf das P2P-Lending insofern nicht. Auf Grund von strengen Erlaubnispflichten ist die Ausgabe des Darlehens durch ein Kreditinstitut in vielen Staaten weiterhin notwendig.

   Allerdings hat auch der Rückzug der ersten P2P-Plattform Zopa vom britischen P2P-Lending-Markt gezeigt, dass eine ausschließlich kapitalmarktrechtliche Regulierung nicht zur Stabilität auf diesem Markt führt. Vielmehr scheint es daneben weiterer verbraucherschützender Vorschriften zu bedürfen, um die Risiken für die Anleger zu reduzieren und die Attraktivität für Plattformbetreiber zu steigern.
5. Auch die von der EU im Jahr 2021 für Schwarmfinanzierungsdienstleister erlassene ECSP-VO bringt keine vollumfänglichen Regelungen für das P2P-Lending. Zum einen schließt die Verordnung sämtliche Konstellationen aus ihrem Anwendungsbereich aus, in denen der Kapitalsuchende ein Verbraucher ist, Art. 2 Nr. 2 lit. a ECSP-VO. Ferner ist bisher nicht abschließend geklärt, ob auch das unechte P2P-Lending als Fronting-Bank-Modell in den Anwendungsbereich der Verordnung fällt. Die ECSP-VO ist vielmehr auf das klassische Crowdfunding zugeschnitten.

1 Siehe Einleitung.

## § 2 Wesentliche Ergebnisse in Bezug auf die kollisionsrechtliche Betrachtung des P2P-Lending

Die Untersuchung hat ferner ergeben, dass es auf dem Gebiet des P2P-Lending diverse neue kollisionsrechtliche Herausforderungen gibt, die bisher nur bedingt untersucht wurden. Die kollisionsrechtliche Betrachtung des P2P-Lending hat zu folgenden wesentlichen Ergebnissen geführt:

1. Für die am P2P-Lending beteiligten Parteien ist das auf den Vertrag anzuwendende Recht nur schwer vorhersehbar. Dies gilt insbesondere für die in der Praxis gängigen Konstellationen, in denen zwischen einem Unternehmer und einem Verbraucher eine Rechtswahl – meist zu Gunsten des Rechts des Plattformbetreibers oder des Kreditinstituts – getroffen wird. Ursache dafür ist der sogenannte Günstigkeitsvergleich gemäß Art. 6 Abs. 2 S. 2 Rom I-VO. Durch diesen kommt es zu einem lawmix zwischen dem gewählten Recht und den zwingenden Vorschriften des Rechts des Aufenthaltsstaates des an der Rechtswahl beteiligten Verbrauchers. Auch wenn durch die Rechtswahl ein anwendbares Recht bestimmt wurde, müssen die Parteien daher damit rechnen, dass auch Vorschriften eines anderen Rechts Anwendung finden. Erschwerend kommt hinzu, dass sich die Vertragsparteien meist anonym gegenüberstehen. Die als Unternehmer handelnde Vertragspartei bleibt bei Vertragsschluss somit völlig im Unklaren, welche verbraucherschützenden Vorschriften Anwendung finden könnten.
2. Problematisch ist daneben, dass sofern ein Verbrauchervertrag gemäß Art. 6 Abs. 1 Rom I-VO vorliegt, nicht automatisch die nationalen Verbraucherschutzvorschriften im Rahmen des Günstigkeitsvergleichs zur Anwendung kommen können. Anders als im Kollisionsrecht sind c2b-Konstellationen, bei denen der Verbraucher die charakteristische Leistung erbringt, im nationalen Recht meistens nicht vom Begriff des Verbrauchervertrages umfasst. Dies führt dazu, dass die nationalen Verbraucherschutzvorschriften in einer c2b-Konstellation nicht über Art. 6 Abs. 2 S. 2 Rom I-VO zur Anwendung kommen können. In einem solchen Fall läuft der Günstigkeitsvergleich in Bezug auf die Verbraucherschutzvorschriften ins Leere.
3. Für das P2P-Lending ist es vor dem Hintergrund der Rechtssicherheit und Vorhersehbarkeit sinnvoll und erforderlich, dass auf alle Verträge (Darlehens-, Nutzungs- und Darlehensvermittlungsvertrag) ein einheitliches Recht zur Anwendung kommt. Die aufgezeigten Lösungsvorschläge zur einheitlichen kollisionsrechtlichen Betrachtung des P2P-Lending laufen jedoch ins Leere:

a) Zunächst kann eine einheitliche Betrachtung des P2P-Lending nicht durch eine analoge Anwendung des Art. 4 Abs. 1 lit. h und des Art. 6 Abs. 4 lit. e Rom I-VO erreicht werden. Zwar sind nach hiesiger Auffassung Art. 4 Abs. 1 lit. h und Art. 6 Abs. 4 lit. e Rom I-VO analogiefähig. Allerdings ist die analoge Anwendung des Art. 4 Abs. 1 lit. h und des Art. 6 Abs. 4 lit. e Rom I-VO abzulehnen, da Verträge, die im Rahmen des P2P-Lending geschlossen werden, nicht mit Finanzinstrumenten im Sinne der MiFID II-Richtlinie vergleichbar sind. Hauptargument ist hierbei, dass der Verbraucherschutz bei Geschäften mit Wertpapieren anders als beim P2P-Lending hinfällig ist, da der private Anleger nur mittels eines professionellen Brokers am Finanzmarkt teilnehmen kann.
b) Ebenso wie die Analogie läuft auch die vorgeschlagene teleologische Reduktion des Art. 6 Abs. 2 S. 2 Rom I-VO ins Leere. Zwar könnte die Anwendung der teleologischen Reduktion in Einzelfällen dazu führen, dass der Günstigkeitsvergleich im Rahmen der Rechtswahl nicht greift und dadurch kein lawmix entsteht. Allerdings wäre die vorgeschlagene Analogie zur teleologischen Reduktion vorrangig anzuwenden. Auf Grund des Ausnahmecharakters ist eine teleologische Reduktion auch nicht pauschal anzuwenden, sodass sie zu keiner einheitlichen Regelung führen würde. Vielmehr bliebe weiterhin von Einzelfall zu Einzelfall zu entscheiden.
c) Auch die anderen vorgeschlagenen Lösungsansätze de lege ferenda sind nicht für eine einheitliche kollisionsrechtliche Betrachtung der beim P2P-Lending geschlossenen Verträge geeignet. Eine Erweiterung der ECSP-VO ist kein passender Vorschlag, da der Kern der Verordnung geändert werden müsste, um auch Darlehensnehmer in Form von Verbrauchern sowie kollisionsrechtliche Vorschriften zu erfassen. Auch die Einordnung des P2P-Lending als Finanzinstrument im Sinne der MiFID II-Richtlinie, um Art. 4 Abs. 1 lit. h und Art. 6 Abs. 4 lit. e Rom I-VO anwendbar zu machen, ist für eine einheitliche Betrachtung nicht geeignet. Das P2P-Lending ist nicht mit einem Finanzinstrument vergleichbar und kann daher nicht in den Katalog der MiFID II-Richtlinie aufgenommen werden. Nutzungs- und Vermittlungsverträge würden erst recht nicht unter den Begriff des Finanzinstruments fallen.

1. Die Anwendung eines einheitlichen Rechts auf die im Rahmen des P2P-Lending geschlossenen Verträge auf Kosten des gesamten Verbraucherschutzes kann keine sinnvolle Lösung für die kollisionsrechtliche Betrachtung sein. Vielmehr sollten Verbraucherschutz und Einheitlichkeit miteinander kombiniert werden, um eine größtmögliche Rechtssicherheit

und Vorhersehbarkeit für alle Beteiligten zu gewährleisten. Die Ausschaltung der Verbraucherschutzvorschriften des Aufenthaltsrechts des Verbrauchers durch den Günstigkeitsvergleich nach Art. 6 Abs. 2 S. 2 Rom I-VO ist dafür keine geeignete Lösung. Vielmehr müssen die Verbraucherschutzvorschriften weiterhin Anwendung finden. Dafür bedarf es einer Harmonisierung des EU-weiten nationalen Verbraucherschutzrechtes. Würde bei der Rechtswahl das Recht eines Mitgliedstaates der EU gewählt und hätte der Verbraucher seinen gewöhnlichen Aufenthalt ebenfalls in einem Mitgliedstaat der EU, käme es zu dem Ergebnis, dass der Günstigkeitsvergleich ins Leere liefe. Denn in beiden Staaten würden dieselben Verbraucherschutzvorschriften gelten. Dadurch würde dem lawmix entgegengewirkt. Dass dies lediglich zur Anwendung eines einheitlichen Rechts für EU-Sachverhalte führt, ist hinzunehmen. Die Anwendung eines einheitlichen Rechts auch über die Grenzen der EU hinaus bei Beteiligung von Drittstaaten ist nach aktuellem Stand der Gesetzgebung nicht möglich.

2. Sollte einer der Beteiligten seinen Sitz oder gewöhnlichen Aufenthalt in Deutschland haben, wird dieses Ergebnis auch nicht durch die zwingende Anwendung des § 32 KWG als Erlaubnisvorschrift im Rahmen des Art. 9 Rom I-VO beeinflusst. § 32 KWG ist auf Grund der fehlenden rechtsgeschäftlichen Auswirkungen nicht als Eingriffsnorm zu qualifizieren. Eine Anwendung als Eingriffsnorm der lex fori oder aber auch als ausländische Eingriffsnorm scheidet aus.

## § 3 Ausblick

Die Untersuchung hat gezeigt, dass eine Einordnung des P2P-Lending – unabhängig davon, ob auf Grundlage nationaler oder kollisionsrechtlicher Bestimmungen – auf Grund der vielfältigen Ausgestaltungsmöglichkeiten mit verschiedensten Beteiligten sehr komplex und nicht einfach ist.

Anders als noch vor einigen Jahren wächst der Trend, Kapital unabhängig von Sparbüchern und -konten bei klassischen Kreditinstituten anzulegen. Ursache ist unter anderem, dass über Sparbücher und -konten keine hohen Zinsen mehr eingefahren werden können. Die alternative Anlage des Kapitals erfolgt beispielsweise in Aktien oder ETFs[2] über sogenannte digitale Neobroker, wie Trade Republic oder Scalable Capital.[3] Diesen Trend haben bereits auch einige

---

2 = Exchange Traded Fund.

3 Vgl. https://traderepublic.com/de-de sowie https://de.scalable.capital/, beide zuletzt abgerufen am 16.01.2023.

Kreditinstitute erkannt, wie zum Beispiel die ING-DiBa, die ebenfalls Aktien- und ETF-Sparpläne digital anbieten.[4]

Auch das P2P-Lending ist Teil dieses Trends der alternativen Kapitalanlage. Es bringt neben der Kapitalanlage für Anleger auch den Part der Darlehensvermittlung für Kapitalsuchende mit sich. Das P2P-Lending spricht damit neben den Anlegern mit den Kapitalsuchenden einen weiteren Kundenkreis an. Aktuell ist das P2P-Lending auf Grund der überwiegend strengen Regulierungen für Kunden schwer überschaubar. So werben manche P2P-Plattformen mit der Vermittlung eines Kredits unmittelbar zwischen Privatpersonen.[5] Tatsächlich erfolgt die Kreditausgabe aber über ein Kreditinstitut, da nur so die gesetzlichen Vorschriften unkompliziert umgesetzt werden können. Auch der Abschluss von verschiedenen Verträgen, wie Nutzungs-, Darlehensvermittlungs- und Darlehensvertrag, macht das P2P-Lending vor allem für Verbraucher unübersichtlich. Dies wird nochmals verstärkt, wenn durch einen internationalen Sachverhalt verschiedene Rechtsordnungen auf die jeweiligen Verträge Anwendung finden.

Durch die vorgeschlagene Harmonisierung der Verbraucherschutzrechte innerhalb der EU würden die Attraktivität und das Vertrauen der Anleger, der Kapitalsuchenden und auch der Plattformbetreiber in die neue Finanzierungsform gesteigert werden. Eine solche Entwicklung ist wünschenswert.

Denn auch wenn das P2P-Lending ausschließlich digital abläuft, bietet es auch für die klassischen Kreditinstitute einen attraktiven Markt. Vor allem in Staaten, in denen aus regulatorischer Sicht nur das unechte P2P-Lending möglich ist, können Kreditinstitute die Entwicklung des P2P-Lending auf Grund ihrer Rolle als Darlehensgeber aktiv mitgestalten. Auch können sie dadurch potenzielle neue Kunden für den Abschluss eines klassischen Bankkontos finden.

Vor dem Hintergrund einer anhaltenden Globalisierung muss es zu einer Veränderung in der kollisionsrechtlichen Betrachtung des P2P-Lending kommen. Es ist notwendig, dass das klassische Kollisionsrecht auch die neuen technischen Entwicklungen so abdeckt, dass eine größtmögliche Rechtssicherheit und Vorhersehbarkeit für sämtliche Beteiligte besteht. Ein erster Schritt dazu wäre die Harmonisierung des EU-weiten Verbraucherschutzrechts, um einen lawmix zu verhindern. Daneben müssten auch die klassischen Kapitalmarktvorschriften

---

4 Vgl. www.ing.de/sparen-anlegen/direkt-depot/wertpapier-sparplan/, zuletzt abgerufen am 16.01.2023.

5 Werbung der auxmoney GmbH, 2017, www.youtube.com/watch?v=P9HwtU2z9a4, zuletzt abgerufen am 16.01.2023.

auf das Zeitalter der Digitalisierung angepasst werden und die neuen Finanzinstrumente berücksichtigen.

Dies wird notwendig sein, da auch in Zukunft davon auszugehen ist, dass sich das P2P-Lending weiterentwickelt und sich auf andere Finanzbereiche, wie zum Beispiel den der Kryptowährungen, ausdehnt. So beabsichtigte die amerikanische Plattform Coinbase, welche auf den Handel mit Kryptowährungen spezialisiert ist, mit ihrem Programm „Coin Lend" das P2P-Lending auf Kryptowährungen auszuweiten. Anleger sollten die Kryptowährung USD Coin an Kreditnehmer verleihen, um aus den Zinsen eine Rendite zu ziehen.[6] Nachdem Coinbase das neue Produkt ankündigte, drohte die SEC – vergleichbar mit den Vorgängen 2008 bei Prosper und LendingClub – mit einer Klage für den Fall, dass „Coin Lend" an den Markt gebracht würde.[7] Nach mehreren Verhandlungsversuchen mit der SEC gab Coinbase das Vorhaben auf.[8] Das erneute stringente Vorgehen der SEC zeigt deutlich, dass es zukünftig umfangreicherer Regulierungen bedarf, um für sämtliche Beteiligte einen zuverlässigen und sicheren Rechtsrahmen zu schaffen.

Nur durch die Schaffung von gesetzgeberischer Klarheit und verbraucherfreundlicher Rechtssicherheit ist es möglich, der zukunftsträchtigen Finanzierungsform des P2P-Lending eine Chance zum Bestehen auf dem Finanzmarkt zu geben.

---

6 Vgl. Coinbase zu „Coin Lend", www.coinbase.com/de/lend, zuletzt abgerufen am 09.09.2021. Auf Grund der Aufgabe des Modells ist diese Website so nicht mehr abrufbar.

7 https://medium.com/the-coinbase-blog/the-sec-has-told-us-it-wants-to-sue-us-over-lend-we-have-no-idea-why-a3a1b6507009, zuletzt abgerufen am 16.01.2023; FAZ v. 09.09.2021, „SEC droht Coinbase".

8 https://medium.com/the-coinbase-blog/the-sec-has-told-us-it-wants-to-sue-us-over-lend-we-have-no-idea-why-a3a1b6507009, zuletzt abgerufen am 16.01.2023.

# Literaturverzeichnis


*Amajuoyi, Ugochi Christine*: Online Peer-to-Peer Lending Regulation: Justification, Classification and Remit in UK Law, 2016, University of Exeter [zitiert: *Amajuoyi*, Online Peer-to-Peer-Lending Regulation].

*Anweiler, Jochen*: Auslegungsmethoden des Gerichtshofs der Europäischen Gemeinschaften, 1997, Frankfurt am Main [zitiert: *Anweiler*, Auslegungsmethoden des EuGH].

*Arora, Anu/Hutton, Ewan*: The regulation of crowdfunding in the UK, Comp. Law. 2017, 38(12), 368–379.

*Assies, Paul/Beule, Dirk/Heise, Julia/Strube, Hartmut* (Hrsg.): Handbuch des Fachanwalts für Bank- und Kapitalmarktrecht, 5. Auflage 2019, Köln [zitiert: *Bearbeiter*, in Assies/Beule et al., Handbuch des Fachanwalts für Bank- und Kapitalmarktrecht].

*Assmann, Heinz-Dieter/Schütze, Rolf/ Buck-Heeb, Petra* (Hrsg.): Handbuch des Kapitalanlagerechts, 5. Auflage 2020, München [zitiert: *Bearbeiter*, in Assmann/Schütze/Buck-Heeb, Handbuch des Kapitalanlagerechts].

*Auer, Florian*: Des einen Freud, des andern Leid – Steueränderung im Crowdlending, jM 2020, 298–302.

*Auerbach, Dirk*: Banken- und Wertpapieraufsicht, 2015, München.

*Bachmann, Alexander/Becker, Alexander/Buerckner, Daniel/Funk, Burkhardt et al.*: Online Peer-to-Peer Lending – A Literature Review, JIBC August 2011, Vol. 16, No. 2.

*Bank, Matthias/Schopper, Alexander*: Forschungsbericht zum Alternativfinanzierungsgesetz in Österreich, 2017, Innsbruck.

*Bantleon, Ulrich/Herr, Sascha*: Crowdinvesting als alternative Unternehmensfinanzierung – Grundlagen und Marktdaten in Deutschland, DStR 2015, 532–539.

*v.Bar, Christian*: Abtretung und Legalzession im neuen deutschen Internationalen Privatrecht, RabelsZ 1989, 462–485.

*v.Bar, Christian/Mankowski, Peter*: Internationales Privatrecht, Band II – Besonderer Teil, 2019, München [zitiert: *v. Bar/Mankowski*, Internationales Privatrecht].

*Basedow, Jürgen*: Internationales Verbrauchervertragsrecht – Erfahrungen, Prinzipien und europäische Reform, in Festschrift für Erik Jayme, Band 1, hrsg. v. Mansel, Heinz Peter/Pfeiffer, Thomas/Kronke, Herbert et al., 2004, München, S. 3–23 [zitiert: *Basedow*, in FS Jayme].

*Baumgärtel, Gottfried*: Die Unzumutbarkeit der Forderungsabtretung, AcP 156 (1958), 265–290.

*beck-online.Grosskommentar*: hrsg. v. Gsell, Beate/Krüger, Wolfgang/Lorenz, Stephan/Reymann, Christoph (zum Zivilrecht), 2021, München [zitiert: *Bearbeiter*, in BeckOGK, jeweiliges Gesetz].

*Beck'scher Online-Kommentar BGB*: hrsg. v. Hau, Wolfgang/Poseck, Roman, 64. Edition 2022, München [zitiert: *Bearbeiter*, in BeckOK, BGB].

*Beck'scher Online-Kommentar GewO*: hrsg. v. Pielow, Johann-Christian, 57. Edition 2022, München [zitiert: *Bearbeiter*, in BeckOK, GewO].

*Beck'scher Online-Kommentar HGB*: hrsg. v. Häublein, Martin/Hoffmann-Theinert, Roland, 38. Edition 2022, München [zitiert: *Bearbeiter*, in BeckOK, HGB].

*Benecke, Martina*: Gesetzesumgehung im Zivilrecht, 2004, Tübingen.

*Benzenberg, Elke*: Die Behandlung ausländischer Eingriffsnormen im Internationalen Privatrecht, 2008, Jena [zitiert: *Benzenberg*, Ausländische Eingriffsnormen im IPR].

*Berger, Sven/Skiera, Bernd*: Elektronische Kreditmarktplätze: Funktionsweise, Gestaltung und Erkenntnisstand bei der Form des „Peer-to-Peer Lending", KuK 2012, 289–311.

*Bitter, Anna-Kristina*: Auslegungszusammenhang zwischen Brüssel I-Verordnung und der künftigen Rom I-VO, IPRax 2008, 96–101.

*Bitterich, Klaus*: Kollisionsrechtlicher Verbraucherschutz, Eingriffsnormen und Binnenmarktstandards: Bestandsaufnahme und Ausblick auf den Rom I-Vorschlag, GPR 2006, 161–167.

*Boos, Karl-Heinz/Fischer, Reinfried/Schulte-Mattler, Hermann* (Hrsg.): KWG, CRR-VO – Kommentar zu Kreditwesengesetz, VO (EU) Nr. 575/2013 (CRR) und Ausführungsvorschriften, [zitiert: *Bearbeiter*, in Boos/Fischer/Schulte-Mattler, KWG].

– Band 1, 5. Auflage 2016, München.

*Borges, Georg*: Rechtliche Rahmenbedingungen für autonome Systeme, NJW 2018, 977–982.

*Bräutigam, Peter/Klindt, Thomas*: Industrie 4.0, das Internet der Dinge und das Recht, NJW 2015, 1137–1142.

*Bräutigam, Peter/Rücker, Daniel*: E-Commerce, 2017, München [zitiert: *Bearbeiter*, in Bräutigam/Rücker, E-Commerce].

*Buck-Heeb, Petra*: Aufklärungs- und Beratungspflichten bei Kreditverträgen – Verschärfungen durch die EuGH-Rechtsprechung und die Wohnimmobilienkredit-Richtlinie, BKR 2015, 177–186.

*dies*: Schwarmfinanzierungs-Gesetzgebung zwischen Zivil- und Aufsichtsrecht – Zur Haftung des Schwarmfinanzierungsdienstleisters, BKR 2022, 169–175.

*Busch, Christoph/Mak, Vanessa*: Peer-to-peer lending in the European Union, EuCML 2016, 181.

*Bundesanstalt für Finanzdienstleistungsaufsicht*: Merkblatt zur Erlaubnispflicht von grenzüberschreitend betriebenen Geschäften, 01.04.2005, zuletzt geändert 11.03.2019, abrufbar unter www.bafin.de/SharedDocs/Veroeffentlichungen/DE/Merkblatt/mb_050401_grenzueberschreitend.html, zuletzt abgerufen am 16.01.2023.

*dies.*: Merkblatt zur Erlaubnispflicht von Kreditvermittlungsplattformen, 14.05.2007, abrufbar unter www.bafin.de/SharedDocs/Veroeffentlichungen/DE/Merkblatt/mb_070514_kreditvermittlungsplattform.html, zuletzt abgerufen am 16.01.2023.

*dies.*: Hinweise zum Tatbestand des Einlagengeschäfts nach § 1 Abs. 1 S. 2 Nr. 1 KWG, 11.03.2014, zuletzt geändert am 20.08.2021, abrufbar unter www.bafin.de/SharedDocs/Veroeffentlichungen/DE/Merkblatt/mb_140311_tatbestand_einlagengeschaeft.html, zuletzt abgerufen am 16.01.2023.

*dies.*: Auslegungsschreiben zum Crowdlending, 09.10.2015, abrufbar unter www.bafin.de/SharedDocs/Veroeffentlichungen/DE/Auslegungsentscheidung/WA/ae_151009_crowdlending.html, zuletzt abgerufen am 16.01.2023.

*dies.*: Merkblatt Kreditgeschäft, 08.01.2009, geändert am 02.05.2016, abrufbar unter www.bafin.de/SharedDocs/Veroeffentlichungen/DE/Merkblatt/mb_090108_tatbestand_kreditgeschaeft.html, zuletzt abgerufen am 16.01.2023.

*dies.*: Auslegungsschreiben zum Anwendungsbereich des KAGB und zum Begriff des „Investmentvermögens", 14.06.2013, geändert am 09.03.2015, abrufbar unter www.bafin.de/SharedDocs/Veroeffentlichungen/DE/Auslegungsentscheidung/WA/ae_130614_Anwendungsber_KAGB_begriff_invvermoegen.html, zuletzt abgerufen am 16.01.2023.

*dies.*: Kreditinstitute unter BaFin – bzw. EZB-Aufsicht, Jahresbericht 2016, abrufbar unter www.bafin.de/DE/PublikationenDaten/Jahresbericht/Jahresbericht2016/Kapitel7/Kapitel7_1/Kapitel7_1_1/kapitel7_1_1_node.html, zuletzt abgerufen am 16.01.2023.

*dies.*: Prospekte für Wertpapiere und Vermögensanlagen, geändert am 03.08.2021, abrufbar unter www.bafin.de/DE/Aufsicht/Prospekte/prospekte_node.html, zuletzt abgerufen am 16.01.2023.

*Calliess, Christian/Ruffert, Matthias* (Hrsg.): EUV/AEUV – Das Verfassungsrecht der Europäischen Union mit Europäischer Grundrechtecharta, Kommentar, 6. Auflage 2022, München, [zitiert: *Bearbeiter*, in Calliess/Ruffert, EUV/AEUV].

*Chaffee, Eric C./Rapp, Geoffrey C.*: Regulation Online Peer-to-Peer Lending in the Aftermath of Dodd-Frank: In Search of an Evolving Regulatory Regime for an Evolving Industry, Wash. & Lee L. Rev. 2012, 485–533.

*Chini, Leo/Oppitz, Martin*: BWG Bankwesengesetz Kommentar, 2. Auflage 2022, Wien, [zitiert: *Bearbeiter*, in Chini/Oppitz, BWG].

*Clarke, Chris/Rogers, Chris*: Mainstreaming social finance: The regulation of the peer-to-peer lending marketplace in the United Kingdom, BJPIR 2016, 930–945.

*Cornelius, Kai*: Vertragsabschluss durch autonome elektronische Agenten, MMR 2002, 353–358.

*Czernich, Dietmar*: Rechtswahlklauseln in Bankverträgen mit Verbrauchern, in: Heindler, Florian/Verschraegen, Bea, Internationale Bankgeschäfte mit Verbrauchern, 2017, Wien, S. 59–74 [zitiert: *Czernich*, in Heindler/Verschraegen, Internationale Bankgeschäfte mit Verbrauchern].

*Danwerth, Christopher*: Analogie und teleologische Reduktion – zum Verhältnis zweier scheinbar ungleicher Schwestern, ZfPW 2017, 230–249.

*Demgensky, Sascha/Erm, Andreas*: Der Begriff der Einlagen nach der 6. KWG-Novelle, WM 2001, 1445–1454.

*Derleder, Peter/Knops, Kai-Oliver/Bamberger, Heinz Georg* (Hrsg.): Handbuch zum deutschen und europäischen Bankrecht, 2. Auflage 2009, Berlin [zitiert: *Bearbeiter*, in Derleder/Knops/Bamberger, Handbuch zum Bankrecht].

*Dierks, Annalena*: The regulation of peer-to-peer lending platforms in the consumer credit market, 2018, Humboldt-Universität zu Berlin [zitiert: *Dierks*, The regulation of peer-to-peer lending platforms].

*Dreyer, Holger/Haskamp, Thomas*: Der Darlehensvermittler nach § 655a BGB, ZVertriebsR 2018, 225–230.

*Drost, Frank*: Schwarmfinanzierer machen künftig gemeinsame Sache, 12.07.2021, Handelsblatt Finanzen.

*Ebenroth, Carsten* (Begr.)/*Boujong, Karlheinz* (Begr.)/*Joost, Detlev* (Begr./Hrsg.)/ *Strohn, Lutz* (Hrsg.): Handelsgesetzbuch

– Band 1: §§ 1–342e, 4. Auflage 2020, München [zitiert: *Bearbeiter*, in Ebenroth/Boujong/Joost/Strohn, HGB]

*Eberle, Nicolas*: Die Regulierung des Peer-to-Peer-Lending in Deutschland, 2019, Baden-Baden [zitiert: *Eberle*, Peer-to-Peer-Lending].

*Eckhold, Thomas*: Privatrechtliche Konsequenzen unerlaubter Investmentgeschäfte, ZBB 2016, 102–112.

*Einsele, Dorothee*: Auswirkungen der Rom I-VO auf Finanzdienstleistungen, WM 2009, 289–300.

*dies.*: Kapitalmarktrechtliche Eingriffsnormen – Bedarf die Rom I-Verordnung einer Sonderregel für harmonisiertes europäisches Recht?, IPRax 2012, 481–491.

*Engelmann-Pilger, Jens*: Anwendungsbereich der ECSP-VO und offene Fragen für die Praxis in Deutschland, BKR 2022, 144–148.

*Engisch, Karl*: Einführung in das juristische Denken, 12. Auflage 2018, Stuttgart.

*Erbs, Georg* (Begr.)/*Häberle, Peter* (Hrsg.)/*Kohlhaas, Max* (ehem. Hrsg.): Strafrechtliche Nebengesetze, 243. EL August 2022, München [zitiert: *Bearbeiter*, in Erbs/Kohlhaas, Strafrechtliche Nebengesetze].

*Erman – Kommentar zum Bürgerlichen Gesetzbuch*: hrsg. v. Westermann, Harm Peter/Grunewald, Barbara/Maier-Reimer, Georg, 16. Auflage 2020, Köln [zitiert: *Bearbeiter*, in Erman, BGB].

*Fabricius, Constantin*: Die ECSP-VO als alternative Fremdfinanzierungslösung – Welche Chancen und Risiken bieten sich für Investoren und Mittelstand? BKR 2022, 139–143.

*Ferrari, Franco/Kieninger, Eva-Maria u.a.*: Internationales Vertragsrecht – Kommentar, 3. Auflage 2018, München [zitiert: *Bearbeiter*, in Ferrari, Internationales Vertragsrecht].

*Ferrari, Franco/Leible, Stefan*: Rome I Regulation – The Law Applicable to Contractual Obligations in Europe, 2009, München [zitiert: *Bearbeiter*, in Ferrari/Leible, Rome I Regulation].

*dies.*: Ein neues Internationales Vertragsrecht für Europa – Der Vorschlag für eine Rom I-Verordnung, 2007, Jena [zitiert: *Bearbeiter*, in Ferrari/Leible, Neues Internationales Vertragsrecht].

*Ferretti, Federico*: Peer-to-Peer Lending and EU Credit Laws: A Creditworthiness Assessment, Credit-Risk Analysis or … Neither of the Two?, German Law Journal 2021, 102–121.

*Financial Conduct Authority*: Policy Statement, PS 14/4, The FCA's regulatory approach to crowdfunding over the internet, and the promotion of non-readily realisable securities by other media, abrufbar unter www.fca.org.uk/publication/policy/ps14-04.pdf (zuletzt abgerufen am 16.01.2023).

*dies.*: Crowdfunding and authorisation, 09.08.2017, zuletzt geändert am 29.04.2021, abrufbar unter www.fca.org.uk/firms/authorisation/how-to-apply/crowdfunding, zuletzt abgerufen am 16.01.2023.

*dies.*: FCA Handbook, abrufbar unter www.handbook.fca.org.uk/handbook, zuletzt abgerufen am 16.01.2023.

*dies.*: Press release: Young investors driven by competition and hype, 20.10.2021, abrufbar unter www.fca.org.uk/news/press-releases/young-investors-driven-competition-hype, zuletzt abgerufen am 16.01.2023.

*Follak, Klaus*: Crowdfunding – Neue Herausforderungen für die nationale und internationale Finanzaufsicht, ÖBA 2021, 890–898.

*Franzen, Martin*: Vertragsstatut und zwingende Bestimmungen im internationalen Arbeitsrecht, IPRax 2003, 239–243.

*Freitag, Robert/Wolf, Anja*: Das Kollisionsrecht des Crowdfunding nach der Schwarmfinanzierungsverordnung, WM 2021, 1009–1016.

*dies.*: Das Privatrecht des Crowdfunding nach Inkrafttreten der Schwarmfinanzierungsverordnung, WM 2021, 657–664.

*Fritzsche, Jörg*: Der Abschluss von Verträgen, §§ 145 ff. BGB, JA 2006, 674–681.

*Fritzsche, Jörg/Malzer, Hans*: Ausgewählte zivilrechtliche Probleme elektronisch signierter Willenserklärungen, DNotZ 1995, 3–26.

*Garcimartin Alférez, Francisco*: The Rome I Regulation: Much ado about nothing? EuLF 2008, 61–79.

*Geisler, Stephan*: Die engste Verbindung im Internationalen Privatrecht, 2001, Berlin [zitiert: *Geisler*, Engste Verbindung im IPR].

*Göthel, Stephan*: Grenzüberschreitende Reichweite ausländischen Kapitalmarktrechts, IPRax 2001, 411–419.

*Groß, Wolfgang*: Kapitalmarktrecht, 8. Auflage 2022, München.

*Grüneberg, Christian* (vormals *Palandt, Otto*): Bürgerliches Gesetzbuch, 82. Auflage 2023, München [zitiert: *Bearbeiter*, in Grüneberg, BGB].

*Grützmacher, Malte/Heckmann, Jörn*: Autonome Systeme und KI – vom vollautomatisierten zum autonomen Vertragsschluss? CR 2019, 553–561.

*Habersack, Mathias/Mülbert, Peter/Schlitt Michael* (Hrsg.): Handbuch der Kapitalmarktinformation,

– 2. Auflage 2013, München [zitiert: *Bearbeiter*, in Habersack/Mülbert/Schlitt, Handbuch der Kapitalmarktinformation, 2. Auflage].

– 3. Auflage 2020, München [zitiert: *Bearbeiter*, in Habersack/Mülbert/Schlitt, Handbuch der Kapitalmarktinformation].

*dies.* (Hrsg.): Unternehmensfinanzierung am Kapitalmarkt, 4. Auflage 2019, Köln [zitiert: *Bearbeiter*, in Habersack/Mülbert/Schlitt, Unternehmensfinanzierung].

*Hanten, Mathias*: Aufsichtsrechtliche Erlaubnispflicht bei grenzüberschreitenden Bankgeschäften und Finanzdienstleistungen, WM 2003, 1412–1416.

*Hauser, Paul*: Eingriffsnormen in der Rom I-Verordnung, 2012, Tübingen.

*Havrylchyk, Olena/Mariotte, Carlotta/Rahmin, Talal-Ur/Verdier, Marianne*: The Expansion of the Peer-to-Peer Lending, 2019 [abrufbar unter http://ssrn.com/abstract=2841316].

*Heiderhoff, Bettina*: Gemeinschaftsprivatrecht, 2005, München.

*Heim, Sebastian*: Rationales Entscheiden im Rahmen der Kreditaufnahme, 2020, Wiesbaden [zitiert: *Heim*, Kreditaufnahme].

*Heimann, Josef*: Zwingender Verbraucherschutz und Grundfreiheiten im Bereich der Finanzdienstleistungen, 2005, Karlsruhe [zitiert: *Heimann*, Zwingender Verbraucherschutz].

*Heiss, Helmut*: Die Vergemeinschaftung des internationalen Vertragsrechts durch „Rom I" und ihre Auswirkungen auf das österreichische internationale Privatrecht, JBL 2006, 750–767.

*Hertneck, Lucas*: Peer-to-Peer-Lending, 2020, Berlin.

*Heydn, Truiken*: Internet of Things: Probleme und Vertragsgestaltung, MMR 2020, 503–508.

*Hinsch, Christian/Horn, Norbert*: Das Vertragsrecht der internationalen Konsortialkredite und Projektfinanzierungen, 1985, Berlin [zitiert: *Hinsch/Horn*: Internationale Konsortialkredite].

*Hoeren, Thomas/Sieber, Ulrich/Holznagel, Bernd*: Handbuch Multimedia-Recht, Stand März 2022, München [zitiert: *Bearbeiter*, in Hoeren/Sieber/Holznagel, Multimedia-Recht].

*Hofmann, Stefan/Walter, Bernhard*: Die Veräußerung Not leidender Kredite – aktives Risikomanagement der Bank im Spannungsverhältnis zwischen Bankgeheimnis und Datenschutz, WM 2004, 1566–1574.

*Hopt, Klaus* (vormals *Baumbach, Adolf* (Begr.)/*Hopt, Klaus*): Handelsgesetzbuch, 41. Auflage 2022, München [zitiert: *Bearbeiter*, in Hopt, HGB].

*Izzo-Wagner, Anna/Otto, Till*: Aktuelle aufsichtsrechtliche Zulassungsvoraussetzungen unter ECSP-VO, BKR 2022, 155–162.

*Jamin, Gösta*: Crowdlending-Plattformen, WiST 2015, 215–217.

*Jauernig, Othmar* (Begr.): Kommentar zum Bürgerlichen Gesetzbuch, hrsg. v. Stürner, Rolf, 18. Auflage 2021, München.

*Jesberg, Lena*: Die Fintechs rütteln am Monopol der Banken, Handelsblatt, 05.04.2020, abrufbar unter www.handelsblatt.com/meinung/kommentare/kommentar-die-fintechs-ruetteln-am-monopol-der-banken/25641246.html?ticket=ST-6976150-m9GYytqVtpS4xnFdvoAZ-ap1, zuletzt abgerufen am 16.01.2023.

*Jones, Rupert*: Zopa exits peer-to-peer lending to focus on banking, The Guardian, 11.12.2021, abrufbar unter www.theguardian.com/money/2021/dec/11/zopa-peer-to-peer-lending-p2p-money, zuletzt abgerufen am 16.01.2023.

*Junker, Abbo*: Die freie Rechtswahl und ihre Grenzen – Zur veränderten Rolle der Parteiautonomie im Schuldvertragsrecht, IPRax 1993, 1–10.

*ders.*: Empfiehlt es sich, Art. 7 EVÜ zu revidieren oder auf Grund der bisherigen Erfahrung zu präzisieren?, IPRax 2000, 65–73.

*juris Praxiskommentar BGB, Band 6 (Internationales Privatrecht und UN-Kaufrecht)*: hrsg. v. Markus Würdinger, 9. Auflage 2020 [zitiert: *Bearbeiter*, in juris-PK, BGB].

*Kainer, Friedemann*: Der Verbrauchergerichtsstand bei Kapitalanlagegeschäften, ZBB 2018, 368–377.

*Kainer, Friedemann/Förster, Lydia*: Autonome Systeme im Kontext des Vertragsrechts, ZfPW 2020, 275–305.

*Kaufmann, Arthur*: Analogie und „Natur der Sache", 1965, Karlsruhe.

*Kaufmann, Bibiane/Seper, Georg/Zenz, Christian* (Hrsg.): Handbuch Crowdfunding & AltFG, Wien 2016 [zitiert: *Bearbeiter*, in Kaufmann/Seper/Zenz, Handbuch Crowdfunding & AltFG].

*Kindler, Peter*: Zur Anknüpfung von Handelsvertreter- und Vertragshändlerverträgen im neuen bundesdeutschen IPR, RIW 1987, 660–667.

*Klug, Ulrich*: Juristische Logik, 4. Auflage 1982, Berlin.

*Kluth, David*: Die Grenzen des kollisionsrechtlichen Verbraucherschutzes, 2009, Jena [zitiert: *Kluth*, Grenzen des kollisionsrechtlichen Verbraucherschutzes].

*Knops, Kai-Oliver*: Bankentgelte in der AGB-Kontrolle, ZBB 2010, 479–486.

*Köhler, Andreas*: Examinatorium Internationales Privatrecht, 2. Auflage 2020, Baden-Baden.

*Krüger, Thomas/Bütter, Michael*: Elektronische Willenserklärungen im Bankengeschäftsverkehr: Risiken des Online-Banking, WM 2001, 221–276.

*Langenbucher, Katja*: Argument by analogy in European Law, C.L.J. 1998, 481–521.

*Larenz, Karl*: Methodenlehre der Rechtswissenschaft, 1991, Berlin.

*Lehmann, Matthias*: Finanzinstrumente, 2009, Tübingen.

*Leible, Stefan/Freitag, Robert*: Forderungsbeitreibung in der EU, 2008, München.

*Leible, Stefan/Lehmann, Matthias*: Die Verordnung über das auf vertragliche Schulverhältnisse anzuwendende Recht („Rom I"), RIW 2008, 528–544.

*Lenz, Rainer*: Peer-to-Peer Lending: Opportunities and Risks, EJRR 4/2016, 688–700.

*Lorenz, Egon*: Die Rechtswahlfreiheit im internationalen Schuldvertragsrecht, RIW 1987, 569–584.

*Lorenz, Werner*: Vom alten zum neuen internationalen Schuldvertragsrecht, IPRax 1987, 269–276.

*Lu, Lerong*: Promoting SME Finance in the Context of the Fintech Revolution: A Case Study of the UK's Practice and Regulation, Banking and Finance Law Review 2018, 317–343.

*Luther, Christoph*: Die juristische Analogie, JA 2013, 449–453.

*Lutzi, Tobias*: Aktuelle Rechtsfragen zum Handel mit virtuellen Gegenständen in Computerspielen, NJW 2012, 2070–2074.

*Macchiavello, Eugenia*: Peer-to-peer lending and the "democratization" of credit markets: another financial innovation puzzling regulators, CJEL 2015, 521–586.

*dies.*: Financial-return Crowdfunding and Regulatory Approaches in the Shadow Banking, FinTech and Collaborative Finance Era, ECFR 2017, 662–722.

*Magee, Jack R.*: Peer-to-Peer Lending in the United States: Surviving after Dodd-Frank, North Caroline Banking Institute 2011, 139–174.

*Magnus, Ulrich*: Die Rom I-Verordnung, IPRax 2010, 27–44.

*Maier, Erik*: Mittelstandskredite in Zeiten des digitalen Wandels – Crowdlending in Deutschland, Leipzig 2016.

*Makortoff, Kalyeena*: Peer-to-peer lender Funding Secure goes into administration, The Guardian, 23.10.2019, abrufbar unter www.theguardian.com/money/2019/oct/23/peer-to-peer-lender-funding-secure-administration-pawnbroker, zuletzt abgerufen am 24.07.2022.

*Mankowski, Peter*: Strukturfragen des internationalen Verbrauchervertragsrechts, RIW 1993, 453–463.

*ders.*: Keine Sonderanknüpfung deutschen Verbraucherschutzrechts über Art. 34 EGBGB, DZWir 1996, 273–281.

*ders.*: Verbraucherkreditverträge mit Auslandsbezug: Kollisionsrechtlicher Dienstleistungsbegriff und sachliche Abgrenzung von Eingriffsrecht, RIW 2006, 321–331.

*ders.*: Der Vorschlag für die Rom I-Verordnung, IPRax 2006, 101–113.

*ders.*: Die Rom I-Verordnung – Änderungen im europäischen IPR für Schuldverträge, IHR 2008, IHR 2008, 133–152.

*ders.*: Gemischte Verträge, objektive dépeçage, Handhabung der Ausweichklausel und Auslegungsmethodik im Internationalen Schuldvertragsrecht, IHR 2010, 89–94.

*ders.*: Besondere Arten der Rechtswahl in Verträgen, in Festschrift für Dieter Martiny, hrsg. v. Witzleb, Normann/Ellger, Reinhard/Mankowski, Peter et al., 2014, Tübingen, S. 449–473 [zitiert: *Mankowski*, in FS Martiny].

*Mann, Frederick Alexander*: Eingriffsgesetze und Internationales Privatrecht, in: Festschrift für Eduard Wahl zum 70. Geburtstag, hrsg. v. Müller, Klaus/Soell, Hermann, 1973, Heidelberg. S. 139–160 [zitiert: *Mann*, in FS Wahl].

*Marcks, Peter*: Makler- und Bauträgerverordnung, MaBV, Kommentar, 10. Auflage 2019, München [zitiert: *Bearbeiter*, in Marcks, MaBV].

*Martens, Sebastian A. E.*: Methodenlehre des Unionsrechts, 2013, Tübingen.

*Martiny, Dieter*: Beachtung ausländischer kulturgüterlicher Normen im internationalen Schuldvertragsrecht, IPRax 2012, 559–569.

*ders.*: Virtuelle Währungen, insbesondere Bitcoins, im Internationalen Privat- und Zivilverfahrensrecht, IPRax 2018, 553–565.

*Maultzsch, Felix*: Rechtswahl und ius cogens im Internationalen Schuldvertragsrecht, RabelsZ 2011, 60–101.

*Medicus, Dieter/Petersen, Jens*: Allgemeiner Teil des BGB, 11. Auflage 2016, Heidelberg [zitiert: *Medicus/Petersen*, BGB AT].

*Milne, Alistair/Parboteeah, Paul*: The Business Models and Economics of Peer-to-Peer Lending, 2016, Brüssel [zitiert: *Milne/Parboteeah*, Peer-to-Peer Lending].

*Mincke, Wolfgang*: Die Parteiautonomie: Rechtswahl oder Ortswahl? IPRax 1985, 313–317.

*Möllers, Thomas*: Juristische Methodenlehre, 4. Auflage 2021, München.

*Möslein, Florian/Omlor, Sebastian* (Hrsg.): FinTech-Handbuch, 2. Auflage 2021, München [zitiert: *Bearbeiter*, in Möslein/Omlor, FinTech-Handbuch].

*Müller, Michael*: Finanzierungsinstrumente in der Rom I-VO, 2011, Jena.

*Münchener Handbuch des Gesellschaftsrechts*: hrsg. v. Gammert, Hans/Weipert, Lutz [zitiert: *Bearbeiter*, in Gammert/Weipert, Münchener Handbuch des Gesellschaftsrechts].

– Band 1: BGB-Gesellschaft, offene Handelsgesellschaft u.a., 5. Auflage 2019, München.

*Münchener Kommentar zum Bürgerlichen Gesetzbuch*: hrsg. v. Säcker, Franz Jürgen/ Rixecker, Roland/Oetker, Hartmut/Limperg, Bettina [zitiert: *Bearbeiter*, in MüKo, BGB].

– Band 1: Allgemeiner Teil, §§ 1–240, AllgPersönlR, ProstG, AGG, 9. Auflage 2021, München.

– Band 3: Schuldrecht – Allgemeiner Teil II, §§ 311–432, 9. Auflage 2022, München.

– Band 4: Schuldrecht – Besonderer Teil, §§ 433–534, 8. Auflage 2019, München.

– Band 6: Schuldrecht – Besonderer Teil III, §§ 631–704, 9. Auflage 2023, München.

– Band 7: Schuldrecht – Besonderer Teil IV, §§ 705–853, PartGG, ProdHaftG, 8. Auflage 2020, München.

– Band 12: Internationales Privatrecht I, Europäisches Kollisionsrecht, Art. 1–26 EGBGB, 8. Auflage 2020, München.

– Band 13: Internationales Privatrecht II, IntWR, Art. 50–253 EGBGB, 8. Auflage 2021, München.

*Münchener Kommentar zum Handelsgesetzbuch*: hrsg. v. Drescher, Ingo/Fleischer, Holger/Schmidt, Karsten [zitiert: *Bearbeiter*, in MüKo, HGB].

– Band 6: Bankvertragsrecht, 4. Auflage 2019, München.

*Neuner, Jörg*: Allgemeiner Teil des Bürgerlichen Rechts, 12. Auflage 2020, München [zitiert: *Neuner*, BGB AT].

*Neuwirth, Suzie*: Zopas P2P brand sold and rebranded as Plata Finance, Peer-2Peer Finance News, 08.07.2022, abrufbar unter https://p2pfinancenews.co.uk/2022/07/08/zopas-p2p-brand-sold-and-rebranded-as-plata-finance/, zuletzt abgerufen am 16.01.2023.

*Nietsch, Michael/Eberle, Nicolas*: Grundsatzfragen der Regulierung internetgestützter Alternativ-Finanzierungen (Online Alternative Finance) unter Berücksichtigung der Entwicklung in Großbritannien und den Vereinigten Staaten, ZVglRWiss 2017, 205–229.

*Nieri, Laura*: Access to Credit: the Difficulties of Households, in Anderloni, Luisa/Brage, Maria/Carluccio, Emanuele Maria (Hrsg.), New Frontiers in Banking Services, S. 107–140 [zitiert: *Nieri*, Access to Credit, S. 107–140].

*Niggemann, Friedrich*: Eingriffsnormen auf dem Vormarsch, IPRax 2009, 444–451.

*NomosBundesrecht* – Erläuterungen zum Wertpapierprospektgesetz: bearb. v. Müller, Robert, 2. Online Auflage [zitiert: *Bearbeiter*, in Nomos-BR, WpPG].

*NomosKommentar*: [zitiert: *Bearbeiter*, in NK-BGB].

– Band 1: Allgemeiner Teil/EGBGB, hrsg. v. Heidel/Thomas/Hüßtege, Rainer/Mansel, Heinz-Peter/Noak, Ulrich, 4. Auflage 2021, Baden-Baden.

– Band 2: Schuldrecht, hrsg. v. Dauner-Lieb, Barbara/Langen, Werner, 4. Auflage 2021, Baden-Baden.

– Band 6: Rom-Verordnungen, EuGüVO, EuPartVO, HUP, EuErbVO, hrsg. v. Hüßtege, Rainer/Mansel, Heinz-Peter, 3. Auflage 2019, Baden-Baden.

*Parzinger, Josef/Weitnauer, Wolfgang*: Das Crowdinvesting als neue Form der Unternehmensfinanzierung, GWR 2013, 153–158.

*Pfeiffer, Thomas*: Neues Internationales Vertragsrecht – Zur Rom I-VO, EuZW 2008, 622–629.

*ders.*: Die Entwicklung des Internationalen Vertrags-, Schuld- und Sachenrechts in den Jahren 1995/1996, NJW 1997, 1207–1216.

*Polke, Tobias*: Crowdlending oder Disintermediation in der Fremdkapitalvergabe, 2017, Berlin [zitiert: *Polke*, Crowdlending].

*Quarch, Benedikt M.*: Die Europäische Regulierung des Crowdlending, 2020, Tübingen [zitiert: *Quarch*, Regulierung des Crowdlending].

*Rauscher, Thomas* (Hrsg.): Europäisches Zivilprozess- und Kollisionsrecht.

- Band 3: Rom I-VO, Rom II-VO, 4. Auflage 2016 [zitiert: *Bearbeiter*, in Rauscher, EuZPR/EuIPR].
- Band 3: Rom I-VO, Rom II-VO, Bearbeitung 2011 [zitiert: *Bearbeiter*, in Rauscher, EuZPR/EuIPR, Bearbeitung 2011].

*Reichel, Astrid/Pfeil, Walter J./Urnik, Sabine*: Crowdinvesting und Crowdworking: Herausforderungen und Chancen, 2018, Wien.

*Reithmann, Christoph/Martiny, Dieter* (Hrsg.): Internationales Vertragsrecht

- 7. Auflage 2010, Köln [zitiert: *Bearbeiter*, in Reithmann/Martiny, Internationales Vertragsrecht, 7. Auflage].
- 8. Auflage 2015, Köln [zitiert: *Bearbeiter*, in Reithmann/Martiny, Internationales Vertragsrecht, 8. Auflage].
- 9. Auflage 2019, Köln [zitiert: *Bearbeiter*, in Reithmann/Martiny, Internationales Vertragsrecht].

*Renner, Moritz*: „Banking without Bank"? Rechtliche Rahmenbedingungen des Peer-to-Peer-Lending, ZBB 2014, 261–344.

*Renner, Moritz/Böhle, Jan*: Crowdlending in der Fallbearbeitung, JuS 2018, 316–320.

*Renner, Moritz/Faller, Veronica/Walter, Felix R.*: Crowdlending nach der ECSP-VO, BKR 2021, 394–402.

*Report*: Deutscher Bundestag: Finanzen: Sachverständige kritisieren Schwarmfinanzierungsgesetz, NZG 2021, 659.

*Riethmüller, Tobias*: Auswirkungen des Kleinanlegerschutzgesetzes auf die Praxis der bankenunabhängigen Finanzierung, das Crowdinvesting und Crowdlending, DB 2015, 1451–1457.

*ders.*: Aufsichts- und kapitalmarktrechtlicher Gehalt der ECSP-Verordnung, BKR 2022, 149–154.

*Roth, Wulf-Henning*: Rechtswahlklauseln in Verbraucherverträgen – eine schwierige Sache?, IPRax 2013, 515–524.

*Rotter, Klaus/Ertl, Thomas*: Anlegerschutz der ECSP-VO – Sichtweise eines Anwalts für Kapitalanleger, BKR 2022, 184–191.

*Rühl, Gisela*: Die rechtsaktübergreifende Auslegung im europäischen Internationalen Privatrecht: Art. 6 der Rom I-VO und die Rechtsprechung des EuGH zu Art. 15 Brüssel I-VO, GPR 2013, 122–133.

*Rusch, Konrad*: Der finale Entwurf einer Verordnung über Europäische Schwarmfinanzierungsdienstleister (ECSP-VO) – Anwendungsbereich und Regelungsüberblick, ZBB 2020, 217–224.

*Rüthers, Bernd/Fischer, Christian/Birk, Axel*: Rechtstheorie und Juristische Methodenlehre, 12. Auflage 2020, München [zitiert: *Rüthers/Fischer/Birk*, Rechtstheorie].

*Sachse, Kathrin*: Der Verbrauchervertrag im Internationen Privat- und Prozeßrecht, 2006, Tübingen [zitiert: *Sachse*, Verbrauchervertrag im IPR].

*Sack, Rolf*: Marktortprinzip und allgemeine Ausweichklausel im internationalen Wettbewerbsrecht, am Beispiel der sog. Gran-Canaria-Fälle, IPRax 2012, 24–29.

*v.Savigny, Friedrich Carl*: System des heutigen Römisches Rechts, Achter Band, 1849, Berlin [zitiert: *v. Savigny*, System des heutigen Römischen Rechts].

*Scherer, Josef/Butt, Mark Eric*: Rechtsprobleme bei Vertragsschluss via Internet, DB 2000, 1009–1016.

*Schilling, Theodor*: Singularia non sunt extendenda – Die Auslegung der Ausnahme in der Rechtsprechung des EuGH, EuR 1996, 44–57.

*Schmidt-Kessel, Martin*: Zur culpa in contrahendo im Gemeinschaftsprivatrecht, ZEuP 2004, 1019–1033.

*Schneider, Daniel*: Das Widerrufsrecht beim Crowdinvesting, WM 2018, 2061–2070.

*Scholz-Fröhling, Sabine*: FinTechs und die bankaufsichtsrechtlichen Lizenzpflichten, BKR 2017,133–139.

*Schulz, Thomas*: Verantwortlichkeit bei autonom agierenden Systemen, 2015, Baden-Baden [zitiert: *Schulz*, Autonom agierende Systeme].

*Schürnbrand, Jan*: Gestaltungsrechte als Verfügungsgegenstand, AcP 204 (2004), 177–207.

*Schwacke, Peter*: Juristische Methodik, 5. Auflage 2011, Stuttgart.

*Schwark, Eberhard/Zimmer, Daniel* (Hrsg.): Kapitalmarktrechts-Kommentar, 5. Auflage 2020, München [zitiert: *Bearbeiter*, in Schwark/Zimmer, Kapitalmarktrecht].

*Schwennicke, Andreas*: Vergabe privater Darlehen und Erlaubnispflicht nach dem KWG, WM 2010, 542–550.

*Schwennicke, Andreas/Auerbach, Dirk* (Hrsg.): Kreditwesengesetz (KWG) mit Zahlungsdiensteaufsichtsgesetz (ZAG), Kommentar, 4. Auflage 2021, München [zitiert: *Bearbeiter*, in Schwennicke/Auerbach, KWG].

*Sixt, Elfriede*: Schwarmökonomie und Crowdfunding, 2014, Wiesbaden [zitiert: *Sixt*, Schwarmökonomie und Crowdfunding].

*Slattery, Paul*: Square Pegs in a Round Hole: SEC Regulation of Online Peer-to-Peer Lending and the CFPB Alternative, Yale Journal on Regulation 2013, 233–275.

*Soergel, Hans Theodor* (Begr.): Bürgerliches Gesetzbuch (Kommentar) [zitiert: *Bearbeiter*, in Soergel, BGB]

- Band 2a: Allgemeiner Teil 3; §§ 13, 14, 126a–127, 194–218, 13. Auflage 2002, Stuttgart.
- Band 5/3: Schuldrecht 3/3; §§ 328–438, 13. Auflage 2009, Stuttgart.
- Band 7: Schuldrecht 5; §§ 481–534, 13. Auflage 2014, Stuttgart.
- Band 10: Schuldrecht 8; §§ 652–704, 13. Auflage 2011, Stuttgart.
- Band 10: Einführungsgesetzt, 12. Auflage 2006, Stuttgart.
- Band 27/1: Rom II-VO; Internationales Handelsrecht; Internationales Bank- und Kapitalmarktrecht, 13. Auflage 2018, Stuttgart.

*Sonnenberger, Hans*: Grenzen der Verweisung durch europäisches internationales Privatrecht, IPRax 2011, 325–335.

*Sorge, Christoph*: Softwareagenten, 2006, Karlsruhe [zitiert: *Sorge*, Softwareagenten].

*Spindler, Gerald*: Crowdfunding und Crowdinvesting – Sach- und kollisionsrechtliche Einordnung sowie Überlagerung durch die E-Commerce-Richtlinie, ZBB 2017, 129–192.

*Spindler, Gerald/Bille, Martin*: Rechtsprobleme von Bitcoins als virtuelle Währung, WM 2014, 1357–1369.

*Spindler, Gerald/Schuster, Fabian*: Recht der elektronischen Medien, 4. Auflage 2019, München [zitiert: Bearbeiter, in Spindler/Schuster, Recht der elektronischen Medien].

*v.Staudinger, Julius* (Begr.): Kommentar zum Bürgerlichen Gesetzbuch [zitiert: *Bearbeiter*, in Staudinger, BGB].

- Buch 1: Allgemeiner Teil
  - Einleitung zum BGB; §§ 1–14: VerschG, 18. Auflage 2018, Berlin.
  - §§ 90–124; §§ 130–133, 17. Auflage 2022, Berlin.
- Buch 2: Recht der Schuldverhältnisse

– §§ 397–432 (Erlass, Abtretung, Schuldübernahme, Mehrheit von Schuldnern und Gläubigern), 17. Auflage 2022, Berlin.

– §§ 488–490; §§ 607–609, 15. Auflage 2015, Berlin.

– §§ 491–512 (Verbraucherdarlehen), 17. Auflage 2012, Berlin.

– EGBGB/IPR

– Art. 1–10 Rom I-VO (Internationales Vertragsrecht – Internationales Devisenrecht), Bearbeitung 2021.

*Steck, Kai-Uwe/Campbell, Nicole*: Die Erlaubnispflicht für grenzüberschreitende Bankgeschäfte und Finanzdienstleistungen, ZBB 2006, 354–364.

*Theewen, Eckhard*: Problemkredite und die „Mindestanforderungen an das Kreditgeschäft der Kreditinstitute" – Workout, Outsourcing oder Bad Bank?, WM 2004, 105–156.

*Tiffe, Achim*: Die Zulässigkeit von Bearbeitungsgebühren bei Verbraucherdarlehen, VuR 2012, 127–133.

*United States Government Accountability Office*: GAO-11-613, Report to Congressional Committees, Person-to-Person Lending, New Regulatory Challenges Could Emerge as the Industry Grows, abrufbar unter www.gao.gov/assets/gao-11-613.pdf, zuletzt abgerufen am 16.01.2023.

*United States Securities and Exchange Commission*: Form 1-A, Regulation a offering statement under the securities act of 1933, abrufbar unter www.sec.gov/files/form1-a.pdf, zuletzt abgerufen am 16.01.2023

*dies.*: Securities Act of 1933, Release No. 8984 / November 24, 2008, Administrative Proceeding File No. 3-13296, abrufbar unter www.sec.gov/litigation/admin/2008/33-8984.pdf, zuletzt abgerufen am 16.01.2023.

*Veith, Julian*: Crowdlending – Anforderungen an die rechtskonforme Umsetzung der darlehensweisen Schwarmfinanzierung, BKR 2016, 184–193.

*Vernstein, Andrew*: The Misregulation of Person-to Person Lending, University of California Davis Law Review 2011, Vol. 45, 445–530.

*Wagner, Rolf*: Der Grundsatz der Rechtswahl und das mangels Rechtswahl anwendbare Recht (Rom I-Verordnung), IPRax 2008, 377–386.

*ders.*: Fünfzehn Jahre justizielle Zusammenarbeit in Zivilsachen, IPRax 2014, 217–224.

*Weber, Klaus* (Hrsg.): Rechtswörterbuch, 24. Auflage 2022, München.

*Weller, Matthias*: Internationaler Anwendungsbereich des Verbraucherkreditschutzrechts, NJW 2006, 1247–1250.

*Wendelstein, Christoph*: Kollisionsrechtliche Probleme der Telemedizin, 2012, Tübingen.

*ders.*: Haftung von CFD-Brokern im europäischen Zuständigkeitsrecht, GPR 2021, 7–14.

*ders.*: Private Kreditvergabe über p2p-Lending-Plattformen als Herausforderung für das Internationale Privatrecht; GPR 2021, 220–230.

*Wengler, Wilhelm*: Die Anknüpfung des zwingenden Schuldrechts im internationalen Privatrecht, ZVglRWiss 1941, 168–212.

*Wiebe, Andreas*: Die elektronische Willenserklärung, 2002, Tübingen [zitiert: *Wiebe*, Die elektronische Willenserklärung].

*Wilke, Felix*: „Unternehmerschutz" bei grenzüberschreitenden Sachverhalten in der EU, ZIP 2015, 2306–2313.

*Will, Martin*: Kleinanlegerschutzgesetz und Gewerbeordnung – Auswirkungen auf die Finanzanlagenvermittlung (§ 34f GewO) und Honorarfinanzanlagenberatung (§ 34h GewO), GewArch 2015, 430–435.

*Woesch, Philippe*: Fronting-Bank-Modelle im Lichte der ECSP-VO, BKR 2022, 199–202.

*Würdinger, Markus*: Die Analogiefähigkeit von Normen – Eine methodologische Untersuchung über die Ausnahmevorschriften und deklaratorische Normen, AcP 2006, 946–979.

*ders.*: Ausnahmevorschriften sind analogiefähig!, JuS 2008, 949–951.

*Zeng, Rongxin*: Legal regulation in P2P-financing in the U.S. and Europe, US-China L. Rev. 2013, 229–245.

*Zetzsche, Dirk A./Lehmann, Matthias* (Hrsg.): Grenzüberschreitende Finanzdienstleistungen, 2018, Tübingen [*Bearbeiter*, in Zetzsche/Lehmann, Grenzüberschreitende Finanzdienstleistungen].

# Anhang

## Anhang 1: Nutzungsbedingungen der auxmoney GmbH

### 1.1 Nutzungsbedingungen für Kreditsuchende, Stand November 2020

**Nutzungsbedingungen**
**des auxmoney Online-Kreditmarktplatzes**
**für Kreditsuchende**

**Die Nutzung des auxmoney Online-Kreditmarktplatzes auf der Internetseite www.auxmoney.de (bzw. www.auxmoney.com) und der damit verbundenen Angebote unterliegen für Kreditsuchende den folgenden Allgemeinen Geschäftsbedingungen (AGB für Kreditsuchende).**

**Präambel:**

Wir, die **auxmoney GmbH** (nachfolgend: **„wir"**, **„uns"**), **Kasernenstraße 67, 40213 Düsseldorf, Amtsgericht Düsseldorf, HRB 56768, Umsatzsteueridentifikationsnummer: DE256030746, Telefon: 0211-54243220, Telefax: 0211-54243298, info@auxmoney.com, gesetzlich vertreten durch die Geschäftsführer Raffael Johnen, Philipp Kriependorf, Arie Wilder und Daniel Drummer mit gleicher Anschrift**, betreiben unter der Internetseite www.auxmoney.de (bzw. www.auxmoney.com) einen Online-Kreditmarktplatz (nachfolgend: **„Marktplatz"**). Unser Marktplatz steht Personen zur Verfügung, die für eigene Rechnung Verbraucherdarlehen im Sinne von § 491 BGB aufnehmen möchten (nachfolgend: **„Kreditsuchende"** oder **„Darlehensnehmer"**) und die hierfür Geldgeber suchen, sowie Personen, die Geld anlegen möchten (nachfolgend: **„Anleger"**). Anleger können natürliche Personen sein, die Geld überwiegend zu Zwecken anlegen möchten, die entsprechend § 13 BGB weder ihrer gewerblichen noch beruflichen Tätigkeit zugerechnet werden können (nachfolgend: **„private Anleger"**), sowie natürliche oder juristische Personen, die Geld ausschließlich zu gewerblichen oder beruflichen Zwecken anlegen möchten (nachfolgend: **„professionelle Anleger"**).

**Diese Nutzungsbedingungen gelten ausschließlich für Kreditsuchende**. (Für den Fall, dass Sie den Marktplatz als privater Anleger nutzen möchten, finden Sie die für Sie geltenden Nutzungsbedingungen hier.)

Die Funktionsweise des Marktplatzes lässt sich **vereinfacht** wie folgt beschreiben:

> Auf dem Marktplatz können Kreditsuchende, die ein Darlehen wünschen und hierfür Geldgeber über den Marktplatz suchen, Kreditgesuche (nachfolgend: **„Kreditprojekte"**) einstellen. Anleger können Finanzierungsgebote zur vollständigen Finanzierung der Kreditprojekte abgeben. Liegen ausreichende Finanzierungsgebote zur vollständigen Finanzierung eines Kreditprojektes vor, kommt das Kreditprojekt zustande. Reichen die Finanzierungsgebote nicht zur vollständigen Finanzierung des Kreditprojektes aus, kommt das Kreditprojekt nicht zustande.
>
> Wir gewähren selbst keine Darlehen. Darlehen auf Basis zustande gekommener Kreditprojekte können ausschließlich von einer Bank gewährt werden. Um ein Darlehen zu erhalten, schließt ein Kreditsuchender nach Zustandekommen seines Kreditprojekts mit uns einen *entgeltlichen* Darlehensvermittlungsvertrag, auf dessen Basis wir uns als Darlehensvermittler um die Vermittlung eines den Konditionen des Kreditprojektes (insbesondere Darlehenshöhe, Darlehenslaufzeit, Darlehenszinssatz) entsprechenden Darlehensvertrages bei einer mit uns kooperierenden Bank bemühen. Kommt ein Darlehensvertrag zwischen dem Kreditsuchenden und einer Bank zustande, erwirbt ein am Kreditprojekt beteiligter Anleger die Darlehensrückzahlungs- und Zinsforderung (nachfolgend: **„Darlehensforderung"**) der kreditgebenden Bank aus dem Darlehensvertrag jeweils in Höhe seines berücksichtigten Finanzierungsgebotes von der Bank. Die Verwaltung der Darlehensforderung für den jeweiligen Erwerber erfolgt durch unser Partnerunternehmen CreditConnect GmbH (nachfolgend: **„CreditConnect"**).

Wie der Marktplatz im Einzelnen funktioniert, zu welchen Bedingungen der Marktplatz von Kreditsuchenden genutzt werden kann und welche Regeln hierbei gelten, ergibt sich ausschließlich aus den nachfolgenden Nutzungsbedingungen (nachfolgend: **„Nutzungsbedingungen"**), soweit diese nicht durch zwingendes abweichendes Recht (z.B. gesetzlich zwingende Vorschriften oder Individualabreden nach § 305b BGB) überlagert werden.

**Vorab weisen wir auf die Regelungen zum Vertragsschluss in § 3, zum Widerrufsrecht in § 4 und zur Kündigung in § 11 hin und empfehlen, diese *besonders aufmerksam* zu lesen.**

**§ 1 Vertragsgegenstand, Geltungsbereich der Nutzungsbedingungen, Vertragssprache, Änderung der Nutzungsbedingungen und –entgelte**

(1) Wenn Sie unseren Marktplatz als Kreditsuchender nutzen möchten, müssen Sie zu jeder Zeit unsere Nutzungsvoraussetzungen nach Maßgabe von § 2 dieser Nutzungsbedingungen vollständig erfüllen und mit uns nach Maßgabe von § 3 Absatz (1) dieser Nutzungsbedingungen einen unentgeltlichen Nutzungsvertrag über die Nutzung des Marktplatzes (nachfolgend: **„Nutzungsvertrag"**) schließen. Inhalt des Nutzungsvertrags sind diese **Nutzungsbedingungen** sowie unsere gesonderten Regelungen zum Datenschutz (nachfolgend: **„Regelungen zum Datenschutz"**; siehe § 3 Absatz (2) dieser Nutzungsbedingungen). Auf Grundlage des Nutzungsvertrages kann der Kreditsuchende bei der Nutzung des Marktplatzes nach Maßgabe dieser Nutzungsbedingungen und unserer Regelungen zum Datenschutz unentgeltlich alle angebotenen Leistungen im Sinne von § 5 Absatz (1), § 6 und § 7 in Anspruch nehmen (alle innerhalb dieser Nutzungsbedingungen angebotenen Leistungen werden nachfolgend als **„Leistungen"** bezeichnet).

(2) Unser im Rahmen des Nutzungsvertrags geschuldetes Leistungsangebot beschränkt sich ausschließlich auf die in diesen **Nutzungsbedingungen** beschriebenen Leistungen unsererseits. Für die Erbringung und den geschuldeten Leistungsinhalt unserer Leistungen sind für uns und Kreditsuchende ausschließlich der Inhalt des Nutzungsvertrages und der Inhalt dieser Nutzungsbedingungen maßgeblich, soweit im Einzelnen nicht ausdrücklich etwas anderes mit einem Kreditsuchenden vereinbart ist. Für die Erhebung, Verarbeitung und Nutzung von Daten gelten unsere **Regelungen zum Datenschutz** einschließlich von Kreditsuchenden erteilter Einwilligungen. Andere oder entgegenstehende Bedingungen gelten – mit Ausnahme gesetzlich zwingender Regelungen – auch dann nicht, wenn wir diesen nicht ausdrücklich widersprechen.

(3) Der Nutzungsvertrag, die Nutzungsbedingungen, unsere Regelungen zum Datenschutz und sonstige Informationen für Kreditsuchende stehen nur in deutscher Sprache zur Verfügung. Vertrags- und Kommunikationssprache ist ausschließlich Deutsch.

(4) Wir behalten uns vor im Falle sachlicher Gründe, nämlich Änderung der relevanten Gesetzgebung, Änderung der relevanten Rechtsprechung, Folgen notwendiger technischer Änderungen, Ergänzung der angeboten Leistungen des Marktplatzes oder Veränderungen in mit dem Marktplatz verknüpften Leistungen Dritter die Auswirkungen auf den Marktplatz und seine Leistungen haben, die Nutzungsbedingungen und unsere Regelungen zum Datenschutz sowie die von uns angebotenen Leistungen nach billigem Ermessen (§ 315 I BGB), das heißt unter Berücksichtigung der beiderseitigen Interessen zu ändern. Die Änderungen können sich auf den Umfang der Leistung, deren Inanspruchnahmemöglichkeit und Entgeltpflichtigkeit sowie auf vertragliche Fristen erstrecken, soweit dem Kreditsuchenden ein angemessener Nachteilsausgleich etwaiger durch die Änderung entstehender Nachteile zu Gute kommt. Die vorgeschlagenen Änderungen werden den Kreditsuchenden per E-Mail mitgeteilt und treten sechs Wochen nach Zugang der Mitteilung in Kraft, es sei denn ein Kreditsuchender hat einer Änderung innerhalb von sechs Wochen seit Zugang der Mitteilung der Änderung ganz oder teilweise schriftlich oder per E-Mail widersprochen. Auf diese Genehmigungswirkung weisen wir den Kreditsuchen in der Änderungsmitteilung besonders hin. Änderungen entfalten keine Rückwirkung auf vor ihrem Inkrafttreten in Anspruch genommene Leistungen. Aus diesem Grund empfehlen wir, dass Sie die Ihnen bei der Registrierung zur Verfügung gestellte Version der Nutzungsbedingungen und der Regelungen zum Datenschutz speichern, weil eine personenbezogene Speicherung bei uns für Sie nicht erfolgt. Mit Zugang der Änderungsmitteilung steht Kreditsuchenden ein außerordentliches fristloses Kündigungsrecht für den geschlossenen Nutzungsvertrag zu. Widerspricht ein Kreditsuchender den mitgeteilten Änderungen der Nutzungsbedingungen und/oder Regelungen zum Datenschutz fristgerecht, bleibt es bei den bisherigen Nutzungsbedingungen und/oder Regelungen zum Datenschutz. Die Rechte zur Kündigung des Nutzungsvertrages nach § 11 Absatz (1) und Absatz (2) dieser Nutzungsbedingungen bleiben hiervon unberührt.

**§ 2 Voraussetzungen für die Nutzung des Marktplatzes**

Voraussetzung für die Marktplatznutzung durch Kreditsuchende ist, dass ein Kreditsuchender zuvor die persönlichen Nutzungsvoraussetzungen nach Maßgabe von § 2 Absatz (1) erfüllt, sich nach Maßgabe von § 2 Absatz (2) registriert, uns die erforderlichen Einwilligungen zur Ermittlung von Kreditausfallrisiken nach Maßgabe von § 2 Absatz (3) erteilt und die ihm obliegenden besonderen Verpflichtungen nach Maßgabe von § 2 Absatz (4) erfüllt.

(1) <u>Persönliche Nutzungsvoraussetzungen</u>
Zur Nutzung des Marktplatzes als Kreditsuchender ist nur zugelassen, wer:

- ein Verbraucherdarlehen im Sinne von § 491 BGB aufnehmen möchte,
- unbeschränkt geschäftsfähig ist,
- mindestens das 18. Lebensjahr vollendet hat,
- für eigene Rechnung und nicht in der Verfolgung überwiegend gewerblicher oder beruflicher Zwecke im Sinne des § 14 BGB handelt,
- seinen ständigen Wohnsitz und seine Zustelladresse in der Bundesrepublik Deutschland hat.

(2) <u>Registrierung</u>
Die Nutzung des Marktplatzes nach Maßgabe dieser Nutzungsbedingungen ist einem Kreditsuchenden *nur* möglich, wenn er sich vor dem Abschluss des Nutzungsvertrages und vor der ersten Nutzung des Marktplatzes bei uns registriert. Ein Kreditsuchender kann sich bei uns zur Nutzung des Marktplatzes registrieren, indem er das von uns zu diesem Zweck auf dem Marktplatz zur Verfügung gestellte Registrierungsformulars (nachfolgend „**Registrierungsformular**") <u>vollständig und wahrheitsgemäß</u> ausfüllt und uns nach Maßgabe von § 3 Absatz (1) dieser Nutzungsbedingungen übermittelt. Eventuelle Eingabefehler kann der Kreditsuchende bei der Registrierung korrigieren, indem er die von ihm in das Registrierungsformular eingegebenen und dort angezeigten Daten löscht und andere Daten eingibt. Jeder auf dem Marktplatz registrierte Kreditsuchende erhält von uns eine Identifikationsnummer („**ID-Nummer**"), die uns eine Zuordnung des einzelnen Kreditsuchenden zu seinen Persönlichen Daten ermöglicht. *Jeder Kreditsuchende verpflichtet sich, die ID-Nummer Dritten nicht zugänglich zu machen. Entsprechendes gilt für sein Passwort. Jeder Kreditsuchende haftet uns gegenüber und/oder dem jeweiligen Anleger gegenüber als echter Vertrag zu Gunsten Dritter (§ 328 Absatz 1 BGB) bei einem schuldhaften Verstoß gegen die jeweilige, vorgenannte Unterlassungspflicht auf Schadensersatz.* Bei der Registrierung muss ein Kreditsuchender uns neben einem von ihm nach Maßgabe der Verfügbarkeit zu bestimmenden *Passwort* mindestens die folgenden Daten zur Verfügung stellen:

a) Vor- und Nachname, Geburtsdatum, Staatsangehörigkeit, Familienstand, Beruf, Anschrift, Telefon, E-Mail-Adresse, Angaben zu den monatlichen Gesamteinnahmen und -ausgaben, Angaben zum Vorhandensein einer auf den Kreditsuchenden ausgestellten EC-Karte und/oder Kreditkarte sowie zum Vorhandensein von Wohneigentum des Kreditsuchenden (nachfolgend: „**Persönliche Daten**").

b) Angabe des gewünschten Darlehensbetrags; Angabe eines Verwendungszwecks des Darlehens aus einer auf dem Marktplatz vorgegebenen Auswahl; Angaben dazu, ob eine Restkreditversicherung gewünscht ist; detaillierte Darstellung des monatlichen Nettoeinkommens und sonstiger monatlicher Einnahmen (Kindergeld, Mieteinahmen etc.) des Kreditsuchenden, detaillierte Darstellung der monatlichen Ausgaben (Versicherungen, Miete, Unterhalt etc.) sowie Angaben zu Grundbesitz des Kreditsuchenden (nachfolgend: zusammen „**Finanzbericht**" genannt); Angabe, ob der Kreditsuchende über ein in seinem Eigentum stehendes oder im Eigentum eines Dritten stehendes Kraftfahrzeug verfügt. Zur Veröffentlichung von Kreditprojekten auf dem Marktplatz müssen Kreditsuchende zusätzlich einen Benutzernamen angeben.

Die in diesem Unterabsatz b) genannten Daten werden nachfolgend als „**Kreditprojektdaten**" bezeichnet.

c) Verpflichtung von Kreditsuchenden zur Datenaktualisierung und Auskunft

aa) Kreditsuchende sind verpflichtet, ihre Persönlichen Daten und Kreditprojektdaten auf Aktualität zu pflegen und uns eingetretene Änderungen hinsichtlich dieser Daten unverzüglich mitzuteilen sowie Korrekturen dieser Daten (soweit nach § 7 Absatz (4) möglich) entsprechend eingetretener Änderungen unverzüglich durchzuführen. Dies gilt insbesondere bei Änderung ihrer Kontodaten und/oder bei Kreditsuchenden mit laufenden Kreditprojekten oder durch uns vermittelten Darlehensverträgen für Änderungen ihrer persönlichen Verhältnisse. *Verstößt ein Kreditsuchender gegen die vorstehenden Verpflichtungen zur Pflege, Mitteilung und/oder Datenkorrektur, haften wir nicht für daraus entstehende Schäden. Im Übrigen verweisen wir auf § 2 Absatz (4).*

bb) Für den Fall, dass unsererseits Zweifel an der Richtigkeit oder Vollständigkeit von Angaben bestehen, die ein Kreditsuchender uns gegenüber in Vollzug der Regelungen aus § 2 dieser Nutzungsbedingungen gemacht hat, behalten wir uns zur Durchführung des Nutzungsvertrages mit dem Kreditsuchenden – ***jedoch ohne Schutzwirkung für Anleger oder andere Nutzer unserer Plattform*** – sowie hinsichtlich der nach erfolgreichem Zustandekommen eines Kreditprojektes bestehenden Möglichkeit des Abschlusses eines Darlehensvermittlungsvertrages das Recht vor, vom Kreditsuchenden ergänzende Informationen und geeignete Nachweise für die Richtigkeit der uns gegenüber gemachten Angaben zu verlangen. Dies gilt auch, sofern ein Kreditprojekt des Kreditsuchenden bereits nach Maßgabe von § 7 Absatz (3) c) zustande gekommen ist. **Eine Verpflichtung zur Prüfung der Richtigkeit von Angaben des Kreditsuchenden oder von Nachweisen des Kreditsuchenden übernehmen wir jedoch nicht.** Wir verweisen auf § 5 Absatz (2) dieser Nutzungsbedingungen.

cc) Kreditsuchende, können Kreditprojekte nur auf dem Marktplatz veröffentlichen, wenn uns vor Veröffentlichung eine Bestätigung über ihre Identität (nachfolgend: „**Ident**") vorliegt. Kreditsuchende sind verpflichtet, uns vor der Veröffentlichung ihres Kreditprojektes auf dem Marktplatz ein Ident, nach ihrer Wahl, entweder der Deutsche Post AG, Charles-de-Gaulle-Straße 20, 53113 Bonn, oder eines anderen auf dem Marktplatz genannten Ident-Anbieters(gemeinsam nachfolgend auch: „**Dienstleister**" genannt), zur Verfügung zu stellen. Um ein Ident von einem Dienstleister zu erhalten, müssen Kreditsuchende auf dem Marktplatz das Identifizierungsverfahren eines Dienstleisters (z.B. Deutsche Post AG: Post-Ident-Verfahren) auswählen und das ausgewählte Identifizierungsverfahren erfolgreich durchführen. Die Durchführung eines Identifizierungsverfahrens ist bei uns für Kreditsuchende unentgeltlich. Die in Satz 2 dieses Unterabsatzes cc) genannte Verpflichtung gilt als erfüllt, wenn uns ein Ident eines Dienstleisters durch den vom jeweiligen Kreditsuchenden für die Identifizierung ausgewählten Dienstleister zugeht. Ein Ident ist gerechnet ab Zugang bei uns 3 Jahre lang gültig und kann in dieser Zeit vom jeweiligen Kreditsuchenden für Kreditprojekte genutzt werden. Nach Ablauf des 3-Jahres-Zeitraums müssen Kreditsuchende uns erneut ein Ident eines Dienstleisters zur Verfügung stellen, bevor sie erneut ein Kreditprojekt auf dem Marktplatz veröffentlichen können.

**(3)** Erteilung von Einwilligungen zur Ermittlung von Kreditausfallrisiken

Voraussetzung für die Marktplatznutzung durch Kreditsuchende ist die Erteilung folgender **Einwilligungen durch den Kreditsuchenden:**

a) **Der Kreditsuchende willigt ein**, dass **wir** nach Maßgabe unserer Regelungen zum Datenschutz zur Durchführung des Nutzungsvertrages mit dem Kreditsuchenden – ***jedoch ohne Schutzwirkung für andere Marktplatznutzer*** – sowie hinsichtlich der nach erfolgreichem Zustandekommen eines Kreditprojektes bestehenden Möglichkeit des Abschlusses eines Darlehensvermittlungsvertrages **jederzeit berechtigt, aber nicht verpflichtet sind, im Hinblick auf den Kreditsuchenden Anfragen bei einer oder mehrerer der in unseren Regelungen zum Datenschutz unter Kapitel 2 Absatz (2) genannten Auskunfteien (nachfolgend: „Auskunfteien"; z.B. SCHUFA Holding AG) über die Bonität des Kreditsuchenden und darüber zu tätigen, ob bei der/den Auskunftei(en) über den Kreditsuchenden Negativmerkmale bekannt sind**. Die Bonität von Kreditsuchenden wird von den Auskunfteien in Form von Scorewerten ermittelt und dargestellt. Negativmerkmale sind Merkmale, die üblicherweise einer Kreditvergabe entgegenstehen oder diese umfänglich einschränken (z.B. laufende Inkassoverfahren, Insolvenz, eidesstattliche Versicherung, überdurchschnittliches Forderungsausfallrisiko oder Vergleichbares, nachfolgend: „**Negativmerkmale**").

**Wir behalten uns vor, für einen Kreditsuchenden keinen Finanzierungsvorschlag im Sinne von § 7 Absatz (2) a) und b) zu ermitteln oder anzuzeigen, die Höhe des Darlehensbetrages eines Kreditprojektes zu beschränken, Kreditsuchende von der Platzierung und/oder Veröffentlichung von Kreditprojekten auszuschließen oder die Platzierung und/oder**

**Veröffentlichung eines Kreditprojektes zu verweigern, wenn uns von mindestens einer der vorgenannten Auskunfteien keine Auskünfte über den jeweiligen Kreditsuchenden erteilt werden oder wenn eine Auskunftsanfrage ergibt, dass dort zu dem jeweiligen Kreditsuchenden ein oder mehrere Negativmerkmale vorliegen. Gleiches gilt, sofern ein Kreditsuchender auf unsere Nachfrage nach § 2 Absatz (2) c) bb) keine oder keine ausreichende Auskunft erteilt oder Nachweise zur Verfügung stellt. Die Nichtanzeige eines Finanzierungsvorschlags, die Beschränkung der Höhe des Darlehensbetrages eines Kreditprojektes, der Ausschluss von Kreditsuchenden von der Platzierung von Kreditprojekten oder die Verweigerung der Veröffentlichung eines Kreditprojektes erfolgt ausschließlich in unserem eigenen Interesse und mit Schutzwirkung ausschließlich für uns, um einen möglichst reibungslosen Betrieb des Marktplatzes und einer etwaigen Darlehensvermittlung zu ermöglichen. Wir verweisen auf § 5 Absatz (2) dieser Nutzungsbedingungen.**

b) **Der Kreditsuchende willigt ein**, dass **wir** nach Maßgabe unserer Regelungen zum Datenschutz zur Durchführung des Nutzungsvertrages mit dem Kreditsuchenden – ***jedoch ohne Schutzwirkung für andere Marktplatznutzer*** – sowie hinsichtlich der nach erfolgreichem Zustandekommen eines Kreditprojektes bestehenden Möglichkeit des Abschlusses eines Darlehensvermittlungsvertrages **jederzeit berechtigt, aber nicht verpflichtet sind, vor der Ermittlung oder Anzeige eines Finanzierungsvorschlages im Sinne von § 7 Absatz (2) a) und b) im Hinblick auf den Kreditsuchenden unter Zugrundelegung eines wissenschaftlich anerkannten mathematisch-statistischen Verfahrens einen Wahrscheinlichkeitswert dafür zu ermitteln, ob der jeweilige Kreditsuchende bei Zustandekommen seines Kreditprojektes in der Lage ist, ein ihm gewährtes Darlehen zurückzahlen oder nicht** (nachfolgend „**Kreditausfallrisiko**").

Die Ermittlung des Wahrscheinlichkeitswerts erfolgt auf Basis der in den Regelungen zum Datenschutz unter Kapitel 2 Absatz (3) genannten Daten des Kreditsuchenden. Ausgehend von den von uns jeweils berechneten Wahrscheinlichkeitswerten und ggf. auf Basis von Informationen und/oder Nachweisen des Kreditsuchenden auf zusätzlich von uns vom Kreditsuchenden erbetener Auskünften sind **wir jederzeit berechtigt, aber nicht verpflichtet**, den Kreditsuchenden jeweils einer von 6 verschiedenen Scoreklassen („AA", „A", „B", „C", „D" und „E") zuzuordnen. Jede Scoreklasse wird nachfolgend jeweils auch als „**auxmoney-Score**" bezeichnet. Die Scoreklassen drücken jeweils ein in alphabetischer Reihenfolge (von „AA", „A", „B", „C", „D" sowie „E") ansteigendes Kreditausfallrisiko aus. Das Kreditausfallrisiko ist daher nach unserer subjektiven Risikoeinschätzung in der Scoreklasse „E" am höchsten. **Die Ermittlung des auxmoney-Scores erfolgt ausschließlich in unserem eigenen Interesse und ohne Schutzwirkung für Dritte, um einen möglichst reibungslosen Betrieb des Marktplatzes und eine Darlehensvermittlung zu ermöglichen, und wird von uns weder Kreditsuchenden, noch Anlegern geschuldet oder geleistet. Wir verweisen auf § 5 Absatz (2).**

c) Unter der Voraussetzung, dass ein Kreditsuchender einen Finanzierungsvorschlag nach Maßgabe von § 7 Absatz (2) a) und b) auswählt, sind wir **berechtigt, aber nicht verpflichtet**, das Kreditprojekt des Kreditsuchenden, seine Kreditprojektdaten einschließlich der ggf. von ihm gemachten Angaben zum Finanzbericht i.S.v. § 2 Absatz (2) b) – jedoch nur als Differenzbetrag aus der Summe des monatlichen Einkommens abzüglich der Summe der monatlichen Ausgaben – sowie die folgenden, zusammen auch als „**Bonitätsinformationen**" bezeichneten Daten: Ident, die Ergebnisse der von der/den Auskunftei(en) mitgeteilten Auskünfte über die Bonität von Kreditsuchenden (SCHUFA-Score, CEG-Score, AIS-Score, Bürgel-Score), auxmoney-Score des jeweiligen Kreditsuchenden, auf dem Marktplatz für die Allgemeinheit und für Anleger sichtbar zu veröffentlichen. **Die Löschung des Benutzernamens des Kreditsuchenden, der Kreditprojektdaten, der ggf. von ihm gemachten Angaben zum Finanzbericht (nach Maßgabe dieses Unterabsatzes c)) oder der Bonitätsinformationen aus einem auf dem Marktplatz platzierten oder veröffentlichten Kreditprojekt durch den Kreditsuchenden ist <u>nicht</u> möglich. Wir verweisen auf § 7 Absatz (4).**

**(4)** <u>Besondere Pflichten von Kreditsuchenden, Folgen von Verstößen gegen Nutzungsvoraussetzungen</u>

a) Kreditsuchende sind verpflichtet, den Marktplatz nur bestimmungsgemäß und nur im Rahmen gesetzlich zulässiger Zwecke zu nutzen. Sie sind verpflichtet, keine rechtswidrigen Inhalte, insbesondere nicht solche, die gegen strafrechtliche, persönlichkeitsrechtliche, markenrechtliche, wettbewerbsrechtliche, lizenz- oder urheberrechtliche Bestimmungen verstoßen, auf dem Marktplatz anzeigen zu lassen, anzubieten oder zu verbreiten, auf Angebote mit solchen Inhalten hinzuweisen oder Verknüpfungen (nachfolgend: „**Links**" oder „**Link**") zu solchen Seiten bereitzustellen. **Wir prüfen die von Kreditsuchenden veröffentlichten Inhalte nicht.** Wird uns ein Verstoß gegen die in diesem Absatz (4) a) vereinbarten Regelungen mitgeteilt, entfernen wir solche etwaigen rechts- oder sittenwidrigen Inhalte, Hinweise oder Links auf Basis einer Plausibilitätsprüfung bei objektiven Anhaltspunkten ohne weitere Prüfung unverzüglich. **Kreditsuchende sind verpflichtet, uns von allen etwaigen Ansprüchen Dritter, die aus der schuldhaften Verletzung dieser Nutzungsvoraussetzungen durch sie resultieren bzw. mit dieser im Zusammenhang stehen, freizustellen.** Dies gilt insbesondere für den Fall, dass Kreditsuchende schuldhaft Inhalte wettbewerbswidriger Art und/oder solche Inhalte, an denen sie nicht über die zur Nutzung und/oder Veröffentlichung erforderlichen Rechte verfügen, auf dem Marktplatz, z.B. unter Verstoß gegen das Gesetz gegen den unlauteren Wettbewerb, gegen das Markengesetz, gegen das Urheberrechtsgesetz oder gegen das Kunsturheberrechtsgesetz, einstellen, veröffentlichen oder auf andere Weise nutzen.

b) Sofern ein Kreditsuchender gegen die in diesem § 2 genannten Nutzungsvoraussetzungen verstößt oder darin vereinbarte Verpflichtungen nicht erfüllt, steht es uns ohne vorherige Ankündigung und nach eigenem Ermessen frei, vom Kreditsuchenden nicht richtig, nicht vollständig oder rechtswidrig auf dem Marktplatz eingestellte Inhalte zu entfernen und/oder das Kreditprojekt eines solchen Kreditsuchenden vor Platzierung und/oder Veröffentlichung von der Platzierung und/oder Veröffentlichung auf dem Marktplatz auszuschließen und es zu sperren, es **nach Platzierung/Veröffentlichung unverzüglich zu löschen und/oder einem solchen Kreditsuchenden auch <u>nach</u> Zustandekommen seines Kreditprojektes kein Angebot auf**

**Abschluss eines Darlehensvermittlungsvertrages zu unterbreiten. In den beiden letztgenannten Fällen verfallen die von Anlegern auf das Kreditprojekt eines solchen Kreditsuchenden abgegebenen Finanzierungsgebote ersatzlos.**

**§ 3 Abschluss des Nutzungsvertrags, Regelungen zum Datenschutz**

(1) Abschluss des Nutzungsvertrags
Einen Nutzungsvertrag als Kreditsuchender kann mit uns nur abschließen, wer die Nutzungsvoraussetzungen gemäß § 2 dieser Nutzungsbedingungen erfüllt. Für den Abschluss des Nutzungsvertrages ist es erforderlich, dass uns ein Kreditsuchender ein ordnungsgemäß ausgefülltes Registrierungsformular übermittelt, indem er die hierfür auf dem Marktplatz zur Verfügung stehende Schaltfläche anklickt und uns das ausgefüllte Registrierungsformular zugeht. Nach Zugang des Registrierungsformulars bei uns übersenden wir dem Kreditsuchenden an die jeweils von ihm angegebene E-Mail-Adresse per E-Mail unser Angebot zum Abschluss des Nutzungsvertrages über die Nutzung des Marktplatzes auf Grundlage und unter Einbeziehung dieser Nutzungsbedingungen und unserer Regelungen zum Datenschutz. Zusammen mit unserem Vertragsangebot erhält der Kreditsuchende diese Nutzungsbedingungen und unsere Regelungen zum Datenschutz in Textform. Die Annahme unseres Angebots zum Abschluss des Nutzungsvertrags erfolgt durch den Kreditsuchenden, indem er den hierfür in unserer vorgenannten E-Mail enthaltenen Link anklickt. Erst wenn ein Kreditsuchender unser Vertragsangebot durch das Anklicken dieses Links angenommen hat, kommt der Nutzungsvertrag zustande. Durch das Anklicken des Links gelangt der Kreditsuchende automatisch wieder auf den Marktplatz und kann dann ab diesem Zeitpunkt im Rahmen der Verfügbarkeit des Marktplatzes nach Maßgabe von § 6 unsere nach diesen Nutzungsbedingungen geschuldeten Leistungen in Anspruch nehmen.

(2) Regelungen zum Datenschutz
Nach Zustandekommen und während der Laufzeit des Nutzungsvertrags kann der Kreditsuchende nach Anmeldung auf dem Marktplatz mittels seiner E-Mailadresse bzw. seines Benutzernamens und seines Passwortes seine Persönlichen Daten – mit Ausnahme der E-Mailadresse – im Rahmen der Verfügbarkeit nach § 6 auf dem Marktplatz einsehen und jederzeit ändern. Die Erhebung, Verarbeitung und Nutzung von Daten der Kreditsuchenden im Zusammenhang mit dem Nutzungsvertrag erfolgt nach Maßgabe unserer Regelungen zum Datenschutz unter strikter Einhaltung der gesetzlichen Vorschriften zum Datenschutz.

(3) Ausdruck bzw. Anforderung der Nutzungsbedingungen und Regelungen zum Datenschutz
Der Kreditsuchende kann jederzeit im Rahmen der Verfügbarkeit des Marktplatzes nach diesen Nutzungsbedingungen auf dem Marktplatz jeweils unter www.auxmoney.de (bzw. www. auxmoney.com) die aktuellen Nutzungsbedingungen unter dem Link „AGB“ und unsere Regelungen zum Datenschutz unter dem Link „Datenschutz“ (beide Links befinden sich am Ende jeder Marktplatzseite) einsehen, herunterladen und ausdrucken oder diese jederzeit unentgeltlich bei uns zur Zusendung anfordern.

## § 4 Widerrufsbelehrung

***Widerrufsbelehrung***

***Widerrufsrecht***

*Sie können Ihre Vertragserklärung innerhalb von 14 Tagen ohne Angabe von Gründen mittels einer eindeutigen Erklärung widerrufen. Die Frist beginnt nach Erhalt dieser Belehrung auf einem dauerhaften Datenträger, jedoch nicht vor Vertragsschluss und auch nicht vor Erfüllung unserer Informationspflichten gemäß Artikel 246b § 2 Absatz 1 in Verbindung mit Artikel 246b § 1 Absatz 1 EGBGB. Zur Wahrung der Widerrufsfrist genügt die rechtzeitige Absendung des Widerrufs, wenn die Erklärung auf einem dauerhaften Datenträger (z.B. Brief, Telefax, E-Mail) erfolgt. Der Widerruf ist zur richten an:*

*auxmoney GmbH, Kasernenstraße 67, 40213 Düsseldorf, Telefax: 0211 542 432 98, E-Mail: info@auxmoney.com*

***Widerrufsfolgen***

*Im Falle eines wirksamen Widerrufs sind die beiderseits empfangenen Leistungen zurückzugewähren. Sie sind zur Zahlung von Wertersatz für die bis zum Widerruf erbrachte Dienstleistung verpflichtet, wenn Sie vor Abgabe Ihrer Vertragserklärung auf diese Rechtsfolge hingewiesen wurden und ausdrücklich zugestimmt haben, dass wir vor dem Ende der Widerrufsfrist mit der Ausführung der Gegenleistung beginnen. Besteht eine Verpflichtung zur Zahlung von Wertersatz, kann dies dazu führen, dass Sie die vertraglichen Zahlungsverpflichtungen für den Zeitraum bis zum Widerruf dennoch erfüllen müssen. Ihr Widerrufsrecht erlischt vorzeitig, wenn der Vertrag von beiden Seiten auf Ihren ausdrücklichen Wunsch vollständig erfüllt ist, bevor Sie Ihr Widerrufsrecht ausgeübt haben. Verpflichtungen zur Erstattung von Zahlungen müssen innerhalb von 30 Tagen erfüllt werden. Die Frist beginnt für Sie mit der Absendung Ihrer Widerrufserklärung, für uns mit deren Empfang.*

***Ende der Widerrufsbelehrung***

### § 5 Leistungen von auxmoney

**(1)** Wir erbringen gegenüber Kreditsuchenden auf Grundlage eines mit uns geschlossenen Nutzungsvertrages und nach Maßgabe dieser Nutzungsbedingungen ausschließlich folgende, abschließend aufgeführte Leistungen, soweit diese nicht nach nachfolgendem § 5 Absatz (2) ausgeschlossen oder eingeschränkt sind:

- **Zurverfügungstellung des Marktplatzes gemäß § 6 der Nutzungsbedingungen;**
- **Kreditprojektbezogene Leistungen gemäß § 7 der Nutzungsbedingungen.**

**(2)** Insbesondere folgende Leistungen werden von uns **nicht** auf Grundlage des Nutzungsvertrages nach Maßgabe dieser Nutzungsbedingungen erbracht oder geschuldet:

- **Vermittlung von Darlehen** (für eine Darlehensvermittlung durch uns ist der vorherige schriftliche Abschluss eines gesonderten Darlehensvermittlungsvertrages erforderlich);
- **Berechnung des Kreditausfallrisikos von Kreditsuchenden, Zuordnung von Kreditausfallrisiken zu Scoreklassen als auxmoney-Score, Mitteilung eines auxmoney-Score an Kreditsuchende;**
- **Beratungsleistungen**, Rat- oder Auskunftserteilung, Finanzdienstleistungen oder Bankgeschäfte;
- Prüfung der Echtheit und Richtigkeit von Unterlagen, Angaben und/oder Daten Kreditsuchender oder Dritter;
- Prüfung der Bonität oder Identität von Kreditsuchenden;
- Prüfung der Werthaltigkeit oder der Rechtswirksamkeit der Bestellung oder des Bestands oder der Durchsetzbarkeit von Sicherheiten, die von Kreditsuchenden oder Dritten gestellt werden;
- Verkauf und/oder Abtretung von Darlehensforderungen an Anleger;
- Zustandebringen des/der Vertragsverhältnisse zwischen Kreditsuchenden und der kreditgebenden Bank und/oder zwischen Anlegern und der kreditgebenden Bank oder CreditConnect.

### § 6 Zurverfügungstellung des Marktplatzes

**(1)** Die Marktplatznutzung durch Kreditsuchende setzt neben der Erfüllung der in § 2 genannten Nutzungsvoraussetzungen voraus, dass ein Kreditsuchender jeweils über die für den Zugriff auf www.auxmoney.de (bzw. www.auxmoney.com) über das Internet erforderlichen und geeigneten technischen Mittel (z.B. Computer, Internetzugang, E-Mailadresse) verfügt. Im Rahmen des geschlossenen Nutzungsvertrages stellen wir dem Kreditsuchenden den Marktplatz lediglich nach Maßgabe unserer Nutzungsbedingungen, mit der nachfolgend in § 6 Absätze (2) bis (4) abschließend aufgeführten Verfügbarkeit und der von uns tatsächlich jeweils geleisteten (frei wählbaren) Vorhaltung zur Verfügung.

**(2)** Mit Inanspruchnahme der ersten Leistung verpflichten wir uns im nachfolgend dargestellten Rahmen des § 6 Absätze (2) bis (4), den Zugang zum Marktplatz mit einer durchschnittlichen jährlichen Verfügbarkeit in Höhe von 95 % sicher zu stellen. Eine jederzeitige Verfügbarkeit ist jedoch nicht geschuldeter Leistungsgegenstand. Insbesondere notwendige Wartungsarbeiten, zwingende Sicherheitsgründe sowie Ereignisse, die außerhalb unseres Herrschaftsbereich stehen (z.B. Störungen von öffentlichen Kommunikationsnetzen, Stromausfälle oder ähnliche Ereignisse), können zu Störungen oder zur vorübergehenden Einstellung unserer Leistungen und der Erreichbarkeit des Marktplatzes auch unterhalb der durchschnittlichen Verfügbarkeit in Höhe von durchschnittlich 95 % führen, ohne dass dies eine vertragliche Pflichtverletzung unsererseits darstellt, soweit wir eine solche Vertragspflichtverletzung nicht schuldhaft herbeigeführt haben. Der Zugang zum Marktplatz und dessen Verfügbarkeit für den Kreditsuchenden hängt insbesondere auch von der eigenen technischen Ausstattung der Kreditsuchenden sowie von der Datenübertragung im Internet durch Dritte ab.

**(3)** Wir erbringen unsere Leistungen ausschließlich auf Grundlage des technischen Standes des Marktplatzes bei Abschluss des Nutzungsvertrages und des zu diesem Zeitpunkt und zu dem Zeitpunkt der konkreten Leistungsinanspruchnahme bestehenden technischen Standes des Marktplatzes und des Internets und der jeweiligen, rechtlichen und kommerziellen Rahmenbedingungen für dessen Nutzung innerhalb der Bundesrepublik Deutschland.

**(4)** Wir können den Zugang zum Marktplatz unter Einschränkung der grundsätzlich geschuldeten Verfügbarkeit nach vorstehendem Absatz (2) jederzeit vorübergehend einschränken oder einstellen, wenn dies im Hinblick auf die Sicherheit oder Integrität unserer Server oder zur Durchführung zwingender technischer Maßnahmen zur Aufrechterhaltung der vertraglichen Leistung auch gegenüber anderen Kreditsuchenden zwingend erforderlich ist. Die Einschränkung des Marktplatzzugangs kann insbesondere zum Schutz gegen Angriffe aus dem Internet (z.B. bei sog. „Denial of Service"-Attacken) erforderlich sein und ist in diesem Fall zulässig, auch wenn hierdurch die jährlich durchschnittliche Verfügbarkeit nach vorstehendem Absatz (2) abgesenkt wird. Wir weisen hierbei darauf hin, dass wir unsere Systeme gegen den unbefugten Zugriff Dritter auf die von uns gespeicherten Daten ausschließlich mit den jeweils bei uns vorhandenen Sicherheitssystemen sichern und dass ein absoluter Schutz gegen Angriffe Dritter nach dem gegenwärtigen Stand der Technik nicht möglich ist und von uns nicht geschuldet ist

**§ 7 Kreditprojektbezogene Leistungen**

**Unsere Verpflichtung zur Erbringung der in diesem § 7 in den Absätzen (1) bis (6) jeweils genannten kreditprojektbezogenen Leistungen gegenüber Kreditsuchenden steht unter dem Vorbehalt der vollständigen Erfüllung der sämtlichen Nutzungsvoraussetzungen durch den Kreditsuchenden nach Maßgabe von § 2 dieser Nutzungsbedingungen.**

(1) Anlage von Kreditprojekten

a) Kreditsuchende können auf dem Marktplatz nach Maßgabe dieser Nutzungsbedingungen Kreditprojekte nach von uns vorgegebenen, standardisierten Parametern, z.B. nach vorgegebenen Textbausteinen, Eingabe- oder Einstellungsmöglichkeiten, unter Berücksichtigung der von ihnen angegebenen Kreditprojektdaten gemäß § 2 Absatz (2) b) (etwa gewünschter Darlehensbetrag, Verwendungszweck des Darlehens) anlegen (nachfolgend: **„Kreditprojekt"**). Die Anlage eines Kreditprojektes erfolgt für den Kreditsuchenden automatisch durch uns nach Zugang des Registrierungsformulars bei uns. Für jedes Kreditprojekt vergeben wir eine gesonderte, nicht veränderbare Kreditprojekt-Identifikationsnummer (**„Kreditprojekt-ID"**). *Der Inhalt des Kreditprojektes kann sich vor einer Platzierung oder Veröffentlichung im Sinne der nachfolgenden Absätze (3) und (4) noch ändern, wenn der Kreditsuchende einen von seinen ursprünglichen Angaben abweichenden Finanzierungsvorschlag zum Inhalt seines Kreditprojektes macht (siehe nachfolgend Absatz (2) b) und c).*

Kreditsuchende können sich im Rahmen der von uns vorgegebenen Parameter und nach Maßgabe dieser Nutzungsbedingungen mit eigenen Inhalten in ihrem Kreditprojekt präsentieren. Die Gestaltung der Kreditprojekte obliegt den Kreditsuchenden, jedoch ausschließlich nach Maßgabe dieser Nutzungsbedingungen und im Rahmen der von uns jeweils vorgegebenen Parameter, allein. Hinsichtlich der durch Kreditsuchende auf dem Marktplatz veröffentlichten Inhalte erfolgt keine Überprüfung durch uns. Die Präsentation von erotischen, rassistischen, diskriminierenden, fremdenfeindlichen, politischen oder gesetzeswidrigen Inhalten ist unzulässig. Soweit einzelne Inhalte Rechte Dritter verletzen oder aus anderen Gründen rechtswidrige Inhalte enthalten sollten, ist für den Rechtsverstoß allein der Kreditsuchende verantwortlich. Wir übernehmen keine Verantwortung für von Kreditsuchenden eingestellte Inhalte. Eine dahingehende Prüfungspflicht trifft uns deshalb nicht. Wegen der Einstellung von nach diesen Nutzungsbedingungen pflichtverletzenden Inhalten durch den Kreditsuchenden stellt uns der Kreditsuchende von Ansprüchen Dritter frei. *Wir verweisen auf § 2 Absatz (4).*

b) Bei der Bemessung des gewünschten Darlehensbetrages ist vom Kreditsuchenden zu berücksichtigen, dass die Provision für eine erfolgreiche Darlehensvermittlung und die Kosten einer ggf. vom Kreditsuchenden gewünschten Restkreditversicherung vom Darlehensbetrag einbehalten werden. D.h. der Kreditsuchende bekommt bei Auszahlung eines Darlehens nicht den vollen Darlehensbetrag, sondern den Darlehensbetrag abzüglich Darlehensvermittlungsprovision und abzüglich der Kosten einer ggf. vom Kreditsuchenden gewünschten Restkreditversicherung ausgezahlt (nachfolgend: **„Auszahlungsbetrag"**). Der Kreditsuchende kann daher bereits bei der Registrierung den gewünschten Auszahlungsbetrag angeben und bekommt dann gesondert den für den Auszahlungsbetrag unter Berücksichtigung einer Darlehensvermittlungsprovision und der Kosten einer ggf. von ihm gewünschten Restkreditversicherung benötigten Darlehensbetrag angezeigt. Der gewünschte Auszahlungsbetrag muss dabei stets glatt durch volle EUR 100,00 teilbar sein.

**(2)** Ermittlung von Finanzierungsvorschlägen für Kreditsuchende

a) Nach der Anlage eines Kreditprojektes ermitteln wir in den Fällen, in denen wir im Hinblick auf das jeweilige Kreditprojekt nach Maßgabe von § 2 Absatz (3) b) einen Wahrscheinlichkeitswert (**„Kreditausfallrisiko"**) berechnet und diesem einen auxmoney-Score zugeordnet haben, *vorbehaltlich der Regelungen im nachfolgenden § 7 Absatz (2) c)*, für das Kreditprojekt des jeweiligen Kreditsuchenden einen oder mehrere verschiedene Finanzierungsvorschläge. Jeder Finanzierungsvorschlag beinhaltet jeweils einen Vorschlag über die Höhe einer zu zahlenden monatlichen Darlehensrate in Euro, die Darlehenslaufzeit in Monaten, die Höhe des Darlehenssollzinssatzes in Prozent p.a. sowie die Höhe des effektiven Jahreszinses in Prozent (z.B. monatliche Darlehensrate: € 750,00 bei einer Darlehenslaufzeit von 48 Monaten, einem Darlehenssollzins von 8,3% p.a. und einem effektiven Jahreszins von 8,5%), (nachfolgend: **„Finanzierungsvorschlag"**). Ein Finanzierungsvorschlag wird von uns im

Hinblick auf jedes Kreditprojekt individuell unter Berücksichtigung des auxmoney-Score des jeweiligen Kreditsuchenden i.S.v. § 2 Absatz (3) b) und unter Berücksichtigung weiterer Parameter ermittelt. Liegt der auxmoney-Score eines Kreditsuchenden z.B. in der Scoreklasse „AA" wird ein Finanzierungsvorschlag aus Sicht des Kreditsuchenden für ihn wahrscheinlich günstiger ausfallen (z.B. niedrigerer Darlehenssollzins p.a.), als wenn der auxmoney-Score des Kreditsuchenden in einer der übrigen Scoreklassen („A", „B", „C", „D" oder „E") liegt.

b) Auswahl eines Finanzierungsvorschlages durch Kreditsuchende
Der oder die für einen Kreditsuchenden ermittelten Finanzierungsvorschläge wird bzw. werden dem jeweiligen Kreditsuchenden *vorbehaltlich der Regelungen im nachfolgenden § 7 Absatz (2) c)* auf dem Marktplatz angezeigt. Ein Kreditsuchender kann unter dem bzw. den ihm angezeigten Finanzierungsvorschlägen einen Vorschlag durch das Anklicken der auf dem Marktplatz hierfür vorgehaltenen Schaltfläche auswählen. ***Mit der Auswahl eines Finanzierungsvorschlages macht der Kreditsuchende die Konditionen des Finanzierungsvorschlages (insbesondere Darlehenshöhe, Darlehenslaufzeit, Darlehenszinssatz) vollumfänglich zum Inhalt seines Kreditprojektes.*** Das Zustandekommen eines Kreditprojektes ist sodann von der Erfüllung der weiteren Schritte gemäß nachfolgender Absätze (3) und (4) abhängig.

c) *Hinweise zu möglichen Ausschlüssen/Beschränkungen von Finanzierungsvorschlägen*

aa) **Die Möglichkeit, Konditionen, die von einem von uns angezeigten Finanzierungsvorschlag abweichen, zum Inhalt eines Kreditprojektes zu machen, besteht für Kreditsuchende nicht und wird Kreditsuchenden nicht von uns geschuldet.**

bb) **Wir behalten uns nach Maßgabe von § 2 Absatz (3) a) Unterabsatz 2 vor**, einem Kreditsuchenden einen Finanzierungsvorschlag lediglich zu einem geringeren als zu dem vom Kreditsuchenden bei Anlage seines Kreditprojektes gewünschten Darlehensbetrag anzuzeigen, d.h. **die Höhe des Darlehensbetrages eines Kreditprojektes nach unserem Ermessen zu beschränken.** Nach Auswahl eines Finanzierungsvorschlags gemäß vorstehendem § 7 Absatz (2) b) ist eine Platzierung und /oder Veröffentlichung des Kreditprojektes nach Maßgabe von § 7 Absatz (3) in diesem Fall nur in Höhe des beschränkten Darlehensbetrages möglich.

cc) Bei Vorliegen eines der in § 2 Absatz (3) a) Unterabsatz 2 genannten Gründe, sind wir dem jeweiligen Kreditsuchenden gegenüber nicht verpflichtet, einen Finanzierungsvorschlag anzuzeigen. Gleiches gilt, sofern nach unserer Einschätzung eine fehlende Kapitaldienstfähigkeit des Kreditsuchenden zu erwarten ist oder uns die Berechnung des Kreditausfallrisikos eines Kreditsuchenden und/oder die Zuordnung des Kreditausfallrisikos zu einer Scoreklasse als auxmoney-Score aus Gründen, die der Kreditsuchende zu vertreten hat, nicht möglich ist. Ferner sind wir nicht verpflichtet, einem Kreditsuchenden einen Finanzierungsvorschlag anzuzeigen, wenn ein von uns, ausgehend vom auxmoney-Score und weiteren Parametern des jeweiligen Kreditsuchenden, ermittelter effektiver Jahreszins für das Kreditprojekt des Kreditsuchenden den Prozentsatz von 17,95 % p.a. übersteigen würde. In jedem der in diesem Unterabsatz cc) Sätze 1, 2 und 3 genannten Fällen ist zudem keine Platzierung oder Veröffentlichung des Kreditprojektes des Kreditsuchenden nach Maßgabe von § 7 Absatz (3) möglich. In den in diesem Unterabsatz cc) Sätze 1, 2 und 3 genannten Fällen erhält der Kreditsuchende von uns auf dem Marktplatz eine Mitteilung darüber, dass die Ermittlung oder Anzeige eines Finanzierungsvorschlages und die Platzierung oder Veröffentlichung eines Kreditprojektes auf dem Marktplatz nicht möglich ist. Dem Kreditsuchenden steht es jedoch frei, zu einem späteren Zeitpunkt erneut ein Kreditprojekt i.S.v. § 7 Absatz (1) anzulegen.

dd) Bei Vorliegen eines der in § 2 Absatz (4) a) Unterabsatz 2 genannten Gründe in der Person eines Kreditsuchenden, sind wir dem jeweiligen Kreditsuchenden gegenüber nicht verpflichtet, ein Kreditprojekt auf dem Marktplatz zu platzieren und/oder zu veröffentlichen.

ee) **Wir behalten uns ausschließlich in unserem eigenen Interesse vor, ein platziertes und/oder veröffentlichtes Kreditprojekt aus wichtigem Grund, den der Kreditsuchende zu vertreten hat (z.B. bei Einstellung täuschender oder unstimmiger Angaben), jederzeit von dem Marktplatz zu entfernen oder den Zugang zu diesen Kreditprojekten für andere Marktplatznutzer bis zur Beseitigung des wichtigen Grundes zu sperren, um einen möglichst reibungslosen Betrieb des Marktplatzes zu ermöglichen. Gleiches gilt, wenn uns über den Kreditsuchenden nach Veröffentlichung auf dem Marktplatz Negativmerkmale im Sinne von § 2 Absatz (3) a) bekannt werden. Auf § 5 Absatz (2) dieser Nutzungsbedingungen wird verwiesen.**

**(3) Kreditprojekte von Kreditsuchenden mit einem auxmoney-Score von „AA", „A", „B", „C", „D" oder „E"**

a) Hat ein Kreditsuchender, dem von uns ein auxmoney-Score von „AA", „A", „B", „C", „D" oder „E" zugeordnet wurde, einen Finanzierungsvorschlag nach Maßgabe des vorstehenden § 7 Absatz (2) b) ausgewählt, sind wir berechtigt, ihm die Antragsunterlagen zu übersenden, die wir aus unserer Sicht benötigen, um uns nach einem Zustandekommen des Kreditprojektes für den Kreditsuchenden um die Vermittlung eines Verbraucherdarlehensvertrages zu den Konditionen des vom Kreditsuchenden ausgewählten Finanzierungsvorschlages (insbesondere Darlehenshöhe, Darlehenslaufzeit, Darlehenszinssatz) bemühen zu können (nachfolgend: „**Finanzierungsdokumentation**"; z.B. Antrag auf Abschluss eines *entgeltlichen* Darlehensvermittlungsvertrag etc.). *Auf den Vorbehalt in § 7 Absatz (6) wird verwiesen.* Erhält der Kreditsuchende von uns die Finanzierungsdokumentation und möchte er sein Kreditprojekt fortsetzen, muss er die für uns bestimmten Exemplare der Finanzierungsdokumentation an allen dazu vorgesehenen Stellen ausfüllen, unterzeichnen und uns vollständig zurücksenden. Das Risiko der Rücksendung und des Zugangs bei uns trägt der Kreditsuchende.

b) Nach Zugang, der vollständigen, vom Kreditsuchenden ordnungsgemäß ausgefüllten und unterzeichneten Finanzierungsdokumentation bei uns und unter der Voraussetzung, dass unserseits gegenüber dem Kreditsuchenden keine offenen Fragen zu von dem Kreditsuchenden uns gegenüber gemachten Angaben, zum Kreditprojekt oder zur Finanzierungsdokumentation bestehen, *platzieren* wir das Kreditprojekt des Kreditsuchenden für eine Dauer von maximal 20 Tagen nach Zugang der Finanzierungsdokumentation bei uns (nachfolgend: „**Platzierungszeitraum**") zur Einholung von Finanzierungsgeboten von Anlegern auf dem Marktplatz.

**Platzieren** bedeutet, dass wir für einen Kreditsuchenden innerhalb des Platzierungszeitraums einen Abgleich der Konditionen seines Kreditprojektes unter Berücksichtigung des von ihm ausgewählten Finanzierungsvorschlages mit

- von Anlegern nach einer ganz oder teilweisen Veröffentlichung des Kreditprojektes des Kreditsuchenden durch uns (d.h. vorbehaltlich eines Ident nach der Sichtbarmachung des Kreditprojektes auf dem Marktplatz für Nutzer des Marktplatzes durch uns zum Zwecke der Finanzierungsgebotsabgabe durch Anleger) manuell abgegebenen Finanzierungsgeboten, ***und/oder***

- mit bereits zuvor oder zeitgleich von Anlegern durch Nutzung der automatischen Anlagefunktion „Portfolio Builder" auf dem Marktplatz eingestellten Finanzierungsgeboten (nachfolgend: „**Portfolio Builder-Geboten**)

vornehmen (nachfolgend: „**Finanzierungsabgleich**").

**Ob wir ein in den Anwendungsbereich dieses Absatzes (3) fallendes Kreditprojekt ganz oder teilweise veröffentlichen sowie, ob und – bei Veröffentlichung eines Kreditprojektes – in welchem Verhältnis zum vom Kreditsuchenden gewünschten Darlehensbetrag durch uns ein Finanzierungsabgleich mit manuellen Finanzierungsgeboten und/oder mit Portfolio Builder-Geboten von Anlegern erfolgt, liegt in unserem freien Ermessen, solange wir innerhalb des Platzierungszeitraums unserer Verpflichtung zur Platzierung mit der im Geschäftsverkehr üblichen Sorgfalt eines ordentlichen Kaufmanns nachkommen und einen Finanzierungsabgleich für den Kreditsuchenden vornehmen. Eine Veröffentlichung eines Kreditprojektes ist von uns nicht geschuldet. Wir übernehmen auch keine Garantie oder ein Beschaffungsrisiko für die Finanzierung des Kreditprojektes im Sinne von § 276 Absatz 1 BGB. Während des Platzierungszeitraumes kann für einen Kreditsuchenden neben dem platzierten Kreditprojekt kein weiteres Kreditprojekt auf dem Marktplatz platziert werden.**

c) **Ein Kreditprojekt von einem Kreditsuchenden, dem ein auxmoney-Score von „AA", „A", „B", „C", „D" oder „E" zugeordnet ist, kommt in dem Zeitpunkt zustande, in dem nach Platzierung ausreichende Finanzierungsgebote von Anlegern zur vollständigen Finanzierung des Kreditprojektes vorliegen.** *Hinweis: Anleger können sowohl private als auch professionelle Anleger sein. Das Ergebnis eines Finanzierungsabgleichs kann daher auch sein, dass sich an der Finanzierung eines Kreditprojektes nicht oder nicht ausschließlich private Anleger, sondern nur ein einziger professioneller Anleger beteiligt.* **Liegen mit Ende des Platzierungszeitraums nicht ausreichende Finanzierungsgebote von Anlegern zur vollständigen Finanzierung vor, kommt das Kreditprojekt nicht zustande. Das Kreditprojekt erlischt, Finanzierungsgebote von Anlegern auf dieses Kreditprojekt verfallen ersatzlos.**

**(4)** Der Inhalt eines Kreditprojektes kann **vor** dessen Platzierung und/oder Veröffentlichung jederzeit unter Berücksichtigung der Regelungen dieser Nutzungsbedingungen geändert werden. **Nach** der Platzierung und/oder Veröffentlichung eines Kreditprojektes auf dem Marktplatz und bei Vorliegen zumindest eines Finanzierungsgebotes eines Anlegers, sind **Änderungen des Inhaltes eines Kreditprojektes** durch den Kreditsuchenden **nicht mehr möglich. Allerdings kann der Kreditsuchende sein auf dem Marktplatz platziertes und/oder veröffentlichtes Kreditprojekt jederzeit vor Ende des Platzierungszeitraums oder Ablauf der Angebotsfrist löschen. In diesem Fall verfallen von Anlegern bereits abgegebene Finanzierungsgebote.**

**(5)** Ein Unterbieten von bereits auf ein Kreditprojekt abgegebenen Finanzierungsgeboten durch Anleger, das zu einer Vergünstigung späterer Darlehenskonditionen in Form eines niedrigeren Darlehenszinses führen könnte, findet nicht statt.

**(6)** **Wir sind berechtigt, die Übersendung der Finanzierungsdokumentation im Einzelfall von der vorherigen Beantwortung aus unserer Sicht noch offener Fragen oder der Zurverfügungstellung von angeforderten Nachweisen durch den Kreditsuchenden zu uns gegenüber gemachten Angaben zum Kreditprojekt abhängig zu machen.** *Die Übersendung der Finanzierungsdokumentation kann von uns abgelehnt werden, wenn ein wichtiger Grund im Sinne von § 2 Absatz (3) a) Unterabsatz 2 vorliegt.*

**(7)** **Nach Zustandekommen eines Kreditprojektes gemäß § 7 Absatz (3) c) ist eine Darlehensvergabe durch eine mit uns kooperierende Bank sodann von der Erfüllung der weiteren Schritte gemäß § 8 Absatz (3) dieser Nutzungsbedingungen abhängig.**

**§ 8 Darlehensvergabe, Forderungsverkauf/-abtretung, Forderungsverwaltung**

**(1)** Wir sind keine Bank, also kein Kreditinstitut und kein Finanzdienstleister nach § 1 des Kreditwesengesetzes. Wir erbringen insofern weder Bankgeschäfte noch Finanzdienstleistungen. *Auf Grundlage des Nutzungsvertrages beschränken wir uns auf den Betrieb des Marktplatzes nach Maßgabe dieser Nutzungsbedingungen unter Beachtung unserer Regelungen zum Datenschutz.*

**(2)** Kommt ein Kreditprojekt gemäß § 7 Absatz (3) c) zustande, sind wir – insbesondere vorbehaltlich der Regelung in § 2 Absatz (4) b) dieser Nutzungsbedingungen – berechtigt, mit dem Kreditsuchenden, einen Darlehensvermittlungsvertrag mit dem Inhalt zu schließen, dass wir uns um die Vermittlung eines den Konditionen des zustande gekommenen Kreditprojektes (insbesondere Darlehenshöhe, Darlehenslaufzeit, Darlehenszinssatz) entsprechenden Verbraucherdarlehensvertrages an den Kreditsuchenden mit einer mit uns kooperierenden Bank bemühen. Im Rahmen eines solchen Darlehensvermittlungsvertrags übernehmen wir keine Beibringungs- oder Vermittlungs- oder Nachweispflicht oder ein Beschaffungsrisiko im Sinne von § 276 Absatz 1 BGB für einen Darlehensvertrag oder die Auszahlung der Darlehensvaluta. Ferner übermitteln wir nach Zustandekommen eines Kreditprojektes der kreditgebenden Bank sowie CreditConnect – soweit von CreditConnect zur Erstellung von Vertragsdokumentation benötigt – die uns bekanntgegebenen Persönlichen Daten des Kreditsuchenden und der Anleger (mit Ausnahme des Passworts) und die Kreditprojektdaten, um den Anlegern den Abschluss eines Vertrags über den Verkauf und die Abtretung einer zukünftigen Verbraucherdarlehensforderung mit der kreditgebenden Bank und den Abschluss eines Servicingvertrages mit CreditConnect zu ermöglichen.

(3) **Hinweis: Zur Erlangung eines Verbraucherdarlehens durch den Kreditsuchenden auf Basis seines Kreditprojektes und für den (anteiligen) Erwerb einer Darlehensforderung hieraus durch Anleger sind nach Zustandekommen eines Kreditprojektes gemäß § 7 Absatz (3) c) zusätzlich zwingend folgende Schritte und Vertragsschlüsse außerhalb des Marktplatzes erforderlich:**

- Abschluss und Vollzug eines gesonderten, entgeltlichen Darlehensvermittlungsvertrages durch den Kreditsuchenden mit uns als Darlehensvermittler und Unterzeichnung eines Kreditantrages an die von uns kontaktierte Bank (ein Muster für den Darlehensvermittlungsvertrag findet sich als **Anlage A** zu diesen Nutzungsbedingungen);
- Abschluss und Vollzug eines entgeltlichen Darlehensvertrages mit der eingeschalteten Bank durch den Kreditsuchenden (ein Muster des von einer mit uns kooperierenden Bank verwendeten Darlehensvertrages finden sich als **Anlage B** zu diesen Nutzungsbedingungen);
- Abschluss und Vollzug eines entgeltlichen Vertrags über den Verkauf und die Abtretung einer zukünftigen Verbraucherdarlehensforderung zwischen dem Anleger und der kreditgebenden Bank;
- Abschluss und Vollzug eines entgeltlichen Servicingvertrages zwischen dem Anleger und CreditConnect.

Der weitere Ablauf richtet sich ausschließlich nach dem Inhalt und den Regelungen der vorgenannten Verträge.

Um Darlehensvergabe und Verkauf von Darlehensforderungen zu vereinfachen, sind mit Ausnahme der Namen der Kunden, der Darlehenssumme und des Zinssatzes alle Darlehensverträge und alle Verträge über den Verkauf und die Abtretung einer zukünftigen Verbraucherdarlehensforderung und Servicingverträge standardisiert. Mit uns kooperierende Banken vergeben nach ihrem eigenen Ermessen sog. annuitätische Ratenkredite. Dies bedeutet, dass sich die von den Darlehensnehmern zu zahlenden monatlichen Raten aus Zins und Tilgung (Summe beider Werte = Annuität) zusammensetzen und dass die Raten über die gesamte Laufzeit des Darlehensvertrages (mit Ausnahme von Rundungsdifferenzen) jeden Monat gleich hoch sind. Durch die laufende Tilgung wird der Zinsanteil einer Rate während der Laufzeit kleiner, während der Tilgungsanteil ansteigt. Somit ist am Laufzeitende bei vereinbarter Bedienung des Darlehens, also im Fall der vertragsgemäßen monatlichen Zahlung der fälligen Raten durch den Darlehensnehmer, das Darlehen einschließlich der zu zahlenden Zinsen vom Darlehensnehmer vollständig zurückgezahlt.

§ 9 Besondere Hinweise

(1) Es obliegt allein dem Kreditsuchenden, die Entscheidung zu treffen, ob und mit wem er einen Vertrag unter Nutzung des Marktplatzes eingehen möchte. **Aus dem Abschluss des Nutzungsvertrages über die Leistungen des Marktplatzes und/oder der Durchführung eines Kreditprojekt ergeben sich für Kreditsuchende keine Rechte gegenüber uns oder gegenüber mit uns kooperierenden Banken oder CreditConnect auf Abschluss eines Darlehensvermittlungsvertrages und/oder eines Darlehensvertrages und/oder eines Vertrags über den Verkauf und die Abtretung einer zukünftigen Verbraucherdarlehensforderung und/oder eines Servicingvertrages. Hierfür sind allein die gegebenenfalls gesondert abzuschließenden Verträge mit uns bzw. den vorgenannten Dritten maßgeblich.**

(2) Wir schulden weder die Wirksamkeit der zwischen Kreditsuchenden oder Anlegern und kreditgebender Bank und/oder zwischen Anlegern und CreditConnect geschlossenen Verträge, noch die Durchführung oder Erfüllung solcher Verträge durch die Bank und/oder CreditConnect und übernehmen hierfür auch keinerlei Haftung.

(3) Wir arbeiten im Hinblick auf eine Identifizierung von Kreditsuchenden des Marktplatzes sowie bei der Einholung von Bonitätsauskünften im Sinne von § 2 Absatz (3) a) mit von uns als zuverlässig eingestuften Anbietern, z.B. mit der SCHUFA Holding AG zusammen. **Wir schulden jedoch nicht die Richtigkeit der Informationen, die wir von Dritten über Kreditsuchende erhalten und übernehmen insoweit keinerlei Haftung. Wir weisen Kreditsuchende ausdrücklich darauf hin, dass diese Informationen von Dritten zwar eine Indikation für ihre Bonität oder das von ihnen ausgehende Kreditausfallrisiko insbesondere i.S.v. § 2 Absatz (3) b) sein kann, dass die tatsächlichen Umstände jedoch möglicherweise hiervon abweichen.**

(4) **Im Übrigen verweisen wir auf § 5 Absatz (2) der Nutzungsbedingungen.**

**§ 10 Haftungsbeschränkung**

(1) Unsere vertragliche und gesetzliche Haftung für Schadensersatz und Aufwendungsersatz, gleich aus welchem Rechtsgrund, sowie die Haftung unserer gesetzlichen Vertreter und Erfüllungsgehilfen wird wie folgt ausgeschlossen beziehungsweise beschränkt:

a) Für die leicht fahrlässige Verletzung wesentlicher Pflichten aus dem Schuldverhältnis haften wir der Höhe nach begrenzt auf den bei Vertragsschluss vorhersehbaren, vertragstypischen Schaden.

„Wesentliche Vertragspflichten" sind solche Verpflichtungen, die vertragswesentliche Rechtspositionen des Kreditsuchenden schützen, die ihm der Vertrag nach seinem Inhalt und Zweck gerade zu gewähren hat; wesentlich sind ferner solche Vertragspflichten, deren Erfüllung die ordnungsgemäße Durchführung des Vertrags überhaupt erst ermöglicht und auf deren Einhaltung der Kreditsuchende regelmäßig vertraut hat und vertrauen darf.

b) Für die leichte fahrlässige Verletzung nicht wesentlicher Pflichten aus dem Schuldverhältnis sowie für höhere Gewalt (d.h. von uns nicht zu vertretende leistungshindernde Ereignisse mit einer Mindestdauer von mehr als 12 Kalendertagen) haften wir nicht.

**(2)** Die vorgenannte Haftungsbeschränkung gilt nicht in den Fällen zwingender gesetzlicher Haftung (insbesondere nach dem Produkthaftungsgesetz), wenn und soweit wir eine Garantie oder ein Beschaffungsrisiko (§ 276 Absatz 1 BGB) übernommen haben und für schuldhaft verursachte Körperschäden (Verletzung von Leben, Körper, Gesundheit) auch durch Vertreter und Erfüllungsgehilfen sowie im Falle des Verzuges bei einem fixen Leistungstermin.

**(3)** Der Kreditsuchende ist verpflichtet, angemessene Maßnahmen zur Schadensabwehr und Schadensminderung zu treffen.

**(4)** Eine Umkehr der Beweislast ist mit den vorstehenden Regelungen nicht verbunden.

**§ 11 Kündigung des Nutzungsvertrages, Kündigungsfolgen**

**(1) Der Nutzungsvertrag über die Nutzung des Marktplatzes hat eine unbegrenzte Laufzeit. Er kann von Kreditsuchenden oder von uns ordentlich mit einer Kündigungsfrist von zwei Wochen zum Monatsende beendet werden. Die unter § 8 Absatz (3) genannten, zusätzlichen Verträge sind bei Abschluss vom Bestand dieses Nutzungsvertrages unabhängig.**

**(2) Das Recht zur Kündigung aus wichtigem Grund bleibt unberührt.**

**(3) Jede Kündigung bedarf zu ihrer Wirksamkeit der Schrift- oder Textform (z.B. E-Mail, Telefax oder Brief).**

**§ 12 Rechtswahl, Aufsichtsbehörde, Schlussbestimmungen**

**(1)** Die vorvertraglichen Beziehungen zwischen uns und Kreditsuchenden, Nutzungsverträge sowie diese Nutzungsbedingungen und unsere Regelungen zum Datenschutz unterliegen dem Recht der Bundesrepublik Deutschland unter Ausschluss des UN-Kaufrechts (CSIG). Kommunikations- - und Vertragssprache ist Deutsch.

**(2)** Bei Streitigkeiten zwischen uns und Kreditsuchenden aus oder im Zusammenhang mit zwischen uns und Kreditsuchenden geschlossenen Nutzungsverträgen oder diesen Nutzungsbedingungen selbst können sich die Kreditsuchenden unbeschadet ihres Rechts, die Gerichte anzurufen, mit ihrer Beschwerde auch an die Schlichtungsstelle der Deutschen Bundesbank, Postfach 11 12 32, 60047 Frankfurt am Main, Tel.: 069 2388-1907, Fax: 069 2388-1919, E-Mail: schlichtung@bundesbank.de wenden. Einzelheiten sind im Internet unter: www.bundesbank.de abrufbar.

**(3)** Online-Streitbeilegung gemäß Art. 14 Abs. 1 ODR-VO: Die Europäische Kommission stellt eine Plattform zur Online-Streitbeilegung (OS) bereit, die Sie unter http://ec.europa.eu/consumers/odr/ finden.

**(4) Zuständige Aufsichtsbehörde ist die Stadt Düsseldorf, Ordnungsamt, Abteilung Gewerberechtliche Angelegenheiten, 40200 Düsseldorf. Sofern und soweit wir für Kreditsuchende außerhalb von mit uns bestehenden Nutzungsverträgen auf Basis gesonderter Anfragen von Kreditsuchenden als Versicherungsvermittler im Sinne von § 34d Abs. 1 tätig werden, ist zuständige Aufsichtsbehörde die Industrie- und Handelskammer Düsseldorf, Ernst-Schneider-Platz 1, 40212 Düsseldorf** (siehe insoweit auch die zusätzlichen und gesonderten statusbezogenen Informationen zur Versicherungsvermittlung im nachfolgenden Absatz (5)).

**(5) Zusätzliche Informationen zur Versicherungsvermittlung und gesonderte statusbezogene Informationspflichten nach der Versicherungsvermittlungsverordnung, soweit nicht schon in der Präambel dieser Nutzungsbedingungen angegeben:**

Wir sind bei der Industrie- und Handelskammer Düsseldorf, Ernst-Schneider-Platz 1, 40212 Düsseldorf, www.duesseldorf.ihk.de, als Versicherungsvermittler, und zwar als Versicherungsvertreter mit einer Erlaubnis nach § 34d Abs. 1 Gewerbeordnung gemeldet und in das Versicherungsvermittlerregister (abrufbar unter: www.vermittlerregister.info) unter der Registrierungsnummer: D-TF00-COZI9-93 eingetragen. Gemeinsame Stelle im Sinne von § 11a Abs. 1 Gewerbeordnung ist der Deutscher Industrie- und Handelskammertag e.V. (DIHK), Breite Straße 29, 10178 Berlin, Tel.: 0180-600 58 50 (derzeit Festnetzpreis 0,20 €/Anruf, aus dem Mobilfunknetz maximal 0,60 €/Anruf), www. vermittlerregister.info. Sofern wir für Kreditsuchende außerhalb von mit uns bestehenden Nutzungsverträgen auf Basis gesonderter Anfragen von Kreditsuchenden als Versicherungsvermittler tätig werden, erhalten wir für diese Tätigkeit im Falle der erfolgreichen Versicherungsvermittlung eines Versicherungsvertrages als Vergütung im Zusammenhang mit der Versicherungsvermittlung eine Provision vom Versicherer. Die Vergütung ist als Provision in der vom jeweiligen Versicherungsnehmer zu zahlenden Versicherungsprämie enthalten und somit nicht gesondert vom Versicherungsnehmer an uns zu zahlen. Weitere Vergütungen erhalten wir nicht für die Versicherungsvermittlung. Sofern und soweit wir für Kreditsuchende außerhalb von mit uns bestehenden Nutzungsverträgen auf Basis gesonderter Anfragen von Kreditsuchenden als Versicherungsvermittler tätig werden, bieten wir dem jeweiligen Kreditsuchenden im Zusammenhang mit der Vermittlung, soweit nicht anders mit dem jeweiligen Kreditsuchenden nach Maßgabe der gesetzlichen Bestimmungen vereinbart, nach Maßgabe der gesetzlichen Bestimmungen eine Beratung an. Berufsrechtliche Regelungen für unsere Tätigkeit als Versicherungsvermittler enthalten § 34d Gewerbeordnung, §§ 59 bis 68 Gesetz über den Versicherungsvertrag sowie die Versicherungsvermittlungsverordnung. Bei Streitigkeiten, die die Tätigkeit von auxmoney als Versicherungsvermittler betreffen, können sich die Beteiligten unbeschadet ihres Rechts, die Gerichte anzurufen, mit ihrer Beschwerde auch an die Schlichtungsstelle des Versicherungsombudsmannes e.V., Postfach 080632, 10006 Berlin, Tel.: 0800-3696000 (für Anrufe aus dem deutschen Telefonnetz kostenfrei), Fax: 0800-9699000 (für Telefaxe aus dem deutschen Telefonnetz kostenfrei) wenden. Einzelheiten sind im Internet unter: www.versicherungsombudsmann.de abrufbar. auxmoney besitzt keine Beteiligungen an den Stimmrechten oder am Kapital eines Versicherungsunternehmens. Das Versicherungsunternehmen Aegon Nederland N.V., Den Haag, Niederlande, besitzt eine indirekte Beteiligung von über 10 Prozent am Kapital der auxmoney GmbH.

**(6)** Soweit hierin nicht ausdrücklich abweichend vereinbart oder dargestellt, stellen diese Nutzungsbedingungen, unsere Regelungen zum Datenschutz und der Nutzungsvertrag die gesamte Übereinkunft der Parteien dar. Alle vorherigen Vereinbarungen und Absprachen zwischen uns in Bezug auf den Vertragsgegenstand werden hiermit aufgehoben und ersetzt. § 305b BGB (Vorrang der Individualabrede) bleibt für Individualabreden in jeglicher Form unberührt.

**(7)** Öffentliche Äußerungen hinsichtlich des Marktplatzes werden nur dann Bestandteil der Leistungen, wenn wir sie im Einzelfall ausdrücklich als geschuldete Leistungen des Marktplatzes bezeichnet haben und dies in Textform bestätigen.

**(8)** Änderungen und/oder Ergänzungen dieser Nutzungsbedingungen oder der Regelungen über den Datenschutz bedürfen zu ihrer Wirksamkeit der Schrift- oder Textform. § 305 b BGB (Vorrang der Individualabrede) bleibt sowohl für mündliche als auch für schriftliche Individualabreden unberührt.

**Anlagen zu den Nutzungsbedingungen**

Anlage A: Muster Darlehensvermittlungsvertrag
Anlage B: Muster Darlehensvertrag SWK-Bank

**Stand: November 2020**

## 1.2 Nutzungsbedingungen für Kreditsuchende, Stand Oktober 2022

**Nutzungsbedingungen der auxmoney Online-Kreditplattform
für Kreditsuchende**

**Die Nutzung der auxmoney Online-Kreditplattform auf der Internetseite www.auxmoney.com und der damit verbundenen Angebote unterliegt für Kreditsuchende den folgenden Allgemeinen Geschäftsbedingungen (AGB), nachfolgend: „Nutzungsbedingungen".**

**Präambel:**

Wir, die **auxmoney GmbH** (nachfolgend: **„auxmoney", „wir", „uns"), Kasernenstraße 67, 40213 Düsseldorf, Amtsgericht Düsseldorf, HRB 56768, Umsatzsteueridentifikationsnummer: DE256030746, Telefon: 0211-54243220, Telefax: 0211-54243298, info@auxmoney.com, gesetzlich vertreten durch die Geschäftsführer Raffael Johnen, Dr. Daniel Drummer, Matthias von der Heyde, Philipp Kriependorf und Arie Wilder, jeweils mit gleicher Geschäftsanschrift**, betreiben unter der Internetseite www.auxmoney.com eine Online-Kreditplattform (nachfolgend: **„Plattform"**).

Die Funktionsweise der Plattform lässt sich **vereinfacht** wie folgt beschreiben:

Auf der Plattform können Kreditsuchende, die

für eigene Rechnung auf Basis eines Allgemein-Verbraucherdarlehensvertrags im Sinne von § 491 Absatz 2 Bürgerliches Gesetzbuch (nachfolgend: „**BGB**") ein Darlehen (nachfolgend auch: „**Darlehensvertrag**") aufnehmen möchten (nachfolgend: „**Kreditsuchende**" oder „**Darlehensnehmer**"); und

hierfür über die Plattform Interessierte suchen, die zu Anlagezwecken Geld investieren möchten (nachfolgend: „**Anleger**"),

Kreditgesuche (nachfolgend: „**Kreditprojekte**") einstellen. Die Anleger können Finanzierungsgebote zur Finanzierung von Kreditprojekten abgeben. Liegen ausreichende Finanzierungsgebote zur vollständigen Finanzierung eines Kreditprojektes vor, kommt das Kreditprojekt zustande. Reichen die Finanzierungsgebote nicht zur vollständigen Finanzierung eines Kreditprojektes aus, kommt das Kreditprojekt nicht zustande.

Wir gewähren selbst keine Darlehen. Darlehen auf Basis zustande gekommener Kreditprojekte können ausschließlich von einer Bank gewährt werden. Um ein Darlehen zu erhalten, schließt ein Kreditsuchender nach Zustandekommen seines Kreditprojekts mit uns einen *entgeltlichen* oder – sofern in unserem freien Ermessen im konkreten Einzelfall von uns angeboten – einen *unentgeltlichen* Darlehensvermittlungsvertrag, auf dessen Basis wir uns als Darlehensvermittler um die Vermittlung eines den Konditionen des Kreditprojektes (insbesondere Darlehenshöhe, Darlehenslaufzeit, Darlehenszinssatz) entsprechenden Allgemein-Verbraucherdarlehensvertrags bei einer mit uns kooperierenden Bank bemühen. Kommt ein Allgemein-Verbraucherdarlehensvertrag zwischen dem Kreditsuchenden und einer Bank zustande, wird die Darlehensforderung aus dem Darlehensvertrag einschließlich aller Zinsforderungen (nachfolgend: „**Darlehensforderung**") nach Auszahlung des Darlehensbetrages von der kreditgebenden Bank an den oder die Anleger, der oder die sich über die Plattform an dem Kreditprojekt zu dessen Finanzierung beteiligt haben, jeweils in Höhe ihres berücksichtigten Finanzierungsgebots verkauft und abgetreten. Es ist möglich, dass im Anschluss daran jeweils durch weitere Abtretung(en) Dritte unmittelbar oder mittelbar Rechtsnachfolger des/der Anleger(s) an der Darlehensforderung werden. Die Verwaltung der Darlehensforderung für den jeweiligen Anleger erfolgt nach dem Zustandekommen eines Darlehensvertrags durch unser Tochterunternehmen CreditConnect GmbH (nachfolgend: „**CreditConnect**").

**Diese Nutzungsbedingungen gelten ausschließlich für natürliche Personen, die die Plattform als Kreditsuchende nutzen.** Wie die Plattform im Einzelnen funktioniert, zu welchen Bedingungen die Plattform von Kreditsuchenden genutzt werden kann und welche Regeln hierbei gelten, ergibt sich ausschließlich aus diesen Nutzungsbedingungen, soweit diese nicht durch zwingendes abweichendes Recht (z.B. gesetzlich zwingende Vorschriften oder Individualabreden nach § 305b BGB) überlagert werden.

**Vorab weisen wir auf die Regelungen zum Vertragsschluss in § 3, zum Widerrufsrecht in § 4 und zur Kündigung in § 11 hin und empfehlen, diese *besonders aufmerksam* zu lesen.**

**§ 1 Vertragsgegenstand, Geltungsbereich der Nutzungsbedingungen, Vertragssprache, Änderung der Nutzungsbedingungen und -entgelte**

**(1)** Wenn Sie unsere Plattform als Kreditsuchender nutzen möchten, müssen Sie zu jeder Zeit unsere Nutzungsvoraussetzungen nach Maßgabe von § 2 dieser Nutzungsbedingungen vollständig erfüllen und mit uns vorab nach Maßgabe von § 3 Absatz (1) dieser Nutzungsbedingungen einen unentgeltlichen Nutzungsvertrag über die Nutzung der Plattform (nachfolgend: „**Nutzungsvertrag**") schließen. Auf Grundlage des Nutzungsvertrags kann der Kreditsuchende bei der Nutzung der Plattform nach Maßgabe dieser Nutzungsbedingungen unentgeltlich alle angebotenen Leistungen im Sinne von § 5 Absatz (1), § 6 und § 7 in Anspruch nehmen (alle innerhalb dieser Nutzungsbedingungen angebotenen Leistungen werden nachfolgend als „**Leistungen**" bezeichnet).

**(2)** Unser im Rahmen des Nutzungsvertrags geschuldetes Leistungsangebot beschränkt sich ausschließlich auf die in diesen Nutzungsbedingungen beschriebenen Leistungen unsererseits. Für die Erbringung und den geschuldeten Leistungsinhalt unserer Leistungen sind für uns und Kreditsuchende ausschließlich der Inhalt des Nutzungsvertrags und der Inhalt dieser Nutzungsbedingungen maßgeblich, soweit im Einzelnen nicht ausdrücklich etwas anderes mit einem Kreditsuchenden vereinbart ist.

Für die Erhebung, Verarbeitung und Nutzung von Daten gelten unsere gesonderten Hinweise zum Datenschutz in ihrer jeweils gültigen Fassung (nachfolgend: „**Hinweise zum Datenschutz**"; siehe § 3 Absatz (2) dieser Nutzungsbedingungen) einschließlich etwaiger von Kreditsuchenden erteilter Einwilligungen. Andere oder entgegenstehende Bedingungen gelten – mit Ausnahme gesetzlich zwingender Regelungen – auch dann nicht, wenn wir diesen nicht ausdrücklich widersprechen.

**(3)** Der Nutzungsvertrag, die Nutzungsbedingungen und sonstige Informationen für Kreditsuchende stehen nur in deutscher Sprache zur Verfügung. Vertrags- und Kommunikationssprache ist ausschließlich Deutsch.

**(4)** Wir behalten uns vor, im Falle sachlicher Gründe die Nutzungsbedingungen sowie die von uns angebotenen Leistungen nach billigem Ermessen (§ 315 Absatz 1 BGB), das heißt unter Berücksichtigung der beiderseitigen Interessen, zu ändern. Dies ist namentlich der Fall bei zum Zeitpunkt des Vertragsschlusses jeweils nicht vorhersehbaren: (i) Änderungen der relevanten Gesetzgebung bzw. Änderung der relevanten Rechtsprechung; (ii) notwendigen technischen Änderungen zur Erbringung der vertragsgegenständlichen Leistung; (iii) Ergänzungen der angeboten Leistungen der Plattform; oder (iv) Veränderungen in mit der Plattform verknüpften Leistungen Dritter, die Auswirkungen auf die Plattform und die nach dem Nutzungsvertrag oder den Nutzungsbedingungen von uns zu erbringenden Leistungen haben. Die Änderungen können sich auf den Umfang der Leistung, deren Inanspruchnahmemöglichkeit und Entgeltpflichtigkeit sowie auf vertragliche Fristen erstrecken, soweit dem Kreditsuchenden mit der Änderung ein angemessener Nachteilsausgleich etwaiger durch die Änderung entstehender Nachteile zugutekommt und die Änderung inhaltlich nicht einem Neuvertragsabschluss gleichkommt. Die vorgeschlagenen Änderungen werden den Kreditsuchenden per E-Mail mitgeteilt und treten sechs Wochen nach Zugang der Mitteilung in Kraft, es sei denn ein Kreditsuchender hat einer Änderung innerhalb von sechs Wochen seit Zugang der Mitteilung der Änderung ganz oder teilweise schriftlich oder per E-Mail uns gegenüber widersprochen. Auf diese Genehmigungswirkung weisen wir den Kreditsuchen in der Änderungsmitteilung besonders hin. Änderungen entfalten keine Rückwirkung auf vor ihrem Inkrafttreten in Anspruch genommene Leistungen. Aus diesem Grund empfehlen wir, dass Sie die Ihnen bei der Registrierung zur Verfügung gestellte Version der Nutzungsbedingungen speichern, weil eine personenbezogene Speicherung bei uns für Sie nicht erfolgt. Mit Zugang der Änderungsmitteilung steht Kreditsuchenden ein außerordentliches fristloses Kündigungsrecht für den geschlossenen Nutzungsvertrag zu. Widerspricht ein Kreditsuchender den mitgeteilten Änderungen der Nutzungsbedingungen fristgerecht, bleibt es bei den bisherigen Nutzungsbedingungen. Die Rechte zur Kündigung des Nutzungsvertrags nach § 11 Absatz (1) und Absatz (2) dieser Nutzungsbedingungen bleiben hiervon unberührt.

## § 2 Voraussetzungen für die Nutzung der Plattform

Voraussetzung für die Nutzung der Plattform durch Kreditsuchende ist, dass ein Kreditsuchender zuvor die persönlichen Nutzungsvoraussetzungen nach Maßgabe von § 2 Absatz (1) erfüllt, sich nach Maßgabe von § 2 Absatz (2) registriert und die ihm obliegenden besonderen Verpflichtungen nach Maßgabe von § 2 Absatz (3) erfüllt.

**(1)** <u>Persönliche Nutzungsvoraussetzungen</u>

Zur Nutzung der Plattform als Kreditsuchender ist nur zugelassen, wer:

ein Verbraucherdarlehen im Sinne von § 491 BGB aufnehmen möchte;

unbeschränkt geschäftsfähig ist;

mindestens das 18. Lebensjahr vollendet hat;

für eigene Rechnung und nicht in der Verfolgung überwiegend gewerblicher oder beruflicher Zwecke im Sinne des § 14 BGB handelt; und

seinen ständigen Wohnsitz und seine Zustelladresse in der Bundesrepublik Deutschland hat.

Ausgeschlossen von der Nutzung der Plattform als Kreditsuchende sind (i) juristische Personen oder rechtsfähige Personengesellschaften sowie (ii) Mitarbeiter von auxmoney oder von mit auxmoney im Sinne des § 15 Aktiengesetz verbundenen Unternehmen.

**(2)** <u>Registrierung</u>

Die Nutzung der Plattform nach Maßgabe dieser Nutzungsbedingungen ist einem Kreditsuchenden *nur* möglich, wenn er sich vor dem Abschluss des Nutzungsvertrags und vor der ersten Nutzung der Plattform bei uns registriert. Ein Kreditsuchender kann sich bei uns zur Nutzung der Plattform registrieren, indem er das von uns zu diesem Zweck auf der Plattform zur Verfügung gestellte Registrierungsformular (nachfolgend „**Registrierungsformular**") <u>vollständig und wahrheitsgemäß</u> ausfüllt und uns nach Maßgabe von § 3 Absatz (1) dieser Nutzungsbedingungen übermittelt. Eventuelle Eingabefehler kann der Kreditsuchende bei der Registrierung korrigieren, indem er die von ihm in das Registrierungsformular eingegebenen und dort angezeigten Daten löscht und andere Daten eingibt. Jeder auf der Plattform registrierte Kreditsuchende erhält von uns eine Identifikationsnummer („**ID-Nummer**"), die uns eine Zuordnung des einzelnen Kreditsuchenden zu seinen Persönlichen Daten ermöglicht. *Jeder Kreditsuchende verpflichtet sich, die ID-Nummer Dritten nicht zugänglich zu machen. Entsprechendes gilt für sein Passwort. Jeder Kreditsuchende haftet uns gegenüber und/oder dem jeweiligen Anleger gegenüber als echter Vertrag zu Gunsten Dritter (§ 328 Absatz 1 BGB) bei einem schuldhaften Verstoß gegen die jeweilige, vorgenannte Unterlassungspflicht auf Schadensersatz.* Bei der Registrierung muss ein Kreditsuchender uns neben einem von ihm nach Maßgabe der Verfügbarkeit zu bestimmenden *Passwort* mindestens die folgenden Daten zur Verfügung stellen:

a) E-Mail-Adresse, Vor- und Nachname, Geburtsdatum, Staatsangehörigkeit, Familienstand, Beruf, Anschrift, Telefonnummer, die Bankverbindungsdaten (z.B. IBAN, BIC oder Name der kontoführenden Bank) zu dem Konto des Kreditsuchenden, von dem im Falle des Abschlusses eines Allgemein-Verbraucherdarlehensvertrags der Rateneinzug erfolgen soll („**Einzugskonto**"), Angaben zu den monatlichen Gesamteinnahmen und -ausgaben, Angaben zum Vorhandensein einer auf den Kreditsuchenden ausgestellten EC-Karte/Girocard und/oder Kreditkarte sowie zum Vorhandensein von Wohneigentum des Kreditsuchenden (die in diesem Unterabsatz a) genannten Daten, ggf. zusammen mit weiteren Daten zur Person des Kreditsuchenden, werden nachfolgend als „**Persönliche Daten**" bezeichnet).

b) Angabe des gewünschten Darlehensbetrags; Angabe eines Verwendungszwecks des Darlehens aus einer auf der Plattform vorgegebenen Auswahl; Angaben dazu, ob eine Restkreditversicherung gewünscht ist; detaillierte Darstellung des monatlichen Nettoeinkommens und sonstiger monatlicher Einnahmen (Kindergeld, Mieteinahmen etc.) des Kreditsuchenden, detaillierte Darstellung der monatlichen Ausgaben (Versicherungen, Miete, Unterhalt etc.) sowie Angaben zu etwaigem Grundbesitz des Kreditsuchenden (nachfolgend: zusammen „**Finanzbericht**" genannt); Angabe, ob der Kreditsuchende über ein in seinem Eigentum stehendes oder im Eigentum eines Dritten stehendes Kraftfahrzeug verfügt (die in diesem Unterabsatz b) genannten Daten, ggf. zusammen mit weiteren Daten zum Kreditprojekt des Kreditsuchenden, werden nachfolgend als „**Kreditprojektdaten**" bezeichnet).

c) Verpflichtung von Kreditsuchenden zur Datenaktualisierung und Auskunft

aa) Kreditsuchende sind verpflichtet, ihre Persönlichen Daten und Kreditprojektdaten laufend auf Aktualität zu pflegen und uns eingetretene Änderungen hinsichtlich dieser Daten unverzüglich mitzuteilen sowie Korrekturen dieser Daten (soweit nach § 7 Absatz (5) möglich) entsprechend der eingetretenen Änderungen unverzüglich durchzuführen. Dies gilt insbesondere bei Änderung ihrer Kontodaten und/oder bei Kreditsuchenden mit laufenden Kreditprojekten oder durch uns vermittelten Allgemein-Verbraucherdarlehensverträgen für Änderungen ihrer persönlichen Verhältnisse. *Verstößt ein Kreditsuchender gegen die vorstehenden Verpflichtungen zur Pflege, Mitteilung und/oder Datenkorrektur, haften wir nicht für daraus entstehende Schäden. Im Übrigen verweisen wir auf § 2 Absatz (3).*

bb) Für den Fall, dass unsererseits Zweifel an der Richtigkeit oder Vollständigkeit von Angaben bestehen, die ein Kreditsuchender uns gegenüber in Vollzug der Regelungen aus § 2 dieser Nutzungsbedingungen gemacht hat, behalten wir uns zur Durchführung des Nutzungsvertrags mit dem Kreditsuchenden – ***jedoch ohne Schutzwirkung für Anleger oder andere Nutzer unserer Plattform*** – sowie hinsichtlich der nach erfolgreichem Zustandekommen eines Kreditprojektes bestehenden Möglichkeit des Abschlusses eines Darlehensvermittlungsvertrags das Recht vor, vom Kreditsuchenden ergänzende Informationen und geeignete Nachweise für die Richtigkeit der uns gegenüber gemachten Angaben zu verlangen. Dies gilt auch, sofern ein Kreditprojekt des Kreditsuchenden bereits nach Maßgabe von § 7 Absatz (4) c) zustande gekommen ist. **Eine Verpflichtung zur Prüfung der Richtigkeit von Angaben des Kreditsuchenden oder von Nachweisen des Kreditsuchenden übernehmen wir jedoch nicht**. Wir verweisen auf § 5 Absatz (2) dieser Nutzungsbedingungen.

**(3)** Besondere Pflichten von Kreditsuchenden, Folgen von Verstößen gegen Nutzungsvoraussetzungen

a) Kreditsuchende sind verpflichtet, die Plattform nur bestimmungsgemäß und nur im Rahmen gesetzlich zulässiger Zwecke zu nutzen. Sie sind verpflichtet, keine rechtswidrigen Inhalte, insbesondere nicht solche, die gegen strafrechtliche, persönlichkeitsrechtliche, markenrechtliche, wettbewerbsrechtliche, lizenzrechtliche, datenschutzrechtliche oder urheberrechtliche Bestimmungen verstoßen, auf der Plattform anzeigen zu lassen, anzubieten oder zu verbreiten, auf Angebote mit solchen Inhalten hinzuweisen oder Verknüpfungen (nachfolgend: „**Links**" oder „**Link**") zu solchen Seiten bereitzustellen. **Wir prüfen die von Kreditsuchenden veröffentlichten Inhalte nicht.** Wird uns ein Verstoß gegen die in diesem Absatz (3) a) vereinbarten Regelungen mitgeteilt, entfernen wir solche etwaigen rechts- oder sittenwidrigen Inhalte, Hinweise oder Links auf Basis einer Plausibilitätsprüfung bei objektiven Anhaltspunkten ohne weitere Prüfung unverzüglich. **Kreditsuchende sind verpflichtet, uns von allen etwaigen Ansprüchen Dritter, die aus der schuldhaften Verletzung dieser Nutzungsvoraussetzungen durch sie resultieren bzw. mit dieser im Zusammenhang stehen, freizustellen. § 254 BGB (Mitverschulden) bleibt unberührt.** Dies gilt insbesondere für den Fall, dass Kreditsuchende schuldhaft Inhalte wettbewerbswidriger Art und/oder solche Inhalte, an denen sie nicht über die zur Nutzung und/oder Veröffentlichung erforderlichen Rechte verfügen, auf der Plattform, z.B. unter Verstoß gegen das Gesetz gegen den unlauteren Wettbewerb, gegen das Markengesetz, gegen das Urheberrechtsgesetz, Datenschutzregelungen oder gegen das Kunsturheberrechtsgesetz, einstellen, veröffentlichen oder auf andere Weise nutzen.

b) Sofern ein Kreditsuchender gegen die in diesem § 2 genannten Nutzungsvoraussetzungen verstößt oder darin vereinbarte Verpflichtungen nicht erfüllt, steht es uns ohne vorherige Ankündigung und nach eigenem Ermessen frei, vom Kreditsuchenden nicht richtig, nicht vollständig oder rechtswidrig auf der Plattform eingestellte Inhalte zu entfernen und/oder das Kreditprojekt eines solchen Kreditsuchenden vor Platzierung von der Platzierung auf der Plattform auszuschließen und es zu sperren, es **nach Platzierung unverzüglich zu löschen und/oder einem solchen Kreditsuchenden auch nach Zustandekommen seines Kreditprojektes kein Angebot auf Abschluss eines Darlehensvermittlungsvertrags zu unterbreiten. In den beiden letztgenannten Fällen verfallen die von Anlegern auf das Kreditprojekt eines solchen Kreditsuchenden abgegebenen Finanzierungsgebote ersatzlos.**

### § 3 Abschluss des Nutzungsvertrags

**(1)** Abschluss des Nutzungsvertrags

Einen Nutzungsvertrag als Kreditsuchender kann mit uns nur abschließen, wer die Nutzungsvoraussetzungen gemäß § 2 dieser Nutzungsbedingungen erfüllt. Für den Abschluss des Nutzungsvertrags ist es erforderlich, dass uns ein Kreditsuchender ein ordnungsgemäß ausgefülltes Registrierungsformular übermittelt, indem er die hierfür auf der Plattform zur Verfügung stehende Schaltfläche anklickt und uns das ausgefüllte Registrierungsformular zugeht. Nach Zugang des Registrierungsformulars bei uns übersenden wir dem Kreditsuchenden an die jeweils von ihm angegebene E-Mail-Adresse per E-Mail unser Angebot zum Abschluss des Nutzungsvertrags über die Nutzung der Plattform auf Grundlage und unter Einbeziehung dieser Nutzungsbedingungen. Zusammen mit unserem Vertragsangebot erhält der Kreditsuchende diese Nutzungsbedingungen in Textform. Die Annahme unseres Angebots zum Abschluss des Nutzungsvertrags erfolgt durch den Kreditsuchenden, indem er den hierfür in unserer vorgenannten E-Mail enthaltenen Link anklickt. Erst wenn ein Kreditsuchender unser Vertragsangebot durch das Anklicken dieses Links angenommen hat, kommt der Nutzungsvertrag zustande. Durch das Anklicken des Links gelangt der Kreditsuchende automatisch wieder auf die Plattform und kann dann ab diesem Zeitpunkt im Rahmen der Verfügbarkeit der Plattform nach Maßgabe von § 6 unsere nach diesen Nutzungsbedingungen geschuldeten Leistungen in Anspruch nehmen.

**(2)** Einsehen und Änderung von persönlichen Daten

Nach Zustandekommen und während der Laufzeit des Nutzungsvertrags kann der Kreditsuchende nach Anmeldung auf der Plattform mittels seiner E-Mail-Adresse bzw. seines Benutzernamens und seines Passwortes seine Persönlichen Daten – mit Ausnahme der E-Mail-Adresse – im Rahmen der Verfügbarkeit nach § 6 auf der Plattform einsehen und jederzeit ändern. Die Erhebung, Verarbeitung und Nutzung von Daten der Kreditsuchenden im Zusammenhang mit dem Nutzungsvertrag erfolgt nach Maßgabe unserer gesonderten Hinweise zum Datenschutz unter strikter Einhaltung der gesetzlichen Vorschriften zum Datenschutz.

**(3)** Ausdruck bzw. Anforderung der Nutzungsbedingungen und der gesonderten Hinweise zum Datenschutz

Der Kreditsuchende kann jederzeit im Rahmen der Verfügbarkeit der Plattform nach diesen Nutzungsbedingungen auf der Plattform jeweils unter www. auxmoney.com die aktuellen Nutzungsbedingungen unter dem Link „AGB" und unsere gesonderten Hinweise zum Datenschutz unter dem Link „Datenschutz" (beide Links befinden sich am Ende jeder Plattformseite) einsehen, herunterladen und ausdrucken oder diese jederzeit unentgeltlich bei uns zur Zusendung anfordern.

## § 4 Widerrufsbelehrung

**Widerrufsbelehrung**

**Abschnitt 1**

**Widerrufsrecht**

Sie können Ihre Vertragserklärung **innerhalb von 14 Tagen ohne Angabe von Gründen mittels einer eindeutigen Erklärung widerrufen**. Die Frist beginnt nach Abschluss des Vertrags und nachdem Sie die Vertragsbestimmungen einschließlich der Allgemeinen Geschäftsbedingungen sowie **alle nachstehend unter Abschnitt 2 aufgeführten Informationen** auf einem dauerhaften Datenträger (z.B. Brief, Telefax, E-Mail) **erhalten haben**. **Zur Wahrung der Widerrufsfrist genügt die rechtzeitige Absendung des Widerrufs**, wenn die Erklärung auf einem dauerhaften Datenträger erfolgt. Der Widerruf ist zu richten an:

auxmoney GmbH, Kasernenstraße 67, 40213 Düsseldorf, Telefax: 0211 542 432 98,
E-Mail: info@auxmoney.com

**Abschnitt 2**

**Für den Beginn der Widerrufsfrist erforderliche Informationen**

Die Informationen im Sinne des Abschnitts 1 Satz 2 umfassen folgende Angaben:

1. die Identität des Unternehmers; anzugeben ist auch das öffentliche Unternehmensregister, bei dem der Rechtsträger eingetragen ist, und die zugehörige Registernummer oder gleichwertige Kennung;
2. die Hauptgeschäftstätigkeit des Unternehmers und die für seine Zulassung zuständige Aufsichtsbehörde;
3. die ladungsfähige Anschrift des Unternehmers und jede andere Anschrift, die für die Geschäftsbeziehung zwischen dem Unternehmer und dem Verbraucher maßgeblich ist, bei juristischen Personen, Personenvereinigungen oder Personengruppen auch den Namen des Vertretungsberechtigten;
4. die wesentlichen Merkmale der Finanzdienstleistung sowie Informationen darüber, wie der Vertrag zustande kommt;
5. den Gesamtpreis der Finanzdienstleistung einschließlich aller damit verbundenen Preisbestandteile sowie alle über den Unternehmer abgeführten Steuern oder, wenn kein genauer Preis angegeben werden kann, seine Berechnungsgrundlage, die dem Verbraucher eine Überprüfung des Preises ermöglicht;
6. Einzelheiten hinsichtlich der Zahlung und der Erfüllung;
7. das Bestehen oder Nichtbestehen eines Widerrufsrechts sowie die Bedingungen, Einzelheiten der Ausübung, insbesondere Name und Anschrift desjenigen, gegenüber dem der Widerruf zu erklären ist, und die Rechtsfolgen des Widerrufs einschließlich Informationen über den Betrag, den der Verbraucher im Fall des Widerrufs für die erbrachte Leistung zu zahlen hat, sofern er zur Zahlung von Wertersatz verpflichtet ist (zugrunde liegende Vorschrift: § 357b des Bürgerlichen Gesetzbuchs);
8. die Mindestlaufzeit des Vertrags, wenn dieser eine dauernde oder regelmäßig wiederkehrende Leistung zum Inhalt hat;
9. die vertraglichen Kündigungsbedingungen einschließlich etwaiger Vertragsstrafen;
10. die Mitgliedstaaten der Europäischen Union, deren Recht der Unternehmer der Aufnahme von Beziehungen zum Verbraucher vor Abschluss des Vertrags zugrunde legt;
11. eine Vertragsklausel über das auf den Vertrag anwendbare Recht oder über das zuständige Gericht;
12. die Sprachen, in denen die Vertragsbedingungen und die in dieser Widerrufsbelehrung genannten Vorabinformationen mitgeteilt werden, sowie die Sprachen, in denen sich der Unternehmer verpflichtet, mit Zustimmung des Verbrauchers die Kommunikation während der Laufzeit dieses Vertrags zu führen;
13. den Hinweis, ob der Verbraucher ein außergerichtliches Beschwerde- und Rechtsbehelfsverfahren, dem der Unternehmer unterworfen ist, nutzen kann, und gegebenenfalls dessen Zugangsvoraussetzungen.

**Abschnitt 3**

**Widerrufsfolgen**

Im Fall eines wirksamen Widerrufs **sind die beiderseits empfangenen Leistungen zurückzugewähren**. Sie sind zur **Zahlung von Wertersatz** für die bis zum Widerruf erbrachte Dienstleistung verpflichtet, wenn Sie vor Abgabe Ihrer Vertragserklärung auf diese Rechtsfolge hingewiesen wurden und ausdrücklich zugestimmt haben, dass vor dem Ende der Widerrufsfrist mit der Ausführung der Gegenleistung begonnen werden kann. Besteht eine Verpflichtung zur Zahlung von Wertersatz, kann dies dazu führen, dass Sie die vertraglichen Zahlungsverpflichtungen für den Zeitraum bis zum Widerruf dennoch erfüllen müssen. **Ihr Widerrufsrecht erlischt** vorzeitig, wenn der Vertrag **von beiden Seiten auf Ihren ausdrücklichen Wunsch vollständig erfüllt ist**, bevor Sie Ihr Widerrufsrecht ausgeübt haben. **Verpflichtungen zur Erstattung von Zahlungen müssen innerhalb von 30 Tagen erfüllt werden.** Diese Frist beginnt für Sie mit der Absendung Ihrer Widerrufserklärung, für uns mit deren Empfang.

**Besondere Hinweise**

Bei Widerruf dieses Vertrags sind Sie auch an einen mit diesem Vertrag zusammenhängenden Vertrag nicht mehr gebunden, wenn der zusammenhängende Vertrag eine Leistung betrifft, die von uns oder einem Dritten auf der Grundlage einer Vereinbarung zwischen uns und dem Dritten erbracht wird.

Ende der Widerrufsbelehrung

**§ 5 Leistungen von auxmoney**

(1) Wir erbringen gegenüber Kreditsuchenden auf Grundlage eines mit uns geschlossenen Nutzungsvertrags und nach Maßgabe dieser Nutzungsbedingungen ausschließlich folgende, abschließend aufgeführte Leistungen, soweit diese nicht nach nachfolgendem § 5 Absatz (2) ausgeschlossen oder eingeschränkt sind:

**Zurverfügungstellung der Plattform gemäß § 6 der Nutzungsbedingungen; und**

**Kreditprojektbezogene Leistungen gemäß § 7 Absatz (1), Absatz (4) b), c), Absätze (5) und (6) der Nutzungsbedingungen.**

(2) Insbesondere folgende Leistungen werden von uns <u>**nicht**</u> auf Grundlage des Nutzungsvertrags nach Maßgabe dieser Nutzungsbedingungen gegenüber Kreditsuchenden erbracht oder geschuldet:

**Vermittlung von Darlehen** (für eine Darlehensvermittlung durch uns ist der vorherige schriftliche Abschluss eines gesonderten Darlehensvermittlungsvertrags erforderlich);

**Ermittlung/Berechnung des Kreditausfallrisikos von Kreditsuchenden, Zuordnung von Kreditausfallrisiken zu Scoreklassen als auxmoney-Score, Mitteilung eines auxmoney-Score an Kreditsuchende nach § 7 Absatz (2) dieser Nutzungsbedingungen;**

**Unterbreitung eines Finanzierungsvorschlags nach § 7 Absatz (3) a) dieser Nutzungsbedingungen;**

**Übersendung der Finanzierungsdokumentation nach § 7 Absatz (4) a) dieser Nutzungsbedingungen;**

**Beratungsleistungen**, Rat- oder Auskunftserteilung, Finanzdienstleistungen oder Bankgeschäfte;

Prüfung der Echtheit und Richtigkeit von Unterlagen, Angaben und/oder Daten Kreditsuchender oder Dritter;

Prüfung der Bonität oder Identität von Kreditsuchenden;

Prüfung der Werthaltigkeit oder der Rechtswirksamkeit der Bestellung oder des Bestands oder der Durchsetzbarkeit von Sicherheiten, die von Kreditsuchenden oder Dritten gestellt werden;

Verkauf und/oder Abtretung von Darlehensforderungen an Anleger; und

Zustandebringen des/der Vertragsverhältnisse zwischen Kreditsuchenden und der kreditgebenden Bank und/oder zwischen Anlegern und der kreditgebenden Bank oder CreditConnect.

**§ 6 Zurverfügungstellung der Plattform**

(1) Die Nutzung der Plattform durch Kreditsuchende setzt neben der Erfüllung der in § 2 genannten Nutzungsvoraussetzungen voraus, dass ein Kreditsuchender jeweils über die für den Zugriff auf <u>www.auxmoney.com</u> über das Internet erforderlichen und geeigneten technischen Mittel (z.B. Computer, Internetzugang, E-Mail-Adresse) verfügt. Im Rahmen des geschlossenen Nutzungsvertrags stellen wir dem Kreditsuchenden die Plattform lediglich nach Maßgabe unserer Nutzungsbedingungen, mit der nachfolgend in § 6 Absätze (2) bis (4) abschließend aufgeführten Verfügbarkeit und der von uns tatsächlich jeweils geleisteten (von uns frei wählbaren) Vorhaltung zur Verfügung. Der nachfolgende Absatz (2) bleibt unberührt.

(2) Mit Inanspruchnahme der ersten Leistung verpflichten wir uns im nachfolgend dargestellten Rahmen des § 6 Absätze (2) bis (4), den Zugang zur Plattform mit einer durchschnittlichen jährlichen Verfügbarkeit (vorbehaltlich der Regelungen in nachfolgenden Absätzen (3) und (4)) in Höhe von 95% sicher zu stellen. Eine jederzeitige Verfügbarkeit ist jedoch nicht geschuldeter Leistungsgegenstand. Insbesondere notwendige Wartungsarbeiten, zwingende Sicherheitsgründe sowie Ereignisse, die außerhalb unseres Herrschaftsbereich stehen (z.B. Störungen von öffentlichen Kommunikationsnetzen, Stromausfälle, Ausfälle von Subknotenrechnern oder ähnliche Ereignisse), können zu Störungen oder zur vorübergehenden Einstellung unserer Leistungen und der Erreichbarkeit der Plattform auch unterhalb der durchschnittlichen Verfügbarkeit in Höhe von durchschnittlich 95% führen, ohne dass dies eine vertragliche Pflichtverletzung unsererseits darstellt, soweit wir eine solche Vertragspflichtverletzung nicht schuldhaft herbeigeführt haben. Der Zugang zur Plattform und dessen Verfügbarkeit für den Kreditsuchenden hängt insbesondere auch von der eigenen technischen Ausstattung der Kreditsuchenden sowie von der Datenübertragung im Internet durch Dritte ab.

(3) Wir erbringen unsere Leistungen ausschließlich auf Grundlage des technischen Standes der Plattform bei Abschluss des Nutzungsvertrags und des zu diesem Zeitpunkt und zu dem Zeitpunkt der konkreten Leistungsinanspruchnahme bestehenden technischen Standes der Plattform und des Internets und der jeweiligen, rechtlichen und kommerziellen Rahmenbedingungen für dessen Nutzung innerhalb der Bundesrepublik Deutschland.

(4) Wir können den Zugang zur Plattform unter Einschränkung der grundsätzlich geschuldeten Verfügbarkeit nach vorstehendem Absatz (2) jederzeit vorübergehend einschränken oder einstellen, wenn und soweit dies im Hinblick auf die Sicherheit oder Integrität unserer Server oder zur Durchführung zwingender technischer Maßnahmen zur Aufrechterhaltung der vertraglichen Leistung auch gegenüber anderen Kreditsuchenden zwingend erforderlich ist. Die Einschränkung des Zugangs zur Plattform kann insbesondere zum Schutz gegen Angriffe aus dem Internet (z.B. bei sog. „Denial of Service"-Attacken) erforderlich

sein und ist in diesem Fall zulässig, auch wenn hierdurch die jährlich durchschnittliche Verfügbarkeit nach vorstehendem Absatz (2) abgesenkt wird. Wir weisen hierbei darauf hin, dass wir unsere Systeme gegen den unbefugten Zugriff Dritter auf die von uns gespeicherten Daten ausschließlich mit den jeweils bei uns vorhandenen Sicherheitssystemen sichern und dass ein absoluter Schutz gegen Angriffe Dritter nach dem gegenwärtigen Stand der Technik nicht möglich ist und von uns nicht geschuldet ist.

**§ 7 Kreditprojektbezogene Leistungen und Tätigkeiten von auxmoney**

**Unsere Verpflichtung zur Erbringung der in diesem § 7 in Absatz (1), Absatz (4) b), c), Absätze (5) und (6) jeweils genannten kreditprojektbezogenen Leistungen gegenüber Kreditsuchenden sowie die Ausübung von in unserem Ermessen stehenden Tätigkeiten gemäß § 7 Absatz (2), Absatz (3), Absatz (4) a) und Absatz (7) steht unter dem Vorbehalt der vollständigen Erfüllung der sämtlichen Nutzungsvoraussetzungen durch den Kreditsuchenden nach Maßgabe von § 2 dieser Nutzungsbedingungen.**

**(1)** Anlage von Kreditprojekten

a) Kreditsuchende können auf der Plattform nach Maßgabe dieser Nutzungsbedingungen Kreditprojekte nach von uns vorgegebenen, standardisierten Parametern, z.B. nach vorgegebenen Textbausteinen, Eingabe- oder Einstellungsmöglichkeiten, unter Berücksichtigung der von ihnen angegebenen Kreditprojektdaten gemäß § 2 Absatz (2) b) (etwa gewünschter Darlehensbetrag, Verwendungszweck des Darlehens) anlegen. Die Anlage eines Kreditprojektes erfolgt für den Kreditsuchenden automatisch durch uns nach Zugang des Registrierungsformulars bei uns. Für jedes Kreditprojekt vergeben wir eine gesonderte, nicht veränderbare Kreditprojekt-Identifikationsnummer („**Kreditprojekt-ID**"). *Der Inhalt des Kreditprojektes kann sich vor einer Platzierung im Sinne der nachfolgenden Absätze (4) und (5) noch ändern, wenn der Kreditsuchende einen von seinen ursprünglichen Angaben abweichenden Finanzierungsvorschlag zum Inhalt seines Kreditprojektes macht (siehe nachfolgend Absatz (3) b) und c).*

Kreditsuchende können sich im Rahmen der von uns vorgegebenen Parameter und nach Maßgabe dieser Nutzungsbedingungen mit eigenen Inhalten in ihrem Kreditprojekt präsentieren. Die Gestaltung der Kreditprojekte obliegt allein den Kreditsuchenden, jedoch ausschließlich nach Maßgabe dieser Nutzungsbedingungen und im Rahmen der von uns jeweils vorgegebenen Parameter. Hinsichtlich der durch Kreditsuchende auf der Plattform veröffentlichten Inhalte erfolgt keine Überprüfung durch uns. Die Präsentation von erotischen, rassistischen, diskriminierenden, fremdenfeindlichen, politischen oder gesetzeswidrigen Inhalten ist unzulässig. Soweit einzelne Inhalte Rechte Dritter verletzen oder aus anderen Gründen rechtswidrige Inhalte enthalten sollten, ist für den Rechtsverstoß allein der Kreditsuchende verantwortlich. Wir übernehmen keine Verantwortung für von Kreditsuchenden eingestellte Inhalte. Eine dahingehende Prüfungspflicht trifft uns deshalb nicht. Im Falle der Einstellung von nach diesen Nutzungsbedingungen pflichtverletzenden Inhalten durch den Kreditsuchenden stellt uns der Kreditsuchende von daraus resultierenden Ansprüchen Dritter frei. *Wir verweisen auf § 2 Absatz (3).*

b) Bei der Bemessung des gewünschten Darlehensbetrages ist vom Kreditsuchenden zu berücksichtigen, dass vom Darlehensbetrag im Falle einer entgeltlichen Darlehensvermittlung die Provision für eine erfolgreiche Darlehensvermittlung und bei Auswahl einer optional vom Kreditsuchenden gewünschten Restkreditversicherung die Kosten der Restkreditversicherung einbehalten werden. D.h. der Kreditsuchende bekommt in diesen Fällen bei Auszahlung eines Darlehens nicht den vollen Darlehensbetrag, sondern den Darlehensbetrag abzüglich der Darlehensvermittlungsprovision und/oder der Kosten der vom Kreditsuchenden gewünschten Restkreditversicherung ausgezahlt (nachfolgend: **„Auszahlungsbetrag"**). Der Kreditsuchende kann daher bereits bei der Registrierung den gewünschten Auszahlungsbetrag angeben und bekommt dann gesondert den für den Auszahlungsbetrag unter Berücksichtigung einer ggf. anfallenden Darlehensvermittlungsprovision und/oder der Kosten einer ggf. von ihm gewünschten Restkreditversicherung benötigten Darlehensbetrag angezeigt. Der gewünschte Auszahlungsbetrag muss stets glatt durch volle EUR 100,00 teilbar sein.

**(2)** Ermittlung von Kreditausfallrisiken

a) **Wir** sind nach Maßgabe unserer Hinweise zum Datenschutz zur Durchführung des Nutzungsvertrags mit dem Kreditsuchenden – ***jedoch ohne Schutzwirkung für andere Nutzer der Plattform*** – sowie hinsichtlich der nach erfolgreichem Zustandekommen eines Kreditprojektes bestehenden Möglichkeit des Abschlusses eines Darlehensvermittlungsvertrags **jederzeit berechtigt, *aber nicht verpflichtet*, im Hinblick auf den Kreditsuchenden Anfragen bei einer oder mehrerer der in unseren Hinweise zum Datenschutz unter Kapitel II. Ziffer 3. Genannten Auskunfteien (nachfolgend: „Auskunfteien"; z.B. SCHUFA Holding AG) über die Bonität des Kreditsuchenden und darüber zu tätigen, ob bei der/den Auskunftei(en) über den Kreditsuchenden Negativmerkmale bekannt sind.** Die Bonität von Kreditsuchenden wird von den Auskunfteien in Form von Scorewerten ermittelt und dargestellt. Negativmerkmale sind Merkmale, die üblicherweise einer Kreditvergabe entgegenstehen oder diese umfänglich einschränken (z.B. laufende Inkassoverfahren, Insolvenz, eidesstattliche Versicherung, überdurchschnittliches Forderungsausfallrisiko oder Vergleichbares, nachfolgend: „**Negativmerkmale**").

**Wir behalten uns vor, für einen Kreditsuchenden keinen Finanzierungsvorschlag im Sinne von § 7 Absatz (3) a) und b) zu ermitteln oder anzuzeigen, die Höhe des Darlehensbetrages eines Kreditprojektes zu beschränken, Kreditsuchende von der Platzierung von Kreditprojekten auszuschließen oder die Platzierung eines Kreditprojektes zu verweigern, wenn uns von mindestens einer der vorgenannten Auskunfteien keine Auskünfte über den jeweiligen Kreditsuchenden erteilt werden oder wenn eine Auskunftsanfrage ergibt, dass dort zu dem jeweiligen Kreditsuchenden ein oder mehrere Negativmerkmale vorliegen. Gleiches gilt, sofern ein Kreditsuchender auf unsere Nachfrage nach § 2 Absatz (2) c) bb) keine oder keine für die Eruierung eines Kreditvorschlages ausreichende Auskunft erteilt oder Nachweise zur Verfügung stellt. Die**

**Nichtanzeige eines Finanzierungsvorschlags, die Beschränkung der Höhe des Darlehensbetrages eines Kreditprojektes oder der Ausschluss von Kreditsuchenden von der Platzierung von Kreditprojekten erfolgt ausschließlich in unserem eigenen Interesse und mit Schutzwirkung ausschließlich für uns, um einen möglichst reibungslosen Betrieb der Plattform und einer etwaigen Darlehensvermittlung zu ermöglichen. Wir verweisen auf § 5 Absatz (2) dieser Nutzungsbedingungen.**

b) **Wir** sind nach Maßgabe unserer Hinweise zum Datenschutz zur Durchführung des Nutzungsvertrags mit dem Kreditsuchenden – ***jedoch ohne Schutzwirkung für andere Nutzer der Plattform*** – sowie hinsichtlich der nach erfolgreichem Zustandekommen eines Kreditprojektes bestehenden Möglichkeit des Abschlusses eines Darlehensvermittlungsvertrags ferner **jederzeit berechtigt, *aber nicht verpflichtet*, vor der Ermittlung oder Anzeige eines Finanzierungsvorschlages im Sinne von § 7 Absatz (3) a) und b) im Hinblick auf den Kreditsuchenden und dessen Kreditprojekt unter Zugrundelegung eines wissenschaftlich anerkannten mathematisch-statistischen Verfahrens einen Wahrscheinlichkeitswert dafür zu ermitteln, ob der jeweilige Kreditsuchende bei Zustandekommen seines jeweiligen Kreditprojektes in der Lage ist, ein ihm gewährtes Darlehen zurückzahlen oder nicht (nachfolgend „*Kreditausfallrisiko*")**.

Die Ermittlung des Kreditausfallrisikos erfolgt auf Basis der in den Hinweisen zum Datenschutz unter Kapitel II. Ziffer 4. genannten Daten des Kreditsuchenden. Ausgehend von dem von uns jeweils berechneten Kreditausfallrisiko und ggf. auf Basis von weiteren Informationen und/oder Nachweisen des Kreditsuchenden sind **wir jederzeit berechtigt, *aber nicht verpflichtet***, dem jeweiligen Kreditsuchenden eine bestimmte, von auxmoney im eigenen Ermessen definierte Scoreklasse zuzuordnen (eine jede solche Scoreklasse wird nachfolgend jeweils auch als „**auxmoney-Score**" bezeichnet). **Die Ermittlung des auxmoney-Scores erfolgt ausschließlich in unserem eigenen Interesse und ohne Schutzwirkung für Dritte, um einen möglichst reibungslosen Betrieb der Plattform und eine Darlehensvermittlung zu ermöglichen, und wird von uns weder gegenüber Kreditsuchenden noch gegenüber Anlegern geschuldet oder geleistet. Wir verweisen auf § 5 Absatz (2).**

c) Unter der Voraussetzung, dass ein Kreditsuchender einen Finanzierungsvorschlag nach Maßgabe von § 7 Absatz (3) a) und b) auswählt, sind wir nach Maßgabe unserer Hinweise zum Datenschutz **berechtigt, *aber nicht verpflichtet***, das Kreditprojekt des Kreditsuchenden, seine Kreditprojektdaten, einschließlich der ggf. von ihm gemachten Angaben zum Finanzbericht i.S.v. § 2 Absatz (2) b), sowie die folgenden, zusammen auch als „**Bonitätsinformationen**" bezeichneten Daten: die Ergebnisse der von der/den Auskunftei(en) mitgeteilten Auskünfte über die Bonität von Kreditsuchenden (z.B. „SCHUFA-Score") sowie den auxmoney-Score des jeweiligen Kreditsuchenden, auf der Plattform für die Allgemeinheit und für Anleger sichtbar zu veröffentlichen. Für die eventuelle Anzeige und Veröffentlichung der in dem vorgenannten Satz genannten Daten und Bonitätsinformationen auf der Plattform wird für den Kreditsuchenden ein aus einer beliebigen Zahlen- und Buchstabenkombination gebildeter Benutzername generiert. **Die Löschung des Benutzernamens des Kreditsuchenden, der Kreditprojektdaten, der ggf. von ihm gemachten Angaben zum Finanzbericht (nach Maßgabe dieses Unterabsatzes c)) oder der Bonitätsinformationen aus einem auf der Plattform platzierten Kreditprojekt durch den Kreditsuchenden ist für den Platzierungszeitraum (wie in § 7 Absatz (4) b) definiert) <u>nicht</u> möglich. Im Übrigen richtet sich eine Löschung von Daten nach unseren Hinweisen zum Datenschutz. Wir verweisen ferner auf § 7 Absatz (5).**

**(3)** <u>Ermittlung von Finanzierungsvorschlägen für Kreditsuchende</u>

a) Nach der Anlage eines Kreditprojektes sind wir in Fällen, in denen wir im Hinblick auf das jeweilige Kreditprojekt nach Maßgabe von § 7 Absatz (2) b) das Kreditausfallrisiko berechnet und diesem einen auxmoney-Score zugeordnet haben, *berechtigt, aber nicht verpflichtet*, einem Kreditsuchenden für sein Kreditprojekt einen oder mehrere verschiedene Finanzierungsvorschläge zu unterbreiten. Jeder unterbreitete Finanzierungsvorschlag beinhaltet jeweils einen Vorschlag über die Höhe einer zu zahlenden monatlichen Darlehensrate in Euro, die Darlehenslaufzeit in Monaten, die Höhe des Darlehenssollzinssatzes in Prozent p.a. sowie die Höhe des effektiven Jahreszinses in Prozent (nachfolgend „**Finanzierungsvorschlag**"; z.B.: monatliche Darlehensrate: EUR 750,00 bei einer Darlehenslaufzeit von 48 Monaten, einem Darlehenssollzins von 8,3% p.a. und einem effektiven Jahreszins von 8,5%). Ein Finanzierungsvorschlag wird von uns im Hinblick auf jedes Kreditprojekt individuell unter Berücksichtigung des Kreditausfallrisikos zu dem jeweiligen Kreditprojekt i.S.v. § 7 Absatz (2) b) und unter Berücksichtigung weiterer Parameter ermittelt.

b) <u>Auswahl eines Finanzierungsvorschlages durch Kreditsuchende</u>

Der oder die für einen Kreditsuchenden ermittelten Finanzierungsvorschläge wird bzw. werden dem jeweiligen Kreditsuchenden *<u>vorbehaltlich</u> der Regelungen im nachfolgenden § 7 Absatz (3) c)* auf der Plattform angezeigt. Ein Kreditsuchender kann unter dem bzw. den ihm angezeigten Finanzierungsvorschlägen einen Vorschlag durch das Anklicken der auf der Plattform hierfür vorgehaltenen Schaltfläche auswählen. ***Mit der Auswahl eines Finanzierungsvorschlages macht der Kreditsuchende die Konditionen des Finanzierungsvorschlages (insbesondere Darlehenshöhe, Darlehenslaufzeit, Darlehenszinssatz) vollumfänglich zum Inhalt seines Kreditprojektes.*** Das Zustandekommen eines Kreditprojektes ist sodann von der Erfüllung der weiteren Schritte gemäß nachfolgender Absätze (4) und (5) abhängig.

c) *<u>Hinweise zu möglichen Ausschlüssen/Beschränkungen von Finanzierungsvorschlägen</u>*

aa) **Die Möglichkeit, Konditionen, die von einem von uns angezeigten Finanzierungsvorschlag abweichen, zum Inhalt eines Kreditprojektes zu machen, besteht für Kreditsuchende <u>nicht</u> und wird Kreditsuchenden nicht von uns geschuldet.**

bb) **Wir behalten uns nach Maßgabe von § 7 Absatz (2) a) Unterabsatz 2 vor**, einem Kreditsuchenden einen Finanzierungsvorschlag lediglich zu einem geringeren als zu dem vom Kreditsuchenden bei Anlage seines Kreditprojektes gewünschten Darlehensbetrag anzuzeigen, d.h. **die Höhe des Darlehensbetrages eines Kreditprojektes nach unserem Ermessen zu beschränken.** Nach Auswahl eines Finanzierungsvorschlags gemäß vorstehendem § 7 Absatz (3) b) ist eine Platzierung des Kreditprojektes nach Maßgabe von § 7 Absatz (4) b) in diesem Fall nur in Höhe des beschränkten Darlehensbetrages möglich.

cc) Wir unterbreiten Kreditsuchenden insbesondere in folgenden Fällen keinen Finanzierungsvorschlag, sofern: (i) einer der in § 7 Absatz (2) a) Unterabsatz 2 genannten Gründe vorliegt; (ii) nach unserer Einschätzung eine fehlende Kapitaldienstfähigkeit des Kreditsuchenden zu erwarten ist; (iii) gesetzliche Höchstgrenzen zur Bemessung eines Soll- oder Effektivzinssatzes überschritten würden; (iv) uns die Unterbreitung eines Finanzierungsvorschlags nicht möglich ist aus Gründen, die der Kreditsuchende zu vertreten hat; oder (v) wir gemäß dem uns eingeräumten Ermessen aus sonstigen Gründen keinen Finanzierungsvorschlag unterbreiten. Unterbreiten wir einem Kreditsuchenden aus einem der vorgenannten Gründe oder aus anderen Gründen keinen Finanzierungsvorschlag, ist keine Platzierung des Kreditprojektes des Kreditsuchenden nach Maßgabe von § 7 Absatz (4) möglich. In einem solchen Fall erhält der Kreditsuchende von uns auf der Plattform eine Mitteilung darüber, dass die Ermittlung oder Anzeige eines Finanzierungsvorschlages und die Platzierung eines Kreditprojektes auf der Plattform nicht möglich ist. Dem Kreditsuchenden steht es jedoch frei, zu einem späteren Zeitpunkt erneut ein Kreditprojekt i.S.v. § 7 Absatz (1) anzulegen.

dd) Sofern wir einem Kreditsuchenden keinen Finanzierungsvorschlag unterbreiten, sind wir dem jeweiligen Kreditsuchenden gegenüber nicht verpflichtet, ein Kreditprojekt auf der Plattform im Sinne von § 7 Absatz (4) b) dieser Nutzungsbedingungen zu platzieren. Das Gleiche gilt bei Vorliegen eines der in § 2 Absatz (3) a) genannten Gründe in der Person eines Kreditsuchenden.

ee) **Wir behalten uns ausschließlich in unserem eigenen Interesse vor, ein platziertes Kreditprojekt aus wichtigem Grund, den der Kreditsuchende zu vertreten hat (z.B. bei Einstellung täuschender oder unstimmiger Angaben), jederzeit von der Plattform zu entfernen oder den Zugang zu diesen Kreditprojekten für andere Nutzer der Plattform bis zur Beseitigung des wichtigen Grundes zu sperren, um einen möglichst reibungslosen Betrieb der Plattform zu ermöglichen. Gleiches gilt, wenn uns über den Kreditsuchenden nach Platzierung auf der Plattform Negativmerkmale im Sinne von § 7 Absatz (2) a) bekannt werden. Auf § 5 Absatz (2) dieser Nutzungsbedingungen wird verwiesen.**

**(4) Zustandekommen von Kreditprojekten**

a) Hat ein Kreditsuchender einen Finanzierungsvorschlag nach Maßgabe des vorstehenden § 7 Absatz (3) b) ausgewählt, sind wir berechtigt, ihm die Antragsunterlagen zu übersenden, die wir aus unserer Sicht benötigen, um uns nach einem Zustandekommen des Kreditprojektes für den Kreditsuchenden um die Vermittlung eines Allgemein-Verbraucherdarlehensvertrags zu den Konditionen des vom Kreditsuchenden ausgewählten Finanzierungsvorschlages (insbesondere Darlehenshöhe, Darlehenslaufzeit, Darlehenszinssatz) bemühen zu können (nachfolgend: „**Finanzierungsdokumentation**"; z.B. Antrag auf Abschluss eines *entgeltlichen* Darlehensvermittlungsvertrags etc.). *Auf den Vorbehalt in § 7 Absatz (7) wird verwiesen.* Erhält der Kreditsuchende von uns die Finanzierungsdokumentation und möchte er sein Kreditprojekt fortsetzen, muss er die für uns bestimmten Exemplare der Finanzierungsdokumentation an allen dazu vorgesehenen Stellen ausfüllen, unterzeichnen und uns vollständig zurücksenden. Das Risiko der Rücksendung und des Zugangs bei uns trägt der Kreditsuchende.

b) Nach Zugang, der vollständigen, vom Kreditsuchenden ordnungsgemäß ausgefüllten und unterzeichneten Finanzierungsdokumentation bei uns und unter der Voraussetzung, dass unserseits gegenüber dem Kreditsuchenden keine offenen Fragen zu von dem Kreditsuchenden uns gegenüber gemachten Angaben, zum Kreditprojekt oder zur Finanzierungsdokumentation bestehen, *platzieren* wir das Kreditprojekt des Kreditsuchenden für einen durch den der Plattform immanenten, technischen Allokations-Algorithmus bestimmten Zeitraum (nachfolgend: „**Platzierungszeitraum**") zur Einholung von Finanzierungsgeboten von Anlegern auf der Plattform.

**Platzieren** bedeutet, dass wir für einen Kreditsuchenden innerhalb des Platzierungszeitraums einen Abgleich der Konditionen seines Kreditprojektes unter Berücksichtigung des von ihm ausgewählten Finanzierungsvorschlages mit bereits zuvor oder zeitgleich von Anlegern durch Nutzung einer automatischen Anlagefunktion auf der Plattform eingestellten Finanzierungsgeboten vornehmen (nachfolgend: „**Finanzierungsabgleich**").

**Wir übernehmen keine Garantie oder ein Beschaffungsrisiko für die Finanzierung des Kreditprojektes im Sinne von § 276 Absatz 1 BGB. Während des Platzierungszeitraumes kann für einen Kreditsuchenden neben dem platzierten Kreditprojekt kein weiteres Kreditprojekt auf der Plattform platziert werden.**

c) **Ein Kreditprojekt von einem Kreditsuchenden kommt in dem Zeitpunkt zustande, in dem nach dessen Platzierung ausreichende Finanzierungsgebote von Anlegern zur vollständigen Finanzierung des Kreditprojektes vorliegen. Liegen mit Ende des Platzierungszeitraums nicht ausreichende Finanzierungsgebote von Anlegern zur vollständigen Finanzierung vor, kommt das Kreditprojekt nicht zustande und erlischt, etwaige Finanzierungsgebote von Anlegern auf dieses Kreditprojekt verfallen ersatzlos.**

**(5)** Der Inhalt eines Kreditprojektes kann **vor** dessen Platzierung jederzeit unter Berücksichtigung der Regelungen dieser Nutzungsbedingungen geändert werden. **Nach** der Platzierung eines Kreditprojektes auf der Plattform und bei Vorliegen zumindest eines Finanzierungsgebotes eines Anlegers, sind **Änderungen des Inhaltes eines Kreditprojektes** durch den Kreditsuchenden **nicht mehr möglich. Allerdings kann der Kreditsuchende sein auf der Plattform platziertes Kreditprojekt jederzeit vor Ende des Platzierungszeitraums oder Ablauf der Angebotsfrist löschen. In diesem Fall verfallen von Anlegern bereits abgegebene Finanzierungsgebote.**

**(6)** Ein Unterbieten von bereits auf ein Kreditprojekt abgegebenen Finanzierungsgeboten durch Anleger, das zu einer Vergünstigung späterer Darlehenskonditionen in Form eines niedrigeren Darlehenszinses führen könnte, findet nicht statt.

**(7) Wir sind berechtigt, die Übersendung der Finanzierungsdokumentation im Einzelfall von der vorherigen Beantwortung aus unserer Sicht noch offener Fragen oder der Zurverfügungstellung von angeforderten Nachweisen durch den Kreditsuchenden zu uns gegenüber gemachten Angaben zum Kreditprojekt abhängig zu machen.** *Die Übersendung der*

*Finanzierungsdokumentation kann von uns abgelehnt werden, wenn ein wichtiger Grund im Sinne von § 7 Absatz (2) a) Unterabsatz 2 vorliegt. Die Finanzierungsdokumentation, insbesondere der Antrag auf Abschluss eines Darlehensvermittlungsvertrags, kann gegenüber diesen Nutzungsbedingungen erweiterte Angebotsvoraussetzungen und -ausschlüsse enthalten.*

(8) **Nach Zustandekommen eines Kreditprojektes gemäß § 7 Absatz (4) c) ist eine Darlehensvergabe durch eine mit uns kooperierende Bank sodann von der Erfüllung der weiteren Schritte gemäß § 8 Absatz (3) dieser Nutzungsbedingungen abhängig.**

### § 8 Darlehensvergabe, Forderungsverkauf/-abtretung, Forderungsverwaltung

(1) Wir sind keine Bank, also kein Kreditinstitut und kein Finanzdienstleister nach § 1 des Kreditwesengesetzes. Wir erbringen insofern weder Bankgeschäfte noch Finanzdienstleistungen. *Auf Grundlage des Nutzungsvertrags beschränken wir uns auf den Betrieb der Plattform nach Maßgabe dieser Nutzungsbedingungen.*

(2) Kommt ein Kreditprojekt gemäß § 7 Absatz (4) c) zustande, sind wir – insbesondere vorbehaltlich der Regelung in § 2 Absatz (3) b) dieser Nutzungsbedingungen – berechtigt, dem Kreditsuchenden den Abschluss eines Darlehensvermittlungsvertrags mit dem Inhalt anzubieten, dass wir uns um die Vermittlung eines den Konditionen des zustande gekommenen Kreditprojektes (insbesondere Darlehenshöhe, Darlehenslaufzeit, Darlehenszinssatz) entsprechenden Allgemein-Verbraucherdarlehensvertrags an den Kreditsuchenden mit einer mit uns kooperierenden Bank bemühen. Wir behalten uns nach eigenem freien Ermessen vor, dem Kreditsuchenden unsere Tätigkeit als Darlehensvermittler auf Basis eines entgeltlichen oder – sofern im konkreten Einzelfall von uns angeboten – eines unentgeltlichen Darlehensvermittlungsvertrags anzubieten. Im Rahmen eines Darlehensvermittlungsvertrags übernehmen wir keine Beibringungs-, Vermittlungs- oder Nachweispflicht sowie kein Beschaffungsrisiko im Sinne von § 276 Absatz 1 BGB für einen Allgemein-Verbraucherdarlehensvertrag oder die Auszahlung der Darlehensvaluta. Ferner übermitteln wir nach Zustandekommen eines Kreditprojektes der kreditgebenden Bank sowie CreditConnect – soweit von CreditConnect zur Erstellung von Vertragsdokumentation benötigt – die uns bekanntgegebenen Persönlichen Daten des Kreditsuchenden und der Anleger (mit Ausnahme des Passworts) und die Kreditprojektdaten, um den Anlegern den Abschluss eines Vertrags über den Verkauf und die Abtretung einer zukünftigen Verbraucherdarlehensforderung mit der kreditgebenden Bank und den Abschluss eines Servicingvertrags mit CreditConnect zu ermöglichen.

(3) **Hinweis: Zur Erlangung eines Allgemein-Verbraucherdarlehens durch den Kreditsuchenden auf Basis seines Kreditprojektes und für den (anteiligen) Erwerb einer Darlehensforderung hieraus durch Anleger sind nach Zustandekommen eines Kreditprojektes gemäß § 7 Absatz (4) c) zusätzlich zwingend folgende Schritte und Vertragsschlüsse außerhalb der Plattform erforderlich:**

Abschluss und Vollzug eines gesonderten, entgeltlichen oder – sofern in unserem freien Ermessen im konkreten Einzelfall von uns angeboten – unentgeltlichen Darlehensvermittlungsvertrags durch den Kreditsuchenden mit uns als Darlehensvermittler und Unterzeichnung eines Kreditantrages an die von uns kontaktierte Bank;

Abschluss und Vollzug eines entgeltlichen Allgemein-Verbraucherdarlehensvertrags mit der eingeschalteten Bank durch den Kreditsuchenden;

Abschluss und Vollzug eines entgeltlichen Vertrags über den Verkauf und die Abtretung einer zukünftigen Verbraucherdarlehensforderung zwischen dem Anleger und der kreditgebenden Bank; und

Abschluss und Vollzug eines entgeltlichen Servicingvertrags zwischen dem Anleger und CreditConnect.

Der weitere Ablauf richtet sich ausschließlich nach dem Inhalt und den Regelungen der vorgenannten Verträge.

Um die Darlehensvergabe sowie den Verkauf und die Abtretung von Darlehensforderungen zu vereinfachen, sind mit Ausnahme der Namen der Kunden, der Darlehenssumme und des Zinssatzes alle Darlehensverträge, alle Verträge über den Verkauf und die Abtretung einer zukünftigen Verbraucherdarlehensforderung und alle Servicingverträge standardisiert. Mit uns kooperierende Banken vergeben nach ihrem eigenen Ermessen sog. annuitätische Ratenkredite. Dies bedeutet, dass sich die von den Darlehensnehmern zu zahlenden monatlichen Raten aus Zins und Tilgung (Summe beider Werte = sog. „Annuität") zusammensetzen und die Raten über die gesamte Laufzeit des Allgemein-Verbraucherdarlehensvertrags (mit Ausnahme von Rundungsdifferenzen und einer ggf. geringeren Schlussrate) jeden Monat gleich hoch sind. Durch die laufende Tilgung wird der Zinsanteil einer Rate während der Laufzeit kleiner, während der Tilgungsanteil ansteigt. Somit ist am Laufzeitende bei vereinbarter Bedienung des Darlehens, also im Falle der vertragsgemäßen monatlichen Zahlung der fälligen Raten durch den Darlehensnehmer, das Darlehen einschließlich der zu zahlenden Zinsen vom Darlehensnehmer vollständig zurückgezahlt.

(4) **Kontoverifizierung:** *auxmoney ist berechtigt, aber nicht verpflichtet, vor einer Kreditgewährung zum Zwecke der Kontoverifizierung eine Kontrollüberweisung durch Überweisung eines Betrags von EUR 0,01 („**Kontrollbetrag**") auf das vorstehend in § 2 Absatz (2) Unterabsatz a) genannte Einzugskonto durchzuführen. Hat auxmoney einen Kontrollbetrag auf das Einzugskonto eines Kreditsuchenden überwiesen, ist der Kreditsuchende ab Gutschrift des Kontrollbetrages auf dem Einzugskonto verpflichtet, auxmoney den Kontrollbetrag zurückzuzahlen. Die Rückzahlung kann unmittelbar an auxmoney oder an einen von auxmoney zu diesem Zweck benannten Dritten erfolgen. Durch die Rückzahlung des Kontrollbetrages entstehen dem Kreditsuchenden keine Kosten, da der Kreditsuchende die Möglichkeit erhält, auxmoney oder einen von auxmoney benannten Dritten mit dem Einzug des Kontrollbetrags nach Gutschrift vom Einzugskonto zu ermächtigen.*

**§ 9** Besondere Hinweise

(1) Es obliegt allein dem Kreditsuchenden, die Entscheidung zu treffen, ob und mit wem er einen Vertrag unter Nutzung der Plattform eingehen möchte. **Aus dem Abschluss des Nutzungsvertrags über die Leistungen der Plattform und/oder der Durchführung eines Kreditprojekt ergeben sich für Kreditsuchende keine Rechte gegenüber uns oder gegenüber mit uns kooperierenden Banken oder CreditConnect auf Abschluss eines Darlehensvermittlungsvertrags, eines Allgemein-Verbraucherdarlehensvertrags, eines Vertrags über den Verkauf und die Abtretung einer zukünftigen Verbraucherdarlehensforderung und/oder eines Servicingvertrags. Hierfür sind allein die gegebenenfalls gesondert abzuschließenden Verträge mit uns bzw. den vorgenannten Dritten maßgeblich**.

(2) Wir schulden weder die Wirksamkeit der zwischen Kreditsuchenden oder Anlegern und kreditgebender Bank und/oder zwischen Anlegern und CreditConnect geschlossenen Verträge, noch die Durchführung oder Erfüllung solcher Verträge durch die Bank und/oder CreditConnect und übernehmen hierfür auch keinerlei Haftung.

(3) Wir arbeiten bei der Einholung von Bonitätsauskünften im Sinne von § 7 Absatz (2) a) mit von uns als zuverlässig eingestuften Anbietern, z.B. mit der SCHUFA Holding AG zusammen. **Wir schulden jedoch nicht die Richtigkeit der Informationen, die wir von Dritten über Kreditsuchende erhalten und übernehmen insoweit keinerlei Haftung. Wir weisen Kreditsuchende ausdrücklich darauf hin, dass diese Informationen von Dritten zwar eine Indikation für ihre Bonität oder das von ihnen ausgehende Kreditausfallrisiko, insbesondere i.S.v. § 7 Absatz (2) b) sein kann, dass die tatsächlichen Umstände jedoch möglicherweise hiervon abweichen.**

(4) **Im Übrigen verweisen wir auf § 5 Absatz (2) der Nutzungsbedingungen**.

**§ 10** **Haftungsbeschränkung**

(1) Unsere vertragliche und gesetzliche Haftung für Schadensersatz und Aufwendungsersatz, gleich aus welchem Rechtsgrund, sowie die Haftung unserer gesetzlichen Vertreter und Erfüllungsgehilfen wird wie folgt ausgeschlossen beziehungsweise beschränkt:

a) Für die leicht fahrlässige Verletzung wesentlicher Pflichten aus dem Schuldverhältnis haften wir der Höhe nach begrenzt auf den bei Vertragsschluss vorhersehbaren, vertragstypischen Schaden.

„*Wesentliche Vertragspflichten*" sind solche, deren Erfüllung den Vertrag prägen und auf die der Nutzer vertrauen darf.

b) Für die leichte fahrlässige Verletzung nicht wesentlicher Pflichten aus dem Schuldverhältnis sowie für höhere Gewalt (d.h. von uns nicht zu vertretende leistungshindernde Ereignisse mit einer Mindestdauer von mehr als zwölf Kalendertagen) haften wir nicht. Im Falle der höheren Gewalt gilt dies nur, wenn wir den Kreditsuchenden unverzüglich nach Kenntnis des Ereignisses höherer Gewalt hierüber informiert haben.

(2) Die vorgenannte Haftungsbeschränkung gilt nicht (i) in den Fällen zwingender gesetzlicher Haftung (insbesondere nach dem Produkthaftungsgesetz), (ii) wenn und soweit wir eine Garantie oder ein Beschaffungsrisiko (§ 276 Absatz 1 BGB) übernommen haben, (iii) für schuldhaft verursachte Verletzungen von Leben, Körper und/oder Gesundheit, auch durch Vertreter und Erfüllungsgehilfen, sowie (iv) im Falle des Verzuges bei einem fixen Leistungstermin.

(3) Der Kreditsuchende ist verpflichtet, angemessene Maßnahmen zur Schadensabwehr und Schadensminderung zu treffen. § 254 BGB (Mitverschulden) bleibt unberührt.

(4) Eine Umkehr der Beweislast ist mit den vorstehenden Regelungen nicht verbunden.

**§ 11** **Kündigung des Nutzungsvertrags, Kündigungsfolgen**

(1) **Der Nutzungsvertrag über die Nutzung der Plattform hat eine unbegrenzte Laufzeit. Er kann von Kreditsuchenden oder von uns ordentlich mit einer Kündigungsfrist von zwei Wochen zum Monatsende beendet werden. Im Falle des Abschlusses einzelner oder mehrerer der unter § 8 Absatz (3) genannten, zusätzlichen Verträge ist deren Bestand vom Bestand dieses Nutzungsvertrags unabhängig.**

(2) **Das Recht zur Kündigung aus wichtigem Grund bleibt unberührt.**

(3) **Jede Kündigung bedarf zu ihrer Wirksamkeit der Schrift- oder Textform (z.B. E-Mail, Telefax oder Brief).**

**§ 12** **Anwendbares Recht, Hinweis zur Streitbeilegung, Aufsichtsbehörde, Versicherungsvermittlung, Schlussbestimmungen**

(1) Die vorvertraglichen Beziehungen zwischen uns und Kreditsuchenden, Nutzungsverträge sowie diese Nutzungsbedingungen unterliegen dem Recht der Bundesrepublik Deutschland unter Ausschluss des UN-Kaufrechts (CSIG). Kommunikations- und Vertragssprache sowie die Sprache, in der die in der Widerrufsbelehrung in vorstehendem § 4 genannten Vorabinformationen mitgeteilt werden, ist Deutsch.

(2) Bei Streitigkeiten aus der Anwendung der Vorschriften des BGB betreffend Fernabsatzverträge über Finanzdienstleistungen kann sich der Kreditsuchende unbeschadet seines Rechts, die Gerichte anzurufen, mit einer Beschwerde an die

Schlichtungsstelle der Deutschen Bundesbank wenden (Postfach 10 06 02, 60006 Frankfurt am Main, Tel.: 069-9566-3232, Fax: 069-709090-9901, E-Mail: schlichtung@bundesbank.de), wenn es für die Streitigkeit keine zuständige anerkannte Verbraucherschlichtungsstelle gibt. Einzelheiten sind im Internet unter: www.bundesbank.de abrufbar. Wir weisen darauf hin, dass wir weder bereit noch verpflichtet sind, an einem Streitbeilegungsverfahren vor einer Verbraucherschlichtungsstelle teilzunehmen.

**(3)** Online-Streitbeilegung gemäß Art. 14 Absatz 1 ODR-VO: Die Europäische Kommission stellt eine Plattform zur Online-Streitbeilegung (OS) bereit, die Sie unter http://ec.europa.eu/consumers/odr/ finden.

**(4)** **Haupttätigkeit und Aufsichtsbehörde: Zuständige Aufsichtsbehörde für die von uns nach Maßgabe dieser Nutzungsbedingungen erbrachte Leistung ist die Stadt Düsseldorf, Ordnungsamt, Abteilung Gewerberechtliche Angelegenheiten, 40200 Düsseldorf. Dies gilt auch, soweit wir außerhalb dieser Nutzungsbedingungen und ausschließlich auf Basis anderer, gesonderter vertraglicher Vereinbarungen als Darlehensvermittler (§ 34c Absatz 1 S. 1 Nr. 2 Gewerbeordnung (nachfolgend: „GewO")) tätig werden. Daneben verfügen wir über eine Erlaubnis als Versicherungsvertreter (§ 34d Absatz 1 GewO) und über eine Erlaubnis als Finanzanlagenvermittler (§ 34f Absatz 1 S. 1 Nr. 3 GewO). Zuständige Aufsichtsbehörde für die Tätigkeiten als Versicherungsvertreter (siehe dazu auch nachfolgend Absatz (5)) und als Finanzanlagenvermittler, die wir nicht nach Maßgabe dieser Nutzungsbedingungen erbringen, ist die IHK Düsseldorf, Ernst-Schneider-Platz 1, 40212 Düsseldorf.**

**(5)** **Zusätzliche Informationen zur Versicherungsvermittlung und gesonderte statusbezogene Informationspflichten nach der Versicherungsvermittlungsverordnung, soweit nicht schon in der Präambel dieser Nutzungsbedingungen angegeben:**

Wir sind bei der Industrie- und Handelskammer Düsseldorf, Ernst-Schneider-Platz 1, 40212 Düsseldorf, www.duesseldorf.ihk.de, als Versicherungsvermittler, und zwar als Versicherungsvertreter mit einer Erlaubnis nach § 34d Absatz 1 GewO gemeldet und in das Versicherungsvermittlerregister (abrufbar unter: www.vermittlerregister.info) unter der Registrierungsnummer: D-TF00-COZI9-93 eingetragen. Gemeinsame Stelle im Sinne von § 11a Absatz 1 GewO ist der Deutscher Industrie- und Handelskammertag e.V. (DIHK), Breite Straße 29, 10178 Berlin, Tel.: 0180-600 58 50 (derzeit Festnetzpreis 0,20 €/Anruf, aus dem Mobilfunknetz maximal 0,60 €/Anruf), www.vermittlerregister.info. Sofern wir für Kreditsuchende außerhalb von mit uns bestehenden Nutzungsverträgen auf Basis gesonderter Anfragen von Kreditsuchenden als Versicherungsvermittler tätig werden, erhalten wir für diese Tätigkeit im Falle der erfolgreichen Versicherungsvermittlung eines Versicherungsvertrags als Vergütung im Zusammenhang mit der Versicherungsvermittlung eine Provision vom Versicherer. Die Vergütung ist als Provision in der vom jeweiligen Versicherungsnehmer zu zahlenden Versicherungsprämie enthalten und somit nicht gesondert vom Versicherungsnehmer an uns zu zahlen. Weitere Vergütungen erhalten wir nicht für die Versicherungsvermittlung. Sofern und soweit wir für Kreditsuchende außerhalb von mit uns bestehenden Nutzungsverträgen auf Basis gesonderter Anfragen von Kreditsuchenden als Versicherungsvermittler tätig werden, bieten wir dem jeweiligen Kreditsuchenden im Zusammenhang mit der Vermittlung, soweit nicht anders mit dem jeweiligen Kreditsuchenden nach Maßgabe der gesetzlichen Bestimmungen vereinbart, nach Maßgabe der gesetzlichen Bestimmungen eine Beratung an. Berufsrechtliche Regelungen für unsere Tätigkeit als Versicherungsvermittler enthalten § 34d GewO, §§ 59 bis 68 Gesetz über den Versicherungsvertrag sowie die Versicherungsvermittlungsverordnung. Bei Streitigkeiten, die die Tätigkeit von auxmoney als Versicherungsvermittler betreffen, können sich die Beteiligten unbeschadet ihres Rechts, die Gerichte anzurufen, mit ihrer Beschwerde auch an die Schlichtungsstelle des Versicherungsombudsmannes e.V., Postfach 080632, 10006 Berlin, Tel.: 0800-3696000 (für Anrufe aus dem deutschen Telefonnetz kostenfrei), Fax: 0800-9699000 (für Telefaxe aus dem deutschen Telefonnetz kostenfrei) wenden. Einzelheiten sind im Internet unter: www.versicherungsombudsmann.de abrufbar. auxmoney besitzt keine Beteiligungen an den Stimmrechten oder am Kapital eines Versicherungsunternehmens. Versicherungsunternehmen oder Mutterunternehmen eines Versicherungsunternehmens besitzen keine unmittelbare oder mittelbare Beteiligung von über 10 Prozent an den Stimmrechten oder am Kapital der auxmoney GmbH.

**(6)** Soweit hierin nicht ausdrücklich abweichend vereinbart oder dargestellt, stellen diese Nutzungsbedingungen und der Nutzungsvertrag die gesamte Übereinkunft zwischen uns und dem Kreditsuchenden dar. Alle vorherigen Vereinbarungen und Absprachen zwischen uns in Bezug auf den Vertragsgegenstand werden hiermit aufgehoben und ersetzt. § 305b BGB (Vorrang der Individualabrede) bleibt für Individualabreden in jeglicher Form unberührt.

**(7)** Öffentliche Äußerungen hinsichtlich der Plattform werden nur dann Bestandteil der Leistungen, wenn wir sie im Einzelfall ausdrücklich als geschuldete Leistungen der Plattform bezeichnet haben und dies in Textform bestätigen.

**(8)** Änderungen und/oder Ergänzungen dieser Nutzungsbedingungen bedürfen zu ihrer Wirksamkeit der Schrift- oder Textform. § 305b BGB (Vorrang der Individualabrede) bleibt für Individualabreden jeglicher Form unberührt.

**Stand: Oktober 2022**

## 1.3 Nutzungsbedingungen für Anleger, Stand Mai 2022

**Nutzungsbedingungen des auxmoney Online-Kreditmarktplatzes für private Anleger**

**Die Nutzung des auxmoney Online-Kreditmarktplatzes auf der Internetseite www.auxmoney.com und der damit verbundenen Angebote unterliegen für private Anleger den folgenden Allgemeinen Geschäftsbedingungen (AGB), nachfolgend: „Nutzungsbedingungen".**

**Präambel:**

Wir, die **auxmoney GmbH** (nachfolgend: **„wir", „uns"**), **Kasernenstraße 67, 40213 Düsseldorf, Amtsgericht Düsseldorf, HRB 56768, Telefon: 0211-54243220, Fax: 0211-54243298, info@auxmoney.com, vertreten durch die Geschäftsführer Raffael Johnen, Matthias von der Heyde, Philipp Kriependorf, Arie Wilder und Dr. Daniel Drummer, jeweils mit gleicher Geschäftsanschrift**, betreiben unter der Internetseite www.auxmoney.com einen Online-Kreditmarktplatz (nachfolgend: **„Marktplatz"**). Unser Marktplatz steht Personen zur Verfügung, die für eigene Rechnung auf Basis eines Allgemein-Verbraucherdarlehensvertrags im Sinne von § 491 Absatz 2 BGB (nachfolgend auch: **„Darlehensvertrag"**) aufnehmen möchten (nachfolgend: **„Kreditsuchende"** oder **„Darlehensnehmer"**) und die hierfür Geldgeber suchen, sowie natürlichen oder juristischen Personen, die Geld anlegen möchten. Im Hinblick auf natürliche und/oder juristische Personen, die Geld anlegen möchten, wird auf dem Marktplatz unterschieden zwischen „privaten Anlegern" und „professionellen Anlegern". „Private Anleger" sind natürliche Personen, die Geld zu Zwecken anlegen wollen, die entsprechend § 13 BGB überwiegend weder ihrer gewerblichen noch selbständigen beruflichen Tätigkeit zugerechnet werden können (nachfolgend: **„private Anleger"**). „Professionelle Anleger" sind natürliche oder juristische Personen, die Geld ausschließlich zu gewerblichen oder beruflichen Zwecken anlegen (nachfolgend: **„Professionelle Anleger"**). Anleger im Sinne dieser Nutzungsbedingungen sind ausschließlich *private*Anleger (nachfolgend: **„Anleger"**).

**Diese Nutzungsbedingungen gelten ausschließlich für private Anleger**. (Für den Fall, dass Sie den Marktplatz als registrierter Kreditsuchender nutzen möchten, finden Sie die für Sie geltenden Nutzungsbedingungen hier.) Die Funktionsweise des Marktplatzes lässt sich **vereinfacht** wie folgt beschreiben:

> Auf dem Marktplatz können – bei uns oder bei Kooperationspartnern von uns registrierte – Kreditsuchende, die ein Darlehen wünschen und hierfür Geldgeber über den Marktplatz suchen, Kreditgesuche (nachfolgend: **„Kreditprojekte"**) einstellen. Anleger können Finanzierungsgebote zur vollständigen Finanzierung der Kreditprojekte abgeben. Liegen ausreichende Finanzierungsgebote zur vollständigen Finanzierung eines Kreditprojektes vor, kommt das Kreditprojekt zustande. Reichen die Finanzierungsgebote nicht zur vollständigen Finanzierung des Kreditprojektes aus, kommt das Kreditprojekt nicht zustande.
>
> Wir gewähren selbst keine Darlehen. Darlehen auf Basis zustande gekommener Kreditprojekte können ausschließlich von einer Bank gewährt werden. Um ein Darlehen zu erhalten, schließt ein Kreditsuchender nach Zustandekommen seines Kreditprojekts mit uns einen *entgeltlichen* Darlehensvermittlungsvertrag, auf dessen Basis wir uns als Darlehensvermittler um die Vermittlung eines den Konditionen des Kreditprojektes (insbesondere Darlehenshöhe, Darlehenslaufzeit, Darlehenszinssatz) entsprechenden Darlehensvertrages bei einer mit uns kooperierenden Bank bemühen. Kommt ein Darlehensvertrag zwischen dem Kreditsuchenden und einer Bank zustande, erwirbt ein am Kreditprojekt beteiligter Anleger die Darlehensrückzahlungs- und Zinsforderung (nachfolgend: **„Darlehensforderung"**) der kreditgebenden Bank aus dem Darlehensvertrag jeweils in Höhe seines berücksichtigten Finanzierungsgebotes von der Bank. Die Verwaltung der Darlehensforderung für den jeweiligen Erwerber erfolgt nach dem Zustandekommen eines Darlehensvertrags durch unser Tochterunternehmen CreditConnect GmbH (nachfolgend: **„CreditConnect"**).

Wie der Marktplatz im Einzelnen funktioniert, zu welchen Bedingungen nachfolgend definierte Teile des Marktplatzes von Anlegern genutzt werden können und welche Regeln hierbei gelten, ergibt sich ausschließlich aus den nachfolgenden Nutzungsbedingungen (nachfolgend: **„Nutzungsbedingungen"**), soweit diese nicht durch zwingendes abweichendes Recht (z.B. gesetzlich zwingende Vorschriften oder Individualabreden nach § 305b BGB) überlagert werden.

**Vorab weisen wir auf die Regelungen zum Vertragsschluss in § 3, zum Widerrufsrecht in § 4 und zur Kündigung in § 13 hin und empfehlen, diese besonders aufmerksam zu lesen.**

**§ 1 Vertragsgegenstand, Geltungsbereich der Nutzungsbedingungen, Vertragssprache, Änderung der Nutzungsbedingungen und -entgelte**

**(1)** Wenn Sie unseren Marktplatz als Anleger nutzen möchten, müssen Sie zu jeder Zeit unsere Nutzungsvoraussetzungen nach Maßgabe von § 2 dieser Nutzungsbedingungen vollständig erfüllen und mit uns vorab nach Maßgabe von § 3 Absatz (1) dieser Nutzungsbedingungen einen unentgeltlichen Nutzungsvertrag über die Nutzung des Marktplatzes (nachfolgend: **„Nutzungsvertrag"**) schließen. Inhalt des Nutzungsvertrags sind diese **Nutzungsbedingungen** sowie unsere gesonderten Regelungen zum Datenschutz (nachfolgend: **„Regelungen zum Datenschutz"**; siehe § 3 Absatz (2) dieser Nutzungsbedingungen). Auf Grundlage des Nutzungsvertrages kann der Anleger bei der Nutzung des Marktplatzes nach Maßgabe dieser Nutzungsbedingungen und unserer Regelungen zum Datenschutz unentgeltlich alle angebotenen Leistungen im Sinne von § 6 Absatz (1), § 7 und § 8 in Anspruch nehmen (alle innerhalb der Nutzungsbedingungen angebotenen

Leistungen werden nachfolgend als **„Leistungen"** bezeichnet).

**(2)** Unser geschuldetes Leistungsangebot im Rahmen des Nutzungsvertrags beschränkt sich ausschließlich auf die in diesen **Nutzungsbedingungen** beschriebenen Leistungen unsererseits und die nach diesen Nutzungsbedingungen zugänglichen Teile des Marktplatzes, soweit im Einzelnen nicht ausdrücklich etwas anderes mit einem Anleger vereinbart ist. Für die Erhebung, Verarbeitung und Nutzung von Daten gelten unsere **Regelungen zum Datenschutz** einschließlich von Anlegern erteilter Einwilligungen. Andere oder entgegenstehende Bedingungen gelten – mit Ausnahme gesetzlich zwingender Regelungen – auch dann nicht, wenn wir diesen nicht ausdrücklich widersprechen.

**(3)** Der Nutzungsvertrag, die Nutzungsbedingungen, unsere Regelungen zum Datenschutz und sonstige Informationen für Anleger stehen nur in deutscher Sprache zur Verfügung. Vertrags- und Kommunikationssprache ist ausschließlich Deutsch.

**(4)** Wir behalten uns vor, im Falle sachlicher Gründe die Nutzungsbedingungen und unsere Regelungen zum Datenschutz sowie die von uns angebotenen Leistungen nach billigem Ermessen (§ 315 Absatz 1 BGB), das heißt unter Berücksichtigung der beiderseitigen Interessen, zu ändern. Dies ist namentlich der Fall bei zum Zeitpunkt des Vertragsschlusses jeweils nicht vorhersehbaren: (i) Änderungen der relevanten Gesetzgebung bzw. Änderung der relevanten Rechtsprechung; (ii) notwendigen technischen Änderungen zur Erbringung der vertragsgegenständlichen Leistung; (iii) Ergänzungen der angeboten Leistungen des Marktplatzes; oder (iv) Veränderungen in mit dem Marktplatz verknüpften Leistungen Dritter, die Auswirkungen auf den Marktplatz und die nach dem Nutzungsvertrag oder den Nutzungsbedingungen von uns zu erbringenden Leistungen haben. Die Änderungen können sich auf den Umfang der Leistung, deren Inanspruchnahmemöglichkeit und Entgeltpflichtigkeit sowie auf vertragliche Fristen erstrecken, soweit dem Anleger mit der Änderung ein angemessener Nachteilsausgleich etwaiger durch die Änderung entstehender Nachteile zugutekommt und die Änderung inhaltlich nicht einem Neuvertragsabschluss gleichkommt. Die vorgeschlagenen Änderungen werden den Anleger per E-Mail mitgeteilt und treten sechs Wochen nach Zugang der Mitteilung in Kraft, es sei denn ein Anleger hat einer Änderung innerhalb von sechs Wochen seit Zugang der Mitteilung der Änderung ganz oder teilweise schriftlich oder per E-Mail uns gegenüber widersprochen. Auf diese Genehmigungswirkung weisen wir den Anleger in der Änderungsmitteilung besonders hin. Änderungen entfalten keine Rückwirkung auf vor ihrem Inkrafttreten in Anspruch genommene Leistungen. Aus diesem Grund empfehlen wir, dass Sie die Ihnen bei der Registrierung zur Verfügung gestellte Version der Nutzungsbedingungen und der Regelungen zum Datenschutz speichern, weil eine personenbezogene Speicherung bei uns für Sie nicht erfolgt. Mit Zugang der Änderungsmitteilung steht Anlegern ein außerordentliches fristloses Kündigungsrecht für den geschlossenen Nutzungsvertrag zu. Widerspricht ein Anleger den mitgeteilten Änderungen der Nutzungsbedingungen und/oder Regelungen zum Datenschutz fristgerecht, bleibt es bei den bisherigen Nutzungsbedingungen und/oder Regelungen zum Datenschutz. Die Rechte zur Kündigung des Nutzungsvertrages nach § 13 Absatz (1) und Absatz (2) dieser Nutzungsbedingungen bleiben hiervon unberührt.

**§ 2 Voraussetzungen für die Nutzung des Marktplatzes**

Voraussetzung für die Marktplatznutzung durch Anleger ist, dass ein Anleger die in § 2 Absätze (1) bis (4) genannten Nutzungsvoraussetzungen vollumfänglich erfüllt.

**(1)** Persönliche Nutzungsvoraussetzungen
Zur Nutzung des Marktplatzes als Anleger ist nur zugelassen, wer:

- unbeschränkt geschäftsfähig ist,
- mindestens das 18. Lebensjahr vollendet hat,
- für eigene Rechnung und nicht in der Verfolgung überwiegend gewerblicher oder beruflicher Zwecke im Sinne des § 14 BGB handelt.

**(2)** Registrierung
Die Nutzung des Marktplatzes ist einem Anleger *nur* möglich, wenn er sich vor dem Abschluss des Nutzungsvertrages und vor der ersten Nutzung des Marktplatzes bei uns registriert. Ein Anleger kann sich bei uns registrieren, indem er das von uns zu diesem Zweck auf dem Marktplatz zur Verfügung gestellte Registrierungsformular (nachfolgend: **„Registrierungsformular"**) vollständig und wahrheitsgemäß ausfüllt und an uns nach Maßgabe von § 3 Absatz (1) dieser Nutzungsbedingungen übermittelt. Eventuelle Eingabefehler kann der Anleger bei der Registrierung korrigieren, indem er die von ihm in das Registrierungsformular eingegebenen und dort angezeigten Daten löscht und andere Daten eingibt.

Bei der Registrierung muss ein Anleger uns neben einem von ihm nach Maßgabe der Verfügbarkeit zu bestimmenden *Passwort* mindestens die folgenden Daten zur Verfügung stellen: Vor- und Nachname, Geburtsdatum, Staatsangehörigkeit, Anschrift, Telefon, Benutzername, E-Mail-Adresse, Angabe der Kontodaten eines auf den Anleger lautenden Girokontos bei einem in der Bundesrepublik Deutschland ansässigen Kreditinstitut, über das Zahlungen abgewickelt werden können (nachfolgend: **„Referenzkonto"**). Die vorstehenden Daten werden nachfolgend zusammen als **„Anlegerdaten"** bezeichnet.

Jeder auf dem Marktplatz registrierte Anleger erhält von uns eine Identifikationsnummer (**„ID-Nummer"**), die uns eine

Zuordnung des einzelnen Anlegers zu seinen Anlegerdaten ermöglicht. *Der Anleger ist verpflichtet, die ID-Nummer Dritten nicht zugänglich zu machen. Entsprechendes gilt für sein Passwort. Jeder Anleger haftet uns gegenüber und/oder anderen Marktplatznutzern gegenüber als echter Vertrag zu Gunsten Dritter (§ 328 Absatz 1 BGB) bei einem schuldhaften Verstoß gegen die jeweilige, vorgenannte Unterlassungspflicht auf Schadensersatz.*

Anleger sind verpflichtet, ihre Anlegerdaten laufend auf Aktualität zu pflegen und uns Änderungen hinsichtlich der von ihnen uns gegenüber offen gelegten Anlegerdaten unverzüglich mitzuteilen sowie Korrekturen dieser Daten entsprechend eingetretener Änderungen unverzüglich durchzuführen. Dies gilt insbesondere bei Änderung ihrer Kontodaten. *Verstößt ein Anleger gegen die vorstehenden Verpflichtungen zur Pflege, Mitteilung und/oder Datenkorrektur, haften wir nicht für daraus entstehende Schäden. Im Übrigen verweisen wir auf § 2 Absatz (4).*

**(3)** auxmoney-Anlagekonto

Anleger die den Marktplatz mit der Möglichkeit nutzen möchten, um nach Maßgabe von § 8 Absatz (4) Finanzierungsgebote zu Kreditprojekten abgeben zu können, müssen zuvor bei einer mit uns kooperierenden Bank jeweils auf Namen des Anlegers und für Rechnung des Anlegers ein sog. „auxmoney-Anlagekonto" (nachfolgend: „**auxmoney-Anlagekonto**") eröffnet haben und führen sowie die Voraussetzung von § 8 Absatz (2) dieser Nutzungsbedingungen erfüllen. auxmoney-Anlagekonten sind für Anleger kostenlos. Bei auxmoney-Anlagekonten handelt es sich nicht um Zahlungsverkehrskonten. Sie dienen dem Anleger nur dazu, Geldbeträge des Anlegers für die Beteiligung an Kreditprojekten vorzuhalten, Kaufpreise für den Erwerb von Darlehensforderungen durch den Anleger an eine kreditgebende Bank zu zahlen und dem Anleger Rückflüsse aus von ihm erworbenen Darlehensforderungen gutzuschreiben. **Anleger erteilen uns bei Kontoeröffnung eine Kontovollmacht (nachfolgend: „*Transaktions-, Überweisungs- und Empfangsvollmacht*"), auf deren Grundlage wir für den Anleger zur Abwicklung von berücksichtigten Finanzierungsgeboten tätig werden können.** Weitere Einzelheiten zum auxmoney-Anlagekonto, insbesondere zum notwendigen Eröffnungsprozess oder zur Kontoführung, finden Anleger auf dem Marktplatz (Schaltfläche „Konto eröffnen") bei den dort einsehbaren Dokumenten und Produktbedingungen. *Die Entscheidung darüber, ob ein Anlegerantrag auf Eröffnung eines auxmoney-Anlagekontos von der mit uns kooperierenden Bank angenommen und ein auxmoney-Anlagekonto von dieser Bank für einen Anleger eröffnet wird, trifft ausschließlich die Bank. Wir schulden Anlegern nicht die Annahme eines Kontoeröffnungsantrages oder die Eröffnung eines auxmoney- Anlagekontos. Wir übernehmen insoweit gegenüber Anlegern auch keine Leistungsgarantie und kein Beschaffungsrisiko im Sinne von § 276 Absatz 1 BGB.* **Verweigert die Bank einem Anleger die Eröffnung eines auxmoney-Anlagekontos oder wird einem Anleger sein auxmoney-Anlagekonto gekündigt, kann dieser den Marktplatz nicht bzw. im Falle der Kontokündigung ab Wirksamkeit der Kündigung nicht mehr zur Abgabe von Finanzierungsgeboten nach Maßgabe von § 8 Absatz (4) nutzen. Gleiches gilt, solange der Anleger noch kein auxmoney-Anlagekonto eröffnet hat.**

**(4)** Besondere Pflichten von Anlegern, Folgen von Verstößen gegen Nutzungsvoraussetzungen

a) Anleger sind verpflichtet, den Marktplatz nur bestimmungsgemäß und nur im Rahmen gesetzlich zulässiger Zwecke zu nutzen. Sie sind verpflichtet, keine rechtswidrigen Inhalte, insbesondere nicht solche, die gegen strafrechtliche, persönlichkeitsrechtliche, markenrechtliche, wettbewerbsrechtliche, lizenz-, datenschutzrechtliche, oder urheberrechtliche Bestimmungen verstoßen, auf dem Marktplatz anzeigen zu lassen, anzubieten oder zu verbreiten, auf Angebote mit solchen Inhalten hinzuweisen oder Verknüpfungen (nachfolgend: „**Links**" oder „**Link**") zu solchen Seiten bereitzustellen. **Wir prüfen die von Anlegern veröffentlichten Inhalte nicht.** Wird uns ein Verstoß gegen die in diesem Absatz (4) a) vereinbarten Regelungen mitgeteilt, entfernen wir solche etwaigen rechts- oder sittenwidrigen Inhalte, Hinweise oder Links auf Basis einer Plausibilitätsprüfung bei objektiven Anhalts- punkten ohne weitere Prüfung unverzüglich. **Anleger sind verpflichtet, uns von allen etwaigen Ansprüchen Dritter, die aus der schuldhaften Verletzung dieser Nutzungsvoraussetzungen durch sie resultieren bzw. mit dieser im Zusammenhang stehen, freizustellen. § 254 BGB (Mitverschulden) bleibt unberührt.** Dies gilt insbesondere für den Fall, dass Anleger schuldhaft Inhalte wettbewerbswidriger Art und/oder solche Inhalte, an denen sie nicht über die zur Nutzung und/oder Veröffentlichung erforderlichen Rechte verfügen, auf dem Marktplatz, z.B. unter Verstoß gegen das Gesetz gegen den unlauteren Wettbewerb, gegen das Markengesetz, gegen das Urheberrechtsgesetz, Datenschutzregelungen oder gegen das Kunsturheberrechtsgesetz, einstellen, veröffentlichen oder auf andere Weise nutzen.

b) Sofern ein Anleger gegen die in diesem § 2 genannten Nutzungsvoraussetzungen verstößt oder darin vereinbarte Verpflichtungen nicht erfüllt, steht es uns ohne vorherige Ankündigung und nach eigenem Ermessen frei, vom Anleger nicht richtig, nicht vollständig oder rechtswidrig auf dem Marktplatz eingestellte Inhalte zu entfernen und/oder dem Anleger die Inanspruchnahme der von uns nach Maßgabe von § 6 dieser Nutzungsbedingungen geschuldeten Leistungen zu verweigern.

**§ 3 Abschluss des Nutzungsvertrags, Regelungen zum Datenschutz**

**(1)** Abschluss des Nutzungsvertrags

Einen Nutzungsvertrag als Anleger kann mit uns nur abschließen, wer die Nutzungsvoraussetzungen gemäß § 2 dieser Nutzungsbedingungen erfüllt. Für den Abschluss des Nutzungsvertrages ist es erforderlich, dass uns ein Anleger ein von ihm nach Maßgabe von § 2 Absatz (2) ordnungsgemäß ausgefülltes Registrierungsformular übermittelt, indem er die hierfür zur Verfügung stehende Schaltfläche anklickt und uns das ausgefüllte Registrierungsformular zugeht. Nach Zugang des Registrierungsformulars senden wir dem Anleger an die von ihm angegebene E-Mail-Adresse per E-Mail unser Angebot zum Abschluss des Nutzungsvertrages über die Nutzung des Marktplatzes auf Grundlage und unter Einbeziehung dieser Nutzungsbedingungen und unserer Regelungen zum Datenschutz. Zusammen mit unserem Vertragsangebot erhält der Anleger diese Nutzungsbedingungen und unsere Regelungen zum Datenschutz in Textform. Die Annahme unseres Angebots zum Abschluss des Nutzungsvertrags durch den Anleger erfolgt, indem der Anleger den hierfür in unserer vorgenannten E-Mail enthaltenen Link anklickt. Erst wenn der Anleger unser Vertragsangebot durch das Anklicken dieses Links angenommen hat, kommt der Nutzungsvertrag zustande. Durch das Anklicken des Links gelangt der Anleger automatisch wieder auf den Marktplatz und kann dann ab diesem Zeitpunkt im Rahmen der Verfügbarkeit des Marktplatzes nach Maßgabe von § 7 unsere nach diesen Nutzungsbedingungen geschuldeten Leistungen in Anspruch nehmen.

**(2)** Regelungen zum Datenschutz

Nach Zustandekommen und während der Laufzeit des Nutzungsvertrags kann der Anleger nach Anmeldung auf dem Marktplatz mittels seiner E-Mailadresse bzw. seines Benutzernamens und seines Passwortes seine Anlegerdaten – mit Ausnahme der E-Mailadresse – im Rahmen der Verfügbarkeit nach § 7 auf dem Marktplatz einsehen und jederzeit ändern. Die Erhebung, Verarbeitung und Nutzung von Daten der Anleger im Zusammenhang mit dem Nutzungsvertrag erfolgt nach Maßgabe unserer Regelungen zum Datenschutz unter strikter Einhaltung der gesetzlichen Vorschriften zum Datenschutz.

**(3)** Ausdruck bzw. Anforderung der Nutzungsbedingungen und Regelungen zum Datenschutz

Der Anleger kann jederzeit im Rahmen der Verfügbarkeit des Marktplatzes nach diesen Nutzungsbedingungen auf der Startseite unseres Marktplatzes jeweils unter www.auxmoney.de (bzw. www.auxmoney.com) die aktuellen Nutzungsbedingungen unter dem Link „AGB" und unsere Regelungen zum Datenschutz unter dem Link „Datenschutz" (beide Links befinden sich am Ende jeder Marktplatzseite) einsehen, herunterladen und ausdrucken oder diese jederzeit unentgeltlich bei uns zur Zusendung anfordern.

## § 4 Widerrufsbelehrung

**Widerrufsbelehrung**

**Abschnitt 1**

**Widerrufsrecht**

Sie können Ihre Vertragserklärung **innerhalb von 14 Tagen ohne Angabe von Gründen mittels einer eindeutigen Erklärung widerrufen.** Die Frist beginnt nach Abschluss des Vertrags und nachdem Sie die Vertragsbestimmungen einschließlich der Allgemeinen Geschäftsbedingungen sowie **alle nachstehend unter Abschnitt 2 aufgeführten Informationen** auf einem dauerhaften Datenträger (z.B. Brief, Telefax, E-Mail) **erhalten haben. Zur Wahrung der Widerrufsfrist genügt die rechtzeitige Absendung des Widerrufs**, wenn die Erklärung auf einem dauerhaften Datenträger erfolgt. Der Widerruf ist zu richten an:

auxmoney GmbH, Kasernenstraße 67, 40213 Düsseldorf, Telefax: 0211 542 432 98, E-Mail: info@auxmoney.com

**Abschnitt 2**

**Für den Beginn der Widerrufsfrist erforderliche Informationen**

Die Informationen im Sinne des Abschnitts 1 Satz 2 umfassen folgende Angaben:

1. die Identität des Unternehmers; anzugeben ist auch das öffentliche Unternehmensregister, bei dem der Rechtsträger eingetragen ist, und die zugehörige Registernummer oder gleichwertige Kennung;
2. die Hauptgeschäftstätigkeit des Unternehmers und die für seine Zulassung zuständige Aufsichtsbehörde;
3. die ladungsfähige Anschrift des Unternehmers und jede andere Anschrift, die für die Geschäftsbeziehung zwischen dem Unternehmer und dem Verbraucher maßgeblich ist, bei juristischen Personen, Personenvereinigungen oder Personengruppen auch den Namen des Vertretungsberechtigten;
4. die wesentlichen Merkmale der Finanzdienstleistung sowie Informationen darüber, wie der Vertrag zustande kommt;
5. den Gesamtpreis der Finanzdienstleistung einschließlich aller damit verbundenen Preisbestandteile sowie alle über den Unternehmer abgeführten Steuern oder, wenn kein genauer Preis angegeben werden kann, seine Berechnungsgrundlage, die dem Verbraucher eine Überprüfung des Preises ermöglicht;
6. Einzelheiten hinsichtlich der Zahlung und der Erfüllung;
7. das Bestehen oder Nichtbestehen eines Widerrufsrechts sowie die Bedingungen, Einzelheiten der Ausübung, insbesondere Name und Anschrift desjenigen, gegenüber dem der Widerruf zu erklären ist, und die Rechtsfolgen des Widerrufs einschließlich Informationen über den Betrag, den der Verbraucher im Fall des Widerrufs für die erbrachte Leistung zu zahlen hat, sofern er zur Zahlung von Wertersatz verpflichtet ist (zugrunde liegende Vorschrift: § 357a des Bürgerlichen Gesetzbuchs);
8. die Mindestlaufzeit des Vertrags, wenn dieser eine dauernde oder regelmäßig wiederkehrende Leistung zum Inhalt hat;
9. die vertraglichen Kündigungsbedingungen einschließlich etwaiger Vertragsstrafen;
10. die Mitgliedstaaten der Europäischen Union, deren Recht der Unternehmer der Aufnahme von Beziehungen zum Verbraucher vor Abschluss des Vertrags zugrunde legt;
11. eine Vertragsklausel über das auf den Vertrag anwendbare Recht oder über das zuständige Gericht;
12. die Sprachen, in denen die Vertragsbedingungen und die in dieser Widerrufsbelehrung genannten Vorabinformationen mitgeteilt werden, sowie die Sprachen, in denen sich der Unternehmer verpflichtet, mit Zustimmung des Verbrauchers die Kommunikation während der Laufzeit dieses Vertrags zu führen;
13. den Hinweis, ob der Verbraucher ein außergerichtliches Beschwerde- und Rechtsbehelfsverfahren, dem der Unternehmer unterworfen ist, nutzen kann, und gegebenenfalls dessen Zugangsvoraussetzungen.

**Abschnitt 3**

**Widerrufsfolgen**

Im Fall eines wirksamen Widerrufs **sind die beiderseits empfangenen Leistungen zurückzugewähren.** Sie sind zur **Zahlung von Wertersatz** für die bis zum Widerruf erbrachte Dienstleistung verpflichtet, wenn Sie vor Abgabe Ihrer Vertragserklärung auf diese Rechtsfolge hingewiesen wurden und ausdrücklich zugestimmt haben, dass vor dem Ende der Widerrufsfrist mit der Ausführung der Gegenleistung begonnen werden kann. Besteht eine Verpflichtung zur Zahlung von Wertersatz, kann dies dazu führen, dass Sie die vertraglichen Zahlungsverpflichtungen für den Zeitraum bis zum Widerruf dennoch erfüllen müssen. **Ihr Widerrufsrecht erlischt** vorzeitig, wenn der Vertrag **von beiden Seiten auf Ihren ausdrücklichen Wunsch vollständig erfüllt ist**, bevor Sie Ihr Widerrufsrecht ausgeübt haben. **Verpflichtungen zur Erstattung von Zahlungen müssen innerhalb von 30 Tagen erfüllt werden.** Diese Frist beginnt für Sie mit der Absendung Ihrer Widerrufserklärung, für uns mit deren Empfang.

Ende der Widerrufsbelehrung

**§ 5 Zusammenfassende Darstellung der Nutzungsmöglichkeiten des Marktplatzes für Kreditsuchende**

Die nachfolgende zusammenfassende Darstellung der Nutzungsmöglichkeiten des Marktplatzes für Kreditsuchende hat lediglich beschreibenden Charakter. Es handelt sich um eine verkürzte und vereinfachte Darstellung.

Auf dem Marktplatz können Kreditprojekte für bei uns oder einem unserer Kooperationspartner registrierte Kreditsuchende, die bei einer Bank ein Allgemein-Verbraucherdarlehen im Sinne von § 491 Absatz 2 BGB aufnehmen möchten, unter Berücksichtigung ihrer individuellen Darlehensvorstellungen und nach von uns vorgegebenen Parametern angelegt und für Anleger auf dem Marktplatz zur Abgabe von Finanzierungsgeboten verfügbar gemacht werden. Auf Basis der Angaben eines Kreditsuchenden zu seinen persönlichen Verhältnissen, Darlehensvorstellungen und ggf. von uns eingeholter Auskünfte können wir einen Wahrscheinlichkeitswert dafür ermitteln, ob der Kreditsuchende bei Zustandekommen seines Kreditprojektes aus unserer Sicht in der Lage wäre, ein ihm gewährtes Darlehen zurückzahlen oder nicht (nachfolgend „**Kreditausfallrisiko**"). Ausgehend davon können wir dem Kreditsuchenden eine bestimmte, von auxmoney im eigenen Ermessen definierte Scoreklasse zuordnen (eine jede solche Scoreklasse wird nachfolgend jeweils auch als „**auxmoney-Score**" bezeichnet).

> **HINWEIS:** *Für den Fall, dass wir im Hinblick auf einen Kreditsuchenden ein Kreditausfallrisiko ermitteln oder einem Kreditsuchenden einen auxmoney-Score zuordnen, geschieht dies ausschließlich für uns zu unseren eigenen Zwecken, in unserem eigenen Interesse und ohne Schutzwirkung für Dritte (es besteht insbesondere keine entsprechende Verpflichtung von uns gegenüber Anlegern zur Erhebung der Scoreklasse oder der Richtigkeit der Score-Ermittlung). Die Zuordnung erfolgt damit wir die Möglichkeit haben für einen Kreditsuchenden einen Finanzierungsvorschlag wie nachstehend beschrieben zu ermitteln, und um uns einen möglichst reibungslosen Betrieb des Marktplatzes und eine Darlehensvermittlung zu ermöglichen.*

Nachdem wir einem Kreditsuchenden einen auxmoney-Score zugeordnet haben, kann ein Kreditsuchender von uns einen oder mehrere verschiedene Finanzierungsvorschläge (diese beinhalten z.B. die Höhe einer zu zahlenden monatlichen Darlehensrate in Euro, die Darlehenslaufzeit in Monaten, die Höhe des Darlehenssollzinssatzes in Prozent p.a. sowie die Höhe des effektiven Jahreszinses in Prozent) erhalten (nachfolgend: „**Finanzierungsvorschlag**"). Wählt der Kreditsuchende einen Finanzierungsvorschlag aus, werden die Konditionen des ausgewählten Finanzierungsvorschlages Gegenstand seines Kreditprojektes. Anschließend kann das Kreditprojekt für Anleger zur Abgabe von Finanzierungsgeboten verfügbar gemacht werden. Die Abgabe von Finanzierungsgebote auf Kreditprojekte durch Anleger sowie das Zustandekommen oder Nichtzustandekommen eines Kreditprojektes richten sich nach den Regelungen in § 8 Absatz (4) dieser Nutzungsbedingungen.

**Kommt ein Kreditprojekt zustande, ist eine Darlehensvergabe durch eine mit uns kooperierende Bank und eine Veräußerung und Abtretung der auf jeden an der Finanzierung des Kreditprojektes beteiligten Anleger entfallenden Darlehensforderung durch die Bank sodann von der Erfüllung der weiteren Schritte gemäß § 9 Absatz (3) dieser Nutzungsbedingungen abhängig.** Mit uns kooperierende Banken vergeben nach ihrem eigenen Ermessen Verbraucherdarlehen im Sinne von § 491 BGB als sog. annuitätische Ratenkredite. Dies bedeutet, dass sich die vom Darlehensnehmer zu zahlenden monatlichen Raten aus Zins und Tilgung (Summe beider Werte = Annuität) zusammensetzen und dass die Raten über die gesamte Laufzeit des Darlehensvertrages (mit Ausnahme von Rundungsdifferenzen) jeden Monat gleich hoch sind.

**§ 6 Leistungen von auxmoney**

**(1)** Wir erbringen gegenüber Anlegern auf Grundlage eines mit uns geschlossenen Nutzungsvertrages und nach Maßgabe dieser Nutzungsbedingungen *ausschließlich* folgende, abschließend aufgeführte Leistungen, *soweit diese nicht nach § 6 Absatz (2) ausgeschlossen oder eingeschränkt sind:*

- **Zurverfügungstellung des Marktplatzes gemäß § 7 der Nutzungsbedingungen;**
- **Vertragliche Leistungen gegenüber Anlegern gemäß § 8 der Nutzungsbedingungen.**

**(2)** Insbesondere folgende Leistungen werden von uns **nicht** auf Grundlage des Nutzungsvertrages nach Maßgabe dieser Nutzungsbedingungen gegenüber Anlegern erbracht oder geschuldet:

**Beratungsleistungen, Rat- oder Auskunftserteilung, Anlagevermittlung, Finanzdienstleistungen oder Bankgeschäfte;**
**Abgabe von Renditegarantien/-zusicherungen, Rückzahlungsgarantien oder -gewährleistungen, auch nicht bei den Anlagefunktionen „Portfolio Builder" oder „ReInvest"**
**eine Angemessenheitsprüfung im Sinne von § 16 Absatz 2 Finanzanlagenvermittlungsverordnung;**
**Anlegern zu ermöglichen, über den Marktplatz**

- **außerhalb der nach Maßgabe von § 8 Absatz (4) möglichen automatischen Gebotsabgabe mittels der Anlagefunktion „Portfolio Builder" oder der Anlagefunktion „ReInvest" auch manuell Gebote auf Kreditprojekte von Kreditsuchenden abzugeben, oder**
- **Gebote auf Kreditprojekte abzugeben, die nach Maßgabe von § 8 Absatz (3) a) dem „Vollfinanzierungspool" zugeordnet sind;**

Vermittlung von Darlehen (für eine Darlehensvermittlung durch uns ist der vorherige schriftliche Abschluss eines

gesonderten Darlehensvermittlungsvertrages erforderlich);
Verkauf und Abtretung von Darlehensforderungen an Anleger;
Prüfung von kreditrelevanten oder sonstiger im Rahmen der Abwicklung über den Marktplatz eingestellter oder vermittelter Daten und Inhalte für Anleger;
Prüfung der Bonität oder Identität von Kreditsuchenden für Anleger;
**Berechnung des Kreditausfallrisikos von Kreditsuchenden, Zuordnung von Kreditausfallrisiken zu Scoreklassen als auxmoney-Score für Anleger;**
Prüfung der Echtheit und Richtigkeit von Unterlagen, Angaben und/oder Daten Kreditsuchender oder Dritter;
Prüfung der Werthaltigkeit oder der Rechtswirksamkeit der Bestellung oder des Bestands oder der Durchsetzbarkeit von Sicherheiten, die von Kreditsuchenden oder Dritten gestellt werden
**die Eröffnung oder Führung von auxmoney-Anlagekonten i.S.v. § 2 Absatz (3);**
**die Zulassung der Abgabe von Geboten i.S.v. § 8 Absatz (4) durch Anleger, die nicht Inhaber eines auxmoney-Anlagekontos i.S.v. § 2 Absatz (3) sind;**
Zustandebringen des/der Vertragsverhältnisse zwischen Kreditsuchenden und der kreditgebenden Bank und/oder zwischen Anlegern und der kreditgebenden Bank oder CreditConnect;
Programmierung des in § 8 Absatz (3) a) genannten Zufallsgenerators dahingehend, dass ein bestimmtes Kreditprojekt entweder dem „Teilfinanzierungspool" oder dem „Vollfinanzierungspool" zugeordnet wird;
Programmierung des in § 8 Absatz (4) b) aa) genannten Zufallsgenerators dahingehend, dass ein Anleger mittels der Nutzung der in § 8 Absatz (4) genannten Anlagefunktionen „Portfolio Builder" oder „ReInvest" tatsächlich auf ein Kreditprojekt bieten kann, oder bei der Finanzierung eines solchen Kreditprojektes mit einem Finanzierungsgebot überhaupt, oder in einer von ihm gewünschten Weise berücksichtigt wird.

**§ 7 Zurverfügungstellung des Marktplatzes**

(1) Die Marktplatznutzung durch Anleger setzt neben der Erfüllung der in § 2 genannten Nutzungsvoraussetzungen voraus, dass ein Anleger jeweils über die für den Zugriff auf www.auxmoney.de (bzw. www.auxmoney.com) über das Internet erforderlichen und geeigneten technischen Mittel (z.B. Computer, Internetzugang, E-Mailadresse) verfügt. Im Rahmen des geschlossenen Nutzungsvertrages stellen wir dem Anleger den Marktplatz lediglich nach Maßgabe unserer Nutzungsbedingungen, mit der nachfolgend in § 7 Absätze (2) bis (4) abschließend aufgeführten Verfügbarkeit und der von uns tatsächlich jeweils geleisteten (von uns frei wählbaren) Vorhaltung zur Verfügung. Der nachfolgende Absatz (2) bleibt unberührt.

(2) Mit Inanspruchnahme der ersten Leistung, verpflichten wir uns im dargestellten Rahmen des § 7 Absätze (2) bis (4) den Zugang zum Marktplatz mit einer durchschnittlichen jährlichen Verfügbarkeit (vorbehaltlich der Regelungen in nachfolgenden Absätzen (3) und (4)) in Höhe von 95 % sicher zu stellen. Eine jederzeitige Verfügbarkeit ist jedoch nicht geschuldeter Leistungsgegenstand. Insbesondere notwendige Wartungsarbeiten, zwingende Sicherheitsgründe sowie Ereignisse, die außerhalb unseres Herrschaftsbereich stehen (z.B. Störungen von öffentlichen Kommunikationsnetzen, Stromausfälle, Ausfälle von Subknotenrechnern oder ähnliche Ereignisse), können zu Störungen oder zur vorübergehenden Einstellung unserer Leistungen und der Erreichbarkeit des Marktplatzes auch unterhalb der durchschnittlichen Verfügbarkeit in Höhe von durchschnittlich 95 % führen, ohne dass dies eine vertragliche Pflichtverletzung unsererseits darstellt, soweit wir eine solche Vertragspflichtverletzung nicht schuldhaft herbeigeführt haben. Der Zugang zum Marktplatz und dessen Verfügbarkeit für den Anleger hängt insbesondere auch von der eigenen technischen Ausstattung der Anleger sowie von der Datenübertragung im Internet durch Dritte ab.

(3) Wir erbringen unsere Leistungen ausschließlich auf Grundlage des technischen Standes des Marktplatzes bei Abschluss des Nutzungsvertrages und des zu diesem Zeitpunkt und zu dem Zeitpunkt der konkreten Leistungsinanspruchnahme bestehenden technischen Standes des Marktplatzes und des Internets und der jeweiligen, rechtlichen und kommerziellen Rahmenbedingungen für dessen Nutzung innerhalb der Bundesrepublik Deutschland.

(4) Wir können den Zugang zum Marktplatz unter Einschränkung der grundsätzlich geschuldeten Verfügbarkeit nach vorstehendem § 7 Absatz (2) jederzeit vorübergehend einschränken oder einstellen, wenn und soweit dies im Hinblick auf die Sicherheit oder Integrität unserer Server oder zur Durchführung zwingender technischer Maßnahmen zur Aufrechterhaltung der vertraglichen Leistung auch gegenüber anderen Anlegern zwingend erforderlich ist. Die Einschränkung des Marktplatzzugangs kann insbesondere zum Schutz gegen Angriffe aus dem Internet (z.B. bei sog. *„Denial of Service"*-Attacken) erforderlich sein und ist in diesem Fall zulässig, auch wenn hierdurch die jährlich durchschnittliche Verfügbarkeit nach vorstehendem Absatz (2) abgesenkt wird. Wir weisen hierbei darauf hin, dass wir unsere Systeme gegen den unbefugten Zugriff Dritter auf die von uns gespeicherten Daten ausschließlich mit den derzeit bei uns vorhandenen Sicherheitssystemen sichern und dass ein absoluterSchutz gegen Angriffe Dritter nach dem gegenwärtigen Stand der Technik nicht möglich ist und von uns nicht geschuldet ist.

**§ 8 Vertragliche Leistungen gegenüber Anlegern**

**Unsere Verpflichtung zur Erbringung der in diesem § 8 jeweils genannten vertraglichen Leistungen gegenüber Anlegern steht unter dem Vorbehalt der Erfüllung der sämtlichen Nutzungsvoraussetzungen durch den Anleger nach Maßgabe von § 2 dieser Nutzungsbedingungen.**

(1) Anlegercockpit

Anleger haben Zugang zum Marktplatz im Rahmen der geschuldeten Verfügbarkeit. Anleger können auf dem Marktplatz ihre Aktivitäten über den Bereich „Anlegercockpit" steuern (nachfolgend: „**Anlegercockpit**"). Unsere Leistung im Rahmen des Anlegercockpits besteht insoweit aus dem Vorhalten der Funktionalitäten unter den Rubriken „Investieren", „Portfolio", „Anlagekonto", „Kommunikation" und „Verwaltung" innerhalb des Marktplatzes und der Zurverfügungstellung der Inhalte, Daten, Informationen und Nutzungsmöglichkeiten unter den Rubriken „Investieren" „Kommunikation" und „Verwaltung". **Die unter der Rubrik „Portfolio" eingestellten oder zugänglichen Inhalte, Daten, Informationen und Nutzungsmöglichkeiten stammen nicht von uns, sondern von CreditConnect, und sind nicht Gegenstand unserer geschuldeten Leistung.**

(2) auxmoney-Anlagekonto

Die Abgabe von Finanzierungsgeboten durch Anleger nach Maßgabe von § 8 Absatz (4) auf Kreditprojekte setzt voraus, dass

- eine mit uns kooperierende Bank auf den Namen und für Rechnung des Anlegers ein auxmoney-Anlagekonto eröffnet hat und führt, und
- das auxmoney-Anlagekonto des Anlegers weder gesperrt noch gekündigt ist, und
- der Bank für das auxmoney-Anlagekonto eine rechtswirksam vom Anleger unterzeichnete und vom Anleger nicht gegenüber der Bank oder auxmoney widerrufene Transaktions-, Überweisungs- und Empfangsvollmacht im Original vorliegt, und
- sich auf dem auxmoney-Anlagekonto des Anlegers bei Gebotsabgabe durch den Anleger für den Anleger in Höhe des Finanzierungsgebotes frei verfügbares Guthaben (d.h. nicht bereits für Finanzierungsgebote auf andere Kreditprojekte reserviertes oder durch Rechte Dritter belastetes – z.B. gepfändetes, verpfändetes oder abgetretenes – Guthaben) befindet, und
- der Anleger bei der Abgabe von Finanzierungsgeboten den gemäß § 8 Absatz (4) durch den Anleger bei Nutzung der Anlagefunktion Portfolio Builder einzuhaltenden und allgemein auf dem Marktplatz von uns zum Zeitpunkt der Abgabe des Finanzierungsangebotes veröffentlichten Mindestanlagebetrag gemäß § 8 Absatz (4) b) (aa) nicht unterschreitet.

**Sind die vorgenannten Voraussetzungen nicht oder nur teilweise erfüllt, ist der Anleger nicht zur Abgabe von Finanzierungsgeboten auf dem Marktplatz berechtigt und wir sind nicht zur Berücksichtigung von Finanzierungsgeboten des betreffenden Anlegers verpflichtet.**

(3) Zuordnung von Kreditprojekten zum „Teilfinanzierungspool" oder „Vollfinanzierungspool", Finanzierungsgebote

a) Nach der Anlage eines Kreditprojektes und unter den Voraussetzungen, dass wir für ein Kreditprojekt mögliche Finanzierungsvorschläge ermittelt haben, wir dem Kreditsuchenden einen auxmoney-Score zuordnen konnten und der Kreditsuchende einen Finanzierungsvorschlag ausgewählt hat, wird das jeweilige Kreditprojekt von einem in den Marktplatz integrierten, *softwaregesteuerten Zufallsgenerator* entweder dem nachstehend definierten „Teilfinanzierungspool" oder dem nachstehend definierten „Vollfinanzierungspool" zugeordnet.

„*Teilfinanzierungspool*": bezeichnet eine Anzahl von Kreditprojekten, die jeweils zur gemeinsamen Finanzierung durch mehrere verschiedene Anleger zur Verfügung stehen, d.h. bei Zustandekommen eines dem „Teilfinanzierungspool" zugeordneten Kreditprojektes erfolgt die Finanzierung – vorbehaltlich der Erfüllung der weiteren Schritte gemäß § 9 Absatz (3) dieser Nutzungsbedingungen – durch mehrere Anleger.

„*Vollfinanzierungspool*": bezeichnet eine Anzahl von Kreditprojekten, deren jeweils vollständige Finanzierung jeweils nur durch einen einzelnen professionellen Anleger vorgesehen ist, d.h. bei Zustandekommen eines dem „Vollfinanzierungspool" zugeordneten Kreditprojektes erfolgt die Finanzierung des jeweiligen Kreditprojektes – vorbehaltlich der Erfüllung der weiteren Schritte gemäß § 9 Absatz (3) dieser Nutzungsbedingungen – durch einen einzelnen professionellen Anleger.

b) **Anleger können im Rahmen der geschuldeten Verfügbarkeit nach § 7 auf dem Marktplatz ausschließlich Finanzierungsgebote auf Kreditprojekte abgeben, die dem „Teilfinanzierungspool" zugeordnet sind.** Die Abgabe von Finanzierungsgeboten erfolgt nach Maßgabe von § 8 Absatz (4).

c) Der Inhalt eines Kreditprojektes kann vom Kreditsuchenden **vor** dessen Platzierung und/oder Veröffentlichung nach § 8 Absatz (4) a) jederzeit mit Ausnahme der Konditionen des von ihm ausgewählten Finanzierungsvorschlags geändert werden. **Nach** der Platzierung und/oder Veröffentlichung eines Kreditprojektes auf dem Marktplatz und bei Vorliegen zumindest eines Finanzierungsgebotes eines Anlegers, sind **Änderungen des Inhaltes eines Kreditprojektes** – mit Ausnahme der Auswechslung eines dem Kreditprojekt zugeordneten Bildes – durch den Kreditsuchenden **nicht mehr möglich. Allerdings kann der Kreditsuchende sein auf dem Marktplatz veröffentlichtes Kreditprojekt jederzeit löschen. In diesem Fall verfallen von Anlegern bereits abgegebene Finanzierungsgebote.**

**(4)** Abgabe von Finanzierungsgeboten für Kreditprojekte von Kreditsuchenden

a) Kreditprojekte von Kreditsuchenden werden von uns nach Zugang der vollständigen, vom Kreditsuchenden ordnungsgemäß ausgefüllten und unterzeichneten Finanzierungsdokumentation bei uns und unter der Voraussetzung, dass unserseits gegenüber dem Kreditsuchenden keine offenen Fragen zu von dem Kreditsuchenden uns gegenüber gemachten Angaben, zum Kreditprojekt oder zur Finanzierungsdokumentation bestehen, für einen durch den dem Marktplatz immanenten, technischen Allokations-Algorithmus bestimmten Zeitraum (nachfolgend: „**Platzierungszeitraum**") zur Einholung von Finanzierungsgeboten von Anlegern auf dem Marktplatz ***platziert.***

Nach Platzierung können Anleger Finanzierungsgebote für Kreditprojekte von Kreditsuchenden ausschließlich nach Maßgabe von nachstehendem Unterabsatz b) mittels der Anlagefunktion „Portfolio Builder" (nachfolgend: „**Portfolio Builder**") und unter der Voraussetzung der Einhaltung des dort in Unterabsatz (aa) genannten Mindestanlagebetrags oder unter Nutzung der Anlagefunktion „ReInvest" nach Maßgabe von nachstehendem Unterabsatz c) abgeben. ***Platzieren*** bedeutet, dass wir für einen Kreditsuchenden innerhalb des Platzierungszeitraums einen Abgleich der Konditionen seines Kreditprojektes unter Berücksichtigung des von ihm ausgewählten Finanzierungsvorschlages mit bereits zuvor oder zeitgleich von Anlegern durch Nutzung der *automatischen* Anlagefunktion „Portfolio Builder" auf dem Marktplatz eingestellten Finanzierungsgeboten vornehmen (nachfolgend: „**Finanzierungsabgleich**").

**Ob wir ein in den Anwendungsbereich dieses § 8 Absatzes (4) fallendes Kreditprojekt ganz oder teilweise veröffentlichen sowie, ob und – bei Veröffentlichung eines Kreditprojektes – in welchem Verhältnis zum vom Kreditsuchenden gewünschten Darlehensbetrag durch uns ein Finanzierungsabgleich mit Geboten von Anlegern erfolgt, *liegt in unserem freien Ermessen*, solange wir innerhalb des Platzierungszeitraums unserer Verpflichtung zur Platzierung mit der im Geschäftsverkehr üblichen Sorgfalt eines ordentlichen Kaufmanns nachkommen und einen Finanzierungsabgleich für den Kreditsuchenden vornehmen. Eine Veröffentlichung eines Kreditprojektes ist von uns nicht geschuldet.**

b) Gebotsabgabe mittels Portfolio Builder

Anleger müssen – vorbehaltlich des nachstehenden Unterabsatzes c) („ReInvest") – zur Gebotsabgabe für auf dem Marktplatz dem „Teilfinanzierungspool" zugeordnete, im Sinne von § 8 Absatz (4) a) platzierte Kreditprojekte nach Maßgabe dieses Unterabsatzes c) die Anlagefunktion „**Portfolio Builder**" nutzen.

(aa) Leistungsinhalt / Funktionsweise Portfolio Builder

Ein Portfolio Builder wird dem Anleger auf dem Marktplatz *ausschließlich* in der bei Aufruf der Anlagefunktion Portfolio Builder durch den Anleger jeweils aktuell verfügbaren und von uns zur Verfügung gestellten Konfigurationund mit den jeweils aktuellen, von uns vorgegebenen Nutzungsbeschränkungen *und unter der Voraussetzung der Einhaltung des von uns für die Portfolio Builder Nutzung jeweils auf dem Marktplatz vorgegebenen Mindestanlagebetrags („**Mindestanlagebetrag**")* zur Nutzung angeboten. Über die Höhe des von auxmoney für die Portfolio Builder Nutzung jeweils vorgegebenen Mindestanlagebetrages kann sich der Anleger im Rahmen der Verfügbarkeit unseres Leistungsangebotes nach § 7 auf der Startseite des Marktplatzes unter der **Rubrik *FAQ – Häufig gestellte Fragen*** (www.auxmoney.com/faq/anleger-faq) sowie nach erfolgtem Login auf dem Marktplatz in seinem Anlegercockpit informieren. Zudem teilen wir dem Anleger den jeweiligen Mindestanlagebetrag auf Anfrage des Anlegers in Textform während unserer Geschäftszeiten mit. Der Mindestanlagebetrag ist stets so bemessen, dass er ohne verbleibenden Rest durch einen Betrag von Euro 25,00 teilbar ist.

Zur Nutzung eines Portfolio Builder muss der Anleger über das hierzu auf dem Marktplatz vorgehaltene Eingabefeld die maximale Gesamtsumme angeben, die dem jeweiligen Portfolio Builder insgesamt für Finanzierungsgebote auf verschiedene Kreditprojekte zur Verfügung stehen soll (nachfolgend: „**Anlagebetrag**") und den Portfolio Builder durch das Anklicken der auf dem Marktplatz hierzu vorgehaltenen Schaltfläche starten. *Die Höhe des Anlagebetrags muss je Portfolio Builder mindestens der Höhe des Mindestanlagebetrags entsprechen.*

Nach dem Start eines Portfolio Builder prüft der Portfolio Builder im Rahmen der Verfügbarkeit nach § 7, ob dem „Teilfinanzierungspool" zugeordneten Kreditprojekte zur Gebotsabgabe verfügbar sind und bietet unter Beachtung des Anlagebetrages automatisch namens und für Rechnung des Anlegers auf verfügbare Kreditprojekte. **Entspricht der vom Anleger angegebene Anlagebetrag Höhe des Mindestanlagebetrags bietet der Portfolio Builder je Kreditprojekt stets nur einen Betrag in Höhe von Euro 25,00. Übersteigt der Anlagebetrag die Höhe des Mindestanlagebetrags bietet der Portfolio Builder je Kreditprojekt in Abhängigkeit von der Höhe des vom Anleger angegebenen Anlagebetrags je Kreditprojekt stets einen Betrag in Höhe der bei Start des Portfolio Builder durch den Anleger auf dem Marktplatz für den Portfolio Builder eingestellten betragsmäßigen Gebotsstückelung (Gebotshöhe je Kreditprojekt).** Der Anleger kann sich auf der Startseite des Marktplatzes im Rahmen der Verfügbarkeit nach § 7 unter der Rubrik *FAQ – Häufig gestellte Fragen* (www.auxmoney.com/faq/anleger-faq) sowie nach erfolgtem Login in seinem Anlagecockpit darüber informieren, welche betragsmäßige Gebotsstückelung je Kreditprojekt bei welchem Anlagebetrag zur Anwendung kommt. Darüber hinaus kann sich der Anleger nach erfolgtem Login in seinem Anlegercockpit im Rahmen der Verfügbarkeit nach § 7 über seine Portfolio Builder-Gebote informieren.

***Anleger haben keinen Einfluss darauf, zu welchen prozentualen Anteilen des von ihnen angegebenen Anlagebetrages ein Portfolio Builder auf Kreditprojekte der unterschiedlichen Scoreklassen Gebote abgibt. Anleger können auch nicht***

***einstellen, in welcher betragsmäßigen Gebotsstückelung ein Portfolio Builder Gebote auf einzelne Kreditprojekte abgibt.***

Ein Portfolio Builder wird automatisch beendet, wenn der Anlagebetrag für Finanzierungsgebote vollständig geboten wurde und die Finanzierungsgebote zur vollständigen Finanzierung von Kreditprojekten berücksichtigt wurden. Soweit vom Portfolio Builder abgegebene Finanzierungsgebote nicht für die vollständige Finanzierung eines Kreditprojekts berücksichtigt werden, beispielsweise, weil das Finanzierungsgebot bei dem konkreten Kreditprojekt keinen Zuschlag erhielt oder, weil das Kreditprojekt, auf das ein Finanzierungsgebot abgegeben wurde, nicht zustande kommt oder nach Zustandekommen eines Kreditprojektes nicht die weiteren Schritte nach § 9 Absatz (3) dieser Nutzungsbedingungen vollzogen werden, stehen die entsprechenden Beträge dem Portfolio Builder als Teil des Anlagebetrags für weitere Finanzierungsgebote und Investitionen in andere Kreditprojekte wieder zur Verfügung. Anleger können die Tätigkeit eines Portfolio Builder auch manuell durch das An- klicken der hierzu auf dem Marktplatz vorgehaltenen Schaltfläche stoppen.

**Kommt ein Kreditprojekt für Portfolio Builder mehrerer Anleger in Frage, erfolgt die Gebotszuteilung auf Basis eines im Marktplatz integrierten *softwaregesteuerten Zufallsgenerators*. Es besteht also keine Gewähr dafür, per Portfolio Builder auf ein bestimmtes Kreditprojekt bieten zu können oder im Rahmen eines solchen den Zuschlag zu erhalten.**

(bb) Einstellungen für Portfolio Builder
Wir sind berechtigt, die jeweils dem Anleger im Rahmen der Anlagefunktion Portfolio Builder von uns vorgehaltenen Einstellungen eines Portfolio Builder (etwa zur Einstellung des Anlagebetrags, zur Höhe des Mindestanlagebetrags oder zur Gebotshöhe je Kreditprojekt) vor oder nach dessen Nutzung durch den jeweiligen Anleger – nicht also bei einem laufenden, vom jeweiligen Anleger bereits gestartete Portfolio Builder – zu verändern. ***Anleger, die einen Portfolio Builder nutzen möchten, sollten sich daher an den jeweils aktuellen Einstellungen orientieren, da diese von den nachbezeichneten Parametern zum jeweiligen Nutzungszeitpunkt auch abweichen können.***

c) *„ReInvest"*

Anleger können durch das Anklicken der in ihrem Anlegercockpit hierzu vorgehaltenen Schaltfläche die Anlagefunktion **„Re-Invest"** aktivieren. Mit Aktivierung der Anlagefunktion „ReInvest" geben Anleger nach Maßgabe des vorstehenden Unterabsatzes b) (Gebotsabgabe mittels Portfolio Builder) automatisch Finanzierungsgebote auf Kreditprojekte ab, ohne dass zur Nutzung der Anlagefunktion ReInvest durch den Anleger jedoch ein Anlagebetrag angegeben oder der Mindestanlagebetrag eingehalten werden muss. Jede Gebotsabgabe durch die Anlagefunktion „ReInvest" setzt voraus, dass sich auf dem auxmoney-Anlagekonto des jeweiligen Anlegers Guthaben aus Zahlungseingängen aus vom Anleger bereits finanzierten Kreditprojekten befindet (nachfolgend: **„Rückflüsse"**), welches mindestens Euro 25,00 beträgt. D.h. die Anlagefunktion „ReInvest" gibt nur Finanzierungsgebote auf Kreditprojekte ab, soweit auf dem auxmoney-Anlagekonto Rückflüsse vorhanden sind. Anleger, denen die Funktion „ReInvest" zur Verfügung steht, können diese nach Aktivierung jederzeit durch das Anklicken einer in ihrem Anlegercockpit hierzu vorgehaltene Schaltfläche deaktivieren.

d) Ende der Gebotsabgabe auf ein Kreditprojekt, Zustandekommen eines Kreditprojektes
Liegen innerhalb des Platzierungszeitraums ausreichende Finanzierungsgebote von Anlegern zur vollständigen Finanzierung eines Kreditprojektes vor, kommt das Kreditprojekt zustande. Die Möglichkeit, Finanzierungsgebote auf dieses Kreditprojekt abzugeben, endet mit seinem Zustandekommen. **Ein Unterbieten von bereits auf ein Kreditprojekt abgegebenen Anleger-geboten durch weitere Anleger findet nicht statt. Finden sich bis zum Ende des Platzierungszeitraums nicht ausreichende Finanzierungsgebote von Anlegern zur vollständigen Finanzierung des Kreditprojektes, kommt das Kreditprojekt im „Teil-finanzierungspool" nicht zustande und wird dem „Vollfinanzierungspool" zugeordnet. In diesem Fall verfallen alle bis dahin im Bereich „Teilfinanzierungspool" abgegebenen Finanzierungsgebote von Anlegern ersatz- und entschädigungslos.**

**(5)** Gebotsbindung
**Jeder Anleger ist für die Dauer eines Kreditprojekts zuzüglich 30 weiterer Werktage (maßgeblich sind Werktage an unserem Geschäftssitz Düsseldorf) an von ihm nach § 8 Absatz (4) abgegebene Gebote gebunden („Gebotsbindungsdauer").** Die Gebotsbindungsdauer beginnt mit Zustandekommen eines Kreditprojektes nach § 8 Absatz (4) d).

**(6)** *Keine* Anlageempfehlung / *Keine* Auskunft
**Mit Einräumung der Möglichkeit Finanzierungsgebote auf Kreditprojekte nach Maßgabe von § 8 Absatz (4) abzugeben sowie mit der Gestellung und der Einräumung der Nutzungsmöglichkeit der Anlagefunktion Portfolio Builder gemäß § 8 Absatz (4) b) oder von ReInvest gemäß § 8 Absatz (4) c) ist keine Beratung, Anlageempfehlung, Anlagevermittlung oder Auskunft durch uns gegenüber Anlegern oder ein Angebot auf solche nach dem Nutzungsvertrag nicht geschuldete oder erbrachte Leistungen verbunden oder geschuldet. Wir verweisen auf § 6 Absatz (2).**

**(7)** Weitere Schritte
**Nach Zustandekommen eines Kreditprojektes ist eine Darlehensvergabe durch eine mit uns kooperierende Bank sodann von der Erfüllung der weiteren Schritte gemäß § 9 Absatz (3) dieser Nutzungsbedingungen abhängig.**

**§ 9 Darlehensvergabe, Forderungsverkauf/-abtretung, Forderungsverwaltung**

**(1)** Wir sind keine Bank, also kein Kreditinstitut und kein Finanzdienstleister nach § 1 des Kreditwesengesetzes. Wir erbringen insofern weder Bankgeschäfte noch Finanzdienstleistungen. *Auf Grundlage des Nutzungsvertrages beschränken wir uns auf den Betrieb des Marktplatzes nach Maßgabe dieser Nutzungsbedingungen unter Beachtung unserer Regelungen zum Datenschutz.*

**(2)** Kommt ein Kreditprojekt zustande, sind wir berechtigt, mit dem Kreditsuchenden, einen Darlehensvermittlungsvertrag mit dem Inhalt zu schließen, dass wir uns um die Vermittlung eines den Konditionen des zustande gekommenen Kreditprojektes (insbesondere Darlehenshöhe, Darlehenslaufzeit, Darlehenszinssatz) entsprechenden Allgemein-Verbraucherdarlehensvertrages an den Kreditsuchenden mit einer mit uns kooperierenden Bank bemühen. Im Rahmen eines solchen Darlehensvermittlungsvertrags, übernehmen wir keine Beibringungs- oder Vermittlungs- oder Nachweispflicht oder ein Beschaffungsrisiko im Sinnevon § 276 Absatz 1 BGB für einen Darlehensvertrag oder die Auszahlung der Darlehensvaluta. *Ferner übermitteln wir nach Zustandekommen eines Kreditprojektes der kreditgebenden Bank sowie CreditConnect – soweit von CreditConnect zur Erstellung von Vertragsdokumentation benötigt – die uns bekanntgegebenen Daten des Kreditsuchenden und der Anleger (mit Ausnahme des Passworts) sowie die Daten des Kreditprojekts, um den Anlegern den Abschluss eines Vertrags über den Verkauf und die Abtretung einer zukünftigen Verbraucherdarlehensforderung mit der kreditgebenden Bank und den Abschluss eines Servicingvertrages mit CreditConnect zu ermöglichen.*

**(3)** **Hinweis: Zur Erlangung eines Allgemein-Verbraucherdarlehens durch den Kreditsuchenden auf Basis seines Kreditprojektes und für den (anteiligen) Erwerb einer Darlehensforderung hieraus durch den Anleger sind nach Zustandekommen eines Kreditprojektes zusätzlich zwingend folgende Schritte und Verträge außerhalb des Marktplatzes erforderlich:**

- Abschluss und Vollzug eines gesonderten, entgeltlichen Darlehensvermittlungsvertrages durch den Kreditsuchenden mit uns als Darlehensvermittler und Unterzeichnung eines Kreditantrages an die von uns kontaktierte Bank;
- Abschluss und Vollzug eines entgeltlichen Allgemein-Verbraucherdarlehensvertrags mit der eingeschalteten Bank durch den Kreditsuchenden;
- Abschluss und Vollzug eines entgeltlichen Vertrags über den Verkauf und die Abtretung einer zukünftigen Verbraucherdarlehensforderung zwischen dem Anleger und der kreditgebenden Bank (ein Muster für den Vertrag über den Verkauf und die Abtretung einer zukünftigen Verbraucherdarlehensforderung findet sich als **Anlage A** zu diesen Nutzungsbedingungen);
- Abschluss und Vollzug eines entgeltlichen Servicingvertrages zwischen dem Anleger und CreditConnect (ein Muster für den Servicingvertrag findet sich als **Anlage B** zu diesen Nutzungsbedingungen).

Der weitere Ablauf richtet sich ausschließlich nach dem Inhalt und den Regelungen der vorgenannten Verträge. Um Darlehensvergabe und Verkauf von Darlehensforderungen zu vereinfachen, sind mit Ausnahme der Namen der Kunden, der Darlehenssumme und des Zinssatzes alle Darlehensverträge und alle Verträge über den Verkauf und die Abtretung einer zukünftigen Verbraucherdarlehensforderung und Servicingverträge standardisiert.

**(4)** **Aus dem Abschluss des Nutzungsvertrages über die Leistungen des Marktplatzes und/oder der Durchführung eines oder der Beteiligung an einem Kreditprojekt ergeben sich für Anleger keine Rechte gegenüber uns, gegenüber mit uns kooperierenden Banken oder CreditConnect auf Abschluss eines Darlehensvermittlungsvertrages und/oder eines Darlehensvertrages und/oder eines Vertrags über den Verkauf und die Abtretung einer zukünftigen Verbraucherdarlehensforderung und/oder eines Servicingvertrages. Hierfür sind allein die gegebenenfalls gesondert abzuschließenden Verträge mit uns bzw. den vorgenannten Dritten maßgeblich.**

**§ 10 Vertragliche Pflichten der Anleger zugunsten der kreditgebenden Bank im Rahmen dieser Nutzungsbedingungen**

Damit Anleger eine Darlehensforderung nach Zustandekommen eines Kreditprojektes und bei Abschluss eines Darlehensvertrages zwischen Kreditsuchendem und Bank anteilig erwerben können, bedarf es außerhalb des Marktplatzes des Abschlusses eines entgeltlichen Vertrags über den Verkauf und die Abtretung einer zukünftigen Verbraucherdarlehensforderung zwischen dem Anleger und der kreditgebenden Bank (siehe § 9 Absatz (3)). Vor diesem Hintergrund übernimmt jeder Anleger gemäß
§ 328 Absatz 1 BGB zugunsten der kreditgebenden Bank bereits mit Abschluss des Nutzungsvertrages folgende Verpflichtung:

**Jeder Anleger, dessen Gebot(e) bei einem zustande gekommenen Kreditprojekt berücksichtigt wurde(n), ist – soweit mit uns nicht ausdrücklich anders vereinbart – für die Zeit der Gebotsbindungsdauer gemäß § 8 Absatz (5) zugunsten der kreditgebenden Bank verpflichtet, ein Angebot der kreditgebenden Bank auf Abschluss eines Vertrags über den Verkauf und die Abtretung einer zukünftigen Verbraucherdarlehensforderung über den auf den Anleger aus dem Kreditprojekt entfallenden Anteil der zu finanzierenden Darlehensforderung anzunehmen. Ein Muster für den Vertrag über den Verkauf und die Abtretung einer zukünftigen Verbraucherdarlehensforderung für Anleger findet sich als Anlage C zu diesen Nutzungsbedingungen.**

**§ 11** Besondere Hinweise

**(1)** *Wir schulden weder die Wirksamkeit der zwischen Kreditsuchenden oder Anlegern und der kreditgebenden Bank und/oder zwischen Anlegern und CreditConnect geschlossenen Verträge, noch die Durchführung oder Erfüllung solcher Verträge durch* *die Bank und/oder CreditConnect und übernehmen hierfür auch keinerlei Haftung.* **Wir schulden weder die Bonität oder die Identität von Kreditsuchenden, noch haften wir für diese.**

(2) *Es obliegt allein dem Anleger, die Entscheidung zu treffen, ob und mit wem er einen Vertrag unter Nutzung des Marktplatzes eingehen möchte.* **Wir schulden oder leisten gegenüber Anlegern keine Beratung, Empfehlung, Anlagevermittlung oder Auskunft. Informationen, die der Anleger auf dem Marktplatz einsehen kann (z.B. den auxmoney-Score), ersetzen daher auch keine fachkundige Beratung. Eine Angemessenheitsprüfung im Sinne von § 16 Absatz 2 Finanzanlagenvermittlungsverordnung wird von uns nicht vorgenommen und ist nicht geschuldet. Wir empfehlen deshalb dem Anleger, sich vor der Entscheidung gegebenenfalls über die wirtschaftlichen und steuerlichen Folgen der unter § 9 Absatz (3) aufgeführten Ver- träge fachmännischen Rat einzuholen.**

**Zahlt der Darlehensnehmer das Darlehen nicht zurück, kann es zum Totalverlust des investierten Kapitals kommen.** Anleger sollten allenfalls dann investieren, wenn sie sich den Verlust der entsprechenden Gelder leisten können. In den Kauf einer Darlehensforderung investierte Mittel stehen dem Anleger für andere Zwecke nicht mehr zur Verfügung. Sofern keine besonderen Kündigungsgründe vorliegen, kann der Anleger das Darlehen auch nicht vorzeitig kündigen. Auch eine Veräußerung der Darlehensforderungen ist nicht möglich, solange diese ungekündigt sind.

(3) Wir arbeiten im Hinblick auf eine Identifizierung von Kreditsuchenden sowie bei der Einholung von Bonitätsinformationen mit von uns als zuverlässig eingestuften Anbietern, z.B. mit der Deutschen Post AG und der SCHUFA Holding AG zusammen. **Wir schulden jedoch nicht die Richtigkeit der Informationen, die wir von Dritten über Kreditsuchende erhalten und übernehmen insoweit keinerlei Haftung. Wir weisen Anleger darauf hin, dass diese Informationen von Dritten zwar eine Indikation für die Identität, die Bonität oder das von einem Kreditsuchenden ausgehende Kreditausfallrisiko sein können, dass die tatsächlichen Umstände jedoch möglicherweise hiervon erheblich abweichen. Auf § 6 Absatz (2) wird verwiesen.**

(4) **Wir weisen auch ausdrücklich darauf hin, dass wir einen Teil der Informationen über die Vermögens- und Finanzverhältnisse unmittelbar von Kreditsuchenden erhalten. Da solche Angaben aus dem Bereich des Kreditsuchenden kommen, haben wir diese im Rahmen des nach diesen Nutzungsbedingungen geschuldeten Leistungsumfanges nicht geprüft. Wir über- nehmen mit Ausnahme des Falles des Vorsatzes, der groben Fahrlässigkeit und der Verletzung von Leib, Leben oder Gesundheit oder einer übernommenen Garantie oder eines übernommenen Beschaffungsrisikos nach § 276 Absatz 1 BGB unsererseits oder seitens unserer Erfüllungsgehilfen keine Haftung dafür, dass die aus dem Bereich des Kreditsuchenden stammenden Angaben richtig und vollständig sind. Gleiches gilt für die Richtigkeit und Vollständigkeit von Anlegerangaben.**

(5) Wir weisen weiterhin darauf hin, dass wir im Rahmen des geschuldeten Leistungsumfanges des Marktplatzes keine Möglichkeiten haben, die Echtheit der von dem Kreditsuchenden vorgelegten Unterlagen – soweit diese nicht von uns stammen – zu prüfen. Für Schäden und Aufwendungen aus einer mangelnden Echtheit der vorgelegten Unterlagen haften wir mit Ausnahme des Falles des Vorsatzes, der groben Fahrlässigkeit und der Verletzung von Leib, Leben oder Gesundheit oder einer übernommenen Garantie oder eines übernommenen Beschaffungsrisikos nach § 276 Absatz 1 BGB unsererseits oder seitens unserer Erfüllungsgehilfen ebenfalls nicht.

(6) Wir weisen darauf hin, dass wir keine Möglichkeit haben, die von Kreditsuchenden oder Dritten ggf. gestellten Sicherheiten zu prüfen. Eine Prüfung der Existenz der Kreditsicherheit oder Rechtswirksamkeit der Sicherheitenbestellung ist von uns ebenso wenig geschuldet, wie die Erzielung eines Verwertungserlöses.

(7) **Im Übrigen verweisen wir auf § 6 Absatz (2).**

**§ 12 Haftungsbeschränkung**

(1) Unsere vertragliche und gesetzliche Haftung für Schadensersatz und Aufwendungsersatz, gleich aus welchem Rechtsgrund, sowie die Haftung unserer gesetzlichen Vertreter und Erfüllungsgehilfen wird gegenüber Anlegern wie folgt ausgeschlossen beziehungsweise beschränkt:

a) Für die leicht fahrlässige Verletzung wesentlicher Pflichten aus dem Schuldverhältnis haften wir der Höhe nach begrenzt auf den bei Vertragsschluss vorhersehbaren, vertragstypischen Schaden.

*„Wesentliche Vertragspflichten" sind solche, deren Erfüllung den Vertrag prägen und auf die der Nutzer vertrauen darf.*

b) Für die leichte fahrlässige Verletzung nicht wesentlicher Pflichten aus dem Schuldverhältnis sowie für höhere Gewalt (d.h. von uns nicht zu vertretende leistungshindernde Ereignisse mit einer Mindestdauer von mehr als 12 Kalendertagen) haften wir nicht. Im Falle der höheren Gewalt gilt dies nur, wenn wir den Kreditsuchenden unverzüglich nach Kenntnis des Ereignisses höherer Gewalt hierüber informiert haben.

(2) Die vorgenannte Haftungsbeschränkung gilt nicht (i) in den Fällen zwingender gesetzlicher Haftung (insbesondere nach dem Produkthaftungsgesetz), (ii) wenn und soweit wir eine Garantie oder ein Beschaffungsrisiko (§ 276 BGB) übernommen haben, (iii) für schuldhaft verursachte Verletzungen von Leben, Körper und/oder Gesundheit, auch durch Vertreter und

Erfüllungsgehilfen, sowie (iv) im Falle des Verzuges bei einem fixen Leistungstermin.

**(3)** Der Anleger ist verpflichtet, angemessene Maßnahmen zur Schadensabwehr und Schadensminderung zu treffen. § 254 BGB (Mitverschulden) bleibt unberührt.

**(4)** Eine Umkehr der Beweislast ist mit den vorstehenden Regelungen nicht verbunden.

**§ 13 Kündigung des Nutzungsvertrages, Kündigungsfolgen**

**(1) Der Nutzungsvertrag über die Nutzung des Marktplatzes hat eine unbegrenzte Laufzeit. Er kann von Anlegern oder von uns ordentlich mit einer Kündigungsfrist von zwei Wochen zum Monatsende beendet werden. Die unter § 9 Absatz (2) genannten, zusätzlichen Verträge sind vom Bestand dieses Nutzungsvertrages unabhängig. Das Recht zur Kündigung aus wichtigem Grund bleibt unberührt.**

**(2) Jede Kündigung bedarf zu ihrer Wirksamkeit der Schrift- oder Textform (z.B. E-Mail, Telefax oder Brief).**

**§ 14 Rechtswahl, Hinweis zur Streitbeilegung, Aufsichtsbehörde, Schlussbestimmungen**

**(1)** Die vorvertraglichen Beziehungen zwischen uns und Anlegern, Nutzungsverträge sowie diese Nutzungsbedingungen und unsere Regelungen zum Datenschutz unterliegen dem Recht der Bundesrepublik Deutschland unter Ausschluss des UN-Kaufrechts (CSIG). Verhandlungs- und Vertragssprache ist Deutsch.

**(2)** Bei Streitigkeiten aus der Anwendung der Vorschriften des BGB betreffend Fernabsatzverträge über Finanzdienstleistungen kann sich der Anleger unbeschadet seines Rechts, die Gerichte anzurufen, mit einer Beschwerde an die Schlichtungsstelle der Deutschen Bundesbank wenden (Postfach 10 06 02, 60006 Frankfurt am Main, Tel.: 069-9566-3232, Fax: 069-709090-9901, E-Mail: schlichtung@bundesbank.de), wenn es für die Streitigkeit keine zuständige anerkannte Verbraucherschlichtungsstelle gibt. Einzelheiten sind im Internet unter: www.bundesbank.de abrufbar. Wir weisen darauf hin, dass wir weder bereit noch verpflichtet sind, an einem Streitbeilegungsverfahren vor einer Verbraucherschlichtungsstelle teilzunehmen. **Zuständige Aufsichtsbehörde ist die Stadt Düsseldorf, Ordnungsamt, Abteilung Gewerberechtliche Angelegenheiten, 40200 Düsseldorf.**

**(3)** Online-Streitbeilegung gemäß Art. 14 Abs. 1 ODR-VO: Die Europäische Kommission stellt eine Plattform zur Online-Streitbeilegung (OS) bereit, die Sie unter http://ec.europa.eu/consumers/odr/ finden.

**(4)** Soweit hierin nicht ausdrücklich abweichend vereinbart oder dargestellt, stellen diese Nutzungsbedingungen, unsere Regelungen zum Datenschutz und der Nutzungsvertrag die gesamte Übereinkunft der Parteien dar. Alle vorherigen Vereinbarungen und Absprachen zwischen uns in Bezug auf den Vertragsgegenstand werden hiermit aufgehoben und ersetzt. § 305b BGB (Vorrang der Individualabrede) bleibt für Individualabreden in jeglicher Form unberührt.

**(5)** Öffentliche Äußerungen hinsichtlich des Marktplatzes werden nur dann Bestandteil der Leistungen, wenn wir sie im Einzelfall ausdrücklich als geschuldete Leistungen des Marktplatzes bezeichnet haben und in Textform bestätigen.

**(6)** Änderungen und/oder Ergänzungen dieser Nutzungsbedingungen oder der Regelungen über den Datenschutz bedürfen zu ihrer Wirksamkeit der Schrift- oder Textform. § 305 b BGB (Vorrang der Individualabrede) bleibt für Individualabreden jeglicher Form unberührt.

**Anlagen zu den Nutzungsbedingungen**

Anlage A: Muster Vertrag über den Verkauf und die Abtretung einer zukünftigen Verbraucherdarlehensforderung
Anlage B: Muster Servicingvertrag

Stand: Mai 2022

## 1.4 Anlage A der Nutzungsbedingungen für Anleger (Forderungskauf- und Abtretungsvertrag)

**MUSTER**

Vertrag über den Verkauf und die Abtretung einer zukünftigen

**Verbraucherdarlehensforderung**

**einschließlich Verwertungsvollmacht**

zwischen

der **Süd-West-Kreditbank Finanzierung GmbH**,

Am Ockenheimer Graben 52, 55411 Bingen am Rhein, eingetragen im Handelsregister des Amtsgerichts Mainz unter HRB Mainz 21815, Telefon: 06721 9101-0, Telefax: 06721 9101-39, E-Mail: info@swk-bank.de, gesetzlich vertreten durch die Geschäftsführer Ulf Meyer (Sprecher), Matthias Brandes, Richard Groeneveld, geschäftsansässig unter gleicher Anschrift

**- nachfolgend: „Verkäufer" -**

und

Vorname Nachname

Straße Hausnummer

PLZ Ort

**- nachfolgend: „Käufer" -**

**Vorbemerkung**

Der Verkäufer ist ein Kooperationspartner der auxmoney GmbH (nachfolgend: „**auxmoney**"), die im Internet unter der Internetseite www.auxmoney.de (bzw. www.auxmoney.com) einen Online-Kreditmarktplatz betreibt (nachfolgend: „**Marktplatz**"). Auf dem Marktplatz können Kreditsuchende (nachfolgend: „**Kreditsuchende**"), die ein Darlehen wünschen, Kreditgesuche (nachfolgend: „**Kreditprojekte**") einstellen. Anleger können Finanzierungsgebote zur Beteiligung an der Finanzierung von Kreditprojekten abgeben. Liegen ausreichende Anlegergebote zur vollständigen Kreditprojektfinanzierung vor, kommt ein Kreditprojekt zustande. auxmoney bemüht sich dann für den Kreditsuchenden auf Basis eines Darlehensvermittlungsvertrags um die Vermittlung eines Allgemein-Verbraucherdarlehensvertrags i.S.v. § 491 Absatz 2 BGB (nachfolgend auch „**Darlehensvertrag**") mit einer kreditgebenden Bank. Der Verkäufer ist ein in der Bundesrepublik Deutschland zum Betreiben von Bankgeschäften zugelassenes Kreditinstitut, das auf Vermittlung von auxmoney, vorbehaltlich eigener Kreditentscheidung, Darlehen an Kreditsuchende gewährt. Schließt der Verkäufer als kreditgebende Bank mit einem Kreditsuchenden einen Darlehensvertrag, werden die aus dem Darlehensvertrag resultierenden Rückzahlungs- und Zinsforderungen vom Verkäufer an die am Kreditprojekt beteiligten Anleger - anteilig, jeweils in Höhe ihres auf dem Marktplatz berücksichtigten Finanzierungsgebotes - jeweils auf Basis eines gesondert abzuschließenden *Vertrags über den Verkauf und die Abtretung einer zukünftigen Verbraucherdarlehensforderung einschließlich Verwertungsvollmacht* nach Maßgabe nachfolgender Vereinbarungen verkauft und abgetreten.

**Auf Grund der Natur des dem zuvor dargestellten Forderungsverkauf an Anleger zugrundeliegenden Geschäftsmodells (mehrere Anleger erwerben jeder jeweils eine Teilforderung einer Darlehensforderung der kreditgebenden Bank gegenüber dem Kreditsuchenden) ist stets nur eine einheitliche Ausübung der mit einem *Vertrag über den Verkauf und die Abtretung einer zukünftigen Verbraucherdarlehensforderung einschließlich Verwertungsvollmacht* erworbenen Rechte durch alle Anleger, die an einem Kreditprojekt beteiligt sind, möglich. Die Übertragung von Gestaltungsrechten (wie etwa Kündigung, Anfechtung, Rücktritt) aus einem Darlehensvertrag ist deshalb nicht Gegenstand dieses *Vertrags über den Verkauf und die Abtretung einer zukünftigen Verbraucherdarlehensforderung einschließlich Verwertungsvollmacht*.** Nach dem Erwerb der Darlehensforderung durch Anleger erfolgt daher der Forderungseinzug, die Forderungsverwaltung und **im Hinblick auf gekündigte Darlehensforderungen - sofern keine anderweitige Forderungsverwertung für den Käufer durch den Verkäufer nach Maßgabe dieses *Vertrags über den Verkauf und die Abtretung einer zukünftigen Verbraucherdarlehensforderung einschließlich Verwertungsvollmacht* erfolgt** - das Inkasso für jeden Anleger ausschließlich durch das Unternehmen CreditConnect GmbH, Düsseldorf (nachfolgend: „**CreditConnect**") auf Grundlage eines jeweils zwischen jedem Anleger und dem Unternehmen CreditConnect nach Maßgabe von ANLAGE D der *Nutzungsbedingungen des auxmoney Online- Kreditmarktplatzes für private Anleger* zu schließenden Servicingvertrags (nachfolgend: „**Servicingvertrag**"). Eine gesellschaftsrechtliche Gestaltung, insbesondere in Form einer Gesellschaft bürgerlichen Rechts, soll durch den Käufer mit weiteren Teilforderungskäufern nicht initiiert werden.

Der Käufer ist als Anleger registrierter Kunde von auxmoney.

Dies vorausgeschickt, vereinbaren der Verkäufer und der Käufer was folgt, *wobei der Käufer besonders auf die Regelungen zum **Widerrufsrecht** in § 10, zu den vertraglich geschuldeten Leistungen des Verkäufers in § 1, zum vom Käufer geschuldeten Kaufpreis nach § 2 Absatz (2), zur **Verwertungsvollmacht** in § 6 und zum Vertragsschluss in § 8 hingewiesen wird.* Der Käufer sollte diese Regelungen *besonders aufmerksam lesen* und diesen Vertrag speichern, weil eine personenbezogene Speicherung dieses Vertrages beim Verkäufer für den Käufer nicht erfolgt.

**§ 1 Leistungen des Verkäufers**

(1) Der Verkäufer erbringt innerhalb dieses *Vertrages über den Verkauf und die Abtretung einer zukünftigen Verbraucherdarlehensforderung einschließlich Verwertungsvollmacht* (nachfolgend: „**Vertrag**") nur folgende, in diesem Absatz (1) abschließend aufgeführten Leistungen:

- den Forderungsverkauf nach Maßgabe von § 2,
- die Forderungsabtretung nach Maßgabe von § 4,
- die Forderungsverwertung auf Basis einer der dem Verkäufer vom Käufer mit diesem Vertrag erteilten Verwertungsvollmacht nach Maßgabe von § 6.

(2) Insbesondere folgende Leistungen werden vom Verkäufer **nicht** innerhalb dieses Vertrages erbracht oder geschuldet:

Der Verkäufer

- prüft weder die Bonität oder Identität des Kreditsuchenden/Darlehensnehmers für den Käufer;
- schuldet nicht die Zahlungsfähigkeit des Darlehensnehmers. **Das Bonitätsrisiko und das Risiko der Zahlungsunfähigkeit des Darlehensnehmers trägt ausschließlich der Käufer**;
- berechnet nicht das Kreditausfallrisiko des Kreditsuchenden/Darlehensnehmers für den Käufer und berechnet nicht den dem Kreditsuchenden/Darlehensnehmer auf dem Marktplatz von auxmoney zugeordneten auxmoney-Score;
- schuldet nicht die Richtigkeit von Informationen über den Kreditsuchenden/Darlehensnehmer, die der Verkäufer von Dritten erhält (z.B. den auxmoney-Score oder Informationen zur Beschreibung eines Kreditausfallrisikos des Kreditsuchenden/Darlehensnehmers) oder für Informationen über den Kreditsuchenden/Darlehensnehmer, die der Käufer auf dem Marktplatz einsehen kann;
- übernimmt keine Renditegarantien oder Renditezusicherungen gegenüber dem Käufer im Hinblick auf die nach § 2 Absatz (2) dieses Vertrags zu erwerbende Darlehensforderung;
- schuldet dem Käufer im Hinblick auf die nach § 2 Absatz (2) dieses Vertrags zu

erwerbende Darlehensforderung keinen Forderungseinzug, keine Forderungsverwaltung und kein Inkasso;

- **übernimmt im Hinblick auf die vertragsgegenständlichen Leistungen keinerlei Garantie oder ein Beschaffungsrisiko im Sinne von § 276 Absatz 1 BGB**;
- **schuldet dem Käufer nicht die Übertragung von unselbständigen oder selbständigen Gestaltungsrechten (wie etwa Kündigung, Anfechtung, Rücktritt) aus dem Darlehensvertrag in Bezug auf die veräußerte Darlehensforderung**.

**Der Verkäufer erbringt oder schuldet dem Käufer auch keinerlei Beratung**. Er berät den Käufer nicht bei der Entscheidung, ob er eine Darlehensforderung aus einem Darlehensvertrag ganz oder teilweise erwerben sollte. Die Entscheidung, ob und mit wem er einen Vertrag eingehen möchte, obliegt allein dem Käufer.

**Der Käufer sollte sich vor einer Entscheidung über den Forderungskauf bei Bedarf fachmännischen Rat Dritter über die wirtschaftlichen und steuerlichen Folgen eines Forderungskaufs mit beschränkter Übertragungsmöglichkeit ohne Übergang der Gestaltungsrechte (wie etwa Kündigung, Anfechtung, Rücktritt) sowie mit der grundsätzlichen Verpflichtung, einen in diesem Vertrag vorgesehenen Dritten (den Verkäufer) im Falle der Darlehenskündigung mit dem Inkasso nach dem Inhalt dieses Vertrages zu beauftragen, einholen.**

**Zahlt der Darlehensnehmer das Darlehen nicht zurück, kann es zum Totalverlust des investierten Kapitals kommen.** Auch könnte der Käufer bei Widerruf des Darlehensvertrags durch den Darlehensnehmer verpflichtet sein, vereinnahmte Zinsen zumindest teilweise zurückzuerstatten. Der Käufer sollte allenfalls dann investieren, wenn er sich den vollständigen Verlust der zur Investition vorgesehenen Gelder leisten kann. In den Kauf einer Darlehensforderung aus einem Darlehensvertrag investierte Gelder stehen dem Käufer für andere Zwecke nicht mehr zur Verfügung.

(3) *Der Verkäufer weist darauf hin*, dass der Darlehensnehmer seine Verbindlichkeiten aus dem Darlehensvertrag jederzeit ganz oder teilweise vorzeitig erfüllen kann (§ 500 Absatz 2 BGB). In diesem Fall erhält der Käufer ab dem Zeitpunkt der vollständigen Tilgung *keine* Zinsen mehr. Etwaige Rechte des Käufers auf Zahlung anteiliger Vorfälligkeitsentschädigung durch den Darlehensnehmer gemäß § 502 BGB bleiben unberührt. **Da nicht sichergestellt ist, dass die vom Darlehensnehmer möglicherweise zu leistende Vorfälligkeitsentschädigung einen Zinsverlust ganz oder teilweise kompensiert, kann die vorzeitige Rückzahlung des Darlehens durch den Darlehensnehmer zu einem Teil- oder Totalverlust der vom Käufer mit der**

**Beteiligung am Kreditprojekt angestrebten Verzinsung führen.**

**§ 2 Forderungsverkauf**

(1) Der Käufer hat auf ein durch auxmoney für Anleger im Sinne der Nutzungsbedingungen des Marktplatzes auf dem Marktplatz zur Abgabe von Finanzierungsgeboten verfügbar gemachtes Kreditprojekt mit der Kreditprojektidentifikationsnummer (nachfolgend: „**Kreditprojekt-ID**"): [•] ein verbindliches Angebot darüber abgegeben, sich hieran in Höhe eines Anteils von [•] EUR an der Aufbringung der von dem Kreditsuchenden nachgefragten Darlehenssumme zu beteiligen. Sein Angebot wurde im Sinne der Nutzungsbedingungen des Marktplatzes berücksichtigt. Das Kreditprojekt kam zustande.

(2) Der Verkäufer beabsichtigt, in seiner Eigenschaft als kreditgebende Bank mit dem bei auxmoney unter der Identifikationsnummer (nachfolgend: „**ID-Nummer**"): [•] geführten Kreditsuchenden (nachfolgend: „**Darlehensnehmer**") auf Basis des vorgenannten Kreditprojektes mit der Kreditprojekt-ID: [•] einen Darlehensvertrag über einen Darlehensnennbetrag von [•] EUR (nachfolgend: „**Darlehensforderung**") zu schließen.

(3) Unter der Voraussetzung, dass zwischen dem Käufer und CreditConnect ein wirksamer Servicingvertrag im Hinblick auf nachfolgend genannte Teilforderung geschlossen wird, bietet der Verkäufer dem Käufer Zug-um-Zug gegen Zahlung eines Kaufpreises von [•] EUR (nachfolgend: „**Kaufpreis**") den Kauf (*bei mehreren im Kreditprojekt berücksichtigten Anlegern beschränkt sich das Angebot auf den rechnerisch auf den jeweiligen Anleger entfallenden Forderungsanteil*) der vorgenannten Darlehensforderung aus dem vorgenannten Darlehensvertrag (Kreditprojekt mit der Kreditprojekt-ID: [•]) in Höhe eines Anteils von [•] EUR (nachfolgend: „**Anteil**") zuzüglich der auf den Anteil im Verhältnis zur Darlehensforderung quotal entfallenden Zinsen (Anteil und quotale Zinsen gemeinsam: „**Teilforderung**" genannt), ***ohne*** *Übertragung von Gestaltungsrechten des Darlehensgebers aus dem Darlehensvertrag*, an (nachfolgend: „**Kaufangebot**").

(4) **Nur für den Fall**, dass der Darlehensnehmer im Zusammenhang mit dem Darlehensvertrag zur Absicherung seiner Zahlungsverpflichtungen aus dem Darlehensvertrag einen Versicherungsvertrag (nachfolgend: „**Restkreditversicherungsvertrag**") mit einem oder mehreren Versicherungsunternehmern schließt und dem Verkäufer für alle Leistungen aus dem Restkreditversicherungsvertrag ein unwiderrufliches Bezugsrecht gegenüber den/dem Versicherungsunternehmen gewährt wird (nachfolgend: „**Bezugsrecht**"), ist Gegenstand des vorstehend in Absatz (2) genannten Kaufangebotes zusätzlich die Übertragung sämtlicher gegenwärtiger und zukünftiger Ansprüche des Verkäufers gegenüber den/dem

Versicherungsunternehmen aus dem Bezugsrecht (nachfolgend: „**Bezugsrechtsansprüche**"). *Bei mehreren im Kreditprojekt berücksichtigten Anlegern beschränkt sich die Übertragung anteilig auf einen Umfang, der prozentual dem Verhältnis der Teilforderung des Käufers zur Darlehensforderung entspricht.*

(5) Der Käufer kann das ihm nach den Absätzen (2) und (3) durch den Verkäufer unterbreitete Kaufangebot wie in § 8 dieses Vertrages vorgesehen annehmen.

(6) **Der Käufer erwirbt die verkaufte Teilforderung, einschließlich aller damit einhergehenden Rechte und etwaiger Bezugsrechtsansprüche, ausschließlich für eigene Rechnung.**

(7) Im Hinblick auf die Teilforderung, einschließlich aller damit einhergehenden Rechte und etwaiger Bezugsrechtsansprüche, gilt Folgendes:

a) Die Teilforderung stammt aus einem Allgemein-Verbraucherdarlehensvertrag für den die gesetzlichen Regelungen der §§ 491 BGB ff. sowie die Vereinbarungen des Darlehensvertrags nach Maßgabe von ANLAGE B der *Nutzungsbedingungen des auxmoney Online-Kreditmarktplatzes für private Anleger* gelten.

Dies bedeutet insbesondere, dass

(aa) bei Teilzahlungen des Darlehensnehmers auf die Darlehensforderung eingezogene Beträge gemäß § 497 Absatz 3 BGB zuerst auf die Kosten der Rechtsverfolgung, sodann auf die Hauptschuld und zuletzt auf die Zinsen verrechnet werden. Im Übrigen gelten die nachfolgenden Buchstaben d), e), f) und g) für die Beteiligung mehrerer Anleger an einem Kreditprojekt.

(bb) es dem Darlehensnehmer nach § 500 Absatz 2 BGB gesetzlich gestattet ist, seine Verbindlichkeiten aus dem Darlehensvertrag jederzeit ganz oder teilweise vorzeitig zu erfüllen (nachfolgend: „**vorzeitige Rückzahlung**"). Im Falle einer vorzeitigen Rückzahlung kann der Darlehensgeber nach § 502 BGB vom Darlehensnehmer eine angemessene Vorfälligkeitsentschädigung für den unmittelbar mit der vorzeitigen Rückzahlung zusammenhängenden Schaden verlangen. Die Vorfälligkeitsentschädigung darf nach § 502 BGB folgende Beträge jeweils nicht überschreiten:

- 1 Prozent beziehungsweise, wenn der Zeitraum zwischen der vorzeitigen und der vereinbarten Rückzahlung ein Jahr nicht übersteigt, 0,5 Prozent des vorzeitig zurückgezahlten Betrags,
- den Betrag der Sollzinsen, den der Darlehensnehmer in dem Zeitraum zwischen der vorzeitigen und der vereinbarten Rückzahlung entrichtet hätte.

Der Verkäufer wird die Vorfälligkeitsentschädigung für den Käufer im Falle einer vorzeitigen

Rückzahlung durch den Darlehensnehmer nach den vom Bundesgerichtshof für die Berechnung eines solchen Schadens vorgegebenen finanzmathematischen Grundsätzen berechnen und das Ergebnis CreditConnect mitteilen. **Der Käufer befreit den Verkäufer insoweit vom Bankgeheimnis.**

b) Der Verkäufer wird CreditConnect nach Abschluss dieses Vertrages den Namen und/oder die Anschrift des Darlehensnehmers, die ID-Nummer, die Kreditprojekt-ID, das Auszahlungsdatum des Darlehens, die Höhe der Darlehensforderung, die Höhe des von der Darlehensforderung auf den Käufer entfallenden Anteils in Euro, Kreditabwicklungsdaten (wie Alter, Anzahl und Höhe der Mahnstufen; Alter und Anzahl von Rücklastschriften; Anzahl und Höhe von Sondertilgungen des Darlehensnehmers; Anzahl und Höhe von Überweisungen zur Kreditrückführung) sowie alle weiteren notwendigen Informationen mitteilen, damit CreditConnect ihre Pflichten gegenüber dem Käufer aus dem Servicingvertrag erfüllen kann. **Der Käufer befreit den Verkäufer insoweit und zu diesem Zweck vom Bankgeheimnis**.

Der Verkäufer ist gegenüber dem Käufer nicht verpflichtet, ihm Auskunft über den Namen und/oder die Anschrift des Darlehensnehmers zu geben, solange zwischen CreditConnect und dem Käufer ein Servicingvertrag für die Teilforderung besteht und CreditConnect ihre Pflichten gegenüber dem Käufer aus dem Servicingvertrag vertragsgemäß erfüllt.

c) **Der Käufer ist – mit Ausnahme des Falles, dass CreditConnect ihre Pflichten aus dem Servicingvertrag schuldhaft nicht erfüllt – verpflichtet, die Einziehung der Teilforderung, das Mahnwesen und – sofern für den Käufer keine anderweitige Verwertung durch den Verkäufer nach Maßgabe von § 6 dieses Vertrags erfolgt – die außergerichtliche und/oder gerichtliche Geltendmachung der Teilforderung, einschließlich etwaiger Bezugsrechtsansprüche, („Inkasso") ausschließlich durch CreditConnect nach Maßgabe des Servicingvertrags vornehmen zu lassen. Der Käufer darf den Darlehensnehmer oder Versicherungsunternehmen, sofern der Darlehensnehmer mit diesen einen Restkreditversicherungsvertrag schließt, – mit Ausnahme des Vorliegens eines wichtigen Grundes (z.B. schuldhafte, dauerhafte Unterlassung der Einziehung durch CreditConnect) – nicht zum Zweck des Darlehensforderungs- oder Teilforderungseinzugs bezogen auf das vertragsgegenständliche Darlehen oder die Geltendmachung von Bezugsrechtsansprüchen kontaktieren oder sich direkt Gelder auf sein Konto von ihm oder auf seine Veranlassung unter Umgehung des Forderungseinzugs durch CreditConnect überweisen lassen**.

d) Es besteht keine Gesamtgläubigerschaft i.S.v. § 428 BGB zwischen verschiedenen Anlegern, welche verschiedene Teilforderungen der Darlehensforderung erworben haben.

Jede Teilforderung steht allein dem jeweiligen Anleger zu. Dies gilt auch für etwaige Bezugsrechtsansprüche.

e) Es besteht kein Gesamthandvermögen zwischen den Anlegern, welche verschiedene Teilforderungen der Darlehensforderung erworben haben, und keine Gesellschaft bürgerlichen Rechtes i.S.v. § 705 BGB. Dies gilt auch für etwaige Bezugsrechtsansprüche.

f) **Der Käufer wird sich gegenüber anderen Anlegern, welche Teilforderungen der Darlehensforderung oder Bezugsrechtsansprüche erworben haben, im Sinne eines echten Vertrages zu Gunsten Dritter (der anderen Anleger) nach § 328 BGB nicht auf das Bestehen einer Gesamtgläubigerschaft i.S.v. § 428 BGB, eines Gesamthandvermögens oder das Bestehen einer Gesellschaft bürgerlichen Rechts i.S.v. § 705 BGB berufen.**

g) Zahlungen des Darlehensnehmers auf das Darlehen stehen den Inhabern der verschiedenen Teilforderungen jeweils anteilig im Verhältnis ihres Anteils zur Darlehensforderung zu. Die Teilforderungen sind selbstständig, gleichrangig und unabhängig voneinander, so dass der Anspruch jedes Anlegers nur auf Zahlung der auf ihn entfallenden Teilforderung gerichtet ist. Umgekehrt wird der Darlehensnehmer auch nicht dadurch von seiner Leistungspflicht aus dem Darlehensvertrag befreit, dass er an einen von mehreren Anlegern seine offenen Darlehensverbindlichkeiten zahlt.

h) **Der Käufer ist außerhalb des Erbganges und außerhalb einer Übertragung im Rahmen der Verwertungsvollmacht nach Maßgabe von § 6 dieses Vertrages nicht berechtigt, die an ihn nach Maßgabe dieses Vertrags verkaufte und abgetretene Teilforderung sowie etwaig verkaufte und abgetretene Bezugsrechtsansprüche weiter zu übertragen.** Jeder Verstoß hiergegen, führt zur Unwirksamkeit der Abtretung an den Dritterwerber, so dass der Käufer Forderungsinhaber bleibt. § 354a HGB (Abtretungsfreiheit von im Handelsverkehr begründeten Geldforderungen) bleibt unberührt. Vom vorstehenden Übertragungsverbot ebenfalls unberührt ist das Recht des Käufers, CreditConnect oder einem von CreditConnect noch zu benennenden Dritten im Hinblick auf die Teilforderung oder Bezugsrechtsansprüche eine Einziehungsermächtigung und Prozessführungsermächtigung (gerichtliche Geltendmachung der Teilforderung durch CreditConnect in eigenem Namen in gewillkürter Prozessstandschaft für den Käufer) zu erteilen.

i) Hat der Darlehensnehmer an den Verkäufer in seiner Eigenschaft als kreditgebende Bank eine fällige Darlehensrate, Verzugszinsen oder sonstige fällige Forderungen im Wege des Lastschriftverfahrens gezahlt und erklärt der Darlehensnehmer sodann in Bezug auf den betreffenden Betrag wirksam den Widerruf des Lastschriftmandates oder den Widerspruch der Belastungsbuchung, wird der Verkäufer dem Darlehensnehmer möglicherweise eine dem Betrag entsprechende Gutschrift erteilen. Dies gilt in gleicher Weise, wenn der Verkäufer in seiner Eigenschaft als kreditgebende Bank aus anderen, von ihm nicht zu vertretenden Gründen zur Rückzahlung eines geleisteten Betrages an den Darlehensnehmer verpflichtet ist. *Dies kann dazu führen, dass der Käufer nach Maßgabe des von ihm mit CreditConnect geschlossenen Servicingvertrags verpflichtet ist, einen an ihn von der kreditgebenden Bank – ggf. anteilig – ausgezahlten Betrag, auf den sich der Widerruf, Widerspruch oder die Rückzahlungsforderung des Darlehensnehmers bezieht, nach Maßgabe des Servicingvertrags an die kreditgebende Bank oder CreditConnect insgesamt unter Verzicht auf die Einrede der Entreicherung (§ 818 Absatz 3 BGB) zurückzuerstatten.* Der Verkäufer weist darauf hin, dass CreditConnect nach Maßgabe des Servicingvertrags berechtigt ist, die kreditgebende Bank anzuweisen, eingegangene Beträge bei Auszahlung an den Käufer um den jeweils vom Käufer nach der vorstehenden Regelung zurück zu zahlenden Betrag zu kürzen und mit diesem Betrag zu verrechnen.

j) Etwaige vom Darlehensnehmer zu vertretende Rücklastschriftgebühren sind von diesem zu tragen. Zahlt der Darlehensnehmer diese trotz Mahnung nicht, ist es möglich, dass der Käufer nach Maßgabe des von ihm mit CreditConnect geschlossenen Servicingvertrags verpflichtet ist, diese zu erstatten. Im Fall mehrerer Anleger sind Rücklastschriftgebühren nach Maßgabe des Servicingvertrags von jedem Anleger anteilig im Verhältnis ihres Anteils zur Darlehensforderung zu tragen.

## § 3 Kaufpreiszahlung

Der in § 2 Absatz (2) genannte Kaufpreis ist vom Käufer auf das folgende Konto des Verkäufers zu zahlen: [•].

## § 4 Forderungsabtretung

(1) Der Verkäufer bietet dem Käufer unter der nachfolgenden aufschiebenden Bedingung die Abtretung der in § 2 Absatz (2) dieses Vertrages genannten Teilforderung einschließlich aller einhergehenden Rechte, jedoch ohne die Übertragung von Gestaltungsrechten aus dem Darlehensvertrag, an (nachfolgend: „**Abtretungsangebot**"). **Die Abtretung wird – vorbehaltlich der Annahme des Angebotes durch den Käufer – erst wirksam, wenn zwischen dem Käufer und CreditConnect ein wirksamer Servicingvertrag besteht und das Darlehen vom Verkäufer als kreditgebende Bank an den Darlehensnehmer ausgezahlt wurde (aufschiebende Bedingung)**.

(2) **Nur für den Fall**, dass der Darlehensnehmer im Zusammenhang mit dem Darlehensvertrag zur Absicherung seiner Zahlungsverpflichtungen aus dem Darlehensvertrag einen Restkreditversicherungsvertrag mit einem oder mehreren Versicherungsunternehmern schließt und dem Verkäufer für alle Leistungen aus dem Restkreditversicherungsvertrag ein unwiderrufliches Bezugsrecht gewährt, bietet der Verkäufer dem Käufer als Gegenstand des vorstehend in Absatz (1) genannten Abtretungsangebotes und unter der dort genannten aufschiebenden Bedingung (Abs. (1) Satz 2) zusätzlich die Abtretung sämtlicher gegenwärtiger und zukünftiger Bezugsrechtsansprüche des Verkäufers gegen den/die Versicherungsunternehmen an. *Bei mehreren im Kreditprojekt berücksichtigten Anlegern beschränkt sich die Abtretung anteilig auf den Umfang, der prozentual dem Verhältnis der Teilforderung des Käufers zur Darlehensforderung entspricht.*

(3) Der Käufer kann das ihm nach den vorstehenden Absätzen (1) und (2) unterbreitete Abtretungsangebot wie in § 9 vorgesehen annehmen.

(4) Der Käufer verpflichtet sich gegenüber dem Verkäufer, die im jeweiligen Umfang des Abtretungsangebots nach Maßgabe vorstehender Absätze (1) und (2) vereinbarte Abtretung der Teilforderung und aller weiteren abgetretenen Rechte und Ansprüche an ihn auf Verlangen des Verkäufers in separater Urkunde schriftlich zu bestätigen oder zu wiederholen.

**§ 5 Forderungsübergang auf den Käufer, Rücktrittsrecht des Verkäufers**

(1) Hat der Käufer das auf Verkauf und Abtretung der Teilforderung sowie etwaig auf Verkauf und Abtretung von Bezugsrechtsansprüchen gerichtete Angebot des Verkäufers angenommen und sind die weiteren in § 4 Absatz (1) dieses Vertrages genannten Voraussetzungen erfüllt, gehen die Teilforderung sowie etwaige Bezugsrechtsansprüche automatisch vom Verkäufer auf den Käufer über.

(2) Kommt der Darlehensvertrag – gleich aus welchem Grund – nicht zustande oder besteht zum Zeitpunkt des Abschlusses des Darlehensvertrags zwischen dem Käufer und CreditConnect kein wirksamer Servicingvertrag, kann der Verkäufer von diesem Vertrag durch schriftliche Erklärung, Erklärung in Textform, oder Erstattung des Kaufpreises gegenüber dem Käufer binnen 4 Wochen nach Vertragsschluss zurücktreten.

**§ 6 Forderungsverwertung durch den Verkäufer für den Käufer im Falle der Kündigung des Darlehensvertrags**

(1) Kommt ein Darlehensvertrag zwischen dem Verkäufer als Darlehensgeber und dem

Darlehensnehmer wirksam zustande, bleibt der Verkäufer auch nach dem Forderungsverkauf nach Maßgabe von § 2 und nach der Forderungsabtretung nach Maßgabe von § 4 dieses Vertrages als Darlehensgeber Vertragspartei des Darlehensvertrags mit dem Darlehensnehmer. Der Verkäufer bleibt deshalb berechtigt, den Darlehensvertrag als Darlehensgeber unter Beachtung der gesetzlichen Vorschriften gegenüber dem Darlehensnehmer als Vertragspartner unter bestimmten gesetzlichen Voraussetzungen zu kündigen, insb. nach § 498 BGB, § 490 Absatz 1 BGB oder § 314 Absatz 1 BGB, („**gesetzliche Kündigungsvoraussetzungen**"), (nachfolgend: „**Kündigungsrecht**"). Macht der Verkäufer von seinem Kündigungsrecht Gebrauch, tritt im Hinblick auf den Darlehensvertrag der Verwertungsfall ein (nachfolgend: „**Verwertungsfall**").

(2) Unter der Voraussetzung, dass für den von diesem Vertrag erfassten Darlehensvertrag des Darlehensnehmers der Verwertungsfall eingetreten ist, **gewährt der Käufer dem Verkäufer das Recht, die von diesem erworbene Teilforderung einschließlich aller damit einhergehender Rechte – jedoch mit Ausnahme von bestehenden, beim Käufer verbleibenden Bezugsrechtsansprüchen – im *Namen des Käufers und für dessen Rechnung* durch den Verkauf und die Abtretung an eine juristische Person unter Berücksichtigung folgender, kumulativ geltender Bedingungen und Maßgaben zu verwerten (nachfolgend: „Verwertung")**:

- der Abschluss eines Vertrages über den Verkauf und die Abtretung der Teilforderung einschließlich aller damit einhergehender Rechte (nachfolgend: „**Forderungskaufvertrag**") erfolgt nach dem Recht der Bundesrepublik Deutschland und auf Basis von wechselseitigen Vertragsschlusserklärungen des Verkäufers und der erwerbenden juristischen Person, die mitsamt des Vertragsinhalts vom Verkäufer und der erwerbenden juristischen Person schriftlich oder in Textform dokumentiert werden;
- Verkauf nur an Unternehmen mit Sitz im Europäischen Wirtschaftraum oder der Schweiz, die eine Beitreibung der Teilforderung durch Unternehmen mit einer Erlaubnis zur Erbringung von Rechtsdienstleistungen im Sinne von § 2 Absatz 2 Rechtsdienstleistungsgesetz und mit Sitz im Europäischen Wirtschaftraum oder der Schweiz gewährleisten (nachfolgend: „**Inkassounternehmen**");
- Abwicklung eines abgeschlossenen Forderungskaufvertrags (d.h. Kaufpreiseinzug und Kaufpreisüberweisung an den Käufer) erfolgt innerhalb von 30 Kalendertagen.

(3) Vorbehaltlich der Regelungen in den nachfolgenden Absätzen (4) und (5) vereinbart der **Verkäufer im Falle einer Verwertung mit dem die Teilforderung erwerbenden**

**Inkassounternehmen im Forderungskaufvertrag als Gegenleistung für den Verkauf und die Abtretung der Teilforderung einschließlich aller damit einhergehender Rechte unter Berücksichtigung der Grundsätze eines ordentlichen Kaufmanns _einen Kaufpreis nach billigem Ermessen (§ 315 Absätze 1 bis 3 BGB)_, jedoch mindestens einen Kaufpreis (nachfolgend: „Verwertungserlös"), der in Euro betragsmäßig mindestens 20% der zum Datum der Kündigungserklärung tatsächlich noch offenen Teilforderung entspricht (nachfolgend: „Mindestverwertungsquote").**

**Eine Verwertungspflicht wird vom Verkäufer nicht übernommen.**

(4) **Der Verkäufer ist in Abweichung von vorstehendem § 6 Absatz (3) berechtigt, mit dem die Teilforderung erwerbenden Inkassounternehmen einen Kaufpreis zu vereinbaren, der die Mindestverwertungsquote – mitunter auch erheblich – unterschreitet (z.B. Verwertungserlös lediglich im einstelligen Centbereich), wenn im Zeitpunkt des Verwertungsfalls oder zum Zeitpunkt des Abschlusses des Forderungskaufvertrags im Hinblick auf den Darlehensnehmer oder die Teilforderung ein absolutes Verwertungshindernis im Sinne des nachfolgenden Absatzes (5) vorliegt. Die Höhe des zu vereinbarenden Kaufpreises bestimmt der Verkäufer in einem solchen Fall unter Berücksichtigung der Verwertungsinteressen des Käufers nach billigem Ermessen (§ 315 Absätze 1 bis 3 BGB). Die Bestimmung ist nur verbindlich, wenn die getroffene Bestimmung der Billigkeit entspricht, was der Käufer gerichtlich überprüfen lassen kann (§ 315 Absatz 3 BGB).**

(5) **Absolute Verwertungshindernisse im Sinne von vorstehendem Absatz (4) sind im Hinblick auf den Darlehensnehmer und/oder die Teilforderung gegeben, wenn der Vollstreckungserfolg aufgrund von tatsächlichen oder rechtlichen Gründen unter Berücksichtigung der Sorgfalt eines ordentlichen Kaufmanns im Sinne des § 43 GmbHG mit hoher Wahrscheinlichkeit nur als gering bewertet werden kann (d.h. das Risiko des Forderungsausfalls ist wesentlich höher als die Chance der auch nur teilweisen Forderungsdurchsetzung). Absolute Verwertungshindernisse sind beispielhaft, aber nicht abschließend, das Ableben des Darlehensnehmers oder das Bekanntwerden eines Antrags auf Eröffnung eines Insolvenzverfahrens über das Vermögen des Darlehensnehmers vor Kauf der Teilforderung durch ein Inkassounternehmen.**

(6) Zum Zwecke der Verwertung nach Maßgabe der vorstehenden Absätze (2), (3), (4) und (5) erteilt der Käufer dem Verkäufer hiermit folgende Vollmacht („**Verwertungsvollmacht**"):

**Der Verkäufer wird vom Käufer bevollmächtigt, die Teilforderung einschließlich aller damit einhergehender Rechte im Namen des Käufers und für dessen Rechnung an**

**eine juristische Person und zu einem Kaufpreis seiner Wahl zu verkaufen und an diese abzutreten sowie die Kaufpreiszahlung zur Weiterleitung an den Käufer entgegenzunehmen.**

Der Verkäufer ist gegenüber dem Käufer verpflichtet, von der vorstehenden Verwertungsvollmacht nur nach Maßgabe der Regelungen in vorstehenden Absätzen (2), (3), (4) und (5) Gebrauch zu machen. Die Möglichkeit der Verwertung der Teilforderung durch CreditConnect bleibt von der Erteilung dieser Verwertungsvollmacht unberührt.

(7) **Die Verwertungsvollmacht ist mit Ausnahme des Vorliegens eines wichtigen Grundes unwiderruflich.**

(8) *Der Käufer entbindet den Verkäufer zum Zwecke der Durchführung der Verwertung gegenüber CreditConnect und dem die Teilforderung erwerbenden Inkassounternehmen vom Bankgeheimnis.*

## § 7 Haftungsbeschränkung

(1) Die vertragliche und gesetzliche Haftung des Verkäufers für Schadensersatz, gleich aus welchem Rechtsgrund, sowie die Haftung seiner gesetzlichen Vertreter und Erfüllungsgehilfen wird wie folgt ausgeschlossen beziehungsweise beschränkt:

a) Für die leicht fahrlässige Verletzung wesentlicher Pflichten aus dem Schuldverhältnis haftet der Verkäufer der Höhe nach begrenzt auf den vertragstypischen und vorhersehbaren Schaden.

„Wesentliche Vertragspflichten" sind solche, deren Erfüllung den Vertrag prägt und auf die der Käufer vertrauen darf.

b) Für die leicht fahrlässige Verletzung nicht wesentlicher Pflichten aus dem Schuldverhältnis sowie für höhere Gewalt haftet der Verkäufer nicht.

(2) Die vorgenannte Haftungsbeschränkung gilt nicht in den Fällen zwingender gesetzlicher Haftung (insbesondere nach dem Produkthaftungsgesetz), wenn und soweit der Verkäufer eine Garantie oder ein Beschaffungsrisiko nach § 276 Absatz 1 BGB übernommen hat und für schuldhaft verursachte Verletzung von Leben, Körper, Gesundheit, auch durch Vertreter oder Erfüllungsgehilfen des Verkäufers, sowie im Falle des Verzuges des Verkäufers bei einem fixen Leistungstermin.

(3) Eine Umkehr der Beweislast ist mit den vorstehenden Regelungen nicht verbunden.

**§ 8 Vertragsschluss, Vertragsdauer**

(1) Nachdem der Verkäufer dem Käufer ein Angebot auf Abschluss dieses Vertrages unterbreitet hat, kommt der Vertrag wie folgt zustande:

(a) Der Käufer kann das Angebot des Verkäufers auf Abschluss des Vertrags annehmen, indem er gegenüber dem Verkäufer in Textform (z.B. E-Mail, Telefax oder Brief) eine Erklärung über die Annahme des Angebotes abgibt und dem Verkäufer diese Erklärung innerhalb von 3 Bankarbeitstagen nach Zugang des Vertragsangebotes des Verkäufers beim Käufer zugeht. Im Zeitpunkt des fristgerechten Zugangs der Erklärung über die Annahme des Angebotes beim Verkäufer kommt der Vertrag zustande.

(b) Alternativ zum Zustandekommen des Vertrags nach § 8 Absatz (1) (a) kommt der Vertrag zu Stande, indem der Käufer den in § 2 Absatz (2) dieses Vertrages genannten Kaufpreis nach Zugang des Vertragsangebotes des Verkäufers beim Käufer auf das in § 3 dieses Vertrages genannte Konto des Verkäufers einzahlt oder überweist. Mit Eingang der Kaufpreiszahlung auf dem Verkäuferkonto wird der Vertrag geschlossen.

(2) Aufgrund der Rechtsnatur des Vertrags als Kaufvertrag besteht in Bezug auf den Vertrag weder eine Mindestlaufzeit noch ein Kündigungsrecht.

**§ 9 Geltendes Recht, Schriftform, kein Rahmenvertrag, Vertragssprache**

(1) Vorvertragliche Beziehungen zwischen Verkäufer und Käufer sowie dieses Vertragsverhältnis unterliegen ausschließlich dem Recht der Bundesrepublik Deutschland unter Ausschluss des UN-Kaufrechts (CISG).

(2) Bei Streitigkeiten aus der Anwendung der Vorschriften des BGB betreffend Fernabsatzverträge über Finanzdienstleistungen kann sich der Käufer unbeschadet seines Rechts, die Gerichte anzurufen, mit einer Beschwerde an die Schlichtungsstelle der Deutschen Bundesbank wenden (Postfach 10 06 02, 60006 Frankfurt am Main, Tel.: 069-9566-3232, Telefax: 069-709090-9901, E-Mail: schlichtung@bundesbank.de), wenn es für die Streitigkeit keine zuständige anerkannte Verbraucherschlichtungsstelle gibt. Einzelheiten sind im Internet unter: www.bundesbank.de abrufbar. Die für den Verkäufer zuständige Aufsichtsbehörde ist die Bundesanstalt für Finanzdienstleistungsaufsicht (BaFin), Graurheindorfer Str. 108, 53117 Bonn.

(3) Änderungen und/oder Ergänzungen dieses Vertrages bedürfen der Schriftform. Dies gilt auch für die Änderung dieses Schriftformerfordernisses. § 305b BGB (Vorrang der

Individualabrede) bleibt für Individualabreden in jeder Art (schriftlich, in Textform, mündlich oder konkludent) unberührt.

(4) Bei diesem Vertrag und etwaigen vergleichbaren Verträgen des Käufers mit dem Verkäufer handelt es sich **nicht** um einen Rahmenvertrag oder um durch einen Rahmenvertrag verbundene Verträge oder unter einem Rahmenvertrag geschlossene Verträge.

(5) Verhandlungs-, Kommunikations- und Vertragssprache sowie die Sprache, in der die in der Widerrufsbelehrung in nachstehendem § 10 genannten Vorabinformationen mitgeteilt werden, ist Deutsch.

**Widerrufsbelehrung**

**Abschnitt 1**

**Widerrufsrecht**

Sie können Ihre Vertragserklärung **innerhalb von 14 Tagen ohne Angabe von Gründen mittels einer eindeutigen Erklärung widerrufen**. Die Frist beginnt nach Abschluss des Vertrags und nachdem Sie die Vertragsbestimmungen einschließlich der Allgemeinen Geschäftsbedingungen sowie **alle nachstehend unter Abschnitt 2 aufgeführten Informationen** auf einem dauerhaften Datenträger (z. B. Brief, Telefax, E-Mail) **erhalten haben**. **Zur Wahrung der Widerrufsfrist genügt die rechtzeitige Absendung des Widerrufs**, wenn die Erklärung auf einem dauerhaften Datenträger erfolgt. Der Widerruf ist zu richten an:

Süd-West-Kreditbank Finanzierung GmbH,

Am Ockenheimer Graben 52, 55411 Bingen am Rhein,

Telefax: 06721 9101-39, E-Mail:
kundenservice@swk-bank.de

**Abschnitt 2**

**Für den Beginn der Widerrufsfrist erforderliche Informationen**

Die Informationen im Sinne des Abschnitts 1 Satz 2 umfassen folgende Angaben:

1. die Identität des Unternehmers; anzugeben ist auch das öffentliche Unternehmensregister, bei dem der Rechtsträger eingetragen ist, und die zugehörige Registernummer oder gleichwertige Kennung;
2. die Hauptgeschäftstätigkeit des Unternehmers und die für seine Zulassung zuständige Aufsichtsbehörde;
3. die ladungsfähige Anschrift des Unternehmers und jede andere Anschrift, die für die Geschäftsbeziehung zwischen dem Unternehmer und dem Verbraucher maßgeblich ist, bei juristischen Personen, Personenvereinigungen oder Personengruppen auch den Namen des Vertretungsberechtigten;
4. die wesentlichen Merkmale der Finanzdienstleistung sowie Informationen darüber, wie der Vertrag zustande kommt;
5. den Gesamtpreis der Finanzdienstleistung einschließlich aller damit verbundenen Preisbestandteile sowie alle über den Unternehmer abgeführten Steuern oder, wenn kein genauer Preis angegeben

werden kann, seine Berechnungsgrundlage, die dem Verbraucher eine Überprüfung des Preises ermöglicht;

6. Einzelheiten hinsichtlich der Zahlung und der Erfüllung;
7. das Bestehen oder Nichtbestehen eines Widerrufsrechts sowie die Bedingungen, Einzelheiten der Ausübung, insbesondere Name und Anschrift desjenigen, gegenüber dem der Widerruf zu erklären ist, und die Rechtsfolgen des Widerrufs einschließlich Informationen über den Betrag, den der Verbraucher im Fall des Widerrufs für die erbrachte Leistung zu zahlen hat, sofern er zur Zahlung von Wertersatz verpflichtet ist (zugrundeliegende Vorschrift: § 357a des Bürgerlichen Gesetzbuchs);
8. die Mitgliedstaaten der Europäischen Union, deren Recht der Unternehmer der Aufnahme von Beziehungen zum Verbraucher vor Abschluss des Vertrags zugrunde legt;
9. eine Vertragsklausel über das auf den Vertrag anwendbare Recht oder über das zuständige Gericht;
10. die Sprachen, in denen die Vertragsbedingungen und die in dieser Widerrufsbelehrung genannten Vorabinformationen mitgeteilt werden, sowie die Sprachen, in denen sich der Unternehmer verpflichtet, mit Zustimmung des Verbrauchers die Kommunikation während der Laufzeit dieses Vertrags zu führen;
11. den Hinweis, ob der Verbraucher ein außergerichtliches Beschwerde- und Rechtsbehelfsverfahren, dem der Unternehmer unterworfen ist, nutzen kann, und gegebenenfalls dessen Zugangsvoraussetzungen.

**Abschnitt 3**

**Widerrufsfolgen**

Im Fall eines wirksamen Widerrufs **sind die beiderseits empfangenen Leistungen zurückzugewähren**. Sie sind zur **Zahlung von Wertersatz** für die bis zum Widerruf erbrachte Dienstleistung verpflichtet, wenn Sie vor Abgabe Ihrer Vertragserklärung auf diese Rechtsfolge hingewiesen wurden und ausdrücklich zugestimmt haben, dass vor dem Ende der Widerrufsfrist mit der Ausführung der Gegenleistung begonnen werden kann. Besteht eine Verpflichtung zur Zahlung von Wertersatz, kann dies dazu führen, dass Sie die vertraglichen Zahlungsverpflichtungen für den Zeitraum bis zum Widerruf dennoch erfüllen müssen. **Ihr Widerrufsrecht erlischt** vorzeitig, wenn der Vertrag **von beiden Seiten auf Ihren ausdrücklichen Wunsch vollständig erfüllt ist**, bevor Sie Ihr Widerrufsrecht ausgeübt haben. **Verpflichtungen zur Erstattung von Zahlungen müssen innerhalb von 30 Tagen erfüllt werden.** Diese Frist beginnt für Sie mit der Absendung Ihrer Widerrufserklärung, für uns mit deren Empfang.

**- Ende der Widerrufsbelehrung -**

## 1.5 Anlage B der Nutzungsbedingungen für Anleger (Servicingvertrag)

Credit Connect powered by auxmoney

**MUSTER**

**Servicingvertrag**

zwischen

der **CreditConnect GmbH**,
Kasernenstraße 67, 40213 Düsseldorf, eingetragen im Handelsregister des Amtsgerichts Düsseldorf unter HRB 60722, Telefon: 0211/54243288, Telefax: 0211/54243298, gesetzlich vertreten durch den Geschäftsführer Philipp Kriependorf, geschäftsansässig unter gleicher Anschrift

**- nachfolgend: „Servicer" -**

und

Vorname Nachname

Straße Hausnummer

PLZ Ort

**- nachfolgend: "Auftraggeber" -**

**<u>Vorbemerkung</u>**

Der Servicer ist ein Partnerunternehmen der auxmoney GmbH (nachfolgend: „**auxmoney**"), die im Internet unter der Internetseite www.auxmoney.de (bzw. www.auxmoney.com) einen Online-Kreditmarktplatz betreibt (nachfolgend: „**Marktplatz**"). Der Auftraggeber ist als Anleger registrierter Kunde von auxmoney. Auf dem Marktplatz können Kreditsuchende (nachfolgend: „**Kreditsuchende**" oder „**Darlehensnehmer**"), die ein Darlehen wünschen, Kreditgesuche (nachfolgend: „**Kreditprojekte**") einstellen. Anleger können Finanzierungsgebote zur Beteiligung an der Finanzierung von Kreditprojekten abgeben. Liegen genügend Anlegergebote zur Kreditprojektfinanzierung vor, kommt ein Kreditprojekt zustande. auxmoney bemüht sich dann für den Kreditsuchenden auf Basis eines Darlehensvermittlungsvertrages um die Vermittlung eines Verbraucherdarlehensvertrages i.S.v. §491 BGB mit einer kreditgebenden Bank. Schließt die kreditgebende Bank mit einem Kreditsuchenden einen Darlehensvertrag, werden die aus dem Darlehensvertrag resultierenden Forderungen von der kreditgebenden Bank an die am Kreditprojekt beteiligten Anleger – anteilig, jeweils in Höhe ihres Finanzierungsgebotes – jeweils auf Basis eines gesondert abzuschließenden *Vertrags über den Verkauf* und die Abtretung einer zukünftigen Verbraucherdarlehensforderung einschließlich Verwertungsvollmachtverkauft und abgetreten.

Auf Grund der Natur des dem zuvor dargestellten Forderungsverkauf an Anleger zugrundeliegenden Geschäftsmodells (mehrere Anleger erwerben jeder jeweils eine Teilforderung einer Darlehensforderung) ist stets nur eine einheitliche Ausübung der mit einem Vertrag über den Verkauf und die Abtretung einer zukünftigen Verbraucherdarlehensforderungerworbenen Rechte durch alle Anleger, die an einem Kreditprojekt beteiligt sind, möglich. Die Übertragung von Gestaltungsrechten (wie etwa Kündigung, Anfechtung, Rücktritt) ist nicht Gegenstand desVertrags über den Verkauf und die Abtretung einer zukünftigen Verbraucherdarlehensforderung Nach dem Erwerb durch Anleger erfolgt daher der Forderungseinzug, die Forderungsverwaltung und im Hinblick auf gekündigte Darlehensforderungen– sofern keine anderweitige Forderungsverwertung für den Auftraggeber durch die kreditgebende Bank nach Maßgabe desVertrags über den Verkauf und die Abtretung einer zukünftigen Verbraucherdarlehensforderung einschließlich Verwertungsvollmacht erfolgt – das Inkasso für jeden Anleger, und zwar für alle von einem Anleger über den Marktplatz aus Darlehensverträgen erworbenen Forderungen, ausschließlich durch ein Dienstleistungsunternehmen – den Servicer –, nach Maßgabe von gesondert zwischen jedem Anleger und dem Servicer zu schließenden Servicingverträgen. Vor diesem Hintergrund vereinbaren der Servicer und der Auftraggeber was folgt

| |
|---|
| Hinweis: Der Auftraggeber wird besonders auf die Regelungen zum Widerrufsrecht in §14, zu den vertraglich geschuldeten Leistungen des Servicers in §1, zu der vom Auftraggeber geschuldeten Vergütung in §5, zu den dem Servicer im Rahmen des vertragsgegenständlichen Forderungseinzugs, der vertragsgegenständlichen Forderungsverwaltung und des vertragsgegenständlichen Inkasso (§6 Absatz (1)) erteilten Ermächtigungen (gewillkürte Prozessstandschaft) und Vollmachten in §7 Absätze (1), (2) und (3), zum Kündigungsrecht in §11 und zum Vertragsschluss in §12 hingewiesen wird. Der Auftraggeber sollte diese vorgenannten Regelungen besonders aufmerksam lesen und diesen Servicingvertrag speichern, weil eine personenbezogene Speicherung dieses Servicingvertrages beim Servicer für den Auftraggeber nicht erfolgt. |

§1 Leistungen des Servicers

(1) Der Servicer erbringt innerhalb dieses Servicingvertrages (nachfolgend: „Servicingvertrag") nur folgende, in diesem Absatz (1) abschließend aufgeführten Leistungen:

- nach Maßgabe von §4 den Forderungseinzug und die Forderungsverwaltung einer Teilforderung im Sinne von §2 Absatz (2) aus einem ungekündigten Darlehensvertrag,

- nach Maßgabe von §6 das Inkasso einer notleidenden Teilforderung im Sinne von §6 Absatz (1) aus einem gekündigten Darlehensvertrag, **sofern keine anderweitige Forderungsverwertung für den Auftraggeber durch ein von der kreditgebenden Bank nach Maßgabe dieses *Vertrags über den Verkauf und die Abtretung einer zukünftigen Verbraucherdarlehensforderung einschließlich Verwertungsvollmacht* eingeschaltetes Inkassounternehmen erfolgt,**

- nach Maßgabe von §8 Übertragung anteiligen Sicherungseigentums an einem Kraftfahrzeug (nachfolgend: „**Kfz**"), jedoch nur, sofern die Sicherungsübereignung eines Kfz durch den Kreditsuchenden kreditprojektgegenständlich ist.

(2) Insbesondere folgende Leistungen werden vom Servicer **nicht** innerhalb dieses Servicingvertrages erbracht oder geschuldet:

Der Servicer

- prüft weder die Bonität oder Identität des Darlehensnehmers für den Auftraggeber noch die Existenz, den Wert oder den Zustand von ggf. als Sicherheit zu übereignenden Kfz oder die Realisierbarkeit von Verwertungserlösen;

- **schuldet nicht die Realisierbarkeit der Forderung bei Zahlungsunfähigkeit oder -unwilligkeit des Darlehnsnehmers. Das Bonitätsrisiko und das Risiko der Zahlungsunfähigkeit des Darlehensnehmers trägt ausschließlich der Auftraggeber;**

- berechnet nicht das Kreditausfallrisiko des Darlehensnehmers für den Auftraggeber und berechnet nicht den dem Kreditsuchenden/Darlehensnehmer auf dem Marktplatz von auxmoney zugeordneten auxmoney-Score;

- schuldet nicht die Richtigkeit von Informationen über den Darlehensnehmer, die der Servicer von Dritten erhält (z.B. den auxmoney-Score oder Informationen zur Beschreibung eines Kreditausfallrisikos des Darlehensnehmers) oder für Informationen über den Darlehensnehmer, die der Auftraggeber auf dem Marktplatz einsehen kann;

- übernimmt keine Renditegarantien oder Renditezusicherungen gegenüber dem Auftraggeber im Hinblick auf die vom Auftraggeber erworbene Forderung aus dem Darlehensvertrag;

- **übernimmt im Hinblick auf die vertragsgegenständlichen Leistungen oder die Realisierung von Ansprüchen gegenüber dem Darlehnsnehmer keinerlei Garantie oder ein Beschaffungsrisiko im Sinne von §276 Absatz 1 BGB.**

**Der Servicer erbringt oder schuldet dem Auftraggeber auch keinerlei Beratung**. Er berät den Auftraggeber nicht bei der Entscheidung, ob er eine Darlehensforderung aus einem Darlehensvertrag ganz oder teilweise erwerben sollte und wie die Rechte aus einem solchen Forderungserwerb auszuüben sind. Die Entscheidung, ob und mit wem er einen Vertrag eingehen möchte, obliegt allein dem Auftraggeber. **Der Auftraggeber sollte sich vor einer Entscheidung über den Forderungskauf bei Bedarf fachmännischen Rat Dritter über die wirtschaftlichen und steuerlichen Folgen eines Forderungskaufs einholen. Zahlt der Darlehensnehmer das Darlehen nicht zurück, kann es zum Totalverlust des investierten Kapitals kommen.** Auch könnte der Auftraggeber bei Widerruf des Darlehensvertrages durch den Darlehensnehmer verpflichtet sein, vereinnahmte Zinsen zumindest teilweise zurück zu erstatten. Der Auftraggeber sollte allenfalls dann investieren, wenn er sich den vollständigen Verlust der zur Investition vorgesehenen Gelder leisten kann. In den Kauf einer Darlehensforderung aus einem Darlehensvertrag investierte Gelder stehen dem Auftraggeber für andere Zwecke nicht mehr zur Verfügung.

**Der Servicer ist gegenüber dem Auftraggeber nicht verpflichtet, dem Auftraggeber Auskunft über den Namen und/oder die Anschrift des Darlehensnehmers zu geben, von dessen Darlehen der Auftraggeber die Teilforderung im Sinne von §2 erworben hat.**

**§2 Vertragsgegenstand des Servicingvertrags**

Die kreditgebende Bank beabsichtigt, mit dem bei auxmoney unter der Identifikationsnummer (nachfolgend: „**ID-Nummer**"): [•] geführten Kreditsuchenden (nachfolgend: „**Darlehensnehmer**") auf Basis des Kreditprojektes mit der Kreditprojektidentifikationsnummer: [•] einen Darlehensvertrag (nachfolgend: „**Darlehensvertrag**") über einen Darlehensnennbetrag von [•] EUR (nachfolgend: „**Darlehensforderung**") zu schließen. Der Auftraggeber hat die Darlehensforderung von der kreditgebenden Bank nach Maßgabe eines *Vertrags über den Verkauf und die Abtretung einer zukünftigen Verbraucherdarlehensforderung* (nachfolgend: „**Forderungskaufvertrag**") in Höhe eines Anteils von [•] EUR (nachfolgend: „**Anteil**") zuzüglich der auf den Anteil im Verhältnis zur Darlehensforderung quotal entfallenden Zinsen (Anteil und quotale Zinsen gemeinsam: „**Teilforderung**" genannt) erworben. **Vertragsgegenstand** dieses Servicingvertrages ist die vom Auftraggeber erworbene Teilforderung.

**§3 auxmoney-Anlagekonto**

Der Auftraggeber ist – soweit nicht ausdrücklich anders vereinbart – zum Zwecke der Abwicklung von Zahlungen aus dem Servicingvertrag verpflichtet, während der gesamten Laufzeit des Servicingvertrags ein auxmoney-Anlagekonto bei einer mit auxmoney kooperierenden Bank, nach Maßgabe der Nutzungsbedingungen des auxmoney Online-Kreditmarktplatzes für private Anleger (nachfolgend: „auxmoney-Anlagekonto") zu unterhalten und dem Servicer seine Kontoverbindungsdaten für das auxmoney-Anlagekonto mitzuteilen.

§4 Forderungseinzug und Forderungsverwaltung der Teilforderung aus dem ungekündigten Darlehensvertrag

(1) Der Servicer übernimmt für den Auftraggeber in dessen Auftrag nach Maßgabe der nachfolgenden Absätze (2) bis (12) den Forderungseinzug und die Forderungsverwaltung im Hinblick auf die vertragsgegenständliche Teilforderung des Auftraggebers aus dem ungekündigten Darlehensvertrag.

(2) Der Servicer ist im Hinblick auf die vertragsgegenständliche Teilforderung des Auftraggebers i.S.v. vorstehendem §2 verpflichtet und ermächtigt, die kreditgebende Bank zu beauftragen, die Teilforderung im Namen des Servicers für Rechnung des Auftraggebers von dem Darlehensnehmer einzuziehen.

(3) Der Servicer ist nach Kenntnis von jedem Zahlungseingang auf die vertragsgegenständliche Teilforderung des Auftraggebers auf einem Konto der kreditgebenden Bank vorbehaltlich der nachfolgenden Regelungen in §5 Absatz (4) und in §7 Absätze (9) und (10) verpflichtet und ermächtigt, die kreditgebende Bank unverzüglich anzuweisen, den vom Zahlungseingang auf die Teilforderung anteilig auf den Auftraggeber entfallenden Betrag auf das auxmoney-Anlagekonto des Auftraggebers zu überweisen. Der Servicer wird ausschließlich durch vertragliche Vereinbarung mit der kreditgebenden Bank dafür Sorge tragen, dass diese vertraglich verpflichtet ist, seinen Anweisungen gemäß vorstehendem Satz 1 Folge zu leisten.

(4) Zahlungen des Darlehensnehmers auf das Darlehen stehen den Inhabern der verschiedenen Teilforderungen jeweils anteilig im Verhältnis ihres Anteils zur Darlehensforderung zu. Die Teilforderungen sind selbstständig, gleichrangig und unabhängig voneinander, so dass der Anspruch jedes Anlegers nur auf Zahlung der auf ihn entfallenden Teilforderung gerichtet ist. Umgekehrt wird der Darlehensnehmer auch nicht dadurch von seiner Leistungspflicht aus dem Darlehensvertrag befreit, dass er an einen von mehreren Anlegern den offenen Darlehensbetrag zahlt.

(5) Bei Teilzahlungen des Darlehensnehmers auf das Darlehen werden vom Darlehensnehmer eingezogene Beträge gemäß §497 Absatz 3 BGB zuerst auf die Kosten der Rechtsverfolgung, sodann auf die Hauptschuld und zuletzt auf die Zinsen verrechnet. Im Übrigen gelten die nachfolgenden Absätze (6) und (7) sowie §7 Absätze (5) und (6) für die Beteiligung mehrerer Anleger an einem Kreditprojekt.

(6) Es besteht *keine* Gesamtgläubigerschaft i.S.v. §428 BGB zwischen verschiedenen Anlegern, welche verschiedene Teilforderungen der Darlehensforderung erworben haben. Jede aus dem Darlehensvertrag resultierende Teilforderung steht alleine dem jeweiligen Anleger zu.

(7) Es besteht *kein* Gesamthandvermögen zwischen den Anlegern, welche verschiedene Teilforderungen der Darlehensforderung gegen den Darlehensnehmer erworben haben, und keine Gesellschaft bürgerlichen Rechtes i.S.v. §§705 ff. BGB.

(8) Dem Darlehensnehmer ist es nach §500 Absatz 2 BGB gesetzlich gestattet, seine Verbindlichkeiten aus dem Darlehensvertrag jederzeit ganz oder teilweise vorzeitig zu erfüllen (nachfolgend: „**vorzeitige Rückzahlung**"). Im Falle einer vorzeitigen Rückzahlung kann die kreditvergebende Bank nach §502 BGB vom Darlehensnehmer eine angemessene Vorfälligkeitsentschädigung für den unmittelbar mit der vorzeitigen Rückzahlung zusammenhängenden Schaden verlangen. Die kreditgebende Bank wird die Vorfälligkeitsentschädigung nach den vom Bundesgerichtshof für die Berechnung eines solchen Schadens vorgegebenen finanzmathematischen Grundsätzen berechnen. Die Vorfälligkeitsentschädigung darf nach §502 BGB folgende Beträge jeweils nicht überschreiten:

- 1 Prozent beziehungsweise, wenn der Zeitraum zwischen der vorzeitigen und der vereinbarten Rückzahlung ein Jahr nicht übersteigt, 0,5 Prozent des vorzeitig zurückgezahlten Betrags,

- den Betrag der Sollzinsen, den der Darlehensnehmer in dem Zeitraum zwischen der vorzeitigen und der vereinbarten Rückzahlung entrichtet hätte.

Der Servicer wird die kreditgebende Bank unverzüglich nach Kenntnis von einer vorzeitigen Rückzahlung und nach Kenntnis vom Ergebnis der Vorfälligkeitsentschädigungsberechnung der kreditgebenden Bank anweisen, die vorzeitige Rückzahlung des Darlehensnehmers sowie die von diesem ggf. zu zahlende Vorfälligkeitsentschädigung für Rechnung der betreffenden Anleger von dem Darlehensnehmer entgegen zu nehmen und den hiervon auf den Auftraggeber anteilig entfallenden Anteil (d.h., im Verhältnis seines Anteils zur

Darlehensforderung) an der vorzeitigen Rückzahlung sowie an der Vorfälligkeitsentschädigung vorbehaltlich der nachfolgenden Regelungen in §5 Absatz (4) und in §7 Absätze (9) und (10) unverzüglich auf das auxmoney-Anlagekonto des Auftraggebers zu überweisen. Der Servicer wird durch vertragliche Vereinbarung mit der kreditgebenden Bank dafür Sorge tragen, dass diese vertraglich verpflichtet ist, seinen in diesem Absatz (8) genannten Anweisungen Folge zu leisten.

(9) Mahnungen gegenüber dem Darlehensnehmer im Fall des Zahlungsverzuges sowie die Inrechnungstellung entstandener Mahnkosten gegenüber dem Darlehensnehmer erfolgen durch die kreditgebende Bank im Auftrag des Servicers.

(10) Der Servicer wird die kreditgebende Bank, soweit aus Sicht des Servicers – z.B. zur Abwendung eines Forderungsausfalls – zweckmäßig und geboten, nach billigem Ermessen (§315 BGB – Bestimmung der Leistung durch eine Partei unter Berücksichtigung der Interessen der anderen Partei bei gerichtlicher Korrekturmöglichkeit der Leistungsbestimmung) auffordern, mit dem Darlehensnehmer in Ergänzung zum Darlehensvertrag eine Ratenplanänderungsvereinbarung (sog. Prolongationsvereinbarung), im Hinblick auf die nach dem Darlehensvertrag zu zahlende Ratenhöhe, den Zeitpunkt der Ratenzahlung oder die vereinbarte Darlehensvertragslaufzeit oder eine Stundungsvereinbarung zu treffen. Unbeschadet von §5 dieses Vertrages gilt zwischen Servicer und Auftraggeber §670 BGB (Ersatz von Aufwendungen). Der Servicer weist darauf hin, dass der Abschluss einer Ratenplanänderungsvereinbarung oder Stundungsvereinbarung zwischen kreditgebender Bank und dem Darlehensnehmer unter dem Vorbehalt einer von der kreditgebenden Bank nach ihrem eigenen, freien Ermessen zu treffenden Entscheidung steht und dass eine der Aufforderung des Servicers stattgebende Entscheidung der kreditgebenden Bank dazu führen kann, dass vom Auftraggeber im Zusammenhang mit dem Erwerb einer Teilforderung investierte Gelder erst zu einem späteren, als zu dem ursprünglich nach dem Kreditprojekt vorgesehenen Zeitpunkt wieder zur Verfügung stehen.

Der Servicer informiert den Auftraggeber, sofern die kreditgebende Bank mit dem Darlehensnehmer eine Ratenplanänderungsvereinbarung oder eine Stundungsvereinbarung geschlossen hat, unverzüglich sobald dies dem Servicer von der kreditgebenden Bank mitgeteilt wurde.

(11) Der Servicer wird dem Auftraggeber regelmäßig Informationen über den Stand der nach dem Servicingvertrag eingezogenen und verwalteten Teilforderung erteilen, indem er diese Informationen für den Auftraggeber auf dem Marktplatz (unter: www.auxmoney.de (bzw. www.auxmoney.com)) in dem für Anleger vorgesehenen Bereich einstellt und dem Auftraggeber über den Zugang zum Marktplatz nach Eingabe seines von ihm für den Marktplatz verwendeten Benutzernamens und seines Passwortes im Rahmen der von auxmoney, nach Maßgabe der Nutzungsbedingungen des auxmoney Online-Kreditmarktplatzes für private Anlegergeschuldeten Verfügbarkeit verfügbar macht.

§5 Vergütung

(1) Der Auftraggeber ist verpflichtet, dem Servicer für die Erbringung der im Hinblick auf die Teilforderung durch den Servicer nach Maßgabe von §§4 Absatz (1) – sowie, soweit kreditprojektgegenständlich nach §8 – des Servicingvertrags geschuldeten Leistungen ein einmaliges Pauschalentgelt (nachfolgend: „Servicingfee") zu zahlen. Soweit zusätzlich Leistungen des Servicers nach Maßgabe von §6 Absatz (1) in Anspruch genommen werden, fällt hierfür kein zusätzlich zu leistendes Entgelt an. §7 Absatz (2) – Regelung über Aufwendungsersatz – bleibt unberührt.

(2) Die vom Auftraggeber an den Servicer zu zahlende Servicingfee beträgt [•] Prozent des vom Auftraggeber nach dem Forderungskaufvertragfür die Teilforderung an die kreditgebende Bank als Verkäuferin der Darlehensforderu ng zu zahlenden Kaufpreises in Euro.

(3) Die Servicingfee für eine Teilforderung ist fällig mit Abschluss dieses Vertrages zwischen Auftraggeber und Servicer.

(4) Der Auftraggeber ermächtigt den Servicer, die kreditgebende Bank anzuweisen, die vom Auftraggeber zu zahlende Servicingfee – soweit zur betragsmäßigen Erfüllung des Anspruchs auf Zahlung der Servicingfee erforderlich – von der oder den Zahlungen des Darlehensnehmers auf die zugrundeliegende Teilforderung einzubehalten und an den Servicer auszukehren.

§6 Regelungen zum Inkasso der Teilforderung im Falle der Kündigung des Darlehensvertrages

(1) **Nur unter der Voraussetzung, dass die kreditgebende Bank den Darlehensvertrag mit dem Darlehensnehmer gekündigt hat und keine Verwertung der Darlehensforderung durch ein von der Bank eingeschaltetes Inkassounternehmen erfolgt**, wird der Servicer – ggf. unter Beauftragung Dritter (etwa Rechtsanwälte oder Inkassounternehmen) – die Teilforderung aus dem gekündigten Darlehensvertrag („**notleidende Teilforderung**") gegenüber dem Darlehensnehmer unter Berücksichtigung der Sorgfalt eines ordentlichen Kaufmannes i.S.v. §43 Absatz (1) GmbHG nach freiem Ermessen (§315 BGB), im eigenen Namen und für Rechnung des Auftraggebers außergerichtlich im Wege der ***Einziehungsermächtigung*** und/oder gerichtlich im Wege der ***gewillkürten Prozessstandschaft*** geltend machen (nachfolgend: „**Inkasso**"). Auf die dem Servicer gemäß §7 Absatz (1) erteilten Ermächtigungen und gemäß §7 Absatz (2) erteilten Vollmachten wird verwiesen.

(2) Im Hinblick auf ein Inkasso und damit einhergehende Aufwendungen des Servicers gilt §670 BGB (*Ersatz von Aufwendungen*).

**§7 Vertragspflichten des Auftraggebers**

(1) **Der Auftraggeber ermächtigt den Servicer,**

a) **die vertragsgegenständliche Teilforderung gegenüber bzw. vom Darlehensnehmer oder der kreditgebenden Bank in seinem eigenen Namen (des Servicers) und für Rechnung des Auftraggebers außergerichtlich geltend zu machen sowie zur Leistung an sich selbst einzuziehen (*Einziehungsermächtigung*);**

b) **die vertragsgegenständliche Teilforderung gegenüber bzw. vom Darlehensnehmer in seinem eigenen Namen (des Servicers) und für Rechnung des Auftraggebers gerichtlich geltend zu machen und zur Leistung an sich selbst einzuziehen (*gewillkürte Prozessstandschaft mit Einziehungsermächtigung*);**

c) **die kreditgebende Bank zu ermächtigen, die vertragsgegenständliche Teilforderung gegenüber bzw. vom Darlehensnehmer in ihrem eigenen Namen (der Bank), für Rechnung des Auftraggebers außergerichtlich oder gerichtlich geltend zu machen und zur Leistung an sich selbst einzuziehen (*Untereinziehungsermächtigung und Prozessführungsermächtigung*).**

(2) Der Auftraggeber bevollmächtigt den Servicer,

a) der kreditgebenden Bank im Hinblick auf die vertragsgegenständliche Teilforderung, im Namen des Auftraggebers Anweisungen nach Maßgabe von §4 Absatz (10) zum Abschluss von Ratenplanänderungs- oder Stundungsvereinbarungen zu geben. Eigene Rechte des Servicers gegen die Bank außerhalb des Servicingvertrages bleiben von vorstehender Regelung unberührt.

b) im Namen des Auftraggebers alle zur ordnungsgemäßen Erfüllung der in §4 (Forderungseinzug und Forderungsverwaltung der Teilforderung aus dem ungekündigten Darlehensvertrag) und §6 (Regelungen zum Inkasso der Teilforderung aus dem gekündigten Darlehensvertrag) und – soweit kreditprojektgegenständlich – §8 (Anteiliges Sicherungseigentum) dieses Servicingvertrages geregelten Vertragspflichten notwendigen Erklärungen gegenüber Dritten abzugeben und von diesen entgegen zu nehmen sowie alle hierzu erforderlichen Aufträge an Dritte (etwa Rechtsanwälte oder Inkassounternehmen) zu erteilen.

c) Dritten Untervollmacht zur Wahrnehmung der in §6 und §7 Absätze (1) und (2) a) und b) genannten Rechte zu erteilen.

(3) Der Auftraggeber ist verpflichtet, dem Servicer auf dessen Verlangen

a) alle zur ordnungsgemäßen Erfüllung der dem Servicer nach §§4, 6 und – soweit kreditprojektgegenständlich – §8 des Servicingvertrages obliegenden Vertragspflichten notwendigen Ermächtigungen und Vollmachten schriftlich zu erteilen sowie die kreditgebende Bank, von der er die Teilforderung erworben hat, für die Zwecke des Servicingvertrages gegenüber dem Servicer vom Bankgeheimnis zu entbinden

b) die Erteilung der nach Maßgabe von §7 Absatz (1) erteilten Ermächtigungen oder der nach Maßgabe von §7 Absatz (2) erteilten Vollmachten oder von nach Maßgabe von §7 Absatz (3) a) erteilten Ermächtigungen oder Vollmachten unverzüglich schriftlich zu bestätigen.

(4) Die in §7 Absätze (1), (2) und (3) genannten Ermächtigungen und Vollmachten sind mit Ausnahme des Vorliegens eines wichtigen Grundes unwiderruflich. Ein „wichtiger Grund"

liegt insbesondere vor im Falle der Insolvenz des Servicers oder der kreditgebenden Bank oder bei einer nach schriftlicher Abmahnung durch den Auftraggeber fortgesetzten schuldhaften Pflichtwidrigkeit hinsichtlich der Ausübung oder Nichtausübung oder inhaltlichen Ausübung der erteilten Ermächtigungen und/oder Vollmachten oder der vertraglich vom Servicer übernommen Pflichten.

(5) Im Falle des Widerrufs einer vorstehenden Ermächtigung und/oder Vollmacht aus wichtigem Grund oder im Falle einer Kündigung des Servicingvertrags nach §11 Absatz (2) verpflichtet sich der Auftraggeber, die Rechte aus der erworbenen Teilforderung als echter Vertrag zu Gunsten aller anderen an der Darlehensforderung aus dem Darlehensvertrag mit Teilforderungen beteiligten Anleger (§328 BGB, Vertrag zugunsten Dritter) nur einheitlich zusammen mit diesen Anlegern vorzunehmen.

(6) Der Auftraggeber wird sich gegenüber anderen Anlegern, welche Teilforderungen der Darlehensforderung gegen den Darlehensnehmer erworben haben, im Sinne eines echten Vertrages zu Gunsten Dritter (der anderen Anleger) nach §328 BGB nicht auf das Bestehen einer Gesamtgläubigerschaft i.S.v. §428 BGB, eines Gesamthandvermögens oder einer Gesellschaft bürgerlichen Rechts i.S.v. §705 BGB berufen.

(7) Der Auftraggeber verpflichtet sich, bis zum rechtswirksamen Erlöschen der unter §7 Absätze (1), (2) und (3) genannten Ermächtigungen und/oder Vollmachten, die dem Servicer bzw. der kreditgebenden Bank oder Dritten eingeräumten Rechte nicht selbst auszuüben. §7 Absatz (4) bleibt unberührt. Ferner verpflichtet sich der Auftraggeber, bis zum rechtwirksamen Erlöschen der unter §7 Absätze (1), (2) und (3) genannten Ermächtigungen und Vollmachten keine andere(n) Person(en) als den Servicer, die kreditgebende Bank oder Unterbevollmächtigte des Servicers mit der Ausübung der diesen eingeräumten Rechte zu bevollmächtigen.

(8) Der Auftraggeber verpflichtet sich, den Forderungseinzug und die Forderungsverwaltung sowie das Inkasso– dies jedoch nur, sofern keine anderweitige Forderungsverwertung für den Auftraggeber durch die kreditgebende Bank nach Maßgabe des Vertrags über den Verkauf und die Abtretung einer zukünftigen Verbraucherdarlehensforderung einschließlich Verwertungsvollmacht erfolgt – nach Maßgabe vorstehender §§4 und 6 für die vertragsgegenständliche Teilforderung und mangels einer Beendigung dieses Servicingvertrages ausschließlich durch den Servicer durchführen zu lassen.

Der Auftraggeber darf den Darlehensnehmer – mit Ausnahme des Vorliegens eines wichtigen Grundes (z.B. schuldhafte, dauerhafte Unterlassung der Einziehung durch den Servicer oder die beteiligte Bank) – nicht zum Zweck des Forderungseinzugs, der Forderungsverwaltung oder des Inkassos kontaktieren oder sich unter Umgehung vorstehender Regelungen in den §§4 und 6 direkt Gelder vom Darlehensnehmer überweisen lassen.

(9) Der Auftraggeber verpflichtet sich, auch im Verzugsfall des Darlehensnehmers keine eigenen außergerichtlichen oder gerichtlichen Inkassomaßnahmen gegenüber Darlehensnehmern vorzunehmen, jedoch nur solange, wie Maßnahmen nach §4 Absatz (9) oder Inkassomaßnahmen nicht nach Maßgabe dieses Servicingvertrages vertragsgemäß durch den Servicer, die kreditgebende Bank im Auftrag des Servicers oder durch ein vom Servicer oder der bevollmächtigten Bank beauftragtes Inkassounternehmen oder Rechtsanwälte durchgeführt werden.

(10) Hat die kreditgebende Bank im Auftrag des Servicers auf das Darlehen eine fällige Darlehensrate, Verzugszinsen oder sonstige fällige Verbindlichkeiten des Darlehensnehmers eingezogen und erklärt der Darlehensnehmer sodann in Bezug auf den betreffenden Betrag den Widerruf des Lastschriftmandates oder den Widerspruch der Belastungsbuchung, ist die kreditgebende Bank möglichweise gesetzlich verpflichtet, dem Darlehensnehmer eine dem Betrag entsprechende Gutschrift erteilen. Sofern die Zahlung des entsprechenden Betrages von dem Darlehensnehmer nicht anderweitig geleistet wird, ist der Auftraggeber verpflichtet, den von der kreditgebenden Bank an ihn, auf Anweisung des Servicers – ggf. anteilig – ausgezahlten Betrag, auf den sich der Widerruf des Darlehensnehmers bezieht, an die kreditgebende Bank unter Verzicht auf die Einrede der Entreicherung (§818 Absatz 3 BGB) zurück zu erstatten. Der Servicer ist berechtigt, die kreditgebende Bank anzuweisen, anderweitig eingegangene Zahlungsbeträge des Darlehensnehmers bei Auszahlung an den Auftraggeber um den jeweils vom Auftraggeber nach der vorstehenden Regelung zurück zu zahlenden Betrag zu kürzen und mit diesem zu verrechnen. Die Regelungen in diesem §7 Absatz (10) gelten in gleicher Weise, wenn die kreditgebende Bank aus anderen, von ihr nicht zu vertretenden Gründen zur Rückzahlung eines geleisteten Betrages an den Darlehensnehmer verpflichtet ist.

(11) Etwaige vom Darlehensnehmer zu vertretende Rücklastschriftgebühren oder Mahnkosten der kreditgebenden Bank bzw. des Servicers werden von diesem getragen. Zahlt ein Darlehensnehmer diese trotz Mahnung nicht, kann der Servicer von den am Darlehen

beteiligten Anlegern anteilig im Verhältnis ihres Anteils an der Darlehensforderung zur Darlehensforderung Ersatz hierfür verlangen (§670 BGB – *Ersatz von Aufwendungen*). Der Servicer ist berechtigt, die kreditgebende Bank anzuweisen, anderweitig eingegangene Zahlungsbeträge des Darlehensnehmers bei Auszahlung an den Auftraggeber um den jeweils vom Auftraggeber nach der vorstehenden Regelung zurück zu zahlenden Betrag zu kürzen und diesen Betrag an ihn auszukehren.

**§8 Anteiliges Sicherungseigentum**

Unter der Voraussetzung, dass die vertragsgegenständliche Teilforderung aus einem Darlehensvertrag stammt, dem ein Kreditprojekt zugrundliegt, bei dem vom Kreditsuchenden für die Rückzahlung der Darlehensforderung die Sicherungsübereignung eines Kfz angeboten wurde (nachfolgend: „**besichertes Kreditprojekt**"), gelten zwischen dem Servicer und Auftraggeber im Rahmen des Servicingvertrags für die Teilforderung zusätzlich zu den Regelungen der §§1 bis 7 und der §§9 bis 15 die nachfolgenden, in diesem §8 in den Absätzen (1) bis (7) enthaltenen Regelungen:

(1) **Dem Servicer wurde zur Sicherung des Anspruchs auf Zahlung der Darlehensforderung aus dem zwischen Darlehensnehmer und kreditgebender Bank geschlossenen Darlehensvertrag vom Darlehensnehmer mit Sicherungsübereignungsvertrag vom [•] (nachfolgend: „Sicherungsübereignungsvertrag") das Eigentum an einem Kfz, Marke [•], Model [•], mit dem amtlichen Kennzeichen [•] (nachfolgend: „Sicherungsgegenstand") übereignet und im Sicherungsübereignungsvertrag wurde mit dem Darlehensnehmer als Sicherungsgeber eine Verwertungsabrede für den Fall der unterbliebenen Zahlung der Darlehensforderung getroffen. Der Servicer übersendet dem Auftraggeber unentgeltlich, auf erste Anforderung, in Schrift- oder Textform per E-Mail eine Kopie des Sicherungsübereignungsvertrages, soweit der Sicherungsgeber hierin eingewilligt hat oder der Servicer hierzu gesetzlich befugt ist. *Der Servicer ist berechtigt, den Namen des Darlehensnehmers in der zu übersendenden Kopie des Sicherungsübereigungsvertrages zu schwärzen.* Die Rechtswirksamkeit oder Verwertbarkeit der Sicherungsübereignung des Sicherungsgegenstandes oder ein bestimmter Verwertungserlös liegen im alleinigen Risiko des Auftragsgebers.**

(2) **Der Servicer überträgt dem dies annehmenden Auftraggeber den Miteigentumsanteil an dem Sicherungsgegenstand, der prozentual dem Anteil des Auftraggebers an der Darlehensforderung zwischen der kreditgebenden Bank und dem Darlehensnehmer aus dem**

besicherten Kreditprojekt entspricht, zur Sicherung der vertragsgegenständlichen Teilforderung.

(3) Der Auftraggeber ermächtigt den Servicer, den Fahrzeugbrief bzw. die Zulassungsbescheinigung Teil II gemäß den mit dem Darlehensnehmer getroffenen Vereinbarungen zu verwahren und den Fahrzeugbrief bzw. die Zulassungsbescheinigung Teil II für den Fall, dass die kreditgebende Bank die Darlehensforderung kündigt und nach Maßgabe des Vertrags über den Verkauf und die Abtretung einer zukünftigen Verbraucherdarlehensforderung einschließlich Verwertungsvollmacht verwertet, an die kreditgebende Bank oder einen von dieser zu benennenden Dritten herauszugeben. Diese Ermächtigung ist nur aus wichtigem Grund durch den Auftraggeber schriftlich widerrufbar.

Der Auftraggeber ermächtigt den Servicer ferner, für den Fall, dass die kreditgebende Bank die Darlehensforderung kündigt und nach Maßgabe desVertrags über den Verkauf und die Abtretung einer zukünftigen Verbraucherdarlehensforderung einschließlich Verwertungsvollmacht verwertet, seine Rechte aus dem Sicherungsübereignungsvertrag an einen von der kreditgebenden Bank zu benennenden Dritten abzutreten. Diese Ermächtigung ist nur aus wichtigem Grund durch den Auftraggeber schriftlich widerrufbar.

(4) Der Auftraggeber ermächtigt den Servicer zudem, den Sicherungsgegenstand im mit dem Darlehensnehmer vertraglich vereinbarten Verwertungsfall unter Berücksichtigung der Sorgfalt eines ordentlichen Kaufmannes im Sinne des §43 Absatz (1) GmbHG nach freiem Ermessen treuhänderisch zu verwerten. Diese Ermächtigung ist nur aus wichtigem Grund durch den Auftraggeber schriftlich widerrufbar.

(5) Der Auftraggeber verpflichtet sich, im Sinne eines echten Vertrags zu Gunsten Dritter (§328 BGB – Vertrag zugunsten Dritter), im Hinblick auf das besicherte Kreditprojekt, zugunsten der anderen am besicherten Kreditprojekt beteiligten Anleger, seine Rechte aus dem lediglich anteiligen Sicherungseigentum nur im Interesse aller am Kreditprojekt beteiligten Anleger und gemeinsam mit diesen auszuüben.

(6) Nur unter der Voraussetzung, dass die kreditgebende Bank den Darlehensvertrag mit dem Darlehensnehmer gekündigt hat und keine Verwertung der Darlehensforderung durch die Bank erfolgt, wird der Servicer den Sicherungsgegenstand im mit dem Darlehensnehmer bzw. mit dem Sicherungsgeber vertraglich vereinbarten Verwertungsfall unter

Berücksichtigung der Sorgfalt eines ordentlichen Kaufmannes im Sinne des §43 Absatz (1) GmbHG nach freiem Ermessen treuhänderisch verwerten. Kommt es zur Verwertung des Sicherungsgegenstandes durch den Servicer, kehrt der Servicer jeweils den anteilig dem Sicherungseigentumsanteil des Auftraggebers entsprechenden Verwertungserlös (d.h. entsprechend der sich aus dem Verhältnis seines Anteils zur Darlehensforderung ergebenden Quote) unter Abzug der durch die Verwertung entstandenen notwendigen Auslagen soweit diese anteilig auf den Auftraggeber entfallen, an den Auftraggeber aus.

(7) Für den Fall, dass durch Zahlungen des Darlehensnehmers auf das Darlehen aus einem besicherten Kreditprojekt im Hinblick auf den Sicherungsgegenstand eine Übersicherung eintritt und dem Sicherungsgeber deshalb ein Freigabeanspruch zusteht, verpflichtet sich der Auftraggeber das erhaltene, anteilige Sicherungseigentum insoweit auf den Servicer anteilig im Verhältnis seines erworbenen Miteigentumsanteils zum Gesamteigentum zum Zwecke der Freigabe an den Sicherungsgeber zurück zu übertragen, als der Wert des Sicherungsgegenstandes den der noch offenen Darlehensforderung aus dem Darlehensvertrag um mehr als 10% übersteigt.

§9 Haftungsbeschränkung

(1) Die vertragliche und gesetzliche Haftung des Servicers für Schadensersatz und/oder Aufwendungsersatz, gleich aus welchem Rechtsgrund, sowie die Haftung seiner gesetzlichen Vertreter und Erfüllungsgehilfen wird wie folgt ausgeschlossen beziehungsweise beschränkt:

a) Für die leicht fahrlässige Verletzung wesentlicher Pflichten aus dem Schuldverhältnis haftet der Servicer der Höhe nach begrenzt auf den vertragstypischen und vorhersehbaren Schaden.

„Wesentliche Vertragspflichten" sind solche Verpflichtungen, die vertragswesentliche Rechtspositionen des Auftraggebers schützen, die ihm der Vertrag nach seinem Inhalt und Zweck gerade zu gewähren hat; wesentlich sind ferner solche Vertragspflichten, deren Erfüllung die ordnungsgemäße Durchführung des Vertrags überhaupt erst ermöglicht und auf deren Einhaltung der Auftraggeber regelmäßig vertraut hat und vertrauen darf.

b) Für die leicht fahrlässige Verletzung nicht wesentlicher Pflichten aus dem Schuldverhältnis sowie für höhere Gewalt haftet der Servicer nicht.

(2) Die vorgenannte Haftungsbeschränkung gilt nicht in den Fällen zwingender gesetzlicher Haftung (insbesondere nach dem Produkthaftungsgesetz), wenn und soweit der Servicer eine Garantie oder ein Beschaffungsrisiko nach §276 BGB übernommen hat und für schuldhaft verursachte Körperschäden (Verletzung von Leben, Körper, Gesundheit), auch durch Vertreter oder Erfüllungsgehilfen, sowie im Falle des Verzuges bei einem fixen Leistungstermin.

(3) Eine Umkehr der Beweislast ist mit den vorstehenden Regelungen nicht verbunden.

§10 Änderungen von Name, Anschrift oder Kontoverbindungsdaten

Zur ordnungsgemäßen Abwicklung des Vertragsverhältnisses hat der Auftraggeber dem Servicer unverzüglich Änderungen seines Namens seiner Anschrift sowie seiner Kontoverbindungsdaten schriftlich oder in Textform mitzuteilen.

§11 Vertragsdauer, Kündigung

(1) Dieser Servicingvertrag hat eine unbegrenzte Laufzeit. Der Servicingvertrag läuft vorbehaltlich einer Kündigung nach Maßgabe von nachstehendem Absatz (2) mindestens solange, wie die vertragsgegenständliche Teilforderung des Auftraggebers im Sinne von §2 besteht, maximal bis zu dem Zeitpunkt, in dem der Anleger seine Teilforderung im Wege der Verwertung einer gekündigten Darlehensforderung durch die kreditgebende Bank nach Maßgabe des Vertrags über den Verkauf und die Abtretung einer zukünftigen Verbraucherdarlehensforderung einschließlich Verwertungsvollmacht auf einen Dritten überträgt.

(2) Das Recht zur außerordentlichen fristlosen Kündigung aus wichtigem Grund bleibt unberührt. Im Falle der Beendigung des Servicingvertrages durch eine Kündigung nach diesem Absatz (2) gilt die Verpflichtung des Auftraggebers aus §7 Absatz (5) auch nach Beendigung des Servicingvertrages für 4 Jahre, gerechnet ab dem Zeitpunkt des Zugangs der Kündigung beim Servicer, fort.

(3) Die Kündigung bedarf zu ihrer Wirksamkeit der Textform (z.B. E-Mail, Fax oder Brief).

§12 Vertragsschluss

Nachdem der Servicer dem Auftraggeber ein Angebot auf Abschluss des Servicingvertrags durch Übermittlung des Servicingvertrags unterbreitet hat, kommt der Servicingvertrag wie folgt zustande:

(1) Der Auftraggeber kann das Angebot auf Abschluss des Servicingvertrags annehmen, indem er gegenüber dem Servicer in Textform (z.B. E-Mail, Fax oder Brief) eine Erklärung über die Annahme des Angebotes abgibt und dem Servicer diese Erklärung innerhalb von 3 Bankarbeitstagen – gerechnet ab Zugang des Vertragsangebotes des Servicers beim Auftraggeber – zugeht. Im Zeitpunkt des fristgerechten Zugangs der Erklärung über die Annahme des Angebotes beim Servicer kommt der Servicingvertrag zustande.

(2) Alternativ zum Zustandekommen des Servicingvertrags nach §12 Absatz (1) kommt der Servicingvertrag dadurch zu Stande, dass der Auftraggeber den von ihm der kreditgebenden Bank, nach Maßgabe des Forderungskaufvertrages für den Erwerb der vertragsgegenständlichen Teilforderung geschuldeten Kaufpreis an die kreditgebende Bank zahlt. Der Servicer verzichtet gemäß §151 BGB (Annahme ohne Erklärung gegenüber dem Antragenden) auf den Zugang der Annahmeerklärung des Auftraggebers.

(3) Spätestens zustande kommt der Servicingvertrag zu dem Zeitpunkt, zu dem der Auftraggeber die erste für ihn nach Maßgabe von §4 Absatz (1) des Servicingvertrags von dem Darlehensnehmer auf die vertragsgegenständliche Teilforderung eingezogene Zahlung auf dem auxmoney-Anlagekonto des Auftraggebers gutgeschrieben wurde und dieser die Gutschrift ohne unverzügliche Zurückweisung angenommen hat. Der Servicer verzichtet gemäß §151 BGB (Annahme ohne Erklärung gegenüber dem Antragende) auf den Zugang der Annahmeerklärung des Auftraggebers.

§13 Geltendes Recht, Schriftform, Vertragssprache

(1) Vorvertragliche Beziehungen zwischen Servicer und Auftraggeber sowie dieser Servicingvertrag unterliegen ausschließlich dem Recht der Bundesrepublik Deutschland unter Ausschluss des UN-Kaufrechts (CISG). Bei Streitigkeiten können sich die Vertragsparteien unbeschadet ihres Rechts, die Gerichte anzurufen, mit ihrer Beschwerde an die Schlichtungsstelle der Deutschen Bundesbank, Postfach 11 12 32, 60047 Frankfurt am Main,

Tel.: 069 – 2388-1907, Fax: 069 – 2388-1919, E-Mail: schlichtung@bundesbank.de wenden. Einzelheiten sind im Internet unter: www.bundesbank.de abrufbar. Die für den Servicer zuständige Aufsichtsbehörde ist die Stadt Düsseldorf, Ordnungsamt, Abteilung Gewerberechtliche Angelegenheiten, 40200 Düsseldorf.

(2) Änderungen und/oder Ergänzungen des Servicingvertrages bedürfen der Textform. Dies gilt auch für die Änderung dieses Textformerfordernisses. §305b BGB (Vorrang der Individualabrede) bleibt für Individualabreden in jeder Art (schriftlich, in Textform oder mündlich) unberührt.

(3) Verhandlungs- und Vertragssprache ist Deutsch.

**§14 Widerrufsbelehrung**

**Widerrufsbelehrung**

**Widerrufsrecht**

Sie haben das Recht, binnen vierzehn Tagen ohne Angabe von Gründen diesen Vertrag zu widerrufen. Die Widerrufsfrist beträgt vierzehn Tage ab dem Tag des Vertragsabschlusses.

Um Ihr Widerrufsrecht auszuüben, müssen Sie uns (CreditConnect GmbH, Kasernenstraße 67, 40213 Düsseldorf, Telefon: 0211/54243288, Telefax: 0211/54243298, E-Mail info@creditconnect.de) mittels einer eindeutigen Erklärung (z.B. ein mit der Post Ihren Entschluss, diesen Vertrag zu widerrufen, informieren. Sie können dafür das beigefügte Muster-Widerrufsformular verwenden, das jedoch nicht vorgeschrieben ist.

Zur Wahrung der Widerrufsfrist reicht es aus, dass Sie die Mitteilung über die Ausübung des Widerrufsrechts vor Ablauf der Widerrufsfrist absenden.

**Folgen des Widerrufs**

Wenn Sie diesen Vertrag widerrufen, haben wir Ihnen alle Zahlungen, die wir von Ihnen erhalten haben, einschließlich der Lieferkosten (mit Ausnahme der zusätzlichen Kosten, die sich daraus ergeben, dass Sie eine andere Art der Lieferung als die von uns angebotene, günstigste Standardlieferung gewählt haben), unverzüglich und spätestens binnen vierzehn Tagen ab dem Tag zurückzuzahlen, an dem die Mitteilung über Ihren Widerruf dieses Vertrags bei uns eingegangen ist. Für diese Rückzahlung verwenden wir dasselbe Zahlungsmittel, das Sie bei der ursprünglichen Transaktion eingesetzt haben, es sei denn, mit Ihnen wurde ausdrücklich etwas anderes vereinbart; in keinem Fall werden Ihnen wegen dieser Rückzahlung Entgelte berechnet. Haben Sie verlangt, dass die Dienstleistungen während der Widerrufsfrist beginnen soll, so haben Sie uns einen angemessenen Betrag zu zahlen, der dem Anteil der bis zu dem Zeitpunkt, zu dem Sie uns von der Ausübung des Widerrufsrechts hinsichtlich dieses Vertrags unterrichten, bereits erbrachten Dienstleistungen im Vergleich zum Gesamtumfang der im Vertrag vorgesehenen Dienstleistungen entspricht.

**Ende der Widerrufsbelehrung**

**Hinweis** zur vorstehend wiedergegebenen Widerrufsbelehrung:

Das in der Widerrufsbelehrung genannte **Muster-Widerrufsformular** findet sich nachfolgend in **§15** dieses Servicingvertrags.

## §15 Muster-Widerrufsformular

**Muster-Widerrufsformular**

(Wenn Sie den Vertrag widerrufen wollen, dann füllen Sie bitte dieses Formular aus und senden Sie es zurück.)

- An : CreditConnect GmbH, Kasernenstraße 67, 40213 Düsseldorf, Telefax 0211-54243298, E-Mail info@creditconnect.de

- Hiermit widerrufe(n) ich/wir(*) den von mir/uns (*) abgeschlossenen Vertrag über die Erbringung der folgenden Dienstleistung(*)

- Bestellt am (*)/erhalten am (*)
- Name des/der Verbraucher(s)
- Anschrift des/der Verbraucher(s)
- Unterschrift des/der Verbraucher(s) (nur bei Mitteilung auf Papier)
- Datum

* Unzutreffendes streichen.

**- ENDE DES VERTRAGSTEXTES -**

## 1.6 ehemalige Anlage B der Nutzungsbedingungen für Kreditsuchende (Darlehensvertrag)

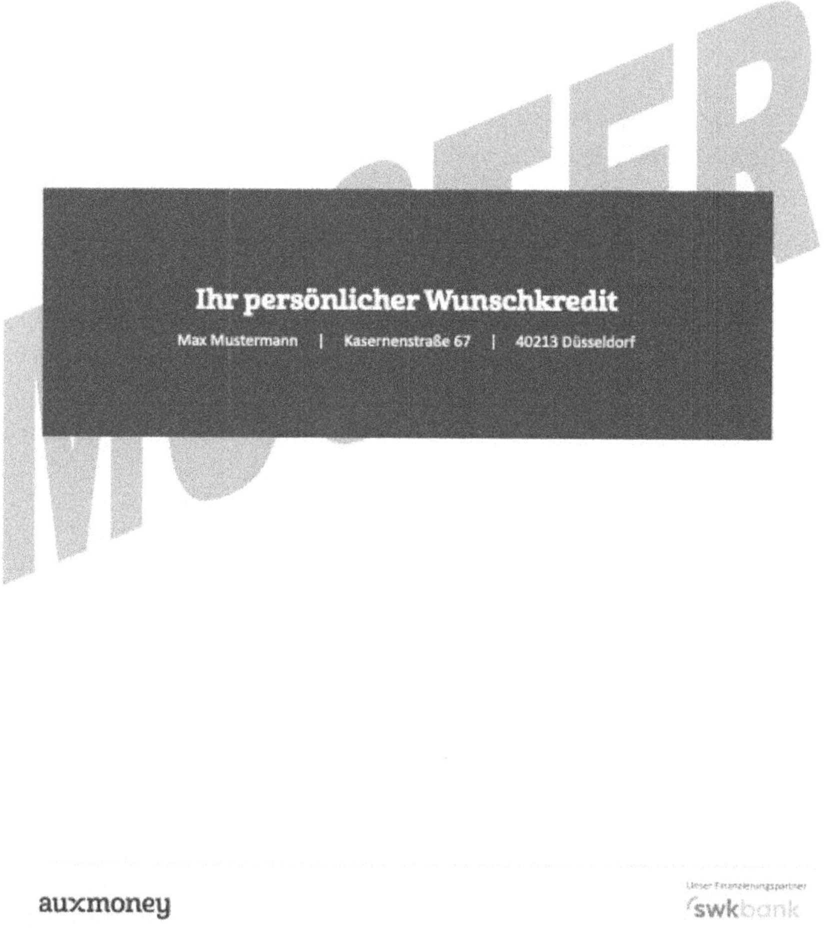
MUSTER

Ihr persönlicher Wunschkredit

Max Mustermann | Kasernenstraße 67 | 40213 Düsseldorf

auxmoney

Unser Finanzierungspartner

swkbank

Versand an:

**Süd-West-Kreditbank**
**Finanzierung GmbH**
**Am Ockenheimer Graben 52**
**55411 Bingen am Rhein**

# Kreditvertrag und Sepa-Lastschriftmandat zum Kundenkonto 0307737884

Max Mustermann | Kasernenstraße 67 | 40213 Düsseldorf

auxmoney

Unser Finanzierungspartner
swkbank

# Kreditvertrag für das Kundenkonto

Für die Bank Seite 1/5

**0307737884**

Ich (nachstehend auch Kreditnehmer genannt) beantrage hiermit einen Allgemein-Verbraucherdarlehensvertrag in Höhe des unten genannten Nettokreditbetrages (Nettodarlehenbetrages) bei der

**Süd-West-Kreditbank**
**Finanzierung GmbH**
**(nachstehend SWK Bank genannt)**
**Am Ockenheimer Graben 52**
**55411 Bingen am Rhein**

**Tel.: + 49 (0) 6721 9101-887**
**Fax: + 49 (0) 6721 9101-39**
**kundenservice@swk-bank.de**

Für den Fall der Bewilligung verpflichte ich mich, den Gesamtbetrag gemäß den unten stehenden Konditionen an die SWK Bank zurückzuzahlen.

Aux-Vertrag V2.06

MUSTER

## Persönliche Daten

**Herrn**
**Max Mustermann**
**Kasernenstraße 67**
**40213 Düsseldorf**

| | |
|---|---|
| Geburtsdatum | **01.07.1960** |
| Staatsangehörigkeit | **Deutschland** |
| Geschlecht | **M** |
| Familienstand | **verheiratet** |
| Telefon | **0211737100020** |
| Mobil | **0211737100020** |
| E-Mail | **Max.Mustermann@muster.de** |
| beschäftigt als | **Angestellter** |
| beschäftigt seit | **05/2004** |

## Monatliche Einkünfte

| | |
|---|---|
| Netto - Einkommen | **2.100,00 €** |
| Einnahmen aus Vermietung | **0,00 €** |
| sonstige Einkommen | **0,00 €** |

## Monatliche Verpflichtungen

| | |
|---|---|
| Miete | **394,00 €** |
| Unterhalt | **0,00 €** |
| Versicherungsbeiträge | **140,00 €** |
| Raten | **600,00 €** |
| Haus-/Grundbesitz | **0,00 €** |
| Lebenshaltungskosten/Sonstiges | **200,00 €** |

## Einzelheiten zu meinem Kredit

### Kredithöhe, Kosten:

| | |
|---|---|
| Nettokreditbetrag (Nettodarlehensbetrag) | **5.200,00 €** |
| Zu finanzierender Nennbetrag | **5.200,00 €** |
| Vermittlerprovision | **0,00 €** |
| Auszahlungsbetrag | **5.200,00 €** |
| Zinsen fest für die vereinbarte Laufzeit | **1.511,84 €** |
| Gesamtbetrag | **6.711,84 €** |

### Zahlungsplan:

Der Gesamtbetrag ist zahlbar in monatlichen Raten an jedem **1. eines Monats**, erstmals in **11/2021**

| | |
|---|---|
| **47 Raten** über | **139,83 €** |
| Schlussrate | **139,83 €** |
| effektiver Jahreszins | **13,79 %** |
| Sollzinssatz (fest für die vereinbarte Laufzeit) | **12,99 %** |

### Laufzeit des Kreditvertrages:

**48** Monate, zuzüglich der Zeit zwischen Auszahlung des Kredites und der Fälligkeit der ersten Rate (in der Regel 1 Monat).

### Auszahlungsbedingungen und Auszahlungstermin:

Der Nennbetrag (Auszahlungsbetrag) wird vorbehaltlich der Genehmigung durch die SWK Bank und im unmittelbaren zeitlichen Zusammenhang nach der Genehmigung weisungsgemäß überwiesen. Voraussetzung für die Auszahlung ist die erfolgreiche Durchführung der Legitimationsprüfung. Verschlechtert sich im Anschluss an die Genehmigung und vor Auszahlung meine Kreditwürdigkeit, so behält sich die SWK Bank eine Auszahlung vor. Sollte die Auszahlung nicht vor der Fälligkeit der ersten Rate möglich sein, so verschiebt sich die Fälligkeit der ersten Rate um einen Monat.

### Konto:

Ich bin damit einverstanden, dass die SWK Bank die fälligen Raten per SEPA-Lastschrift gemäß SEPA-Lastschriftmandat einzieht.

Gesamtbetrag gemäß Art. 247 § 3 und § 6 Abs. 3 Einführungsgesetz zum Bürgerlichen Gesetzbuche (EGBGB) auf Grundlage der bei Abschluss des Vertrages maßgeblichen Bedingungen sowie der bei der Berechnung des effektiven Jahreszinses (gemäß § 6 Preisangabenverordnung (PAngV)) zugrunde gelegten Annahmen. Es wurde unterstellt, dass der Kredit am Monatsersten ausgezahlt und sämtliche Zahlungen vertragsgemäß geleistet werden.

### Kreditvermittler

auxmoney GmbH, Kasernenstraße 67, 40213 Düsseldorf

**0307737884**

**Für die Bank Seite 2/5**

## Die Kreditbedingungen der SWK Bank

1. Ich verpflichte mich, der SWK Bank jede Änderung meines Wohnsitzes bzw. Aufenthaltes und des Arbeitgebers unverzüglich in Textform mitzuteilen. Entstehen der SWK Bank wegen Nichtanzeigens einer Änderung des Wohnsitzes bzw. Aufenthaltes und des Arbeitgebers Kosten, so werden mir diese weiterbelastet.
2. Ich habe das Recht, innerhalb von 14 Kalendertagen den Kreditvertrag zu widerrufen (weitere Erläuterung unter Punkt Widerrufsinformation).
3. Ich kann meine Verbindlichkeit aus diesem Kreditvertrag jederzeit ganz oder teilweise vorzeitig erfüllen (§ 500 Abs. 2 Bürgerliches Gesetzbuch (BGB)). Im Falle einer vorzeitigen Rückzahlung kann die SWK Bank gemäß § 502 BGB eine angemessene Vorfälligkeitsentschädigung für den unmittelbar mit der vorzeitigen Rückzahlung zusammenhängenden Schaden verlangen. In diesem Fall wird sie diesen Schaden nach den vom Bundesgerichtshof für die Berechnung vorgeschriebenen finanzmathematischen Rahmenbedingungen berechnen, die insbesondere
   • ein zwischenzeitlich verändertes Zinsniveau
   • die für den Kredit ursprünglich vereinbarten Zahlungsströme
   • den der SWK Bank entgangenen Gewinn
   • den mit der vorzeitigen Rückzahlung verbundenen Verwaltungsaufwand (Bearbeitungsentgelt) sowie
   • die infolge der vorzeitigen Rückzahlung ersparten Risiko- und Verwaltungskosten berücksichtigen.
   Die Vorfälligkeitsentschädigung darf folgende Beträge jeweils nicht überschreiten:
   • 1 Prozent beziehungsweise, wenn der Zeitraum zwischen der vorzeitigen und der vereinbarten Rückzahlung 1 Jahr nicht übersteigt, 0,5 Prozent des vorzeitig zurückgezahlten Betrages.
   • den Betrag der Sollzinsen, den ich in dem Zeitraum zwischen der vorzeitigen und der vereinbarten Rückzahlung entrichtet hätte.
4. Ich kann den Kreditvertrag gemäß § 314 BGB aus wichtigem Grund ohne Einhaltung einer Kündigungsfrist kündigen. Ein wichtiger Grund liegt vor, wenn dem kündigenden Teil unter Berücksichtigung aller Umstände des Einzelfalls und unter Abwägung der beiderseitigen Interessen die Fortsetzung des Vertragsverhältnisses bis zur vereinbarten Beendigung oder bis zum Ablauf einer Kündigungsfrist nicht zugemutet werden kann. Die Kündigung ist in Textform zu erklären.

   Die SWK Bank kann den Kreditvertrag ebenfalls gemäß §§ 314, 490 BGB aus wichtigem Grund ohne Einhaltung einer Kündigungsfrist kündigen. Die fristlose Kündigung ist in der Regel möglich, wenn in meinen Vermögensverhältnissen oder in der Werthaltigkeit einer von mir für das Darlehen gestellten Sicherheit eine wesentliche Verschlechterung eintritt oder einzutreten droht, durch die die Rückzahlung des Darlehens, auch unter Verwertung der Sicherheit, gefährdet wird.
   Die SWK Bank kann den Kreditvertrag gemäß § 498 BGB zudem wegen Zahlungsverzuges kündigen, wenn
   • ich mit mindestens zwei aufeinanderfolgenden Teilzahlungen ganz oder teilweise und mit mindestens 5 Prozent (bzw. 10 Prozent bei einer Laufzeit bis zu drei Jahren) des Nennbetrages des Darlehens in Verzug bin und
   • die SWK Bank mir erfolglos eine zweiwöchige Frist zur Zahlung des rückständigen Betrages mit der Erklärung gesetzt hat, dass sie bei Nichtzahlung innerhalb der Frist die gesamte Restschuld verlange.
   Die SWK Bank wird mir spätestens mit der Fristsetzung ein Gespräch (in Form eines Telefonates) über die Möglichkeiten einer einverständlichen Regelung anbieten.
   Die Kündigung durch die SWK Bank erfolgt in Textform. Nach Kündigung wird die SWK Bank für verspätete Zahlungen Verzugszinsen in Höhe von fünf Prozentpunkten über dem jeweiligen Basiszinssatz pro Jahr berechnen. Der Basiszinssatz wird von der Deutschen Bundesbank ermittelt und jeweils zum 1. Januar und 1. Juli eines jeden Jahres neu festgelegt. Im Falle einer Titulierung oder Zwangsvollstreckung werden für Gerichts-, Anwalts- und Vollstreckungskosten die gesetzlich anfallenden Gebühren verlangt.
   **Warnhinweis: Ausbleibende Zahlungen können schwerwiegende Folgen für mich haben und die Erlangung eines neuen Kredites erschweren.**
5. Ich bestätige, dass dieser Kredit nicht zum Zwecke der Finanzierung des Erwerbs oder des Erhalts von Grundstücks-, Haus- oder Wohneigentum dient.
6. Der Verzugszinssatz beträgt für das Jahr fünf Prozentpunkte über dem jeweiligen Basiszinssatz. Der Basiszinssatz (§ 247 BGB) beträgt zum Zeitpunkt der Erstellung -0.88 Prozent. Der Basiszinssatz kann sich zum 1. Januar und 1. Juli eines jeden Jahres um die Prozentpunkte verändern, um welche die Bezugsgröße seit der letzten Veränderung des Basiszinssatzes gestiegen oder gefallen ist. Bezogen auf den Zeitpunkt der Erstellung beträgt der Verzugszins demnach 4,12 Prozent absolut.
7. Ich bin verpflichtet, auf Verlangen der SWK Bank meine Einkommens- und Vermögensverhältnisse offenzulegen. Ich bin darüber hinaus verpflichtet, die SWK Bank über eine wesentlichen Verschlechterung meiner wirtschaftlichen Verhältnisse, insbesondere durch Arbeitslosigkeit, unverzüglich zu unterrichten.
8. Maßgebliche Sprache für ein zustandekommendes Vertragsverhältnis und die Kommunikation mit mir ist Deutsch.
9. Im Rahmen dieses Kreditantrages habe ich folgende Unterlagen erhalten:
   • Europäische Standardinformationen für Verbraucherkredite (SECCI)
   • Erläuterungsblatt gem. § 491a Abs. 3 BGB
   • Vorvertragliche Informationen zur Kreditvermittlung durch den Kreditvermittler
10. Zuständige Aufsichtsbehörde: Bundesanstalt für Finanzdienstleistungsaufsicht, Graurheindorfer Straße 108, 53117 Bonn und Marie-Curie Straße 24-28, 60439 Frankfurt am Main, sowie Europäische Zentralbank, Sonnemannstraße 20, 60314 Frankfurt am Main.
11. Außergerichtliches Beschwerde- und Rechtsbehelfsverfahren: Bei Streitigkeiten aus der Anwendung der Vorschriften des Bürgerlichen Gesetzbuchs über Finanzdienstleistungen kann ich mich an die bei der Deutschen Bundesbank eingerichtete Schlichtungsstelle wenden. Die Verfahrensordnung ist bei der Deutschen Bundesbank erhältlich. Die Adresse lautet: Schlichtungsstelle bei der Deutschen Bundesbank, Postfach 11 12 32, 60047 Frankfurt am Main.
12. Tilgungsplan: Ich kann von der SWK Bank jederzeit einen Tilgungsplan verlangen.
13. Die Vertragsanbahnung unterliegt deutschem Recht.
14. Ich beauftrage die SWK Bank, die ausgewiesene Vermittlungsprovision an die Firma auxmoney GmbH zu überweisen.
15. Die SWK Bank wird die Darlehensforderung aus dem Kreditvertrag einschließlich aller Zinsforderungen (Darlehensforderung und Zinsforderungen nachfolgend zusammen „**Darlehensforderung**") nach Auszahlung des Darlehensbetrages an den oder die Anleger, der oder die sich über den Online-Kreditmarktplatz der auxmoney GmbH, Kasernenstraße 67, 40213 Düsseldorf (www.auxmoney.de bzw. www.auxmoney.com), an dem Kreditprojekt zu dessen Finanzierung beteiligt haben, jeweils in Höhe ihres Gebotes verkaufen und abtreten. Es ist möglich, dass im Anschluss daran jeweils durch weitere Abtretung(en) Dritte unmittelbar oder mittelbar **Rechtsnachfolger** des/der Anleger(s) an der Darlehensforderung werden (nachfolgend „Rechtsnachfolger"). Anleger und etwaige Rechtsnachfolger werden nachfolgend gemeinsam „**Forderungsinhaber**" genannt. Parallel zum Verkauf und zur Abtretung der Darlehensforderung beauftragt der/beauftragen die Anleger oder durch gesonderte Erklärung ihr(e) Rechtsnachfolger an der Darlehensforderung die CreditConnect GmbH, Kasernenstraße 67, 40213 Düsseldorf (nachfolgend **CreditConnect** genannt), mit dem Einzug und der Verwaltung der Darlehensforderung. Darüber hinaus ist es möglich, dass einzelne Forderungsinhaber neben der Beauftragung der CreditConnect zusätzlich eine weitere Partei (nachfolgend jeweils ein **Back-up Servicer** genannt) mit dem sog. Back-up Servicing beauftragen, d.h. mit dem Einzug und der Verwaltung der Darlehensforderung für den Fall, dass CreditConnect oder SWK Bank den Einzug und die Verwaltung der Darlehensforderung nicht mehr erfüllen, oder die jeweilige(n) Forderungsinhaber keinen Einzug und keine Verwaltung der Darlehensforderung mehr durch CreditConnect oder SWK Bank wünschen (z.B. im Fall einer Insolvenz von CreditConnect). CreditConnect beauftragt ihrerseits die SWK Bank im Auftrag und für Rechnung der Forderungsinhaber mit dem Einzug und der Verwaltung der Darlehensforderung. Der Einzug und die Verwaltung schließen den Einzug der von mir zu erbringenden Zins- und Tilgungsleistungen, insbesondere der Kreditrate, sowie die Mitteilung an CreditConnect insbesondere folgender Daten ein: Auszahlungs- sowie Antragsdatum dieses Kredites; Stand und Umsätze des Darlehenskontos; Anzahl und Höhe von Überweisungen zur Kreditrückführung; Anzahl und Höhe von Sondertilgungen; Alter, Anzahl und Höhe von Mahnstufen; Alter und Anzahl von Rücklastschriften (nachfolgend **Kreditstatusdaten** genannt). Sofern es sich bei Forderungsinhabern um Rechtspersonen handelt, die Geld ausschließlich zu gewerblichen oder beruflichen Zwecken anlegen (nachfolgend **Professionelle Anleger** genannt), ist es möglich, dass diese zum Zwecke der Erfüllung gesetzlicher Anforderungen meine personenbezogenen Daten, insbesondere meinen Namen und Vornamen, mein Geburtsdatum, die Kreditnummer und meine Anschrift (nachfolgend **Persönliche Daten** genannt), die Kreditstatusdaten und/oder Ablichtungen dieses Kreditvertrages auf Anfrage von der SWK Bank erhalten. Sofern Professionelle Anleger einen Back-up Servicer mit dem sog. Back-up Servicing beauftragen, teilt die SWK neben CreditConnect auch dem Back-up Servicer die Persönlichen Daten und Kreditstatusdaten mit und gibt dem Back-up Servicer Ablichtungen dieses Kreditvertrags weiter.

    **Soweit die SWK Bank (i) die Persönlichen Daten und Kreditstatusdaten an Professionelle Anleger oder deren Rechtsnachfolger weitergibt, damit diese gesetzliche Anforderungen erfüllen können, sowie (ii) die Persönlichen Daten, Kreditstatusdaten und Ablichtungen dieses Kreditvertrages an die CreditConnect und einen Back-up Servicer weitergibt, damit diese im Auftrag der Forderungsinhaber den Status der Darlehensforderung nachverfolgen und dem Einzug und der Verwaltung der Darlehensforderung nachgehen bzw. im Fall eines Back-up Servicers zudem die vorstehenden Tätigkeiten durch die Vorhaltung der Daten im Rahmen des Back-up Servicing vorbereiten können, entbinde ich die SWK Bank vom Bankgeheimnis.**

    Rechtsgrundlage für die Übermittlung der oben genannten Daten an Professionelle Anleger oder deren Rechtsnachfolger, CreditConnect und gegebenenfalls einen Back-up Servicer ist die Erforderlichkeit der Datenverarbeitung zur Wahrung unserer berechtigten Interessen und – im Falle der Übermittlung an CreditConnect und einen Back-up Servicer – auch der berechtigten Interessen des/der Forderungsinhaber, Artikel 6 Absatz 1 Satz 1 Buchstabe f DS-GVO. Nähere Informationen zum Datenschutz können der beigefügten Information nach Artikel 13, 14 und 21 der Datenschutz-Grundverordnung (DS-GVO) entnommen werden.

## Abtretung von Ansprüchen auf Arbeitseinkommen und Sozialleistungen

Ich trete hiermit den pfändbaren Teil meines/meiner gegenwärtigen und künftigen Lohns / Gehalts / Pension / Rente / Provision / Abfindung gegenüber dem Arbeitgeber / Zahlungspflichtigen an die SWK Bank ab. Ferner trete ich die gemäß § 53 Abs. 3 Sozialgesetzbuch (SGB) Erstes Buch (I) abtretbaren Teile meiner gegenwärtigen und künftigen Ansprüche auf laufende Entgeltersatzleistungen wie Arbeitslosengeld, Teilarbeitslosengeld, Übergangsgeld, Kurzarbeitergeld und Insolvenzgeld (§ 19 Abs. 1 SGB I) sowie Krankengeld (§ 21 SGB I) und Renten der Sozialversicherung (§§ 22, 23, 24 SGB I) gegen die jeweiligen Sozialleistungsträger an die SWK Bank ab.
Diese Abtretung dient der Absicherung des vorgenannten Gesamtkredites zuzüglich einer Pauschale in Höhe von 20% für eventuell anfallende Kosten und Verzugszinsen. Sie ist auf diesen Höchstbetrag begrenzt und besteht (vorbehaltlich einer Freigabe gemäß Absatz 4), bis die SWK Bank diesen Betrag vom Drittschuldner (Arbeitgeber / Zahlungspflichtigen) aufgrund der Inanspruchnahme der Abtretung erhalten hat.
Die SWK Bank wird die Abtretung vorläufig nicht dem Drittschuldner der abgetretenen Forderung anzeigen. Sie ist jedoch zur Offenlegung berechtigt, wenn ich mit Zahlungen im Umfang von zwei vollen Monatsraten oder nach Kündigung des Kredites mit dessen Rückzahlung in Verzug geraten bin. Für diesen Fall stimme ich der Offenlegung zu. Die Offenlegung wird die SWK Bank mir gegenüber mit einer Frist von einem Monat androhen. Die SWK Bank ist berechtigt, die Androhung mit einer Zahlungsaufforderung zu verbinden.

Die SWK Bank ist zur Rückübertragung der abgetretenen Ansprüche verpflichtet, sobald die gemäß Absatz 2 gesicherten Forderungen der SWK Bank vollständig erfüllt sind. Auf mein Verlangen hin ist die SWK Bank schon vorher zu einer Teilfreigabe der Abtretung durch entsprechende Herabsetzung des Höchstbetrages gemäß Absatz 2 verpflichtet, sobald und soweit sich die gesicherten Forderungen infolge fortschreitender Rückzahlung um mindestens 20% ermäßigt haben.

0307737884

Für die Bank Seite 3/5

## Datenübermittlung an die auxmoney GmbH

Ich bin darüber informiert, dass die SWK Bank der auxmoney GmbH, Kasernenstraße 67, 40213 Düsseldorf (nachfolgend auxmoney genannt) das Auszahlungs- sowie Antragsdatum dieses Kredites sowie folgende Daten zur Abwicklung des Kredites übermittelt: Alter, Anzahl und Höhe der Mahnstufen; Alter und Anzahl von Rücklastschriften; Anzahl und Höhe von Sondertilgungen; Anzahl und Höhe von Überweisungen zur Kreditrückführung (nachfolgend Kreditverlaufsdaten genannt). Ferner bin ich darüber informiert, dass die SWK Bank auch die Kreditverlaufsdaten von allen vorherigen und zukünftigen Krediten, die der SWK Bank von auxmoney vermittelt wurden bzw. noch vermittelt werden, an auxmoney übermittelt.

Die Datenübermittlung erfolgt zum Zwecke der Durchführung des Vertrages", Art. 6 Abs. 1 lit. b) DS-GVO.

**Bezogen auf die vorstehenden Kreditverlaufsdaten befreie ich die SWK Bank gegenüber auxmoney vom Bankgeheimnis.**

## Datenübermittlung an die Schufa Holding AG

Die Süd-West-Kreditbank Finanzierung GmbH (nachfolgend SWK Bank), Am Ockenheimer Graben 52, 55411 Bingen am Rhein, übermittelt im Rahmen dieses Vertragsverhältnisses erhobene personenbezogene Daten über die Beantragung, die Durchführung und Beendigung dieser Geschäftsbeziehung sowie Daten über nicht vertragsgemäßes Verhalten oder betrügerisches Verhalten an die SCHUFA Holding AG (nachfolgend SCHUFA), Kormoranweg 5, 65201 Wiesbaden.

Rechtsgrundlagen dieser Übermittlungen sind Artikel 6 Absatz 1 Buchstabe b und Artikel 6 Absatz 1 Buchstabe f der DS-GVO. Übermittlungen auf der Grundlage von Artikel 6 Absatz 1 Buchstabe f DS-GVO dürfen nur erfolgen, soweit dies zur Wahrung berechtigter Interessen der SWK Bank oder Dritter erforderlich ist und nicht die Interessen oder Grundrechte und Grundfreiheiten der betroffenen Person, die den Schutz personenbezogener Daten erfordern, überwiegen.

Der Datenaustausch mit der SCHUFA dient auch der Erfüllung gesetzlicher Pflichten zur Durchführung von Kreditwürdigkeitsprüfungen von Kunden (§ 505a des Bürgerlichen Gesetzbuches, § 18a des Kreditwesengesetzes).

**Ich befreie die SWK Bank insoweit auch vom Bankgeheimnis.**

Die SCHUFA verarbeitet die erhaltenen Daten und verwendet sie auch zum Zwecke der Profilbildung (Scoring), um ihren Vertragspartnern im Europäischen Wirtschaftsraum und in der Schweiz sowie ggf. weiteren Drittländern (sofern zu diesen ein Angemessenheitsbeschluss der Europäischen Kommission besteht) Informationen unter anderem zur Beurteilung der Kreditwürdigkeit von natürlichen Personen zu geben.

Nähere Informationen zur Tätigkeit der SCHUFA können dem SCHUFA-Informationsblatt nach Art. 14 DS-GVO entnommen oder online unter www.schufa.de/datenschutz eingesehen werden.

## Datenübermittlung an die CRIF Bürgel GmbH - Deutsches Schutz Portal (DSPortal)

Zum Zwecke der Kreditprüfung sowie der Abwehr strafbarer Handlungen stellt die Süd-West-Kreditbank Finanzierung GmbH (nachfolgend SWK Bank), Am Ockenheimer Graben 52, 55411 Bingen am Rhein, der CRIF Bürgel GmbH (nachfolgend CRIFBÜRGEL), Leopoldstraße 244, 80807 München, Daten zum Kreditantrag und Kreditnehmer zur Verfügung. CRIFBÜRGEL wird der SWK Bank im DSPortal zu meiner Person/Firma gespeicherte Daten zur Verfügung stellen, sofern die SWK Bank ihr berechtigtes Interesse glaubhaft dargelegt hat.

Rechtsgrundlagen dieser Übermittlungen sind § 25h KWG, Artikel 6 Absatz 1 Buchstabe a, Artikel 6 Absatz 1 Buchstabe b und Artikel 6 Absatz 1 Buchstabe f der Datenschutz-Grundverordnung (DSGVO). Übermittlungen auf der Grundlage von Artikel 6 Absatz 1 Buchstabe f DSGVO dürfen nur erfolgen, soweit dies zur Wahrung berechtigter Interessen der SWK Bank oder Dritter erforderlich ist und nicht die Interessen oder Grundrechte und Grundfreiheiten der betroffenen Person, die den Schutz personenbezogener Daten erfordern, überwiegen.

Der Datenaustausch mit der CRIFBÜRGEL dient auch der Erfüllung gesetzlichen Pflichten zur Durchführung von Kreditwürdigkeitsprüfungen von Kunden (§§ 505a und 506 des Bürgerlichen Gesetzbuches).

**Ich befreie die SWK Bank insoweit auch vom Bankgeheimnis.**

CRIFBÜRGEL verarbeitet die erhaltenen Daten und verwendet sie auch zum Zwecke der Profilbildung (Scoring), um ihren Vertragspartnern im Europäischen Wirtschaftsraum und in der Schweiz sowie ggf. weiteren Drittländern (sofern zu diesen ein Angemessenheitsbeschluss der Europäischen Kommission besteht) Informationen unter anderem zur Beurteilung der Kreditwürdigkeit von natürlichen Personen zu geben.

Nähere Informationen zur Tätigkeit der CRIFBÜRGEL können dem CRIFBÜRGEL-Informationsblatt entnommen oder online unter www.crifbuergel.de/de/datenschutz eingesehen werden.

## Erklärung

Ich bin keine politisch exponierte Person (PEP), kein unmittelbares Familienmitglied einer politisch exponierten Person und keine ihr nahestehende Person. Sollte ich den Status einer solchen Person erlangen, werde ich dies der SWK Bank unverzüglich in Textform mitteilen. § 1 Abs. 12 ff Gesetz über das Aufspüren von Gewinnen aus schweren Straftaten (GwG) definiert politisch exponierte Personen wie folgt: Politisch exponierte Personen sind diejenigen natürlichen Personen,

a) die ein wichtiges öffentliches Amt ausüben oder ausgeübt haben
b) und deren unmittelbare Familienmitglieder
c) oder ihnen bekanntermaßen nahestehende Personen.

zu a): Personen, die ein wichtiges öffentliches Amt ausüben oder ausgeübt haben, sind:
Staats- und Regierungschefs, Minister und stellvertretende Minister bzw. Staatssekretäre, Parlamentsmitglieder, Mitglieder oberster Gerichte oder Justizbehörden, Botschafter, Geschäftsträger und hochrangige Offiziere der Streitkräfte und Mitglieder der Leitungs-, Verwaltungs- oder Aufsichtsgremien staatlicher Unternehmen. Eine Person, die seit mindestens einem Jahr keine wichtigen öffentlichen Ämter im Sinne der o. g. Tätigkeiten ausgeübt hat, ist nicht mehr als politisch exponiert zu betrachten.

zu b): Unmittelbare Familienmitglieder sind der Ehepartner, der Partner, der nach einzelstaatlichem Recht dem Ehepartner gleichgestellt ist, die Kinder und deren Ehepartner und Partner sowie die Eltern.

zu c): Bekanntermaßen nahestehende Personen sind:

-jede natürliche Person, die bekanntermaßen mit einer natürlichen Person, die ein wichtiges öffentliches Amt ausübt oder ausgeübt hat, gemeinsame wirtschaftliche Eigentümerin von Rechtspersonen und Rechtsvereinbarungen ist oder sonstige enge Geschäftsbeziehungen zu dieser Person unterhält.

-jede natürliche Person, die alleinige wirtschaftliche Eigentümerin einer Rechtsperson oder Rechtsvereinbarung ist, die bekanntermaßen tatsächlich zum Nutzen der natürlichen Person, die ein wichtiges öffentliches Amt ausübt oder ausgeübt hat, errichtet wurde.

## Hinweis

Bitte unterschreiben Sie den Kreditvertrag und das
Sepa-Lastschriftmandat auf den nachfolgenden Seiten.
Vielen Dank!

swkbank

Unser Kooperationspartner
auxmoney

**0307737884** **Für die Bank Seite 4/5**

# Widerrufsinformation

**Abschnitt 1**
**Widerrufsrecht**

**Sie** können Ihre Vertragserklärung **innerhalb von 14 Tagen ohne Angabe von Gründen widerrufen.**

Die Frist **beginnt nach Abschluss des Vertrags, aber erst,** nachdem Sie **alle nachstehend unter Abschnitt 2 aufgeführten Pflichtangaben erhalten** haben. Sie haben alle Pflichtangaben erhalten, wenn sie in der für Sie bestimmten Ausfertigung Ihres Antrags oder in der für Sie bestimmten Ausfertigung der Vertragsurkunde oder in einer für Sie bestimmten Abschrift Ihres Antrags oder der Vertragsurkunde enthalten sind und Ihnen eine solche Unterlage zur Verfügung gestellt worden ist. Über in den Vertragstext nicht aufgenommene Pflichtangaben können Sie nachträglich auf einem dauerhaften Datenträger informiert werden; die Widerrufsfrist beträgt dann einen Monat. Sie sind mit den nachgeholten Pflichtangaben nochmals auf den Beginn der Widerrufsfrist hinzuweisen. **Zur Wahrung der Widerrufsfrist genügt die rechtzeitige Absendung des Widerrufs,** wenn die Erklärung auf einem dauerhaften Datenträger (z. B. Brief, Telefax, E-Mail) erfolgt. Der Widerruf ist zu richten an:

Süd-West-Kreditbank Finanzierung GmbH, Am Ockenheimer Graben 52, 55411 Bingen am Rhein, Telefax: 06721 9101-39, E-Mail: kundenservice@swk-bank.de

**Besonderheiten bei weiteren Verträgen**

- Widerrufen Sie diesen Darlehensvertrag, so sind Sie auch an den Darlehensvermittlungsvertrag (im Folgenden: verbundener Vertrag) nicht mehr gebunden.
- Steht Ihnen in Bezug auf den verbundenen Vertrag ein Widerrufsrecht zu, so sind Sie mit wirksamem Widerruf des verbundenen Vertrags auch an den Darlehensvertrag nicht mehr gebunden. Für die Rechtsfolgen des Widerrufs sind die in dem verbundenen Vertrag getroffenen Regelungen und die hierfür erteilte Widerrufsbelehrung maßgeblich.

**Abschnitt 2**
**Für den Beginn der Widerrufsfrist erforderliche vertragliche Pflichtangaben**

Die Pflichtangaben nach Abschnitt 1 Satz 2 umfassen:

1. den Namen und die Anschrift des Darlehensgebers und von Ihnen;
2. die Art des Darlehens;
3. den Nettodarlehensbetrag;
4. den effektiven Jahreszins;
5. den Gesamtbetrag;

   Zu den Nummern 4. und 5: Die Angabe des effektiven Jahreszinses und des Gesamtbetrags hat unter Angabe der Annahmen zu erfolgen, die zum Zeitpunkt des Abschlusses des Vertrags bekannt sind und die in die Berechnung des effektiven Jahreszinses einfließen.

6. den Sollzinssatz;

   Die Angabe zum Sollzinssatz muss die Bedingungen und den Zeitraum für seine Anwendung sowie die Art und Weise seiner Anpassung enthalten. Ist der Sollzinssatz von einem Index oder Referenzzinssatz abhängig, so sind diese anzugeben. Sieht der Darlehensvertrag mehrere Sollzinssätze vor, so sind die Angaben für alle Sollzinssätze zu erteilen.

7. die Vertragslaufzeit;
8. den Betrag, die Zahl und die Fälligkeit der einzelnen Teilzahlungen;

   Sind im Fall mehrerer vereinbarter Sollzinssätze Teilzahlungen vorgesehen, so ist anzugeben, in welcher Reihenfolge die ausstehenden Forderungen des Darlehensgebers, für die unterschiedliche Sollzinssätze gelten, durch die Teilzahlungen getilgt werden.

9. die Auszahlungsbedingungen;
10. den Verzugszinssatz und die Art und Weise seiner etwaigen Anpassung sowie gegebenenfalls anfallende Verzugskosten;
11. einen Warnhinweis zu den Folgen ausbleibender Zahlungen;
12. das Bestehen oder Nichtbestehen eines Widerrufsrechts, die Frist und die anderen Umstände für die Erklärung des Widerrufs sowie einen Hinweis auf Ihre Verpflichtung, ein bereits ausbezahltes Darlehen zurückzuzahlen und Zinsen zu vergüten; der pro Tag zu zahlende Zinsbetrag ist anzugeben;
13. Ihr Recht, das Darlehen vorzeitig zurückzuzahlen;
14. die für den Darlehensgeber zuständige Aufsichtsbehörde;
15. das einzuhaltende Verfahren bei der Kündigung des Vertrags;
16. den Hinweis, dass Sie Zugang zu einem außergerichtlichen Beschwerde- und Rechtsbehelfsverfahren haben, und die Voraussetzungen für diesen Zugang;
17. ist ein Zeitpunkt für die Rückzahlung des Darlehens bestimmt, einen Hinweis auf Ihren Anspruch, während der Gesamtlaufzeit des Darlehens jederzeit kostenlos einen Tilgungsplan zu erhalten;

    Verlangen Sie einen Tilgungsplan, muss aus diesem hervorgehen, welche Zahlungen in welchen Zeitabständen zu leisten sind und welche Bedingungen für diese Zahlungen gelten. Dabei ist aufzuschlüsseln, in welcher Höhe die Teilzahlungen auf das Darlehen, die nach dem Sollzinssatz berechneten Zinsen und die sonstigen Kosten angerechnet werden. Ist der Sollzinssatz nicht gebunden oder können die sonstigen Kosten angepasst werden, so ist in dem Tilgungsplan in klarer und verständlicher Form anzugeben, dass die Daten des Tilgungsplans nur bis zur nächsten Anpassung des Sollzinssatzes oder der sonstigen Kosten gelten. Der Tilgungsplan ist Ihnen auf einem dauerhaften Datenträger zur Verfügung zu stellen.

18. die vom Darlehensgeber verlangten Sicherheiten und Versicherungen, im Fall von entgeltlichen Finanzierungshilfen insbesondere einen Eigentumsvorbehalt;
19. die Berechnungsmethode des Anspruchs auf Vorfälligkeitsentschädigung, soweit der Darlehensgeber beabsichtigt, diesen Anspruch geltend zu machen, falls Sie das Darlehen vorzeitig zurückzahlen;
20. den Namen und die Anschrift des beteiligten Darlehensvermittlers;
21. sämtliche weitere Vertragsbedingungen.

**Besonderheiten bei weiteren Verträgen**

22. Ergänzende Pflichtangaben bei Darlehensverträgen, die mit einem anderen Vertrag verbunden sind, und bei Darlehensverträgen, die ausschließlich der Finanzierung eines anderen (später widerrufenen) Vertrags dienen und in denen die Leistung des Unternehmers aus dem widerrufenen Vertrag genau angegeben ist:
    Diese Verträge müssen zusätzlich zu den Angaben nach den Nummern 1 bis 21 Folgendes enthalten:
    a) Bezeichnung des Gegenstandes (Ware oder Dienstleistung) und Höhe des Barzahlungspreises sowie
    b) Informationen über die Rechte des Verbrauchers, die sich daraus ergeben, dass der Darlehensvertrag mit einem anderen Vertrag verbunden ist oder in der vorstehend genannten Weise zusammenhängt. Weiter ist über die Bedingungen für die Ausübung dieser Rechte zu informieren.

**Abschnitt 3**
**Widerrufsfolgen**

Soweit das Darlehen bereits ausbezahlt wurde, haben Sie es **spätestens innerhalb von 30 Tagen zurückzuzahlen** und für den Zeitraum zwischen der Auszahlung und der Rückzahlung des Darlehens den **vereinbarten Sollzins zu entrichten**. Die Frist beginnt mit der Absendung der Widerrufserklärung. Für den Zeitraum zwischen der Auszahlung und der Rückzahlung ist bei vollständiger Inanspruchnahme des Darlehens pro Tag ein Zinsbetrag in Höhe von 1,88 Euro zu zahlen. Dieser Betrag verringert sich entsprechend, wenn das Darlehen nur teilweise in Anspruch genommen wurde.

**Besonderheiten bei weiteren Verträgen**

- Steht Ihnen in Bezug auf den verbundenen Vertrag ein Widerrufsrecht zu, so sind im Fall des wirksamen Widerrufs des verbundenen Vertrags Ansprüche des Darlehensgebers auf Zahlung von Zinsen und Kosten aus der Rückabwicklung des Darlehensvertrags gegen Sie ausgeschlossen.
- Sind Sie auf Grund des Widerrufs dieses Darlehensvertrags an den verbundenen Vertrag nicht mehr gebunden, so sind insoweit die beiderseits empfangenen Leistungen zurückzugewähren.
- Wenn Sie infolge des Widerrufs des Darlehensvertrags nicht mehr an den weiteren Vertrag gebunden sind oder infolge des Widerrufs des weiteren Vertrags nicht mehr an den Darlehensvertrag gebunden sind, so gilt ergänzend Folgendes: Ist das Darlehen bei Wirksamwerden des Widerrufs Ihrem Vertragspartner aus dem verbundenen Vertrag bereits zugeflossen, so tritt der Darlehensgeber im Verhältnis zu Ihnen hinsichtlich der Rechtsfolgen des Widerrufs in die Rechte und Pflichten des Vertragspartners aus dem weiteren Vertrag ein.

**0307737884** **Für die Bank Seite 5/5**

**Einwendungen bei verbundenen Verträgen**

Sie können die Rückzahlung des Darlehens verweigern, soweit Sie Einwendungen berechtigen würden, Ihre Leistung gegenüber dem Vertragspartner aus dem verbundenen Vertrag zu verweigern. Dies gilt nicht, wenn das finanzierte Entgelt weniger als 200 Euro beträgt oder wenn der Rechtsgrund für die Einwendung auf einer Vereinbarung beruht, die zwischen Ihnen und dem anderen Vertragspartner nach dem Abschluss des Darlehensvertrags getroffen wurde. Können Sie von dem anderen Vertragspartner Nacherfüllung verlangen, so können Sie die Rückzahlung des Darlehens erst verweigern, wenn die Nacherfüllung fehlgeschlagen ist.

## Vertragsunterschrift

Ich bin damit einverstanden, dass die SWK Bank meine E-Mail-Adresse und Telefonnummer im Rahmen der Antragsstellung als Kontaktweg für Informationen und Rückfragen zum Bearbeitungsstatus nutzt.

**Mir ist bekannt, dass die SWK Bank (i) Professionellen Anlegern oder deren Rechtsnachfolger die Persönlichen Daten und Kreditstatusdaten übermittelt, sofern sie diese zur Erfüllung ihrer gesetzlichen Anforderungen benötigen, (ii) der CreditConnect die Persönlichen Daten, Kreditstatusdaten und Ablichtungen dieses Kreditvertrages zum Zwecke der Statusüberprüfung der Darlehensforderung und für den Einzug und die Verwaltung der Darlehensforderung übermittelt sowie (iii) für den Fall, dass ein Forderungsinhaber einen Back-up Servicer mit dem Back-up Servicing beauftragt, die Persönlichen Daten, Kreditstatusdaten und Ablichtungen dieses Kreditvertrages an den Back-up Servicer zum Zwecke der Vorbereitung und ggf. Durchführung des Back-up Servicing übermittelt.**

**Ich willige darin ein, dass die Kreditverlaufsdaten an auxmoney übermittelt werden und dort zur Errechnung eines Wahrscheinlichkeitswertes zur Beurteilung des Kreditrisikos (auxmoney-Score) genutzt werden. auxmoney wird die Kreditverlaufsdaten nur zur Berechnung des auxmoney-Score verwenden, nicht an Dritte weitergeben. Mir ist bekannt, dass ich meine Einwilligung jederzeit mit Wirkung für die Zukunft widerrufen kann.**

Meine Unterschrift umfasst als Willenserklärung alle vorstehenden Erklärungen. Ich verzichte hiermit gemäß § 151 BGB auf den Zugang der Annahmeerklärung durch die SWK Bank.

Hiermit erkläre ich, der wirtschaftlich Berechtigte zu sein und auf eigene Rechnung zu handeln.

Gemäß dem Gesetz über das Aufspüren von Gewinnen aus schweren Straftaten (GwG) bin ich verpflichtet, etwaige sich im Laufe der Geschäftsbeziehung ergebende Änderungen der gegenüber der Bank gemachten Pflichtangaben unverzüglich anzuzeigen.

**Hinweis**: Bitte unterschreiben Sie möglichst genau so, wie auf Ihrem gültigen Ausweisdokument.

**Düsseldorf, 14.09.2021**

**Ort, Datum** (TT.MM.JJJJ) **Unterschrift Max Mustermann**

# Sepa-Lastschriftmandat zum Kundenkonto 0307737884

Für die Bank 1/1

Gläubiger: Süd-West-Kreditbank Finanzierung GmbH (SWK Bank)
Gläubiger-Identifikationsnummer SWK Bank: DE44SWK00000194632
Mandatsreferenz SWK: **0307737884140920211**

Ich ermächtige die

**SWK Bank**
**Am Ockenheimer Graben 52**
**55411 Bingen am Rhein,**

Zahlungen von meinem Konto mittels Lastschrift einzuziehen.
Zugleich weise ich mein Kreditinstitut an, die von der SWK Bank auf mein Konto gezogenen Lastschriften einzulösen.

Im Falle eines freiwilligen Abschlusses einer Restkreditversicherung ermächtige ich die

**SWK Bank**
**Am Ockenheimer Graben 52**
**55411 Bingen am Rhein**

im Rahmen einer Einmalprämienzahlung die daraus abweichenden Beträge mit der Kreditrate monatlich einzuziehen. Die fälligen Beträge werden mir mit der Kreditbestätigung in Textform mitgeteilt.

**Hinweis**: Ich kann innerhalb von acht Wochen, beginnend mit dem Belastungsdatum, die Erstattung des belasteten Betrages in Textform verlangen. Es gelten dabei die mit meinem Kreditinstitut vereinbarten Bedingungen.

**Hinweis zum Raten- / Tilgungsplan (monatliche Ratenhöhe) des Kreditvertrages**

Im Bürgerlichen Gesetzbuch (BGB) in Verbindung mit der Preisangabenverordnung (PAngV) ist vorgeschrieben, die Zinsen, die sich durch den effektiven Jahreszins ergeben, tagesgenau auszuweisen. Dies ist nur möglich, wenn zum Zeitpunkt der Antragstellung auch der Auszahlungstag bekannt ist.
Wenn dieser Auszahlungstag bei Antragstellung nicht bekannt ist, kann die Höhe der Zinsen (und damit verbunden die Raten) von den Zahlen in Ihrem Kreditvertrag geringfügig abweichen.

Im Rahmen eines Kreditverlaufes können diverse Kosten wie Adressrecherche-, Rücklastschrift- und Mahngebühren sowie Bereitstellungsprovisionen entstehen. Ich ermächtige die SWK Bank, diese Beträge, falls sie anfallen, von meinem Konto mittels Lastschrift einzuziehen. Ebenfalls stimme ich zu, dass das Mandat sich automatisch verlängert, wenn sich durch eine Ratenplanänderung auf meinen Wunsch hin die Laufzeit des Kredites verlängern sollte. In diesem Fall erhalte ich einen neuen Ratenplan zugestellt.

Zur Erleichterung des Zahlungsverkehrs beträgt die Frist für die Information mindestens fünf Werktage vor der ersten Abbuchung

MUSTER

| | | |
|---|---|---|
| **Max Mustermann** | Kreditinstitut: | **Bundesbank** |
| **Kasernenstraße 67** | BIC: | **MARKDEF1500** |
| **40213 Düsseldorf** | IBAN: | **DE65500000000012305678** |

**Düsseldorf, 14.09.2021**
**Ort, Datum** (TT.MM.JJJJ)

**Unterschrift Max Mustermann**

swkbank

Unser Kooperationspartner
auxmoney

# Anhang 2: Allgemeine Geschäftsbedingungen der smava GmbH, Stand Januar 2023



smava

0800 000 98 00
Kostenlose Beratung

KREDITVERGLEICH KREDIT PRIVATKREDIT AUTOKREDIT UMSCHULDUNG BAUFINANZIERUNG

## Allgemeine Geschäftsbedingungen

Der Kreditvergleich und die Kreditvermittlung über unterliegen den folgenden Allgemeinen Geschäftsbedingungen der smava GmbH, Palisadenstraße 90, 10243 Berlin:

Bitte beachten Sie hierzu die folgende Gliederung:



## A. Geltungsbereich

Die nachstehenden Allgemeinen Geschäftsbedingungen (nachfolgend "AGB") gelten für alle Verträge über die Kreditvermittlung und -beratung zwischen Ihnen (nachfolgend "Sie" oder "Nutzer*in") und uns, der smava GmbH, Palisadenstraße 90, 10243 Berlin (nachfolgend "wir" oder „smava").

Es steht uns im Rahmen der allgemeinen Gesetze frei, wem wir die registrierte Nutzung der Website gestatten. Wir können Interessierten den Zugang zum registrierten Bereich der Website und den Abschluss von Verträgen aus freien Stücken und ohne Angabe von Gründen verweigern.

Wir bieten unsere nachfolgend genannten Leistungen nur Personen an, die mindestens das 18. Lebensjahr vollendet haben, uneingeschränkt geschäftsfähig sind und auf auf eigene Rechnung handeln.

Auf unserer Website haben wir optionale Leistungsangebote Dritter eingebunden. Sofern Sie diese nutzen, gelten ergänzend die Bedingungen der Drittanbieter.

## B. Vertragsschluss

Zwischen Ihnen und smava wird ein Vertrag über Kreditvermittlungs- und Kreditberatungsleistungen geschlossen. Dieser Vertrag kommt zustande, indem Sie nach Eingabe Ihrer Kontaktdaten und Betätigen des Buttons smava mit dem Kreditvergleich und der Kreditberatung beauftragen.

Sie können die Eingabe Ihrer weiteren Daten jederzeit unterbrechen. In diesem Fall sendet smava Ihnen per E-Mail zeitlich befristete Links zu Ihrer Kreditanfrage, sodass Sie Ihre Anfrage zu einem späteren Zeitpunkt vervollständigen können. smava wird Sie bei der Eingabe Ihrer Daten gegebenenfalls telefonisch und mittels elektronischer Nachrichten unterstützen.

Diesen Auftrag können Sie smava über oder über Websites Dritter erteilen, die den Kreditvergleichsrechner von smava eingebunden haben.

Die Kreditvermittlung und -beratung sind für Sie kostenlos. Sollten Sie von einer Partnerbank oder über einen Kreditvergabepartner einen Kredit erhalten, fällt für Sie keine Vermittlungsprovision an. Sollten Sie also von einer Servicebank einen Kredit erhalten, fällt für Sie eine Vermittlungsprovision von bis zu 4% an, welche bereits im angegebenen effektiven Jahreszins Ihres Kredites enthalten ist.

Sie können sich nur einmal registrieren. Bei der Erstellung Ihres Benutzerkontos wird Ihnen ein Passwort zugeteilt, das Sie bei der ersten Nutzung der Website ändern sollten. Sie sind verpflichtet, Ihr Passwort geheim zu halten und unverzüglich zu ändern, falls die Vermutung besteht, dass nichtberechtigte Dritte von Ihrem Passwort Kenntnis erlangt haben oder erlangt haben könnten.

Wir werden Sie niemals per E-Mail oder Telefon nach Ihrem Passwort fragen. Bitte geben Sie deshalb auch niemals per E-Mail oder am Telefon Auskunft über Ihr Passwort, auch wenn der Absender oder Anrufer sich als Mitarbeiter*in von smava oder eines Partnerunternehmens ausgibt.

## C. Leistungsgegenstand

Wir beschränken uns darauf, für Sie als Online-Kreditvergleichsportal zu betreiben, zwischen Kreditnehmer*innen und Bank- und Kreditvergabepartner den Abschluss eines Kreditvertrages zu vermitteln, Restschuldversicherungen zwischen Kreditnehmer*innen und Anbietern von Restschuldversicherungen zu vermitteln, sowie bei der Verwaltung noch bestehender kreditprivat- und Kredit2Go-Kreditforderungen und des Kreditangebots „Kredit2Day" zu unterstützen. Wir sind daher in den folgenden Rollen tätig:

(i) als Betreiber der Website ,
(ii) als Darlehensvermittler nach § 34c Abs. 1 GewO,
(iii) als Vermittler von Restschuldversicherungen § 34d Abs. 1 GewO,
(iv) als Dienstleister einiger Banken bei der Verwaltung der Kreditforderungen.

Sie beauftragen die smava GmbH mit der Vermittlung eines Verbraucherkreditvertrages und damit in Zusammenhang stehender Finanzdienstleistungen sowie mit Beratungsleistungen. Wir setzen zur Leistungserbringung ggf. mit uns verbundene Unternehmen im Sinne der §§ 15 ff. AktG (im Folgenden: „verbundene Unternehmen") ein.

smava erstellt für die Nutzer*innen unentgeltliche und unverbindliche Auskünfte über Preise und Konditionen für Kredite und Restschuldversicherungen. Die auf der Website dargestellten Angebote stellen kein verbindliches Vertragsangebot von smava, der jeweiligen Bank oder des Kreditvergabepartners oder der Versicherungsgesellschaften dar. Informationen über Leistungen und Konditionen oder sonstige Informationen durch smava sind für Sie unverbindlich und sollen Ihnen ausschließlich den Entscheidungsprozess erleichtern. Sollten unsere Partnerbanken / Kreditvergabepartner Ihnen im Einzelfall kein Angebot unterbreiten können, werden wir uns darum bemühen, Ihre Kreditanfrage an einen mit smava kooperierenden Kreditvermittler weiterzuleiten, der auf Ihre individuelle Situation spezialisiert ist (z.B. auf die Vermittlung von Krediten an beruflich Selbstständige oder Nutzer*innen mit schwacher Bonität). smava ist an der Leistungserbringung durch diese Vermittler nicht beteiligt und hat auf diese auch keinen Einfluss.

smava kann Sie zur Erbringung der individuellen Vermittlungsleistung per elektronischer Post (E-Mail, SMS) sowie telefonisch kontaktieren. Unsere Kreditberater*innen unterstützen Sie über die zuvor erwähnten Kanäle bei allen Fragen rund um Kreditangebote und den Kreditantragsprozess bei unseren Partnerbanken und Kreditvergabepartnern.

**smava und die für ein Kreditangebot angefragten Banken können Bonitätsauskünfte über Ihre Person bei Auskunfteien einholen. Solche Konditionenanfragen sind „SCHUFA-neutral", d.h. sie haben keinen negativen Einfluss auf die Bewertung Ihrer Kreditwürdigkeit durch die SCHUFA oder vergleichbare Auskunfteien. Nähere Informationen hierzu entnehmen Sie bitte unseren Datenschutzhinweisen unter § 13 "Datenübermittlung an Auskunfteien".**

Eine verbindliche Kreditzusage kann nur von einer Bank, nicht aber von smava gegeben werden kann. Kreditzusagen können von den Banken grundsätzlich jederzeit widerrufen werden, insbesondere, wenn sich Abweichungen zu den von den Nutzer*innen unterbreiteten Angaben herausstellen. Bei voll digitalen Kreditprodukten wie dem Kredit2Day-Kredit können Abweichungen dazu führen, dass bereits die elektronische Antragstellung nicht erfolgreich ist.

smava und die mit ihr verbundenen Unternehmen sind keine Banken (d.h. keine Kreditinstitute nach § 1 des Kreditwesengesetzes). Daher erhalten Sie von uns selbst keinen Kredit. Es sind stets die Partnerbanken oder die Banken, mit denen unsere Kreditvergabepartner kooperieren, die eigenständig und unabhängig die Kreditentscheidung treffen und den Kredit vergeben. Zudem übernehmen wir selbst weder Leistungen der Versicherungsgesellschaften noch nehmen wir im Zusammenhang mit unserer Vermittlungstätigkeit Zahlungen vor.

Im Falle einer Kreditgewährung kommt ein Kredit ausschließlich zwischen den Leistungsnehmer*innen (Kreditnehmer*innen) und dem Leistungserbringer (Partnerbank oder Kreditvergabepartner) zustande. Für den Abschluss einer Restschuldversicherung schließen Sie einen Vertrag mit den jeweiligen Restschuldversicherer ab oder erklären Ihren Beitritt zu einem bestehenden Gruppenversicherungsvertrag. Die Auswahl der in den Angebotsvergleich und die Beratung einbezogenen Restschuldversicherer ist auf diejenigen Anbieter beschränkt, die von den Leistungserbringern, mit denen smava kooperiert, im Rahmen ihrer Kreditangebote jeweils eingebunden werden. Wir weisen ausdrücklich darauf hin, dass es neben den im Angebotsvergleich und in die Beratung einbezogenen Restschuldversicherer weitere Anbieter am Markt gibt, die eine Deckung für die von den vermittelten Restschuldversicherungen abgedeckten Risiken anbieten und mit denen wir nicht kooperieren. Im Rahmen dieser Vertragsverhältnisse oder bei weiteren zusätzlichen Leistungs- und Vertragsverhältnissen gelten die jeweiligen Vertragsbedingungen und die Allgemeinen Geschäftsbedingungen der jeweiligen Partnerbanken oder Kreditvergabepartner bzw. ihrer Kooperationsbanken als Vertragspartner.

Ferner können Sie optional die Vermittlungsleistung der FFG FINANZCHECK Finanzportale GmbH ("Finanzcheck"), eine 100%ige Tochter der smava GmbH, bezüglich des ergänzenden Versicherungsproduktes Einkommensschutzbrief in Anspruch nehmen. Im Rahmen dieser Vermittlungsleistung gelten die Allgemeinen Geschäftsbedingungen von Finanzcheck. Bitte beachten Sie, dass Sie Finanzcheck keinen gesonderten Auftrag zur Durchführung eines Kreditvergleichs erteilen, sondern lediglich die in den AGB von Finanzcheck aufgeführte Vermittlungsleistung von ergänzenden Versicherungsprodukten in Anspruch nehmen.

Einige Banken stellen Ihnen die Kreditunterlagen zur Unterschrift postalisch zur Verfügung. Dies dient der Vereinfachung des Antragsprozesses für Sie. Für einige Banken übernimmt smava den Postversand der Kreditunterlagen.

Sie bevollmächtigen smava, Vertragsangebote der Banken / Kreditvergabepartner zur Weiterleitung entgegenzunehmen und erklären sich damit einverstanden, dass smava zur Weiterleitung der Kreditangebote externe Dienstleister einsetzt und personenbezogenen Daten an diese übermittelt. Weiter ist smava zum Empfang und zur Nutzung der Angaben über den Status der Kreditanfrage, fehlende Unterlagen, Originalunterlagen oder Ablehnungsgründe berechtigt. Zudem ist smava berechtigt auf Anfrage über die aktuelle Restschuld und die aktuelle Restlaufzeit des laufenden Kredites von den Banken informiert zu werden.

Sie befreien die kreditgebende Bank insoweit auch vom Bankgeheimnis, um die vertragsgemäße Erfüllung des von Ihnen erteilten Auftrags erfüllen zu können.

**Dokumenten Upload**

Für einige Banken und Kreditvergabepartner bieten wir Ihnen die optionale Nutzung unseres Services Dokumenten Upload an. Beim Dokumenten Upload können Sie die für die Finanzierungsentscheidung sowie für den nachgelagerten Abschluss des Kreditvertrags vom Kreditgeber benötigten Dokumente elektronisch und nach separater Bestätigung Ihrerseits an einen von Ihnen ausgewählten Kreditgeber übermitteln lassen. In diesem Fall überprüfen wir diese Dokumente bereits im Rahmen der erstmaligen Kreditanfrage auf Vollständigkeit, Lesbarkeit und Konsistenz.

**Kontoinformationsdienst ("digitaler Kontocheck")**

Für einige Banken und Kreditvergabepartner bieten wir Ihnen die Möglichkeit, die Beauskunftung Ihrer Daten im Rahmen des Kreditantrags in Zusammenarbeit mit Kontoinformationsdiensten durch den digitalen Kontocheck zu vereinfachen. Dabei geben Sie unserem externen Dienstleister zum Zwecke der automatischen Kontenanalyse einmalig elektronischen Zugang zu den Kontobewegungen des Girokontos, das Sie in der Antragsstrecke angegeben haben. Der Dienstleister kann aus den konkreten Bewegungen Ihres Kontos Informationen zu Ihrem Einkommen und Ihren Ausgaben ermitteln, die der potenziellen kreditgebenden Bank als Grundlage für die Entscheidung über eine Kreditgewährung dienen.

**Video-Identifizierung**

Bei einigen Banken und Kreditvergabepartnern haben Sie die Möglichkeit, sich online per Video zu identifizieren. Dies erfolgt durch die mit ihnen kooperierenden Identifizierungsdienstleister. Hierzu werden Sie im Rahmen der Antragsstrecke auf eine separate Seite weitergeleitet, auf der Ihre Identität anhand eines gültigen Ausweisdokumentes und einer, einen speziellen Authentifizierungscode beinhaltenden, SMS mittels eines Videoanrufs überprüft wird. Die Deutsche Post AG, Charles-de-Gaulle-Straße 20, 53113 Bonn, bietet zudem eine Identifizierung in der Postfiliale an. Die Datenschutzhinweise der Deutschen Post AG zum sogenannten PostIdent-Verfahren finden Sie unter

[illegible] sowie unter [illegible]. Die Zuordnung Ihrer auf diesem Wege erlangten Legitimationsdaten erfolgt durch die Identifizierungsdienstleister und ausschließlich für die Bank.

Für einige Banken übernimmt smava den Postversand der Kreditunterlagen, ggf. auch mit Unterstützung von Subdienstleistern. Hierzu werden die PostIdent-Dokumente zusammen mit dem unterzeichneten Kreditantrag direkt an smava übermittelt. smava übernimmt anschließend die Sortierung der eingehenden PostIdent-Dokumente sowie die Zuordnung zu den entsprechenden Kreditunterlagen. Eine inhaltliche Überprüfung der Kreditunterlagen findet nicht statt. smava stellt den Banken die vorsortierten Kreditunterlagen vollständig in digitaler Form zur Verfügung.

**Qualifizierte Elektronische Signatur**

Neben der klassischen eigenhändigen Signatur der Vertragsdokumente und der postalischen Übersendung an das kreditgebende Institut, ermöglichen diverse Identifizierungsdienstleister für einige Banken und Kreditvergabepartner alternativ auch die Einholung einer Qualifizierten Elektronischen Signatur (QES). Hierzu wird im Anschluss der erfolgreichen Video-Identifizierung der Kreditantrag digital unterzeichnet. Hierfür durchlaufen Sie einen Unterzeichnungsprozess, welcher mit jedem mobilen Endgerät durchgeführt werden kann. Sie erhalten eine TAN per SMS, die Sie im vorgesehenen Feld zur Unterzeichnung eingeben müssen.

**Angebotsoptimierung**

Es ist uns wichtig, im Rahmen der Durchführung des von Ihnen gewünschten Kreditvergleichs stets den für Sie optimalen Kredit zu finden. Deswegen ist es unser Anspruch, Sie bestmöglich zu beraten und Ihnen möglicherweise bessere Alternativangebote zu vermitteln, die in einzelnen Kriterien – wie beispielsweise der Kredithöhe – von Ihrer ursprünglichen Anfrage abweichen können. Zum Zweck der Einholung dieser Alternativangebote übermitteln wir Ihre bei der Kreditanfrage angegebenen personenbezogenen Daten auch an weitere Banken oder Kreditvergabepartner, die wir aus der unter [illegible] abrufbaren Übersicht auswählen. Sowohl smava, unsere Partnerbanken als auch die Kreditvergabepartner und deren Partnerbanken können Sie zu diesem Zweck telefonisch, postalisch sowie per E-Mail kontaktieren.

Einzelne Banken / Kreditvergabepartner können auf Basis der durch Ihre Kreditanfrage übermittelten Informationen unabhängig vom gewünschten Kreditbetrag einen möglichen maximalen Kreditbetrag errechnen und dieser den Kundenberatern von smava anzeigen. smava nutzt diese Information ausschließlich im Rahmen der individuellen Serviceleistungen smavas und zur kompetenten Unterstützung bei Ihrer Antragsstellung.

**Kredit2Day der solarisBank**

Den Kredit2Day haben wir in enger Kooperation mit der solarisBank AG, Cuvrystraße 53, 10997 Berlin, konzipiert. Der Kredit2Day ist ein innovatives, exklusives Finanzprodukt, das durch uns vermittelt und durch die solarisBank AG vergeben wird.

Wir übernehmen bei diesem Kreditprodukt im Namen und im Auftrag der solarisBank die Durchführung, Steuerung und Überwachung des gesamten Kreditprozesses als vertraglich ausgelagerte Leistungen. Darunter fallen insbesondere die Abfrage Ihrer bei Auskunfteien gespeicherten Daten, die Kreditvorentscheidung, der Abschluss des Kreditvertrags im Namen der solarisBank AG, das Servicing, das Mahnwesen und die Verwahrung der Vertragsunterlagen.

Die Auslagerung der vorgenannten Leistungen ändert nichts am Rechtsverhältnis zwischen smava und Ihnen und stellt daher auch keine Bankdienstleistung als solche und smava damit kein Kreditinstitut im Sinne von § 1 des Kreditwesengesetzes dar.

Bitte beachten Sie, dass für die Änderung von Konto- und Adressdaten Ihre Unterschrift erforderlich ist. Das Änderungsformular für eine Adressänderung können Sie unter www.smava.de/Downloads/Adressaenderung.pdf herunterladen. Das Formular zur Änderung einer Bankverbindung können Sie unter www.smava.de/Downloads/solaris_Kontoaenderung.pdf herunterladen. Bitte senden Sie diese Dokumente ausgefüllt in Textform (Post oder E-Mail) an den smava Support.

**kreditprivat (Vermittlung eingestellt)**

Sollten Sie Kreditnehmer oder Anleger eines kreditprivat-Kredits sein, so gelten für Sie über diese AGB hinaus auch die „Besonderen Geschäftsbedingungen der smava GmbH für die Finanzierung durch Anleger (Kreditprodukt „kreditprivat")".

**Vergütung, Nutzungsentgelt**

Für die erfolgreiche Vermittlung eines Kreditabschlusses mit einer unserer Partnerbanken oder Kreditvergabepartner fallen für Sie keine Kosten an. Dieser Service ist für Sie kostenlos, mit Ausnahme des Kreditvergabepartners Auxmoney GmbH, welcher von Ihnen eine sich an der Höhe des aufgenommenen Kredits orientierende Vermittlungsgebühr erhält.

Für die erfolgreiche Vermittlung eines Kreditabschlusses mit der Solarisbank

AG erhält smava von Ihnen eine Vermittlungsgebühr in Höhe von bis zu 4 % des Kreditbetrages. Diese Gebühr ist bereits im angegebenen effektiven Jahreszins Ihres Kreditvertrages enthalten und fällt somit nicht noch einmal gesondert an.

Für die erfolgreiche Vermittlung eines Abschlusses einer Restschuldversicherung über eine unserer Partnerbanken oder Kreditvergabepartner fallen für Sie keine Kosten an. Dieser Service ist für Sie kostenlos.

**Laufzeit, Kündigung**

Die Laufzeit des auf Grundlage dieser AGB geschlossenen Vertrages zwischen Ihnen und smava ist unbefristet und kann jederzeit durch Kündigung von Ihnen und von uns beendet werden.

Das Recht zur Kündigung aus wichtigem Grund bleibt hiervon unberührt.

Jede Kündigung dieses Vertrages bedarf zu ihrer Wirksamkeit der Textform (z.B. E-Mail oder Brief).

Nach dem Wirksamwerden der Kündigung werden wir die für die Vermittlung gespeicherten Daten nach Ablauf der hierfür vorgegebenen Zeit im Einklang mit den gesetzlichen Vorgaben, insbesondere des europäischen Datenschutzrechts, löschen.

---

## D. Datenverarbeitung

Die Verarbeitung Ihrer persönlichen Daten erfolgt unter strikter Wahrung datenschutzrechtlicher Vorschriften. Nähere Informationen hierzu finden Sie in unseren Datenschutzhinweisen, die Sie unter [illegible] in der jeweils aktuellen Version finden können.

---

## E. Gewährleistung und Haftung

smava ist bei der Ermittlung der Angebote der Partnerbanken und Kreditvergabepartner um ständige Aktualität und Richtigkeit bemüht. Die leistungs- bzw. produktbezogenen Informationen, insbesondere zu Leistungsumfang, Preisen und Konditionen, beruhen jedoch auf den Angaben der jeweiligen Partnerbanken und Kreditvergabepartner, auf die smava keinen

Einfluss hat. Eine Haftung von smava für die Aktualität, Vollständigkeit und Richtigkeit der dargestellten Angebote ist daher ausgeschlossen.

smava gewährleistet nicht, sämtliche am Markt befindliche Banken in dem gewählten Leistungssegment in die Darstellung der Angebote einzubeziehen. smava gibt keinerlei Zusicherung über die Eignung, Verfügbarkeit oder Qualität der dargestellten Angebote und übernimmt keinerlei Haftung für die Verfügbarkeit der dargestellten Leistungen. Verantwortlich dafür ist die jeweilige Partnerbank oder der Kreditvergabepartner bzw. die Bank, mit der die Nutzer*innen den Kreditvertrag schließen. Die durch smava zur Verfügung gestellten Informationen stellen keine Zusage, Garantie oder Zusicherung dar.

Falls Sie mit Ihrem Kreditangebot oder ggf. mit der Ablehnung eines Kreditangebots nicht zufrieden sind, können Sie jederzeit über die Hotline 0800-0009800 oder über info@smava.de eine weitergehende Klärung des Sachverhalts anfordern. Ihr Anliegen wird von persönlichen Ansprechpartner*innen bearbeitet, die zu Ihren Angaben individuell Stellung nehmen können. Bitte beachten Sie jedoch, dass es keinen Rechtsanspruch auf ein Alternativangebot gibt und die Stellungnahme durch die Ansprechpartner*innen demnach allein Klarstellungs- bzw. Servicezwecke verfolgen kann.

smava sichert keine bestimmte Verfügbarkeit der Website www.smava.de zu. Für eine vorübergehende Nichtverfügbarkeit unserer Leistungen haften wir nicht.

Für die leicht fahrlässige Verletzung wesentlicher Pflichten aus dem Schuldverhältnis haften wir der Höhe nach begrenzt auf den bei Vertragsschluss typischerweise vorhersehbaren Schaden. Für die leicht fahrlässige Verletzung nicht wesentlicher Vertragspflichten haften wir nicht. Diese Haftungsbeschränkungen gelten nicht in den Fällen zwingender gesetzlicher Haftung (insbesondere nach dem Produkthaftungsgesetz), wenn und soweit wir eine Garantie übernommen haben und für schuldhaft verursachte Körperschäden (Verletzung von Leben, Körper, Gesundheit). Für höhere Gewalt haften wir nicht.

## F. Pflichten der Nutzer*innen

Sie versichern, in eigenem Namen und auf eigene Rechnung zu handeln.

Sie sind für die Vollständigkeit und Richtigkeit sämtlicher von Ihnen im Zuge des Kreditvergleichs gemachten Angaben und übermittelten Daten verantwortlich. Sollten Sie falsche Angaben machen, sind wir berechtigt, Ihre Anfragen nicht zu bearbeiten.

Unsere Antragsstrecke bietet Ihnen die Möglichkeit, eine*n zweite*n Kreditnehmer*in anzugeben. Sie bestätigen, dass Sie für diese*n zweite*n Kreditnehmer*in im Auftrag handeln und diese*r zweite Kreditnehmer*in analog zu Ihnen diesen AGB zustimmt. Sie tragen Sorge dafür, dass diese*r zweite Kreditnehmer*in von den AGB und den Datenschutzhinweisen Kenntnis erhält.

Sie sind verpflichtet, von der Partnerbank oder dem Kreditvergabepartner – ggf. über smava – erhaltene Vertragsunterlagen unverzüglich auf Korrektheit zu überprüfen und bei Abweichungen die jeweilige Partnerbank oder Kreditvergabepartner – ggf. über smava – über die Abweichungen zu informieren.

## G. Streitbeilegung

Wir sind gern dazu bereit, im Falle einer Streitigkeit mit Ihnen an Streitbeilegungsverfahren vor einer Verbraucherschlichtungsstelle teilzunehmen. Die Europäische Kommission stellt hierfür eine Plattform zur Online-Streitbeilegung (OS) bereit, die Sie unter [illegible] finden. Die Schlichtungsstelle für außergerichtliche Streitbeilegung ist die folgende: Schlichtungsstelle für gewerbliche Versicherungs-, Anlage- und Kreditvermittlung, Postfach 10 14 24, 20009 Hamburg, Tel: 040 69 65 08-90, Fax: 040 69 65 08-91,

E-Mail: [illegible]

Internet: [illegible]

## H. Schlussbestimmungen

Die Vertragssprache ist deutsch. Diese Geschäftsbedingungen und das Rechtsverhältnis zwischen Ihnen und uns unterliegen dem Recht der Bundesrepublik Deutschland.

Wir behalten uns vor, diese Geschäftsbedingungen einseitig zu ändern. Insbesondere dann, wenn dies zur Anpassung an veränderte gesetzliche oder technische Rahmenbedingungen oder sonstigen gleichwertigen Gründen notwendig ist. Auf Änderungen dieser Geschäftsbedingungen werden wir Sie frühzeitig hinweisen. Widersprechen Sie der Geltung der geänderten Geschäftsbedingungen nicht innerhalb von sechs (6) Wochen nach Zugang unserer Benachrichtigung über die Änderung dieser Geschäftsbedingungen, so gelten die geänderten Geschäftsbedingungen als von Ihnen akzeptiert. Wir verpflichten uns, Sie in unserer Benachrichtigung über die Änderung dieser Geschäftsbedingungen auf die Rechtsfolgen Ihres Schweigens gesondert hinzuweisen.

Jegliche Änderungen und/oder Ergänzungen dieser Geschäftsbedingungen bedürfen zu ihrer Wirksamkeit der Textform. Dies gilt auch für die Änderung dieses Textformerfordernisses.

Sollte eine Bestimmung dieser Geschäftsbedingungen unwirksam sein oder werden, so bleibt die Wirksamkeit der übrigen Bestimmungen davon unberührt. Wir werden im Wege der Vertragsanpassung die unwirksame Bestimmung durch eine solche wirksame Bestimmung ersetzen, die dem Sinn und Zweck der unwirksamen Bestimmung in rechtswirksamer Weise wirtschaftlich am nächsten kommt. Gleiches gilt für eventuelle Regelungslücken.

---

## I. Widerrufsbelehrung

Abschnitt 1

**Widerrufsrecht**

Sie können Ihre Vertragserklärung innerhalb von 14 Tagen ohne Angabe von Gründen mittels einer eindeutigen Erklärung widerrufen. Die Frist beginnt mit dem Tag des Vertragsschlusses. Zur Wahrung der Widerrufsfrist genügt die rechtzeitige Absendung des Widerrufs, wenn die Erklärung auf einem dauerhaften Datenträger (z.B. Brief oder E-Mail) erfolgt. Der Widerruf ist zu richten an: smava GmbH, Palisadenstraße 90,

D-10243 Berlin oder per E-Mail an [illegible].

Abschnitt 2

**Widerrufsfolgen**

Im Falle eines wirksamen Widerrufs sind die beiderseits empfangen Leistungen zurückzugewähren. Sie sind zur Zahlung des Wertersatzes für die bis zum Widerruf erbrachte Dienstleistung verpflichtet, wenn Sie vor Abgabe Ihrer Vertragserklärung auf diese Rechtsfolge hingewiesen wurden und ausdrücklich zugestimmt haben, dass wir vor dem Ende der Widerrufsfrist mit der Ausführung der Gegenleistung beginnen. Besteht eine Verpflichtung zur Zahlung von Wertersatz, kann dies dazu führen, dass Sie die vertraglichen Zahlungsverpflichtungen für den Zeitraum bis zum Widerruf dennoch erfüllen müssen. Ihr Widerrufsrecht erlischt vorzeitig, wenn der Vertrag von beiden Seiten auf Ihren ausdrücklichen Wunsch vollständig erfüllt ist, bevor Sie ihr Widerrufsrecht ausgeübt haben. Verpflichtungen zur Erstattung von Zahlungen müssen innerhalb von 30 Tagen erfüllt werden. Die Frist beginnt für Sie mit der Absendung Ihrer Widerrufserklärung, für uns mit deren Empfang.

**Stand: Januar 2023**

# Anhang 3: Nutzungsbedingungen und Geschäftsbedingungen der Zopa Bank Limited

## 3.1 Terms of use





# Zopa terms of use

## 1. Introduction

These terms apply to any person accessing the website www.zopa.com ("Website") and/or the Zopa app c iOS and Android ("App") (together "the Platforms"). They explain what you can expect from us and what w expect from you if you want to access the Platforms.

By using the Platforms, you agree to be bound by these terms. If you don't want to be bound by them you should not access the Platforms. If you download the App, separate app terms will also apply to you.

These terms are between you and Zopa Bank Limited ("we" and "us"). We own and operate the Platforms.

Depending on the products or services you use, you might have agreements with other companies in the Zopa Group. You will always see which company provides each service in the relevant terms. Zopa Bank Limited will take all your instructions on behalf of other Zopa companies.

Zopa's Privacy Notice and Cookie Policy also apply to you. The Privacy Notice gives details of how we collec use, disclose, transfer and store your information, and your rights around this, and our Cookie Policy give details of how we use cookies, and similar technologies in connection with the Platforms.

## 2. How is Zopa regulated?

Zopa Bank Limited is authorised by the Prudential Regulation Authority and regulated by the Financial Conduct Authority and the Prudential Regulation Authority and entered on the Financial Services Register (800542).

Zopa Bank Limited (10627575) is incorporated in England & Wales and has its registered office at: 1st Floo Cottons Centre, 47-49 Tooley Street, London, SE1 2QG. Zopa is a member of Cifas -- the UK's leading anti-fraud association, and we are registered with the Office of the Information Commissioner (ZA275984).

## 3. Access to the Platforms

We do not guarantee that the Platforms, or any content on it, will always be available or uninterrupted, or that they'll be free from bugs or viruses. From time to time, access may be interrupted, suspended or restricted, including because of a fault, error or unforeseen circumstances or because we are carrying out planned maintenance.

We may suspend or disable your access to the Platforms if we consider it reasonable to do so, e.g. you breach these terms.

We will not be liable to you for any loss or damage you may suffer as a result of the Website being unavailable at any time for any reason.

You will not attempt to:

- hack, make unauthorised alterations to, gain unauthorised access to, or introduce any kind of maliciou code to the Platforms by any means
- reverse engineer or decompile (whether in whole or in part) any software available through the Platforms unless you're allowed to do this by law

make copies, modify, reproduce, transmit, alter or distribute all or any part of the Platforms or any material or information contained in it except in your normal use of the Platforms in accordance with these terms

use the Website for any purpose that is unlawful

use the Platforms in any manner that disrupts their operation

Nothing in the above will prevent you from engaging in responsible disclosure in the event you find any security vulnerabilities in our Platforms.

The Platforms may contain links or references to third party websites and apps. Any links or references ar provided for your information and convenience only. We have no control over third party websites and ap and accept no legal responsibility for any content, material or information contained in them. The display any link and reference to any third party website or app does not mean that we endorse that third party's website, apps, products or services. Third party websites and apps may also regulate your use of their website or app or treat your data differently to Zopa. You should review any relevant terms of use and privacy-related documents before using any third party websites and apps.

We may remove or amend the content of the Platforms at any time. However, some of the content may b out of date at any given time and we are under no obligation to update it. We do not guarantee that the Platform, or any content on it, will be free from errors or omissions.

You are responsible for configuring your information technology, computer programmes and platform in order to access and use the Platforms. In particular, you should take steps to protect your devices from viruses.

# 4. Registration

## Who can register with Zopa?

You'll need to be a UK resident, at least 18 years old, with an email address.

## Other terms

Keep in mind, if you decide to use one of our products or services later you will need to agree to the speci terms for these too (for example, if you take out a loan or credit card with us) ("Service Terms"). We'll walk you through this at the time. These terms of use will be deemed incorporated into those Service Terms. If there's a conflict between these terms and the Service Terms for one of the products or services you have taken out with us, those Service Terms will prevail.

# 5. Access to my account

## How do I access my account?

We always need to be sure that we're dealing with you before we let you access your Zopa information. W do this by asking for your Zopa security details, which you set when you register and can change at any tir Your security details could include:

passwords

security codes

memorable data

biometric data (such as a fingerprint)

or any other information or details you've set up with us.

If the correct security details are used, we'll assume we're dealing with you and that we're authorised to ta action. We may add other ways of checking your identity in the future.

You must also help to prevent unauthorised access by keeping your security details safe. To protect your security:

never store your security details on your computer or other device in a way that enables others to impersonate you

never tell anyone your security details (nor any codes that protect any access to the nominated bank account details you provided when you opened your account)

never write your security details down

## What if I think someone else got into my account?

You must contact us on the numbers below as soon as you suspect or know that someone else knows you security details or that your account is being misused.

We'll be responsible for any loss or damage resulting from unauthorised access to your account or unauthorised instructions, unless we can show that you have given someone your security details or actec fraudulently.

If we reasonably believe that you were aware that someone else knew your security details or that your account was being misused, we will only be responsible for any loss or damage up to the point you becam aware.

If we're concerned about potential unauthorised access or we reasonably suspect illegal or fraudulent activity, we may block your access to Zopa or refuse to act on any instruction until we've investigated the matter.

# 6. Data accuracy and use

You should inform us as soon as possible if any information provided by you or in your account changes o you become aware of any errors. You can also update information in your profile.

The content on the Platforms is provided for information only and should not be taken as advice. We'll always try to keep information on the Platforms up-to-date and accurate but can't guarantee this.

# 7. Intellectual property rights

We are the owner or the licensee of all intellectual property rights in the URL zopa.com, the Platforms and the material published on them. The Platforms and the content on them are protected by copyright, and y should only make personal use of the Platforms and the content.

You will retain ownership of all copyright in data you upload or submit to the Platforms. You grant us a worldwide, royalty-free, irrevocable licence to use, copy, distribute or publish and send this data in any manner (subject to our Privacy Notice).

# 8. Changes to these terms

We'll make changes to these terms that we reasonably believe will not put you at a disadvantage, or becau we need to respond in a fair way to:

to make them easier to understand

changes in general law or decisions or recommendations made by a court, any regulator or similar organisation or ombudsman we have to follow (e.g., the Financial Ombudsman Service) changes in regulatory requirements

new industry guidance and codes of practice

or changes to the functionality of our technology or the way we operate it.

# 9. What else do I need to know?

We may transfer our rights and our obligations under these terms to someone else.

You can't transfer any of your rights and obligations under these terms to anyone else.

These terms and our dealings with you before you enter into this agreement are governed in accordance with the law of the part of the UK where you are resident. The courts of that part of the UK will have exclusive jurisdiction over any disputes.

If a specific term in this document is not capable of being enforced against you, this won't affect any of the other terms.

Nothing in these terms will give any person, other than you and us, any rights under your agreement.

# 10. How to contact us

Post: Zopa Bank Limited., 1st Floor, Cottons Centre, Tooley Street, London, SE1 2QG Email: contactus@zopa.com

Phone: 020 7580 6060 for loans; 020 7291 8331 for investments.

Note: We may record or monitor telephone calls for training and quality purposes.

We may also record the numbers you call us from and may use them if we need to contact you urgently.

We'll always use English to communicate with you.

# 11. How we'll contact you

We'll generally deliver account information to your Zopa account and notices by email or by post to the m
recent address you've given us.

You should check your account and email regularly and tell us as soon as possible if any of your contact details change. If you don't, we aren't responsible if you don't get information or notices from us.

**WHAT WE DO**

Car hire purchase

Car loans

Debt consolidation loans

Home improvement loans

Wedding loans

Credit cards

Smart Saver

Fixed Term Savings

**ABOUT ZOPA**

About us

Our story

Meet the board

Meet the leadership team

Fintech Pledge 2025

Annual Reports and Pillar 3

Awards

Careers

Blog

Complaints

Press office

Peer-to-peer investments

**LEGAL**

Privacy notice

Cookie policy

Conflicts policy

Modern slavery

Terms of use

Investor principles

Remuneration

**NAVIGA**

Help

Sitemap

ZOPA

Zopa Bank Limited is authorised by the Prudential Regulation Authority and regulated by the Financial Conduct Authority and the Prudential Regulation Authority, and entered on the Financial Services Register (800542). Zopa Bank Limited (10627575) is incorporated in England & Wales and has its registered office at: 1st Floor, Cottons Centre, Tooley Street, London, SE1 2QG.



Zopa is a member of Cifas - the UK's leading anti-fraud association, and we are registered with the Office of the Information Commissioner (ZA275984).

## 3.2 Investor Principles, Stand November 2022





**Please note we closed the Zopa platform to further investment by retail investors on 7 December 2021. In December 2021 and January 2022 all retail investors' loans were then bought by Zopa Bank for the principal amount outstanding on those loans, with the sales proceeds credited to the retail investors Zopa accounts. If you were a retail investor on the Zopa platform and your account is stil open because you have not already received your cash and/or have yet to transfer out your ISA or any funds held within your Zopa account, please contact us at contactus@zopa.com or on 0207 291 8331.**

**To help clarify which of the Investor Principles apply only to retail investors we have spilt the Principles into two sections: Part A will apply to Retail Investors and Part B will apply to Institution Investors, subject to any variation and/or as supplemented by the institution's Platform Lending Servicing Agreement.**

**We have also made some additional changes to the Investor Principles to simplify the arrangemen to return monies to you/ transfer your ISA, these are set out at the end of this document.**

# Part A: Principles applicable to Retail Investors

These investor principles apply to a retail investor on the Zopa platform and should be read in conjunctior with:

- FAQs
- Privacy Notice (how we collect, use, disclose, transfer and store your information and your rights around this)
- Terms of Use (what you can and can't do with the Zopa platforms)
- Mobile App Terms (what you can and can't do with our app)
- Cookie Policy (how we use cookies on your digital devices)

Investor services are offered by Plata Finance Limited (formerly known as Zopa Limited **Plata**) and are provided for Plata by Zopa Bank Limited.

Plata is authorised and regulated by the Financial Conduct Authority, and entered on the Financial Service Register (718925). Plata Finance Limited is registered with the Office of the Information Commissioner (Z8797078). Plata Finance Limited (05197592) is incorporated in England and Wales and has its registered office at: Frobisher House, Southbrook Road, Southampton, SO15 1GX. Zopa Bank Limited is authorised a regulated by the Financial Conduct Authority, and entered on the Financial Services Register (800542). Zop Bank Limited is a member of Cifas – the UK's leading anti-fraud organisation. Zopa Bank Limited is registe with the Office of the Information Commissioner (ZA275984). Zopa Bank Limited is incorporated in Englan and Wales and has its registered office at: 1st Floor, Cottons Centre, 47-49 Tooley Street, London, SE1 2QC

## 1. How we look after your money

We will hold all money belonging to you in accordance with the FCA's client money rules. This ensures that the money we hold for you is always treated as your money and not ours, and if we were to cease trading your money would not be considered part of our assets.

We hold your money with the Royal Bank of Scotland (**RBS**) in a non-interest bearing account.

Plata as platform provider won't be responsible for RBS's acts or omissions in relation to the money it holc on your behalf, but if RBS were to fail and be unable to repay everything it owes you, you may be able to claim under the Financial Services Compensation Scheme (the 'Scheme'). Please note the money you invested by making loans to loan customers was not covered by the Scheme.

You can log in to your Zopa dashboard at any time to see how much money we're now holding for you.

# 2. Statements

We'll make statements available to you annually through your Zopa dashboard. You can ask us for additional or paper statements.

# 3. Tax

You agree it's your responsibility to account for any tax imposed on you as a result of using the lending platform, including on any interest you have earned. We won't deduct any tax from any interest you receiv and/or any proceeds of sale of any loan agreement.

We'll provide you with an annual statement of interest earned for tax purposes, which we'll place on your dashboard.

Please note that as all loans you were invested in have been sold, no further interest arose after sale.

# 4. Changing this agreement

We will regularly review these Principles. If we make any changes, we'll post the updates on this page.

We will make changes to the Principles that we reasonably believe will not put you at a disadvantage, or because we need to respond in a fair way to:

make them easier to understand

changes in general law or decisions or recommendations made by a court, any regulator or similar organisation or ombudsman we have to follow (e.g., the Financial Ombudsman Service)

changes in regulatory requirements

new industry guidance and codes of practice

or changes to the functionality of our technology or the way we operate it.

We may sometimes make changes without giving a reason -- but we'll explain the impact of the change, ar you'll always be able to end the service without charge before the change takes effect. We need this flexibility so that we can manage our services over a long period of time.

## What if I don't agree with the changes?

If the change is unfavourable to you, we'll always try to give you at least 30 days' notice before making the change.

If the change is favourable to you, we'll tell you within 30 days of the change being made.

If you don't want to accept the change, you can end the agreement and close your account (see next section). But if you continue to use our services after we've given you notice, you'll be deemed to have accepted it.

# 5. Ending this agreement

This agreement has no minimum duration, and you can tell us that you want to end this agreement at any time.

If you want to close your account and end this agreement you will only be able to do this when all funds you've placed on the lending platform for investment have been withdrawn or repaid by us to your nominated bank account.

We now want to end this agreement and intend to do so shortly, we will give you at least 30 days' notice.

We can also end the agreement without telling you in advance if:

the balance on your account is less than £1,000

you have not had any active products or services with us for six consecutive months

you have seriously or persistently breached this agreement

you are, or we reasonably suspect you may be, using or allowing someone else to use our products and services illegally or fraudulently

you weren't entitled to register or are no longer entitled to be registered

we reasonably consider that you have placed us in a position where we might break a law, regulation, code, court order or other duty, requirement or obligation or we may be exposed to action or censure from any government, regulator or law enforcement agency

there has been, or we suspect, a breach of security or misuse of your account, security details or a payment device

or we reasonably believe that you've intentionally provided us with any false information.

If we end your agreement and you still have funds in your account, you will not be able to invest new fund or reinvest funds received into your account. We will transfer any funds you are entitled to (less any fees) t the nominated bank account we have on record for you and then close your account.

If we end your agreement, we may pay away any balances on your account to a charity of our choice in accordance with any rights we have to do this under applicable law.

# 6. Transferring your account to a new provider

As you know, we closed our retail investment platform on 7 December 2021 and Zopa Bank Limited bougł your loans.

We may transfer all or part of our business, including the management of your account (including any ISA account) and any client money held in your account (see Principle 1 above), to another suitable provider. Where we do this, your funds will be held by the new provider in accordance with the FCA client money ru (see Principle 1 above), or where this is not the case we will exercise all due skill, care and diligence to asse that the new provider will otherwise apply adequate measures to protect your funds. You will be able to a: the new provider to return any client money that is transferred to you as soon as practicable.

We will give you at least 30 days' prior notice of any transfer. If you don't wish for the management of your account, and any funds, to be transferred to another provider you can request that we instead close your account and return your funds to you, provided that you advise us of the bank account details to which yo would like your money transferred.

# 7. Liability

We will be liable (legally and financially responsible) for foreseeable loss or damage suffered by you:

if we or our employees breach any of these Principles

if we or our employees act negligently or fraudulently

We won't be liable to you for any loss or damage that is caused by circumstances beyond our control.

As set out in our Terms of Use, we'll be responsible for any loss or damage resulting from unauthorised access to your account or unauthorised instructions, unless we can show that you have given someone yo security details or acted fraudulently. If we reasonably believe that you were aware that someone else kne your security details or that your account was being misused, we will only be responsible for any loss or damage up to the point you became aware.

If you're temporarily outside the UK and want to use our services, we won't be liable to you if your use of c services does not comply with any local laws.

If you're a lending business, unless we agree with you otherwise, our liability to you under this agreement will not exceed the total amount of revenue we've earned from the loans you've made on our platform.

You will be liable (legally and financially responsible) for foreseeable loss or damage suffered by us:

if you breach any of the Principles

or if you act fraudulently.

If you owe us or other customers money and you haven't paid it back when you should have done, we can use any money you have in any accounts with us to pay off some or all of the money you owe us or other customers. We can do this without telling you beforehand.

# 8. Innovative Finance ISA

If you have an Innovative Finance ISA with us, the additional terms in this Principle 8 will apply to you.

**Paying into your ISA - you can no longer pay into your account as we are no longer investing it.**

**Transferring your ISA - when you can transfer your ISA**

You have the right to transfer your ISA to another ISA manager of your choice at any time in accordance w the provisions of the Individual Savings Account Regulations 1998 (the Regulations) relating to transfers (if they agree to accept the transfer). **We would encourage you to do this as soon as possible.**

Note: See our ISA page for details on how we'll process your transfer request.

You must transfer all current year subscriptions (including any loans you invested the subscriptions in and any interest earned on the loans), though subscriptions for previous tax years can be transferred in whole in part.

**Transferring your ISA - when we can transfer your ISA**

We can transfer all or part of our business, including the management of your ISA, to a new provider as se out in Principle 6.

Please note, we intend to do this and we will give you at least 30 days' prior notice with the details of the transfer. If you don't wish for your ISA to be transferred to the ISA manager we've chosen, you can either transfer your ISA in line with the provisions above (Transferring your ISA – when you can transfer your ISA) or request that we instead close your ISA (see Closing your ISA below) and return the funds to you, provid that you advise us of the bank account details to which you would like your money transferred. Please not that if you choose to close your ISA your funds will no longer benefit from the tax benefits afforded to ISAs The tax treatment of ISAs depends on the individual circumstances of each customer and is subject to change in the future.

## Withdrawals

You can also withdraw cash from your ISA. We'll do our best to send funds to you as soon as possible and later than 7 days from your request.

## Closing your ISA

You can close your ISA at any time by sending us an email to contactus@zopa.com. You must withdraw oı transfer out any ISA funds within your ISA before it can be closed.

We may close your ISA immediately for any of the following reasons:

you've told us that you're closing your account;

your ISA doesn't meet any of the regulatory requirements and is void;

you die;

you're made bankrupt; or

for any of the reasons set out in Principle 5 above.

If we close your ISA, we may (as we reasonably consider appropriate in the circumstances) do any of the following:

transfer all your ISA funds from your ISA to any other product you have with us (and if you don't have one, we'll open one for you for this purpose);

continue to collect repayments in respect of your outstanding loan agreements and return them to any other product you have with us;

transfer any non-performing loan to any other product you have with us;

cash out your existing loan agreements using the secondary market and transfer the proceeds, as well as any other ISA funds, to your nominated bank account; or

deduct any sums due to us or to cover any tax liability.

## Repair and voiding

HMRC may treat an ISA as invalid if it breaches the Individual Savings Account Regulations 1998. Sometim it's possible to 'repair' the ISA, but if it isn't, it must be voided.

We'll notify you if, by reason of any failure to satisfy the provisions of the Regulations, your ISA has, or will become void.

If we reasonably believe that we need to repair your ISA or treat it or any subscription as void, we may:

transfer any ISA funds and loan agreements within your ISA to any other product you have with us or to your nominated bank account; or

close your ISA.

## Other information about your ISA

Loan agreements held through your ISA must be held beneficially by you. You must not use them as secur against any other loan.

Any invalid subscriptions made to your ISA may be subject to UK income tax. It's your responsibility to dea with any tax liability.

We can delegate any of our functions and responsibilities under this agreement to another person but on if we consider them to be competent to carry out those functions and responsibilities.

# 9. Contingency Planning

Should we decide it is no longer viable for us to continue operating our platform we will ensure an orderly winddown of our business in accordance with our wind down plan, which you can find here: https://www.zopa.com/invest/risk/contingency

Please note the funds you hold on our platform are deposited in a separate client money account with a U bank in accordance with Principle 1 above.

# 10. Complaints

If you want to make a complaint you can email complaints@zopa.com with brief details of your complaint and your account reference. Alternatively, you can write to us at Zopa Bank Limited, Complaints Team, 1st Floor, Cottons Centre, Tooley Street, London, SE1 2QG or call our Customer Services Team on [020 7580 6060](tel: 02075806060) between Monday to Friday 8am - 8pm. We will acknowledge your complaint withi one business day. We will then investigate and send you an initial response. This should take no longer th three business days.

If we're unable to resolve your complaint within 3 business days we will keep you informed of our investigations until we are able to provide you with an initial response.

If within eight weeks after receiving a complaint we are still not able to resolve the matter, we will send yo final response. If you don't agree with our final response you may refer your complaint to the Financial Ombudsman Service, who can be contacted by telephone on 0800 023 4567 or at www.financial-ombudsman.org.uk. You also have the right to make a complaint directly to the Financial Ombudsman Service.

# 11. Other things you should know

We may transfer our rights and our obligations under the Principles to someone else. We will tell you if we do this. You can't transfer any of your rights and obligations under the Principles to anyone else.

The Principles and our dealings with you before you enter into this agreement are governed in accordance with the law of the part of the UK where you are resident. The courts of that part of the UK will have exclusive jurisdiction over any disputes.

We may sometimes decide not to exercise some of our rights (for example, we might give you some extra time to meet one of your obligations). Even if we do this, we'll still be able to apply our rights strictly in the future.

If any Principle is not capable of being enforced against you, this won't affect any of the other Principles.

Subject to Principle 8 above, nothing in the Principles will give any person, other than you and us (or any person to whom we have transferred our rights under your loan agreement), any rights under your agreement.

# 12. Contacting each other

**For us to contact you**

We'll generally deliver account information to your account and notices by email or by post to the most recent address you've given us. You should check your account and email regularly and tell us as soon as possible if any of your contact details change. If you don't, we aren't responsible if you don't get informati or notices from us.

**For you to contact us**

Email: contactus@zopa.com Phone: 020 7291 8331 for investments. Post: Zopa Bank Limited, 1st Floor, Cottons Centre, Tooley Street, London, SE1 2QG.

Note: We may record or monitor telephone calls for training and quality purposes. We may also record th numbers you call us from and may use them if we need to contact you urgently.

We'll always use English to communicate with you.

You can find the previous version of the Principles applicable to retail investors here

# Part B: Principles applicable to Institutional Investors

These Principles may be varied and/or supplemented by your platform lending and servicing agreement with Zopa (**Platform Lending Agreement**). If there are any differences between an institution's Platform Lending Agreement and these Principles, the Platform Lending Agreement will apply.

Investor services are offered by Plata Finance Limited (formerly known as Zopa Limited (**Plata**) and are provided for Plata by Zopa Bank Limited.

Plata is authorised and regulated by the Financial Conduct Authority, and entered on the Financial Service Register (718925). Plata Finance Limited is registered with the Office of the Information Commissioner (Z8797078). Plata Finance Limited (05197592) is incorporated in England and Wales and has its registered office at: Frobisher House, Southbrook Road, Southampton, SO15 1GX. Zopa Bank Limited is authorised a regulated by the Financial Conduct Authority, and entered on the Financial Services Register (800542). Zop Bank Limited is a member of Cifas – the UK's leading anti-fraud organisation. Zopa Bank Limited is registe with the Office of the Information Commissioner (ZA275984). Zopa Bank Limited is incorporated in Englan and Wales and has its registered office at: 1st Floor, Cottons Centre, 47-49 Tooley Street, London, SE1 2QC

## 1. Loan agreements

Loan agreements will be made with Zopa Bank Limited and their term will start once we've matched your funds with a loan customer and the rights of the lender are transferred to you. If you're buying an existing loan, the rights of the lender under that agreement will be transferred to you.

Once the loan agreement has been formed you won't be able to change its terms or withdraw from it. You accept that this is so even if you had intended to cancel your investment but failed to do so or your messa to us to cancel was not received and processed by us before your funds were matched and the resulting loan agreement formed.

All loans are repayable by monthly instalments which we collect by Direct Debit (unless we've made a different arrangement with the loan customer). We aim to show all repayments on your Zopa dashboard the working day we receive them and not later than the end of the next working day.

We can't guarantee that a loan customer will repay their loan.

### Regulation of loans

All of our loans start off as a loan from Zopa Bank to the borrower. We do this to make sure that we can always lend to suitable borrowers, and also so that borrowers benefit from all the protections offered by t Consumer Credit Act. As an investor, there are a few things you need to know about those protections. Fo example:

1. The agreements and notices we send to borrowers have to comply with strict regulations covering what's included and how it's set out. If they don't comply, the law says that in some circumstances the

loan can't be enforced and the lender can't charge interest until the mistakes are corrected.

2. Borrowers are allowed to repay their loans in full or in part at any time. This means that you will stop receiving interest or may receive less interest than expected. If one of your loans is repaid early, we wi try to match your funds with a new borrower but can't guarantee that we will be able to.

3. If a borrower stops repaying, we have to follow certain procedures before we can get the remaining money back, and may need to ask a court to help.

**Note:** If you invested in loans before we launched Zopa Bank then these loan agreements will still be between you and the borrower.

# 2. Fees and changes

We apply a loan servicing fee to each loan agreement that you invest in, which is deducted directly from each borrower repayment before the principal and interest is passed on to investors. The cost of the loan servicing fee may vary between investment products.

The loan servicing fee is a monthly fee applied to a loan agreement (so paid by the borrower), calculated using our servicing rate under the loan agreement to cover the cost of administering loan agreements anc any other costs we have agreed with the borrower.

If we implement our wind-down plan we may charge an additional fee per loan to cover our or the back-u| servicer's costs. In the general course of our business the current loan servicing fees we collect more than cover the cost of servicing loans. Any additional fees will be deducted from borrower repayments by Zopa Bank Limited (on behalf of Plata) or the back-up servicer in the same way as the loan servicing fee above.

# 3. Tax

You agree it's your responsibility to account for any tax imposed on you as a result of using the lending platform, including on any interest you earn. We won't deduct any tax from any interest you receive and/o any proceeds of sale of any loan agreement.

# 4. If the loan customer doesn't repay you

We'll do all we can to collect missed payments and will provide you with updates as appropriate. If a loan customer defaults on their loan, we may also use specialist debt collection lawyers or a debt collections agency to assist with the collections process.

**If a loan customer...**

Defaults on their loan

Dies

Becomes insolvent, bankrupt or makes a voluntary arrangement with (or agrees a trust deed for) people to whom they owe money; or

**We'll do one or more of the following...**

Acting as your agent, we'll take action to recover the outstanding debt from the loan customer;

**And pay out any sums recovered as follows...**

Any sums relating to a claim which was accepted in full will be paid to us;

We'll pay all sums recovered to you;

We may deduct our reasonable recovery costs, including any litigation costs and expenses to recover outstanding arrears.

**Note:** A loan customer "defaults" when they fail to make the full amount of four repayments.

# 5. Changing this agreement

We will regularly review these Principles. If we make any changes, we'll post the updates on this page.

We will make changes to the Principles that we reasonably believe will not put you at a disadvantage, or because we need to respond in a fair way to:

- to make them easier to understand
- changes in general law or decisions or recommendations made by a court, any regulator or similar organisation or ombudsman we have to follow (e.g., the Financial Ombudsman Service)
- changes in regulatory requirements
- new industry guidance and codes of practice
- or changes to the functionality of our technology or the way we operate it.

We may sometimes make changes without giving a reason -- but we'll explain the impact of the change, ar you'll always be able to end the service without charge before the change takes effect. We need this flexibility so that we can manage our services over a long period of time.

## What if I don't agree with the changes?

If the change is unfavourable to you, we'll always try to give you at least 30 days' notice before making the change.

If the change is favourable to you, we'll tell you within 30 days of the change being made.

If you don't want to accept the change, you can end the agreement and close your account (see next section). But if you continue to use our services after we've given you notice, you'll be deemed to have accepted it.

# 6. Ending this agreement

This agreement has no minimum duration and you can tell us that you want to end this agreement at any time.

If we want to end this agreement, we will give you at least 30 days' notice.

We can also end the agreement without telling you in advance if:

- the balance on your account is less than £1,000
- you have not had any active products or services with us for six consecutive months
- you have seriously or persistently breached this agreement
- you are, or we reasonably suspect you may be, using or allowing someone else to use our products and services illegally or fraudulently
- you weren't entitled to register or are no longer entitled to be registered
- we reasonably consider that you have placed us in a position where we might break a law, regulation, code, court order or other duty, requirement or obligation or we may be exposed to action or censure from any government, regulator or law enforcement agency
- there has been, or we suspect, a breach of security or misuse of your account, security details

or a payment device

or we reasonably believe that you've intentionally provided us with any false information.

# 7. Liability

We will be liable (legally and financially responsible) for foreseeable loss or damage suffered by you:

if we or our employees breach any of these Principles

if we or our employees act negligently or fraudulently

We won't be liable to you for any loss or damage that is caused by circumstances beyond our control.

As set out in our Terms of Use, we'll be responsible for any loss or damage resulting from unauthorised access to your account or unauthorised instructions, unless we can show that you have given someone yo security details or acted fraudulently. If we reasonably believe that you were aware that someone else kne your security details or that your account was being misused, we will only be responsible for any loss or damage up to the point you became aware.

If you're a lending business, unless we agree with you otherwise, our liability to you under this agreement will not exceed the total amount of revenue we've earned from the loans you've made on our platform.

You will be liable (legally and financially responsible) for foreseeable loss or damage suffered by us:

if you breach any of the Principles

or if you act fraudulently.

If you owe us or other customers money and you haven't paid it back when you should have done, we can use any money you have in any accounts with us to pay off some or all of the money you owe us or other customers. We can do this without telling you beforehand.

# 8. Contingency Planning

Should we decide it is no longer viable for us to continue operating our platform we will ensure an orderly winddown of our business in accordance with our wind down plan, which you can find here: https://www.zopa.com/invest/risk/contingency

Please note the funds you hold on our platform are deposited in a separate client money account with a U bank in accordance with Principle 14 below.

# 9. Client money

As a result of the FCA's client money rules, we're required to treat the money we hold for you (money you' transferred to us which we haven't lent out yet and any repayments from borrowers) as 'client money'. Effectively the FCA's client money rules enforce that this money is your money, not ours.

We will hold client money in a bank account or in an FCA-approved client money market deposit account, that is separate and segregated from our accounts used in the course of its business.

We will hold client money in a non-interest bearing account with a bank regulated by both PRA and FCA wi a credit rating that meets our criteria. Any interest or income received from your funds held in Zopa's clier money account will not be credited to your Zopa account and will be periodically transferred to Zopa's ow account.

As a result of money being classed as client money, if we cease trading, the funds held in our client money account will not be considered to be part of our assets.

## 10. Other things you should know

We may transfer our rights and our obligations under the Principles to someone else. We will tell you if we do this. You can't transfer any of your rights and obligations under the Principles to anyone else.

The Principles and our dealings with you before you enter into this agreement are governed in accordance with the law of the part of the UK where you are resident. The courts of that part of the UK will have exclusive jurisdiction over any disputes.

We may sometimes decide not to exercise some of our rights (for example, we might give you some extra time to meet one of your obligations). Even if we do this, we'll still be able to apply our rights strictly in the future.

If any Principle is not capable of being enforced against you, this won't affect any of the other Principles.

Nothing in the Principles will give any person, other than you and us (or any person to whom we have transferred our rights under your loan agreement), any rights under your agreement.

# Changes to the Investor Principles

We'll regularly review the Investor Principles. If we make any changes, we'll post the updates on this page.

**2 November 2022** Following the closure of the Platform on 7 December 2021 we have made further changes to reflect that we may decide to transfer all or part of our business. Where we do this, we may transfer the management of your account, and any client money held in your account, to another provide and/or the management of your ISA, and any client money held in your ISA, to another ISA manager. We have also updated the Principles to reflect that we may elect to close your account where you hold a balar of less than £1,000. Finally, we've also split out the Principles into Retail Investor Principles and Institution Investor Principles to make it easier for our retail and institutional investors to identify the principles applicable to them.

**1 June 2022** We have made changes: (a) to take account of the closure of the Zopa Platform to retail investors on 7 December 2021; (b) to indicate to those retail investors who still have open accounts containing funds yet to be transferred off the Zopa Platform which Principles no longer apply to those ope accounts; and (3) to reflect Zopa Limited's name change to Plata Finance Limited.

**2 July 2021** We have made some changes to the Principles to clarify the basis on which you may withdraw amounts from your ISA. As part of our review of our wind-down plan we have also clarified fees and conditions for a portfolio sale.

**18 December 2020** We made changes to give more details about contingency planning.

**15 June 2020** We split out the Investor Principles section of the former Zopa Principles. Provisions that we previously in Part A of the Zopa Principles are now either in these Investor Principles or in our Terms of Us We also added notes to explain the impact of investments in Consumer Credit Act regulated loans.

**6 December 2019** We added details of circumstances where we may use a back-up servicer and the increased fees that may be charged if we have to use a back-up servicer. We added clarification on loan servicing fees and loan sale fees. We added details of how we hold your money. We clarified Zopa Bank holds vehicles on behalf of investors. We clarified our right to end this agreement.

**4 August 2019** We confirmed when a vehicle loan customer will be considered to be in default.

**20 June 2019** We added notes to explain the impact of investments in hire-purchase loans. We updated details of our complaints procedure. We clarified what happens on termination of your account.

**1 December 2018** We added details of how our company is now structured and regulated now that we ha a banking licence.

**21 May 2018** The Zopa Principles have been rewritten to make them easier to read.

**WHAT WE DO**

Car hire purchase

Car loans

Debt consolidation loans

Home improvement loans

Wedding loans

Credit cards

Smart Saver

Fixed Term Savings

**ABOUT ZOPA**

About us

Our story

Meet the board

Meet the leadership team

Fintech Pledge 2025

Annual Reports and Pillar 3

Awards

Careers

Blog

Complaints

Press office

Peer-to-peer investments

**LEGAL**

Privacy notice

Cookie policy

Conflicts policy

Modern slavery

Terms of use

Investor principles

Remuneration

**NAVIGAT**

Help

Sitemap

ZOPA

Zopa Bank Limited is authorised by the Prudential Regulation Authority and regulated by the Financial Conduct Authority and the Prudential Regulation Authority, and entered on the Financial Services Register (800542). Zopa Bank Limited (10627575) is incorporated in England & Wales and has its registered office at: 1st Floor, Cottons Centre, Tooley Street, London, SE1 2QG.



Zopa is a member of Cifas – the UK's leading anti-fraud association, and we are registered with the Office of the Information Commissioner (ZA275984).

# Anhang 4: Merkblätter und Auslegungsschreiben der BaFin

## 4.1 Merkblatt zur Erlaubnispflicht von Kreditvermittlungsplattformen



BaFin Bundesanstalt für Finanzdienstleistungsaufsicht

**Recht & Regelungen**

14.05.2007 | Thema Erlaubnispflicht

### Merkblatt zur Erlaubnispflicht von Kreditvermittlungsplattformen

**Merkblatt - Hinweise zur Erlaubnispflicht der Betreiber und Nutzer einer internetbasierten Kreditvermittlungsplattform nach dem KWG**

Verschiedene Internetportale (Kreditvermittlungsplattformen) bieten in der Bundesrepublik Deutschland die Vermittlung von Krediten privater Geldgeber an Privatpersonen oder Unternehmen mit Kapitalbedarf an. Für die reine Vermittlung von Krediten ist keine Bankerlaubnis erforderlich; eine Erlaubnispflicht kann gegebenenfalls nach § 34c Gewerbeordnung bestehen. Kreditvermittlungsplattformen stehen demnach für sich genommen grundsätzlich nicht unter der Aufsicht der BaFin. Die BaFin prüft jedoch im Einzelfall, ob die Betreiber oder die Nutzer der Kreditvermittlungsplattform mit ihrem Engagement eine bankaufsichtsrechtliche Erlaubnispflicht begründen.

Abhängig von der konkreten vertraglichen Ausgestaltung des einzelnen Geschäftsvorhabens kommt das Betreiben von Bankgeschäften sowohl durch die Nutzer der Kreditvermittlungsplattform als auch durch die Betreiber der Plattform selbst in Betracht. Als erlaubnispflichtige Bankgeschäfte können insbesondere im Hinblick auf die Plattform-Nutzer das Kreditgeschäft auf Seiten der Geldgeber und das Einlagengeschäft auf Seiten der Kreditnehmer vorliegen. Erlaubnispflichtig sind Bankgeschäfte, wenn sie gewerbsmäßig oder in einem Umfang, der einen in kaufmännischer Weise eingerichteten Geschäftsbetrieb erfordert, betrieben werden. Die Betreiber der Kreditvermittlungsplattform wären hierbei gegebenenfalls in die unerlaubt betriebenen Bankgeschäfte der Nutzer einbezogen.

#### 1. Erlaubnispflicht der Nutzer

Die Geldgeber würden mit der Gewährung von Gelddarlehen das Kreditgeschäft im Sinne von § 1 Abs. 1 Satz 2 Nr. 2 Kreditwesengesetz (KWG) betreiben. Die Darlehensnehmer können mit der Annahme des Darlehenskapitals ebenfalls Bankgeschäfte betreiben, und zwar durch die Annahme fremder Gelder als Einlagen oder anderer unbedingt rückzahlbarer Gelder des Publikums das Einlagengeschäft im Sinne von § 1 Abs. 1 Satz 2 Nr. 1 KWG.

Diese Geschäfte dürfen gemäß § 32 Abs. 1 Satz 1 KWG gewerbsmäßig oder in einem Umfang, der einen in kaufmännischer Weise eingerichteten Geschäftsbetrieb erfordert, nur mit Erlaubnis der BaFin betrieben werden.

Beim Betreiben des Kreditgeschäfts wird die Grenze zum Erfordernis eines in kaufmännischer Weise eingerichteten Geschäftsbetriebs nach ständiger Verwaltungspraxis bei 500.000,- € Gesamtkreditvolumen (bei mehr als 20 Einzeldarlehen) oder - unabhängig von dem Kreditvolumen - bei 100 Einzeldarlehen als gegeben angesehen. Beim Betreiben des Einlagengeschäfts liegt diese Grenze bei 12.500,- € Einlagenbestand (bei mehr als fünf Einzeleinlagen) oder bei 25 Einzeleinlagen. Das sind Regelfallgrenzen. Im Einzelfall kann das Erfordernis eines in kaufmännischer Weise eingerichteten Geschäftsbetriebs auch bei Unterschreiten dieser Grenzen vorliegen.

Auf den Umfang der Geschäfte kommt es nicht an, wenn die Geschäfte gewerbsmäßig betrieben werden sollen. Bankgeschäfte werden gewerbsmäßig betrieben, wenn der Betrieb auf eine gewisse Dauer angelegt ist und der Betreiber ihn mit der Gewinnerzielungsabsicht verfolgt. Hiervon ist bereits beim Abschluss eines einzelnen Geschäfts auszugehen, wenn die Absicht der - auch nur unregelmäßigen - Wiederholung besteht. Eine Gewinnerzielungsabsicht ist beispielsweise auch dann gegeben, wenn durch ein Geschäft höhere Zinsen bei Kreditinstituten erspart werden sollen, die wiederholte Ausreichung zurückfließender Tilgungsleistungen als neue Darlehen nach den Nutzungsbedingungen vorgesehen ist oder die Kreditvermittlungsplattform der laufenden Finanzierung kleiner oder mittelständischer Unternehmen dienen soll.

2. Erlaubnispflicht der Betreiber

Der Betreiber einer Kreditvermittlungsplattform betreibt eventuell selbst das erlaubnispflichtige Einlagengeschäft im Sinne des § 1 Abs. 1 Satz 2 Nr. 1 KWG. Dies ist beispielsweise der Fall, wenn er sich von potenziellen Geldgebern bereits vor Abschluss konkreter Darlehensverträge (etwa im Zeitpunkt der Anmeldung als Nutzer/Geldgeber) die Geldbeträge einzahlen lässt, die diese Nutzer gegebenenfalls über die Kreditvermittlungsplattform als Darlehen ausreichen möchten.

Unabhängig davon sind die Betreiber einer Kreditvermittlungsplattform einbezogene Unternehmen im Sinne von § 37 Abs. 1 Satz 4 KWG, wenn ein oder mehrere Darlehensnehmer/Darlehensgeber erlaubnispflichtig das Einlagen- oder das Kreditgeschäft betreiben bzw. betreiben wollen. In diesem Fall ist der Plattform-Betreiber seinerseits Adressat von Maßnahmen nach § 37 Abs. 1 Sätze 1 bis 3 KWG.

3. Vorgehen der BaFin

Soweit die Betreiber oder die Nutzer einer Kreditvermittlungsplattform ohne die hierfür erforderliche Erlaubnis Bankgeschäfte betreiben, kann die BaFin hiergegen gemäß § 37 KWG einschreiten.

Darüber hinaus ist die BaFin gemäß § 37 Abs. 1 Satz 4 KWG befugt, den Betreibern einer Kreditvermittlungsplattform als einbezogenen Unternehmen ihre Geschäftstätigkeit zu untersagen und die Abwicklung dieser Geschäfte anzuordnen. Voraussetzung ist, dass die Betreiber durch den Betrieb der Plattform in die Anbahnung, den Abschluss oder die Abwicklung unerlaubt betriebener Bankgeschäfte der Nutzer einbezogen sind. Ist eine Kreditvermittlungsplattform auf die Anbahnung unerlaubter Bankgeschäfte angelegt, kann die BaFin gegen sie auch im Rahmen der allgemeinen Gefahrenabwehr nach § 37 KWG einschreiten, ohne dass die Benutzung der Plattform für unerlaubte Bankgeschäfte im Einzelfall konkret nachgewiesen wurde.

Die BaFin lässt sich in Stellungnahmen zu beabsichtigten Geschäftsvorhaben von dem künftigen Betreiber die vertraglichen und technischen Vorkehrungen darlegen, die er treffen will, um bei vertragstreuem Verhalten der Nutzer das Betreiben unerlaubter Bankgeschäfte über die Plattform auszuschließen. Wird ein entsprechendes Konzept nicht überzeugend dargelegt, kann die BaFin auf die Ermittlungsbefugnisse nach § 44c KWG zurückgreifen, um im Einzelfall festzustellen, ob Nutzer oder der Betreiber der Plattform erlaubnispflichtige Geschäfte betreiben.

## 4.2 Auslegungsschreiben zum Crowdlending



BaFin Bundesanstalt für Finanzdienstleistungsaufsicht

**Recht & Regelungen**

09.10.2015

### Auslegungsschreiben zum Crowdlending

Inhalt



**Im Mittelpunkt der Tätigkeit des Crowdlending, das regelmäßig nicht unter den Erlaubnisvorbehalt nach § 32 Abs. 1 des Gesetzes über das Kreditwesen (Kreditwesengesetz – KWG) fällt, steht die Vermittlung eines Darlehens über eine Internet-Dienstleistungsplattform zwischen einem Kunden/Darlehensnehmer und einem Kreditinstitut/Darlehensgeber, das/der über eine Erlaubnis nach § 32 Abs. 1 KWG verfügt. Teilforderungen des Rückzahlungsanspruchs aus diesem Darlehensvertrag werden — direkt oder über einen Intermediär — unter Einschaltung der Internet-Dienstleistungsplattform Anlegern öffentlich angeboten.**

Dabei sind derzeit zwei Geschäftsmodelle im Inland üblich. Im **ersten** Geschäftsmodell erfolgt zunächst die Kreditvergabe an den Kreditnehmer durch ein Kreditinstitut, welches im Anschluss den Rückzahlungsanspruch aus dem Kreditvertrag in Teilforderungen an einzelne Anleger durch Forderungskaufverträge weiterveräußert und abtritt (weiter zu 2.). Beim **zweiten** Geschäftsmodell wird der Rückzahlungsanspruch aus einem Kreditvertrag vollständig von einem Kreditinstitut an einen Intermediär abgetreten, der zu 100 % im Eigentum der Internet-Dienstleistungsplattform steht (weiter zu 3.), ohne dass die mit dem Kreditnehmer vereinbarten Konditionen verändert werden.

### 1. Allgemeines zur Erlaubnispflicht

Durch Crowdlending-Finanzierungen kann je nach vertraglicher Ausgestaltung eine bankaufsichtsrechtliche Erlaubnispflicht sowohl für die Nutzer (insbesondere für Kreditgeber, Kreditnehmer, Anleger) als auch für den Betreiber der Crowdlending-Plattform bestehen (vergl. insoweit auch BaFin-Merkblatt zur Erlaubnispflicht der Betreiber und Nutzer einer internetbasierten Kreditvermittlungsplattform). Verbindliche Aussagen zur

Erlaubnispflicht können erst gemacht werden, nachdem das jeweilige Geschäftsmodell von der BaFin geprüft wurde. Daher gibt dieses Auslegungsschreiben nur einen allgemeinen Überblick über eine mögliche Erlaubnispflicht.

Grundsätzlich ist für die reine Vermittlung von Krediten keine Erlaubnis nach dem Kreditwesengesetz (KWG) erforderlich, allerdings gegebenenfalls nach § 34c oder § 34f der Gewerbeordnung (GewO). Demnach beaufsichtigt die BaFin Kreditvermittlungsplattformen, die sich auf die Vermittlung von Krediten beschränken, nicht.

## 2. Geschäftsmodell ohne Einschaltung eines Intermediärs

### 2.1. Prospektpflicht

Die von einem Kreditinstitut öffentlich angebotenen Teilbeträge des Rückzahlungsanspruchs unterliegen grundsätzlich dem Anwendungsbereich des § 1 Abs. 2 des Vermögensanlagengesetzes (VermAnlG), insbesondere § 1 Abs. 2 Nr. 7 VermAnlG.

**2.1.1. Anbieter der Vermögensanlage** und damit Adressat der Prospektpflicht ist derjenige, der für das öffentliche Angebot der Vermögensanlage verantwortlich ist und/oder den Anlegern gegenüber nach außen erkennbar als Anbieter auftritt (vgl. BT-Drs. 15/3174, S. 42). Im Falle des Crowdlendings ist die Internet-Dienstleistungsplattform regelmäßig selbst nicht Anbieter der Teilbeträge des Rückzahlungsanspruchs in diesem Sinne.

**2.1.2. Emittent der Vermögensanlage** ist die Person oder die Gesellschaft, deren Vermögensanlagen aufgrund eines öffentlichen Angebots im Inland ausgegeben sind (§ 1 Abs. 3 VermAnlG). Im Falle des Crowdlending ist dies regelmäßig der Kunde/Darlehensnehmer, nicht aber das Kreditinstitut, das das Darlehen im ersten Schritt gewährt hat (vgl. BT-Drs. 18/4708, S. 58).

**2.1.3. Ausnahmen von der Prospektpflicht** kann der Anbieter der Vermögensanlage unter den Voraussetzungen nach §§ 2 ff. VermAnlG in Anspruch nehmen. Im Falle des Crowdlending kommt dabei vor allem folgenden Tatbeständen praktische Bedeutung zu:

Gemäß **§ 2** Abs. **1** Nr. **3** VermAnlG besteht keine Prospektpflicht, wenn

- bei dem Angebot von derselben Vermögensanlage nicht mehr als 20 Anteile angeboten werden oder
- der Verkaufspreis der im Zeitraum von zwölf Monaten angebotenen Anteile einer Vermögensanlage insgesamt 100.000 Euro nicht übersteigt oder
- der Preis jedes angebotenen Anteils einer Vermögensanlage mindestens 200.000 Euro je Anleger beträgt.

**§ 2** Abs. **1** Nr. **3** VermAnlG ist grundsätzlich auch auf Kreditforderungen anwendbar, die über Crowdlending-Plattformen Anlegern angeboten werden. § 2 Abs. 1 Nr. 3 VermAnlG ist dabei solange anwendbar, bis die in den einzelnen Tatbestandsalternativen genannten nominellen Schwellen erreicht sind. Erst wenn diese Schwellen im Rahmen eines öffentlichen Angebots von Vermögensanlagen überschritten werden sollen, findet allein **§ 2a** Abs. **1 bis 3** VermAnlG Anwendung.

Die Befreiung für Schwarmfinanzierung nach § 2a VermAnlG kann nicht mit den Ausnahmetatbeständen gem. § 2 Abs. 1 Nr. 3 VermAnlG kombiniert werden. Nach § 2a Abs. 4 VermAnlG kann die Ausnahme nach § 2a Abs. 1 und 2 VermAnlG nicht in Anspruch genommen werden, solange eine Vermögensanlage des Emittenten nach § 2 Abs. 1 Nr. 3 VermAnlG öffentlich angeboten wird oder eine auf diese Weise angebotene Vermögensanlage des Emittenten noch nicht gem. § 10a Abs. 1 Satz 2 VermAnlG vollständig getilgt ist (vgl. BT-Drs. 18/3994, S. 42).

Ein Angebot, das sich nur an solche Personen richtet, die beruflich oder gewerblich für eigene oder fremde Rechnung Wertpapiere oder Vermögensanlagen erwerben oder veräußern, ist gem. **§ 2** Abs. **1** Nr. **4** VermAnlG ebenfalls nicht prospektpflichtig. Um solche institutionellen Anleger kann es sich insbesondere bei Kredit- und Finanzdienstleistungsinstituten im Sinne des § 1 Abs. 1 und 1a KWG handeln. § 2a Abs. 4 VermAnlG gilt in diesen Fällen nicht, so dass ein öffentliches Angebot im Wege des § 2a VermAnlG auch dann prospektfrei möglich ist, solange eine Vermögensanlage des Emittenten nach § 2 Abs. 1 Nr. 4 VermAnlG angeboten wird oder die angebotene Vermögensanlage nicht vollständig getilgt ist.

Ein öffentliches Angebot von Vermögensanlagen kann darüber hinaus dann von der Prospektpflicht befreit sein, wenn die Voraussetzungen des **§ 2** Abs. **1** Nr. **7 Buchstabe d** VermAnlG vorliegen (vgl. BT-Drs. 18/3994, S. 39). Die Ausnahme des § 2 Abs. 1 Nr. 7 Buchstabe d VermAnlG setzt allerdings voraus, dass die Vermögensanlage von einem Kreditinstitut i. S. d. § 1 Abs. 1 KWG „ausgegeben wird", d.h. ein Kreditinstitut selbst Emittent i. S. d. § 1 Abs. 3 VermAnlG, d.h. Darlehensnehmer, ist. Dies wird im Fall des Crowdlending regelmäßig nicht der Fall sein.

## 2.2. Erlaubnispflicht der Plattform-Betreiber

**2.2.1.** Beschränkt sich die **Tätigkeit** der Internet-Dienstleistungsplattform darauf, einerseits zwischen einem Kreditnehmer und einem Kreditinstitut den Abschluss eines Kreditvertrags und andererseits zwischen dem Kreditinstitut und mehreren Anlegern den Abschluss von Forderungskaufverträgen zu vermitteln, erbringt die Plattform grundsätzlich weder Bank- noch Zahlungsverkehrsdienstleistungen (vgl. BT-Drs. 18/3994, S. 39). Grundsätzlich ist für die reine Vermittlung von Krediten somit gegebenenfalls nach § 34c oder § 34f der Gewerbeordnung (GewO) eine Erlaubnis erforderlich.

**2.2.2.** Abweichend von 2.2.1. kann eine **Erlaubnispflich**t nach dem Kreditwesengesetz entstehen. Denn unter Umständen erbringt der Plattformbetreiber erlaubnispflichtige Finanzdienstleistungen wie die Anlagevermittlung im Sinne des § 1 Abs. 1a S. 2 Nr. 1 KWG (vgl. BaFin-Merkblatt zum Tatbestand der Anlagevermittlung), die Abschlussvermittlung im Sinne des § 1 Abs. 1a S. 2 Nr. 2 KWG (vgl. BaFin-Merkblatt zum Tatbestand der Abschlussvermittlung) oder das Platzierungsgeschäft im Sinne des § 1 Abs. 1a S. 2 Nr. 1c KWG (vgl. BaFin-Merkblatt zum Tatbestand des Platzierungsgeschäfts).

Voraussetzung für die Erlaubnispflicht nach dem Kreditwesengesetz ist, dass es sich bei den Anlagen, die über die Plattform angeboten werden, um Finanzinstrumente im Sinne des § 1 Abs. 11 KWG (vgl. BaFin-Merkblatt zu Finanzinstrumenten nach § 1 Abs. 11 S. 1 Nr. 1 bis 7 KWG) handelt. Bei den von dem Kreditinstitut durch Forderungskaufverträge angebotenen Teilbeträgen der Kreditforderung handelt es sich nach der Änderung des Vermögensanlagengesetzes grundsätzlich um Vermögensanlagen im Sinne des § 1 Abs. 2 Nr. 7 VermAnlG (vgl. BT-Drs. 18/3994, S. 39) und damit um Finanzinstrumente im Sinne des § 1 Abs. 11 KWG.

Selbst wenn der Plattformbetreiber einen der genannten Erlaubnistatbestände erfüllt, unterliegt er nach § 2 Abs. 6 KWG nicht der Erlaubnispflicht nach dem KWG, wenn er

- ausschließlich die Anlagevermittlung für Kunden und einen der in den Buchstaben a bis e des § 2 Abs. 6 S. 1 Nr. 8 KWG abschließend aufgezählten Typus von Unternehmen erbringt und
- sich kein Eigentum oder Besitz an den Geldern verschafft oder
- wenn er das Platzierungsgeschäft ausschließlich für Anbieter oder Emittenten erbringt.
  Allerdings besteht für diese Finanzanlagenvermittler grundsätzlich eine Erlaubnispflicht nach § 34f GewO.

2.2.2.1. Die **Anlagevermittlung** betreibt, wer Geschäfte über die Anschaffung und Veräußerung von Finanzinstrumenten vermittelt. Die Vermittlung im Sinne der Vorschrift erbringt u.a., wer als Bote die Willenserklärung des Anlegers, die auf die Anschaffung oder die Veräußerung von Finanzinstrumenten gerichtet ist, an denjenigen, mit dem der Anleger ein solches Geschäft abschließen will, weiterleitet. Die Botentätigkeit kann auch elektronisch erfolgen, etwa durch die Zurverfügungstellung eines EDV-Handelssystems.

Wird hingegen ein Plattformbetreiber nicht als Bote, sondern als Vertreter des Anlegers tätig, kommt die **Abschlussvermittlung**, also die Anschaffung und Veräußerung von Finanzinstrumenten im fremden Namen für fremde Rechnung, in Betracht.

2.2.2.2. Ferner kommt durch die **Platzierung** der Finanzinstrumente das Betreiben des Platzierungsgeschäfts in Betracht. Dieses ist in § 1 Abs. 1a S. 2 Nr. 1 Buchstabe c KWG definiert als das Platzieren von Finanzinstrumenten im fremden Namen für fremde Rechnung. Da das Platzierungsgeschäft ein Sonderfall der Abschlussvermittlung ist, ist erforderlich, dass der Platzierende eine eigene auf den Erwerb oder die Veräußerung gerichtete Willenserklärung abgibt, woran es zumeist fehlt, da die Plattformen regelmäßig keine eigenen Willenserklärungen abgeben, sondern nur Willenserklärungen weiterleiten.

2.2.2.3. Neben einer Erlaubnispflicht nach dem KWG kommt auch eine Erlaubnispflicht nach dem **Zahlungsdiensteaufsichtsgesetz** (ZAG) in Betracht, wenn der Betreiber der Internet-Dienstleistungsplattform Gelder von Anlegern entgegennimmt und an die Anbieter der Unternehmensbeteiligung weiterleitet und so das Finanztransfergeschäft erbringt (vgl. BaFin-Merkblatt zum Zahlungsdiensteaufsichtsgesetz).

2.2.2.4. Darüber hinaus betreibt der Betreiber einer Kreditvermittlungsplattform eventuell selbst das erlaubnispflichtige **Einlagengeschäft** im Sinne des § 1 Abs. 1 S. 2 Nr. 1 KWG, wenn er sich beispielsweise von potenziellen Geldgebern bereits vor Abschluss konkreter Darlehensverträge (etwa im Zeitpunkt der Anmeldung als Nutzer/Geldgeber) die Geldbeträge einzahlen lässt, die diese Nutzer gegebenenfalls über die Kreditvermittlungsplattform als Darlehen ausreichen möchten.

2.2.2.5. Unabhängig davon sind die Betreiber einer Kreditvermittlungsplattform **einbezogene Unternehmen** im Sinne von § 37 Abs. 1 Satz 4 KWG, wenn ein oder mehrere Darlehensnehmer/Darlehensgeber erlaubnispflichtig das Einlagen- oder das Kreditgeschäft bzw. das Factoring betreiben. In diesem Fall kann der Plattform-Betreiber seinerseits Adressat von Maßnahmen nach § 37 Abs. 1 Satz 1 bis 3 KWG sein.

## 3. Geschäftsmodell unter Einschaltung eines Intermediärs

## 3.1. Prospektpflicht

Die von dem Intermediär öffentlich angebotenen Teilbeträge des Rückzahlungsanspruchs unterliegen grundsätzlich dem Anwendungsbereich des § 1 Abs. 2 des Vermögensanlagengesetzes (VermAnlG), insbesondere § 1 Abs. 2 Nr. 7 VermAnlG.

**3.1.1. Anbieter der Vermögensanlage**
Die Ausführungen zu 2.1.1. gelten entsprechend.

**3.1.2. Emittent der Vermögensanlage** ist die Person oder die Gesellschaft, deren Vermögensanlagen aufgrund eines öffentlichen Angebots im Inland ausgegeben sind (§ 1 Abs. 3 VermAnlG). Im Falle des Crowdlending unter Einschaltung eines Intermediärs ist dies regelmäßig der Kunde/Darlehensnehmer, nicht aber der Intermediär oder das Kreditinstitut, das das Darlehen gewährt hat (vgl. BT-Drs. 18/4708, S. 58).

**3.1.3. Ausnahmen von der Prospektpflicht**
Bietet der Intermediär im Anschluss an die Kreditvergabe durch das Kreditinstitut Teilforderungen des Rückzahlungsanspruchs gegen den Kreditnehmer über die Internet-Dienstleistungsplattform einer Vielzahl von Anlegern an, unterliegt der Intermediär nicht der Prospektpflicht, wenn die Voraussetzungen eines Ausnahmetatbestands von der Prospektpflicht, insbesondere § 2 Abs. 1 Nr. 3 VermAnlG oder § 2a Abs. 1 bis 3 VermAnlG gegeben sind. Die Gesamtemissionsgrenze von 2,5 Mio. Euro ist der Gesamtbetrag des Rückzahlungsanspruchs aus einem Kreditvertrag mit identischen Konditionen, den das Kreditinstitut an einen Intermediär abtritt und den dieser in Teilforderungen weiterveräußert. Die Gesamtemissionsgrenze bezieht sich auf einen einzelnen Emittenten, d.h. einen einzelnen Darlehensnehmer. Auch bei Einschaltung eines Intermediärs findet daher im Hinblick auf die Wahrung der Gesamtemissionsgrenze keine Zusammenrechnung aller von dem Intermediär weitergeleiteter Crowdlending-Projekte statt (BT-Drs. 18/4708, S. 58). Eine Zusammenrechnung findet hingegen dann statt, wenn verschiedene Darlehen verschiedener Ursprungsemittenten zu einer einheitlichen Refinanzierung (z.B. einer Verbriefung) zusammengeführt werden. Im Übrigen gelten die Ausführungen zu 2.1.3. entsprechend.

## 3.2. Erlaubnispflicht

**3.2.1.** Beschränkt sich die **Tätigkeit** der Internet-Dienstleistungsplattform und des Intermediärs darauf, einerseits zwischen einem Kreditnehmer und einem Kreditinstitut den Abschluss eines Kreditvertrags und andererseits zwischen dem Intermediär und mehreren Anlegern den Abschluss von Forderungskaufverträgen zu vermitteln, erbringen weder der Intermediär noch die Internet-Dienstleistungsplattform grundsätzlich Bank- oder Zahlungsverkehrsdienstleistungen (vgl. BT-Drs. 18/3994, S. 39). Daher ist für diese Vermittlungstätigkeit gegebenenfalls eine Erlaubnis nach § 34c oder § 34f der Gewerbeordnung (GewO) erforderlich.

**3.2.2.** Beim Geschäftsmodell unter Einschaltung eines Intermediärs kommt — neben einer **Erlaubnispflicht** für die Betreiber und Nutzer (insbesondere für Kreditgeber, Kreditnehmer, Anleger) der Plattform im Hinblick auf die unter Ziffer 2.2.2. dargelegten Tatbestände — auch eine Erlaubnispflicht für den Intermediär nach dem Kreditwesengesetz in Betracht. Auch insofern gilt, dass es für verbindliche Aussagen zur Erlaubnispflicht einer Prüfung der BaFin im Einzelfall bedarf.

Intermediäre, die dieses Geschäft gewerbsmäßig oder in einem Umfang betreiben, der einen in kaufmännischer Weise eingerichteten Geschäftsbetrieb erfordert, können mit dem Ankauf von Kreditforderungen auf der Grundlage eines Rahmenvertrags das erlaubnispflichtige Factoring im Sinne des § 1 Abs. 1a S. 2 Nr. 9 KWG (vgl. BaFin-Merkblatt zum Tatbestand des Factoring) erbringen oder, je nach vertraglicher Ausgestaltung, das erlaubnispflichtige Kreditgeschäft im Sinne von § 1 Abs. 1 S. 2 Nr. 2 KWG betreiben, da sie ein Gelddarlehen gewähren (vgl. BaFin-Merkblatt zum Tatbestand des Kreditgeschäfts).

Der Finanzdienstleitungstatbestand des Factorings ist in § 1 Abs. 1a S. 2 Nr. 9 KWG legaldefiniert als der laufende Ankauf von Forderungen auf der Grundlage von Rahmenverträgen mit oder ohne Rückgriff. Somit ist nicht jeder Ankauf von Forderungen Factoring. Zwischen Käufer und Verkäufer muss vielmehr eine laufende Geschäftsbeziehung bestehen, in deren Rahmen der Käufer (Factor) planmäßig immer wieder Forderungen ankauft. Insofern kann auch bereits beim erstmaligen Ankauf den Tatbestand erfüllt sein, wenn die Parteien weitere Geschäfte dieser Art vorhaben. Darüber hinaus muss diesen Geschäften eine Rahmenvereinbarung zugrunde liegen, die nicht notwendigerweise schriftlich zu fixieren ist. Die Parteien haben es so bei echten Kaufverträgen (mit Übernahme des Delkredererisikos durch den Ankäufer) in der Hand, die Qualifikation des Geschäfts als Factoring im Sinne des § 1 Abs. 1a S. 2 Nr. 9 KWG auszuschließen, indem sie eine über den Ankauf des einzelnen Forderungsbestandes hinausgehende Rahmenvereinbarung explizit ausschließen und die Rahmenbedingungen für jeden Ankauftermin neu aushandeln. Dieser Ausweg besteht dagegen nicht, wenn sich der Käufer, wie beim sogenannten unechten Factoring, den Rückgriff auch für den Fall mangelhafter Bonität des Forderungsschuldners vorbehält und der Vertrag zivilrechtlich folgerichtig Darlehensrecht zu unterstellen ist; vielmehr lebt dann der Tatbestand des Kreditgeschäfts (§ 1 Abs. 1 S. 2 Nr. 2 KWG) wieder auf, der hinter den neuen Tatbestand des Factoring grundsätzlich zurücktritt.

## 4.3 Merkblatt zur Erlaubnispflicht von grenzüberschreitend betriebenen Geschäften



BaFin Bundesanstalt für Finanzdienstleistungsaufsicht

**Recht & Regelungen**

01.04.2005, geändert am 11.03.2019 | Thema Erlaubnispflicht

# Merkblatt zur Erlaubnispflicht von grenzüberschreitend betriebenen Geschäften

**Merkblatt - Hinweise zur Erlaubnispflicht nach § 32 Abs. 1 KWG in Verbindung mit § 1 Abs. 1 und Abs. 1a KWG von grenzüberschreitend betriebenen Bankgeschäften und/oder grenzüberschreitend erbrachten Finanzdienstleistungen**

**(Hinweis: ersetzt das Merkblatt vom September 2003)**

## Präzisierung der Verwaltungspraxis zu § 32 Abs. 1 Satz 1 KWG

Nach § 32 Abs. 1 Satz 1 des Gesetzes über das Kreditwesen - KWG - bedarf einer schriftlichen Erlaubnis, wer im Inland gewerbsmäßig oder in einem Umfang, der einen in kaufmännischer Weise eingerichteten Geschäftsbetrieb erfordert, Bankgeschäfte betreiben oder Finanzdienstleistungen erbringen will. Von einem "Betreiben von Bankgeschäften oder Erbringen von Finanzdienstleistungen im Inland" gehe ich dabei nicht nur dann aus, wenn der Erbringer der Dienstleistung seinen Sitz oder gewöhnlichen Aufenthalt im Inland hat, sondern auch dann, wenn der Erbringer der Dienstleistung seinen Sitz oder gewöhnlichen Aufenthalt im Ausland hat und sich im Inland zielgerichtet an den Markt wendet, um gegenüber Unternehmen und/oder Personen, die ihren Sitz oder gewöhnlichen Aufenthalt im Inland haben, wiederholt und geschäftsmäßig Bankgeschäfte oder Finanzdienstleistungen anzubieten.

Anbieter aus Nicht-EWR-Staaten, die Bank- und Finanzdienstleistungsprodukte in Deutschland zielgerichtet vertreiben wollen, müssen deshalb zur Erlangung der hierzu erforderlichen Erlaubnis ein Tochterunternehmen (§ 32 Abs. 1 in Verbindung mit § 33 Abs. 1 Satz 1 Nr. 6 KWG) oder eine Zweigstelle (§ 32 Abs. 1 in Verbindung mit § 53 KWG) in Deutschland gründen. Dies gilt grundsätzlich ebenfalls für Anbieter aus EWR-Staaten, die für ihre in Deutschland angebotenen Bank- und/oder Finanzdienstleistungen nicht den sog. Europäischen Pass in Anspruch nehmen können. Die unter Erlaubnis betriebenen Geschäfte sind in der deutschen Geschäftseinheit zu verbuchen; die im Rahmen der Geschäftsbeziehung eröffneten Konten und Depots sind bei dieser Einheit zu führen.

Für Unternehmen aus den EWR-Staaten besteht - unter den Voraussetzungen des § 53b KWG (sog. Notifizierungsverfahren/ Europäischer Pass) - dagegen neben der Möglichkeit der Errichtung einer Zweigniederlassung (§ 53b Abs. 2 KWG) auch die Möglichkeit des Betreibens erlaubnispflichtiger Geschäfte im Wege des grenzüberschreitenden Dienstleistungsverkehrs - ohne entsprechende inländische Präsenz - (§ 53b Abs. 2a KWG).

Keine Einschränkung besteht für die sog. passive Dienstleistungsfreiheit [1], d. h. das Recht der im Inland ansässigen Personen und Unternehmen, aus eigener Initiative Dienstleistungen eines ausländischen Anbieters nachzufragen. Geschäfte, die aufgrund der Initiative des Kunden zustande gekommen sind, führen damit nicht zur Erlaubnispflicht nach § 32 Abs. 1 KWG.

Die Erfassung der grenzüberschreitenden Bankgeschäfte und Finanzdienstleistungen betrifft vornehmlich den Privatkundenbereich sowie den (Massen-) Geschäftskundenbereich, da hier regelmäßig ausländische Unternehmen aus Drittstaaten durch gezielte Maßnahmen in Deutschland neue Kundenkreise erschließen wollen. Zu beachten ist insbesondere, dass sich für die betroffenen ausländischen Institute im Zusammenhang mit der Regelung des § 25a Abs. 2 KWG und der Anerkennung der Zulässigkeit der Auslagerung beim Vertrieb und der Abwicklung von Bankgeschäften und Finanzdienstleistungen ein weiter Rahmen zur Ausgestaltung der Geschäftstätigkeiten eröffnet. So können die Bankgeschäfte auf Grundlage eines mit dem inländischen Mutter-/Tochter-/Schwesterunternehmen abgeschlossenen Geschäftsbesorgungsvertrages weiterhin von dem ausländischen Tochter-/Schwester-/Mutterunternehmen erbracht werden, das die Geschäfte dann im Namen und für Rechnung des inländischen Mutter-/Tochter-/Schwesterunternehmens gegenüber den Kunden erbringt.

Keine weitergehenden Auswirkungen hat die hier erläuterte Auslegung auf die Tätigkeiten, die von Repräsentanzen im Sinne des § 53a KWG zulässigerweise vorgenommen werden dürfen. Die Repräsentanzen durften auch nach der bisherigen Rechtslage - mangels Erlaubnis durch die BaFin - keine erlaubnispflichtigen Bank- und/oder Finanzdienstleistungen erbringen, insbesondere auch nicht in die Anbahnung, in den Abschluss oder in die Abwicklung von Bankgeschäften und Finanzdienstleistungen einbezogen werden. Solche physischen Niederlassungen in Deutschland müssen sich auf repräsentative Funktionen beschränken.

Im Übrigen weiß der ausländische Anbieter, ob er beabsichtigt, sich auf einen fremden Markt zu begeben, um in Deutschland gezielt Bank- und Finanzdienstleistungsprodukte anzubieten. Er muss daher mit der Anwendung des deutschen Aufsichtsrechts rechnen. Die in der Vergangenheit entwickelten Anknüpfungsmerkmale bleiben für den Nachweis einer entsprechenden Absicht weiter von Bedeutung. In diesem Zusammenhang sind die von der Europäischen Kommission zu Auslegungsfragen über den freien Dienstleistungsverkehr genannten Kriterien genauso zu beachten wie die Maßstäbe, die die vor Schaffung der BaFin zuständigen Aufsichtsämter für den Internet-Vertrieb von ausländischen Investmentanteilen und für Angebote von Wertpapieren über Internet entwickelt haben (Schreiben des BAKred vom 02.06.1998, ersetzt durch das BaFin-Rundschreiben 1/2007 vom 05.01.2007 sowie Bekanntmachung des BAWe zum Wertpapier-Verkaufsprospektgesetz vom 06.09.1999).

Um dem Bedürfnis nach Rechtssicherheit Rechnung zu tragen, stelle ich im Folgenden beispielhaft typische Fallkonstellationen des grenzüberschreitenden Erbringens von Bank- und Finanzdienstleistungen dar, bei denen ich von einer Erlaubnispflicht nach § 32 Abs. 1 KWG ausgehe. Anschließend benenne ich im Einzelnen die Regelvoraussetzungen, unter denen ich eine Einzel-Freistellung nach § 2 Abs. 4 KWG für bestimmte Geschäftsbereiche gewähren kann.

Die hier näher aufgeführten Kriterien geben die grundsätzlich von mir anzuwendenden Maßstäbe wieder und können auf vergleichbare Sachverhalte entsprechend angewandt werden. Angesichts der Mannigfaltigkeit der vertraglichen und tatsächlichen Ausgestaltungen behalte ich mir aber eine jeweilige Einzelfallprüfung vor, in der ich im Rahmen einer Gesamtbetrachtung die Frage der Erlaubnispflicht beurteilen werde.

1. Relevante Fallkonstellationen, die eine Erlaubnispflicht nach § 32 Abs. 1 KWG begründen

Grundsätzlich ist von einer Erlaubnispflicht nach § 32 Abs. 1 KWG immer dann auszugehen, wenn ein ausländisches Unternehmen beabsichtigt, sich in Deutschland zielgerichtet an den Markt zu wenden, um gegenüber Unternehmen und/oder Personen, die ihren Sitz oder gewöhnlichen Aufenthalt im Inland haben, wiederholt und geschäftsmäßig die in § 1 Abs. 1 Satz 2 aufgeführten Bankgeschäfte und/oder die in § 1 Abs. 1a Satz 2 KWG aufgeführten Finanzdienstleistungen anzubieten.

- **Kreditgeschäft/Kreditkonsortium**

  Maßgebend für die Beurteilung der Erlaubnispflicht nach § 32 Abs. 1 KWG ist regelmäßig die Art und Weise, wie die Verhandlungen über die Kreditaufnahme zustande gekommen sind.Falls sich das ausländische Institut in Deutschland zielgerichtet an den Markt wendet, um gegenüber Unternehmen und/oder Personen, die ihren Sitz oder gewöhnlichen Aufenthalt im Inland haben, wiederholt und geschäftsmäßig Darlehensverträge anzubieten, gehe ich grundsätzlich von dem erlaubnispflichtigen **Betreiben des Kreditgeschäfts** (§ 1 Abs. 1 Satz 2 Nr. 1 KWG) aus.

  Sofern dagegen nur bereits bestehende Kundenbeziehungen weitergeführt werden oder die Initiative zum Abschluss der Kreditverträge von vornherein von dem Kunden ausgeht, wie dies bei den großen Geschäftskunden bzw. institutionellen Anlegern regelmäßig der Fall ist, führt dies nicht zu einer Erlaubnispflicht (**passive Dienstleistungsfreiheit**).

  Diese Maßstäbe gelten grundsätzlich ebenfalls für die Übernahme von Krediten im Rahmen von Kreditkonsortien. In der Praxis geht der Begründung eines Konsortiums jedoch häufig ein vom Kreditnehmer initiierter sog. "Beauty-Contest" voraus, in dessen Rahmen sich mehrere Banken mit ihren auf den Kreditnehmer zugeschnittenen Konzepten um das Mandat bewerben. Ein Konsortium bildet sich regelmäßig erst, wenn die Bedingungen des Kreditnehmers näher spezifiziert sind. Auf seine individuellen Bedürfnisse hin wird dann ein Kreditkonsortium gebildet, welches einen auf diesen Kreditnehmer zugeschnittenen Kredit gewährt. Eine solche Vorgehensweise fällt unter die **passive Dienstleistungsfreiheit**, die von meiner Verwaltungspraxis nicht berührt wird.

- Underwriting

  Auch für die Geschäfte, denen ein Underwriting-Vertrag zugrunde liegt, kommt es entscheidend darauf an, auf welche Art und Weise der Underwriting-Vertrag zustande gekommen ist, d. h. ob sich das ausländische Institut zuvor zielgerichtet an den deutschen Markt gewandt hat, um hier seine Dienstleistungen anzubieten. Maßgebend ist dabei, ob die Initiative von dem ausländischen Institut oder dem deutschen Emittenten ausgeht. Sollte sich - was im Hinblick auf den Bereich der institutionellen Anleger und Großkunden nicht üblich ist - das ausländische Unternehmen mit seinem Dienstleistungsangebot zielgerichtet an den deutschen Markt wenden, so wäre die Übernahme von Finanzinstrumenten auf eigenes Risiko als **erlaubnispflichtiges Emissionsgeschäft** (§ 1 Abs. 1 Satz 2 Nr. 10 KWG), das sog. Begebungskonsortium als **erlaubnispflichtiges Finanzkommissionsgeschäft** (§ 1 Abs. 1 Satz 2 Nr. 4 KWG) oder das "best efforts underwriting"/sog. Geschäftsbesorgungskonsortium als **erlaubnispflichtige Abschlussvermittlung** (§ 1 Abs. 1a Satz 2 Nr. 2 KWG) anzusehen.

- **Kundenbesuche von (freien) Mitarbeitern eines ausländischen Instituts**

In Fällen, in denen ein ausländisches Institut durch zielgerichtete Besuche potentieller Kunden neue Kunden in Deutschland für die von ihm angebotenen Bank- und/oder Finanzdienstleistungen gewinnt, gehe ich von einer **Erlaubnispflicht** des ausländischen Unternehmens aus.

Geht dagegen die Nachfrage im Hinblick auf solche Besuche vom Kunden aus, wie dies insbesondere bei institutionellen Anlegern oft der Praxis entspricht, unterfällt eine solche Fallkonstellation dagegen der **passiven Dienstleistungsfreiheit**.

- **Vermittlung durch inländische Institute / (freie) Mitarbeiter**

Sofern ein ausländisches Institut durch Aufbau und Nutzung einer Vertriebsorganisation über inländische Institute/(freie) Mitarbeiter neue Kunden in Deutschland gewinnt, ist von einer **Erlaubnispflicht** des ausländischen Unternehmens für die dem Kunden angebotene Bank- und/oder Finanzdienstleistung auszugehen. Dies gilt auch dann, wenn das im Inland tätige Institut oder der im Inland tätige (freie) Mitarbeiter selbst über eine Erlaubnis für die vermittelnde Tätigkeit verfügt.

Ein zielgerichtetes an den deutschen Markt "Wenden" liegt dabei dann vor, wenn die vertraglichen Bindungen (z. B. durch Rahmen- oder Kooperationsvereinbarungen) oder die tatsächliche Ausgestaltung der Geschäftsbeziehungen zwischen dem ausländischen Institut und den inländischen Instituten (z. B. Kreditinstitute, Finanzportfolioverwalter oder Anlage-/Abschlussvermittler) bzw. den (freien) Mitarbeitern darauf schließen lassen, dass das ausländische Institut die inländischen Institute /(freien) Mitarbeiter als Vertriebsnetz für die angebotenen Dienstleistungen nutzt. Davon ist regelmäßig auszugehen, wenn eine Vielzahl von Vermittlern ausschließlich für das Drittstaatunternehmen tätig ist. Auch kann das der Fall sein, wenn eine Provision für die Zuführung von Kunden gewährt oder die Bank- und/oder Finanzdienstleistungen des im Ausland ansässigen Instituts bei den Kunden beworben werden.

- **Drittstaateneinlagenvermittlung**

Sofern sich der Kunde im Wege der **passiven Dienstleistungsfreiheit** an den (Drittstaateneinlagen-)Vermittler wendet und dieser nicht durch Rahmen- oder Kooperationsvereinbarungen etc. an bestimmte Drittstaaten-Einlagenkreditinstitute gebunden ist, sehe ich keinen Raum für die Annahme einer Erlaubnispflicht des ausländischen Instituts; der inländische Vermittler erbringt jedoch die erlaubnispflichtige Drittstaateneinlagenvermittlung (§ 1 Abs. 1a Satz 2 Nr. 5 KWG).

Lassen jedoch die vertraglichen Bindungen (z. B. Rahmen- oder Kooperationsvereinbarungen) oder die tatsächliche Ausgestaltung der Geschäftsbeziehungen zwischen dem ausländischen Institut und dem inländischen Vermittler darauf schließen, dass das ausländische Institut den inländischen Vermittler als Vertriebsnetz nutzt, ist von einer **Erlaubnispflicht** des ausländischen (Drittstaaten-) Einlagenkreditinstituts auszugehen.

- **Finanztransfergeschäft**

Ausländische Unternehmen, die das Finanztransfergeschäft betreiben, errichten häufig Konten bei inländischen Kreditinstituten, um über diese Konten das Finanztransfergeschäft mit inländischen Kunden abzuwickeln. Entscheidend für die Erlaubnispflicht ist, dass den inländischen Auftraggebern und Endbegünstigten durch die Nutzung des inländischen Kontos die Möglichkeit geboten wird, Zahlungsaufträge für das Finanztransfergeschäft zu erteilen bzw. solche zu empfangen. Die

Auftragserteilung bzw. die Mitteilung über den Zahlungseingang an den Endbegünstigten erfolgt telefonisch, per Fax, E-Mail oder Brief. Aus der Sicht der Beteiligten ist in der Regel unwesentlich, ob die Verfügungen über das Konto vom Inland oder vom Ausland aus erfolgen. Vor diesem Hintergrund wird diese Fallgestaltung als nach § 32 Abs. 1 KWG **erlaubnispflichtiges Betreiben des Finanztransfergeschäfts** im Inland angesehen.

- **Post/Telefax/**E-Mail

Werden potentielle in Deutschland ansässige Kunden von ausländischen Unternehmen direkt über den Postweg oder mittels Telefax/E-Mail angesprochen, um ihnen Bank- und/oder Finanzdienstleistungen anzubieten, gehe ich von einer **Erlaubnispflicht** des ausländischen Instituts aus.

Sofern dagegen ein ausländisches Unternehmen im Rahmen von bereits bestehenden Geschäftsbeziehungen seine Kunden weiterhin mit Informationen über seine Produktpalette versorgt (dies wird regelmäßig mit dem Grundvertrag vereinbart sein), fällt eine solche Fallkonstellation regelmäßig unter die **passive Dienstleistungsfreiheit** und führt nicht zu einer Erlaubnispflicht. Dies gilt ebenfalls für solche Fallkonstellationen, in denen sich Kunden eigeninitiativ an das ausländische Unternehmen wenden und sich die unterschiedlichsten Angebote zur Prüfung einholen, wie dies oft bei den institutionellen Anlegern die Praxis ist.

- **Internetangebote**

Im Hinblick auf Angebote über Internet, die Bank- und/oder Finanzdienstleistungsprodukte betreffen, ist maßgeblich, ob die über Internet angebotenen Dienstleistungen nach dem inhaltlichen Zuschnitt der Website auf den deutschen Markt ausgerichtet sind. Erschließt sich ein Unternehmen durch spezielle Angaben bzw. aktive Werbemaßnahmen im Internet zielgerichtet den deutschen Markt, um seine Bank- und/oder Finanzdienstleistungen anzubieten, ist von einer Erlaubnispflicht auszugehen.

Die Ausrichtung einer Website ist nicht anhand der technischen Verbreitung im Internet, sondern auf Grundlage des Inhalts der Homepage bzw. der Online-Aktivitäten im Rahmen einer Gesamtbetrachtung zu ermitteln. Hierbei können grundsätzlich die bereits entwickelten Kriterien für den Vertrieb von ausländischen Investmentanteilen im Internet bzw. für Angebote von Wertpapieren über das Internet herangezogen werden (Schreiben des BAKred vom 02.06.1998 sowie Bekanntmachung des BAWe zum Wertpapier-Verkaufsprospektgesetz vom 06.09.1999, jeweils im Internet unter www.bafin.de eingestellt).

Ein sog. Disclaimer bildet dabei nur einen von vielen unterschiedlichen Indikatoren. Weitere Indizien für die Beurteilung, ob Internetangebote auf Gebietsansässige ausgerichtet sind, sind u. a. die Domainkennzeichnung, Sprache, Produktbeschreibung, Finanz- oder sonstige länderspezifische Kundeninformationen und rechtliche Rahmenbedingungen, Preisangaben und Zahlungsmodalitäten sowie die Nennung deutscher Ansprechpartner. Insbesondere die Tatsache des tatsächlichen Absatzes der angebotenen Bank- und/oder Finanzdienstleistungen gegenüber in Deutschland ansässigen Kunden spricht für ein zielgerichtetes Anbieten auf dem deutschen Markt.

- **Werbung**

Entscheidend für die Beurteilung, ob mit bestimmten Werbemaßnahmen eine Erlaubnispflicht einhergeht, ist - unabhängig von der Art und Form der Verbreitung - die inhaltliche Ausgestaltung. Anzeigen, die bereits Aussagen über die jeweilige Dienstleistung enthalten, sollten nicht mehr ohne eine Erlaubnis zum Betreiben entsprechender Geschäfte nach § 32 Abs. 1 KWG geschaltet werden. Anders jedoch bei Anzeigen, die lediglich allgemein werbenden Charakter haben.

So gehe ich bei einer allgemein gehaltenen Bewerbung eines Instituts, die z. B. lediglich eine Namens-/Sympathiewerbung, wie "XY-Bank beste Bank", enthält, nicht bereits davon aus, dass sich dieses Institut zielgerichtet an den Markt wendet, um potentiellen Kunden konkrete Bank- und Finanzdienstleistungen anzubieten. Bezieht sich dagegen eine Werbeanzeige bereits auf den Abschluss von Verträgen über bestimmte Produkte oder benennt die Anzeige einzelne von dem ausländischen Institut angebotene Dienstleistungen, wie z. B. "XY-Bank Spitzen Konditionen für Termingelder", gehe ich von einem erlaubnispflichtigen Betreiben im Inland aus.

Die Abgrenzung im Einzelfall ist ggf. nicht immer eindeutig zu vollziehen, jedoch folgen regelmäßig nach der Bewerbung weitere Schritte des ausländischen Instituts, um gegenüber den durch die Werbung "herangelockten" potentiellen Kunden tatsächlich die entsprechenden Dienstleistungen durchführen zu können. Insoweit ist von mir für die Beurteilung der Erlaubnispflicht eine Gesamtbetrachtung dahingehend anzustellen, ob noch davon ausgegangen werden kann, dass die Kunden aus eigener Initiative, d. h. im Rahmen der passiven Dienstleistungsfreiheit an das ausländische Institut herangetreten sind.

## 2. Freistellungsmöglichkeit nach § 2 Abs. 4 KWG

Nach § 2 Abs. 4 KWG besteht die Möglichkeit, ausländische Institute für bestimmte Geschäftsbereiche von der Erlaubnispflicht nach § 32 Abs. 1 KWG und weiteren Vorschriften des KWG freizustellen.

### 1. Voraussetzungen für eine Freistellung nach § 2 Abs. 4 KWG

Gesetzliche Voraussetzung für eine Freistellung ist, dass "das Unternehmen wegen der Art der von ihm betriebenen Geschäfte insoweit nicht der Aufsicht bedarf". Daher kommt eine Freistellung nach § 2 Abs. 4 KWG nur in Betracht, wenn die BaFin das im Zusammenhang mit dem Betreiben von Bank- und Finanzdienstleistungsgeschäften grundsätzlich bestehende Aufsichtsbedürfnis verneinen kann.

Dies ist regelmäßig nur dann der Fall, wenn das Unternehmen in seinem Herkunftsstaat von der/den dort zuständigen Behörde(n) **effektiv nach den internationalen Standards beaufsichtigt** wird und die zuständige(n) Behörde(n) des Herkunftsstaates mit der BaFin **befriedigend zusammenarbeitet / zusammenarbeiten.**

Zudem hat das antragstellende Unternehmen eine **Bescheinigung der zuständigen Herkunftsstaatbehörde(n)** vorzulegen, in der diese der BaFin bestätigt/bestätigen,

- dass dem betreffenden ausländischen Unternehmen eine Erlaubnis für die Bankgeschäfte und/oder Finanzdienstleistungen erteilt wurde, die es grenzüberschreitend in Deutschland zu erbringen beabsichtigt,
- dass gegen die Aufnahme der beabsichtigten grenzüberschreitenden Dienstleistungen in Deutschland keine aufsichtlichen Bedenken bestehen und
- für den Fall, dass solche Bedenken später bestehen, dies der BaFin mitgeteilt wird.

Sofern ein Drittstaatunternehmen auch über **Zweigstellen**, die in weiteren Drittstaaten belegen sind, in Deutschland grenzüberschreitend tätig werden will, **erweitert sich** die Bestätigung der Herkunftsstaataufsichtsbehörde dahingehend,

- dass bislang keine Probleme bei der Zusammenarbeit mit den jeweiligen Aufsichtsbehörden der Länder, in denen die Zweigstellen belegen sind, aufgetreten sind, keine aufsichtsrechtlichen Beanstandungen im Hinblick auf die Geschäftstätigkeiten der Zweigstellen (Einzelbenennung erforderlich) bestehen und später auftretende Probleme oder Beanstandungen der BaFin mitgeteilt werden. Zudem ist darzulegen, inwieweit eine hinreichende Aufsicht insbesondere im Hinblick auf die Unternehmensinsolvenz und die Geldwäscheprävention in den Staaten, in denen die Zweigstellen belegen sind, gegeben ist.

Als weitere Voraussetzung wird gefordert, dass das antragstellende Unternehmen einen Empfangsbevollmächtigten im Inland benennt.

2. Reichweite der nach § 2 Abs. 4 KWG freistellungsfähigen grenzüberschreitenden Bankgeschäfte und Finanzdienstleistungen

Unter Berücksichtigung der oben benannten Voraussetzungen werden im Folgenden die Bereiche näher konkretisiert, die die BaFin im Rahmen von § 2 Abs. 4 KWG für freistellungsfähig hält. Es handelt sich jedoch bei der Freistellung um eine Einzelfallentscheidung, bei der die jeweiligen Umstände der Geschäftsabwicklung zu berücksichtigen sind. Angesichts der verschiedenen vertraglichen und tatsächlichen Ausgestaltungen der Geschäftsabwicklung ist in jedem Einzelfall zu prüfen, unter welchen Voraussetzungen eine Freistellung nach § 2 Abs. 4 KWG erteilt werden kann. Neben den hier dargestellten Voraussetzungen können sich im Einzelfall zusätzliche Anforderungen aus aufsichtlichen, insbesondere auch aus geldwäschepräventiven Gesichtspunkten ergeben

- **Institutionelle Anleger/Interbankengeschäfte**

Gegenüber institutionellen Anlegern und zwischen Banken sind (mit Ausnahme des Finanztransfergeschäftes) grundsätzlich alle nach §§ 32, 1 Abs. 1 und Abs. 1a KWG erlaubnispflichtigen Bankgeschäfte und Finanzdienstleistungen freistellungsfähig.

Als institutionelle Anleger gelten dabei nach Auffassung der BaFin:

- Bund, Länder, kommunale Gebietskörperschaften und deren Einrichtungen,
- Kredit- und Finanzdienstleistungsinstitute im Sinne des § 1 Abs. 1 und Abs. 1a KWG, einschließlich der Kapitalanlagegesellschaften im Sinne des § 2 Abs. 6 des Investmentgesetzes (InvG),
- private und öffentliche Versicherungsunternehmen und
- Kapitalgesellschaften im Sinne des § 267 Abs. 2 und Abs. 3 des Handelsgesetzbuches.
- **Privatkunden**

    Gegenüber Privatkunden sind (mit Ausnahme des Finanztransfergeschäftes) grundsätzlich **alle** nach §§ 32, 1 Abs. 1 und Abs. 1a KWG erlaubnispflichtigen Bankgeschäfte und Finanzdienstleistungen freistellungsfähig, wenn die Geschäfte über die **Vermittlung eines inländischen Kreditinstituts** zustande kommen. Darüber hinaus grundsätzlich auch dann, wenn die Geschäfte über die

**Vermittlung eines** EWR-**Instituts** zustande kommen, sofern der Erlaubnisumfang dem eines inländischen Kreditinstituts entspricht und die Tätigkeiten des EWR-Instituts vom sog. Europäischen Pass (§ 53b KWG) gedeckt sind.

Nach erfolgter Anbahnung der Kundenbeziehung über ein inländisches Kreditinstitut oder ein EWR-Institut kann sich das grenzüberschreitend tätige Unternehmen dann im Rahmen der bestehenden Geschäftsbeziehung für zukünftige (Einzel-)Geschäfte direkt an den Kunden wenden.

### 3. Freistellungsverfahren nach § 2 Abs. 4 KWG

Der Freistellungsantrag nach § 2 Abs. 4 KWG ist vom Unternehmen schriftlich bei der BaFin zu stellen. Dem Antrag sind - soweit nicht etwas anderes mit einzelnen ausländischen Aufsichtsbehörden vereinbart ist[2] - regelmäßig folgende Unterlagen beizufügen:

- Kopie des Gesellschaftsvertrages bzw. der Satzung;
- Nachweis der Registereintragung der Gesellschaft, soweit eine solche erforderlich ist;
- die letzten Jahresabschlussunterlagen inklusive aller damit im Zusammenhang stehenden Unterlagen (wie Lagebericht, Prüfungsbericht), soweit diese zu erstellen waren;
- Angaben zur Person des Antragstellers bzw. jedes Geschäftsleiters des antragstellenden Unternehmens (Vorstandsmitglied/Geschäftsführer): Name, sämtliche Vornamen, Geburtsname, Geburtsdatum und ort, Wohnanschrift, Staatsangehörigkeit, Geburtsnamen der Eltern

sowie

- eine Erklärung des Antragstellers bzw. jedes Geschäftsleiters des antragstellenden Unternehmens (Vorstandsmitglied/Geschäftsführer), ob gegen ihn ein Strafverfahren schwebt, ob ein Strafverfahren wegen eines Verbrechens oder Vergehens gegen ihn anhängig gewesen ist oder ob er oder ein von ihm geleitetes Unternehmen als Schuldner in ein Insolvenzverfahren oder ein Verfahren zur Abgabe einer eidesstattlichen Versicherung oder in vergleichbare Verfahren verwickelt war oder ist ("Straffreiheitserklärung");
- in Formular für eine solche Erklärung kann auf der Internet-Seite http://www.bafin.de abgerufen werden;
- ausführliche Darlegung der beabsichtigten Geschäftstätigkeit, die insbesondere auch die Schilderung der konkreten Geschäftsabwicklung sowie des geplanten Marktauftritts in Deutschland und die Benennung der Kundenkreise, die angesprochen werden sollen, zu enthalten hat; zudem ist - soweit dies aufgrund der beabsichtigten Geschäftstätigkeit relevant ist - darzulegen, wie der Geld- und der Wertpapiertransfer abgewickelt wird;
- (Muster-)Vertragsformulare und (Muster-)Vereinbarungen, die bei der geplanten Geschäftstätigkeit im Inland Verwendung finden sollen;
- Benennung eines Empfangsbevollmächtigten im Inland;
- Bescheinigung der zuständigen Herkunftsstaatbehörde(n), die den unter Ziffer 2.a. dieses Merkblattes dargestellten Anforderungen entspricht.[3]

## 4. Auflagen und Gebührenpflicht

Die Freistellung nach § 2 Abs. 4 KWG kann mit Auflagen verbunden werden und ist gemäß § 14 des Gesetzes über die Bundesanstalt für Finanzdienstleistungsaufsicht (Finanzdienstleistungsaufsichtsgesetz - FinDAG) in Verbindung mit § 2 Abs. 1 Nr. 1 der Verordnung über die Erhebung von Gebühren und die Umlegung von

Kosten nach dem Finanzdienstleistungsaufsichtsgesetz - FinDAGKostV - gebührenpflichtig. In der Regel beträgt die Gebühr für die Freistellung gemäß § 2 Abs. 2 Nr. 1a FinDAGKostV und für die Ablehnung einer Freistellung gemäß § 3 Abs. 2 Satz 1 FinDAGKostV € 5.000,--. Ebenfalls ist die Rücknahme eines Freistellungsantrages nach § 2 Abs. 4 KWG nach Beginn der sachlichen Bearbeitung gemäß § 14 FinDAG in Verbindung mit § 3 Abs. 1 FinDAGKostV gebührenpflichtig; hierfür ist in der Regel ein Gebührenrahmen von € 50,-- bis zu € 2.500,-- vorgesehen (§ 3 Abs. 2 Satz 2 und Abs. 4 FinDAGKostV).

### 5. Sonstiges

Auf die Regelungen des Geldwäschegesetzes (GwG), wonach alle Kredit- und Finanzdienstleistungsinstitute - auch diejenigen, auf die gemäß § 2 Abs. 4 KWG bestimmte Vorschriften des KWG nicht anzuwenden sind - spezifische Sorgfaltspflichten gegen Geldwäsche und die Finanzierung des Terrorismus erfüllen müssen (Identifizierungs-, Aufzeichnungs-, Aufbewahrungspflichten, Pflicht zur Anzeige von Verdachtsfällen und zur Schaffung adäquater Sicherungsmaßnahmen gegen Geldwäsche und die Finanzierung des Terrorismus), wird hingewiesen. Zu den weiteren Einzelheiten wird auf die diesbezüglichen Veröffentlichungen auf der Internet-Seite http://www.bafin.de verwiesen.

1 Damit sind solche Fälle gemeint, in denen die Dienstleistung vom Dienstleistungsempfänger nachgefragt, d. h. aufgrund seiner Initiative hin vom Dienstleistungserbringer erbracht wird. Die passive Dienstleistungsfreiheit ist Ausfluss der allgemeinen Handlungsfreiheit aus Art. 2 Abs. 1 Grundgesetz, die im Hinblick auf den Empfänger der Dienstleistung - anders als beim Dienstleistungserbringer - nicht durch Regelungen der Wirtschaftsaufsicht (z. B. KWG) eingeschränkt wird.

2 Mit der Eidgenössischen Finanzmarktaufsicht FINMA wurde im Rahmen der bestehenden Zusammenarbeit vereinbart, dass bei Schweizer Unternehmen, die der Aufsicht der FINMA unterliegen, auf die Einreichung der unternehmensbezogenen Unterlagen (Kopie des Gesellschaftsvertrags, Nachweis der Registereintragung, Jahresabschlussunterlagen und Straffreiheitserklärungen) verzichtet wird.

3 Ergänzung zum Merkblatt vom 01.04.2005 „Erlaubnispflicht von grenzüberschreitend betriebenen Geschäften" zur Anwendung des § 64v Abs. 8 Satz 1 KWG

---

## Zusatzinformationen

---

## Ergänzende Informationen

Anlage
Ergänzung zum Merkblatt vom 01.04.2005 „Erlaubnispflicht von grenzüberschreitend betriebenen Geschäften" zur Anwendung des § 64v Abs. 8 Satz 1 KWG

Anlage
Informationsblatt

https://www.bafin.de/dok/7852544 TWITTER [HTTPS://TWITTER.COM/BAFIN_BUND] LINKEDIN [HTTPS://WWW.LINKEDIN.COM/COMPANY/BAFIN/] E-MAIL

Mitglied im ERFOLGSFAKTOR FAMILIE [https://www.erfolgsfaktor-familie.de/]

charta der vielfalt UNTERZEICHNET [https://www.charta-der-vielfalt.de/]

## 4.4 Merkblatt Einlagengeschäft: Hinweise zum Tatbestand des Einlagengeschäfts nach § 1 Abs. 1 S. 2 Nr. 1 KWG



BaFin Bundesanstalt für Finanzdienstleistungsaufsicht

**Recht & Regelungen**

11.03.2014, geändert am 20.08.2021 | Thema Erlaubnispflicht

# Hinweise zum Tatbestand des Einlagengeschäfts nach § 1 Abs. 1 Satz 2 Nr. 1 KWG

Inhalt



**Merkblatt**

**(Stand: August 2021)**

## I. Der Tatbestand des Einlagengeschäfts

Einlagengeschäft im Sinne des § 1 Abs. 1 Satz 2 Nr. 1 des Gesetzes über das Kreditwesen (Kreditwesengesetz – KWG) ist die Annahme

- fremder Gelder als Einlagen (1. Alternative) oder
- anderer unbedingt rückzahlbarer Gelder des Publikums (2. Alternative),

sofern der Rückzahlungsanspruch nicht in Inhaber- oder Orderschuldverschreibungen verbrieft wird. Auf eine Verzinsung der Gelder kommt es nicht an.

Die **2. Alternative** wurde im Zuge der **6. KWG-Novelle** (Inkrafttreten: 01.01.1998) als **Auffangtatbestand** eingefügt. In der Praxis hat die 1. Tatbestandsalternative seitdem keine selbständige Bedeutung mehr.

Beiden Alternativen des Einlagengeschäftstatbestands ist zunächst die „Annahme von Geldern" gemeinsam. In der 1. Alternative werden diese angenommenen Gelder als „fremde" Gelder näher bestimmt. Mit dem Merkmal „fremd" soll zum Ausdruck gebracht werden, dass die angenommenen Gelder nicht endgültig bei dem annehmenden Unternehmen verbleiben, dieses vielmehr verpflichtet ist, dem Berechtigten die angenommenen Gelder nach Maßgabe der hierüber getroffenen Vereinbarungen zurückzuzahlen. **Fremde Gelder** liegen praktisch gleichauf mit **rückzahlbaren Geldern**.

Aus der Formulierung der 2. Alternative als Auffangtatbestand („oder anderer unbedingt rückzahlbarer Gelder des Publikums") ergibt sich ferner, dass auch durch die 1. Alternative nur solche Gelder erfasst werden, die als „unbedingt rückzahlbare Gelder des Publikums" einzuordnen sind. Die **Annahme unbedingt rückzahlbarer Gelder des Publikums** ist das übergeordnete Merkmal beider Alternativen des Einlagengeschäftstatbestands. Seit Einführung der 2. Alternative als Auffangtatbestand bildet die 1. Alternative damit nur noch einen speziellen Unterfall des Einlagengeschäfts[1].

Die **Bereichsausnahme** für **die Emission von Inhaber- und Orderschuldverschreibungen** greift für beide Alternativen.

## 1. Gelder

**Geld** im Sinne der Norm ist **jedes gesetzliche Zahlungsmittel**. **Sichtguthaben** bei lizenzierten Kreditinstituten im In- oder Ausland (Buchgeld) stehen Bargeld gleich. **Privatrechtlich geschaffene Zahlungsmittel** zählen nicht als Geld, es sei denn, die Vertragsbedingungen der ausgebenden oder verwahrenden Stelle sehen einen Umtausch in gesetzliche Zahlungsmittel oder in entsprechendes Buchgeld vor.

## 2. Annahme

Unter **Annahme** ist bei Bargeld die körperliche Entgegennahme zu verstehen. Bei Buchgeld besteht die Annahme in der Kontogutschrift im Rahmen des bargeldlosen Zahlungsverkehrs.

Nach Sinn und Zweck der Vorschrift sind auch Gelder, die durch eigene **Kreditschöpfung** (Gutschrift eines Kreditbetrages auf dem Konto des Kunden) oder durch Umbuchung entstehen, im Sinne des § 1 Abs. 1 Satz 2 Nr. 1 KWG angenommene Gelder. Insbesondere liegt eine Annahme im Sinne des Einlagengeschäftstatbestands auch bei einer **Umwandlung** einer Geldforderung aus einem Handelsgeschäft **in** ein **Darlehen** oder bei einem **Stehenlassen** von Geldern vor[2]. Guthaben, die durch eigene Kreditschöpfung entstehen, werden dem Girokonto des Kunden in gleicher Weise gutgeschrieben wie Gelder, die der Kunde selbst einzahlt oder ihm von dritter Seite überwiesen werden. Bankwirtschaftlich sind diese Vorgänge gleichwertig; derartige Gelder unterliegen den gleichen Regeln (Verfügbarkeit, Verzinsung etc.) wie die übrigen Gelder. Sie sind Einlagengeschäft, ohne Rücksicht darauf, ob Zinsen vergütet werden.

**Habensalden** auf **Kontokorrentkonten**, über die beiderseitige **Warenlieferungen** abgewickelt werden, sind hingegen nach ständiger Verwaltungspraxis nicht vom Einlagengeschäftstatbestand erfasst, wenn ein taggleicher Ausgleich von Haben- und Sollsalden stattfindet.

### 3. Publikum

Durch den Begriff des Publikums soll die Herkunft der Gelder, die unter den Tatbestand des Einlagengeschäfts fallen, bestimmt und damit der **subjektive Schutzbereich** des Erlaubnisvorbehalts für das Betreiben des Einlagengeschäfts abgegrenzt werden. Im Interesse eines effektiven Anlegerschutzes sollen grundsätzlich alle Gelder, die von Dritten stammen, durch den Tatbestand erfasst werden. Auch Gelder, die lediglich aus einer kleinen, eindeutig abgegrenzten **Teilmenge des Publikums** stammen, sind Gelder des Publikums und fallen als solche in den Schutzbereich des § 1 Abs. 1 Satz 2 Nr. 1 KWG.

Unter den Begriff des Publikums fällt zunächst jede natürliche oder juristische Person. Das gilt namentlich auch für Arbeitnehmer, Freunde und Bekannte, Mitglieder von Vereinen oder Genossenschaften und nicht persönlich haftende Gesellschafter[3]. Der Arbeitgeber, der Darlehen bei seinen Arbeitnehmern aufnimmt, kann hierdurch ein Einlagengeschäft betreiben.

Der **persönlich haftende Gesellschafter** zählt nicht zum Publikum, wenn er über seine persönliche Haftung hinaus tatsächlich in die Führung des Unternehmens eingebunden ist. Unter dieser Voraussetzung darf die Gesellschaft sich von ihm über dessen gesellschaftsrechtliche Einlage hinaus Darlehen gewähren lassen. Gleiches gilt für Gelder, die der Gesellschafter auf Privat- oder Verrechnungskonten bei der Gesellschaft stehen lässt[4].

Diese Wertung gilt – abgesehen von Fällen des Gestaltungsmissbrauchs - auch für den persönlich haftenden Gesellschafter, der nicht in die Führung der Gesellschaft eingebunden ist.

Die Gelder, die von **verbundenen Unternehmen** hereingenommen werden, fallen ebenfalls nicht unter den Tatbestand des Einlagengeschäfts, da das verbundene Unternehmen nicht zum Publikum gerechnet wird[5]. Auf das Konzernprivileg (§ 2 Abs. 1 Nr. 7 KWG), das insoweit enger gefasst ist, da es nur auf solche Unternehmen Anwendung findet, die Bankgeschäfte „ausschließlich" mit ihrem Mutterunternehmen oder ihren Tochter- oder Schwesterunternehmen betreiben, kommt es insoweit nicht mehr an.

Nach Sinn und Zweck der Bestimmung fallen auch **Kreditinstitute** mit einer für das Inland gültigen Erlaubnis nicht unter das Publikum. Das schließt Kreditinstitute aus anderen Staaten des Europäischen Wirtschaftsraums ein, die in Deutschland unter der Regelung des Europäischen Passes über die Errichtung einer Zweigniederlassung oder im Wege des grenzüberschreitenden Dienstleistungsverkehrs tätig sind. Wer unbedingt rückzahlbare Gelder von zugelassenen Kreditinstituten annimmt, betreibt nicht das Einlagengeschäft.

Folgerichtig sind auch Gelder aus Beteiligungen von **Unternehmensbeteiligungsgesellschaften**, die bei dem zuständigen Landesministerium als solche anerkannt sind und damit unter die Bereichsausnahme des § 2 Abs. 1 Nr. 6 KWG fallen, keine Gelder des Publikums.

### 4. Fremde/rückzahlbare Gelder

Da die Merkmale „fremd" im Sinne der 1. Alternative und „rückzahlbar" im Sinne der 2. Alternative weitgehend inhaltsgleich sind, werden sie gemeinsam unter dem Begriff „**rückzahlbare** Gelder" erörtert.

Das Kapital, das der Gesellschafter einer Kapitalgesellschaft gegen die Ausgabe der Aktien bzw. für seinen Geschäftsanteil einzahlt, wechselt mit der Einzahlung aus der Sphäre des Gesellschafters in die Eigenmittel der Gesellschaft. Die Gelder sind weder rückzahlbar noch aus der Perspektive der Gesellschaft fremd. Die Einwerbung solcher Gelder fällt nicht unter den Tatbestand des Einlagengeschäfts.

Das gilt grundsätzlich auch für die Kommanditeinlage des Kommanditisten. Der persönlich haftende Gesellschafter einer KGaA oder einer Personenhandelsgesellschaft zählt grundsätzlich bereits nicht zum Publikum; unabhängig davon ist seine Kapitaleinlage nicht rückzahlbar und aus Sicht der Gesellschaft auch nicht fremd. Anders liegt der Fall, wenn dem Gesellschafter die Rückzahlung seiner Einlage in Aussicht gestellt oder ihm die Rückzahlung entweder von der Gesellschaft selbst oder von einem Dritten im Verbund mit der Gesellschaft versprochen wird. Die Einwerbung von Treugebern für Treuhandkommanditmodelle oder die Einwerbung von Anlegern als Geldgeber und Gesellschafter einer Publikums-GbR kann je nach den vertraglichen Vereinbarungen und den Umständen des Einzelfalls als Einlagengeschäft (oder auch als Investmentvermögen im Sinne des § 1 Abs. 1 des Kapitalanlagegesetzbuches - KAGB[6]) zu qualifizieren sein.

**Rückzahlbar** sind Gelder, wenn ein zivilrechtlicher Anspruch auf ihre Rückzahlung besteht oder bei dem Geldgeber jedenfalls der Anschein eines solchen Anspruchs erweckt wird. Auch betagte Ansprüche oder Gelder, die erst durch eine Kündigung des Anspruchsberechtigten fällig gestellt werden, sind rückzahlbar. Der Rückzahlungsanspruch muss, wie typischerweise bei einem Darlehen, bereits bei Annahme der Gelder vereinbart werden („die Annahme rückzahlbarer Gelder").

Rückzahlbar und in diesem Sinne auch fremd ist auch die **Einlage des stillen Gesellschafters** (§§ 230 ff. HGB), wenn die Verlustteilnahme nach § 231 Abs. 2 HGB vertraglich soweit ausgeschlossen wird, dass der stille Gesellschafter aus der Einlage auch noch in einer insolvenznahen Situation des Unternehmens, an dem er sich still beteiligt, Zahlungen beanspruchen und so überhaupt erst die Insolvenz des betreffenden Unternehmens auslösen kann.

Dabei kommt es für die bankaufsichtsrechtliche Einordnung der Gelder als „rückzahlbar" nicht auf bestimmte zivilrechtliche Vertragsgestaltungen oder die zivilrechtliche Zuordnung des zugrundeliegenden Geschäfts zu einem bestimmten Vertragstypus, etwa einem Darlehensvertrag nach § 488 Abs. 1 BGB, an. Maßgebend ist vielmehr der tatsächliche Gehalt der Geldüberlassung. Kommt es beispielsweise bei als „Kaufvertrag" bezeichneten Verträgen dem „Käufer" nicht auf die überlassene „Kaufsache", sondern auf den durch deren Verwertung zu erzielenden Erlös an, der vom „Käufer" einbehalten und zu einem späteren Zeitpunkt als „Kaufpreis" an den „Verkäufer" ausgezahlt werden soll, kann es sich nach dem tatsächlichen Gehalt der vertraglichen Vereinbarungen hierbei ebenfalls um rückzahlbare Gelder im Sinne des Tatbestandes handeln.

Ein **Verkäufer**, der im Rahmen eines Kaufvertrages Anzahlungsraten vom Käufer entgegennimmt, betreibt hingegen kein Einlagengeschäft, selbst wenn die Raten auf Jahre im Voraus erbracht oder gar verzinst werden, da ein Rückzahlungsanspruch hier erst bei einem Scheitern des Vertrages entsteht. Ist bei Abschluss eines Kaufvertrags der Kaufgegenstand weder bestimmt noch bestimmbar, liegt bereits zivilrechtlich kein Kaufvertrag vor. Hier kann ein Einlagengeschäft gegeben sein, wenn der „Käufer" **Geld** im Hinblick auf eventuelle spätere Käufe **vorschießt**. An der Rückzahlbarkeit fehlt es dagegen, wenn der

Rückzahlungsanspruch erst im Rahmen einer anfänglich unvorhergesehenen Rückabwicklung des Vertrages entsteht, etwa als Schadenersatzanspruch. Wird jedoch eine Forderung, etwa ein Anspruch auf Kaufpreiszahlung, durch eine entsprechende nachträgliche vertragliche Vereinbarung in ein Darlehen umgewandelt (**Vereinbarungsdarlehen**), so betreibt der Darlehensnehmer vorbehaltlich einer hinreichenden Bedingung des Rückzahlungsanspruchs von diesem Zeitpunkt an das Einlagengeschäft.

## 5. Unbedingtheit des Rückzahlungsanspruchs

Für die Einordnung als **unbedingt** rückzahlbare Gelder sind unter Berücksichtigung der bankwirtschaftlichen Verkehrsauffassung insbesondere die dem Kunden angebotenen Bedingungen der Geldüberlassung, der sich hieraus ergebende tatsächliche Gehalt der Geldüberlassung sowie das werbende Auftreten des Geldannehmenden und die hierdurch beim Geldgeber bezweckte Vorstellung von der getätigten Geldanlage zu berücksichtigen[7].

Unbedingt ist ein Rückzahlungsanspruch, wenn keine Vereinbarungen getroffen sind, die den Rückzahlungsanspruch unter einen Vorbehalt stellen, und er damit unabhängig vom Geschäftserfolg des Geldananehmenden bestehen soll[8]. Die Unbedingtheit des Rückzahlungsanspruchs kann grundsätzlich durch die wirksame Vereinbarung einer Verlustbeteiligung oder eines qualifizierten Rangrücktritts ausgeschlossen sein.

Im Folgenden werden hierzu einige wichtige Fallkonstellationen im Hinblick auf das Tatbestandsmerkmal der unbedingten Rückzahlbarkeit erläutert:

### a) Mezzanine Finanzierungen

Auch so genannte „mezzanine" oder „hybride" Formen der Unternehmensfinanzierung, die sowohl Merkmale von Eigenkapital als auch Merkmale von Fremdkapital aufweisen, etwa partiarische Darlehen, Nachrangdarlehen, Genussrechte oder stille Gesellschaftsbeteiligungen, können im Einzelfall als **unbedingt** rückzahlbare Gelder im Sinne des Einlagentatbestands anzusehen sein.

#### aa) Nachrangdarlehen

Beim Nachrangdarlehen wird die Rückzahlung des Darlehens durch eine Rangrücktrittserklärung gegenüber anderen Gläubigern des Darlehensnehmers für den Fall der Insolvenz oder Liquidation des Darlehensnehmers nachrangig gestellt. Einfache Nachrangklauseln, die lediglich die Rangfolge der Rückzahlungsansprüche im Falle der Insolvenz oder Liquidation des kapitalannehmenden Unternehmens festlegen, reichen jedoch nicht aus, die Geldüberlassung als bedingt anzusehen. Für eine den Tatbestand des Einlagengeschäfts ausschließende Bedingung ist vielmehr die ausdrückliche Vereinbarung eines **qualifizierten Rangrücktritts** notwendig[9].

Eine solche qualifizierte Rangrücktrittsklausel ist nur dann gegeben, wenn vereinbart wird, dass die Rückzahlung der zur Verfügung gestellten Gelder in der Insolvenz oder Liquidation des Schuldners erst nach Befriedigung sämtlicher anderer Gläubiger des Schuldners erfolgen soll, die Forderungen also hinter die in § 39 Abs. 1 Nrn. 1 bis 5 der Insolvenzordnung (InsO) genannten Forderungen zurücktreten, und zusätzlich vereinbart wird, dass eine Befriedigung der Ansprüche außerhalb des Insolvenzverfahrens nur aus freiem, nicht zur Schuldendeckung benötigten Vermögen der Gesellschaft verlangt werden kann (sog. vorinsolvenzliche Durchsetzungssperre[10]). Diesen Anforderungen können auch andere hinreichend bestimmte (hierzu unten) Formulierungen genügen, die neben der Festlegung der Reihenfolge der Befriedigung in der Insolvenz oder Liquidation die rechtliche Durchsetzbarkeit des Anspruches beispielsweise davon abhängig machen, ob der Insolvenzeröffnungsgrund des § 19 InsO (Überschuldung) bei Berücksichtigung der in Rede stehenden Forderung gegeben wäre oder bei Zahlung des in Rede stehenden Geldbetrages herbeigeführt würde. Ebenso kommt in Betracht, dass zusätzlich auf den Insolvenzeröffnungsgrund des § 17 InsO (Zahlungsunfähigkeit) abgestellt wird[11].

Eine qualifizierte Rangrücktrittsklausel steht der Qualifikation eines Rückzahlungsanspruchs als unbedingt indes nur entgegen, wenn sie zivilrechtlich wirksam vereinbart ist[12]. Die Rechtswirksamkeit der Vereinbarung, die die Unbedingtheit des Rückzahlungsanspruchs ausschließen soll, ist eine zivilrechtliche Vorfrage, die die BaFin im Rahmen der bankaufsichtsrechtlichen Beurteilung auf der Grundlage der aktuellen Rechtsprechung des Bundesgerichtshofs zu prüfen hat.

Stellt sich eine solche Bestimmung insbesondere als überraschende Klausel im Sinne von § 305c Abs. 1 BGB dar und wurde sie deshalb nicht Vertragsbestandteil oder hält sie wegen Intransparenz einer Inhaltskontrolle nach § 307 BGB nicht stand, schließt sie die Unbedingtheit des Rückzahlungsanspruchs nicht aus[13]. Dann sind die angenommenen Gelder unbedingt rückzahlbar, und der Tatbestand des Einlagengeschäfts ist erfüllt[14].

Die Verwendung einer qualifizierten Rangrücktrittsklausel in einem Darlehensvertrag bewirkt zudem eine **Wesensänderung** der Geldhingabe vom bankgeschäftstypischen Darlehen mit unbedingter Rückzahlungsverpflichtung **hin zur unternehmerischen Beteiligung mit einer eigenkapitalähnlichen Haftungsfunktion.** Diese Wesensänderung muss für die angesprochenen Verkehrskreise, insbesondere Anleger ohne Erfahrung in Fragen der Unternehmensfinanzierung oder des Insolvenzrechts, **hinreichend deutlich** zutage treten, um von einer Geldhingabe unter bewusster Inkaufnahme eines unternehmerischen Geschäftsrisikos über das ohnehin bestehende allgemeine Insolvenzausfallrisiko hinaus auszugehen. In Allgemeinen Geschäftsbedingungen darf dieses Risiko nicht verharmlost oder heruntergespielt werden; es muss insbesondere ausgeschlossen sein, dass die Erläuterungen des Verwenders geeignet sind, bei den Darlehensgebern die unzutreffende Vorstellung hervorzurufen, dass mit der Vergabe des Nachrangdarlehens im Vergleich zu einem üblichen Darlehen keine besonderen Risiken verknüpft sind[15].

Werbeaussagen, wie der plakative Hinweis auf eine sichere, günstige oder rentable Geldanlage verstellen dagegen den Blick des Anlegers für die Übernahme eines unternehmerischen Risikos. In solchen Fällen kann nicht davon ausgegangen werden, dass die von dem Anlageangebot bezweckte Vorstellung bei dem unerfahrenen Geldgeber eine bedingte Rückzahlbarkeit umfassen soll[16].

Die Gestaltung der Verträge liegt allein in der Risikosphäre des Betreibers. Eventuelle Verschärfungen der Rechtsprechung des Bundesgerichtshofs gehen zu seinen Lasten.

**bb) Partiarische Darlehen**

Bei partiarischen Darlehen wird vereinbart, dass der Darlehensgeber für die Überlassung des Geldes vom Darlehensnehmer eine prozentuale Beteiligung am wirtschaftlichen Erfolg des Darlehensnehmers erhält; der Rückzahlungsanspruch ist damit regelmäßig unbedingt. Die Annahme von partiarischen Darlehen erfüllt demnach grundsätzlich den Einlagengeschäftstatbestand[17].

**cc) Stille Gesellschaften; Genussrechte**

Bei einer stillen Gesellschaft beteiligt sich der Kapitalgeber gegen Gewinnbeteiligung mit einer Vermögenseinlage am Handelsgewerbe eines anderen. Genussrechte begründen dagegen keine gesellschaftsrechtlich geprägten Mitgliedschaftsrechte, sondern sind rein schuldrechtlich verfasste Dauerschuldverhältnisse eigener Art, die sich in einem bestimmten geldwerten Anspruch erschöpfen[18]. Ein Genussrecht stellt typischerweise Risikokapital dar, das an Verlusten der Gesellschaft bis zum Ende seiner Laufzeit partizipiert. Ist die in § 231 Abs. 2 HGB regelmäßig ebenfalls vorgesehene Verlustbeteiligung der stillen Gesellschafter nicht vertraglich abbedungen, sind die Vermögenseinlagen der stillen Gesellschafter nur als bedingt rückzahlbar zu bewerten und erfüllen daher nicht den Tatbestand des Einlagengeschäfts. Gleiches gilt für Genussrechte, die eine Beteiligung am laufenden Verlust des kapitalnehmenden Unternehmens vorsehen[19].

b) Gesellschafterdarlehen; Guthaben auf Privat- oder Verrechnungskonten bei Personenhandelsgesellschaften

**Gesellschafterdarlehen** und **Guthaben** von Gesellschaftern sind, soweit ihnen im Einzelfall nicht bereits die Eigenschaft von „Geldern des Publikums" fehlt[20], grundsätzlich als „fremde rückzahlbare Gelder des Publikums" anzusehen, weil sie als Forderungen gegen die Gesellschaft im Vermögen des Gesellschafters verbleiben.

Die Qualifikation dieser Gelder als Einlagengeschäft steht und fällt mit der Unbedingtheit des Rückzahlungsanspruchs. Die insolvenzrechtliche Rangfolge im Sinne des **§ 39** Abs. **1** Nr. **5** InsO, die für Gesellschaften ohne natürliche Person als persönlich haftenden Gesellschafter gilt (vgl. § 39 Abs. 4 InsO), stellt für sich genommen noch keine hinreichende Bedingung dar, die geeignet wäre, den Tatbestand des Einlagengeschäfts auszuschließen, da der Zahlungsanspruch außerhalb der Insolvenz unbedingt bliebe. Hinzukommen muss vielmehr eine vorinsolvenzliche Durchsetzungssperre (vgl. hierzu oben).

Eine derartige Bedingung des Zahlungsanspruchs ergibt sich grundsätzlich aus dem gesellschaftsrechtlichen **Grundsatz der Treuepflicht**[21]. Eine Ausprägung der Treuepflicht ist, dass Ansprüche des Gesellschafters gegen die Gesellschaft nicht durchsetzbar sind, wenn ihre Geltendmachung die Gesellschaft in die Zahlungsunfähigkeit triebe. Eine solche insolvenzverhindernde Entnahme- und Ausschüttungssperre ist bei Kapitalgesellschaften und diesen gleichgestellten Personenhandelsgesellschaften gesetzlich[22] verankert.

Dagegen werden Gelder, die eine auf den Beitritt einer unbestimmten Vielzahl von Kapitalanlegern ausgerichtete und kapitalistisch strukturierte Kommanditgesellschaft (sog. **Publikums-**KG) von ihren Gesellschaftern direkt oder indirekt, z.B. über eine Treuhandkommanditistin, als Darlehen annimmt, entsprechend dem tatsächlichen Gehalt der Geldüberlassung in der Regel bankaufsichtsrechtlich als **unbedingt rückzahlbare Gelder** zu qualifizieren sein. Dies wird insbesondere dann gelten, wenn das der Publikums-KG gewährte Darlehen zu der unmittelbaren gesellschaftsrechtlichen Einlage des Gesellschafters außer Verhältnis steht. Das gleiche gilt auch für solche kapitalistisch strukturierten Gesellschaften in anderer Rechtsform, die darauf ausgerichtet sind, Kapitalgeber als Anlagegesellschafter aufzunehmen.

c) Warengenossenschaften

In der Vergangenheit kam es nicht nur vereinzelt vor, dass Warengenossenschaften, die im Landhandel tätig sind (z. B. Raiffeisengenossenschaften, Saatzuchten), in erheblichem Umfang Kundenkonten für Anzahlungen und Guthaben führten, die als Geldanlagekonten anzusehen sind. Auch Arbeitnehmern der Genossenschaften oder Nichtkunden war in den festgestellten Fällen die Geldanlage möglich. Die Zinssätze für diese Anlagen wurden von der Genossenschaft im Voraus festgesetzt und stets der Marktlage angepasst. Die Genossenschaften nahmen durch diese Einlagen u. a. ihre Refinanzierung vor, um nicht auf Bankkredite angewiesen zu sein. Derartige Anlageangebote sind als Einlagengeschäft im Sinne von § 1 Abs. 1 Satz 2 Nr. 1 KWG einzustufen. Einlagengeschäfte in diesem Sinne liegen vor, wenn die Genossenschaft die Geldanlagen zurückzahlen muss. Sofern die betreffenden Genossenschaften ausschließlich Gelder ihrer Kunden verwahren, die für Wareneinkäufe verwandt werden, ist kein Einlagengeschäft anzunehmen. Von einem bloßen Verwahren von Geldern der Kunden, die für Wareneinkäufe verwendet werden, ist indes nur dann auszugehen, wenn die Kundenguthaben auf die Gesamthöhe des Gegenwerts des Warenbezugs des betreffenden Kunden im vorangegangenen Jahr begrenzt werden; unerheblich ist dabei, ob Kundenkonten verzinst werden oder nicht. Wird diese Nichtbeanstandungsgrenze dagegen überschritten, verstößt die Genossenschaft gegen den Erlaubnisvorbehalt nach § 32 KWG[23].

d) Geschäftsbesorgungsverträge (u.a. Weiterleitungsfälle)

Im Rahmen von (entgeltlichen) Geschäftsbesorgungsverträgen oder (unentgeltlichen) Aufträgen nimmt der Geschäftsbesorger von seinem Auftraggeber Geld an, um eine Ware, ein Werk oder eine Dienstleistung einzukaufen oder einfach um das Geld an einen Dritten weiterzuleiten. Der Auftraggeber kann das Geschäftsbesorgungsverhältnis jederzeit beenden und das Geld zurückfordern, solange der Geschäftsbesorger das Geld noch nicht bestimmungsgemäß eingesetzt oder weitergeleitet hat. Die bürgerlich-rechtliche Geschäftsbesorgung und das bankaufsichtsrechtliche Einlagengeschäft schließen sich aus, solange die Geldverwahrung nur ein Teilaspekt des übrigen Geschäftsbesorgungsverhältnisses und diesem klar untergeordnet ist.

Ohne weiteres außerhalb des Tatbestands des Einlagengeschäfts liegen die Fälle, in denen ein **konkreter Auftrag**, z.B. die Anschaffung eines Fahrzeugs, besteht, und der Geschäftsbesorger im Rahmen dieses Auftrages das für die Anschaffung eventuell erforderliche Geld vorab erhält. Anders als grundsätzlich bei Anspar-Kaufverträgen mag sich der Geschäftsherr hier zwar jederzeit umbesinnen und das Geld zurückfordern. Die Subsumtion unter das Einlagengeschäft lässt sich jedoch sowohl unter dem Tatbestandsmerkmal „rückzahlbar" als auch unter dem Tatbestandsmerkmal „Publikum" verneinen: das Geld ist zur Anschaffung des Fahrzeugs bestimmt und grundsätzlich erst dann wieder rückzahlbar, wenn der Geschäftsherr sich – rechtzeitig – umbesinnt.

Problematisch sind **Dauerschuldverhältnisse** mit einer Vielzahl von anstehenden Geschäftsbesorgungen, in denen der Geschäftsherr Geld anzahlt oder Geld, das er aus der Geschäftsbesorgung gewinnt, stehen lässt. Hier lässt sich die Trennlinie zwischen erlaubnispflichtigem Einlagengeschäft und erlaubnisfreier Geschäftsbesorgung nur im Wege der Wertung auf der Grundlage einer umfassenden Würdigung aller relevanten Umstände des Einzelfalls ziehen. Hierbei ist insbesondere die Frage zu stellen, ob die Verwahrung der Gelder, insbesondere die Höhe, zu denen sich Habensalden aufbauen können, und die Länge der Intervalle, an deren Ende die Salden ganz oder teilweise glattzustellen sind, in einem plausiblen Verhältnis zu der eigentlichen Geschäftsbesorgung stehen. Eine Verzinsung der Habensalden legt regelmäßig die Einstufung als Einlagengeschäft nahe; eine abschließende Wertung ist insoweit nur unter Berücksichtigung aller relevanten Umstände im Einzelfall möglich.

Werden Zahlungsverkehrsdienstleistungen, die außerhalb der eigentlichen Geschäftsbesorgung stehen, vorgenommen, wird in aller Regel ein Einlagengeschäft vorliegen.

Bei so genannten **Weiterleitungsfällen** schalten die Vertragsparteien im Rahmen eines – z.B. online geschlossenen - Kaufvertrages einen Dienstleister zur Weiterleitung des Kaufpreises ein. Der Dienstleister nimmt den Kaufpreis vom Käufer auf einem Treuhandkonto entgegen und leitet diesen erst an den Verkäufer weiter, wenn die Mangelfreiheit der Ware vom Käufer bestätigt wird. Solange die treuhänderische Verwaltung des Kaufpreises lediglich **Nebenzweck** der Dienstleistung und dieser klar untergeordnet ist, ist die Dienstleistung insgesamt als Geschäftsbesorgung und nicht als Einlagengeschäft zu werten. Unabhängig davon können derartige Dienstleistungen jedoch als Finanztransfergeschäft (§ 1 Abs. 2 Nr. 6 des Gesetzes über die Beaufsichtigung von Zahlungsdiensten - Zahlungsdiensteaufsichtsgesetz - ZAG) einzustufen sein, das nach § 8 Abs. 1 ZAG unter Erlaubnisvorbehalt steht.

Der **Notar**, der sich bei einem Grundstückskauf den Kaufpreis überweisen lässt und auf einen Notar-Anderkonto stehen lässt, bis die Auflassung vollzogen ist und der Kaufpreis dem Verkäufer bestimmungsgemäß freigegeben werden kann, betreibt nicht das Einlagengeschäft. Selbst wenn er das Geld entgegen den Regeln des Geschäfts nicht durch die Buchung auf ein Notar-Anderkonto von seinen eigenen Vermögenswerten trennt und damit erst – was seine eigene eventuelle Insolvenz angeht – insolvenzfest macht, betreibt er dadurch noch nicht das Einlagengeschäft. Die Grenze zum Einlagengeschäft überschritte er erst, wenn er die Gelder vertragsgemäß in einem eigenen Geschäftsbetrieb einsetzte, der auch außerhalb des Anwalts- oder Notariatsberufes liegen könnte, z.B. aus ihnen Kredite gewährte, Geldhandelsgeschäfte betriebe und dergleichen.

### 6. Einlage im Sinne der 1. Alternative

Der Begriff der „Einlage" im Sinne der 1. Alternative hat angesichts des weiten Auffangtatbestands der 2. Alternative kaum noch praktische Bedeutung.

Der Begriff der „Einlage" im Sinne des § 1 Abs. 1 Satz 2 Nr. 1 Alt. 1 KWG ist im KWG nicht definiert. Die Frage, ob eine Annahme fremder Gelder als „Einlage" zu qualifizieren ist, muss daher aufgrund einer Wertung aller Umstände des Einzelfalls unter Berücksichtigung der bankwirtschaftlichen Verkehrsauffassung entschieden werden.

Ein Unternehmen nimmt nach ständiger Verwaltungspraxis der Bundesanstalt jedenfalls dann fremde Gelder als „Einlagen" entgegen, wenn von einer Vielzahl von Geldgebern auf der Grundlage typisierter Verträge darlehens- oder in ähnlicher Weise laufend Gelder entgegengenommen werden, die ihrer Art nach nicht geeignet besichert sind[24]. Für die Einordnung sind insbesondere die Bedingungen der Geldanlagemöglichkeiten, der sich hieraus ergebende tatsächliche wirtschaftliche Gehalt der Anlage sowie das werbende Auftreten des Geldannehmenden und die hierdurch beim Anleger bezweckte Vorstellung von der getätigten Geldanlage zu berücksichtigen.

Einlagen im Sinne des § 1 Abs. 1 Satz 2 Nr. 1 Alt. 1 KWG sind jedenfalls solche fremden Gelder, die an Unternehmen von mehreren Geldgebern, die keine Kreditinstitute im Sinne des § 1 Abs. 1 KWG sind, zur unregelmäßigen Verwahrung, als Darlehen oder in ähnlicher Weise ohne Bestellung geeigneter Sicherheiten und ohne schriftliche Vereinbarung im Einzelfall laufend zur Finanzierung des auf Gewinnerzielung gerichteten Aktivgeschäfts entgegengenommen werden.

## II. Bereichsausnahme „Inhaber- und Orderschuldverschreibungen"

Der Tatbestand des Einlagengeschäfts scheidet in beiden Alternativen aus, wenn der Rückzahlungsanspruch in Inhaber- oder Orderschuldverschreibungen verbrieft wird. Der seinerzeitige Gesetzgeber wollte mit der Schaffung der Bereichsausnahme die direkte Finanzierung der deutschen Industrieunternehmen am Kapitalmarkt, ohne die Notwendigkeit der Intermediation durch staatlich lizenzierte Banken, privilegieren. Soweit sich das Angebot an den deutschen Markt wendet, kommen für die Anwendbarkeit der Bereichsausnahme daher nur Instrumente in Betracht, die – unabhängig vom Sitz des Emittenten – nach deutschem Recht als inhaltsgleiche Inhaber- oder Orderteilschuldverschreibungen aus Gesamtemissionen am Kapitalmarkt emittiert werden (§ 1 Schuldverschreibungsgesetz). **Individuell ausgestellte Schuldverschreibungen**, ob in Inhaber- oder Orderform, die ihrer Art nach nicht gegen andere Instrumente derselben Gattung austauschbar sind, sind nicht kapitalmarktfähig und fallen daher nicht unter die Bereichsausnahme.

Der **Rückzahlungsanspruch** muss nach den Grundsätzen des allgemeinen Wertpapierrechts so verbrieft sein, dass zur Geltendmachung des Anspruchs die Innehabung des Papiers erforderlich ist; das **Recht aus dem Papier muss dem Recht am Papier folgen**, das nach sachenrechtlichen Grundsätzen bzw. Indossament übertragen wird.

Werden die Papiere unter einem **ausländischen Wertpapierrechtsstatut** emittiert, so müssen sie in ihrer Struktur deutschen Inhaber- oder Orderschuldverschreibungen so ähnlich sein, dass sie unter deutschem Wertpapierrechtsstatut als inhaltsgleiche Inhaber- oder Orderteilschuldverschreibungen aus Gesamtemissionen am Kapitalmarkt zu qualifizieren wären. Eine bloß marktfunktionale Vergleichbarkeit genügt nicht. Für eine erweiternde Auslegung ist im Interesse des Anlegerschutzes kein Raum. **Ausländische Namenspapiere**, die nicht wie deutsche Orderschuldverschreibungen durch Indossament übertragen werden oder trotz Indossierbarkeit rechtsfunktional (namentlich im Hinblick auf den Einwendungsausschluss und sonstigen Erwerberschutz) mit deutschen Orderschuldverschreibungen nicht vergleichbar sind, fallen nicht unter die Bereichsausnahme; ihr Vertrieb im Inland fällt ggf. unter den Tatbestand des Einlagengeschäfts. Keinesfalls darf neben dem Wertpapier ein selbständiger Anspruch gegen die emittierende Stelle oder gegen einen Dritten, etwa im Wege einer Garantie, bestehen.

Die Ausgabe von **Namensschuldverschreibungen** fällt grundsätzlich unter den Tatbestand des Einlagengeschäfts.

## III. Bestellung einer Sicherheit, die geeignet ist, den Tatbestand des Einlagengeschäfts auszuschließen

Die Bundesanstalt erkennt in ständiger Verwaltungspraxis bestimmte Sicherheiten an, die unter Berücksichtigung des normativen Zwecks den Tatbestand des Einlagengeschäfts ausschließen können. Unter der Voraussetzung, dass die Sicherheiten so bestellt werden, dass sich der Anleger im Sicherungsfall aus diesen Sicherheiten unmittelbar, d.h. ohne die rechtsgeschäftliche Mitwirkung Dritter, befriedigen kann, kommen insoweit die **Bürgschaft**, die Garantie oder ein gleichwertiges Einstandsversprechen eines im Inland zum Geschäftsbetrieb zugelassenen (§ 32 Abs. 1 KWG, auch in Verbindung mit § 53 KWG, oder § 53b KWG) **Kreditinstituts** oder die Versicherung eines im Inland zum Geschäftsbetrieb befugten **Versicherungsunternehmens** grundsätzlich in Betracht. Einer Bankbürgschaft insoweit gleichwertig sind

Guthaben des Darlehensnehmers bei im Inland zum Geschäftsbetrieb berechtigten Kreditinstituten, die sich der Gläubiger der Einlage verpfänden oder anderweitig als Sicherheit geben lässt, so dass er sich im Sicherungsfall ohne rechtsgeschäftliche Mitwirkung Dritter aus dieser Sicherheit befriedigen kann.

Die Bundesanstalt erkennt unter der Voraussetzung, dass die Sicherheiten so bestellt werden, dass sich der Anleger im Sicherungsfall aus diesen Sicherheiten unmittelbar, d.h. ohne die rechtsgeschäftliche Mitwirkung Dritter, befriedigen kann, darüber hinaus **Grundpfandsicherheiten** an, die an im **Inland** belegenen Immobilien bestellt werden.

Der Gesetzgeber hat diese Praxis grundsätzlich bestätigt[25].

## IV. Betreiber des Einlagengeschäfts

Fallen die Stelle, die das Geld annimmt, und die Stelle, die die Rückzahlung schuldet, auseinander, so ist derjenige der Betreiber des Einlagengeschäfts, der vertraglich die Rückzahlung der angenommenen Gelder schuldet. Wird das betreffende Einlagengeschäft ohne die hierfür erforderliche Erlaubnis betrieben, ist die das Geld annehmende Stelle in das unerlaubte Betreiben im Sinne des § 37 Abs. 1 Satz 4 KWG einbezogen. Schuldet eine Stelle die Rückzahlung, nur bedingt, während die andere die Rückzahlung für den Fall des Bedingungseintritts garantiert, betreiben beide das Einlagengeschäft.

## V. Erlaubnispflicht für das Betreiben des Einlagengeschäfts

Nach § 32 Abs. 1 Satz 1 KWG bedarf der schriftlichen Erlaubnis der Bundesanstalt, wer im Inland gewerbsmäßig oder in einem Umfang, der einen in kaufmännischer Weise eingerichteten Geschäftsbetrieb erfordert, Bankgeschäfte betreiben oder Finanzdienstleistungen erbringen will[26]. Die Erfüllung einer Alternative genügt, um die Erlaubnispflicht des Geschäfts zu begründen. Auf die Rechtsform des Unternehmens (natürliche Person, Personengesellschaft, juristische Person) kommt es dabei nicht an.

Bank- und Finanzdienstleistungsgeschäfte werden, auch wenn der Umfang dieser Geschäfte objektiv keinen in kaufmännischer Weise eingerichteten Geschäftsbetrieb erfordert, **gewerbsmäßig** betrieben, wenn der Betrieb auf eine gewisse Dauer angelegt ist und der Betreiber ihn mit der Absicht der Gewinnerzielung verfolgt.

**Alternativ** gilt das Kriterium des Erfordernisses eines in kaufmännischer Weise eingerichteten Geschäftsbetriebs. Hierbei ist es unerheblich, ob tatsächlich ein in kaufmännischer Weise eingerichteter Geschäftsbetrieb geführt wird. Maßgebend ist allein, ob für den Betrieb der Geschäfte nach der bankwirtschaftlichen Verkehrsauffassung die Einrichtung eines solchen Betriebs objektiv erforderlich ist. Dies ist im Einzelfall zu bestimmen und kann sich beim gleichzeitigen Betreiben mehrerer Bank-/Finanzdienstleistungsgeschäfte auch bei einem vergleichsweise geringen Umfang ergeben.

Von einem **Umfang**, der einen in **kaufmännischer** Weise eingerichteten Geschäftsbetrieb erfordert, geht die Bundesanstalt beim Einlagengeschäft in ständiger Verwaltungspraxis aus, wenn

- der Einlagenbestand bei mehr als fünf Einzelanlagen die Summe von 12.500,00 € überschreitet oder
- unabhängig von der Summe des Einlagenbestands mehr als 25 Einzeleinlagen bestehen.

Hieraus folgt, dass – sofern nicht bereits Gewerbsmäßigkeit vorliegt – ein Einlagenvolumen von 12.500,00 € nur dann erlaubnisfrei überschritten werden darf, wenn es sich aus weniger als 6 Einzeleinlagen zusammensetzt.

Unter den Erlaubnisvorbehalt nach § 32 Abs. 1 KWG fällt das Geschäft nur, wenn es (auch) im Inland betrieben wird. Dazu muss der Betreiber nicht hierzulande seinen Geschäftssitz haben oder eine rechtlich unselbständige Zweigniederlassung errichten, von der aus er die Geschäfte betreibt. Der erforderliche Inlandsbezug besteht bereits, wenn sich das Angebot aus dem Ausland auch und gerade an Personen richtet, die ihren Sitz oder gewöhnlichen Aufenthalt in der Bundesrepublik Deutschland haben. Der Erlaubnisvorbehalt besteht auch, wenn sich das Angebot nur an das Ausland wendet, solange es nur aus Deutschland heraus betrieben wird. Nähere Hinweise gibt das Merkblatt „Hinweise zur Erlaubnispflicht nach § 32 Abs. 1 KWG in Verbindung mit § 1 Abs. 1 und Abs. 1a KWG von grenzüberschreitend betriebenen Bankgeschäften und/oder grenzüberschreitend erbrachten Finanzdienstleistungen".

Der erforderliche Inlandsbezug besteht auch, wenn aus dem Inland heraus die Geschäfte gezielt nur mit Nicht-Gebietsansässigen betrieben werden.

## VI. Ausnahmen von der Erlaubnispflicht

In den in § 2 Abs. 1 KWG genannten Fällen ist das Betreiben des Einlagengeschäfts nicht erlaubnispflichtig.

## VII. Hinweise und Anschriften

Dieses Merkblatt enthält grundlegende Informationen zum Tatbestand des Einlagengeschäfts. Es erhebt keinen Anspruch auf eine erschöpfende Darstellung aller den Tatbestand betreffenden Fragen und ersetzt insbesondere nicht die einzelfallbezogene Erlaubnisanfrage an die BaFin.

Für eine abschließende Beurteilung möglicher Erlaubnispflichten im Einzelfall wird eine vollständige Dokumentation der vertraglichen Vereinbarungen, die dem Betreiben des Einlagengeschäfts zugrunde liegen, benötigt.

Hinsichtlich aller Angaben sind die Bediensteten der Bundesanstalt und der Deutschen Bundesbank zur Verschwiegenheit verpflichtet (§ 9 KWG).

Ob ein Unternehmen der Erlaubnispflicht nach § 32 Abs. 1 KWG unterliegt, entscheidet in Zweifelsfällen die

Kontakt

**Bundesanstalt für Finanzdienstleistungsaufsicht**
**Abteilung Integrität des Finanzsystems (IF)**
Graurheindorfer Straße 108
53117 Bonn
Telefon: +49 (0) 228 / 4108 - 0
Fax: + 49 (0) 228 / 4108 - 1550
E-Mail: poststelle@bafin.de
Homepage: https://www.bafin.de [https://www.bafin.de]

Falls Sie zu diesem Merkblatt weitere Fragen haben, steht es Ihnen auch frei, sich an die für Sie zuständige Hauptverwaltung der Deutschen Bundesbank zu wenden. Das hat für Sie den Vorteil, dass die Hauptverwaltung vor Ort mit den Verhältnissen in der Region vertraut ist. In Zweifelsfällen wird die Hauptverwaltung Ihre Frage mit einer Stellungnahme an die Bundesanstalt weiterleiten:

*Für Berlin und Brandenburg:*

Kontakt

**DEUTSCHE BUNDESBANK**
**Hauptverwaltung in Berlin und Brandenburg**

**Leibnizstr. 10**
**10625 Berlin**
Telefon: (030) 34 75 - 0
Fax: (030) 34 75 - 12 90

*Für Nordrhein-Westfalen:*

Kontakt

**DEUTSCHE BUNDESBANK**
**Hauptverwaltung in Nordrhein-Westfalen**

**Berliner Allee 14**
**40212 Düsseldorf**
Telefon: (0211) 8 74 - 0
Fax: (0211) 8 74 - 36 35

*Für Hessen:*

Kontakt

**DEUTSCHE BUNDESBANK**
**Hauptverwaltung in Hessen**

**Taunusanlage 5**
**60047 Frankfurt am Main**
Telefon: (069) 23 88 - 0
Fax: (069) 23 88 - 11 11

*Für die Freie und Hansestadt Hamburg, Mecklenburg-Vorpommern und Schleswig-Holstein:*

Kontakt

**DEUTSCHE BUNDESBANK**
**Hauptverwaltung in Hamburg, Mecklenburg-Vorpommern und Schleswig-Holstein**

**Willy-Brandt-Straße 73**
**20459 Hamburg**
Telefon: (040) 37 07 - 0
Fax: (040) 37 07 - 41 72

*Für die Freie Hansestadt Bremen, Niedersachsen und Sachsen-Anhalt:*

Kontakt

**DEUTSCHE BUNDESBANK**
**Hauptverwaltung in Bremen, Niedersachsen und Sachsen-Anhalt**

**Georgsplatz 5**
**30159 Hannover**
Telefon: (0511) 30 33 - 0
Fax: (0511) 30 33 - 27 96

*Für die Freistaaten Sachsen und Thüringen:*

Kontakt

**DEUTSCHE BUNDESBANK**
**Hauptverwaltung in Sachsen und Thüringen**

**Straße des 18. Oktober 48**
**04103 Leipzig**
Telefon: (0341) 8 60 - 0
Fax: (0341) 8 60 - 25 99

*Für Rheinland-Pfalz und das Saarland:*

Kontakt

**DEUTSCHE BUNDESBANK**
**Hauptverwaltung in Rheinland-Pfalz und dem Saarland**

**Hegelstr. 65**
**55122 Mainz**
Telefon: (06131) 3 77 - 0
Fax: (06131) 3 77 - 33 33

*Für Baden-Württemberg:*

Kontakt

**DEUTSCHE BUNDESBANK**
**Hauptverwaltung in Baden-Württemberg**

**Marstallstr. 3**
**70173 Stuttgart**
Telefon: (0711) 9 44 - 0
Fax: (0711) 9 44 - 19 21

*Für den Freistaat Bayern:*

Kontakt

**DEUTSCHE BUNDESBANK**
**Hauptverwaltung in Bayern**

**Ludwigstr. 13**
**80539 München**
Telefon: (089) 28 89 - 5
Fax: (089) 28 89 - 38 54

Die Hauptverwaltung der Deutschen Bundesbank bietet Ihnen den Vorteil, dass Sie einen Ansprechpartner in Ihrer Region haben.

*Fußnoten*

1 Zur 1. Alternative siehe unter 6.
2 Vgl. BGH, Urteil vom 19.03.2013, VI ZR 56/12, BGHZ 197, 1 ff., Rn. 18.

3 Vgl. EZB, Stellungnahme vom 05.12.2008, ABl. EU vom 6.2.2009, C 30, S. 1 ff., 4: „[…] wird jede natürliche oder juristische Person, die kein Kredit- oder Finanzinstitut ist, für die Definition des Begriffs ‚Kreditinstitut' dem Publikum zugeordnet".

4 Vgl. unter 5.b).

5 Vgl. RegBegr. zum Entwurf eines Gesetzes zur Umsetzung von EG-Richtlinien zur Harmonisierung bank- und wertpapieraufsichtsrechtlicher Vorschriften (6. KWG-Novelle), BT-Drs. 13/7142, S. 63.

6 Vgl. Auslegungsschreiben zum Anwendungsbereich des KAGB und zum Begriff des „Investmentvermögens"

7 Vgl. RegBegr. zum Entwurf eines Gesetzes zur Umsetzung der Richtlinie 2002/87/EG des Europäischen Parlaments und des Rates vom 16.12.2002 (Finanzkonglomeraterichtlinie-Umsetzungsgesetz), BT-Drs. 15/3641, S. 36.

8 Vgl. BGH, Urteil vom 10.02.2015, VI ZR 569/13, juris, Rn. 15

9 Vgl. RegBegr. zum Entwurf eines Gesetzes zur Umsetzung der Richtlinie 2002/87/EG des Europäischen Parlaments und des Rates vom 16.12.2002 (Finanzkonglomeraterichtlinie-Umsetzungsgesetz), BT-Drs. 15/3641, S. 36.

10 Vgl. BGH, Urteil vom 16.05.2017, VI ZR 266/16, juris, Rn. 14; Urteil vom 10.07.2018, VI ZR 263/17, juris Rn. 21; Urteil vom 01.10.2019, VI ZR 156/18, juris, Rn. 16; Teilurteil vom 12.12.2019, IX ZR 77/19, juris, Rn. 19.

11 Vgl. RegBegr. zum Entwurf eines Gesetzes zur Umsetzung der Richtlinie 2002/87/EG des Europäischen Parlaments und des Rates vom 16.12.2002 (Finanzkonglomeraterichtlinie-Umsetzungsgesetz), BT-Drs. 15/3641, S. 36.

12 Vgl. BGH, Urteil vom 10.07.2018, VI ZR 263/17, juris, Rn. 22, Urteil vom 01.10.2019, VI ZR 156/18, juris, Rn. 18; Teilurteil vom 12.12.2019, IX ZR 77/19, juris, Rn. 20] Vgl. BGH, Urteil vom 10.07.2018, VI ZR 263/17, juris, Rn. 22, Urteil vom 01.10.2019, VI ZR 156/18, juris, Rn. 18; Teilurteil vom 12.12.2019, IX ZR 77/19, juris, Rn. 20.

13 Vgl. BGH, Urteil vom 10.07.2018, VI ZR 263/17, juris, Rn. 22; Urteil vom 01.10.2019, VI ZR 156/18, juris, Rn. 18; Teilurteil vom 12.12.2019, IX ZR 77/19, juris, Rn. 20.

14 Vgl. BGH, Teilurteil vom 12.12.2019, IX ZR 77/19, juris, Rn. 31.

15 Vgl. BGH, Teilurteil vom 12.12.2019, IX ZR 77/19, juris Rn. 30.

16 Vgl. RegBegr. zum Finanzkonglomeraterichtlinie-Umsetzungsgesetz, a.a.O.

17 Vgl. RegBegr. zur 6. KWG-Novelle, a.a.O.

18 Vgl. BGH, Urteil vom 21.07.2003, II ZR 109/02, BGHZ 156, 38 ff., Rn. 9.

19 Vgl. RegBegr. zur 6. KWG-Novelle, a.a.O.

20 Vgl. hierzu oben unter 3.

21 Vgl. OLG Bamberg, Urteil vom 17.06.2005, 6 U 56/04, NZG 2005, 808 f.

22 Vgl. § 64 Satz 3 GmbHG, § 92 Abs. 2 Satz 3 AktG, § 130a Abs. 1 Satz 3 HGB, §§ 177a Satz 1 i.V.m. 130a HGB.

23 Vgl. BMF, Stellungnahme vom 16.12.2002, IV C 1 S 2400 35/02; BStBl. 2002 I, S. 1396, zu der analogen Situation im Steuerrecht.

24 Vgl. RegBegr. zur 6. KWG-Novelle, a.a.O., S. 62.

25 Vgl. RegBegr. zum Finanzkonglomeraterichtlinie-Umsetzungsgesetz, a.a.O., S. 36.

26 Vgl. auch das
Merkblatt der Deutschen Bundesbank und der Bundesanstalt für Finanzdienstleistungsaufsicht über die Erteilung einer Erlaubnis zum Betreiben von Bankgeschäften
gemäß § 32 Abs. 1 KWG und das
Merkblatt der Deutschen Bundesbank über die Erteilung einer Erlaubnis zum Erbringen von Finanzdienstleistungen
gemäß § 32 Abs. 1 KWG.

---

https://www.bafin.de/dok/7851608 TWITTER [HTTPS://TWITTER.COM/BAFIN_BUND] LINKEDIN [HTTPS://WWW.LINKEDIN.COM/COMPANY/BAFIN/] E-MAIL

---

Mitglied im ERFOLGSFAKTOR FAMILIE [https://www.erfolgsfaktor-familie.de/]

charta der vielfalt UNTERZEICHNET [https://www.charta-der-vielfalt.de/]

---

## 4.5 Merkblatt Kreditgeschäft



BaFin Bundesanstalt für Finanzdienstleistungsaufsicht

**Recht & Regelungen**

08.01.2009, geändert am 02.05.2016 | Thema Erlaubnispflicht

# Merkblatt Kreditgeschäft

Inhalt



**Merkblatt - Hinweise zum Tatbestand des Kreditgeschäfts**

**(Stand: Mai 2016)**

## 1. Der Tatbestand des Kreditgeschäfts

§ 1 Abs. 1 Satz 2 Nr. 2 des Gesetzes über das Kreditwesen (Kreditwesengesetz – KWG) definiert das Kreditgeschäft als Gewährung von Gelddarlehen und Akzeptkrediten.

Der Tatbestand des Kreditgeschäfts ist demnach erfüllt, wenn Gelddarlehen oder Akzeptkredite gewährt werden.

### a) Gelddarlehen

#### aa) Grundsätzliches

Die Gewährung von Gelddarlehen ist Kreditgeschäft im Sinne des § 1 Abs. 1 Satz 2 Nr. 2 Alt. 1 KWG. Für die Bestimmung, was Gelddarlehen im Sinne des Tatbestands sind, ist grundsätzlich das Zivilrecht maßgeblich. Ein Gelddarlehen gewährt danach, wer einen privatrechtlichen Darlehensvertrag im Sinne von § 488 Bürgerliches Gesetzbuch (BGB) oder einen vergleichbaren Vertrag unter ausländischem Recht als Darlehensgeber schließt.

Wer einen Darlehensvorvertrag abschließt, betreibt bereits das Kreditgeschäft.

Die Gelder müssen rückzahlbar sein. Verlorene Zuschüsse sind daher kein Darlehen im Sinne des § 1 Abs. 1 Satz 2 Nr. 2 KWG. Der Rückzahlungsanspruch muss auf Geld lauten. Wer Geld hingibt und nach Ende der Laufzeit Wertpapiere, Sachen oder Rechte zurückerhalten soll, schließt keinen Darlehensvertrag im Sinne des § 488 BGB. Die Vereinbarung, dass der Kreditnehmer das Recht habe, den Geldgeber nach Ablauf der Vertragslaufzeit auf die Befriedigung aus den sicherungsweise überlassenen Sachen zu verweisen, oder eine andere vertraglich zugunsten des Schuldners eingeräumte Ersetzungsbefugnis schließen jedoch einen Darlehensvertrag nicht aus, solange der Rückzahlungsanspruch grundsätzlich auf Geld lautet. Auch die nachträgliche Vereinbarung, eine Darlehensschuld durch die Lieferung von Wertpapieren, Sachen oder Rechten zu tilgen, lässt das Betreiben des Kreditgeschäfts nicht rückwirkend entfallen.

Unerheblich im Hinblick auf den Tatbestand ist ferner insbesondere,

- ob Zinsen bedungen sind,
- ob der Darlehensgeber den Geldbetrag auf Weisung des Darlehensnehmers an einen Dritten auszuzahlen hat,
- die Art und der Umfang der Besicherung
- ob die Geldvergabe mit Fremdmitteln refinanziert wird oder mit eigenen Mitteln unterlegt ist.

#### bb) Einige Einzelfragen

**(1) Absatzfinanzierung**

Wer als Verkäufer seinen eigenen Absatz kreditiert, indem er den Kaufpreis stundet, betreibt damit nicht das Kreditgeschäft, selbst wenn er sich den Stundungskredit verzinsen lässt. Zwar gibt der Verkäufer dem Käufer wirtschaftlich Kredit, diesem Kredit liegt aber kein Darlehensvertrag, sondern allein ein atypisch ausgestalteter Kaufvertrag zugrunde. Etwas anderes gilt dann, wenn eine bereits bestehende Schuld z. B. aus einem Kaufvertrag nicht nur gestundet, sondern in ein Darlehen umgeschuldet wird.

**(2) Bargeldauszahlung gegen Kundenkarten von Kreditinstituten oder Kreditkarten**

Bei Bargeldauszahlung an der Ladenkasse durch Belastung einer Kundenkarte eines Kreditinstituts oder einer Kreditkarte, seien es auch nur Spitzenbeträge, kommt grundsätzlich das Betreiben des Kreditgeschäfts durch den Ladeninhaber in Betracht. Anders kann es sein, wenn die Entscheidung über die Auszahlung des Bargelds nicht von dem Ladeninhaber, sondern für den Ladeninhaber bindend von einem lizenzierten Institut getroffen wird, kein schuldrechtliches Verhältnis, also insbesondere kein Rückzahlungsanspruch, zwischen Karten- und Ladeninhaber begründet wird und sich die Auszahlung auch nicht als Darlehen des Ladeninhabers an das Kreditinstitut darstellt.

Wird das Kreditgeschäft betrieben, kommt in engen Grenzen eine Freistellung nach § 2 Abs. 4 KWG in Betracht.

**(3) Stille Gesellschaft; partiarisches Darlehen**

Durch die Hingabe von Geld im Rahmen einer stillen Gesellschaft wird kein Kreditgeschäft betrieben. Dies ist anders bei der Hingabe von Geld als partiarisches Darlehen.

Die typologische Grenze zwischen stiller Gesellschaft und partiarischem Darlehen ist fließend. Sie hängt stark von den Umständen des Einzelfalls ab, die die Parteien zum Abschluss des Vertrags veranlasst haben.

Es gelten folgende Eckpunkte:

- Bei einem als stille Gesellschaft bezeichneten Vertrag, der die Vereinbarung einer Verlustteilnahme enthält, wird kein Darlehen begeben und damit auch kein Kreditgeschäft betrieben.
- Werden in einem als stille Gesellschaft bezeichneten Vertrag Verlustteilnahme und Gewinnbeteiligung ausgeschlossen, wird ein Darlehen begeben und das Kreditgeschäft betrieben.
- Wird in einem als stille Gesellschaft bezeichneten Vertrag zwar die Verlustbeteiligung ausgeschlossen, aber eine Gewinnbeteiligung vereinbart, lässt sich die Einstufung als Kreditgeschäft nur im Wege der Einzelfallprüfung durch die Behörde entscheiden.

**(4) Verkauf von Krediten**

**Einführung**

Unter dem Schlagwort „Verkauf von Krediten" werden in der Praxis die folgenden Transaktionen zusammengefasst:

- Bei sog. synthetischen Transaktionen sucht die Bank vertraglich das Risiko auf einen Dritten zu übertragen (in der Regel mittels sog. Kreditderivate), behält den Kredit aber weiter in den Bilanzen und bearbeitet ihn. Diese Art von Absicherung steht und fällt ähnlich einem Versicherungsvertrag mit der Bonität der Partei, auf die das Risiko vertraglich transferiert werden soll.
- Bei der Ausgliederung oder Abspaltung wird ein Kreditportfolio nach dem Umwandlungsgesetz zunächst auf eine eigens dafür ausgegliederte oder abgespaltete Gesellschaft durch die Ausgliederung oder Abspaltung daselbst im Wege der Gesamtrechtsnachfolge übertragen.

- Bei der vertraglichen Übertragung eines Kreditportfolios tritt der Erwerber an die Stelle des Veräußerers in die einzelnen Kreditverhältnisse ein. Unter deutschem Schuldstatut geht das nur mit der Zustimmung des jeweiligen Schuldners.
- Beim Forderungsverkauf (*true sale*) wird das Kreditportfolio an eine Zweckgesellschaft oder anderen Dritten im Wege der stillen oder offenen Abtretung der Darlehensforderungen veräußert.
- Beim Unterbeteiligungsmodell (sub participation) bildet der Investor im Wege der Einräumung einer offenen/oder stillen Unterbeteiligung eine bürgerlich-rechtlichen Innen- oder stille Gesellschaft.

Kreditderivate fallen aus dem Anwendungsbereich des § 1 Abs. 1 Satz 2 Nr. 2 KWG. Das gilt auch für Forderungsverkäufe im Wege der stillen oder offenen Abtretung der Darlehensforderung, auch wenn diese Regelung geradezu zur Gesetzesumgehung einlädt. Das gleiche gilt für Unterbeteiligungsmodelle.

Allen Fällen ist gemein, dass das Darlehen ursprünglich von einem lizenzierten Kreditinstitut ausgereicht wird und dass das lizenzierte Kreditinstitut dem Darlehensnehmer gegenüber grundsätzlich auch in der Pflicht bleibt. Das gilt übrigens auch für die Forderungsabtretung. Bei einem Fehlverhalten des Zessionars macht sich der Zedent gegenüber dem Schuldner, der der Abtretung nicht zugestimmt hat, unter Umständen schadenersatzpflichtig. Den vorstehenden Fallkonstellationen ist ferner gemein, dass es bereits an dem Abschluss eines eigenen Darlehensvertrags zwischen dem Darlehensnehmer und dem Zessionar fehlt. Insbesondere der (regresslose) Forderungskauf unterfällt Kaufrecht. Darlehensgeber bleibt das Kreditinstitut, das das Darlehen ursprünglich gewährt hat (Originator).

Aber auch die Übertragung des gesamten Kreditverhältnisses ohne Zutun des Darlehensnehmers nach dem Umwandlungsgesetz - übertragende Umwandlung - im Wege der Gesamtrechtsnachfolge auf eine bestehende Gesellschaft (verschmelzend) oder neu gegründete Gesellschaft (errichtend) wird nicht als Kreditgeschäft im Sinne des § 1 Abs. 1 Satz 2 Nr. 2 KWG gewertet. Schließlich wird nach ständiger Verwaltungspraxis auch die rechtsgeschäftliche Übertragung des Darlehensverhältnisses von Originator und Darlehensnehmer auf Kreditkäufer und Darlehensnehmer (nur möglich mit Zustimmung des Darlehensnehmers) in Vollzug eines Kaufvertrags nicht als Kreditgeschäft angesehen. Das mag zunächst überraschen, da der Rechtsnachfolger in beiden Fällen Partei des Darlehensvertrages (Darlehensgeber) wird. Dieses Ergebnis ist an dem Tatbestandsmerkmal „gewähren" festzumachen.

Zum Kreditgeschäft wird die Übernahme eines bestehenden Darlehens, wenn der Zessionar dem Darlehensnehmer einen Kredit gewährt, etwa durch die Ausreichung neuer Kreditmittel oder die Prolongation der bestehenden Darlehensvereinbarung, oder wie beim Vereinbarungsdarlehen im Wege der Umschuldung.

**Einige Einzelfragen**

**Konditionenanpassung (sog. unechte Abschnittsfinanzierung)**

Von einer unechten Abschnittsfinanzierung wird gesprochen, wenn nach Ablauf eines vereinbarten Festzins-Finanzierungsabschnitts eines Darlehens im Sinne des § 489 Abs. 1 Nr. 1 BGB eine einvernehmliche Aktualisierung der Verzinsung des Kapitals erfolgt, im Übrigen der ursprüngliche Darlehensvertrag aber weiterläuft. Das ursprüngliche Darlehensverhältnis zwischen dem Originator und dem Darlehensnehmer bleibt unberührt; die Zinsanpassung ist lediglich Ausfluss der ursprünglichen Vereinbarung. Die Konditionenanpassung begründet für den Zessionar nicht das Betreiben des Kreditgeschäfts im Sinne von § 1 Abs. 1 Satz 2 Nr. 2 KWG.

**Kreditprolongation** (sog. **echte Abschnittsfinanzierung)**

Eine Kreditprolongation wird notwendig, wenn der Darlehensnehmer auch nach Ablauf der vereinbarten Vertragslaufzeit über das zur Verfügung gestellte Kapital verfügen will. Dazu bedarf es einer Vereinbarung, ob und zu welchen Konditionen der Zessionar bereit ist, dem Darlehensnehmer die Valuta weiterhin zu belassen.

Durch eine Prolongationsvereinbarung zu einem ursprünglich gewährten Gelddarlehen betreibt der Zessionar aufgrund der neu zu treffenden Kreditentscheidung das Kreditgeschäft im Sinne des § 1 Abs. 1 Satz 2 Nr. 2 Alt. 1 KWG.

Anders liegt es, wenn der Zessionar lediglich aus einer dem Darlehensnehmer bereits von dem Originator eingeräumten Option auf Prolongation in Anspruch genommen wird. In diesem Fall betreibt der Zessionar nicht das Kreditgeschäft. Hat bereits der Originator ein unwiderrufliches Angebot auf Prolongation des Darlehens abgegeben, so hat er die Kreditentscheidung für die Prolongation vorweggenommen. Der Zessionar ist bei Ausübung der Option durch den Darlehensnehmer an die entsprechende ursprüngliche Vereinbarung zwischen dem Originator und dem Darlehensnehmer gebunden.

**Stundung**

Die Stundung von Forderungen bedeutet das Hinausschieben der Fälligkeit einer Forderung bei Bestehenbleiben der Erfüllbarkeit. In Abgrenzung zur Kreditprolongation, die für den Zessionar grundsätzlich das Betreiben des Kreditgeschäfts begründet, bleibt bei der Stundung die offen gebliebene Darlehensschuld jederzeit und unbedingt ablösbar.

Die Stundung von Darlehensforderungen durch den Zessionar ist kein Kreditgeschäft im Sinne des § 1 Abs. 1 Satz 2 Nr. 2 KWG, sofern für die gestundeten Beträge keine Konditionenanpassung, etwa in einer Zinserhöhung, vorgenommen wird. In Abgrenzung zur Prolongation dient die Stundung grundsätzlich der Rettung einer Darlehensforderung, die derzeit nicht bedient werden kann, ohne den Darlehensnehmer in die Insolvenz zu treiben. Weitergehende Kreditentscheidungen können mit ihr nicht verbunden werden, ohne den Zessionar selbst zum Kreditinstitut zu machen.

Die Regelung über die Stundung gilt für die Aufschiebung von Tilgungsraten und Zinszahlungen entsprechend. Eine Konditionenanpassung, bei der - im Rahmen des ursprünglichen Darlehensvertrags zwischen Originator und Darlehensnehmer - nach Ablauf eines vereinbarten Festzins-Finanzierungsabschnitts eine einvernehmliche Aktualisierung der Verzinsung des Kapitals erfolgt, bleibt möglich; die Stundungsregelung kann aber nicht dafür herhalten, den durch den ursprünglichen Darlehensvertrag gesteckten Rahmen zu erweitern, ohne den Zessionar selbst zum Kreditinstitut zu machen.

**(5) Vorschüsse**

Ein Vorschuss kann als Gelddarlehen im Sinne des § 488 BGB oder als Vorausleistung in Erwartung auf eine eigene noch nicht fällige Verbindlichkeit vereinbart sein. Bei einer Vorausleistung auf eine eigene noch nicht fällige Verbindlichkeit liegt mangels vereinbarter Rückerstattungspflicht kein Darlehensvertrag und damit auch kein Kreditgeschäft vor.

Vorschusszahlungen kommen vor allem im Hinblick auf künftige Provisionsansprüche vor. Für die Vereinbarung eines Darlehens sprechen:

- die ausdrückliche Vereinbarung einer Rückzahlung
- die Vereinbarung der Verrechnung mit verschiedenen Positionen (nicht nur mit den künftigen Provisionsansprüchen, auf die der Vorschuss geleistet wurde),
- von künftigen Provisionsansprüchen losgelöste Rückzahlungsmodalitäten (feste monatliche Rückzahlungsraten, Betagung der Verrechnungsabrede),
- Verzinsung der Vorschussleistung ab dem Auszahlungszeitpunkt.

Gerade in der Finanzbranche ist es üblich, selbstständigen Handelsvertretern Vorschüsse zu zahlen und gleichzeitig umfassende vertragliche Regelungen über die Rückzahlung oder Verrechnung dieser Vorschüsse zu treffen. Üblich sind die Finanzierung der Büroausstattung und die Zahlung von Provisionsvorschüssen zur Bestreitung des Lebensunterhalts bei Berufsanfängern. Im Einzelfall kann es sich dabei um ein Darlehen handeln und damit der Tatbestand des Kreditgeschäfts erfüllt sein. Indessen wird in ständiger Verwaltungspraxis kein Kreditgeschäft im Sinne des § 1 Abs. 1 Satz 2 Nr. 2 Alt. 1 KWG angenommen, wenn der Vorschuss einen durchschnittlichen Monatslohn des Handelsvertreters nicht übersteigt. Der Durchschnitt ist individuell auf der Basis der letzten drei Monatslöhne zu bilden. Bei Berufseinsteigern, bei denen eine entsprechende Erfahrungsbasis fehlt, ist der voraussichtliche Durchschnitt auf die ersten drei Monate der Beschäftigung zu schätzen. Diese Regelung gilt für auf Provisionsbasis arbeitende Arbeitnehmer entsprechend.

**(6) Vorschüsse und Zahlungen auf Zahlungspflichten Dritter**

Vorschüsse auf Zahlungspflichten Dritter sind regelmäßig Darlehen und damit auch Kreditgeschäft im Sinne von § 1 Abs. 1 Satz 2 Nr. 2 Alt. 1 KWG, so auch die Bevorschussung von zentralregulierten Geschäften durch den Zentralregulierer sowie von Lohnsteuerausgleichszahlungen durch steuerberatende Unternehmen oder Vereine. Ein Unternehmen betreibt das Kreditgeschäft, wenn es die Zahlungsverbindlichkeiten der Anschlussfirmen aus Warenbezügen gegenüber den Vertragslieferanten bevorschusst, bevor es den Gegenwert von den Anschlussfirmen erhält. Gegebenenfalls kommt eine Freistellung nach § 2 Abs. 4 KWG in Betracht. Die Begleichung fremder Verbindlichkeiten kann aber auch eine Geschäftsbesorgung sein, so dass lediglich ein Aufwendungserstattungsanspruch nach § 670 BGB entsteht. Entscheidend ist die Prüfung des Einzelfalles.

**(7) Rückkaufhandel**

Finanzierungsmodelle, bei denen der Verkäufer dem gewerblich handelnden Käufer das Eigentum an einer beweglichen Sache überträgt und sich dieses durch Rückzahlung des Kaufpreises und ggf. Erbringung einer weiteren vertraglich vereinbarten Leistung als Entgelt für die Überlassung des Kapitals und/oder den Verwaltungsaufwand des Käufers wieder verschaffen kann, die über einen Nutzungsersatz hinausgehen, sind als Kreditgeschäft im Sinne des § 1 Abs. 1 Satz 2 Nr. 2 KWG einzustufen.

cc) Einige wichtige Durchbrechungen des Grundsatzes der Maßgeblichkeit des Zivilrechts

In der bankaufsichtsrechtlichen Anwendungspraxis haben sich eine Reihe von Durchbrechungen der Anbindung des Kreditgeschäftstatbestandes im Sinne des § 1 Abs. 1 Satz 2 Nr. 2 Alt. 1 KWG an den zivilrechtlichen Darlehensvertrag herausgebildet.

**(1) Arbeitgeberdarlehen**

Darlehen, die der Arbeitgeber dem Arbeitnehmer zur Finanzierung des Erwerbs von Wohneigentum gewährt, wertet die Behörde in ständiger Verwaltungspraxis nicht als das erlaubnispflichtige Betreiben des Kreditgeschäfts im Sinne von § 1 Abs. 1 Satz 2 Nr. 2 KWG. Die Ausnahme beruht auf Gewohnheitsrecht.

**(2) Brauereidarlehen**

Großbrauereien brauchen aus verschiedenen Gründen eine sichere Absatzgrundlage. Der Absatz ist weitgehend gesichert, wenn sich Gastwirte der Brauerei gegenüber verpflichten, das gebraute Bier abzunehmen. Die Gastwirte binden sich indessen den Brauereien gegenüber nur, wenn diese ihnen „Reichnisse" gewähren. Zu den „Reichnissen" der Brauereien gehören u. a.: Darlehen an den Gastwirt (Brauereidarlehen, Wirtedarlehen, Wirtefinanzierungen), leih- oder mietweise Inventargestellung und dergleichen. In ständiger Verwaltungspraxis werden die Darlehens- und Bierlieferungsverträge, die Brauereien mit Gastwirtschaften schließen, unter engen Voraussetzungen nicht als erlaubnispflichtiges Betreiben des Kreditgeschäfts gewertet. Dafür müssen die folgenden Bedingungen erfüllt sein:

1. Darlehens- und Bierlieferungsvertrag bilden eine Einheit, so dass der eine nicht ohne den anderen geschlossen worden wäre.
2. Die Laufzeit der Verträge geht über mehrere Jahre.
3. Die Tilgung der Darlehen erfolgt im Zusammenhang mit der abgenommenen Biermenge (z. B. durch einen Aufpreis pro hl abgenommenen Bieres).
4. Die Laufzeit der Darlehen und die Dauer der Abnahmeverpflichtung stimmen in etwa überein. Der Kreditnehmer mag indessen vertraglich berechtigt sein, das Darlehen auch kurzfristig und unabhängig von der Bierbezugsverpflichtung zu kündigen

Die Regelung beruht auf Gewohnheitsrecht.

**(3) Einlagen bei lizenzierten Kreditinstituten**

Die Hingabe von Darlehen als Einlagen an lizenzierte Kreditinstitute, seien es Sichteinlagen oder Termin-, Kündigungs- oder Spareinlagen, ist unbeschadet ihrer zivilrechtlichen Einstufung nicht als das Betreiben des Kreditgeschäfts zu werten. Dem Schutzzweck des § 1 Abs. 1 Satz 2 Nr. 2 KWG ist dadurch genügt, dass die Geldannahmestellen nach bankaufsichtsrechtlichen Kriterien beaufsichtigt werden.

**(4) Nachrangklauseln**

Darlehen an Unternehmen werden nicht als Kreditgeschäft eingestuft, wenn sie auf der Nehmerseite wegen der Vereinbarung einer Verlustteilnahme- oder qualifizierten Nachrangklausel nicht als Einlagengeschäft (§ 1 Abs. 1 Satz 2 Nr. 1 KWG) einzuordnen sind. Darlehen an natürliche Personen in ihrer Eigenschaft als Verbraucher (§ 13 BGB) erfüllen dagegen stets den Tatbestand des Kreditgeschäfts.

**(5) Gesellschafterdarlehen und auf Privat- oder Verrechnungskonten der Gesellschaft stehen gelassene Gelder der Gesellschafter**

Gesellschafterdarlehen und auf Privat- oder Verrechnungskonten der Gesellschaft stehen gelassene Gelder der Gesellschafter gelten gemäß den Ausführungen im "Merkblatt - Hinweise zum Tatbestand des Einlagengeschäfts" in den unter I.5.b. genannten Fällen als hinreichend bedingt, um den Tatbestand des Einlagengeschäfts auszuschließen. Derartige Gelder der Gesellschafter erfüllen nach dem Sinn und Zweck der Norm nicht den Tatbestand des Kreditgeschäfts im Sinne des § 1 Abs. 1 Satz 2 Nr. 2 KWG, der Nehmer bedarf hier nicht mehr des Schutzes als der Geber.

### b) Akzeptkredite

Bei dem Akzeptkredit im Sinne von § 1 Abs. 1 Satz 2 Nr. 2 Alt. 2 KWG zieht der Kunde als Aussteller auf das Kreditinstitut einen Wechsel bzw. Scheck; das Kreditinstitut akzeptiert den Wechsel und verpflichtet sich damit, ihn am Fälligkeitstage einzulösen.

## 2. Erlaubnispflicht des Kreditgeschäfts

Nach § 32 Abs. 1 Satz 1 KWG bedarf der schriftlichen Erlaubnis der Bundesanstalt für Finanzdienstleistungsaufsicht (Bundesanstalt), wer im Inland gewerbsmäßig oder in einem Umfang, der einen in kaufmännischer Weise eingerichteten Geschäftsbetrieb erfordert, Bankgeschäfte betreiben oder Finanzdienstleistungen erbringen will (vgl. Merkblätter unter "Mehr zum Thema"). Die Erfüllung einer Alternative genügt, um die Erlaubnispflicht des Geschäfts zu begründen. Auf die Rechtsform des Unternehmens (natürliche Person, Personengesellschaft, juristische Person) kommt es dabei nicht an.

Bank- und Finanzdienstleistungsgeschäfte werden, auch wenn der Umfang dieser Geschäfte objektiv keinen in kaufmännischer Weise eingerichteten Geschäftsbetrieb erfordert, gewerbsmäßig betrieben, wenn der Betrieb auf eine gewisse Dauer angelegt ist und der Betreiber ihn mit der Absicht der Gewinnerzielung verfolgt.

Alternativ gilt das Kriterium des Erfordernisses eines in kaufmännischer Weise eingerichteten Geschäftsbetriebs. Hierbei ist es unerheblich, ob tatsächlich ein in kaufmännischer Weise eingerichteter Geschäftsbetrieb geführt wird. Maßgebend ist allein, ob für den Betrieb der Geschäfte nach der bankwirtschaftlichen Verkehrsauffassung die Einrichtung eines solchen Betriebs objektiv erforderlich ist. Dies ist im Einzelfall zu bestimmen und kann sich beim gleichzeitigen Betreiben mehrerer Bank-/Finanzdienstleistungsgeschäfte auch bei einem vergleichsweise geringen Umfang ergeben.

Wird lediglich das Kreditgeschäft betrieben, ist ein in kaufmännischer Weise eingerichteten Geschäftsbetriebs regelmäßig erforderlich

- bei mehr als 100 Darlehen

oder

- bei einem Gesamtdarlehensvolumen von über 500.000,00 € bei mindestens 21 Darlehen.

Wird das Kreditgeschäft in Kombination mit dem Diskont- und/oder dem Garantiegeschäft betrieben, gelten die Regelgrenzen entsprechend, wobei Kredit-, Diskont- und Garantiefälle gleich gewichtet werden.

Bei einer Kombination von Kredit- und Einlagengeschäft liegen die Regelgrenzen

- bei 25 Fällen (wobei die Kreditfälle mit 25 % auf die Grenze angerechnet werden)

oder

- einem Kredit- und Einlagengesamtvolumen von 12.500,00 € (wobei das Kreditgesamtvolumen mit 2,5 % auf die Grenze angerechnet wird).

Bei einer Kombination von Kredit- und Depotgeschäft liegen die Regelgrenzen bei 25 Kredit- oder Depotfällen (wobei die Kreditfälle mit 25 % auf die Grenze angerechnet werden).

Wie oben ausgeführt, sind diese Regelgrenzen jedoch nur von Bedeutung, wenn die Geschäfte nicht ohnehin gewerbsmäßig betrieben werden.

Unter den Erlaubnisvorbehalt nach § 32 Abs. 1 KWG fällt das Geschäft nur, wenn es (auch) im Inland betrieben wird. Dazu muss der Betreiber nicht hierzulande seinen Geschäftssitz haben oder eine rechtlich unselbständige Zweigniederlassung errichten, von der aus er die Geschäfte betreibt. Der erforderliche Inlandsbezug besteht bereits, wenn sich das Angebot aus dem Ausland auch und gerade an Personen richtet, die ihren Sitz oder gewöhnlichen Aufenthalt in der Bundesrepublik Deutschland haben. Nähere Hinweise gibt das Merkblatt „Hinweise zur Erlaubnispflicht nach § 32 Abs. 1 KWG in Verbindung mit § 1 Abs. 1 und Abs. 1a KWG von grenzüberschreitend betriebenen Bankgeschäften und/oder grenzüberschreitend erbrachten Finanzdienstleistungen" (siehe "Mehr zum Thema"). Der erforderliche Inlandsbezug besteht auch, wenn aus dem Inland heraus die Geschäfte gezielt nur mit Nicht-Gebietsansässigen betrieben werden.

### 3. Ausnahmen von der Erlaubnispflicht

Das Betreiben des Kreditgeschäfts ist grundsätzlich nicht erlaubnispflichtig in den in § 2 Abs. 1 KWG genannten Fällen.

### 4. Hinweise und Anschriften

Dieses Merkblatt enthält grundlegende Informationen zum Tatbestand des Kreditgeschäfts. Es erhebt keinen Anspruch auf eine erschöpfende Darstellung aller den Tatbestand betreffenden Fragen und ersetzt insbesondere nicht die einzelfallbezogene Erlaubnisanfrage an die BaFin.

Für eine abschließende Beurteilung möglicher Erlaubnispflichten im Einzelfall wird eine vollständige Dokumentation der vertraglichen Vereinbarungen, die dem Betreiben des Kreditgeschäfts zugrunde liegen, benötigt.

Hinsichtlich aller Angaben sind die Bediensteten der Bundesanstalt und der Deutschen Bundesbank zur Verschwiegenheit verpflichtet (§ 9 KWG).

Ob ein Unternehmen der Erlaubnispflicht nach § 32 Abs. 1 KWG unterliegt, entscheidet in Zweifelsfällen die

Kontakt

**Bundesanstalt für Finanzdienstleistungsaufsicht**
**Abteilung Integrität des Finanzsystems (IF)**
Graurheindorfer Straße 108
53117 Bonn
Telefon: +49 (0) 228 / 4108 - 0
Fax: + 49 (0) 228 / 4108 - 1550
E-Mail: poststelle@bafin.de
Homepage: https://www.bafin.de [https://www.bafin.de]

Falls Sie zu diesem Merkblatt weitere Fragen haben, können Sie vorab auch Kontakt mit der regional zuständigen Hauptverwaltung der Deutschen Bundesbank aufnehmen; diese wird Ihre Fragen mit einer Stellungnahme gegebenenfalls an die Bundesanstalt weiterleiten:

*Für Berlin und Brandenburg:*

Kontakt

**DEUTSCHE BUNDESBANK**
**Hauptverwaltung in Berlin und Brandenburg**

**Leibnizstr. 10**
**10625 Berlin**
Telefon: (030) 34 75 - 0
Fax: (030) 34 75 - 12 90

*Für Nordrhein-Westfalen:*

Kontakt

**DEUTSCHE BUNDESBANK**
**Hauptverwaltung in Nordrhein-Westfalen**

**Berliner Allee 14**
**40212 Düsseldorf**
Telefon: (0211) 8 74 - 0
Fax: (0211) 8 74 - 36 35

*Für Hessen:*

Kontakt

**DEUTSCHE BUNDESBANK**
**Hauptverwaltung in Hessen**

**Taunusanlage 5**
**60047 Frankfurt am Main**
Telefon: (069) 23 88 - 0
Fax: (069) 23 88 - 11 11

*Für die Freie und Hansestadt Hamburg, Mecklenburg-Vorpommern und Schleswig-Holstein:*

Kontakt

**DEUTSCHE BUNDESBANK**
**Hauptverwaltung in Hamburg, Mecklenburg-Vorpommern und Schleswig-Holstein**

**Willy-Brandt-Straße 73**
**20459 Hamburg**
Telefon: (040) 37 07 - 0
Fax: (040) 37 07 - 41 72

*Für die Freie Hansestadt Bremen, Niedersachsen und Sachsen-Anhalt:*

Kontakt

**DEUTSCHE BUNDESBANK**
**Hauptverwaltung in Bremen, Niedersachsen und Sachsen-Anhalt**

**Georgsplatz 5**
**30159 Hannover**
Telefon: (0511) 30 33 - 0
Fax: (0511) 30 33 - 27 96

*Für die Freistaaten Sachsen und Thüringen:*

Kontakt

**DEUTSCHE BUNDESBANK**
**Hauptverwaltung in Sachsen und Thüringen**

**Straße des 18. Oktober 48**
**04103 Leipzig**
Telefon: (0341) 8 60 - 0
Fax: (0341) 8 60 - 25 99

*Für Rheinland-Pfalz und das Saarland:*

Kontakt

**DEUTSCHE BUNDESBANK**
**Hauptverwaltung in Rheinland-Pfalz und dem Saarland**

**Hegelstr. 65**
**55122 Mainz**
Telefon: (06131) 3 77 - 0
Fax: (06131) 3 77 - 33 33

*Für Baden-Württemberg:*

Kontakt

**DEUTSCHE BUNDESBANK**
**Hauptverwaltung in Baden-Württemberg**

**Marstallstr. 3**
**70173 Stuttgart**
Telefon: (0711) 9 44 - 0
Fax: (0711) 9 44 - 19 21

*Für den Freistaat Bayern:*

Kontakt

**DEUTSCHE BUNDESBANK**
**Hauptverwaltung in Bayern**

**Ludwigstr. 13**
**80539 München**
Telefon: (089) 28 89 - 5
Fax: (089) 28 89 - 38 54

Die Hauptverwaltung der Deutschen Bundesbank bietet Ihnen den Vorteil, dass Sie einen Ansprechpartner in Ihrer Region haben.

---

Zusatzinformationen

---

## Mehr zum Thema

Merkblatt
Merkblatt Bankgeschäfte (PDF, 170KB, nicht barrierefrei)

Merkblatt
Merkblatt Finanzdienstleistungen (PDF, 213KB, nicht barrierefrei)

Merkblatt
Merkblatt grenzüberschreitend betriebene Geschäfte

---

www.ingramcontent.com/pod-product-compliance
Ingram Content Group UK Ltd.
Pitfield, Milton Keynes, MK11 3LW, UK
UKHW021829290926
8980IPUK00004B/341

9 783631 913918